Hendrik Buhl
Tatort

Alltag, Medien und Kultur

Herausgegeben von Joachim von Gottberg, Lothar Mikos,
Elizabeth Prommer, Claudia Wegener

Band 14

In dieser Reihe werden in erster Linie empirische, aber auch theoretische Arbeiten veröffentlicht, die den Zusammenhang von Alltag, Medien und Kultur aus der Perspektive der gesellschaftlichen Akteure, der Mediennutzer thematisieren. Mit ihrer mediensoziologischen Orientierung und interdisziplinären Ausrichtung trägt die Reihe zum Dialog zwischen Medienpraxis, Medien- und Kommunikationswissenschaft, Medienpädagogik und Jugendschutz sowie zur Diskussion um die gesellschaftliche Bedeutung der Medien im 21. Jahrhundert bei.

Hendrik Buhl

Tatort

Gesellschaftspolitische Themen in der Krimireihe

UVK Verlagsgesellschaft · Konstanz und München

Zgl.: Lüneburg, Universität, Dissertation, 2012

Gedruckt mit freundlicher Unterstützung der Hans-Böckler-Stiftung.

Bibliografische Information der Deutschen Nationalbibliothek
Die Deutsche Nationalbibliothek verzeichnet diese Publikation in der Deutschen Nationalbibliografie; detaillierte bibliografische Daten sind im Internet über http://dnb.d-nb.de abrufbar.

Das Werk einschließlich aller seiner Teile ist urheberrechtlich geschützt. Jede Verwertung außerhalb der engen Grenzen des Urheberrechtsgesetzes ist ohne Zustimmung des Verlages unzulässig und strafbar. Das gilt insbesondere für Vervielfältigungen, Übersetzungen, Mikroverfilmungen und die Einspeicherung und Verarbeitung in elektronischen Systemen.

ISSN 1864-4058
ISBN 978-3-86764-472-3

© UVK Verlagsgesellschaft mbH, Konstanz und München 2013
Einband: Susanne Fuellhaas, Konstanz
Coverfoto: © Foto: SWR/Krause/Burberg;
           mit freundlicher Genehmigung von Ulrike Folkerts
Satz und Layout: Karin Dirks, Berlin
Druck: CPI – Ebner & Spiegel, Ulm

UVK Verlagsgesellschaft mbH
Schützenstr. 24 · D-78462 Konstanz
Tel. 07531-9053-0 · Fax 07531-9053-98
www.uvk.de

Inhalt

Vorwort 9

1. **Einleitung** 11

2. **Die Reihe »Tatort« in der Populären Kultur** 15
   - 2.1 Relevanz der Reihe 15
   - 2.2 Das Krimigenre 16
   - 2.3 Öffentlich-rechtliche Aufklärung 19
   - 2.4 Geschichte und Konzept der »Tatort«-Reihe 23
     - 2.4.1 Wandel und Heterogenität 23
     - 2.4.2 Reihenstruktur und Serialität 24
     - 2.4.3 Figureninventar 25
     - 2.4.4 Individualität und Serialität 29
     - 2.4.5 Lokalkolorit 30
     - 2.4.6 Realismus, Authentizität, Repräsentation 34
   - 2.5 Forschungsstand 37

3. **Theorie: Begriffe und Konzepte** 41
   - 3.1 Wozu Theorie(n)? 41
   - 3.2 Populäres und Kultur 42
     - 3.2.1 Cultural Studies und das Populäre 42
     - 3.2.2 Medien, Informationen, Wissen 44
     - 3.2.3 Neues Fernsehen, neue Aneignungsweisen 46
     - 3.2.4 Fernsehen und Macht 47
   - 3.3 Politisches und Populäres 49
     - 3.3.1 Politik und Populäre Kultur 49
     - 3.3.2 Ideologische Staatsapparate (Althusser) 50
     - 3.3.3 Hegemonie (Gramsci) 52
     - 3.3.4 Populäre Diskurse und mediale Texte (Fiske) 54

3.4	Politainment (Dörner)	57
3.4.1	Politik und Entertainment	57
3.4.2	Funktionsweisen von Politainment	58
3.4.3	Konstruktionsweisen von Politainment	60
3.5	Interdiskurstheorie (Link)	64
3.6	Definition: Gesellschaftspolitische Themen	67

4. Methode … 69

4.1	Hermeneutik populärer Medientexte	69
4.2	(Inter-)Diskursivitäten im Fokus	70
4.3	Angewandte Fernsehanalyse als »Theoretical Sampling«	72
4.4	Materialkorpus, Instrumente und Verfahrensweisen	72

5. Detailanalysen und Kontextualisierung … 77

5.1	Gesellschaftspolitische Themen im »Tatort«	77
5.2	»Kassensturz«: Gewerkschaft und Arbeit im »Tatort«	78
5.2.1	Das Thema »Arbeit im Discounterwesen«	78
5.2.2	Vorlage »Schwarz-Buch Lidl«	80
5.2.3	Durch schlechte Arbeit zur Tat	81
5.2.4	Arbeit und ihre Bedingungen	87
5.2.5	Betriebsratsgründung und -verhinderung	96
5.2.6	Der Lidl-Skandal in »Kassensturz«	102
5.2.7	Der Experte von der Gewerbeaufsicht	104
5.2.8	Führungskräfte im Dauerstress	109
5.2.9	Das große Ganze: Vertriebsleiterin Fuchs	114
5.2.10	Fazit: »Kassensturz«	117
5.3	Kontextualisierung: Arbeitswelt und Gewerkschaft im »Tatort«	121
5.3.1	Arbeit im Krimi	121
5.3.2	»Um jeden Preis«: neue Gewerkschaftsarbeit	122
5.3.3	»Schweinegeld«: schlechte Arbeit in der Fleisch verarbeitenden Industrie	134
5.3.4	»Baum der Erlösung«: Arbeit und Integration I	145
5.3.5	»Familienaufstellung«: Arbeit und Integration II	146
5.3.6	»Rabenherz«: Personal- und Zeitmangel in der Krankenhauspflege	147
5.3.7	»Neuland«: Arbeit, die nicht lohnt	150

		5.3.8 »Mauerblümchen«: Leiharbeit	153

- 5.3.8 »Mauerblümchen«: Leiharbeit 153
- 5.3.9 »Oben und Unten«: Vorurteile gegenüber Putzkräften .. 157
- 5.3.10 »Kinderwunsch«: Arbeit in der Stahlindustrie 158
- 5.3.11 Fazit: Arbeitswelt und Gewerkschaft im »Tatort« 159

5.4 »Mit ruhiger Hand«: Alkoholismus im »Tatort« 161
- 5.4.1 Ermittler und der Alkohol 161
- 5.4.2 Ermittler und Betroffener: Kommissar Max Ballauf 163
- 5.4.3 Expertin, Helferin, Frau: Polizeipsychologin Lydia Rosenberg 174
- 5.4.4 Exkurs: Lebensverhältnisse von »Tatort«-Ermittlern 182
- 5.4.5 Generationsübergreifender Alkoholismus: Professor Julius Gann und Sohn Jonas Gann 184
- 5.4.6 Subthema: Illegale in Deutschland 192
- 5.4.7 Fazit: »Mit ruhiger Hand« 195

5.5 Kontextualisierung: Alkohol im »Tatort« 198
- 5.5.1 »Schön ist anders«: Alkoholismus im Intertext des »Tatorts« 198
- 5.5.2 Alkohol im »Tatort« 2009/2010 206
- 5.5.3 »Bittere Trauben«: Alkohol als Kulturgut 214
- 5.5.4 Fazit: Alkohol und Alkoholismus im »Tatort« 220

6. Thematisch gruppierte Sendungsanalysen 223

6.1 Böser Mediengebrauch, Wohlstandsverwahrlosung und Drogen 223
- 6.1.1 »... es wird Trauer sein und Schmerz«: digitaler Voyeurismus 223
- 6.1.2 »Herz aus Eis«: Wohlstand ohne Werte 226
- 6.1.3 »Im Sog des Bösen«: Drogenopfer 231

6.2 Sexuelle Identität und Reproduktionsmedizin 232
- 6.2.1 »Tödlicher Einsatz«: Homosexualität in Männergesellschaften 232
- 6.2.2 »Tote Männer«: Bisexualität und Identität 235
- 6.2.3 »Kinderwunsch«: Reproduktionsmedizin 238

6.3 Migration und Integration 241
- 6.3.1 »Baum der Erlösung« 241
- 6.3.2 »Familienaufstellung« 247
- 6.3.3 »Häuserkampf« 253

	6.4	Thematische Vielfalt: Konsensuelles und Konfliktäres	254
		6.4.1 »Borowski und die heile Welt«: Kindesmisshandlung und Vorurteile	254
		6.4.2 »Schwarzer Peter«: häusliche Gewalt	256
		6.4.3 »Falsches Leben«: Unrechtsstaat DDR	265
		6.4.4 »Gesang der toten Dinge«: Profitgeschäft Esoterik	269
		6.4.5 »Das Gespenst«: Terrorismus	272
		6.4.6 »Altlasten«: Alter, Demenz, Tod	278
		6.4.7 »Platt gemacht«: Obdachlosigkeit	287
		6.4.8 »Oben und Unten«: soziales Gefälle	291
		6.4.9 »Mauerblümchen«: Zwangsprostitution, Fluglärm, Leiharbeit und mehr	295
	6.5	Fazit: Thematisch gruppierte Sendungsanalysen	298
7.	**Resümee**		**303**
8.	**Filmografie**		**321**
9.	**Literatur und Quellen**		**325**

Vorwort

»Tatort«-Krimis aus kulturwissenschaftlicher Perspektive zu analysieren ist ein zumeist spannendes, stets arbeitsreiches, zuweilen lustiges und viele Überraschungen bereithaltendes Unterfangen. Die gesellschaftspolitischen Themen im »Tatort« und ihre Konstruktionsweisen sind der Gegenstand der vorliegenden Studie. Wie funktionieren Themen-»Tatorte«? Welche Figuren erwecken die Themen auf dem kleinen Bildschirm zum Leben? Mit welchen Wissensbeständen werden sie verknüpft? Welche etablierten Konventionen gibt es bei der Einbindung brisanter Themen in die Detektionshandlungen der Krimis? Gesellschaftspolitische Themen im »Tatort« werfen viele Fragen auf, denen ich mich beim Konzeptionalisieren und Schreiben meiner hiermit vorliegenden Dissertation stellte. Den Forschungsgegenstand gefunden, gewählt und mit viel Leidenschaft bearbeitet zu haben, macht mich glücklich und zufrieden.

Mein herzlicher Dank gilt all jenen, die mich bei der Realisierung meines Dissertationsprojektes in intellektueller, zwischenmenschlicher und finanzieller Hinsicht unterstützt haben.

Dank gilt meiner Betreuerin und Erstgutachterin, Prof. Dr. Jutta Röser, für ihre tatkräftige Unterstützung und ihr stets konstruktives und forderndes Interesse an meiner Arbeit von der ersten Idee an bis hin zum fertigen Buch. Ebenfalls gedankt sei Prof. Dr. Lothar Mikos für seine inspirierenden Publikationen, sein Gutachten und die freundliche Hilfe bei der Realisierung dieses Buches und seinem Erscheinen in der UVK-Reihe »Alltag, Medien und Kultur«. Mein Dank für sein Interesse und sein Gutachten gilt ebenfalls Prof. Dr. Sven Kramer.

Danken möchte ich auch mehreren Institutionen, allen voran der Hans-Böckler-Stiftung (HBS), die mich in ihr Programm zur Promotionsförderung aufnahm, mich materiell und ideell unterstützte und ohne deren Hilfe ein zügiger Abschluss meiner Promotion und die Drucklegung dieses Buches nicht möglich gewesen wären. Dank auch an Dr. Markus Stauff für seine wertvollen Ratschläge, die er mir in seiner Eigenschaft als Vertrauensdozent der HBS gab. Mein Dank gilt ebenfalls der kulturwissenschaftlichen Fakultät der Leuphana Universität Lüneburg und dem wunderbaren Magisterstudiengang Angewandte Kulturwissenschaften, dem Institut für Kommunikationswissenschaft und Medienkultur (IfKM), der AG Populärkultur innerhalb der Gesellschaft für Medienwissenschaft (GfM) sowie der UVK Verlagsgesellschaft und der Freiwilligen Selbstkontrolle Fernsehen (FSF), namentlich Sonja Rothländer und Karin Dirks, für ihre tatkräftige Hilfe bei der Publikation meiner Arbeit.

Für kritische Einwände, freundschaftliche Ermunterungen und Korrekturen danke ich Caroline Rothauge, Steffen Rudolph, Yvonne Mattern, Lars O. Güthling, Florian Grote und Matthias N. Lorenz. Mein herzlichster Dank geht an Caroline Rothauge, die mich während meiner gesamten Promotionszeit nach Kräften unterstützte und mir Halt gab.

Besonderer Dank gilt meinen Eltern, Roswitha und Claus-Peter Buhl, für ihre Anteilnahme und materielle Unterstützung.

Ich widme dieses Buch meiner im Jahr 2009 verstorbenen Mutter.

Hendrik Buhl   Fürth, Juli 2013

1. Einleitung

Unterhaltende Angebote des Fernsehens tragen als kulturelle Foren zur gesellschaftlichen Selbstverständigung bei. Sie sind »Not only Entertainment« (Müller 2011) und für die Entwicklung von Denkweisen, Sinnentwürfen und Weltanschauungen bedeutsam, denn sie erweitern und formen soziales Wissen (vgl. Hall 2001, S. 346). Als Ressourcen des konfliktären Feldes alltäglicher Bedeutungsbildung sind sie mit den symbolischen Wissenshorizonten der Kultur, deren konsensuellen Grundlagen und konventionellen Bedeutungen (inter-)diskursiv verbunden (vgl. Müller/Wulff 2006, S. 197). In den realitätsbezogenen Als-ob-Welten der »Tatort«-Krimis geschieht dies mittels selektiver, komplexitätsreduzierter und mehr oder minder genretauglicher Einbindungen von Wiss- und Sagbarkeiten qua »Personalisierung, Narrativisierung und Dramatisierung« (Müller 2011, S. 22). Das macht sie zu populären Interdiskursen, die spezialisiertes und verstreut zirkulierendes Wissen aufbereiten und reintegrierend verfügbar machen (vgl. Link 1999, 2005, 2006; Nohr 2009, 2012). Darüber hinaus sind diese populären Artefakte in den Diskurs um das Fernsehen selbst eingebettet, namentlich um jenen um die Bedeutung des öffentlich-rechtlichen Fernsehens für den gesellschaftlichen Wissenshorizont und das damit verbundene Normen- und Wertegefüge. Knut Hickethier nennt die Als-ob-Welten der Krimireihe »fiktionale [...] Weltverständnisangebote« (1995, S. 79) und führt an anderer Stelle aus:

> »Im Tatort erkennen wir die Realität der Bundesrepublik wieder, wie sie ist, wie sie sein könnte und vor allem, wie disparat und vielfältig sie sich entwickelt« (Hickethier 2010, S. 46).

Jochen Vogt bezeichnet die Reihe sogar als den »wahre[n] deutsche[n] Gesellschaftsroman« (Vogt 2005, S. 111).

Das im Rahmen vorliegender Arbeit zentrale *Erkenntnisinteresse* richtet sich auf das Phänomen gesellschaftspolitischer Themen in Krimis der Reihe »Tatort« und gilt damit der qualitativen Erforschung realitätsbezogener Fiktionalität in Texten des öffentlich-rechtlichen Fernsehens. Im Fokus stehen damit (inter-)diskursiv aufgeladene, mediale Repräsentationen im Politainment-Format, in denen konfliktäre oder konsensuelle Wissensbestände aufgenommen und machtvoll signifiziert werden (vgl. Hickethier 1995, S. 69, Dörner 2000, 2001). Die Erforschung der Krimireihe »Tatort« als Politainment (Dörner 2001) und institutionalisierter Interdiskurs (Link 2006, Nohr 2012) zielt auf die audiovisuelle

1. Einleitung

Bedeutungsproduktion von Genretexten im Modus politischer Unterhaltung. Politisch ist diese Form der Unterhaltung deshalb, weil sie konfliktäres und/oder konsensuelles Wissen symbolisch komprimiert in ihre Narrationen aufnimmt, dazu Interpretationen und Perspektivierungen etabliert und somit in den Kampf um Bedeutungen eingreift. Dieser Prozess kreist stets um die unsichere Kategorie des gesellschaftlichen Konsenses (vgl. Leggewie 2008, S. 297). Da die populären Sendungen der »Tatort«-Reihe politisch und kulturell im Rahmen des Mainstreams (vgl. Hügel 2007) zu verorten sind, geben ihre Textualitäten Aufschluss über jeweils aktuelle Horizonte der Wert- und Sinngebung und deren Verschiebungen in unserer Gesellschaft: »Hier lässt sich feststellen, welche Themen, Lebensweisen, Ziel- und Sinnkonstruktionen und welche politisch-kulturellen Traditionen in einer Gesellschaft konsensfähig sind« (Dörner 2006a, S. 229 f., vgl. Vogt 2005, S. 121). Die Analytik in der vorliegenden kulturwissenschaftlichen Studie zielt also darauf ab, zu verstehen, wie manifeste und latente Wissensbestände mit den unterhaltsamen Narrationen populärkultureller Artefakte verschmelzen. Die aufzudeckenden »Signifikationspolitiken« (Marchart 2008, S. 164) lassen interpretative Schlüsse auf die Konsensbereiche deutschsprachiger Medienkultur zu, wobei unter Medienkulturen jene Kulturen zu verstehen sind, »deren primäre Bedeutungsressourcen mittels technischer Kommunikationsmedien vermittelt bzw. zur Verfügung gestellt werden« (Hepp 2008, S. 124, vgl. Hepp et al. 2010).

Die *Leitfragen* dieser Arbeit lauten: Wie materialisieren sich gesellschaftliche Diskurse in Sendungen der Krimireihe »Tatort«? Was vermögen Genretexte des Fernsehens als Manifestationen von spezifischen Diskursen zur Produktion von Formen des Wissens beizutragen (vgl. Mikos 2008, S. 285)? Die Leitfragen betreffen somit die Verflechtungen unterhaltsamer Genretexte mit den gesellschaftlich relevanten, problembezogenen Wissensbeständen – die politische Dimension populärkultureller Unterhaltung (vgl. Krah 2004, S. 96, Nieland/Kamps 2004, Maase 2010). Sie beziehen sich auf zwei Dimensionen des Phänomens: das jeweilige *Was* und das *Wie* der Darstellung.

1. *Was?* Wie sieht die (inter-)diskursive Agenda der Sendungen aus und welche Themen werden daraus generiert? Das »Tatort«-Jahr 2009 bildet die entsprechende Materialgrundlage; alle 34 sonntäglichen Erstausstrahlungen des Jahres werden analysiert. Dieser synchrone Schnitt durch die über 40-jährige »Tatort«-Geschichte ist deshalb sinnvoll, weil es weder um einzelne, ex ante zu benennende Themen oder Themenverläufe wie »Rechtsradikalismus« (vgl. Süss 1993), »Migration« (vgl. Ortner 2007a/b, Walk 2011) oder die Inszenierungsweisen ostdeutscher Identität (vgl. Welke 2012) im »Tatort« geht noch um eine diachrone Perspektive auf mehrere Jahrzehnte

»Tatort«-Geschichte (vgl. Gräf 2010) gehen soll. Stattdessen gilt es, aktuelle Modi der Thematisierung und Spezifika der Inszenierung in einzelnen Sendungen und sendungsübergreifend, im Hinblick auf den Reihenverbund als Ganzes, zu erforschen. In diesem Zusammenhang ist von besonderem Interesse, welche spezialdiskursiven Wissensbestände für die Zuschauer im »Tatort« als institutionalisiertem Interdiskurs relativ voraussetzungslos zugänglich gemacht werden (vgl. Link 1999, Göttlich 2009, S. 213). Dabei stellt sich die Frage, aus welchen Spezialdiskursen die Wissensbestände stammen, die in den Krimis verarbeitet werden. Um dies herauszuarbeiten, ist es notwendig, in den Sendungen signifiziertes Wissen rekonstruierend zu betrachten, um anschließend Aussagen darüber zu treffen, wie was davon selektiert, filmisch transformiert und genregemäß verarbeitet wird.

2. *Wie?* Welche textuellen Strategien und Inszenierungsstile gibt es bei der Einbindung konfliktärer bzw. konsensueller Wissensbestände? Hier geht es darum, »wie sich Inhalt und Repräsentation eines Film- oder Fernsehtextes mit Diskursen verbinden und auf diese Weise von den Zuschauern mit Bedeutung gefüllt werden können« (Mikos 2008, S. 111). Wie funktionieren die thematisch aufgeladenen »Tatort«-Krimis? Sind sendungsübergreifende Darstellungs- und Inszenierungsstile zu erkennen? Welche Strategien und Verfahren der Repräsentation gibt es und welche Lesarten werden dabei favorisiert? Was soll ein »Problemkrimi der unaufdringlichen Art« (TV Spielfilm 2009a) sein? Wodurch zeichnet sich eine »vertrackte Story mit korrekter Botschaft« (TV Spielfilm 2009b) aus?

Die Fragen zielen darauf ab, herauszufinden, wie televisuelle Darstellungskonventionen der Genretexte die Art und Weise des Aufgreifens konfliktärer bzw. konsensueller Wissensbestände strukturieren. In welchem Verhältnis stehen dabei Information und Unterhaltung, aktuelle Gesellschaftsbezüge und konventionalisiertes Genre, Fakten und Fiktionen, Ernst und Unernst, Konsensuelles und Konfliktäres? Wo hingegen dienen die realitätsbezogenen, sozialweltlichen Verankerungen der Krimis nur als Kulisse zur Ausbreitung spannender Geschichten (vgl. Weber 1992)? In welchen Sendungen geschieht eine gelungene Versinnlichung gesellschaftlich relevanter Themen in Verbindung mit spannender Unterhaltung (vgl. Gansel/Gast 2007)? Mit welchen filmischen Mitteln geschieht dies?

Zur Beantwortung der Forschungsfragen werden umfangreiche Produkt- bzw. Textanalysen durchgeführt. Dabei würde eine einseitige Fokussierung auf Fernsehform und -ästhetik weder der Komplexität des Gegenstandes noch dem kulturwissenschaftlichen Erkenntnisinteresse gerecht werden. Stattdessen wird Fernsehen im Folgenden – wie auch in soziologisch orientierten Filmanalysen

1. Einleitung

bzw. -interpretationen – immer im Rekurs auf Gesellschaft betrachtet. Fernsehanalyse ist in diesem Sinne immer auch (kritische) Kultur- und Gesellschaftsanalyse (vgl. Mai/Winter 2006, S. 9, Faulstich 2002, S. 196).

Zum Aufbau der Arbeit: Das zweite Kapitel befasst sich zunächst mit der Definition des Genrebegriffs im Allgemeinen und des Krimigenres im Besonderen. Hier findet sich zudem Wissenswertes zum öffentlich-rechtlichen Produktionskontext der Reihe, zu ihrer Entstehung, zu ihrer Geschichte und Konzeption, zum Prinzip der stetigen Selbsterneuerung der Marke »Tatort«, zur Organisation der einzelnen Krimis im Verbund der Reihe, zum Figureninventar – den 2009 und darüber hinaus tätigen Ermittlerinnen und Ermittlern –, zur Individualität der erzählten Geschichten, ihrer lokalen Verankerung, zum Realismusgebot der Reihe sowie zum Forschungsstand bezüglich gesellschaftspolitischer Themen. Im dritten, der Theorie gewidmeten Kapitel geht es um Begriffe und Konzepte, die für die Anlage der vorliegenden Studie grundlegend sind: Unter den kulturwissenschaftlichen Vorzeichen der Cultural Studies werden Populärkultur, Fernsehen, die spannungsreichen Verhältnisse von Information und Unterhaltung sowie von Politik und Populärem beleuchtet, ebenso die theoretischen Ansätze der Politainment-Forschung nach Andreas Dörner und der Interdiskurstheorie von Jürgen Link. Am Ende des Theorieteils steht eine Definition dessen, was im Rahmen dieser Studie unter »gesellschaftspolitischen Themen« verstanden wird. Das vierte Kapitel ist der Methodik gewidmet und gibt Aufschluss über die Entwicklung eines auf das Erkenntnisinteresse zugeschnittenen Methodendesigns und dessen Anwendung in der Forschungspraxis. Diese hat gezeigt, dass damit die Analyse auch großer Mengen an Fernsehsendungen erfolgreich bewältigt werden kann und es somit auch für andere Formen zeitgenössischer Fernsehserienforschung taugt (vgl. Buhl 2012, Rothemund 2012).

Das umfangreiche fünfte Kapitel enthält zunächst einen Überblick über die im Sinne der Fragestellung getroffene Auswahl an Sendungen. Gemeinsam mit dem nachfolgenden Kapitel sechs bildet es den empirischen Kern der Arbeit. Dass längst nicht alle Krimis der Reihe gesellschaftspolitisch aufgeladen sind, kommt darin ebenso zur Sprache wie die Feststellbarkeit thematischer Schwerpunkte bzw. Konjunkturen. Kapitel fünf enthält zwei große Detailanalysen unter kontextualisierendem Einbezug weiterer Folgen. Die Analyse der thementragenden Figuren sorgt darin jeweils für die Struktur und ist auch für die kürzeren Sendungsanalysen in Kapitel sechs erkenntnisleitend. Im Resümee werden die in den Einzel- und Detailanalysen gewonnen Erkenntnisse zusammengefasst, an die Theorie zurückgebunden und reflektiert.

2. Die Reihe »Tatort« in der Populären Kultur

»Wo waren Sie am Sonntagabend zwischen 20.15 Uhr und 21.45 Uhr?« Für den Ausklang des Wochenendes bei spannender Krimiunterhaltung bedarf es keines Alibis. Das »Tatort«-Gucken ist für sehr viele Menschen im deutschsprachigen Raum längst eine selbstverständliche und ritualisierte medienkulturelle Praxis (vgl. Buhl 2007). Ob sonntags allein zu Hause, mit Freunden beim Abendessen, mit Fremden beim »Public Viewing« (vgl. Hinrichs 2005) in städtischen Lokalen oder an den Tagen danach in der Internet-Mediathek der ARD, die »Tatort«-Krimis werden seit Langem regelmäßig von sehr vielen Menschen gesehen (vgl. Scherer/Stockinger 2010a/b, Zubayr/Geese 2005). Eine anlässlich des 40-jährigen Bestehens der Reihe im Jahr 2010 publizierte, quantitative Studie des Allensbacher Instituts für Demoskopie ergab, dass die Sendung von »knapp drei Viertel der Bevölkerung [...] zumindest hin und wieder« (IfD 2010, S. 2) gesehen wird. Besonders beliebt ist die Reihe bei über 45-Jährigen (ebd., S. 3).

2.1 Relevanz der Reihe

Der seit November 1970 existierende »Tatort« ist die langlebigste Sendung unter den Krimiserien und -reihen und eine der am längsten laufenden des deutschen Fernsehens überhaupt. Als beständiger Quotenfänger bildet sie die Speerspitze eines der populärsten Genres im Fernsehen. Die »Tatort«-Reihe gehört zu den stärksten Marken der Arbeitsgemeinschaft der öffentlich-rechtlichen Rundfunkanstalten Deutschlands (ARD). Im Produktverbund gibt es neben den Fernsehkrimis auch Bücher sowie seit 2008 auch Radio-»Tatorte«. Die Hörspiele erscheinen auf CD, und eine beständig erweiterte Auswahl an Spielfilmen ist im Vertrieb von Walt Disney Studios Home Entertainment mittlerweile auf DVD, in Einzelfolgen und in Städte- bzw. Teamkompilationen verfügbar.

Im Fernsehfluss nach der »Tagesschau«, die den Beginn des Fernsehabends faktenreich einläutet, und vor den unterhaltsamen Selbstdarstellungen politischer Akteure in der Polit-Talkshow »Günther Jauch« (vgl. Armbruster/Mikos 2009, Schultz 2006, S. 317) platziert, bietet der »Tatort« fiktionale Welten mit faktualen Anteilen (vgl. Vogt 2005, S. 112).

Der berühmt gewordene und weitgehend unverändert gebliebene Vorspann mit dem Fadenkreuz und den blauen Augen von Horst Lettenmayer, den Fond-

wechseln im Takt der Spannung evozierenden Musik von Klaus Doldinger, die nach dem Erreichen der Klimax in einen groovigen Bassriff mündet und mit zackigen Bläserakzenten endet, während Lettenmayer läuft und eingekreist wird, sowie der (verkürzte) Abspann markieren als gemeinsames Signet den Rahmen der Reihe (vgl. Fuchs 2007, S. 70).

Reinhold Viehoff sieht in dem markanten Vorspann die Modellierung einer spezifischen erkenntnistheoretischen Situation: die Pupillen im *close-up* der Kamera als angedeutete Verheißung von Authentizität und Objektivität der Darstellung, beginnend am Ort der Tat. Schließlich gelte: kein Fernsehkrimi ohne Tat-Ort. Am Ort der Tat, Ausgangspunkt und Conditio sine qua non des Ermittlungsgeschehens, beginnt das vor den distanzierten Blicken der sich zu Hause sicher wissenden Zuschauer ausgebreitete Spiel um Verdachtsmomente, Indizien und Motive, das stets auf die erwartbare Überführung der Täterin oder des Täters hinausläuft (vgl. Viehoff 1999, S. 117 f.).

2.2 Das Krimigenre

Die Reihe »Tatort« ist dem erfolgreichsten fiktionalen Genre des deutschen Fernsehens zuzurechnen: dem Fernsehkrimi (vgl. Brück et al. 2003). Genres dienen der Bezeichnung und Klassifizierung von Gruppen inhaltlich und formal ähnlicher Artefakte (vgl. Mikos 2008, S. 263, Borstnar et al. 2008, S. 65 ff., Müller 2003, S. 212 ff.). Sie umfassen familienähnliche Produkte, die hinsichtlich ihres Figureninventars, ihrer Geschichten, Dramaturgien, Motive, ästhetischer und stilistischer Standards zusammengefasst werden können. Dies hat ihnen den Vorwurf der »Formelhaftigkeit« (Ganz-Blättler 1999, S. 264, Hallenberger 2002, S. 85) eingebracht, einhergehend mit einem Hang zur Stereotypisierung (vgl. Schweinitz 2006). Dieser Denktradition verbunden, spricht Thomas Weber beispielsweise von Genres als »Warenkategorien im Handel mit Unterhaltungsprodukten« (Weber 1994, S. 258).

Wie alles Kulturelle unterliegen auch Genres dem historischen Wandel. Filme eines Genres sind zwar einander ähnlich, aber nie gleich. Es herrscht das Grundprinzip von Schema und Variation (vgl. Hallenberger 2002, S. 95). Das heißt, es gilt, nach zwei »Merkmalsklassen« zu differenzieren: in »obligatorische, *genrekonstitutive* und in fakultative, *genretypische* Struktureinheiten« (Bauer 1992, S. 48, Herv. i. Orig.). Konstitutiv für das Krimigenre ist beispielsweise die normüberschreitende Tat, der Mord, während das Warten im Auto auf einen der Tat Verdächtigen zu den zwar typischen, aber nicht zwingend notwendigen Elementen zählt. Genres bieten ein »Gebrauchswertversprechen« (Mikos 2008, S. 265), das heißt eine Erwartbarkeit dessen, was die Zuschauer in Sendungen verschiedener Genres (Krimi, Heimatfilm, Arztfilm etc.) geboten bekommen. Wer sich einen als Krimi angekündigten Spielfilm anschaut und mit den Regeln des Genres vertraut ist, dessen Erwartungen werden beim Anschauen in der Regel erfüllt werden. Das Krimigenre im Besonderen ist geprägt von einem Trend zur »*Hybridisierung*, d.h. die Vermischung des Krimigenres mit anderen Genres, Formen oder Annäherung[en] an die ästhetischen Standards anderer Genres oder Medien« (Brück et al. 2000, S. 14, Herv.i.Orig.). Ein »Tatort«-Krimi kann heute Elemente des Melodrams, des Öko-Thrillers, des Sozialdramas, der Industriereportage, des Justizfilms, des Westerns, der Komödie und noch von vielem mehr enthalten.

In der Summe dienen Genres der Organisation von Medienhandeln, -distribution und -produktion. Jason Mittel spricht sich deshalb für ein über den Text hinausweisendes Verständnis von Fernsehgenres aus, für Genres

> »as a process of categorization that is not found within media texts, but operates across the cultural realms of media industries, audiences, policy, critics, and historical contexts« (Mittell 2005, S. xii, vgl. Mikos 2008, S. 264).

Diese umfassenden Zusammenhänge gilt es im Zuge der produktanalytischen Anlage vorliegender Studie stets mitzudenken.

Für das Krimigenre konstitutiv ist die Trias aus Normübertretung (Mord), Detektion (Ermittlung) und Aufklärung (Lösung des Falles bzw. Festnahme der Täterin/des Täters) (vgl. Bauer 1992, S. 45, Brück 1996, S. 321). Dabei wird deutlich, dass der Krimi kein genuines Genre des Fernsehens ist. Die Genreentwicklung verläuft in intermedialen Entwicklungslinien und hat eine lange Geschichte (vgl. Vogt 1998, Mikos 2002a/b). Ingrid Brück bietet in ihrer Begriffsdefinition ein Destillat aus vielen Definitionsversuchen an:

> »Der Fernsehkrimi ist (1) eine im Fernsehen gesendete (2) Spielhandlung, die (3) auf die Darstellung von Verbrechen bzw. Kriminalität und deren Aufklärung abzielt« (Brück 2004, S. 11).

Die Definition umfasst damit Medialität, Fiktionalität, Thema und Rätselstruktur dieser Textsorte. Die Reihe »Tatort« ist innerhalb des Krimigenres dem Subgenre des Polizeifilms zuzurechnen (vgl. Mikos 2008, S. 263, Hickethier et al. 2005, S. 19). Das heißt, die Verbrechensaufklärung findet (fast immer) im offiziellen Auftrag und unter der Ägide dafür zuständiger Behörden statt. Den verbeamteten Ermittlern steht zur Bewältigung ihrer Aufgabe ein großer Polizeiapparat zur Verfügung; der verdeckt arbeitende und weitgehend auf sich allein gestellte Mehmet Kurtulus als Cenk Batu in Hamburg war in dieser Hinsicht eine seltene – und letztlich nur kurze Zeit zu erlebende – Ausnahme. Die Kommissare verfügen über zahlreiche Zuträger von detektionsrelevantem Wissen:

2. Die Reihe »Tatort« in der Populären Kultur

Zunächst die Leute von der Spurensicherung, die weiß gekleidet am Tatort Hinweise auf die Täterin bzw. den Täter suchen und finden, indem sie pinselnd Fingerabdrücke sichern, Spuren katalogisieren und Fundstücke eintüten. Denkbar sind auch Experten für Blutspuren, die imstande sind, Tatverläufe zu rekonstruieren (vgl. die US-amerikanische Erfolgsserie »Dexter«, SHOWTIME 2006 ff., Rothemund 2013). Daneben gibt es Pathologen, die Auskünfte über Auffindsituationen, Todeszeitpunkte und -ursachen, Tatwerkzeuge (»stumpfer Gegenstand«), Mageninhalte, Promillewerte und Drogencocktails, auffällige Körpermerkmale oder prämortalen Geschlechtsverkehr geben. Darüber hinaus helfen Psychologen, die Täterprofile zu erstellen, kindliche Traumata zu deuten und Beziehungsgefüge zu entschlüsseln. Kriminaltechniker (»KTU« steht für »Kriminaltechnische Untersuchung«) rekonstruieren und lesen die Handy- und Computerdaten aus, bringen Navigationssysteme zum Laufen oder ordnen Tatwaffen zu. Ein schwer bewaffnetes »SEK« (»Spezialeinsatzkommando«) rufen die Kommissare dann zu Hilfe, wenn es um die Verhaftung von gefährlichen Straftätern geht. Zu den zum Polizeiapparat gehörenden Experten kommen ausländische Helfer bei länderübergreifender Polizeiarbeit (»Amtshilfe«), inoffizielle Informanten aus dem »Milieu«, einsitzende Sträflinge und weitere Personen aus dem Umfeld der Opfer. Als Experten ausgewiesene Figuren spielen darüber hinaus im Rahmen interdiskursiver Informationsvergabe eine große Rolle (vgl. Kapitel 3.5).

Genretexte sind konventionalisiert. Das Grundmuster von Schema und Variation sorgt dementsprechend dafür, dass es zahlreiche textuelle Bausteine gibt, die Fernsehkrimis enthalten müssen oder können (vgl. Bauer 1992, S. 48). Zu den obligatorischen gehören traditionellerweise die die Detektion auslösende Tat bzw. der Fund der Leiche, die Aufklärungsarbeit sowie die schlussendliche Auflösung des möglichst Spannung evozierenden Täterrätsels (*whodunit*) bzw. die Entschlüsselung der Gründe für die Tat (*whydunit*) (vgl. Mikos 2002a). Die meisten »Tatort«-Krimis enthalten diese Elemente, allerdings nicht alle. Anstelle eines Mordes kann es sich auch um einen Selbstmord handeln, es muss nicht zwingend ein Leichenfund am Beginn der Narration stehen, und die Detektion muss auch nicht immer mit der Verhaftung der Täterin oder des Täters in Handschellen enden.[1]

Zu den fakultativen Elementen in Fernsehkrimis gehören die Überbringung der Todesnachricht an die Angehörigen des Opfers, Verfolgungsjagden, das Sichten von Überwachungsvideos, das Überprüfen von Alibis, Observationen Tatverdächtiger, Recherchen in Archiven und Datenbanken, Befragungen und Verhöre. Hinzu kommen kleine Scherze und Sticheleien, Auseinandersetzungen

---

1 Vgl. exemplarisch »Um jeden Preis« (WDR 2009), »Manila« (WDR 1998) und »Frau Bu lacht« (BR 1995).

mit Vorgesetzten und über den Verbleib von Haustieren, Essen und Trinken, Flirten sowie das Pflegen von Kauzigkeiten. Die Aufzählung zeigt, dass viele der genannten narrativen Versatzstücke im Polizeipräsidium, der Zentrale der Detektion, stattfinden. In diese häufig nach außen hin abgeschottete Innenwelt werden Tatverdächtige und Zeugen einbestellt und verhört. Die Kommissare sprechen dort auf Fluren und in Treppenhäusern Strategien der Detektion miteinander ab, fassen in ihren Büros bereits gewonnene Erkenntnisse zusammen, halten Informationen in Bildern und Texten auf Pinnwänden oder beschreibbaren Plexiglaswänden fest, schauen auf Stadtpläne, telefonieren und brechen gemeinsam oder einzeln von dort auf, um Weiteres in Erfahrung zu bringen und die Detektion voranzutreiben.

Nach einer ideologiekritischen These zum Krimigenre im Allgemeinen handelt es sich dabei um ein Instrument der Erziehung und Disziplinierung. Gestützt wird sie durch die Grundstruktur des Krimis, zumeist beginnend mit einer individuellen, justiziablen Normverletzung, dem Mord, und der komplementären Wiederherstellung der Norm nach erfolgreicher Detektionsarbeit. Wenn die Handschellen am Ende klicken, ist die Botschaft eindeutig: »Verbrechen lohnt sich nicht!« (Brück 1996, S. 336). Knut Hickethier schreibt dazu: »Das Kriminalgenre betreibt auf diese Weise gesellschaftliche Disziplinierungsarbeit« (Hickethier 1994b, S. 279) und, an anderer Stelle, der Kriminalfilm sorge »als massenmediale Form auf unterhaltende Weise für die Stabilität der Verhältnisse, gerade weil er immer wieder aufs Neue ihr Infragestellen thematisiert« (Hickethier et al. 2005, S. 12). Im Hinblick auf die krimikonstitutiven Topoi Verbrechen und Aufklärung treffen diese Befunde grundsätzlich zu; im Hinblick auf politische Unterhaltung und Interdiskursivität in Themenkrimis sind sie einer kritischen Überprüfung zu unterziehen.

2.3 Öffentlich-rechtliche Aufklärung

Die »Tatort«-Reihe gilt als das Aushängeschild der Arbeitsgemeinschaft der öffentlich-rechtlichen Rundfunkanstalten der Bundesrepublik Deutschland, kurz: ARD. Der öffentlich-rechtliche Rundfunk leitet seinen Namen vom »Öffentlichkeitsideal der Aufklärung« (Lucht 2009, S. 27) sowie vom Begriff des Rundfunks ab, verstanden als Fernsehen und Radio im engeren Sinne. Mit dem Öffentlichkeitsideal verknüpft ist der Wunsch nach Partizipation der Bürgerinnen und Bürger am politischen Prozess bei der Meinungs- und Willensbildung und die Nachvollziehbarkeit politischer Prozesse sowie nach Transparenz, der Sichtbarkeit staatlicher Prozesse und Handlungen. Beides hat eine »*allgemeine* [...] *Zugänglichkeit*« (Lucht 2006, S. 87, Herv. i. Orig.) von entsprechenden Informa-

2. Die Reihe »Tatort« in der Populären Kultur

tionen zur Bedingung. In der Präambel ihres in kombinierter Form veröffentlichten Arbeitsberichts für die Jahre 2009/2010 und ihrer Leitlinien für die folgenden Jahre 2011/2012 verlautbart die ARD hinsichtlich ihrer Funktion:

> »Der öffentlich-rechtliche Rundfunk erfüllt mit der Gesamtheit seiner Angebote und Dienstleistungen eine unverzichtbare gesellschaftliche Funktion. Die ARD stellt mit ihrem Gemeinschaftsprogramm Das Erste ein unabhängiges, hochwertiges und nachhaltiges Angebot für alle Bevölkerungs- und Altersgruppen bereit. Damit leistet sie einen wichtigen Beitrag für den Zusammenhalt des Gemeinwesens wie auch zur Integration in Deutschland und Europa. Die Erfüllung ihres Programmauftrags verbindet die ARD mit einem auf Werten wie Menschenwürde, Toleranz und Minderheitenschutz gründenden Qualitätsanspruch. Dieser Qualitätsanspruch gilt für alle durch den Rundfunkstaatsvertrag und die ARD-Grundsätze festgelegten Kernbereiche Information, Bildung, Beratung, Unterhaltung und Kultur« (Putz/Jacob 2010, S. 10).

Wesentliche Teile der genannten fünf Kernbereiche finden sich in Sendungen der »Tatort«-Reihe wieder. Die Funktionen des öffentlich-rechtlichen Rundfunks im Rahmen seines Auftrages zur dem Gemeinwohl verpflichteten Grundversorgung der Bevölkerung sind nach Jens Lucht (2006, S. 174):

1. Die »Integrationsfunktion«. Der Rundfunk soll dazu dienen, den gesellschaftlichen Zusammenhalt der Bevölkerung zu erhalten bzw. herzustellen, »alle gesellschaftlichen Schichten anzusprechen, deren Teilhabe am politischen Meinungs- und Willensbildungsprozess zu ermöglichen, auseinanderstrebende Tendenzen der Massengesellschaft zusammenzuführen, alle Bürger oder doch möglichst viele am Zeitgespräch der Gesellschaft zu beteiligen sowie Bürgersinn und Engagement für das demokratische Gemeinwesen zu motivieren« (Lilienthal 2009, S. 6, vgl. Dörner 2001, S. 243).

2. Die »Forumsfunktion« in übergeordneter und von der auf das Fernsehen im engeren Sinne bezogenen Konzeption Horace Newcombs und Paul Hirschs (1986) zu unterscheidender Perspektive. Sie steht für »politische Ausgewogenheit und die Berücksichtigung von Minderheiteninteressen« (Lucht 2006, S. 174) sowie für einen offenen Austausch an Ideen und Meinungen. Außerdem soll der Rundfunk über internationale bzw. globale Vorgänge umfassend informieren.

3. Die »Komplementärfunktion« steht für die Aufgabe des öffentlich-rechtlichen Rundfunks, auch unwirtschaftlichen, wenig quotenträchtigen Angeboten Gehör zu verschaffen. Dies betrifft vor allem kulturelle und wissenschaftliche Themenfelder und deren Randbereiche.

2.3 Öffentlich-rechtliche Aufklärung

4. Die »Vorbildfunktion« des öffentlich-rechtlichen Rundfunks schließlich steht für das Setzen allgemeiner Qualitätsstandards, vor allem hinsichtlich Seriosität und Professionalität.[2]

Das Gros des für die Erfüllung seines Auftrages nötigen Geldes, etwa 85 %, bekommt der öffentlich-rechtliche Rundfunk – also auch die den »Tatort« produzierende ARD – von denjenigen, für die er es ausgibt: den Rundfunkteilnehmern, also den Zuhörern bzw. Zuschauern. Insgesamt sind es über sieben Milliarden Euro pro Jahr, die über die obligatorischen Rundfunkabgaben eingenommen werden. Für ein Fernsehgerät, Radio und ein sogenanntes »neuartiges Rundfunkgerät«, einen internetfähigen PC oder Ähnliches, mussten 2009 17,98 Euro pro Monat gezahlt werden. Mit dem Geld aus den Rundfunkgebühren wird die (Programm-)Arbeit der neun Landesrundfunkanstalten der ARD, des ZDF und zweier nationaler Radioprogramme finanziert. Das heißt, es werden damit neben den zwei Hauptprogrammen ARD und ZDF sieben dritte Programme, drei Spartensender – die sogenannten »Kultursender« 3SAT, PHOENIX und ARTE – sowie der skandalgeschüttelte KIKA, des Weiteren die Digitalsender von ARD und ZDF sowie die Radioprogramme von DEUTSCHLANDRADIO KULTUR und DEUTSCHLANDFUNK sowie zahlreiche Angebote im Internet, wozu auch der »Tatort«-Stream zu zählen ist, betrieben (vgl. Lilienthal 2009, S. 9). Einnahmen aus Rundfunkwerbung und Sponsoring – hierzu zählt die 18 Jahre währende Präsentation der »Tatort«-Reihe durch den Bierhersteller

---

2 Im Herbst 2009 erschütterte die Affäre um Doris J. Heinze die ARD, die Feuilletons sowie die Boulevardpresse. Heinze war als Fernsehspielchefin beim NDR seit 1991 verantwortlich für die »Tatort«-Krimis aus Kiel, Hannover und Hamburg. 2009 wurde Heinze zunächst suspendiert und dann fristlos ihres Postens enthoben. Drei Jahre später wurde gegen sie ein Gerichtsverfahren wegen Bestechlichkeit, Untreue und Betrug eröffnet. Die HAMBURGER MORGENPOST (Nr. 35/09 vom 30.08.2009) titelte voller Häme: »Die Gier der blonden Doris. Vetternwirtschaft. So dreist trieb es die mächtige Frau Heinze beim NDR«. Mitangeklagt war Heinzes Ehemann, Claus Strobel, dem sie Drehbuchaufträge zugeschanzt haben soll. Unter dem Pseudonym »Niklas Becker« – ein Name, der höchstwahrscheinlich aus Heinrich Heines »Wintermärchen« stammt – soll die Fernsehmanagerin vier von ihrem Mann verfasste Drehbücher Gewinn bringend an den NDR verkauft haben, unter dem Pseudonym »Marie Funder« zudem zwei Skripte aus ihrer eigenen Feder. Ebenfalls mitangeklagt war die Fernsehproduzentin Heike Richter-Kahrs. Sie soll die Drehbücher der Autoren »Becker« und »Funder« zum Teil ungesehen gekauft haben, wofür Heinze ihr im Gegenzug neue Produktionsaufträge vermittelt haben soll. Der langjährige Vorgesetzte Heinzes, der frühere NDR-Programmdirektor Jürgen Kellermeier, nahm sich nach dem Bekanntwerden der Affäre im Oktober 2009 das Leben. Anfang 2011 entschuldigte sich Doris J. Heinze öffentlich für ihre Verfehlungen, die sie selbst als »absoluten Schwachsinn« bezeichnete. Im Oktober 2012 wurde Heinze schließlich zu einer Gefängnisstrafe von einem Jahr und zehn Monaten auf Bewährung verurteilt. Die Glaubwürdigkeit der »Tatort«-Reihe als Reflexions- und Moralinstanz wird durch die »Causa Heinze« wenn nicht unterminiert, so doch partiell infrage gestellt. Der grundsätzlichen Moral des Krimigenres, »Verbrechen lohnt sich nicht!«, entsprechen die Vorgänge um die Aufdeckung und die juristische Aufarbeitung des Skandals ironischerweise voll und ganz.

2. Die Reihe »Tatort« in der Populären Kultur

Krombacher – betragen etwa sechs Prozent der Einnahmen, den Rest, circa neun Prozent, machen andere Erträge aus, etwa aus Koproduktionen, Kofinanzierungen und Programmverwertungen. Hierzu ist auch der Verkauf der »Tatort«-DVD-Rechte an die Home-Entertainment-Sparte des Disney-Konzerns durch die ARD zu zählen.

Der öffentlich-rechtliche Rundfunk sieht sich angesichts von Konkurrenz- und Quotendruck im Wettbewerb mit privatwirtschaftlichen Anbietern in einem Dilemma: Er muss seine Adressaten einerseits umfassend informieren, mit Spannendem, Spektakulärem und Buntem unterhaltsam begeistern und damit zum wiederholten Einschalten bewegen. Andererseits muss er dem unmissverständlichen Ernst seines Auftrages Genüge tun, zur öffentlichen Meinungsbildung beizutragen, um damit die demokratische Verfasstheit des Staatswesens zu stützen. Ob das, was er leistet, akzeptiert wird, darüber entscheidet der Souverän an der Fernbedienung.

> »Über die politische Legitimität der Rundfunkgebühr entscheidet die Akzeptanz der Programme, ihre breite Nutzung durch die Zahlenden. Der öffentlich-rechtliche Rundfunk muss deshalb auch Unterhaltung anbieten, weil er andernfalls den Zuspruch der Vielen verlöre. Von ihm, von der Kreativität seiner Programmmacher ist zu erwarten, dass sie gerade im Modus der Unterhaltung relevante gesellschaftliche Themen verhandeln und so der Mehrheit der Bürger für das interessieren, was für die Meinungsbildung bedeutend ist« (Lilienthal 2009, S. 10).

Wiederum erscheint die quotenträchtige Reihe »Tatort« als idealtypisches Destillat des Wunsches, verschiedene Aufgabenbereiche des öffentlich-rechtlichen Rundfunks publikumswirksam miteinander zu verschmelzen (vgl. Weiß 2010, S. 286). Dem eigenen Bekunden der ARD zufolge gelingt in den Genrenarrativen die publikumswirksame Verbindung von Brisantem und Populärem im Rahmen fiktionaler Unterhaltung. In ihrem Bericht zum Zeitraum 2009/2010 heißt es:

> »Der ›Tatort‹, die älteste Krimiserie im deutschen Fernsehen, feierte 2010 sein 40-jähriges Bestehen. Die Reihe zeichnet sich zum einen durch eine gelungene Mischung aus Tradition und Innovation aus: [...] Zum anderen führt die Reihe vor, wie über spannende Kriminalgeschichten, innovative Erzählweisen und ästhetisch avancierte Darstellungsmittel gesellschaftlich relevante Themen vermittelt werden können. [...] Die Krimis der Reihen ›Tatort‹ und ›Polizeiruf 110‹ waren auch, obwohl es sich um fiktionale Produktionen handelt, wegen ihrer realitätsnahen Milieuschilderungen aus allen Regionen Deutschlands beim Publikum so beliebt« (Putz/Jacob 2010, S. 75, 99).

2.3 Öffentlich-rechtliche Aufklärung

Was genau derartig »gesellschaftlich relevante Themen« im »Tatort« ausmachen, wie sie beschaffen sind und mit spannender Genreunterhaltung verknüpft werden, bleibt eine empirisch zu beantwortende Frage, die dem vorliegenden Erkenntnisinteresse entspricht.

2.4 Geschichte und Konzept der »Tatort«-Reihe

2.4.1 Wandel und Heterogenität

Die Reihe »Tatort« startete – als erste der deutschen Krimiserien und -reihen in Farbe – am 29.11.1970 mit der Folge »Taxi nach Leipzig« nach einem Buch von Friedrich Werremeier und unter der Regie von Peter Schulze-Rohr. Vor dem Hintergrund der deutschen Teilung löste Walter Richter als Kommissar Trimmel seinen ersten Fall. Zwei Jahre zuvor war die pseudo-dokumentarische Krimiserie »Stahlnetz« (1958–1968) von der ARD eingestellt worden. Der ab 1969 anhaltende Erfolg der Serie »Der Kommissar« des konkurrierenden ZWEITEN DEUTSCHEN FERNSEHENS (ZDF) mit Erik Ode als Ermittler veranlasste die Verantwortlichen bei der ARD dazu, über ein neues Krimikonzept nachzudenken. Es entstand ein »Erfolgsrezept aus Verlegenheit« (Vogt 2005, S. 11). In dem Wissen, dass eine einzelne Landesrundfunkanstalt eine zum »Kommissar« konkurrenzfähige Serie nicht würde produzieren können, machten sich die Verantwortlichen die föderale Struktur des Senderverbundes ARD zunutze (vgl. Wehn 2002, S. 35). Dabei war die neue Sendung ursprünglich nur für eine Laufzeit von zwei Jahren vorgesehen (vgl. Brück et al. 2003, S. 160). Der Schauplatz der einzelnen Episoden sollte in den Titel integriert werden, es sollte also beispielsweise vom »Tatort Köln« die Rede sein, was aber letztlich der Einfachheit wegen nicht realisiert wurde (vgl. Wenzel 2000, S. 26).

Zur Konzeption der Reihe schrieb der Erfinder des »Tatort«-Konzepts und ehemalige Fernsehfilmchef des WDR, Gunther Witte, anlässlich ihres 30-jährigen Bestehens:

> »Also sind die Besonderheiten des ›Tatorts‹ Grund seiner großen Beliebtheit? Absurderweise verhelfen ihm seine offensichtlichen Regelverstöße zu höchstem Ansehen. Statt einer festen identifizierbaren Ansiedlung wechselt jeweils sein regionaler Bezug. Statt der üblicherweise einen profilierten Ermittlerfigur verfügt er über eine unübersehbare Zahl von Kommissaren, verschwindet einer, kommt ein neuer hinzu. Er erzählt sowohl konventionelle Krimi-Stories als auch sozialkritische oder politische Kriminal-Geschichten. Seine einzelnen Folgen tragen die unterschiedlichsten Handschriften. Jeder Beitrag zur Reihe präsentiert sich als

2. Die Reihe »Tatort« in der Populären Kultur

eigenständiger, abendfüllender Fernsehfilm. Gerade diesem heterogenen Konzept – oder Nicht-Konzept – verdankt der ›Tatort‹ seinen unerschöpflichen Reichtum an inhaltlichen und künstlerischen Möglichkeiten« (Witte 2000, S. 6).
Beständiger Wandel und Selbsterneuerung als Kennzeichen ihrer Heterogenität gehören somit zu den Charakteristika der Reihe. Die für die Fernsehfilmproduktion zuständigen Redaktionen der Landesrundfunkanstalten arbeiten mit wechselnden wie auch wiederholt tätigen Drehbuchautoren und Regisseuren zusammen, die altbekannte wie auch neue Ermittler an wechselnden Handlungsorten in jeweils neuen Geschichten auf die Mörderjagd schicken. Dabei befinden sich die einzelnen Teams in einem Verhältnis produktiver Konkurrenz um Aufmerksamkeit und Einschaltquoten zueinander. Die Sendungen fallen hinsichtlich ihrer Milieuzeichnungen, Topografien, Spannungsdramaturgien, Komikanteile, interdiskursiven Gehalte – der Qualität der Sendungen insgesamt – höchst verschieden aus. Abwechslung scheint garantiert. Jede der beteiligten Sendeanstalten steuert abgeschlossene Einzelfolgen und gelegentlich auch in Kooperation entstehende Doppelfolgen zum Reihenganzen bei. Die Folgen sind jeweils verbunden über gemeinsame Handlungsträger, Schauplätze und das Sujet des Verbrechens und seiner Aufklärung.

2.4.2 Reihenstruktur und Serialität

Das »Strukturmerkmal der losen Kopplung« (Rademacher 2003, S. 375) zeigt, dass es sich beim »Tatort« um eine Sendereihe handelt, das heißt, die Handlungsorte und Hauptpersonen wechseln von einem Sonntag zum nächsten, nach der Mörderjagd in den Straßen Berlins wird eine Woche später in der niedersächsischen Provinz ermittelt. Die dem heterogenen Produktionszusammenhang geschuldete »Individualität« (Brück et al. 2003, S. 161) der Einzelfolgen unterscheidet die Sendung damit von anderen des Krimigenres. In Verbindung mit einem Format von knapp 90 Minuten Länge ist es den Machern möglich, komplexere Dramaturgien und Figuren zu entwickeln, als dies in kürzeren Fernsehkrimis der Fall ist. Der gemeinsame Vorspann, die Sendungslänge und das Sujet sind die verbindenden Elemente. Insofern handelt es sich um »wechselnde Episoden (Folgen) bei gleich bleibendem Handlungshintergrund (Reihentitel)« (Plake 2004, S. 145) und weniger um einzelne »Teilreihen« (vgl. Krah 2004, S. 105) unter dem Label »Tatort«. Die in loser Folge gesendeten Episoden aus Berlin, Kiel etc. sind deshalb keine »Teilreihen«, da es durchaus über die Einzelfolgen hinaus inhaltliche Zusammenhänge zwischen ihnen gibt (vgl. Mikos 1992b, S. 20). Es handelt sich vielmehr um einzelne Serien, also weniger mehr-

2.4 Geschichte und Konzept der »Tatort«-Reihe

teilige, dafür aber miteinander verknüpfte Formen innerhalb eines größeren Zusammenhangs – der Reihe. Entscheidend für den seriellen Zusammenhang der einzelnen Teil*serien* sind in erster Linie die wiederholt auftretenden Protagonisten des Aufklärungsgeschehens – Kommissare, Staatsanwälte und Pathologen –, aber auch die mit ihnen verbundenen Nebenfiguren mit ihren im Kern festgelegten »Rollenbiographie[n]« (Hickethier 2001, S. 177) und Charakteristika sowie die wiedererkennbaren Handlungsorte (Münster, Köln, Berlin etc.). Die jeweils regional situierten »Tatort«-Serien entsprechen damit dem »Modell der Serie mit abgeschlossenen Folgehandlungen« (Hickethier 2003, S. 400) innerhalb eines größeren Reihenverbundes.

2.4.3 Figureninventar

Die föderale Organisationsstruktur der ARD (und Deutschlands) prägt die des »Tatorts« entscheidend (vgl. Hickethier 2010, S. 44). Sie schlägt sich nicht nur im Lokalkolorit der Sendungen nieder, sondern auch wesentlich in der Gestaltung ihres Figureninventars. Jede der neun Landesrundfunkanstalten schickt je nach ihren finanziellen Möglichkeiten einzelne oder mehrere Kommissarinnen und Kommissare auf die Mörderjagd. Ermittler gehörten früher in der Regel dem »unteren Kleinbürgertum« (Seeßlen 1999, S. 12) an, heute sind sie in der Regel als verbeamtete Normalbürger dem mittleren Bürgertum zuzurechnen. Ihr unauffälliger Sozialstatus gestattet es ihnen, ein gleichsam distanziertes Verhältnis zu unteren wie oberen Gesellschaftsschichten zu pflegen und in einer Art von stellvertretendem Voyeurismus in ihnen und der Majorität des Publikums fremde Lebenswelten einzudringen und diese zu erkunden. Dabei dürfen sie dann »ohne devote Gesten zu vollführen, in die Villen der Reichen eindringen, ohne sich die Schuhe abzuputzen« (Koebner 1990, S. 18), müssen aber auch temporär soziales Elend ertragen.

Für den Bayerischen Rundfunk (BR) ermitteln seit 1991 gemeinsam die alt gedienten Kommissare Franz Leitmayr (Udo Wachtveitl) und der kroatischstämmige Ivo Batic (Miroslav Nemec). Die von 2002 bis 2010 für den Hessischen Rundfunk (HR) tätigen Kommissare aus Frankfurt, Charlotte Sänger (Andrea Sawatzki) und Fritz Dellwo (Jörg Schüttauf), wurden nach der Aufklärung von 18 Fällen abgelöst: zum einen durch das gegensätzliche und nur in fünf Fällen ermittelnde Duo Conny Mey (Nina Kunzendorf) und Frank Steier (Joachim Król), zum anderen durch Ulrich Tukur als Felix Murot in Wiesbaden. Für den Mitteldeutschen Rundfunk (MDR) ermitteln seit 2008 die ebenfalls ungleichen Partner und früheren Eheleute Eva Saalfeld (Simone Thomalla) und Andreas Keppler (Martin Wuttke) in Leipzig. Sie beerbten damit den

2. Die Reihe »Tatort« in der Populären Kultur

Volksschauspieler Peter Sodann als Kommissar Bruno Ehrlicher und dessen Partner Kain (Bernd-Michael Lade).[3] Beim MDR hinzu kommt im Jahr 2013 ein junges Team, das im thüringischen Erfurt ermittelt. Es besteht aus den Schauspielern Alina Levshin, Friedrich Mücke und Benjamin Kramme. Einen als besonderes Ereignis angekündigten »Tatort« mit Nora Tschirner und Christian Ulmen siedelt der MDR zudem in Weimar an.

In Hannover und der niedersächsischen Provinz geht Charlotte Lindholm (Maria Furtwängler) seit 2002 für den Norddeutschen Rundfunk (NDR) auf stets quotenträchtige Mörderjagd. Sie zählt zu den beliebtesten Ermittlern. Ebenfalls für den NDR fahndet in Kiel der ein Jahr später berufene Klaus Borowski (Axel Milberg), dem die durch Fatih Akins Drama »Gegen die Wand« (2004) bekannt gewordene und später ausgezeichnete Sibel Kekilli in der Rolle der Sarah Brandt als neue Helferin zur Seite steht. In Hamburg ermittelte von 2008 bis 2012 Cenk Batu (Mehmet Kurtulus) überdies verdeckt für den NDR. Mit seiner Berufung erfuhr das dem »Tatort« zugrunde liegende Genrekonzept eine Neuerung. Der von Kurtulus verkörperte Cenk Batu ist überdies der erste eigenverantwortlich handelnde türkischstämmige Fahnder.[4] Die erste Folge mit ihm, »Auf der Sonnenseite« (NDR 2008), wurde ein Jahr nach der Erstausstrahlung mit dem Adolf-Grimme-Preis ausgezeichnet. Seit 2013 ist mit Wotan Wilke

---

3   Peter Sodann wurde 2008 von der Partei »Die Linke« als Kandidat für das Bundespräsidentenamt aufgestellt. Die BILD-Zeitung titelte am 15.10.08: »Tatort-Kommissar soll Bundespräsident werden!« und fragte: »Tatort-Kommissar nur Witzkandidat?« Sodann fiel im Zuge seiner aussichtslosen Kandidatur vor allem durch populistische Äußerungen auf. Er forderte, man möge Deutsche Bank-Chef Josef Ackermann verhaften und behauptete, Deutschland sei keine richtige Demokratie. Bei seiner offiziellen Vorstellung als Präsidentschaftskandidat empfahl er dem Papst die Unterredung mit dessen »Chef«. In der Wochenzeitung DIE ZEIT schrieb die Autorin Jana Hensel unter Verallgemeinerung der Aussage: »Die Einlassungen des Schauspielers sind das Ergebnis eines destruktiven Politikverständnisses, das seit Jahren weite Teile der ostdeutschen Gesellschaft erfasst und das eigene Handeln als ein konsequenzloses Tun erscheinen lässt« (Hensel 2009). Die Kritik an Sodanns Kandidatur fand eine breite Basis und die ARD kündigte sogar an, bis zur Wahl keine alten »Tatort«-Folgen mit ihm zu wiederholen. Sie ging damit auf eine Forderung der »Jungen Union« Nordrhein-Westfalens ein, die das Verschwinden des Schauspielers vom Bildschirm mit der Begründung gefordert hatte, es dürfe keine unzulässige Werbung für den sächsischen Kandidaten geben (vgl. BILD-Hamburg vom 16.10.2008, S. 1 und SPIEGEL ONLINE vom 22.10.2008: »Bundespräsidenten-Kandidatur: Sodann kritisiert ›Tatort‹-Sendepause«; http://www.spiegel.de, Abruf: 24.09.10).
4   Vgl. Kapitel 6.3.3; Christopher Keil ging in der SÜDDEUTSCHEN ZEITUNG auf die »fiktionale Entsprechung der deutschen Gesellschaft« im Zusammenhang der Benennung Kurtulus' zum Kommissar ein und schrieb: »In den Wochen vor der Ausstrahlung seines ersten Falles rückte Kurtulus die ›gesellschaftspolitische Tragweite‹ seiner Fernsehrolle in den Hintergrund. Dass er Türke sei, könne man für die Handlung ›optimal nutzen‹, am Ende zähle nur ›die Leistung, nicht das Türkischsein‹. Wenn der Zuschauer nicht 90 Minuten spannend unterhalten werde, relativiere sich der Rest« (Keil 2008, S. 4). Besonders quotenträchtig war das noch unter der Ägide von Doris. J. Heinze entwickelte Konzept nicht und wurde 2012 eingestellt.

2.4 Geschichte und Konzept der »Tatort«-Reihe

Möhring als in und rund um Hamburg tätiger Ermittler Thorsten Falke ein weiterer Kommissar hinzugekommen; an seiner Seite ermittelt Petra Schmidt-Schaller als Katharina Lorenz. Mit vier »Tatort«-Serien liefert der NDR neben dem WDR das größte Kontingent an Beiträgen zur Reihe. Das kleine Radio Bremen (RB) verfügt hingegen über nur ein Team und lässt seit 1997 die studentenbewegte Inga Lürsen (Sabine Postel) ermitteln. Ihr zur Seite steht der junge Kommissar Nils Stedefreund (Oliver Mommsen).

Ebenfalls ein einzelnes Team schickt der Rundfunk Berlin Brandenburg (RBB) ins föderale Rennen. Es besteht seit 2001 aus den in der Hauptstadt und Umgebung ermittelnden Kommissaren Till Ritter (Dominic Raacke) und Felix Stark (Boris Aljinovic). Der Saarländische Rundfunk (SR) war mit einem Team unter der Leitung des gebürtigen Bayern Franz Kappl (Maximilian Brückner) und Stefan Deininger (Gregor Weber) von 2006 bis 2012 mit einer jährlichen Folge aus Saarbrücken in der »Tatort«-Reihe vertreten.[5] Ihnen folgt der vielfach ausgezeichnete Devid Striesow als Ermittler Jens Stellbrink mit der noch weitgehend unbekannten Elisabeth Brück als Lisa Marx an seiner Seite nach. Ein ebenfalls zugezogener Kommissar, der aus Hamburg stammende Thorsten Lannert (Richy Müller), deckt gemeinsam mit seinem Kollegen Sebastian Bootz (Felix Klare) für den Südwestrundfunk (SWR) in Stuttgart Mordfälle auf. Die beiden ermitteln mundartfrei seit 2008. Ebenfalls für den SWR rekonstruiert und kombiniert in Konstanz am Bodensee die renommierte Schauspielerin Eva Mattes als Klara Blum seit 2002 mit psychologischem Geschick. Ihr zur Seite steht der junge Kommissar Kai Perlmann (Sebastian Bezzel). Das dritte Team des SWR ist das um die seit 1989 in über 50 Fällen erfolgreich ermittelnde Lena Odenthal (Ulrike Folkerts) in Ludwigshafen. Erst mit dieser Figur wurde die Ermittlungsarbeit im »Tatort« auch eine selbstverständliche Frauensache (vgl. Brück et al. 2003, S. 170 f.).[6] Ihr Partner ist seit 1996 der als italienischstämmig eingeführte Mario Kopper (Andreas Hoppe).

Der Westdeutsche Rundfunk (WDR) steuert zur »Tatort«-Reihe drei Teams bei, eines in Münster, eines in Köln und neuerdings eines in Dortmund. Der beliebte Münsteraner »Tatort« ist stets eine hybride Mischung aus Krimi und Komödie und wird seit 2002 von zwei höchst verschiedenen Protagonisten be-

---

5 Nach dem Rauswurf des laut SR »auserzählten« Duos äußerte sich Maximilian Brückner im Kontext der Öffentlichkeitsarbeit für Steven Spielbergs Film »Gefährten« (2012) trotzig: »Hey, ich war bei Spielberg, in so einer fetten Hollywood-Produktion. Das ist mehr als die meisten deutschen Schauspieler je von sich behaupten können. Was will ich noch im ›Tatort‹?« (BILD am Sonntag 29.01.2012, S. 35).

6 Kommissarin Lena Odenthal vorangegangen waren im damaligen SWF von 1978 bis 1980 in nur drei Folgen Nicole Heesters als Kommissarin Buchmüller und von 1981 bis 1988 Karin Anselm als Kommissarin Wiegand (vgl. Holtgreve 2000, Carvalho 2002).

2. Die Reihe »Tatort« in der Populären Kultur

stritten, dem vielfach ausgezeichneten Schauspieler Axel Prahl als Kommissar Frank Thiel und Jan Josef Liefers in der Rolle des exaltierten Rechtsmediziners Prof. Karl-Friedrich Boerne. Ihre Kölner Kollegen sind bereits seit 1997 für den WDR im Polizeieinsatz. In über 50 Folgen haben die laut einer Allensbacher Studie (IfD 2010, S. 4) beliebtesten Ermittler, die Kommissare Freddy Schenk (Dietmar Bär) und Max Ballauf (Klaus J. Behrendt), bereits ermittelt. Behrendt war seit 1989 als stets problembehafteter Kommissar für das Düsseldorfer Team Flemming/Koch im Einsatz, bevor er über Florida nach Köln gelangte. Die beiden Kölner gründeten 1998 im Zusammenhang mit der »Tatort«-Folge »Manila« (vgl. Schnake 2000), in der es um Kinderprostitution geht, den Verein »Tatort – Straßen der Welt e.V.«, der sich für philippinische Straßenkinder einsetzt. Im direkten Anschluss an die Erstausstrahlung von »Manila« (19.04.1998) waren Behrendt und Bär in der Polit-Talkshow »Sabine Christiansen« zu Gast und diskutierten darin über das reale Thema der Kinderprostitution. Die Schauspieler sprachen »›ernst‹ und in einem eigentlich ernst zu nehmenden Fernsehformat über Fälle, die sie nur filmisch, medial darstellen« (Krah 2004, S. 128). Politische Unterhaltung traf auf unterhaltsame Politik (vgl. Dörner 2001). Das »Bundesministerium für wirtschaftliche Zusammenarbeit und Entwicklung« (BMZ) gab zudem ein Medienpaket heraus, bestehend aus dem »Tatort«-Krimi »Manila«, einer Dokumentation und einem Begleitbuch (vgl. Block 1998).[7] In Dortmund fahndet für den WDR ab Herbst 2012 außerdem das Ermittlerteam: Peter Faber (Jörg Hartmann) und Martina Bönisch (Anna Schudt) sowie Nora Dalay (Aylin Tezel) und Daniel Kossik (Stefan Konarske).

Der seit 1999 als Wiener Chefinspektor und Sonderermittler tätige Moritz Eisner (Harald Krassnitzer) des Österreichischen Rundfunks (ORF) sowie der nach über zehnjähriger eidgenössischer Abstinenz für das Schweizer Fernsehen (SF) aufklärende Kommissar Reto Flückiger (Stefan Gubser) liefern die einzigen ausländischen Beiträge zur Reihe. Eisner wurde 2011 die als alkoholkrank gezeichnete Bibi Fellner (Adele Neuhauser) zur Seite gestellt. Die Ausstrahlung der ersten neuen Schweizer Folge verzögerte sich aufgrund von Sorgen um die Qualität der Episode unter dem Titel »Wunschdenken« (ORF 2011).

---

7   Acht Jahre später kam es erneut zu einer Zusammenarbeit von WDR und BMZ. Zum Kölner »Tatort« »Blutdiamanten« (WDR 2006) erschien ein Medienpaket samt Film, Dokumentation, Making-of und einer Broschüre mit Hintergrundinformationen. Ein PR-Text des BMZ zu diesem staatlichen Politainment-Projekt gibt Aufschluss darüber, worin die Macher den Nutzen ihres Angebots, aber auch die Gefahren einer Verbindung von Information und Unterhaltung sehen: »Das BMZ hat als eine seiner Aufgaben die Förderung der entwicklungspolitischen Bildung in Deutschland und sieht den ›Tatort‹ als gute Gelegenheit in einem fiktiven Programm unterhaltsam – ohne erhobenen Zeigefinger – auf die Entwicklungsproblematik aufmerksam zu machen und dadurch neue und innovative Impulse zu geben« (http://www.tatort-fundus.de, Abruf: 20.04.2012).

2.4 Geschichte und Konzept der »Tatort«-Reihe

Mit der vorangegangenen Vorstellung der im Zeichen des Fadenkreuzes ermittelnden Kommissare wird das seit den 1990er-Jahren vorherrschende Prinzip der »Team-Konstellationen« (Brück 1996, S. 317) deutlich. Die Aufklärungsarbeit erledigen meist zwei gleichrangige Kommissare im Team (unter anderem in Köln, München, Stuttgart) oder in geringfügig hierarchisch geprägten Figurenkonstellationen (z.B. in Konstanz und Bremen), seltener einzelne Fahnder (in Hamburg und lange Zeit in Wien). Eine Besonderheit stellen die aus einem Kommissar und einer Helferfigur aus dem Polizeiapparat mit detektionsnaher Profession bestehenden Teams dar. Es waren bzw. sind dies eine Psychologin und ein Rechtsmediziner (»Tatort« Kiel bzw. »Tatort« Münster). In jedem Fall sind die Kommissarinnen und Kommissare die Protagonisten und damit Träger der Detektionshandlung.

2.4.4 Individualität und Serialität

Die »Tatort«-Krimis haben heute das große Format von knapp 90 Minuten Spielfilmlänge ohne Werbeunterbrechung. Pro Jahr gibt es eine Zahl von circa 35 Erstausstrahlungen, deren Sendeplatz stets der Sonntagabend zur Primetime ist. Darüber hinaus gibt es wöchentlich viele Wiederholungen meist wenige Jahre alter Folgen und seltener Fernsehabende, an denen Klassiker wie »Reifezeugnis« (NDR 1977) oder »Tote Taube in der Beethovenstraße« (WDR 1973, vgl. Hüser 2011) gezeigt werden.

Trotz der Individualität und weitgehenden Geschlossenheit der Sendungen gibt es auch episodenübergreifende, serienspezifische Charakteristika in Sendungen der »Tatort«-Reihe (vgl. Mikos 1992b, S. 20). Die Wohnsituation der Kommissare ist beispielsweise in den einzelnen Serien ein wiederkehrendes Thema: Ballauf als langjähriger Bewohner einer Kölner Pension, Odenthal und Kopper in ihrer Ludwigshafener Wohngemeinschaft sowie Boerne und Thiel im selben Münsteraner Haus. Ebenso gibt es biografische Details wie die *backstory wound* (vgl. Krützen 2004, S. 4 ff.) des Kommissars Lannert, dessen grausame Familiengeschichte mehrmals in Stuttgart thematisiert wurde und ein wichtiges Charakteristikum der Figur ausmacht. Des Weiteren gab und gibt es Verwandte (die Tochter und spätere Vorgesetzte von Lürsen in Bremen), Spleens und Merkwürdigkeiten (der Klingelton von Thiels Handy oder der Porsche von Leitmayr in München) sowie intertextuelle Kohärenzen (z.B. das wiederholte ironische Sichausgeben als Homosexuelle durch Lannert und Bootz). Außerdem altern die länger im Dienst befindlichen Kommissare für die Zuschauer sichtlich (z.B. Leitmayr und Batic, Odenthal). Derlei Merkmale und Bezugnahmen sind zwar meist dysfunktional für die Detektionshandlungen, das heißt, sie sind für den

2. Die Reihe »Tatort« in der Populären Kultur

inneren Zusammenhang des einzelnen Krimitextes und seines Verständnisses unwichtig und dienen häufig der Generierung von Komik. Dennoch schaffen sie partiell serielle Zusammenhänge. Jochen Vogt spricht sogar vom »Tatort« als einer »Hyper-Serie«, die ein »Atlas der Bundesrepublik«, eine »Chronik der deutschen Gesellschaft« seit der Zäsur von 1968 sowie ein »Hypertext« ist (Vogt 2005, S. 115). Zur Organisationsstruktur als Reihe mit seriellen Anteilen schreibt er:

> »Die föderalistische Produktionsweise schafft innerhalb des lockeren Reihenverbundes zusammenhängende Struktureinheiten bzw. Komplexe von Folgen, die jeweils um dieselbe Ermittlerfigur kreisen. Diese weisen in Minimalmerkmalen serielle Elemente auf, ein Phänomen, das die Bindung der Rezipienten an diese Folgen erhöht und konventionalisierten Zuschauererwartungen entgegenkommt, die durch die allgegenwärtigen Serialisierungstendenzen innerhalb des Programmangebots prädisponiert sind« (ebd., S. 126).

Der »Tatort« der ARD ist somit Reihe und Serie zugleich. Eine Reihe im Sinne des losen Zusammenhangs in sich abgeschlossener Einzel- und Doppelfolgen und eine Serie als Fluss konventionalisierter Darstellungen und Erzählungen mit begrenzt periodischen Strukturen (vgl. Hickethier 1991, S. 10 ff.).

2.4.5 Lokalkolorit

Ein weiteres Charakteristikum der »Tatort«-Reihe ist ihre »Regionalität« (Brück et al. 2003, S. 161), das Lokalkolorit. Dieses der föderalen Struktur der ARD geschuldete Merkmal bezieht sich auf die im »Tatort« wiedererkennbaren Städte, Landschaften und Regionen, denen die Kommissare, wie zu zeigen sein wird, dauerhaft zugeordnet sind. Damit sind sie die »Lokalmatadore« (Prümm 1987, S. 358) des Aufklärungsgeschehens, wenngleich sie selbst immer weniger im jeweils landestypischen Dialekt sprechen (vgl. Schneider 2012). Im »Tatort« wird trotz des konzeptionell vorgesehenen Regionalbezugs nur noch selten Mundart gesprochen, wie etwa in der programmatischen plattdeutschen NDR-Folge »Wat Recht is, mutt Recht bliewen« (1982) oder der jüngeren BR-Produktion »A gmahde Wiesn« (2007). Meist sind es Assistenten, Verdächtige, Täter oder Nebenfiguren, die mit gelegentlich lokalkolorierter Sprachfärbung oder vermeintlich charakteristischen Verhaltensweisen für Illustrationen des Regionalen sorgen (vgl. Vogt 2005, S. 116 f.). Die Repräsentationen des Regionalen sind dabei häufig mit Stereotypisierungen verbunden. Der in den Stuttgarter Bienzle-Krimis den sprichwörtlichen schwäbischen Geiz repräsentierende Hauswirt na-

2.4 Geschichte und Konzept der »Tatort«-Reihe

mens Romminger ist dafür nur ein Beispiel. Die Kommissare selbst verzehren landestypische Speisen und Getränke und sehen sich mit regionalspezifischen Sitten, Festlichkeiten und Gebräuchen wie dem Oktoberfest in München, der Fastnacht in Oberschwaben oder einem Weinfest an der Obermosel konfrontiert. Sie sind damit Projektionsflächen für die filmische Verarbeitung regionaler Mentalitäten und Besonderheiten. Das der Repräsentation Deutschlands und der deutschen Kultur in der Welt verschriebene Goethe-Institut widmete dem »Tatort« gar eine zweisprachige Publikation (vgl. Desinger 2002). Ihm wird nicht nur von dieser Institution offenbar zugetraut, ein repräsentatives Bild des Inlands zu liefern.

Der »Tatort« als »Länderspiegel mit Leichen« (Eisenhauer 1998, S. 65) zeichnet sich durch spezifische mediale Topografien aus. Björn Bollhöfer zeigt in seiner Dissertation zu den »Geographien des Fernsehens« (2007) die Konstruktion von Stadtansichten am Beispiel des Kölner »Tatorts« auf. Die filmische Arbeit mit »Identitätskennzeichen der Stadt« (ebd., S. 134) sowie des Ländlichen mittels Autokennzeichen, touristischen Attraktionen und markanten Wahrzeichen sorgt für (über-)deutliche Inszenierungen metaphorischer Orte. Es handelt sich um »mimetische Raumkonstitution[en] durch topographische Zeichen« (Bauer 1992, S. 131). Björn Bollhöfer stellt kritisch fest:

> »Während die Filmreihe behauptet, dass jeweils bestimmte, unverkennbare Städte dargestellt werden, konnte hier gezeigt werden, dass jede Stadt, wie sie auf dem Bildschirm erscheint, eine enorme apparative Künstlichkeit erfordert, um als real zu wirken. Dies gilt insbesondere dann, wenn aufgrund der Produktionsbedingungen nicht alle Motive vor Ort gedreht werden können. Genau diese Artifizialität unterwandert aber eine detaillierte Innensicht der Städte und lässt ihre Eigenarten verschwinden« (Bollhöfer 2007, S. 142 f.).

In der Tat sind in den »Tatort«-Krimis lediglich audiovisuell inszenierte Ausschnitte deutscher Lebenswirklichkeiten und -räume zu sehen. Diese werden mit filmischen Mitteln erzeugt und sind aufgrund ihrer Künstlichkeit weit davon entfernt, ein tatsächliches Abbild des Inlands zu sein. Es handelt sich vielmehr um eine idealisierende Darstellung der Wirklichkeit mittels Signalen der Authentizität, die zur Schaffung von Glaubwürdigkeit und einer anknüpfungsfähigen Verortung der Krimihandlungen beitragen (vgl. Borstnar et al. 2008, S. 41). Kritiker sprechen dem Lokalkolorit lediglich eine Kulissenfunktion zu, doch es ist weitaus vielschichtiger und bedeutsamer für die Krimiplots als häufig angenommen (vgl. Weber 1992).

Claudia Stockinger und Stefan Scherer stellen in ihrer »Typologie zum Realismus des Raums in der ARD-Reihe ›Tatort‹ und ihre Umsetzung am Beispiel

2. Die Reihe »Tatort« in der Populären Kultur

Münchens« folgende These auf: »Das ARD-Format ›Tatort‹ bildet die Realität unterschiedlicher Räume nicht nur ab [...], sondern erzeugt zuallererst jene Räume, als deren Abbildung es sich dann versteht« (Scherer/Stockinger 2010a, S. 4). Die Orte im »Tatort« werden als filmische *Tat*-Orte erst geschaffen, »das ARD-Format ›Tatort‹ bildet mit der Realität unterschiedlicher Räume die Eigenlogik deutscher Städte ab, die es in der Abbildung selbst erst erzeugt« (ebd., S. 31). Scherers und Stockingers Typologie umfasst fünf Raumtypen: 1. den Typus des lokalen Raums, 2. den Typus des globalen Raums, 3. den Typus des vernetzten Raums, 4. den Typus des ländlichen Raums sowie 5. den Typus des romantischen bzw. mythischen Raums (ebd., S. 34 ff.). Zur Verdeutlichung der Vielschichtigkeit von Raumkonstruktionen im »Tatort« verdienen sie eine genauere Betrachtung.

1. Der »Realismus des Lokalen« (ebd., S. 39) als erster Typus des lokalen Raums umfasst »signifikante Bauwerke, Straßenzüge oder landschaftliche Eigenheiten« (ebd.), »Landmarks« (Bollhöfer 2007, S. 142) wie der zentrale Lüneburger Platz »Am Sande«, der von der »Wurstbraterei« aus zu sehende »Kölner Dom« oder das »Brandenburger Tor« in Berlin. Ebenfalls subsumieren die Autoren den gesprochenen Dialekt darunter (vgl. Schneider 2012).

2. Der zweite Typus ist der des »Realismus des Globalen«. Er »versammelt Folgen mit unterschiedlichen Merkmalen, die sich der konzeptionellen Verpflichtung auf Regionalität entziehen oder diese transzendieren« (Scherer/Stockinger 2010a, S. 44). Dies zeigt sich an der »Auflösung der Handlungsorte ins Beliebige«, der »Internationalisierung der Fälle und Orte« oder aber der »Auflösung traditioneller Milieus« (ebd.), was an der mittlerweile als Selbstverständlichkeit zu erachtenden Möglichkeit von Migrationshintergründen der Ermittler festzumachen ist. Die Beliebigkeit vieler Handlungsorte wird exemplarisch deutlich an jüngeren Episoden aus Stuttgart und Leipzig, an denen seit kurzer Zeit zugezogene Ermittler ohne lokalen Bezug tätig sind. Die Internationalisierung war zwar von Beginn an Teil des »Tatort«-Konzeptes, hat jedoch heute nur eine geringe Bedeutung. Insbesondere das Lokalkolorit kann heute als Grund dafür angesehen werden, dass die »Tatort«-Krimis im Gegensatz beispielsweise zur weltweit vermarkteten »Derrick«-Serie (1974 – 1998) des ZDF nur in sehr bescheidenem Umfang ins Ausland verkauft wurden (z.B. in die Niederlande). Der »Tatort« genießt viel nationales, aber wenig internationales Renommee.

3. Der dritte Typus ist der des »Realismus der Vernetzung« (ebd., S. 57). Er ist seltener und betrifft Koproduktionen einzelner Sendeanstalten, in denen Teams aus verschiedenen Städten aufeinandertreffen, wie in der Einheitsfolge »Quartett in Leipzig« aus dem Jahr 2000.

4. Häufiger ist der vierte Typus, der »Realismus des Ländlichen« (ebd., S. 65). Er zeichnet sich aus durch »die gelegentliche Verlagerung der Ermittlungsarbeit in dörfliche Mikrokosmen, die auf überschaubarem Raum die gängigen Optionen zwischenmenschlicher Interaktion bereithalten und vorführen« (ebd.). Der Krimi ist dann auch ein Heimatfilm mit spezifischen ethnografischen Qualitäten (vgl. Struck 2000, S. 105 ff.). Diese Räume sind nicht mehr nur als vormodern und rückständig oder gar provinziell-pathologisch (vgl. Niedenthal 2007, S. 211) gegenüber dem Urbanen gestaltet, die Kommissar agieren in ihnen häufig als Ethnografen ihnen fremder Sozialwelten. So ermittelt Manfred Krug als einer der zwei singenden Kommissare (Stöver und Brockmöller) verdeckt in der NDR-Folge »Undercover-Camping« (NDR 1997) und taucht in die kleinbürgerliche Welt der Dauercamper ein. Eine promovierte Anthropologin klärt ihn darin mit Expertenwissen über das dortige Sozialgefüge auf:

> »Ich arbeite an einer Studie über Dauercamper. [...] Der Dauercamper definiert sich durch die Gemeinschaft mit Seinesgleichen. Dauercamper haben einen gemeinsamen Wertekodex, sie suchen nach Naturnähe, Romantik und Freiheit, reduzieren diese aber wiederum auf ein privates Glück im Rahmen fester Regeln einer Platzgemeinschaft – Klingt ja wahnsinnig wissenschaftlich – Sehen sie hier zum Beispiel ...« (»Undercover-Camping«, NDR 1997, Min. 18:38 ff.).

Mit einer ähnlichen Sozialstruktur sieht sich Maria Furtwängler als Sonderermittlerin des LKA, Charlotte Lindholm, in »Erntedank e.V.« (NDR 2008) konfrontiert (vgl. Gräf 2010, S. 312 ff.). Die Figur entspricht prototypisch der seit den 1990er-Jahren verstärkten Entwicklung zu »mehr Frauen und mehr Provinz« (Martens 2002, S. 4) und ermittelt von Hannover aus häufig in den ländlichen Regionen Niedersachsens.

5. Dem »Realismus des Ländlichen« ordnen Scherer und Stockinger (2010a, S. 74) einen letzten Typus zu, den »Realismus des Romantischen bzw. Mythischen«, in deren Spielhandlungen »keine urbanen Räume, sondern Landschaftsräume im Mittelpunkt der Handlung stehen und diese zugleich motivieren oder kommentieren« (ebd.). Landschaften werden darin zu zentralen Trägern der Handlung, wie etwa in den am Bodensee spielenden Episoden des Südwestrundfunks. Darüber hinaus werden »Tatort«-Krimis darunter subsumiert, in denen das Durchbrechen des Realismusgebotes zum Prinzip erhoben wird, wie in der Münsteraner Serie oder der bisher einzigartigen Science-Fiction-Episode »Tod im All« (SWF 1997), die dieses Gebot von allen bisherigen »Tatort«-Folgen am konsequentesten missachtet.

2. Die Reihe »Tatort« in der Populären Kultur

Scherer und Stockinger fassen ihre Erkenntnisse wie folgt zusammen:
> »Auf den Punkt – und schließlich auf die o.g. Typologie gebracht: Das ARD-Format ›Tatort‹ bildet mit der Realität unterschiedlicher Räume die Eigenlogik deutscher Städte ab, die es in der Abbildung selbst erst erzeugt. [...] Stadtansichten sind immer Stadterfindungen« (ebd., S. 31).

Das von Scherer und Stockinger hinsichtlich der Raumordnungen angesprochene Verhältnis von Fiktionalität und Faktualität im Fernsehkrimi spielt im Hinblick auf die Fragestellung eine entscheidende Rolle und verdient daher im Folgenden eine genauere Betrachtung.

2.4.6 Realismus, Authentizität, Repräsentation

»Dieser Fall ist wahr!« (Brück 2004, S. 94) war zu Beginn einer jeden Folge der ersten ARD-Krimiserie »Stahlnetz« (1958–1968) zu lesen. Der Anspruch, Realistisches darzustellen, spielte bereits in der frühen Entwicklungsphase des Fernsehkrimis eine große Rolle und prägt das gesamte Genre bis heute. Realismus gilt im Fernsehkrimi als »positiv normatives Bewertungskriterium« (Brück 1996, S. 335). Die Darstellungen sollen insofern realistisch sein, als sie sich wie gezeigt zugetragen haben könnten (vgl. Borstnar et al. 2008, S. 41). Sie müssen plausibel bzw. glaubwürdig sein. Damit ist das grundlegend problematische Verhältnis von Medien und Wirklichkeit angesprochen. Werner Früh schreibt in seiner Publikation »Realitätsvermittlung durch Massenmedien. Die permanente Transformation der Wirklichkeit« (1994):
> »Medien bilden ›die Realität‹ nicht umfassend und ›objektiv‹ ab, da dies erstens aus Kapazitätsgründen nicht möglich ist und zweitens auf dieser globalen Betrachtungsebene nicht ihrer Funktion entspricht« (Früh 1994, S. 56).

Und:
> »Medien sind keine bloßen Weltchronisten, die Realität in Text und Bild möglichst ›unverfälscht‹ zum Publikum transportieren, sondern sie sind ebenso wie das Publikum Teil dieser Realität, so dass sie diese genauso selektieren, transformieren und ergänzen, nur eben auf ihre besondere Art und Weise« (ebd., S. 58).

Eine Widerspiegelung von Realität im Krimi ist mithin nicht möglich, weil Fernsehen nicht das, was in der Welt passiert, unverändert und perspektivlos reflektieren kann. Es taugt lediglich bzw. immerhin dazu, Teile der außerfilmischen Welt in Worte, Töne und Bilder selektiv zu transformieren, die dann in den Köpfen und stärker noch in den Herzen der Zuschauer mit Bedeutungen versehen werden (vgl. Hall 2001, S. 354, Hickethier 2010). Film- und Fernsehtexte sind insofern »Repräsentationen von Wirklichkeit« (Mikos 2008, S. 26) mit »lebensweltlichen Verweisungszusammenhänge[n]« (ebd., S. 24). Film (und Fernsehen, beide werden in diesem Zusammenhang synonym verwendet) »*repräsentiert* abwesende Phänomene und Sachverhalte, er ist nicht identisch mit dem, was er repräsentiert, er ist demnach bedeutungstragend und interpretationsbedürftig« (Borstnar et al. 2008, S. 39, Herv. i. Orig.). Das, was Wirklichkeit ist bzw. wir dafür halten, bestimmen die medialen Repräsentationen entscheidend mit, denn Kultur und mediale Artefakte befinden sich in einem reflexiven Verhältnis zueinander. Aufgrund dieses permanent zirkulären Austauschs haben die medialen Repräsentationen einen entscheidenden Anteil an den menschlichen, soziokulturellen Konstruktionen von Wirklichkeit (vgl. Hepp 2004, S. 277).[8]

Für den Fernsehkrimi im Besonderen konstatierte Thomas Weber einen »äußerlichen Realismus […], zeichenhaft reduziert auf Details« (Weber 1994, S. 262), was zwar im Kern zutrifft, aber dennoch präzisiert werden muss. Der »Realitätseindruck« (Hickethier 1995, S. 64) insbesondere der »Tatort«-Krimis kommt vielmehr dadurch zustande, dass sie eine Mischung aus Signalen der Fiktionalität und Faktualität bzw. Authentizität zur Bedeutungsproduktion liefern. Fiktionalitätssignale wie extradiegetische Musik, natürliches Licht, Inserts etc. betonen bzw. zeigen den fiktionalen Status der Krimitexte an. Authentizitätssignale hingegen suggerieren den scheinbar unverstellten Wirklichkeitsbezug der Texte (vgl. Bauer 1992, S. 36, Hattendorf 1994, S. 54). Der alltagssprachlich mit den Begriffen »echt«, »glaubwürdig« und »verbürgt« in Verbindung gebrachte Begriff der Authentizität steht im Hinblick auf die medialen Konstruktionsleistungen von Fernsehkrimis für die Erzeugung eines »Eindrucks von Wirklichkeitstreue« (Pinseler 2006, S. 25) bei den Zuschauern. Herauszufinden auf der Ebene der medialen Artefakte ist dementsprechend, »wie Authentifizierung zustande kommt, ein authentischer Ausdruck hergestellt und/oder geglaubt [bzw. beglaubigt, H.B.] wird« (Hügel 1997, S. 47). Dies geschieht mittels besagter Authentizitätssignale sowie mittels Strategien der Authentisierung:

> »Authentizitätssignale betonen also den Charakter des Abgebildeten als authentisch, stellen diese Authentizität jedoch nicht her. Unter Authentisierungsstrategien werden hingegen all die filmischen Mittel verstanden, die verwendet werden, um nichtdokumentarisches Material authentisch

---

[8] Film- und Fernsehanalyse ist deshalb mit der Analyse diegetischer Filmwelten befasst: Der Begriff der Diegesis oder Diegese bezeichnet in diesem Zusammenhang »die Vorstellung der dargestellten Welt, wie der Film sie in seiner Gesamtheit konstruiert« (Borstnar et al. 2008, S. 122). Die Diegesis als künstlich erschaffene Welt eines jeden Films ist je in Teilen rekonstruierbar bzw. im Hinblick auf die Fragestellung analysier- und interpretierbar (vgl. Krah 2004, S. 102 f.).

2. Die Reihe »Tatort« in der Populären Kultur

erscheinen zu lassen. Im Gegensatz zu Authentizitätssignalen stellen Authentisierungsstrategien den Eindruck von Wirklichkeitstreue, der beim Betrachter erzeugt werden soll, erst her« (Pinseler 2006, S. 67).
Ihr Einsatz erhöht die Glaubwürdigkeit der Kommunikate gerade dadurch, dass sie ihre Konstruiertheit ausstellen (vgl. Borstnar et al. 2008, S. 41). Besonders augenscheinlich ist dies bei der Verwendung von Wackelkameras, Unschärfen, *jump cuts* und selbstreflexiven Elementen wie direkten Ansprachen des Publikums durch die Protagonisten (vgl. Borstnar et al. 2008, S. 43, vgl. Jean-Luc Godards »À bout de souffle«, 1959). Weniger deutlich fungieren Originalschauplätze als Authentizitätssignale, wie z.B. die für »echt« zu haltende Kulisse eines Krankenhauses mit weiß bekitteltem Personal oder aber ein »echter« Rohbau mit behelmten Menschen darin. Andere Schauplätze mit eindeutig künstlich geschaffenen, aber dennoch zuzuordnenden lebensweltlichen Referenzen, wie z.B. ein realistisch gestalteter Supermarkt eines fiktiven Discounters mit Waren, Kunden, Kassen etc., zeigen das Changieren zwischen Faktizität und Fiktionalität noch deutlicher. Die Krimis erheben dann einen partiell dokumentarischen Anspruch, wenn sie mittels Strategien der Authentisierung (Sprache, Kameraführung, Ton, Musik etc.) es vermögen, eine »Balance zwischen Annäherung und Distanz« (Hattendorf 1994, S. 71) zu ihrem Gegenstand (Milieu, Thema, Problembereich) herzustellen. In der Summe sind »Tatort«-Krimis realistisch gestaltete Fiktionen.

Dass sich die außerfilmische Wirklichkeit trotz filmischem Realismus nicht in den »Tatort«-Welten in eins zu eins abgebildeter Form wiederfindet, zeigen sehr deutlich die regelmäßig vorgebrachten Einwände und Beschwerden von Berufs- und Branchenverbänden, die sich und ihre Zünfte nicht »korrekt« im »Tatort« repräsentiert sehen (vgl. Kapitel 5.2, 6.4.5). Abgesehen von den Modi der Darstellung liegt dies auch an entsprechend kritischen Vorzugslesarten und Textperspektiven im Rahmen politischer Unterhaltung. Ebenfalls dem Politainment der »Tatort«-Reihe geschuldet ist die Tatsache, dass die Krimis zum Teil schlichtweg Unrealistisches enthalten. So entspricht die fest etablierte Feminisierung der Aufklärung im »Tatort« keineswegs der außerfilmischen Wirklichkeit. Die zahlenmäßig häufige Leitung von Mordkommissionen durch Frauen im »Tatort« repräsentiert vielmehr die wünschenswerte Realität einer vollendeten Gleichberechtigung der Geschlechter. In der den Ermittlern übergeordneten Staatsanwaltschaft ist dieses Ziel nahezu erreicht (vgl. Stolz 2011). Ebenfalls an der außerfilmischen Realität vorbei geht die Häufigkeit des genrekonstitutiven Mordens im »Tatort«. Die polizeiliche Kriminalstatistik (PKS) besagt, dass in Deutschland weit weniger Menschen ermordet werden, als dies sonntäglich in der ARD der Fall ist (vgl. Frehsee 2000). Matthias Stolz hat die Daten der PKS in einer ZEIT-Grafik aufbereitet und pointiert kommentiert:

2.4 Geschichte und Konzept der »Tatort«-Reihe

»Im *Tatort* geht der Trend ja zum Zweit- und Drittmord. Um 20.18 Uhr liegt der Erste tot da, gegen 21.30 Uhr wird nachgelegt. Es entsteht der Eindruck, dass auch in den gar nicht so großen Städten viel gemordet wird. Die Wirklichkeit ist zum Glück etwas friedlicher. Die *Tatort*-Städte Ludwigshafen, Kiel, Münster und Saarbrücken hatten 2009 zusammen gerade mal sechs Tote, München hatte nur vier. Münster war in den Jahren zuvor mehrmals mord- und totschlagfrei« (Stolz 2011, S. 10, Herv. i. Orig.).

Der Mord indes ist heute die Conditio sine qua non des Krimis. Weniger gewalttätige Delikte bergen weniger Schauwerte sowie überzeugende Gründe dafür, die Kommissare in gefährliche Situationen zu bringen und riesige Polizeiapparate mit Ermittlungen zu beschäftigen

2.5 Forschungsstand

Der selbst auferlegte »Aktualitätszwang« (Prümm 1987, S. 354) der »Tatort«-Reihe sorgt dafür, dass ihre Sendungen seit 1970 stets im jeweiligen Hier und Jetzt spielen und damit Gegenwärtiges aufnehmen und verarbeiten. Deshalb ist die Historizität der zur Authentisierung eingesetzten Settings und Ausstattungsdetails von Belang: (städte-)bauliche Zustände, die jeweilige Mode, das Auto- und Möbeldesign und technische Standards wie z.B. stationäre und später mobile Telefone. Ein Teil des Realismus der »Tatort«-Reihe besteht mithin darin, als Indikator für kulturelle Ist-Zustände einerseits und Veränderungsprozesse andererseits zu fungieren (vgl. Viehoff 2005, S. 100 und Gräf 2010). Jochen Vogt schreibt der Reihe »Tatort« deshalb einen »chronikalischen Charakter« (Vogt 2005, S. 119) zu. Ihre Historizität ermögliche es, sich zeitreisengleich durch über 40 Jahre bundesrepublikanischer Kultur zu bewegen (ebd., S. 127). Zeittypische Lebensstile, Einstellungen und Werthaltungen, verbunden mit aktuellen Problemlagen, die sich in Form gesellschaftspolitischer Themenbezüge, aber auch ganz beiläufig in den Krimis materialisieren, machen ebenfalls einen Teil ihres Realismus aus. Sie sind der zentrale Forschungsgegenstand der vorliegenden Arbeit.

Knut Hickethier konstatiert, dass in Krimisendungen verschiedene gesellschaftliche Teilbereiche fokussiert werden. Er schreibt: »Der Kriminalfall ist die Metapher für die Befindlichkeit der Gesellschaft« (Hickethier 2005 et al., S. 28) und unter Bezugnahme auf den »Tatort« als Institution gesellschaftlicher Selbstdarstellung:

2. Die Reihe »Tatort« in der Populären Kultur

>»Der *Tatort* (wie auch die *Lindenstraße*) liefern permanent verlässliche Bilder von der bundesdeutschen Gesellschaft, die inzwischen längst ihre Standards haben [auf genau die sich das Erkenntnisinteresse vorliegender Studie bezieht, H.B.] und damit Maßstäbe für andere geschaffen haben – Bilder, die fiktional aufbereitet, zugespitzt, überhöht sind. Gerade deshalb sind sie mehr als nur bloße Wiedergabe von Oberflächen. Sie liefern Deutungsmuster, wie diese bundesdeutsche Wirklichkeit zu verstehen ist, was im Hintergrund passiert – oder doch zumindest passieren kann« (Hickethier 2010, S. 46, Herv. i. Orig.; zur »Lindenstraße« Jurga 1999).

Der Fernsehwissenschaftler rekurriert damit auf die Perspektivitäten und spezifisch ideologischen Gehalte realitätsbezogener »Tatort«-Fiktionen: Unterhaltung hat im »Tatort« immer auch mit Haltung zu tun, weist auf gesellschaftliche Missstände und Skandalöses, Probleme und Konflikte hin, und enthält sich dabei nur selten eines moralischen Standpunktes (vgl. Ziemann 2011, S. 237 ff.). Der Fernsehkritiker Christian Buß äußert sich in der Kulturzeitschrift DU zu diesem Verhältnis:

>»In seinen besten Momenten funktioniert der Tatort also als Fenster zur bundesrepublikanischen Wirklichkeit. Doch es bedarf eben nicht nur eines relevanten Stoffes, sondern auch einer klaren narrativen Positionierung, die über unverbindliche Empörungs- und Betroffenheitsrituale hinausgeht. Jeder Ort hat eine spezifische Geschichte, jedes Thema bedarf zur Aufarbeitung einer eigenen Ästhetik. Und leider werden nicht in jedem Tatort Topografie, Form und Kommentar zu einer solchen schlüssigen Einheit verschmolzen [...]« (Buß 2007a, S. 30).

In der Literatur zum Fernsehkrimi und der Fernsehkritik ist im Zusammengang mit den gesellschaftspolitischen Themen im »Tatort« die Rede von »alternativen Delikten« (Brück et al. 2003, S. 165), »Sozial- und Gesellschaftskritik« (Cipitelli 1998, S. 13) bzw. »Sozialkritischen Krimis« (Brück 1996, S. 319), die »Krimidramaturgie mit sozialkritischen Themen« (ebd.) verbinden. Einen seltenen Einzelfall in der Forschungslandschaft zum »Tatort« bildet die Studie »Krimi und Agenda-Pushing. Der deutsche TV-Krimi zwischen Unterhaltung und politisch-gesellschaftlichem Diskurs« (Gansel/Gast 2007). Die sich auch auf andere Krimis als den »Tatort« beziehende, inhaltsanalytische medienwissenschaftliche Panelstudie über den Zeitraum von 2004 bis 2006 der Gießener Carsten Gansel und Wolfgang Gast ist eine der wenigen Arbeiten, die sich sendungsübergreifend mit dem Phänomen der brisanten Themen im Krimi beschäftigen. Am Ende ihres leider wenig ausführlichen Textes kommen die Autoren zum Schluss:

>»Bei dem für den deutschen TV-Krimi typischen *Agenda-Pushing* findet eine Emotionalisierung, Individualisierung, ja eine Versinnlichung des

2.5 Forschungsstand

häufig recht abstrakt und theoretisch bleibenden gesellschaftlichen Themas statt, das in der Regel in den Informationsmedien auf der Agenda steht« (ebd., S. 44, Herv. i. Orig.).

Wie genau dies sendungs- und serienübergreifend im Reihenverbund des »Tatorts« im Jahr 2009 geschieht, ist wiederum ein zentraler Teil der Fragestellung dieser Arbeit. Weitere Befunde zu gesellschaftspolitischen Gehalten von »Tatort«-Krimis beziehen sich meist auf einzelne thematische Aspekte und Großthemen: Daniel Süss (1993) legte eine dreidimensionale Studie zu Rechtsradikalismus im »Tatort« am Beispiel der Folge »Kameraden« (SF 1991) vor. Hans Krah (2004) erforschte den Bosnienkrieg im »Tatort«- und Schimanski-Krimi und Karin Schnake (2000) die »Information als Affektträger von Unterhaltung« am Beispiel des in Kooperation mit dem Bundesministerium für wirtschaftliche Zusammenarbeit und Entwicklung (BMZ) entstandenen »Tatorts« »Manila« (WDR 1998). Matthias N. Lorenz (2005) stellte »Antiziganismus und Täter-Opfer-Inversion« in einem »Tatort« nach einem Drehbuch von Martin Walser fest, analysierte die »Filmische Inszenierung von Antisemitismus« (2008) am Beispiel des Schimanski-Spin-offs »Das Geheimnis des Golem« (WDR 2004) und betrachtete in einem Beitrag namens »Tatort Zigeuner« (2012) die Diskussion um die Folge »Brandmal« (WDR 2008). Matthias Thiele (2005, S. 182 ff.) erforschte die Interdiskursivität des Fernsehens u.a. am Beispiel von »›Flucht/Asyl/Einwanderung‹ als Sujet von Fernsehkrimis«, ebenso Christina Ortner (2007a/b) an fünf Beispielfilmen und Anna-Caterina Walk (2011), die »Das Andere im Tatort. Migration und Integration im Fernsehkrimi« untersuchte. Im Sammelband zum »Tatort Stadt« (Griem/Scholz 2010) sind zudem Aufsätze von Markus Schmitz zur Folge »Familienaufstellung« (RB 2009) und von Margret Fetzer zum weiten Feld der Migrations-»Tatorte« zu finden. Mit der NS-Geschichte im »Tatort« befasst ist ein Aufsatz von Wolfgang Struck (2011) zur Folge »Bildersturm« (WDR 1998), die ebenfalls von Andreas Dörner (2001) in dem Kapitel »Ordnungshüter als Priester der Zivilreligion. Politik im Kriminalfilm« (ebd., S. 189 ff.) seines grundlegenden Buches zum Politainment Erwähnung findet. Einen »Streifzug durch die ›Sittengeschichte‹ des ›Tatort‹« unternehmen Dennis Gräf und Hans Krah in ihrem kleinen Band »Sex & Crime« (2010). Gräf legte im selben Jahr auch seine Dissertation mit dem Titel »Tatort. Ein populäres Medium als kultureller Speicher« (2010) vor, in der er sich unter Bedienung narratologischer und mediensemiotischer Zugriffe dem Erkenntnisinteresse nach spezifischem kulturellen Wissen widmete, dass der »Tatort« produziert und verbreitet. Es ist damit dem der vorliegenden Arbeit auf den ersten Blick ähnlich, im theoretischen, methodologisch-methodischen sowie forschungspraktischen Ansatz unterscheiden sich beide jedoch grundlegend voneinander.

2. Die Reihe »Tatort« in der Populären Kultur

Gräf wählte eine diachrone Perspektive und kommt anhand ausgewählter Fallbeispiele zu kultur- und mentalitätsgeschichtlichen Aussagen zu den 1970er-, 1980er- sowie 1990er-Jahren im »Tatort« und wagt darüber hinaus einen Ausblick ins 21. Jahrhundert. In der 2012 erschienenen Dissertation von Tina Welke geht es um fiktionale Konstrukte von Identität in den zwischen 1992 und 2007 erstausgestrahlten »Tatort«-Sendungen des MDR. 2013 erschien die Studie des Münsteraners Stephan Völlmicke, der Inszenierungen von Sterben und Tod im »Tatort« untersuchte. Im selben Jahr erschienen die Dissertation von Björn Otte über »Das Milieu im Fernsehkrimi« am Beispiel »Tatort« sowie die preisgekrönte Studie »Tatort als Spiegel des Religiösen« von Claudia Stockinger.

3. Theorie: Begriffe und Konzepte

In diesem Kapitel werden für die Beantwortung der Fragestellung zentrale theoretische Zugänge und Begrifflichkeiten vorgestellt und diskutiert. Dazu zählen unter anderem die Cultural Studies und die Frage nach dem Verhältnis von Populärkultur und Politik, die Verbindung von Politik und Entertainment im Politainment-Begriff von Andreas Dörner sowie die Verarbeitungsweisen von Wissensvorräten verstehen helfende Interdiskurstheorie von Jürgen Link.

3.1 Wozu Theorie(n)?

Der Wert von Theorie ist daran zu messen, welchen Nutzen sie für die Erforschung des Besonderen und Einzigartigen des Gegenstandes hat. Theorie muss problembezogen und darf niemals nur schmückendes Beiwerk sein. Zu definieren sind »Theorien [...] als aus aufeinander bezogenen Begriffen bestehende Aussagesysteme und darüber ausgedrückte Sinnzusammenhänge« (Krotz et al. 2008, S. 11; zum »prekären Verhältnis« von Popkultur und Theorien vgl. Jacke et al. 2011, S. 9 ff.).

Das Arbeiten am zu erforschenden Phänomen, den gesellschaftspolitischen Themen in der Krimireihe »Tatort«, wird in der vorliegenden Arbeit daher extensiven Theoriereferaten vorgezogen. Dies bedeutet jedoch nicht, einem theorielosen Tasten und Probieren im medienkulturellen Dickicht das Wort reden zu wollen (vgl. Jacke/Kleiner 2012, S. 54 ff.).

Die kulturtheoretische Basis der vorliegenden Arbeit bilden die seit dem Ende des 20. Jahrhunderts in den Kultur-, Sozial- und Kommunikationswissenschaften boomenden Cultural (Media) Studies britischer Provenienz sowie ihre Vertreter und Fortentwickler im deutschsprachigen Raum (vgl. Dörner 2006a, S. 219, Marchart 2008, S. 17, Hepp 2004, Winter 2001). In Ergänzung des weit gefächerten, inter- bzw. transdisziplinären Projektes der Cultural Studies werden ein Ansatz der politischen Kulturforschung – der Politainment-Begriff von Andreas Dörner (2001) –, der in kritischer Auseinandersetzung mit den Cultural (Media) Studies entwickelt wurde, und die über den starken, disparaten Einfluss Michel Foucaults auf die Cultural Studies an den Politainment-Begriff anschlussfähige Interdiskurstheorie des Literaturwissenschaftlers Jürgen Link (2005) hinzugezogen (vgl. Thomas 2009, Stauff 2007)

3. Theorie: Begriffe und Konzepte

3.2 Populäres und Kultur

Im Folgenden geht es um theoretische Zugänge zur Populären Kultur im Sinne der Cultural (Media) Studies. Auf der Grundlage des Dreiklangs »Kultur – Medien – Macht« (Hepp/Winter 2006) werden zentrale Begrifflichkeiten gegenstandsbezogen diskutiert. Dabei werden sowohl Verarbeitungsweisen von Wissensvorräten im Rahmen filmischer Informationsvergabe als auch aktuelle Aneignungsweisen von Fernsehtexten berücksichtigt.

3.2.1 Cultural Studies und das Populäre

Die »Werkzeugkiste der Cultural Studies« (Göttlich et al. 2001) eindeutig zu definieren, ist ein schier unmögliches Unterfangen (vgl. Goldbeck 2004, S. 25, Hepp 2004, S. 14). Dazu ist der weniger als »Denkschule« denn vielmehr als intellektuelles »Projekt« aus verschiedenen »Formationen« bestehende und zu begreifende Ansatz zu dispers. Seine Historizität, theoretischen Prämissen und räumlichen Verortungen, von Birmingham hinaus in die Kulturwissenschaften weltweit, sind zu vielfältig, ganz zu schweigen vom Fehlen einheitlicher, methodologisch-methodischer Standards in den Cultural Studies. Das Spannungsfeld aus »Kultur – Medien – Macht« (Hepp/Winter 2006) bildet den Ausgangspunkt vieler forschender Interessen innerhalb der Cultural Studies. Die begriffliche Trias ist bedeutsam, weshalb sie im Folgenden einer genaueren Betrachtung unterzogen wird.

Der innerhalb der Cultural Studies vertretene Kulturbegriff ist weit und umfassend. Kultur ist demnach nichts Festgefügtes oder Gegebenes. Ihr Charakter ist prozessual, sich ständig verändernd und im Fluss befindlich. Kultur hält nicht an und steht nicht still. Der umfassende und offene Kulturbegriff der Cultural Studies wurde maßgeblich durch Raymond Williams und seinen kulturellen Materialismus geprägt, demnach ist »Kultur als Gesamtheit einer Lebensweise« (Hepp 2004, S. 39, vgl. Krotz et al. 2008, S. 14, »*a whole way of life*«) zu begreifen. Popkultur ist eine von »den Leuten« (»*the people*«, vgl. Winter 2003, S. 56 ff.) in gesellschaftlichen Kontexten gelebte Praxis, die aus einer Fülle von Ressourcen Möglichkeiten zur Bedeutungsbildung bietet, für Gesellschaften seismografische Qualitäten hat, der Welterklärung dient und mittels Formen des Wissenstransfers für gesellschaftliche Bildungsprozesse funktional ist (vgl. Jacke/Kleiner 2012, S. 52 f.). »Gesellschaft« wird mit Andreas Dörner, der sich in diesem Punkt auf Gerhard Schulze bezieht, eingedenk dem Primat der Unterhaltung vor allem als »*mediale* Erlebnisgesellschaft« (Dörner 2001, S. 40, Herv. i. Orig.) begriffen (vgl. Marchart 2011, S. 77). Eine besondere Aufmerksamkeit gilt in den Cultural Studies der Populären (Medien-)Kultur, die, in Vermeidung binärer Gegensätze von hoher und niedriger, guter und schlechter Kultur, in der vorurteilsfreien Perspektive der Cultural Studies gegenüber dem vermeintlich Seichten und Trivialen zu betrachten ist. Dazu zählen beispielsweise Comics, Soap-Operas, Boulevardformate und Krimis im Fernsehen, Modezeitschriften, Kinoblockbuster, Radiowerbung, Internetvideos und noch vieles mehr.[9]

Im Zuge der Beschäftigung mit dem Kulturbegriff in den Cultural Studies erscheint es angebracht, eine Bestimmung und Differenzierung des zentralen Begriffs der Populären Kultur vorzunehmen. Populäre Kulturen zeichnen sich dadurch aus, dass die Leute selbst sie erschaffen, indem sie sich die Waren der Kulturindustrie kreativ aneignen und somit den Prozess der Bedeutungsbildung in Gang bringen (vgl. Hepp 2004, S. 277). Die zentrale Zugangsweise zur Populären Kultur ist laut Hans-Otto Hügel die Unterhaltung (vgl. Hügel 2007, S. 109 und Hickethier 2008b, S. 106).[10] Unterhaltung ermöglicht einen Schwebezustand zwischen Ernst und Unernst, zwischen umfassender Konzentration und beiläufiger Teilnahmslosigkeit. Im Modus der Unterhaltung ist es an den Zuschauern, darüber zu entscheiden, inwieweit sie sich engagieren wollen (vgl. Hügel 2003, S. 73 ff. sowie 2007, S. 48 ff.). Unterhaltung kann insofern als »kulturelle Praktik« verstanden werden, »die institutionell produziert und reproduziert wird und sich im Zusammenspiel von institutioneller Produktion, textueller Qualität und rezeptiver Situation aktualisiert« (Müller 2011, S. 38).

Neben der Unterhaltung als zentraler Zugangsweise sind für Populäre Kulturen kennzeichnend: Vergnügen, Rezeptionsfreiheit bzw. Zwanglosigkeit, der häufig, aber längst nicht immer kommerzielle Mainstream sowie das Konventionalisierte und Genrehafte, changierend zwischen Schema und Variation. Populäre Kulturen als konfliktäre Felder umkämpfter Bedeutungen sind zentrale Orte der gesellschaftlichen Selbstverständigung. Populäre Kultur ist für Gesellschaften ein Luxus, denn ohne Wohlhabenheit bzw. das Vorhandensein von Freizeit ist sie nicht denkbar (vgl. Buhl 2012; Jacke 2010, 2004; Kleiner 2008; Hügel 2007, 2003; Faulstich/Knop 2006; Hepp 2004; Wulff 1997).

---

9   Das wegweisende »Handbuch Populäre Kultur« (Hügel 2003a) bietet einen Überblick über grundlegende Begrifflichkeiten und Konzepte. Zur Genese des Konzepts »Pop« von 1955 bis 2009 hat Thomas Hecken (2009) ein umfassendes Standardwerk vorgelegt.
10 Unterhaltung ist einem Aufsatztitel von Elisabeth Klaus zufolge das Gegenteil von Langeweile, während das Gegenteil von Information Desinformation ist (vgl. Klaus 1996, S. 402). Werner Faulstich liefert in dem von ihm und Karin Knop herausgegebenen Sammelband zur Unterhaltungskultur eine »pragmatisch deskriptive, integrative Arbeitsdefinition« des Unterhaltungsbegriffs: »Unterhaltung ist die anstrengungslose Nutzung geschichtlich unterschiedlich formatierter Erlebnisangebote, um im je spezifisch kulturell-gesellschaftlichen Kontext disponible Zeit genüsslich auszufüllen« (Faulstich/Knop 2006, S. 14); vgl. zum Unterhaltungsbegriff außerdem Goldbeck 2004, S. 37 ff.

3. Theorie: Begriffe und Konzepte

3.2.2 Medien, Informationen, Wissen

Der neben der Kultur zweite elementare Begriff im spannungsgeladenen Dreigestirn der Cultural Studies ist der der Medien. Medien stellen die zur aktiven Bedeutungsproduktion durch »die Leute« (»the people«) notwendigen Ressourcen bereit. Sie »erweitern und formen unser generelles soziales Wissen« (Hall 2001, S. 346).

Die textuellen Qualitäten, um die es in vorliegender Arbeit geht, betreffen zuvorderst die thematisch gebundenen, symbolischen Wissenshorizonte, die die Sendungen der Krimireihe »Tatort« eröffnen (vgl. Müller/Wulff 2006, S. 197). Insofern geht es um das Verschmelzen der ganz und gar nicht dichotomen Sphären von Unterhaltung und Information in Sendungen des Krimigenres. Die Begriffe »Information« und »Wissen« stehen dabei in folgendem Verhältnis zueinander: »Wissen ist prozessierte Information« (Ganz-Blättler 2000, S. 195), das heißt, bei Wissen in den Sendungen des Fernsehens handelt es sich immer um aufbereitetes und konserviertes Wissen. Die Geltung von Wissen ist stets hinterfragbar. Im produktanalytischen Verfahren von Interesse ist damit, welche Formen von Wissen im »Tatort« einerseits als zuverlässige, »relativ objektive (Sach-)Informationen« – Faktuales über etwas, einen Themenkomplex – im strukturierten Rahmen der Genrenarration greifbar sind und mit welchen Interpretationen sie versehen werden. Dies kann Wissen über Verfahrensweisen in der Gentechnik, über gängige Praxen der Verschreibung von Medikamenten durch Ärzte sein oder in Form näher erläuterter, medizinischer Fachtermini vorliegen. Andererseits gilt es herauszufinden, welches »praktische soziale Wissen« (Hall 2001, S. 345), Wissen über Veränderungen von Verhaltens- und Denkweisen, Themen, Moden, Ideen, Sprachen – mithin Veränderungen von Kultur – die filmischen Repräsentationen strukturieren und formen (vgl. ebd., S. 351). Filme und Fernsehsendungen werden als »bedeutungsvolles symbolisches Material« (Mikos 2008, S. 21) betrachtet, ein zwar grundsätzlich polysemer, aber nicht willkürlich von den Leuten zu formender Rohstoff zur Bedeutungsproduktion.

Um die Frage zu beantworten, welche Wissensvorräte in den filmischen Repräsentationen wie verarbeitet werden, erscheint es notwendig, nach ihren je spezifischen Qualitäten zu fragen. Medieninformationen – bzw. qua filmischer Informationsvergabe reintegriertes Wissen – können unter fünf Gesichtspunkten betrachtet werden (vgl. Weiß 1998, S. 659 f.):

Der erste ist die *Vielfalt,* a) von Themen und die Komplexität thematischer Aspekte (hierauf zielt die grundsätzliche Fragestellung vorliegender Arbeit im Kern ab), b) der zu Wort kommenden gesellschaftlichen Kräfte und Gruppen – fraglich in diesem Zusammenhang ist, welche (inter-)»diskursive[n] Charaktere« (Goldbeck 2004, S. 135) in Form entsprechender filmischer Figuren in welchem

Umfang zu Wort kommen – und c) der Ansichten und Meinungen, die im Rahmen der Krimihandlung geäußert werden, sowie deren jeweilige Gewichtungen im filmischen Text.

Der zweite Gesichtspunkt von Qualität ist die *Relevanz* im Sinne von gesellschaftlicher Bedeutsamkeit. Fraglich ist, ob es sich um Informationen bzw. Wissensvorräte handelt, die einzelne gesellschaftliche Teilbereiche betreffen oder gesamtgesellschaftlich bedeutsam sind. Als in diesem Sinne relevant gelten Sendungen, die beispielsweise Arbeitsbedingungen in einzelnen Branchen aufgreifen oder die »Volksdroge Alkohol« zum Thema machen.

Der dritte Gesichtspunkt ist die *Akzeptanz*, die dann gegeben ist, wenn die gebotenen Informationen von vielen nachgefragt werden. Die Krimireihe »Tatort« ist in quantitativer Hinsicht sehr populär. Dass gesellschaftspolitische Themen der spannenden Kriminunterhaltung als Dreingaben hinzugefügt werden oder sie als zentrale Inhalte prägen, wird von den Zuschauern, den konstant hohen Einschaltquoten zufolge, offensichtlich akzeptiert.[11] Das war nicht immer so. Ende der 1990er-Jahre wollten viele die allzu oft übermäßig moralisierende Aufklärungsarbeit, vor allem in den »Tatort«-Sendungen des WDR und des NDR, nicht mehr sehen, und es schien, als drohe dem »Tatort« der Quotentod (vgl. Brück 1999a, S. 110 f.). In einer Festschrift anlässlich der 400. Folge der Reihe schrieb der vielfach ausgezeichnete Regisseur Dominik Graf unter der fast trotzig klingenden Überschrift »400 Jahre Tatort!« im Jahr 1998:

> »Und die ›Tatorte‹, die brisante Themen erzählen, verheddern sich allzu oft in political correctness und leiden unter dem Dilemma jeder engagierten Kunst, der grundsätzlichen Überbetonung des inhaltlichen Diskurses« (Graf 1998, S. 11).

Der vierte Punkt zur Beurteilung von Medieninformationen ist die *Professionalität*, das heißt, die Informationen müssen umfassend und gewissenhaft recherchiert, faktentreu sein und themenrelevante Meinungsäußerungen berücksichtigen. Gradmesser sind hier »*übergreifende* [...] *journalistische Handlungskonzepte* wie Sachgerechtigkeit, Fairness, Unparteilichkeit, Neutralität, [...] Objektivität, Ausgewogenheit« (Weiß 1998, S. 659, Herv. i. Orig.). Bei der Rekonstruktion in den Sendungen signifizierten, (inter-)diskursivierten Wissens spielt dies eine besondere Rolle wenn es darum geht, herauszufinden, welche Informationen wie komplexitätsreduziert verarbeitet werden und mit welchen nahegelegten Lesarten sie, u.U. sehr wohl parteiisch, versehen werden. Als eine in diesem Punkt gescheiterte »Tatort«-Episode kann heute die Folge »Wem Ehre gebührt« (NDR

---

11 Vgl. TATORT-FUNDUS.DE zu den konstant hohen Einschaltquoten. Umfassende Rezeptionsstudien zu den gesellschaftspolitischen Themen der Reihe stehen noch aus (vgl. Buhl 2007).

2007) gelten. Nach der Erstausstrahlung kam es zu wütenden Protesten von Menschen alevitischen Glaubens, die mit der Darstellung eines Inzestfalls in dem Film die historische Verunglimpfung ihrer Glaubensrichtung von orthodoxer Seite fortgeschrieben sahen. Die Autorin des Films, Angelina Maccarone, hatte offenbar nicht richtig recherchiert und so dem Primat der Professionalität nicht zur Genüge Rechnung getragen (vgl. Schmitz 2010).

Rechtmäßigkeit als fünfter Punkt schließlich betrifft den Grundsatz, dass medial verbreitete Informationen nicht gegen Gesetze oder die Verfassung verstoßen dürfen. Der gerade in »Tatort«-Krimis häufig und gern gepflegte zivile Ungehorsam, der die Kommissare zur Erreichung ihres übergeordneten Ziels Dienstvorschriften missachten und sogar Straftaten begehen lässt, konterkariert diesen Grundsatz in Form einer »gewissensgebundenen Identität des Widerstands« (vgl. Dörner 2001, S. 194, vgl. exemplarisch »Der Tote im Nachtzug«, HR 2011).

3.2.3 Neues Fernsehen, neue Aneignungsweisen

Die ältere Definition der Ware »Fernsehen« als »programmierte Serie bedeutungstragender Segmente, die in häuslichen Kontexten angeeignet werden« (Ellis 2001, S. 49), erscheint vor dem Hintergrund der umfassenden »Mediatisierung« (Krotz 2007), auch der Krimikultur, als überdenkenswert. Waren »Tatort«-Krimis früher noch fest eingebunden in den Programmfluss des Ersten und der dritten Programme der ARD und die Erstausstrahlungen am Sonntagabend scheinbar unumstößliche, zeitgebende Marksteine am Ende des Wochenendes, so haben sich die Möglichkeiten zu Rezeption und Aneignung der Sendungen in Zeiten des Internets grundlegend verändert. Die sonntäglich in der ARD erstausgestrahlten und immer noch quotenschweren Krimis sind in der Internet-Mediathek der ARD eine Woche lang, aus Jugendschutzgründen nur zwischen 20.00 Uhr abends und 06.00 Uhr morgens, verfügbar. Hinzu kommen die von unzähligen Usern genutzten Möglichkeiten, sämtliche »Tatort«-Sendungen, wie viele andere »Quality-TV-Serien«, illegal aus dem Internet, beispielsweise »über sogenannte One-Click-Hoster à la Rapidshare« (Blanchet 2011, S. 43), auf den heimischen oder mobilen PC herunterzuladen. Darüber hinaus sind viele »Tatort«-Krimis in mehreren Teilen oder in Ausschnitten auf der Videoplattform Youtube anzuschauen, zu Hause oder an anderen Orten, z.B. beim »Public Viewing« in vielen städtischen Lokalen mit sonntäglichem »Tatort«-Themenabend (vgl. Hinrichs 2005). Daneben gibt es vielfältige Möglichkeiten der Erstellung und des Tauschens digitaler Kopien. Mithin verändert »Das Neue Fernsehen« (Stauff 2005) sowie das jeweils Neueste die Zugänglichkeit der Artefakte und die Modi von Rezeption und Aneignung grundlegend. Nichtsdestotrotz bleiben die sonntäglichen »Tatort«-Erstausstrahlungen in der ARD für Millionen Menschen ein nicht wegzudenkendes, traditionsreiches Stück alter deutscher Fernsehkultur.

3.2.4 Fernsehen und Macht

Der neben Kultur und Medien dritte Begriff der die Cultural Studies prägenden Trias ist die Macht. Sie kann gefasst werden als

> »Mittel, mit dem bestimmte Subjekte oder soziale Formationen im Rahmen ihrer Interessen und Zielen [sic!] andere dominieren. Macht ist primär diskursiv vermittelt und geht mit der Produktion eines spezifischen Wissens bzw. bestimmter Wirklichkeitsdefinitionen/Repräsentationen einher« (Hepp 2004, S. 276).

Die Sendungen der Reihe »Tatort« sind insofern machtvolle Bild-Text-Gefüge, als sie Definitionen und Deutungen außerfilmischer, gesellschaftspolitischer Realitäten und Problemlagen liefern, selektiv Wissen produzieren und formen, es gar nicht, wenig oder aber mehr oder weniger deutlich bewerten und damit in die diskursiven Kämpfe um Bedeutungen im Feld der Populären Kultur eingreifen. Die wichtigsten Merkmale von Cultural Studies heute sind:
1. Theoriegebundenheit
2. radikaler Kontextualismus
3. trans- bzw. interdisziplinäre Ausrichtung
4. Forderung nach Selbstreflexivität
5. interventionistischer bzw. politischer Charakter

Über diese fünf Eckpunkte waren bzw. sind sich namhafte Forscherinnen und Forscher aus dem deutschsprachigen Raum auch nach langen Jahren der Fortentwicklung des Projektes weitgehend einig (vgl. Hepp 2004, S. 16 ff., Marchart 2008, S. 42, Hepp et al. 2009, S. 8 ff., Göttlich et al. 2010, S. 8).

Vorliegende Arbeit ist den Cultural Studies insofern zuzurechnen, als sie (1) empirische Forschung auf theoretischen Bezugnahmen aufbaut, nämlich – hier »überführt der Kommissar den Ermittler« – jene der Cultural Studies, der Politainmentforschung und der Interdiskurstheorie. Des Weiteren pflegt sie (2) den Kontextualismus, in dem die zu untersuchenden Medientexte vor dem Hintergrund ihres öffentlich-rechtlichen Produktionskontextes und den damit einhergehenden Prämissen betrachtet sowie als textuelle Ressourcen zur produktiven Aneignung u.a. in häuslichen Kontexten stets mitgedacht werden (vgl. Buhl 2007). Diese rezeptionsästhetische Betrachtungsweise geht von einem »reziproke[n], dialogische[n] Text-Zuschauer-Verhältnis« (Mikos 2001, S. 327) aus, das als kommunikative Konstellation »ein permanentes Wechselspiel zwischen

3. Theorie: Begriffe und Konzepte

Text und Zuschauer« (ebd.) zur Grundlage hat. Überdies erfolgen durch den Einbezug von Fernsehankündigungen und -kritiken sowie weiteren Paratexten zusätzliche Kontextualisierungen der Sendungen. Die kulturellen Artefakte werden insofern nie losgelöst von kulturellen Kontexten, die sie bedingen und in denen sie stehen, gedacht. Inter- bzw. transdisziplinär angelegt ist vorliegende Arbeit, (3), insofern, als sie kulturwissenschaftlich ausgerichtet ist und damit stets versucht, enge Grenzen zwischen Fachdisziplinen zugunsten des Erkenntnisgewinns zu überschreiten. Bei den Analysen der »Tatort«-Sendungen nützt dieser offene Ansatz, da es notwendig erscheint, darin interdiskursiv reintegriertes Wissen aus verschiedensten Fachdisziplinen (Medizin, Arbeitssoziologie etc.) zu rekonstruieren und in der Art und Weise ihrer televisuellen Verarbeitung zu analysieren. Dazu ist es im Einzelfall nötig, sich in einzelne Spezialdiskurse hineinzubegeben bzw. -zudenken. Der Forderung nach Selbstreflexivität (4) kommt der Verfasser mit der Bewusstwerdung darüber nach, eine gänzlich unvoreingenommene »Vogelperspektive« (Marchart 2008, S. 42) auf den Gegenstand nicht einnehmen zu können. Dies ist deshalb der Fall, weil er als Kind noch beim Aufscheinen des Fadenkreuzes zu Bett geschickt wurde, seine Fernsehsozialisation in den 1980er-Jahren auch mit Freitagskrimis im ZDF und Sendungen der »Tatort«-Reihe begann, er als Jugendlicher gelegentlich und mäßig interessiert am Sonntagabend zuschaute, jahrelang Teil dyadischer und studentischer Rezeptionsgemeinschaften war, öffentliche Debatten um Ablösungen und Neubesetzungen von Ermittlerteams sowie Themen und Skandale rund um die Sendung verfolgte und seine Magisterarbeit darüber schrieb (vgl. Buhl 2007). Der letzte (5) und zentrale Eckpunkt der Cultural Studies hat bezüglich des Erkenntnisinteresses der vorliegenden Arbeit, wie auch für das »Projekt Cultural Studies« überhaupt, einen leitmotivischen Stellenwert: ihr interventionistischer bzw. politischer Charakter, das heißt das forschende Interesse an der »Politik des Kulturellen oder der Kultur des Politischen« (Hall 2000, zit. n. Hepp et al. 2009, S. 9 ff.). Der mit dem Begriff des Interventionismus verbundene, hehre Anspruch, mittels Wissensproduktion gezielt soziokulturelle Veränderungen herbeizuführen, ist indes in historischer Perspektive insgesamt in den Hintergrund getreten und spielt auch im Rahmen der vorliegenden Wissensproduktion eine eher untergeordnete Rolle. Wichtiger hingegen ist die für Cultural Studies typische, »politische [...] Perspektivierung jeglicher kultureller Praxis« (Dörner 2006a, S. 223). Was in diesem Zusammenhang unter Politik bzw. dem Politischen zu verstehen ist, soll im Folgenden geklärt werden.

3.3 Politisches und Populäres

Im folgenden Kapitel geht es um Verbindungen von Pop und Politik. Diskutiert werden hierzu die historischen Ansätze von Louis Althusser und Antonio Gramsci sowie zentrale Zugangsweisen von Vertretern der Cultural (Media) Studies.

3.3.1 Politik und Populäre Kultur

Definitionen des Politischen kreisen häufig um die Begriffe der Macht, des Gemeinwohls und des Konsens (vgl. Meyer 2010, S. 39). Der Politikwissenschaftler Thomas Meyer definiert Politik folgendermaßen:

»Politik ist die Gesamtheit der Aktivitäten zur Vorbereitung und zur Herstellung gesamtgesellschaftlich verbindlicher und/oder am Gemeinwohl orientierter und der ganzen Gesellschaft zugute kommender Entscheidungen« (Meyer 2010, S. 37).

Eine noch differenziertere begriffliche Annäherung an die verschiedenen Bedeutungsweisen des Begriffs der Politik gelingt über die einschlägige, dreigliedrige Unterteilung im Englischen (vgl. Jarren/Donges 2006, S. 23 f., Nieland 2009, S. 33, 47 ff.):

1. *Politics*: konflikthafte und interessengeleitete Auseinandersetzung um Machtanteile. Bei diesem prozessualen Verständnis von Politik geht es um den Wettbewerb zwischen politischen Parteien und sozialen Bewegungen.
2. *Polity*: institutionelle und normative Ordnungen. In dieser Vorstellung von Politik als Rahmen geht es um die Spielregeln politischer Einrichtungen (Parlament, Regierung, Verfassungsgericht).
3. *Policy*: inhaltliche Kategorie, sachbezogene Politikfelder und Bindestrich-Politiken. Dieses für die vorliegende Fragestellung entscheidende Verständnis von Politik betrifft u.a. die »Be- und Verarbeitung von gesellschaftlichen Problemen« (Nieland 2009, S. 33).

Mediale Verarbeitungen von gesellschaftlich relevanten Problemlagen in Form von brisanten Themen im »Tatort« fallen damit in das Register des Politischen (*policy*). Die Funktion der Kultur innerhalb des Gesamtzusammenhangs von Politik und Gesellschaft besteht darin, Deutungen, Normen und Wissen von möglicher Geltung bereitzustellen (vgl. Meyer 2010, S. 40 ff.). Der Kulturbegriff des Politikwissenschaftlers Meyer lautet entsprechend wie folgt:

»Kultur ist der Inbegriff für die Gesamtheit der Leistungen, die an die Stelle der unmittelbaren Natur die Steuerung des menschlichen Verhaltens und Zusammenlebens in Gesellschaften ersetzen. Normen und Werte, Deutungen und Begründungen, Sinn, Beziehungen und Wissen, Erwartungen und Erzählungen sind der Stoff, aus dem Orientierung im Handeln und die Verknüpfung der Motivationen vieler mit den gesellschaftlichen Notwendigkeiten, Zwängen und Möglichkeiten besteht« (Meyer 2010, S. 41).

Am Politischen interessierte Cultural Studies in der hier vertretenen Form befassen sich insofern mit den »Politiken der Medien« (Gethmann/Stauff 2005), als sie daran interessiert sind, zu ergründen, wie es populärkulturelle Genretexte vermögen, in ihrer unhintergehbaren Verknüpfung mit gesellschaftlichen Diskursen in den Kampf um Bedeutungen einzugreifen. Oliver Marchart spricht in diesem Zusammenhang, in Anlehnung an Stuart Hall, von »Signifikationspolitik« (Marchart 2008, S. 164), was bedeutet, dass die Macht, ein bestimmtes Ereignis (Problem) zu signifizieren, also mit (strategisch nahegelegten) Bedeutungen auszustatten, »Resultat komplizierter und mobiler Kräfteverhältnisse ist« (Marchart 2005, S. 24). Wie diese Kräfte textseitig in Form vorstrukturierter Lesarten in »Tatort«-Sendungen angelegt sind, das ist die entscheidende Frage (vgl. Mikos 2009, S. 160).

Das forschende Interesse an den »Signifikationspolitik[en]« (Marchart 2008, S. 160) der populären Krimireihe »Tatort« führt über die institutionelle Strukturiertheit medialer Kommunikation zurück zu den marxistischen Theoretikern Louis Althusser und Antonio Gramsci, die die Cultural Studies stark beeinflusst haben. Die von ihnen geprägten Grundbegriffe des ideologischen Apparates und der Hegemonie sind deshalb im Hinblick auf ihre theoretische Relevanz für die vorliegende Studie Gegenstand der folgenden Betrachtungen (vgl. ebd., S. 160 ff., ders. 2005).

3.3.2 Ideologische Staatsapparate (Althusser)

Im Zentrum von Louis Althussers (1918–1990) Positionsbestimmungen unter dem Titel »Ideologie und ideologische Staatsapparate« (1977) steht die partielle Infragestellung eines orthodox-marxistischen Ideologiebegriffs, der von einem »strikte[n] Determinationsverhältnis zwischen Basis und Überbau« (Jurga 1999, S. 24) ausgeht. In seiner Rekonzeptualisierung ist die »Basis« zwar immer noch von entscheidender Bedeutung für kapitalistische Gesellschaften, allerdings rückt das Ineinandergreifen politischer, ökonomischer und ideologischer Praktiken in weitgehend voneinander getrennten Bereichen bei der Vermessung von Macht- und Herrschaftsverhältnissen zunehmend in den Mittelpunkt des Interesses. Sein Modell dient Althusser dazu, »Subjektivierungseffekte« (Marchart 2008, S. 161) zu erklären. Seine zentrale These lautet, dass Individuen durch die

3.3 Politisches und Populäres

»Anrufung (Interpellation)« (Althusser 1977, S. 142) mittels ideologischer Staatsapparate zu Subjekten werden. Zur Veranschaulichung seiner Vorstellung von der ideologisch bedingten Anrufung entwirft er eine beispielhafte Szene, in der ein Polizist einen Passanten von hinten anspricht, »He, Sie da!« (ebd., S. 143), und sich dieser in dem Moment, da er sich umdreht, vom Individuum zum Subjekt macht.

Für das vorliegende Erkenntnisinteresse entscheidend ist Althussers historische Vorstellung von »auf der Grundlage der Ideologie« (Althusser 1977, S. 121) funktionierenden, sogenannten »ideologischen Staatsapparaten« (ISA). Er unterscheidet sie von den in den Hintergrund tretenden, sogenannten repressiven Staatsapparaten wie etwa Regierung, Militär, Verwaltung, Polizei (vgl. Marchart 2008, S. 161). Zu den ideologischen Staatsapparaten zählt Althusser die religiösen ISA (Kirchen), die schulischen ISA (Institutionen der Bildung), die juristischen ISA, die gewerkschaftlichen ISA usw. sowie die für (medien-)kulturwissenschaftliche Fragestellungen besonders relevanten ISA der Information, der »Informationsapparat«, der, in der zeitgenössisch pejorativen Auffassung des Autors, »alle ›Bürger‹ durch Presse, Rundfunk, und Fernsehen mit einer täglichen Ration Nationalismus, Chauvinismus, Liberalismus, Moralismus usw. vollstopft« (Althusser 1977, S. 127) sowie der kulturelle ISA (Literatur, Kunst, Sport etc.) (vgl. ebd., S. 119 f.). Althusser geht davon aus, dass der ideologische Effekt nun darin besteht, dass die Leute »Bedeutungen und Subjektpositionen für ›offensichtlich‹ und ›selbstverständlich‹ halten« (Hirseland/Schneider 2006, S. 387), da sie in die spezifischen »Rituale« der ISA eingebunden sind und diese geübt sind, freiwillig zu praktizieren. Indes, Althusser spricht jedem einzelnen der ISA eine »relative Autonomie« (Althusser 1977, S. 123) zu, und geht von jeweils systemimmanenten »Widersprüche[n] und Uneinheitlichkeit[en]« (Jurga 1999, S. 26) aus. Unter anderem diese Erkenntnis von der »Möglichkeit zur Entwicklung nicht ideologiekonformer (widerständiger) Bedeutungen« (ebd.) macht ihn an den für die Entwicklung der Cultural Studies noch einflussreicheren marxistischen Philosophen Antonio Gramsci anschlussfähig (vgl. Jurga 1999, S. 26, Langemeyer 2009).

Althussers Definition des Ideologiebegriffs ist noch stark geprägt vom historischen Materialismus, lässt aber bereits eine Entwicklung weg von einer Vorstellung von Ideologie als »falsches Bewusstsein« erkennen (vgl. Hirseland/Schneider 2006, S. 386). Er schreibt: »Ideologie ist eine ›Vorstellung‹ des imaginären Verhältnisses der Individuen zu ihren realen Existenzbedingungen« (Althusser 1977, S. 133). Für das im Rahmen dieser Arbeit verfolgte Erkenntnisinteresse erscheint diese immer noch nahe am orthodoxen Marxismus verortete Definition wenig zielführend. Der im Rahmen des produktanalytischen Verfahrens in vorliegender Studie zur Anwendung kommende Ideologiebegriff wird stattdessen im Sinne avancierter Cultural Studies und unter Bezugnahme auf Stuart Hall verstanden als die »Summe der verfügbaren Wege, die gesellschaftliche Wirklichkeit zu interpretieren, definieren, verstehen und zu erklären« (Hall 2001, S. 373). Dieses Verständnis von Ideologie zielt darauf ab, medienkulturell organisierte Praxen der Sinngebung am gewählten Beispiel »Tatort« verstehend zu analysieren (vgl. Eagleton 1993, Gräf 2010, S. 23). Das heißt konkret, dass *die eine*, direkt in den Fernsehtexten aufzufindende oder herauszufilternde, klar zu identifizierende, (hegemoniale) Ideologie des öffentlich-rechtlichen »ideologischen Staatsapparates Tatort« nicht zu erwarten ist. Es geht vielmehr um ein Gesamtbild gesellschaftspolitischer Themen in dem heterogenen, öffentlich-rechtlichen Ensemble aus Worten, Bildern und Tönen unter der großen Marke »Tatort«, denn, so Douglas Kellner:

> »Die Texte der Medienkultur verkörpern eine Reihe von Diskursen, ideologischen Haltungen, narrativen Strategien, Bildkonstruktionen und Effekten (kinematische, televisuelle, musikalische usw.), die selten in einer einzigen unvermischten und kohärenten ideologischen Position zusammenfallen« (Kellner 2005, S. 12).

Das bedeutet für die analytische Arbeit, in den einzelnen Sendungen Brüche und Widersprüche zu erwarten und sendungs-, serien- und reihenübergreifende Positionsbestimmungen bzw. -weisen der »Tatort«-Reihe im Einzelfall möglicherweise nur relativ ungenau identifizieren und beschreiben zu können. Zunächst also geht es um machtvolle, Orientierung bietende »Wirklichkeitsdefinitionen« (Hepp 2004, S. 276) in den Sendungen, die innerhalb jeweils noch weitaus größerer diskursiver Zusammenhänge stehen, nämlich dem unaufhaltbaren »Fluss des Wissens durch die Zeit« (Jäger/Jäger 2007, S. 15). Der Ideologiebegriff wird insofern als durchaus hilfreiches Konzept verstanden, das dem auch diskursanalytischen Erkenntnisinteresse dieser Arbeit keineswegs im Wege steht oder es gar unmöglich macht (vgl. Hirseland/Schneider 2006, S. 398, Hepp 2004, S. 151).

3.3.3 Hegemonie (Gramsci)

Im Ansatz des sardischen Journalisten, Schriftstellers und Philosophen Antonio Gramsci (1891–1937) zentral ist die Weiterentwicklung des für die Cultural Studies wichtigen Hegemoniebegriffs. Hegemonie wird maßgeblich auf dem Feld des Kulturellen und der Zivilgesellschaft hergestellt und bezeichnet einen »politisch-ideologischen Artikulationsprozess« (Marchart 2008, S. 78) bzw. ein »politisch-ethisches« (Langemeyer 2009, S. 75) Terrain. Martin Jurga fasst die zentrale These Gramscis leicht verständlich zusammen:

> »Gramsci geht davon aus, daß die herrschende Klasse nur bis zu jenem Grad Hegemonie ausüben kann, wie die beherrschten Klassen Interessenüberschneidungen mit ihr erkennen und partiell in die Herrschaft einwilligen« (Jurga 1999, S. 26 f.).

Im Unterschied zum Konzept Althussers tritt die Ausübung von Herrschaft durch Repression und Zwang bei Gramsci noch weiter in den Hintergrund. Es geht ihm stattdessen mehr um den Begriff der konfliktären Auseinandersetzung im Feld der Kultur, ein Gedanke, der für heutige Cultural Studies insgesamt zentral ist. »Hegemonie« ist in diesem Sinne »der Name für die Organisation von Zustimmung« (Marchart 2008, S. 80). Die durch und durch politische Kategorie des Konsenses ist fast immer vorläufig und stets von Neuem zu erschaffen (vgl. Leggewie 2008, S. 297). Sie lässt sich nicht auf eine Position oder Meinung reduzieren, sondern bildet »den grundsätzlich *gemeinsamen Boden* – die zugrunde liegenden Werte und Prämissen« (Hall 2001, S. 368, Herv. i. Orig.). Die Zustimmung erfolgt »freiwillig auf dem komplexen Terrain der Zivilgesellschaft – und zwar durch Strategien der moralischen und intellektuellen Führung« (Marchart 2008, S. 80). Medien wie das Fernsehen spielen dabei eine entscheidende Rolle, denn sie konstruieren, beeinflussen und formen Konsens (vgl. Hall 2001, S. 361). Oliver Marchart fasst dieses für Cultural Studies typische Erkenntnisinteresse, auf Medien insgesamt bezogen, zusammen:

> »Die Politik der Medien als ›Signifikationsinstitutionen‹ besteht also aus der Sicht der Cultural Studies, kurz gesagt, in der hegemonialen Fixierung und Kartographierung von Bedeutung« (Marchart 2005, S. 26).

Mithin sind hegemoniale Großprojekte wie die populäre Krimireihe »Tatort« als soziale Autoritäten zu betrachten, die aus einer Führungsposition heraus formend reflektieren und den Rahmen dessen abstecken, was im Alltagsverständnis der Leute gerade als sag- und wissbar, zustimmungsfähig und zustimmungspflichtig, wünschens- und verachtenswert, lobens- und tadelnswert gilt. Andreas Dörner schließt daraus Folgendes: »Populäre Bilder des Politischen ermöglichen interpretative Rückschlüsse auf den Konsensbereich politischer Kulturen« (Dörner 2001, S. 84). Seien es sozialethische Fragen der Sexualmoral, über den »richtigen« oder »falschen« Umgang mit Kindern oder Drogen, selektives Wissen über Atomenergie, die plausible Definition des Status einer Randgruppe in unserer Gesellschaft oder deren »korrekte« Bezeichnung: Die Halbfabrikate der Konsensmaschine »Tatort« sind vor diesem theoretischen Hintergrund im Kern Einverständnis voraussetzende und befestigende Artefakte der Medienkultur. Ihre mächtigen Politiken zu erforschen heißt stets auch, nach den Verfasstheiten ihrer hegemonialen Ideologie(n) zu fragen.

3. Theorie: Begriffe und Konzepte

3.3.4 Populäre Diskurse und mediale Texte (Fiske)

Zu den einflussreichsten, aber auch umstrittensten Protagonisten der zeitgenössischen Cultural Studies zählt der Brite John Fiske, dessen Gedanken zum Verhältnis von populären Medientexten und Diskursen sowie zur Bedeutung von Genres und Intertextualität für die vorliegende Studie relevant sind (vgl. R. Winter et al. 2001, Langemeyer 2009).[12] Zu den zentralen Thesen Fiskes gehört jene, dass »(Medien-)Texte nur populär werden können, wenn sie sich in die soziale Zirkulation von Bedeutung und Vergnügen einklinken können« (Mikos 2009, S. 156 f.). Kerstin Goldbeck (2004) vertritt in Auseinandersetzung mit dieser Argumentationsweise, und dabei indirekt die Relevanz von populären Interdiskursen betonend, die These,

>»dass populäre Texte häufig zentraler für einen gesellschaftlichen Diskursverlauf sein können als so genannte nicht fiktionale Diskursfragmente [...]. Die Trennung von fiktional und nicht fiktional muss darüber hinaus unter einem diskursanalytischen Blickpunkt überdacht und neu bewertet werden« (Goldbeck 2004, S. 144).

Dem ist zuzustimmen. Für die »Tatort«-Analyse heißt dies, die Verschränkungen von Dokumentarischem und Fiktionalem, von Information und Unterhaltung, von Ernst und Unernst, von Genre und Interdiskursivität zu sehen und zum Gegenstand kontextbezogener, kulturwissenschaftlicher Forschungen zu machen. Um eben jenes Zirkulieren und vor allem das Sichmaterialisieren von Diskursen in populären Fernsehtexten der Reihe »Tatort« geht es in vorliegender Arbeit, wobei der »Begriff des diskursiv konstituierten *Wissens*« (Hepp 2004, S. 151, Herv. i. Orig.) für das produktanalytisch orientierte Erkenntnisinteresse von besonderer Relevanz ist (vgl. Mikos 2009, S. 157). Entscheidend ist, dass die Sendungsanalysen nicht um ihrer selbst willen betrieben, die Untersuchungen formalästhetischer Mittel und textueller Strategien kein Selbstzweck sind und sein dürfen, sondern im Hinblick auf die Produktion von Populärem betrachtet werden. Die Annahme einer untrennbaren Verzahnung von populären Texten und Diskursen ist dabei eine Grundvoraussetzung, wofür die Krimireihe »Tatort« ein Paradebeispiel darstellt, so die hier vertretene These (vgl. ebd., S. 161).

Fiskes Verständnis von Intertextualität, nachdem populäre Texte notwendigerweise in Bezügen zu anderen Texten stehen, ist für die Analyse von Sendun-

---

[12] Fiske wurde ein »Populismus des Populären« in Form einer »Tendenz zur übertriebenen Autonomisierung der Dekodierungsleistung« (Marchart 2008, S. 157) der Leute (»the people«) vorgeworfen (vgl. zur sogenannten »Revisionismusdebatte« Hepp 2004, S. 139 ff., Mikos 2009, S. 161 ff.).

3.3 Politisches und Populäres

gen der langlebigen Reihe »Tatort« ebenfalls von Bedeutung. Es ist demnach davon auszugehen, dass die Leute ihr eigenes intertextuelles Wissen bei der sonntäglichen Krimilektüre aktivieren, kreativ sind und es – die Fernsehtexte mit produzierend – zur Anwendung bringen, Leerstellen in den Texten auf ihre Weise auffüllen und Unzulänglichkeiten darin erkennen, denn »kein Text ist ein vollständiges Objekt« (Fiske 1997 [1989], S. 81). Fiske unterscheidet in seiner Konzeption von Intertextualität zwischen primären Texten, den kulturellen Artefakten – hier: die Krimisendungen –, sekundären Texten, die auf sie Bezug nehmen – z.B. Programmankündigungen und Fernsehkritiken –, und tertiären Texten, »die im stetigen Fluß des Alltagslebens verhaftet sind« (ebd., S. 80). In unserem Fall können dies beispielsweise Unterhaltungen am Montagmorgen über den am Vorabend erstausgestrahlten »Tatort«, das Weitererzählen von darin gehörten Gags und Witzen oder das Imitieren eines darin gesehenen Tanz-, Lauf- oder Gehstils sein (vgl. Mikos 2009, S. 160, Hepp 2004, S. 137). Bei der Analyse eines großen Korpus an Fernsehtexten, die zudem in einen noch weitaus größeren seriellen Zusammenhang eingebettet sind, ist dementsprechend das film- und fernsehwissenschaftliche Verständnis von Intertextualität als einer »Beziehung von Texten auf andere Texte« (Borstnar et al. 2008, S. 88) bedeutsam. Dies betrifft sendungs- und serienübergreifende Codes und Inszenierungsweisen, Figurenzeichnungen und -entwicklungen, Themenkonjunkturen, Besetzungspolitiken oder Formen textueller Perspektivierung etc. im Rahmen »Tatort«-spezifischen Politainments.

John Fiske betont in seinen Studien ebenfalls die Bedeutung des Genrebegriffs für die Populärkulturanalyse, in der er stets die Rolle der Rezipienten mitdenkt (vgl. Goldbeck 2004, S. 82 ff.): »Populäre Leserschaft verlangt eine gut entwickelte kulturelle Kompetenz« (Fiske 2000, S. 67), so seine nur schwerlich zu widerlegende These. Es ist davon auszugehen, dass die Mehrzahl der Krimiseher um das Regelwerk des Krimigenres weiß und auch aufgrund dieser Kompetenz bereitwillig in den kommunikativen Vertrag zwischen sich und dem Text einwilligt (vgl. Mikos 2008, S. 264). Inwiefern dies auch auf genretextbasierte Thematisierungen im Modus des Politainments bzw. der Interdiskursivität zutrifft, ist eine Frage, die sich zukünftige Rezeptionsforscher stellen sollten. Im Zuge des primär auf die kulturellen Artefakte bezogenen Erkenntnisinteresses dieser Arbeit stehen dominante bzw. nahegelegte Lesarten in Genretexten und damit verbundene, hegemoniale Ideologien und Wissensordnungen im Fokus. Die zentrale, aber zunehmend brüchige Ideologie des Krimigenres ist die Mahnung: »Verbrechen lohnt sich nicht!« (Brück 2004, S. 260 f.). Bezogen auf den »Tatort« im Besonderen ist von Interesse, wie abgesehen von diesem für das Krimigenre zentralen Ideologem brisante Themen auch mittels eingängig bekannter Genreklischees und -stereotypen signifiziert werden. Die von Fiske ge-

3. Theorie: Begriffe und Konzepte

lieferte Erklärung des Klischeebegriffs aus der Drucktechnik verdeutlicht seine potenzielle Relevanz für die Analyse von Genretexten:

> »In der Zeit des Letternsatzes verstand man unter Klischee ein Wort oder eine Phrase, die die Drucker als Ganzes gesetzt ließen – daher die Bedeutung des französischen Wortes cliché –, weil sie wußten, daß solche Wörter oder Phrasen sehr häufig benutzt werden. [...] Was haben sie an sich, das sie so populär macht?« (Fiske 1997 [1989], S. 77).

Für Thomas Petersen und Clemens Schwender sind Klischees, abgesehen von der Etymologie des Begriffs, zunächst »abgedroschene Muster von Eigenschaften und Verhaltensweisen, schablonenhaftes Verhalten und standardisierte Ausstattungsmerkmale« (Petersen/Schwender 2009, S. 9). Diese eher negative Definition des Begriffs zeigt seine verwandtschaftliche Nähe zu dem statt seiner in vorliegender Arbeit verwendetem des Stereotyps. In Genretexten dienen Stereotype der Vereinfachung und Verallgemeinerung, was nicht heißen muss, sie abzuwerten oder mit Geringschätzung zu betrachten. Sie seien mit Jörg Schweinitz definiert als »einfach strukturierte und stabilisierte Vorstellungen über Menschen, die bestimmten Gruppen angehören, Vorstellungen, die im kulturellen Alltagsbewusstsein verankert, also konventionalisiert sind« (Schweinitz 2006, S. 44). Genretexte wie »Tatort«-Krimis müssen immer wieder auf stereotype Figuren, vor allem in Funktionsrollen zurückgreifen, um angesichts der ihrer Realitätsbezogenheit geschuldeten Komplexität einfach zugänglich und überhaupt verständlich zu sein. Stereotype sind als »Bilder von Anderen« (ebd., S. 49) im Hinblick auf Repräsentationen von Minderheiten, Berufs- und Gesinnungsgruppen, Nationalitäten etc. relevant und aus Genretexten nicht wegzudenken. Noch einmal Schweinitz:

> »Es geht um ›Typen‹ aus der Lebenswelt, um konventionelle und schematische Alltagsvorstellungen über *den* Amerikaner, *den* Russen, *den* Türken, *den* Deutschen oder in anderen Kontexten auch *den* Homosexuellen, *die* Hausfrau ... Also um Vorstellungen, die – wie fragwürdig sie auch sein mögen – *für sich selbst dennoch eine gewisse Gültigkeit in der Lebenswelt beanspruchen*« (Schweinitz 2006, S. 49, Herv. i. Orig.).

Hier lautet die Frage: Wie werden Figurenstereotype, aber auch visuelle, inszenatorische und dramaturgische Stereotype in Form von Standardsituationen wie das Kondolieren, die Erfragung von Alibis und Aufenthaltsorten durch die Kommissare, die Spurensicherung am »Tatort«, die Rekonstruktion von Beziehungsverhältnissen oder die private Verstrickung von Ermittlern etc. in den Krimisendungen dazu benutzt, um gesellschaftspolitische Themenaspekte zu signifizieren? Noch weiter geht die Frage, welche aufzufindenden Verbindungen von Genre und Thematik im »Tatort« möglicherweise bereits selbst Stereotype sind.

3.4 Politainment (Dörner)

In diesem Kapitel geht es um einen für das vorliegende Erkenntnisinteresse wichtigen Ansatz aus der politischen Kulturforschung: den Politainment-Begriff von Andreas Dörner. Er ermöglicht theoretische Zugänge zu jenen medialen Erlebnisangeboten, die zwischen Unterhaltung und Information zu verorten sind.

3.4.1 Politik und Entertainment

Eingedenk der Cultural Studies als basalem Ansatzes der Populärkulturforschung bildet neben der Link'schen Interdiskurstheorie die Konzeption des Politainments (Dörner 2001) eines der zwei zentralen theoretischen Standbeine der vorliegenden Arbeit. Sie trägt jenen hybriden Sendungsformen des Fernsehens Rechnung, die die vermeintlich getrennten Sphären von Information, Bildung und Unterhaltung miteinander vermischen (vgl. Müller 2011, S. 11, Maase 2010). Damit steht der Begriff »Politainment« in einer Reihe mit den artverwandten »Infotainment« (vgl. Jarren et al. 1998, S. 660, Nieland/Schicha 2000, Klöppel 2008) und »Edutainment« (vgl. Schnake 2000, zum »Tatort« »Manila«, WDR 1998). Der Schöpfer des aus den Begriffen »Politik« und »Entertainment« geschaffenen Kompositums »Politainment«, der Marburger Medienwissenschaftler Andreas Dörner, definiert den Begriff wie folgt:

> »Politainment bezeichnet eine bestimmte Form der öffentlichen, massenmedial vermittelten Kommunikation, in der politische Themen, Akteure, Prozesse, Deutungsmuster, Identitäten und Sinnentwürfe im Modus politischer Unterhaltung zu einer neuen Realität des Politischen montiert werden« (Dörner 2001, S. 31).

Politainment macht im Sinne Dörners Abstraktes sichtbar, reduziert es auf ein Maß des Verstehbaren, stellt Themen in den öffentlichen Raum, konstruiert politische Vorstellungs- und Deutungsmuster, woraus sich Selbstverständlichkeiten und Normalitäten unserer politischen Realität zusammensetzen. Dabei unterscheidet er zwischen zwei Ebenen, »die jedoch in der real existierenden Medienrealität oft eng verzahnt in Erscheinung treten: *unterhaltende Politik* und *politische Unterhaltung*« (ebd., Herv. i. Orig.). Unterhaltende Politik liegt laut Dörner dann vor, wenn politische Akteure (Gewerkschafter, Politiker, Verbandsvertreter etc.) »auf Instrumente und Stilmittel der Unterhaltungskultur zurückgreifen, um ihre jeweiligen Ziele zu erreichen« (ebd.). Dies können mediengerecht inszenierte Wahlkampfveranstaltungen sein, Auftritte von Politikern in kommerziellen Unterhaltungsformaten des Fernsehens, wie jener von Guido

3. Theorie: Begriffe und Konzepte

Westerwelle im »Big Brother«-Container, oder aber in Talkshows wie »Hart aber fair« oder »Günther Jauch« (vgl. Schultz 2006). Ein drastisches Beispiel für Letzteres war die gefällige Inszenierung des mittlerweile depromovierten, damaligen Verteidigungsministers Karl-Theodor zu Guttenberg in einer Ausgabe der Talkshow »Kerner« aus Afghanistan im Dezember des Jahres 2010 (vgl. »Tatort« »Hinkebein«, WDR 2012). Eine der zentralen Eigenarten von Politainment, die »Optimierung des Erlebens von Politik« (Saxer 2007, S. 255), wurde in dieser inmitten von geparktem Kriegsgerät, zu Statisten degradierten Soldaten und mithilfe eines willfährigen Moderators stattfindenden Show besonders anschaulich. Die von Dörner benannte Verzahnung der zwei Ebenen des Politainments tritt ebenfalls deutlich an den im Fernsehfluss unmittelbar aufeinanderfolgenden Sendungen, »Tatort« und »Günther Jauch«, zutage. Die sonntägliche Primetime in der ARD steht mithin ganz im Zeichen des Politainments. Die »politische Unterhaltung« als dessen zweite Ebene ist dadurch gekennzeichnet, dass in der »Unterhaltungsindustrie« politisch aufgeladene »Figuren, Themen und Geschehnisse als Material zur Konstruktion ihrer fiktionalen Bildwelten [dienen, H.B.], um so ihre Produkte interessant und attraktiv zu machen« (Dörner 2001, S. 32). Bezüge zu vergangenen oder aktuellen Themen, Skandalen und Problemlagen werden als »Authentizitätsbeleg[e]« (ebd.) in Comics, Soap-Operas und Krimis eingebaut, um die darin erzählten Geschichten lebensweltlich zu erden und nicht gänzlich realitätsfern, losgelöst von soziokulturellen Zusammenhängen, quasi im luftleeren Raum, frei schweben zu lassen. Beispiele hierfür sind die Thematisierung von Alkoholsucht in der Science-Fiction-Fernsehserie »Battlestar Galactica« (vgl. Blanchet 2011, S. 46), die zeitgeschichtlichen Bezugnahmen auf Geschlechtsbilder der 1960er-Jahre in der Serie »Mad Men«, u.a. die tagesaktuellen Themen in Geißendörfers »Lindenstraße« (vgl. Jurga 1999, S. 139 ff.), der unterhaltsame Entwurf eines umfassenden, krimibasierten Gesellschaftsporträts in der Stadt Baltimore in der Serie »The Wire« oder eben der breite Kosmos brisanter Themen im »Tatort«.

3.4.2 Funktionsweisen von Politainment

Die Funktionen von Politainment sind vielfältig (vgl. Dörner 2001, S. 33 f. und 97 ff.): Politainment sorgt für sinnliche Erfahrbarkeit von Abstraktem um den Preis einer notwendigen Reduktion von Komplexität. Es bewirkschaftet Aufmerksamkeiten und »stellt Themen in den öffentlichen Raum« (ebd., S. 33 u. 99, vgl. Gansel/Gast 2007).

Politainment »konstruiert politische Vorstellungs- und Deutungsmuster« (Dörner 2001, S. 33). Damit zeigt es Möglichkeiten politischen Denkens auf,

3.4 Politainment (Dörner)

steckt Bereiche des Sag- und Wissbaren ab, definiert in einer Gesellschaft für selbstverständlich und normal Gehaltenes (vgl. Link 2005, Otto/Stauff 2007). Ein prominentes Beispiel für den Normalisierungsdiskurs im deutschen Fernsehen ist die Sendung »Lindenstraße«. Ein »Kanon linksliberaler Korrektheit definiert hier [...] die Grenzen dessen, was ›man‹ darf und was von der Gemeinschaft als legitim akzeptiert wird« (Dörner 2002, S. 41, vgl. Jurga 1999). Die Nähe von Konsenspolitiken und Normalisierungsdiskursen ist an dieser Stelle evident. Eggo Müller schreibt über das »volkspädagogische Ziel« der »Lindenstraße«:

> »Sie gibt der Verhaltensdarstellung qua Dramaturgie und Diskurs eine wertende Perspektive und will so nicht nur unterhalten, sondern als Teil des öffentlich-rechtlichen Apparats Fernsehen [vgl. Kapitel 3.3.2, H.B.], als gesellschaftliche Institution zugleich belehren und spezifische Ideologien verbreiten« (Müller 2011, S. 124).

Politainment definiert, prägt, zeigt und bestätigt Konsensuelles. Es »lanciert, verstärkt und popularisiert politische Werte und Sinnfiguren, die den integrativen Konsensbereich einer politischen Kultur definieren« (Dörner 2001, S. 33). Damit betrifft es die »Organisation von Zustimmung« (Marchart 2008, S. 80), von Konsens, das heißt von jener Menge an »kollektiv geteilten Vorstellungen, Werten, operativen Normen und Sinnentwürfen[, die] immer wieder neu inszeniert und beglaubigt werden« (Dörner 2002, S. 50). Dazu gehört beispielsweise die von weitesten Teilen der Bevölkerung geteilte Ablehnung rechtsradikalen bzw. neonazistischen Gedankenguts. Sich dieses Themenbereichs annehmende »Hakenkreuz-Krimis« (Vowe 1996) gab es zuhauf.[13]

Politainment schafft im angenehm anstrengungslosen Modus des *feel good* (vgl. Dörner 2001, S. 67) Identifikationsangebote und »eröffnet schließlich mit seinen professionell gestalteten ästhetischen Bild- und Klangwelten einen emotionalen Zugang zur politischen Welt« (ebd., S. 33 f.). »Audiovisuelle Emotionen« (Bartsch et al. 2007) verdienen entsprechend bei der Analyse der zuweilen betroffen oder wütend machenden, peinlich berührenden, aufwühlenden oder beängstigenden Thematisierungen in Sendungen der Reihe »Tatort« eine besondere Aufmerksamkeit.

---

13 Vgl. exemplarisch: Süss (1993) zur Folge »Kameraden« (SF 1991) und Struck (2011) zur Folge »Bildersturm« (WDR 1998).

3. Theorie: Begriffe und Konzepte

3.4.3 Konstruktionsweisen von Politainment

Wie wird Politainment in den Produkten der Unterhaltungskultur konkret konstruiert? Andreas Dörner nennt eine stets »personalisierte und auf einfache Grundkonstellationen reduzierte Wirklichkeit« (Dörner 2001, S. 239).[14] Das heißt, einzelne Figuren stehen für spezifische Problemlagen bzw. Themenbereiche, die in notwendigerweise komplexitätsreduzierter Form signifiziert werden. »Einfache Erzählungen, Anekdoten und pointiert zugespitzte Aussagen konstituieren hier den Normalmodus des Politischen« (ebd.). Dabei spielt die »emotionale Dimension« (ebd., S. 240) eine besondere Rolle. Die an sozialen Rollen orientierte Identifikation mit Bildschirmpersönlichkeiten sowie die Möglichkeiten des davon zu unterscheidenden Sympathisierens und Empathisierens sind im Hinblick auf film- und fernsehanalytische Erkenntnisinteressen bedeutsam (vgl. Mikos 2008, S. 174 ff.). Dörner ergänzt in diesem Zusammenhang seine These vom medialen *feel good* (vgl. Dörner 2001, S. 241) um jene des unterhaltungskulturellen *feel bad* (ebd., S. 223). Dieses ist angesichts von »Tatort«-Sendungen, in denen die Krankheit Mukoviszidose und Sterbehilfe (vgl. »Der glückliche Tod«, SWR 2008), plötzlicher Kindstod (vgl. »Der frühe Abschied«, HR 2008) oder häusliche Gewalt (vgl. »Schwarzer Peter«, MDR 2009) thematisiert werden, ebenfalls relevant. Ein weiteres Konstruktionsmerkmal von Politainment ist, »daß vor allem in Unterhaltungsserien politische Modellidentitäten angeboten werden, die Moralität, Engagementbereitschaft und Zivilcourage propagieren« (ebd., S. 241). Die Frage nach der mit Spannung bei der Mörderjagd verbundenen »Fernsehmoral« (Kottlorz 1993), der ethischen Dimension der Fernsehunterhaltung, betrifft insofern die in die Sendungen eingeschriebenen, sittlichen Grundsätze, Werte und Normen, die ihrerseits zu einem bestimmten Zeitpunkt als gesellschaftliche Regulative fungieren. Sie dienen als Handlungs- und Verhaltensregeln sowie als Konzeptionen dessen, was als wünschens- und verachtenswert, akzeptabel, begründbar, wertvoll, nachvollziehbar, entschuldbar oder im einfachsten Fall als gut oder schlecht zu gelten hat (vgl. Ziemann 2011, S. 242, Bergmann/Luckmann 1999, S. 22). Das Fernsehen liefert in die Wohnzimmer entsprechende

> »Geschichten, in denen wertorientiertes Handeln als Handeln in einem Problem- und Konfliktfeld vorgeführt wird. Geschichten illustrieren und exemplifizieren das abstrakte Problem, indem sie abstrakte Wertediskurse mit den konkreten Horizonten der Handlung vermitteln« (Wulff 2005, S. 377).

---

14 Vgl. Müller (2011, S. 26 f.) zur Kritik an Dörner.

3.4 Politainment (Dörner)

Die zentralen Agenten dieser Funktion im Krimi sind die Kommissare. Sie moralisieren mittels der Evaluation des Verhaltens thementragender Figuren, geben wertende Stellungnahmen oder Kommentare ab, zeigen ablehnende Gesten oder äußern mimisch ihre Zustimmung. »Kontrastierende Figurengestaltung[en]« (Wulff 2001, S. 255) sind in der stets figurengebundenen Moralkommunikation ein dramaturgisch bewährter Standard. Das Moralische ist zudem im Groben auf zwei Ebenen feststellbar. Zum einen auf der »partikularen, einzelne Elemente des Textes betreffenden« (ebd., S. 348). Hans J. Wulff spricht in diesem Zusammenhang von einer »Evaluation der Figuren und Konflikte« (ebd.). Dies kann im Krimi beispielsweise eine einzelne Verhörsequenz sein, in der ein Kommissar die unzulässige Titulierung einer gesellschaftlichen Minderheit durch einen Verdächtigen mit einem abschätzigen Blick oder Kommentar quittiert. Zum anderen findet das Moralische auf der globalen Ebene der sprichwörtlichen »Moral von der Geschichte« (Wulff 2005, S. 384) statt. Diese den Text als Ganzes betreffende Ebene ist ungleich schwieriger, im Einzelfall möglicherweise nicht eindeutig zu bestimmen und erfordert interpretatives Feingefühl.

Unterhaltungssendungen des Fernsehens und vor allem »Serien offenbaren [...] ein Bild der Möglichkeit von ›guter Politik‹, das in seiner konkreten Anschaulichkeit auch ermutigend wirken kann« (Dörner 2001, S. 242). Hiermit gemeint ist Politainment als in Spielhandlungen vorgeführtes, bürgerliches Engagement sowie Formen von Zivilcourage. Beides kann sich auch im Rahmen zivilen Ungehorsams abspielen, wenn es denn zu einer beispielhaften, narrativen Vorführung von Gutem und Erstrebenswertem beiträgt. Die mit solchen Szenarien verbundene Moral lautet stets: »Der Einsatz lohnt sich!« (ebd.).

Eine weitere Funktion von Politainment ist es, »Unterhaltungsöffentlichkeit« (Göttlich 2009) herzustellen und damit »ein zentrales Forum zur Vermittlung politisch-kultureller Traditionsbestände und Selbstverständlichkeiten« (Dörner 2001, S. 243) zu schaffen – die bereits erwähnte Ablehnung von rechtsradikalem Gedankengut und der damit verknüpfte, sensible bis ängstliche Umgang mit allem, was jüdisch ist, gehören als elementarer Bestandteil der nationalen politischen Identität Deutschlands dazu (vgl. ebd., S. 107).[15] Den Terminus »Unterhaltungsöffentlichkeit« definiert Dörner als »massenmedial vermittelte, im Modus von Unterhaltung und fiktionalen Spielhandlungen gerahmte Öffentlichkeiten« (ebd., S. 97). Er rekurriert in Bezug auf deren Funktionen indirekt auf den heute als kanonisch zu bezeichnenden Aufsatz »Fernsehen als kulturelles Forum« von Horace M. Newcomb und Paul M. Hirsch (1986, vgl. Mikos 2001, S. 41 ff., Müller 2011, S. 122). Seine Verfasser propagieren eine Betrachtung

---

15 Vgl. die im Umfeld einer jüdischen Gemeinde in München spielende Folge »Ein ganz normaler Fall« (BR 2011).

3. Theorie: Begriffe und Konzepte

des »alten« Leitmediums Fernsehen »auch als ästhetisches Objekt, als Ausdrucksmittel, mit dessen Hilfe Wirklichkeit erzählend dargestellt und dadurch zum Gegenstand unserer Reflexion werden kann« (Newcomb/Hirsch 1986, S. 177). Es stellt in diesem Sinne einen Ort der gesellschaftlichen Selbstverständigung dar (vgl. Hickethier/Hoff 1998, S. 3). In ihrem Plädoyer für eine Analyse des Fernsehens im Hinblick auf den Prozess des öffentlichen Denkens betrachten Newcomb und Hirsch das Fernsehen als Bühne, »auf der wir unsere Ungeheuer auftreten und ihr Spiel treiben lassen«, wozu die beiden Autoren auch »Kriminalkommissare« und »rasante Detektivinnen« (Newcomb/Hirsch 1986, S. 179 ff.) zählen. Von ideologisch eindeutigen, klar zu fassenden Botschaften in Unterhaltungssendungen halten auch sie nichts, sondern gehen stattdessen von einander ergänzenden oder aber im Widerspruch zueinander stehenden »*Kommentierungen* gesellschaftspolitischer Streitfragen« (ebd., S. 183, Herv. i. Orig.) in komplexen und reichhaltigen audiovisuellen Kommunikaten aus. Insofern sei Fernsehunterhaltung dazu geeignet, gesellschaftliche Konfliktlagen zu repräsentieren, »die für kollektive Erfahrungen und die kulturelle Dynamik unserer Gesellschaft typisch sind« (ebd.).

Andreas Dörner rekurriert im Zusammenhang mit der Forums- auch auf die Integrationsfunktion des Politainments (vgl. Dörner 2001, S. 243). Diese auf sozialpsychologische Ansätze und Theorien zurückzuführende Integrationsfunktion ist eine basale des »Prinzip[s] Öffentlichkeit« (Lucht 2006, S. 66):

> »Unterhaltungsöffentlichkeit eröffnet gemeinsame Kommunikationsräume, steuert und bündelt Aufmerksamkeiten, bietet Schnittstellen für gemeinsame Anschlußkommunikation, stiftet orientierungsfreundliche öffentliche Meinungen, stellt politisch-kulturelle Traditionsbestände auf Dauer und bietet Modelle von individueller und kollektiver politischer Identität an« (Dörner 2001, S. 108).

Die Integrationsfunktion erfüllen kulturelle Artefakte gerade auch durch den Nachweis gesellschaftspolitischer Bedeutungsgehalte im unterhaltsamen Gewand. Jens Lucht sieht in Bezug auf das Fernsehen die Erfüllung dieser Aufgabe vor allem durch die öffentlich-rechtlichen Sendeanstalten, und das vollkommen zu Recht:

> »Angebote dieser Art, die die gesellschaftliche Diskussion anregen, dabei aber auch auf bestehende Werte und Normen rekurrieren und damit zum integratorischen Diskurs beitragen, werden im Fernsehbereich überwiegend vom öffentlich-rechtlichen Rundfunk zur Verfügung gestellt« (Lucht 2006, S. 270).

Ein weiteres, fakultatives Konstruktionsmerkmal von Politainment ist die Political Correctness (vgl. Dörner 2001, S. 243). Dörner äußert sich dezidiert zu diesem Phänomen sowohl in dem Krimikapitel seines Politainment-Buches über »Ordnungshüter als Priester der Zivilreligion« (ebd., S. 189 ff.) als auch an anderer Stelle (vgl. Dörner 2002). Er konstatiert zu Beginn des neuen Jahrtausends, dass im »Tatort« sowie anderen Krimiserien und -reihen

> »vormalige ›Problemgruppen‹ wie Ausländer, Asylsuchende, Schwule und Lesben, Behinderte aller Art und sozial Schwache nicht nur häufig als Sympathieträger dargestellt werden, sondern daß die Kriminalbeamten sich aktiv und weit über die Dienstobliegenheiten hinaus für diese Personenkreise einsetzen« (Dörner 2001, S. 191).

Exklusiv auf den »Tatort« bezogen, äußert sich Dörner an anderer Stelle folgendermaßen:

> »Die verschiedenen Kommissare der erfolgreichen ›Tatort‹-Reihe stellen schon seit 30 Jahren bei ihrem Kampf um Recht und Gerechtigkeit vorbildliche Modellfiguren der im legitimen Meinungsspektrum der Republik angesiedelten politisch-korrekten Verhaltensweisen dar« (Dörner 2002, S. 47).

Indes, in seinen Befunden lässt Dörner die für heutige, zehn Jahre später angestellte Studien wichtige Frage offen, was genau er unter »politisch korrekt« versteht. Da dieser ursprünglich von konservativer Seite stammende (Kampf-)Begriff seit Langem in der »Tatort«-Kritik zum Standardrepertoire gehört, soll er im Folgenden einer genaueren Betrachtung unterzogen werden. Political Correctness, kurz: PC – oder im Deutschen: politische Korrektheit – »äußert sich vorwiegend in Form von sprachkritischen und sprachpolitischen Bemühungen gegen diskriminierende Bezeichnungen sozialer Randgruppen und Minderheiten« (Germann 2007, S. 7). Das heißt, es geht vor dem Hintergrund des stets fraglichen Verhältnisses von sprachlichen Zeichen und außersprachlicher bzw. -filmischer Wirklichkeit um das Bestreben, mittels Sprachregelungen gegen vermeintliche Diskriminierungen von Personenkreisen bzw. -gruppen anzugehen. PC-Kritiker sehen in der Substitution von Begriffen – wenn beispielsweise aus der »Putzfrau« die euphemistisch aufgewertete »Raumpflegerin« wird – keinen Gewinn, da damit soziale Missstände, Benachteiligungen und Ungerechtigkeiten nicht aus der Welt geschafft würden. Sie sehen PC als Mittel der moralischen Reinigung, das dazu diene, womöglich missachtende, stigmatisierende oder andere herabwürdigende Bezeichnungen aus der Sprache zu tilgen. Die Befürworter hingegen sind optimistischer und gehen davon aus, dass eine gezielte Veränderung der Sprache reale Veränderungen zur Folge haben kann (vgl. ebd.). Indes, heute ist der PC-Begriff weitestgehend negativ besetzt. Es ist ein »Phänomen, das keine Fürsprecher hat, zugleich aber sehr wohl in öffentlichen Auseinandersetzungen als Argument verwendet wird – etwa, um sich in Abgrenzung dazu als unkorrekter, also mutiger Freigeist zu inszenieren« (Lorenz 2011, S. 120). Sprachpolitische Auseinandersetzungen um Definitionen von Wirklichkeit sind typische Formen des Kampfes um Bedeutungen. Die Macht, Personenkreise bzw. -gruppen zu titulieren, auf- oder abzuwerten ist eine wichtige Dimension politischer Unterhaltung. Fraglich ist, ob es PC im zeitgenössischen »Tatort« gibt, und wenn ja, wie seine machtvollen Sprachpolitiken im Hinblick darauf beschaffen sind.

Schließlich ist »Unterhaltungskultur als Interdiskurs« (Dörner 2001, S. 97) zu begreifen. Diese weitere funktionale Konstruktionsweise von Politainment ist für das Erkenntnisinteresse vorliegender Arbeit von großer Bedeutung und wird deshalb im Folgenden einer genaueren Betrachtung unterzogen.

3.5 Interdiskurstheorie (Link)

Andreas Dörner beruft sich mit seiner These von der »Unterhaltungskultur als Interdiskurs« (Dörner 2002, S. 43, vgl. Jacke 2004, S. 21, Göttlich 2009, S. 207) auf den Literaturwissenschaftler Jürgen Link und dessen diskursanalytischen Ansatz (vgl. die Bibliografie von Parr et al. 2005). Link seinerseits bezieht sich auf das Werk bzw. den Diskursbegriff von Michel Foucault, dessen Wirkmächtigkeit seine Arbeiten auch zu Schlüsselwerken der Cultural Studies macht (vgl. Thomas 2009, S. 58). Was sind Diskurse? »Diskurse sind nach Foucault Instrumente der Produktion oder Konstruktion gesellschaftlicher Wirklichkeit und gesellschaftlichen Wissens« (Rosenthal 2005, S. 216). Diesem Verständnis zufolge geht es bei der Betrachtung von Diskursen stets auch um spezifische Konstellationen von Wissen. Die Begriffe »Diskurs«, »Wissen« und »Macht« gehören in dieser Perspektive stets zusammen. In weniger makroperspektivisch-kulturphilosophischer als vielmehr auf kommunikations- und medienwissenschaftliche Erkenntnisinteressen bezogener kulturtheoretischer Stoßrichtung definiert Andreas Hepp »seinen« Diskursbegriff wie folgt:

> »Mit ›Diskurs‹ werden im weiteren kulturtheoretischen Sinne regulierte Möglichkeiten des Sprechens/Kommunizierens über etwas bezeichnet, die ein bestimmtes Wissen und bestimmte Repräsentationen mit produzieren« (Hepp 2008, S. 118).

Dieses Verständnis von »Diskurs« scheint hilfreich wenn es darum gehen soll, die televisuellen Repräsentationen der Krimireihe »Tatort« als Teile von in der Gesellschaft zirkulierenden Diskurskomplexen zu betrachten (vgl. Mikos 2008, S. 285). Im noch engeren, film- und fernsehwissenschaftlichen, produktanalytischen Sinne, sind »Diskursivitäten« als Eigenschaften medialer Texte zu begreifen,

»die sie an die symbolischen Wissenshorizonte der Kultur und deren konsensuelle Grundlagen und konventionellen Bedeutungen zurück bindet« (Müller/Wulff 2006, S. 197). Um eben jenes »Zurückbinden« bzw. »Reintegrieren« von Wissen geht es Jürgen Link in seinem umfassenden Verständnis von Interdiskursivität.

Link zufolge wird der funktionalen Ausdifferenzierung moderner Gesellschaften entsprechend Wissen zunehmend in voneinander getrennten, segmentierten Bereichen, z.b. in den Naturwissenschaften wie der Physik, Humanwissenschaften wie der Medizin, Wirtschaftswissenschaften wie der Makroökonomie usw. entwickelt und verwendet. Sogenannte »Spezialdiskurse« sind demnach »eng begrenzte Sagbarkeits- und Wissbarkeitsräume« (Link 2006, S. 411), in denen jeweils sehr spezielles Wissen generiert wird. Sie zeichnen sich durch je fachspezifische Komplexität, eigene Definitionen von Begriffen sowie – Folgendes ist von Link mit einer gewissen Radikalität gedacht – »eine Dominanz der Denotation und möglichst Beseitigung aller Uneindeutigkeiten und Konnotationen mit dem Idealtyp der mathematischen Formel« (Link 2005, S. 84, vgl. Hepp 2004, S. 31 f.) aus. Aus derlei verstreuten Spezialisierungen erwächst die Gefahr einer gesellschaftlichen Fragmentierung. Um dies zu kompensieren, besteht die Notwendigkeit »einer gegenläufige[n], entdifferenzierende[n], partiell reintegrierende[n] Tendenz der Wissensproduktion« (Link 2006, S. 411). Die Funktionen der eher konnotativ verfassten »Interdiskurse« – unter anderem Populärwissenschaft, -philosophie, -geschichte sowie »Mediopolitik« und »Mediounterhaltung« (Link 2005, S. 85), »einschließlich ›Weltanschauung‹ und ›Ideologie‹« (Link 2006, S. 43) – bestehen darin, selektiv und symbolisch Querverbindungen zwischen einzelnen Wissensbereichen herzustellen, »Brücken zu schlagen«, und so gesellschaftliche Teilbereiche miteinander zu verbinden. Dies leisten sie mittels einfacher, aber mächtiger narrativer Schemata (z.B. Genres), Beispielen (exemplarische Geschichten und Szenarien), Sinnbildern und (kollektiv-)symbolischen Modellen (zur Kritik an Links Konzeption von Interdiskursivität vgl. Pundt 2008, S. 82 ff.). Kollektivsymbole sind die idealtypischen Aussagen von Interdiskursen. Sie sind kulturelle Stereotype, die einfach verständlich sind und die jeder kennt. In den Worten Links:

> »Kollektivsymbole sind kollektiv in einer Kultur verankerte Sinn-Bilder, d.h. sämtliche in der klassischen Rhetorik bekannten rhetorischen Figuren, bei denen einem Bild ein symbolischer Sinn oder in der Regel mehrere solcher Sinne zuzuordnen sind« (Link 2006, S. 42).

Sie bilden vielfältige semiotische Ressourcen zur kollektiven Bedeutungsbildung, wobei sprachliche oder tatsächlich visuelle Bilder (*pictura*) und der jeweils dahinter stehende Sinn (*subscriptio*) zu unterscheiden sind. So steht beispielsweise die »Eisenbahn« seit jeher für den »Fortschritt« und eröffnet darüber hinaus ein

3. Theorie: Begriffe und Konzepte

weites Feld potenzieller symbolischer Bedeutungen. »Weichenstellungen« können dann beispielsweise symbolisch für »Entscheidungsprozesse« stehen (vgl. Jäger/Jäger 2007, S. 43 f.). Kollektivsymbole bieten ein großes Inventar an Bildern und Vorstellungen, »mit dem wir uns ein Gesamtbild von der gesellschaftlichen Wirklichkeit bzw. der politischen Landschaft der Gesellschaft machen, mit dem wir diese deuten und – insbesondere durch die Medien – gedeutet bekommen« (Jäger 2006, S. 86). In unterhaltungskulturellen Kontexten sind sie dementsprechend allgegenwärtig. Kollektivsymbole im Krimi können folgende sein: einen Tatverdächtigen mit einem »Trommelfeuer aus bohrenden Fragen« zu belegen (eine Symbolik aus dem Bereich des Militärischen), einen Rechtsradikalen im Verhör »das Boot ist voll« pöbeln zu hören oder die Ermittlungen durch eine Intervention des Polizeipräsidenten »ausgebremst« zu sehen (eine typische Symbolik aus dem häufig kollektivsymbolisch bemühten Bereich der automobilen Fortbewegung) (vgl. Link 2005).

Geschehen interdiskursive Verarbeitungen von Wissen auf unterhaltsame, fragmentarische Art und Weise wie im Genretext »Tatort«, so ist es von vielen leicht applizierbar (vgl. Thiele 2005, S. 17). Gesellschaftliche Problembereiche werden narrativ erschlossen und einem breiten Publikum zugänglich gemacht. Andreas Dörner beschreibt die Funktion von Interdiskursen in der Unterhaltungsöffentlichkeit wie folgt: »Der Interdiskurs bildet einen gemeinsamen Zeichenraum, über den die verschiedenen Teilsysteme einer Gesellschaft und deren Spezialdiskurse miteinander verbunden sind« (Dörner 2000, S. 79), und an anderer Stelle:

> »Interdiskurse stellen eine gemeinsame Zeichenwelt zur Verfügung, die einzelne Spezialdiskurse überschreitet und so eine Infrastruktur für das gemeinsame Gespräch zur Verfügung stellt. Die Bildwelten und einfachen Geschichten der Unterhaltungskultur bieten einen solchen anschaulichen Interdiskurs. Fernsehsendungen zur Prime Time [...] werden von vielen Menschen gesehen, und man kann sich auf diese Bilder und Erzählungen beziehen, wenn man ein Problem veranschaulichen oder über Lösungswege nachdenken will« (Dörner 2002, S. 44).

Inwiefern im »Tatort« Lösungen zu gesellschaftlichen Problemlagen angeboten werden, bleibt fraglich. Tatsache ist, dass die Verbindungen von Film- und Fernsehtexten und interdiskursiven Praxen in der Populären Kultur omnipräsent sind: Die Gentechnologie beispielsweise ist Filmen wie »Jurassic Park« vorgelagert, der medizinische Diskurs den Arzt- und Krankenhausserien wie »Schwarzwaldklinik« oder »Emergency Room«. Krimis und Anwaltsserien treten in die Diskurse um Recht und Gesetz, Kriminalität und Verbrechen sowie die Rolle der staatlichen Kontroll- und Ordnungsinstanzen ein (vgl. Mikos 2008, S. 287).

Dazu trägt das Realismusprinzip des Krimigenres bei, weshalb sich die Kommissare häufig mit realistischen, im Alltag verankerten Deutungsmustern, einem unspezifischen Alltagswissen (dem Link'schen »Elementardiskurs«, vgl. Link 2005, S. 84) ausgestattet im »institutionalisierten Interdiskurs ›Tatort‹« mit für sie neuen Wissensbeständen konfrontiert sehen. Dem Elementardiskurs – als neben Spezial- und Interdiskurs dritter Diskursart in Links begrifflichem Inventar – kommt mithin eine besondere Bedeutung zu. Er beinhaltet sogenanntes »anthropologische[s] Alltagswissen [...] über allgemeinste Lebensstrategien« (Link 2005, S. 89). Dies kann Wissen aus den (zuweilen uneindeutigen) Kategorien wie »Liebe«, »Feindschaft«, »Familie«, »Alter«, »Tod« oder »Generation« sein. Vieles davon kann von aktiven Adressaten standardisierter Kommunikate als, zumindest in groben Zügen, bekannt vorausgesetzt werden.

3.6 Definition: Gesellschaftspolitische Themen

Sind »brisante Themen« im »Tatort« zugleich Diskurse? Nein. Jürgen Link zufolge ist ein Thema »ein potentiell aktuelles, gegenstandsbezogenes Reproduktions-Schema typischer Verkettungen von Aussagen« (Link 1999, S. 153, vgl. Hepp 2004, S. 266). Im Sinne des vorliegenden Erkenntnisinteresses ist ein gesellschaftspolitisches Thema ein konfliktäres oder konsensuelles, in jedem Fall brisantes Feld von Aussagen von gesellschaftlicher Relevanz und potenzieller Aktualität, das ein Krimi über seine Detektionshandlung hinaus enthält oder das damit verwoben ist (vgl. Hickethier 2001, S. 114). Es speist sich aus typischen Aussagen, Handlungen und Bildverläufen, in denen Diskursives gezeigt, benannt, verhandelt oder kommentiert wird. Themen sind damit Elemente, durch die sich Diskursfragmente, also mediale Texte wie die »Tatort«-Sendungen, in Teilen generieren (vgl. Link 2006, S. 420). Sie sind theoretisch von weitaus größeren Diskurskomplexen, wie z.B. »Normalität«, und großen diskursiven Ereignissen, wie z.B. »Fukushima«, zu unterscheiden als »mehr material-gegenständlich und mehr aktuell tingiert – gegenüber einem diskursiven Ereignis aber mehr langfristig-generell und mehr von lediglich potentieller Aktualität« (Link 1999, S. 152). Als inhaltliche Kategorie ist das jeweilige Thema eines »Tatort«-Krimis damit eine spezifische Auswahl und filmische Transformation von Wissen im Rahmen institutionalisierter Interdiskursivität. Das heißt, das Thematische an den Sendungen liegt darin, dass sich in den filmischen Repräsentationen Diskursives erkennbar materialisiert (vgl. Mikos 2008, S. 282). In der Praxis bedeutet dies, dass z.B. ein filmischer Blick in die Sozialräume eines Industrieunternehmens dann von interdiskursiver Relevanz ist, wenn damit über die notwendig realistische Verankerung des Aufklärungsgeschehens hinaus eine filmisch nahe-

3. Theorie: Begriffe und Konzepte

gelegte Perspektivierung, ein Deutungsmuster oder eine Haltung der medialen Repräsentation verknüpft sind (vgl. Hickethier 2010, S. 46).

Es geht somit neben der genretypischen Notwendigkeit zur Aufklärung eines Mordfalls als zentralem Konflikt um die Identifizierung und Analyse weiterer Konflikte grundsätzlicher Art. Das Interdiskursive der realitätsbezogenen Fiktionen kann dann die Begehung eines problembehafteten gesellschaftlichen Milieus durch die Kommissare sein, skandalöse Zustände in Arbeits- und Sozialwelten zum Anlass der spannenden Erzählungen machen oder gesellschaftliche und politische Debatten aufnehmen, diskutieren und kommentieren. Brisante gesellschaftspolitische Themen im »Tatort« bestehen aus audiovisuellen Informationen, die potenziell aktuell, konsensuell oder konfliktär und über eine längere Zeit gesellschaftlich relevant sind (vgl. Hickethier 2001, S. 114).

Vorliegende Studie ist mithin keine klassische Diskursanalyse (vgl. Jäger/Jäger 2007, Keller 2004), sondern eine kulturwissenschaftliche Analyse von Genretexten einer Sendereihe des öffentlich-rechtlichen Fernsehens. Die Bezugnahmen auf Jürgen Links Interdiskurstheorie dienen in erster Linie der Schärfung des fernsehanalytischen Blickes für machtvolle Signifikationspolitiken bei der audiovisuellen Verarbeitung von Wissensvorräten. Die kulturwissenschaftliche Analyse von interdiskursiver Wissensproduktion qua Fernsehunterhaltung ist somit ein eigener Spezialdiskurs mit eigenen Fachtermini (»Genre«, »thementragende Figuren«) sowie Sag- und Wissbarkeiten, der wiederum neues Wissen produziert.

4. Methode

In diesem Kapitel wird das methodologisch-methodische Instrumentarium präsentiert und seine Anwendungsweisen in der empirischen Praxis erläutert.

4.1 Hermeneutik populärer Medientexte

Interpretationsarbeit zu leisten, gehört zu den Grundcharakteristika qualitativer Forschung im Allgemeinen und zur Film- und Fernsehanalyse im Besonderen (vgl. Flick et al. 2005, S. 19 ff., Bohnsack 2009, S. 169, Hickethier 2001, S. 32 ff., Keppler 2006, S. 87, Wulff 2006, S. 222). Für die Analyse Populärer Kultur im übergeordneten Sinne ist deshalb eine Orientierung am interpretativen Paradigma der Hermeneutik sinnvoll. Im Rahmen einer produktanalytischen »Hermeneutik des Populären« (vgl. Hügel 2003, 2007, S. 84 ff.) geht es um die Erforschung potenzieller »Lesarten« (Denzin 2005, S. 424) populärer Sendungen. Filmanalyse als Hermeneutik wird hier nach Hans J. Wulff im Sinne eines verstehenden Übersetzens der filmischen Repräsentation und ihres strategischen Arbeitens mittels Symbolen, Beispielen und Metaphern begriffen (vgl. Wulff 2006, S. 222 ff.). Herauszufinden ist, wie »Tatort«-Krimis »funktionieren«, welche Strukturen von Sinn und Bedeutung den audiovisuellen Komposita inhärent sind und wie sie damit wertend und interpretierend den Prozess der Sinn- und Bedeutungsbildung beim Fernsehpublikum vorstrukturieren. Die Erkenntnisgewinnung im Sinne einer Hermeneutik des Populären hat in vorliegender Studie zum Ziel, »Bedeutungsebenen und Sinnpotenziale« (Hickethier 2001, S. 32) im Modus unterhaltsamer Politik zu entdecken und herauszuarbeiten (vgl. Breuer 2009, S. 48).[16]

---

16 Vgl. eine frühere Fassung des Methodenkapitels in einem vom Autor publizierten Aufsatz: Buhl 2012; vgl. Dreyfus/Rabinow 1994 zum Verhältnis von Foucault'schem Diskursbegriff und Hermeneutik: Die Autoren definieren »Hermeneutik als ein[en] weiter[en] neutrale[n] Begriff, ein Kommentar für das Auffinden von Bedeutungen und Wahrheiten in Praktiken unseres Alltags oder anderer Zeiten und Kulturen« (Dreyfus/Rabinow 1994, S. 20).

4. Methode

4.2 (Inter-)Diskursivitäten im Fokus

Der Forschungstradition der Cultural Studies verpflichtet, lautet die Grundfrage dieser Arbeit: Was zeichnet gesellschaftspolitische Themen in der Krimireihe »Tatort« aus? Somit geht es hier nicht im Sinne einer Diskursanalyse (vgl. Jäger/ Jäger 2007, Keller 2004) darum, Diskurse auf verschiedenen Diskursebenen, in unterschiedlichen Medien und Texten, zu betrachten. Stattdessen soll die Frage beantwortet werden, wie sich Politainment und Interdiskursivität in Sendungen der Reihe »Tatort« in Form thematischer Bezugnahmen erkennbar materialisieren, wie diese audiovisuellen Konstruktionen beschaffen sind und welche Aussagen, Werthaltungen, Interpretationen und Perspektiven die Thematisierungen ausmachen (vgl. Bohnsack 2009, S. 125, Borstnar et al. 2008, S. 176, Hepp 2004, S. 266). Entsprechend gehört die vorliegende Studie zur Gattung soziologisch orientierter, kulturwissenschaftlicher Genreanalysen (vgl. Wulff 2006, S. 235 f., Mai/Winter 2006, Heinze et al. 2012).

Patentrezepte für die Film- und Fernsehanalyse gibt es nicht. Ein dem Gegenstand, dem Erkenntnisinteresse und der Fragestellung angemessenes analytisches Instrumentarium muss »maßgeschneidert« und selbst entwickelt werden (vgl. Wulff 2006, S. 238, Hißnauer et al. 2012). Für jede Art der Fernsehanalyse sinnvoll ist die Durchführung von vier aufeinanderfolgenden Arbeitsschritten: 1. Beschreiben, 2. Analysieren, 3. Interpretieren und 4. Bewerten (vgl. Mikos 2008, S. 82). Eine Orientierung hieran dient dazu, den Forschungsprozess planvoll und zielorientiert zu gestalten.

Unter Berufung auf die Cultural Studies, den Politainment-Begriff und die Interdiskurstheorie ist die Anlage der vorliegenden Arbeit zunächst anwendungsbezogen und damit deduktiv. Die Analyse erfolgt »Top-down« (Borstnar et al. 2008, S. 13), das heißt, theoretische Annahmen und Erkenntnisse werden an Texten erprobt, überprüft, diskutiert und problematisiert (vgl. Wulff 2006, S. 233). Dabei bleibt es nicht: Die deduktiven Elemente werden bei der Arbeit am Material mit induktiven Verfahrensweisen kombiniert (vgl. Kapitel 4.3). In der deduktiven Auseinandersetzung mit den »Tatort«-Sendungen kommen erprobte Analysekategorien der Film- und Fernsehanalyse zur Anwendung. In Anlehnung an die Ebenen des film- und fernsehanalytischen Erkenntnisinteresses von Lothar Mikos lauten die die Analyse leitenden Fragen wie folgt (vgl. Mikos 2008, S. 43 ff.):

- *Inhalt und Repräsentation*: Welche thematischen Aspekte sind in den »Tatort«-Sendungen neben der Grundthematik des Krimis – Normverletzung, Detektion und Wiederherstellung – identifizierbar? Gibt es verschiedene Grade von Interdiskursivität im »Tatort«? Wie wird spezialdiskursive Kom-

plexität im »Tatort« reduziert? Aus welchen Spezialdiskursen (aus den Bereichen Medizin, Ökonomie, Jurisprudenz etc.) stammt das im »Tatort« dramatisierte Wissen (vgl. Mikos 2008, S. 107 ff., Link 2005)?
- *Narration und Dramaturgie*: Welche Geschichten werden in Themen-»Tatorten« erzählt? Wie werden gesellschaftspolitische Themen mit den Genredramaturgien der Fernsehkrimis verwoben? Mit welchen strukturellen Elementen der Genretexte sind thematische Motive verbunden (vgl. Karczmarzyk 2010, S. 8)? Aus welcher Erzählperspektive erfolgt die filmische Informationsvergabe zu brisanten Themen (vgl. Borstnar et al. 2008, S. 176, Hickethier 2001, S. 130, Keppler 2006, S. 127 ff.)?
- *Figuren und Akteure*: Über welches Figureninventar verfügen die Themen-»Tatorte«? Welche Haupt- und Nebenfiguren sprechen aus welchen Positionen heraus als Agenten des Interdiskurses? Welche Rolle kommt den Kommissaren als zentralen Trägern der Aufklärung in thematisch aufgeladenen Folgen zu? Welche Formen moralischer Evaluation in »Tatort«-Krimis gibt es (vgl. Eder 2008, Mikos 2008, S. 163 ff., Faulstich 2008a, S. 109 ff.)? Die in den Krimis auftretenden Figuren sind von entscheidender Bedeutung für die Dramatisierung gesellschaftspolitischer Themen im »Tatort«, denn ohne sie gäbe es keine Narration, keine Handlung und keine Brisanz (vgl. Mikos 2008, S. 163). In Krimis der Reihe können Figuren in ihren zumeist detektionsrelevanten Rollen zu »Personifikationen [...], Exempla oder Thementrägern« (Eder 2008, S. 723) werden. Deshalb kommt der Figurenanalyse in vorliegender Studie eine besondere Bedeutung zu.
- *Ästhetik und Gestaltung*: Mit welchen formalästhetischen Gestaltungsmitteln werden Politainment und Interdiskursivität in den audiovisuellen Krimi-Welten inszeniert? Wie werden Handlungsorte charakterisiert? Welche Ausstattungsdetails finden Verwendung? Mit welchen bildkompositorischen Mitteln arbeiten gesellschaftspolitisch aufgeladene »Tatort«-Krimis und welche Spezifika von Audiovisualität in Form besonderer Wort-Bild-Relationen gibt es (vgl. Hickethier 2001, S. 52 f., Keppler 2006, S. 124)?

In Ergänzung des produktanalytischen Verfahrens werden Fernsehankündigungen und Kritiken zu den einzelnen Sendungen herangezogen. Diese sekundären Texte finden bei der Analyse Verwendung, um mögliche Lesarten der Sendungen zu eruieren (vgl. Mikos 2008, S. 275).

4. Methode

4.3 Angewandte Fernsehanalyse als »Theoretical Sampling«

Deduktive und induktive Elemente werden bei der Arbeit am Material miteinander verknüpft. Eine auf das Erkenntnisinteresse zugeschnittene Form des computergestützten »Theoretical Samplings« (Glaser/Strauss 2008) hilft dabei, theoriefähige bzw. diese ergänzende Kriterien und Charakteristika herauszuarbeiten (vgl. Mikos 2008, S. 91, Wulff 2006, S. 233). Als Instrument zur Ordnung und Auswertung des audiovisuellen Materials werden grundlegende Verfahrensweisen der Grounded Theory (Glaser/Strauss 2008) und der damit verbundenen Technik des »Theoretical Sampling« nutzbar gemacht. Bei der »Grounded Theory« handelt es sich um eine 1967 erstmals von Barney Glaser und Anselm Strauss vorgestellte, qualitative Forschungsmethode bzw. Methodologie, die eine systematische Reihe von Verfahren benutzt, um im Idealfall eine induktiv abgeleitete, gegenstandsverankerte Theorie über ein Phänomen zu entwickeln (vgl. Strauss/Corbin 1999, S. 8). Der Forschungsprozess gründet auf einem Wechselspiel fortlaufender Erhebung und Analyse von Daten. Sammeln, Strukturieren, Analysieren und Theoretisieren erfolgen im Idealfall in einer »spiralförmig angelegten Folge von Schritten« (Krotz 2005, S. 167, vgl. Glaser/Strauss 2008, S. 53). Bei der hier zur Anwendung gelangenden Methodik handelt es sich um keine »Grounded Theory« nach Maßgabe rein induktiver Erkenntnisgewinnung. Diese zu betreiben, wäre in Anbetracht des Vorhandenseins eines einschlägigen Vorwissens zum Gegenstand auch gar nicht möglich (vgl. Krotz 2005, S. 165). Das theoretische Rüstzeug von Cultural Studies, Politainment und Interdiskurstheorie sowie die einschlägige Sekundärliteratur zum »Tatort« prägen im Vorfeld das Erkenntnisinteresse. Die forschungspraktische Nutzung dieser »Kunstlehre« indes liegt in einem notwendigen »Methodenpluralismus« (Wulff 2006, S. 236) begründet, da sie Prozessabläufe und Instrumentarien bereitstellt, die für die vergleichende Bearbeitung größerer Mengen an audiovisuellem Material nützlich sind – immerhin geht es in der vorliegenden Studie um das Herausfiltern sämtlicher gesellschaftspolitischer Themen und Fragmente aus allen »Tatort«-Folgen des Jahres 2009.

4.4 Materialkorpus, Instrumente und Verfahrensweisen

Als Materialgrundlage dienen alle 34 »Tatort«-Erstausstrahlungen des Jahres 2009. Diese Auswahl gewährleistet eine möglichst weite Perspektive auf das Phänomen gesellschaftspolitischer Themen in der Krimireihe. Wäre eine Be-

4.4 Materialkorpus, Instrumente und Verfahrensweisen

schränkung auf die Sendungen einer Serie innerhalb der Reihe auch möglich und sinnvoll, beispielsweise auf den Kölner »Tatort« mit seinen traditionell zahlreichen Themenbezügen, so geht es in vorliegender Studie um die Frage nach serienübergreifenden, reihenspezifischen Inszenierungsstilen. Die Festlegung auf den klar abgegrenzten Untersuchungszeitraum des Jahres 2009 erfolgt nicht willkürlich: Die heuristische Konzeption der Arbeit sieht vor, einen kompletten »Tatort«-Jahrgang zu analysieren. Weitere Sendungen aus anderen Jahrgängen kommen je nach Themenbezug ergänzend hinzu.

Bereits bei den ersten Sichtungen und Sequenzierungen des Materials wurde deutlich, dass der zu analysierende Phänomenbereich erstens nicht in allen Sendungen gleichermaßen aufzufinden war und dass sich zweitens eine nicht unerhebliche Zahl der Erstausstrahlungen, acht an der Zahl, im Sinne der Fragestellung als irrelevant erwies, der Korpus der zu analysierenden Folgen somit kleiner wurde. Es fielen weg: Der Thriller »Tödliche Tarnung« (SWR 2009), der Bremer Hochseekrimi »Schiffe versenken« (RB 2009), der Stuttgarter Korruptionskrimi »Das Mädchen Galina« (SWR 2009), der Kieler »Tatort« »Borowski und die Sterne« (NDR 2009), in dem die zarte Liebesbeziehung des Ermittlers mit der ihm zur Seite stehenden Psychologin im Vordergrund der Handlung steht, sowie der konventionelle Ludwigshafener Krimi »Vermisst« (SWR 2009), die Jubiläumsfolge zum 20. Dienstjahr von Ermittlerin Lena Odenthal mit einem Flirt-Subplot. Schließlich konnte die Münchener Folge »Wir sind die Guten« (BR 2009) ad acta gelegt werden, in deren Narration die Amnesie von einem der ermittelnden Beamten im Mittelpunkt steht. Die beiden 2009 erstausgestrahlten Münsteraner Krimikomödien »Höllenfahrt« und »Tempelräuber« (WDR 2009) sind insofern Sonderfälle, als sie zwar keine expliziten Thematisierungen von gesellschaftlichen Konfliktlagen enthalten, die launigen Interaktionen des Protagonisten Professor Boerne mit seiner kleinwüchsigen Helferin Alberich hingegen sehr wohl als komisches Politainment gelesen werden können. Dem unausgesprochenen Gebot der Political Correctness (vgl. Kapitel 3.4.3) im »Tatort« wird in den Münsteraner Folgen gern und häufig zuwidergehandelt. So fordert der Professor seine kleinwüchsige Assistentin in »Höllenfahrt« (WDR 2009) dazu auf, »erhobenen Hauptes unter [s]einen Schreibtisch« zu gehen (14:8). In »Tempelräuber« (WDR 2009) meint Boerne, er könne sie zu einem »Werkzeug des Herrn ›erheben‹« (Gamer 2009a). Derartige Unkorrektheiten verbleiben auf der Ebene der Komik. Tiefer gehende Problematisierungen im Zusammenhang mit der als kompetent, gewitzt und schlau gezeichneten Kleinwüchsigen sind in den Sendungen des Jahres 2009 nicht festzustellen. Der Autor Matthias Dell (2012) indes sieht im spezifischen PC-Humor der Münsteraner »Tatort«-Folgen eine perfide Strategie: alte Abwertungen und Erniedrigungen gesellschaftlicher

4. Methode

Randgruppen unter dem Deckmantel von PC für eine höhnische Majorität zu aktualisieren, fortzuschreiben und zu legitimieren.

Alle »Tatort«-Folgen werden in der Forschungspraxis zunächst im digitalen »Avi«-Format im Computerprogramm »Atlas.ti« als unveränderliche Primärdokumente in einer sogenannten »Hermeneutic Unit« zusammengefasst. Mit dem Konzeptualisieren des audiovisuellen Materials beginnt dann die eigentliche Analyse. Im Sinne des »Theoretical Sampling« bedeutet Konzeptionalisieren »das Herausgreifen einer Beobachtung, eines Satzes, eines Abschnitts und das Vergeben von Namen für jeden einzelnen darin enthaltenen Vorfall, jede Idee oder jedes Ereignis – für etwas, das für ein Phänomen steht oder es repräsentiert« (Strauss/Corbin 1996, S. 45). Der erste Analyseschritt ist somit das Einteilen der einzelnen »Tatort«-Folgen in Sequenzen. Um das empirische Material handhabbar zu machen, ist die Sequenz als größte Einheit bei der Segmentierung audiovisueller Kommunikate die passende Größe. Sie ist zu definieren als »ein Stück Film bzw. eine Episode, die grafisch, räumlich, zeitlich, thematisch und/oder szenisch zusammenhängt und eine relativ autonome, in sich abgeschlossene Einheit bildet« (Borstnar et al. 2008, S. 152, vgl. Mikos 2008, S. 92). Die filmische Sequenz ist demnach eine »Einheit im Geschehen« mit einem »erkennbaren Handlungszusammenhang« (Hickethier 2001, S. 146). Krimisequenzen können Verhörsituationen, Verfolgungsjagden, Referate von Experten und vieles mehr beinhalten. Alle Sendungen werden in solche thematisch relevanten, abgeschlossenen Sinn-Einheiten aufgeteilt (vgl. Keppler 2006, S. 136, Bohnsack 2009, S. 160). Diese Einheiten kennzeichnet, dass in ihnen eine bestimmte Anzahl an Figuren an einem bestimmten Handlungsort zeitlich begrenzt agiert. Wechseln der Schauplatz und die Figurenkonstellation, so beginnt die nächste Sequenz. Die Sequenzierung wird in »Atlas.ti« mit dem sogenannten »Quotation Manager«, einem Werkzeug zur Verwaltung von Textabschnitten, vorgenommen.

Mit der Sequenzierung sind dramaturgische Einheiten kenntlich gemacht und jederzeit auffind- wie auch abspielbar. Jede Sequenz hat zwei Nummern: eine, die sie als einer bestimmten »Tatort«-Folge zugehörig ausweist, und eine, die ihr bei der fortlaufenden Vergabe bei der Sequenzierung zugeordnet wird. Die Sequenz »5:69« beispielsweise ist die 69. der fünften Sendung, die innerhalb der hermeneutischen Einheit bearbeitet wird. Während des Arbeitsschrittes des Sequenzierens gilt es, im Sinne des Erkenntnisinteresses wichtige Abschnitte (Auftritte von thementragenden Figuren) von unwichtigen (Verfolgungsjagden) zu unterscheiden. Anschließend werden sämtliche Dialoge aus allen im Sinne der Fragestellung relevanten Sequenzen im »Quotation Manager« komplett transkribiert. Dieses aufwändige Verfahren ist notwendig, da die auditive Ebene des Fernsehens (gesprochene Worte, aber auch Musik und Geräusche) darin als zentraler »Informationsträger« (Ellis 2001, S. 60) fungiert. Eingedenk der audio-

4.4 Materialkorpus, Instrumente und Verfahrensweisen

visuellen Komplexität der Krimis gilt es, der Dialoggestaltung bei der Analyse eine besondere Aufmerksamkeit zu schenken (vgl. Keppler 2006, S. 103 ff., Bohnsack 2009, S. 139). Wenn Figuren von interdiskursiver Relevanz sich in den Sendungen verbal äußern, beispielsweise eine Ärztin über die medizinische Versorgung Obdachloser spricht, so wird dies als Ausprägung des zu untersuchenden Phänomens in »Atlas.ti« in Form eines begrifflichen Konzepts festgehalten. Im sogenannten »Network View Manager« werden dann die konzeptionell zueinander passenden Sequenzen sendungsweise zusammengefasst und nach Relevanz grafisch angeordnet. Damit ist der direkte Zugriff auf all jene Sequenzen möglich, in denen sich eine bestimmte Figur in einem »Tatort« zu einem bestimmten Thema äußert. Kommen in mehreren Sendungen ähnliche Figuren zu Wort, so werden sendungsübergreifende »Codes«, wie beispielsweise »Referat durch Experten«, entwickelt und den entsprechenden Sequenzen zugeordnet. Im sogenannten »Memo Manager« werden überdies Notizen abgelegt, Fernsehkritiken gespeichert und bearbeitet. Er dient als Hilfsmittel im analytischen Prozess. Die datenbankbasierte Erschließung des Materialkorpus unter Zuhilfenahme grundlegender Verfahrensweisen des »Theoretical Sampling« dient letztlich der Systematisierung des Forschungsprozesses.

In der Summe ist die empirische Arbeit am Material eine Mischung aus Induktion und Deduktion, ein »Wechselverhältnis von Arbeit am Beispiel, Reflexion der Quellen und Dokumente und Fortentwicklung der theoretischen Erfassung [des] Gegenstandes« (Wulff 2006, S. 234). Neues Wissen über die gesellschaftspolitischen Themen in der Krimireihe »Tatort« wird beim Changieren zwischen theoretischen Vorannahmen und aus dem Material generierten Erkenntnissen gewonnen.

5. Detailanalysen und Kontextualisierung

In diesem Kapitel folgen nach einem Themenüberblick zwei Detailanalysen, die eine zum gesellschaftspolitischen Thema Alkoholismus, die andere zu Arbeit und Gewerkschaft. Dabei werden weitere, thematisch verwandte Episoden kontextualisierend mit einbezogen.

5.1 Gesellschaftspolitische Themen im »Tatort«

Die im Jahr 2009 im Hinblick auf die Verhandlung gesellschaftspolitischer Themen herausragenden »Tatort«-Folgen »Kassensturz« (SWR 2009) und »Mit ruhiger Hand« (WDR 2009) gaben den Anlass zu zwei umfangreichen Fallstudien zu den Themenkomplexen Gewerkschaft und Arbeit (Kapitel 5.2, 5.3) sowie Alkoholismus und Alkohol im »Tatort« (Kapitel 5.4, 5.5). Weitere Folgen auch aus anderen Jahrgängen wurden kontextualisierend mit einbezogen (Kapitel 5.5.1 bis 5.5.4). Dem Themenkomplex Arbeit zuzurechnen sind die Episoden »Rabenherz« (WDR 2009), in der u.a. die Arbeitsbedingungen von Pflegekräften thematisiert werden, »Neuland« (HR 2009), in der es um verzweifelte Öko-Bauern geht, sowie die unter anderem mit Arbeit in der Fleisch verarbeitenden Industrie befasste Folge »Schweinegeld« (RBB 2009). Voyeurismus im Internetzeitalter wird in »… es wird Trauer sein und Schmerz« (NDR 2009) sowie in »Herz aus Eis« (2009) thematisiert. In letztgenannter Folge wird auch die Wohlstandsverwahrlosung als Thema angedeutet. In »Im Sog des Bösen« (SWR 2009) geht es um die zerstörerische Kraft harter Drogen (Kapitel 6.1). In den Folgen »Tödlicher Einsatz« (SWR 2009) und »Tote Männer« (RB 2009) werden Identitätsprobleme von Homo- und Bisexuellen verhandelt sowie die Folgen des Konsums von Drogen, und in »Kinderwunsch« (ORF 2009) das Geschäft mit der Reproduktionsmedizin (Kapitel 6.2). Dem Themenkomplex Migration und Integration ist mit den Folgen »Baum der Erlösung« (ORF 2009), »Familienaufstellung« (RB 2009) und »Häuserkampf« (NDR 2009) ein eigenes Kapitel mit drei Sendungsanalysen gewidmet (Kapitel 6.3). Eindeutige Werthaltungen und Positionen werden den Krimisehern mit den Thematisierungen von Kindesmissbrauch (»Borowski und die heile Welt«, NDR 2009), häuslicher Gewalt (»Schwarzer Peter«, MDR 2009), dem »Unrechtsstaat DDR« (»Falsches Leben«, MDR 2009), esoterische Scharlatanerie (»Gesang der toten

5. Detailanalysen und Kontextualisierung

Dinge«, BR 2009) sowie der Frage des adäquaten Umgangs mit terroristischen Bedrohungen (»Das Gespenst«, NDR 2009) angeboten bzw. nahegelegt (vgl. Kapitel 6.4). Uneindeutig bleiben die Positionen zum Thema des »richtigen« Umgangs mit alten und dementen Menschen hingegen in »Altlasten« (SWR 2009). Um sozialen Abstieg und Milieus am Rande der Gesellschaft geht es in drei weiteren Folgen: In »Platt gemacht« (WDR 2009) um Obdachlose in Köln, in »Oben und Unten« (RBB 2009) unter anderem um soziale Deklassierung in der Hauptstadt Berlin und in »Mauerblümchen« (MDR 2009) neben Leiharbeit und Fluglärm auch um Zwangsprostitution (Kapitel 6.4).

5.2 »Kassensturz«: Gewerkschaft und Arbeit im »Tatort«

Die »Tatort«-Folge »Kassensturz« stellte sich bei der Auswertung aller im Jahr 2009 erstausgestrahlten Episoden als thematisch besonders dicht heraus und wird deshalb im Folgenden in einer umfassenden Analyse en détail untersucht. Konkrete textuelle Strategien, das heißt Kategorien und Begrifflichkeiten zum Gegenstand der gesellschaftspolitischen Themen werden anhand dieser »Tatort«-Folge und in einer weiteren Detailanalyse (vgl. Kapitel 5.4) herausgearbeitet und veranschaulicht, um später in den thematisch gruppierten Sendungsanalysen (vgl. Kapitel 6) zur Anwendung zu gelangen und in ihrer Geltung überprüft zu werden.

5.2.1 Das Thema »Arbeit im Discounterwesen«

Das Grundthema dieser »Tatort«-Folge, die konkreten Arbeitsbedingungen von Beschäftigten im Discountersegment, ist bereits in ihrer ersten Sequenz angelegt: In der ersten Einstellung (26:1) sind die gleichmäßigen Bewegungen eines über einen Fußboden streichenden Wischmopps zu sehen. Die Aufwärtsbewegung der Kamera zeigt, wer ihn führt: Es ist eine zwischen 40 und 50 Jahre alte, untersetzte Frau mit langen, im Hannah-Schygulla-Stil zusammengesteckten Haaren und mit im fahlen Abendlicht blass glänzender Haut. Sie trägt über ihrem grauen Rock einen gelben Kittel, an der linken Brusttasche ist ein Ausweisschild angebracht. Darauf steht in blauer Schrift auf komplementärem, gelbem Grund der Name »Billy«. Die Frau ist die Filialleiterin eines Marktes der gleichnamigen, fiktiven Discounterkette. Während sie mit gesenktem Haupt an der Reinigung des Bodens arbeitet, wird der Ort des Geschehens erkennbar: Ein im abendlichen Halbdunkel liegender Supermarkt mit zahlreichen Waren und ei-

5.2 »Kassensturz«: Gewerkschaft und Arbeit im »Tatort«

nem Wald aus Werbe- und Preisschildern. Auf einem dieser Schilder ist die Angabe »0.89«, auf einem anderen das Wort »Günstig!« zu lesen. Von hinten nähert sich ein großer, kräftiger Mann um die 40, mit Bart und langem, nach hinten frisiertem Haar, im beigen Anzug und mit modischer Brille, Hemd, Krawatte und Einstecktuch der arbeitenden Frau und spricht sie an: Es ist ihr Vorgesetzter und späteres Opfer, der Gebietsleiter Boris Blaschke. Die beiden sind nun in einer nahen Einstellung in der Normalsicht zu sehen. Als sie den Mann bemerkt, hebt sie den Kopf, verdreht die Augen und hält kurz inne. Er schaut sich hektisch im Geschäft um und sagt währenddessen: »Frau Freytag, wir hatten eine klare Absprache. Keine ihrer Mitarbeiterinnen geht vor zehn« (26:1). Sie wischt weiter und antwortet, ohne ihn anzusehen: »Es gibt keinen Grund. Die MAs haben alles erledigt. Und das Bisschen hier ...« (26:1). Während sie spricht, holt er sichtlich Luft und schüttelt den Kopf. Beim Antworten schaut er auf sein Handy: »Es geht nicht ums Erledigen. Wenn ich Ihnen eine Anweisung gebe, dann haben Sie sich dran zu halten. Wir sprechen uns morgen früh« (26:1). Im Weggehen nimmt er ein Gespräch an und spricht in sein Handy: »Ja, wo bist du denn? Hier ist kein Mensch mehr« (26:1). Die zurückbleibende Frau Freytag stützt sich auf ihren Wischmopp und atmet erschöpft aus.

Die erste Sequenz des »Tatorts« »Kassensturz« verdeutlicht bereits: Es geht in dieser Folge im Kern um Arbeitsbedingungen in Discountern, die Organisation von Arbeit und die hierarchischen Gefüge in diesem Segment. Blaschke wird alsbald das Mordopfer sein, Frau Freytag seine Mörderin. Dabei erfüllt die soeben beschriebene Exposition die Funktion, »den Zuschauer mit denjenigen Informationen über Ort, Zeit und Figuren sowie über die Art der Geschichte zu versehen, die die Basis für das Verständnis der Handlung und ihres Hauptkonfliktes bilden« (Eder 1999, S. 54). Die Handlung beginnt in »medias res« (ebd., S. 57), das heißt, der Krimi ist so angelegt, dass er »von der ersten Sekunde an durch die Darstellung des [bzw. eines, H.B.] Konfliktzustandes zu fesseln« (ebd.) vermag. Damit einhergeht die frühzeitige Etablierung von Sympathie und Antipathie (vgl. ebd., S. 59): Gebietsleiter Blaschke setzt die noch spät abends hart arbeitende Filialleiterin unter Druck, obwohl laut ihrer Aussage bereits alle wichtigen Arbeiten erledigt wurden, kündigt in der Angelegenheit ein Nachspiel an und enthumanisiert Frau Freytag sogar indirekt. Der nahegelegten Lesart, ihn als Unsympathen zu betrachten, können sich die Zuschauer kaum entziehen (vgl. Wulff 2001, S. 256).

5. Detailanalysen und Kontextualisierung

5.2.2 Vorlage »Schwarz-Buch Lidl«

»Kassensturz« (WDR 2009) von Stephan Falk (Drehbuch) und Lars Montag (Regie) entstand auf der Grundlage des von der Dienstleistungsgewerkschaft ver.di herausgegebenen »Schwarz-Buch Lidl. Billig auf Kosten der Beschäftigten« (2004) von Andreas Hamann und Gudrun Giese. Der kritische Nachvollzug der interdiskursiv aufgeladenen Sendung auf der Basis dieser Quelle gibt im Rahmen der Produktanalyse Aufschluss über ihre unterhaltsamen Politiken. In der offiziellen Pressemappe zum Film heißt es:

> »Der ›Tatort – Kassensturz‹ führt die Kommissare in die Welt der Discounter, in der die niedrigen Preise für die Kunden mit harten Arbeitsbedingungen für die Beschäftigten einhergehen. Die Fiktion wurde von der Realität eingeholt, als parallel zum Drehbeginn der Bespitzelungsskandal beim Discounter Lidl aufgedeckt wurde« (SWR-Pressemappe 2008).

Zu fragen ist dabei vor allem, welche spezialdiskursiven Aspekte des ideologisch eindeutig positionierten, im Duktus des Investigativen und der Empörung verfassten Buches in der filmischen Repräsentation wiederzufinden sind, was darüber hinaus ergänzt und weggelassen wurde sowie ob und, wenn ja, welche Differenzierungen der filmische Text im Hinblick auf die Grundthematik aufweist.

Die eingangs beschriebene erste Sequenz dient im Rahmen der filmischen Informationsvergabe der einführenden Vermittlung von Wissen um »sozial-kommunikative Situationen« (Mikos 2008, S. 108) in interpersonalen Beziehungen, hier beispielhaft ausgestaltet am hierarchisch geprägten Interaktionsverhältnis zwischen der Filialleiterin und dem Gebietsleiter. Beide sind exemplarische, symbolische Figuren und gehören zu den zentralen Thementrägern (vgl. Eder 2008, S. 711) in diesem »Tatort«. Die Sequenz zeigt eine sogenannte »Spätkontrolle« (Hamann/Giese 2004, S. 64) durch einen Gebietsleiter, kurz: GL, der bei Discountern in der außerfilmischen Realität »Bezirks-«, Bereichs-« oder »Verkaufsleiter« (vgl. ebd., S. 57) genannt wird. Im »Schwarz-Buch Lidl« heißt es hierzu: »Bei der Spätkontrolle wird die komplette Filiale überprüft; Tresor, Sauberkeit, Leistungsübersicht plus Taschenkontrolle« (ebd., S. 56). In der betreffenden Sequenz werden die beiden Aspekte Sauberkeit (das Wischen des Bodens) und Leistung (der Mitarbeiter) in Bildern gezeigt bzw. verbalisiert (vgl. Hickethier 2001, S. 108). Dabei machen »Putzarbeiten« (Hamann/Giese 2004, S. 33) laut »Schwarz-Buch« einen großen Anteil der Arbeit bei Lidl aus – so auch in der fiktiven Welt von Billy (vgl. 26:1, 26:15, 26:24, 26:64). Die ermahnende Aussage des Gebietsleiters Blaschke: »Keine Ihrer Mitarbeiterinnen geht vor zehn« (26:1), hingegen verweist auf die hohe Arbeitsbelastung durch unbezahlte Überstunden, die freiwillig zu leisten von den meist weiblichen Angestell-

5.2 »Kassensturz«: Gewerkschaft und Arbeit im »Tatort«

ten hier wie dort erwartet wird (ebd., S. 24). Beide Aspekte werden in »Kassensturz« später erneut aufgegriffen bzw. dramatisiert (vgl. 26:12): Während sich zwei Verkäuferinnen unterhalten, hält eine von ihnen, die nur als Nebenfigur in Erscheinung tretende Renate, einen Putzlappen und einen Sprühreiniger in der Hand. Als ein kleiner Junge eine Flasche im Gang fallen lässt und sich eine gelbliche Flüssigkeit, womöglich klebrige Limonade, auf den Boden ergießt, eilt Filialleiterin Freytag mit Lappen und Eimer ausgestattet herbei und beginnt, das Malheur ungeschehen zu machen. Verkäuferin Renate springt ihr bei und erhält dabei von Freytag die Order, direkt im Anschluss eine andere Arbeit auszuführen (26:12). Im Detail fällt in der Sequenz auf, dass die Frauen beim Putzen keine Handschuhe tragen und ein optimaler Arbeitsschutz daher nicht gegeben ist. Unter der Überschrift »Sauberkeit & Schwerstarbeit« äußert sich dazu im »Schwarz-Buch« eine Lidl-Beschäftigte: »Handschuhe stellt Lidl weder für Reinigungsarbeiten noch für die Auspackerei. Da wir ständig zwischen Kasse, Auspacken und Putzen wechseln, sehen unsere Hände oft unsauber und meistens auch zerschrammt aus« (Hamann/Giese 2004, S. 30).

Die hohe Arbeitsbelastung der Filialleiterin wie auch ihrer Untergebenen wird ebenfalls in weiteren Sequenzen von der Hauptfigur Freytag verbalisiert und verweist auf ihren problematischen Status zwischen Firmenleitung bzw. Gebietsleitern und Beschäftigten. Einerseits gehört sie zu den Frauen in der Filiale und geht allen Arbeiten nach, die die einfachen Verkäuferinnen auch erledigen. Andererseits aber muss sie zum Ableisten unbezahlter Überstunden drängen und die Anweisungen der Geschäftsleitung im Betrieb durchsetzen (vgl. 26:24, 26:68).

»F: Jetzt passen Sie mal auf, Renate, ab morgen müssen wir täglich 'ne halbe Stunde dranhängen. Vor dem Putzen muss der ganze Laden abgeschachtelt und vorgezogen werden. Jeden Abend. Ja, ist so. Die anderen ziehen auch mit.

R: Schlimmer wie's in de letzte Woche war, kann's gar ni mehr komme.

F: Leider doch. Ham Sie ja mitbekommen. Herr Novak ist mir ganz schön aufs Dach gestiegen. Null Chance« (26:24).

5.2.3 Durch schlechte Arbeit zur Tat

Bei ihrem Geständnis gegen Ende der Detektionshandlung reflektiert die Thementrägerin Freytag ihre Position den ermittelnden Kommissaren Odenthal und Kopper gegenüber. Zuvor wurden ihre Fingerabdrücke auf einer Sprühflasche mit Reinigungsmittel gefunden, was das verbindende Element zwischen

Detektion und dem thematischen Aspekt der intensiven Putztätigkeit der Verkäuferinnen darstellt (25:67).

> »Ich war fast elf Jahre eine von denen. Bevor ich mir diesen Wahnsinn von Filialleitung angetan habe. Irgendwann ist der Akku alle. Laut Vertrag werde ich für 38 Wochenstunden bezahlt. Gearbeitet habe ich meistens mehr als 60. Und dann dieser Druck von oben. Ich kann ihn dann auch nicht immer so eins zu eins weitergeben, oder? Ich hab doch auch 'ne Verantwortung. Die meisten Überstunden werden von meinen Kolleginnen gar nicht aufgeschrieben. Mir zuliebe. Und wozu? Wir machen uns die Taschen nicht voll« (26:68).

Den Gebietsleiter Blaschke habe sie erschlagen, als der sie wieder einmal unter Druck setzte. Dies stellt den dramaturgischen Zirkelschluss zum Anfang des Krimis dar (vgl. 26:1).

Ein gewichtiger Teil der der Thementrägerin auf der Grundlage des »Schwarz-Buch Lidl« in den Mund gelegten Aussagen bezieht sich auf Regelungen von Arbeitszeiten im gesamten Discounterwesen. »Diese freiwilligen Vor- und Nacharbeiten sind bei allen Billigmärkten in Deutschland Usus« (26:62, vgl. Hamann/Giese 2004, S. 23), sagt denn auch der Nachfolger des ermordeten Gebietsleiters, Günter Novak, verallgemeinernd und euphemisierend zu Kommissarin Odenthal. Einen entlarvenden Euphemismus enthält ebenfalls die gegenüber den Kommissaren zu Beginn der Narration gemachte, im idealtypischen Sinne interdiskursive Aussage der Vertriebsleiterin Fuchs:

> »Och, es gab angeblich Probleme mit dem zentralen WWS seiner Filialen. Das ist das Warenwirtschaftssystem. Es automatisiert den Warenbestand in den Filialen, ist aber auch für die Mitarbeiterzeiterfassung sehr wichtig« (26:11).

Die Betonung der Relevanz des genannten Systems für die Arbeitszeiterfassung mutet angesichts der Tatsache, dass die Mitarbeiter bei Billy dazu gezwungen werden, gerade *nicht* erfasste und damit unbezahlte Überstunden zu leisten, wie blanker Hohn an. Die Erklärung der Bedeutung des Kürzels »WWS« durch die mit der Angabe ihrer Statusposition – »Fuchs mein Name, Vertriebsleiterin BRD« (26:11) – als Expertin ausgewiesene Figur ist hingegen ein Stück Interdiskursivität in Reinform (vgl. Mikos 2008, S. 165): Ein spezialdiskursiver, aus dem Bereich der Betriebswirtschaftslehre stammender, abgekürzter Begriff wird von einer für kompetent zu haltenden Figur mit einfachen Worten erklärt, in nur einem Satz und geradezu beiläufig (vgl. Link 2005, S. 87).

Das im Film dramatisierte Wissen zu den Arbeitszeiten in Discountern ist insgesamt selektiv, zugespitzt und verkürzt. So heißt es in der Vorlage:

5.2 »Kassensturz«: Gewerkschaft und Arbeit im »Tatort«

»Häufig werden keine Pausen gemacht. Laut Vertriebsleitung soll aber jede Stunde im Markt bezahlt werden. Einige Filialleiter reichen die tatsächlichen Stunden ein, diese werden dann auch vergütet. [...] Für die Filialleitung sind 240 Arbeitsstunden ›normal‹, obwohl im Vertrag 189 Stunden stehen. Es gibt Filialleiter/innen, die sich bei der Planung als in Urlaub befindlich aufschreiben, tatsächlich aber 12 Stunden am Tag arbeiten« (Hamann/Giese 2004, S. 56).

Dass es auch korrekte Abrechnungen von Arbeitszeiten in der außerfilmischen Discounterwelt gibt, unterschlägt die interdiskursiv aufgeladene Narration also. Die in Vorlage und Film genannten Zahlen lohnt es, zu vergleichen: Aus rechnerisch 47,25 Wochenstunden im Buch werden im Film leicht nachvollziehbare 38, die »normalen« 60 Stunden Wochenarbeitszeit im »Tatort« hingegen entsprechen tatsächlich einem Viertel der im »Schwarz-Buch« angegebenen 240 Monatsstunden. Diese Ungenauigkeiten und Verkürzungen sind mit den notwendigerweise »selektiv-symbolischen, exemplarisch-symbolischen, also immer ganz fragmentarischen und stark imaginären Brückenschlägen« (Link 2005, S. 85) im Rahmen populärer Interdiskursivität zu erklären. Das reintegrierte Wissen muss als audiovisuelles Kompositum aus Gezeigtem und Gesagtem leicht zugänglich, einfach verständlich und innerhalb kürzester Erzählzeit fassbar sein. Entscheidend ist in diesem Fall die Kernaussage, dass Filialleiter in Discountern einer hohen Arbeitsbelastung ausgesetzt sind.

Auf ihre problematische Position zwischen Betriebsleitung und Angestellten beziehen sich die weiteren Aussagen der Filialleiterin Freytag (24:68). Sie verweisen zudem auf innerbetriebliche Konflikte infolge des arbeitssoziologisch sogenannten »Transformationsproblems«, das als übergeordnetes auch weitere thematische Aspekte dieses Krimis prägt: »Dabei stehen den Interessen der Arbeitgeber, eine möglichst hohe Arbeitsleistung aus der gekauften Arbeitskraft zu extrahieren, die Interessen der Arbeitnehmer an der Erhaltung ihrer Arbeitskraft und Sicherung einer guten Lohn-Leistungs-Relation gegenüber« (Marrs 2010, S. 331). Das von der fiktiven Frau Freytag angesprochene Problem unbezahlter Überstunden entspricht dem in der außerfilmischen Discounterwelt in verschärfter Form real existierendem: Die Arbeitgeberseite im Discounterwesen ist bestrebt, nicht nur das Maximum aus ihren Angestellten herausholen, sondern verlangt von ihnen darüber hinaus systematisch das Ableisten unbezahlter Mehrarbeit. Zur Durchsetzung dieses Ziels dienen, wie im Film dargestellt, sozial integrativ tätige Filialleiter, aus kalkulierter personeller Unterbesetzung sich ergebende Handlungszwänge tun ihr Übriges (vgl. Hamann/Giese 2004, S. 24, Werner-Lobo/Weiss 2010, S. 269). Eine anschauliche Dramatisierung dieses brisanten thematischen Aspekts erfolgt in einer weiteren Sequenz: So bettelt

5. Detailanalysen und Kontextualisierung

Freytag in einer stressreichen Situation eine andere Verkäuferin namens Beate Schütz an, über den Feierabend hinaus zu arbeiten, weil eine weitere »Spätkontrolle« zu befürchten sei. »Ich, ich packe das sonst nicht. [...] Reiß dich zusammen, ich ... Du kannst mich heute nicht hängen lassen« (26:57). Dass besagte Beate Schütz es mit ihrem pünktlichen Gehen ihrem Freund ermöglichen möchte, seine Musik in einem Tonstudio aufzunehmen, verstärkt die textperspektivisch nahegelegte Lesart, derartige betriebliche Praxen für ungerecht und falsch zu erachten. Die Belastungen durch die Mehrarbeit im Billy-Discounter reichen bis in die Privatsphären der Angestellten hinein. Sie beeinträchtigen das exemplarische Familienleben der Frau Schütz und behindern bzw. boykottieren das musische Schaffen eines jungen Mannes. Der spielt daheim vor dem gemeinsamen Baby (26:32) betont ruhige, langsame und gefühlige Folkmelodien auf seiner akustischen Gitarre, was einen starken Kontrast zur kalten, durchrationalisierten Welt der Discounterfiliale bildet (26:73, vgl. Böhle 2010b, S. 456).

Die Etablierung des binären Gegensatzpaares »entfremdete Arbeit im Discounter« vs. »Familienleben mit Mann, Baby und Musik« ist ein anschauliches Exempel für Problematisierungen in populärkulturellen Texten und deren zugespitzte Moral. Soll etwas betont schlecht erscheinen, so muss ihm etwas besonders Gutes, Schönes und Erstrebenswertes gegenübergestellt werden. Kontrastierende Figurengestaltungen funktionieren ähnlich (vgl. Hepp 2004, S. 33, Wulff 2001, S. 255). Es überrascht daher nicht, dass der Figur des musisch begabten, für das gemeinsame Baby sorgenden jungen Mannes ein über die Diegesis hinausweisender Moralsatz in den Mund gelegt wird. Als seine Freundin, wie so häufig, unter Zeitdruck die gemeinsame Wohnung in Richtung Billy-Filiale verlässt, sagt er zum gemeinsamen Kind: »Die Mama geht jetzt und will sich weiter ausbeuten lassen. Damit wir billig einkaufen können und die Firma dabei trotzdem immer reicher wird« (26:20). Seine anklagende Aussage benennt die widersprüchliche, zirkuläre Dynamik, die das System der Discounter ausmacht und prägt. Das Bedürfnis der Konsumenten nach billigen Waren sorgt für die Ausbeutung der hier Beschäftigten, die selbst auf doppelte Art und Weise in den Kreislauf aus Lohnarbeit und Konsumption involviert sind. Der einmal geweckte Wunsch nach der günstigen Erfüllung aller Konsumententräume lässt sich nicht mehr rückgängig machen. Der systemkritische Satz ist »preachy« (Kozloff 2000, S. 56), denn

> »manchmal gerät die Deklaration der Moral zum Plädoyer, manchmal zum Glaubensbekenntnis, manchmal zur Predigt – gemeinsam ist allen diesen Formen, dass die bekennend moralisierende Figur aus dem Gang des Geschehens heraustritt, nicht mehr in die Kette der narrativen Ereignisse gebunden ist« (Wulff 2005, S. 387).

5.2 »Kassensturz«: Gewerkschaft und Arbeit im »Tatort«

Im »Schwarz Buch Lidl« heißt es zu diesem thematischen Aspekt: »Ehemännern und Freunden von Lidl-Kolleginnen platzt irgendwann der Kragen, weil sie ganz nah mitbekommen, unter welchen Bedingungen ihre Frauen bzw. Partnerinnen vor Ort in der Filiale ackern« (Hamann/Giese 2004, S. 28). Gitarrist Tom tritt später wieder in das Geschehen ein und wird schließlich als Mittäter entlarvt. Seine Tat erscheint in der filmisch nahegelegten Lesart nicht zuletzt deshalb nachvollziehbar und verständlich, weil seine Freundin von Gebietsleiter Blaschke sexuell belästigt und genötigt wurde: »Er hat gesagt, er würde die dritte Abmahnung vergessen, wenn ich ihm wenigstens diesmal ein bisschen entgegenkommen würde« (26:65), sagt Beate Schütz kurz vor der Auflösung des Täterrätsels zu Kopper. Dem komplizierten Sachverhalt einer bei Lidl verhinderten Betriebsvereinbarung »gegen Mobbing und sexuelle Belästigung« (ebd., S. 91) wurde damit vereinfachend, emotionalisierend und mit eindeutiger, partikularer Moral zu einem Teil der Kriminarration (vgl. Wulff 2005, S. 384). Die Begründung für Toms Mittäterschaft entspricht, wie im Falle der Haupttäterin auch, dem liberalen Erklärungsmuster für Verbrechen: Auch der junge Vater ist ein indirektes Opfer der Verhältnisse im Discounterwesen und »hat [darunter] genug gelitten« (26:73), so seine Freundin kurz vor seiner Verhaftung.

Der indirekt angeprangerte Zustand unbezahlter Mehrarbeit beschränkt sich keineswegs nur auf das Beispiel Lidl, das in Form des »Schwarz-Buch« die Vorlage für den Film »Kassensturz« lieferte. Die branchenbezogene Allgemeingültigkeit der darin getroffenen Kernaussage zur Mehrarbeit findet sich ebenfalls in Publikationen und kritischen Fernsehbeiträgen zu anderen Discountern bestätigt, zum Beispiel zum Marktführer im Niedrigpreissegment: Aldi (vgl. Werner-Lobo/Weiss 2010, S. 269). In einem Beitrag des Wirtschafts- und Verbrauchermagazins »Markt« (WDR) mit dem Titel »Der Aldi-Check« (Erstausstrahlung 22.08.2011) wird die Frage: »Wie fair ist Aldi?« folgendermaßen beantwortet:

> »Eine Vollzeitverkäuferin muss bis zu drei Stunden pro Woche mehr arbeiten, als im Tarifvertrag steht. Aber nicht mal diese sogenannten ›Bis-zu-Zeiten‹ reichen Insidern zufolge, um die tägliche Arbeit zu schaffen. Oft seien die Verkaufsstellen nur mit zwei Beschäftigten besetzt, sagt Aldi-Experte Manfred Birkhahn von der Gewerkschaft ver.di: ›Der eigentlich materielle Nachteil beginnt jenseits dieser Bis-zu-Zeiten, indem die Leute halt noch früher kommen und noch länger bleiben und noch weniger Pause machen, weil sie es eben zu zweit nicht schaffen, die Arbeit zu erledigen, die von ihnen verlangt wird.‹ Das hieße, Beschäftigte bei Aldi-Nord würden zeitweise umsonst arbeiten. Kann das sein?« (Kohnert/Kordes 2011).

5. Detailanalysen und Kontextualisierung

Die Autoren bejahen die Frage im weiteren Verlauf des Beitrags und konstatieren am Ende, auch aufgrund weiterer Aspekte: »Die Fairness bei Aldi ist unzureichend« (ebd.). Diese »Wertaussage« (Wulff 2005, S. 387) trifft sowohl auf die den einzelnen Aspekt der unbezahlten Mehrarbeit betreffende als auch auf die globale Moral der »Tatort«-Episode »Kassensturz« zu.

Das Dasein der Filialleiterin Hannelore Freytag kann zusammenfassend mit den Attributen trostlos, arbeitsreich, einsam und aufreibend beschrieben werden. Thomas Thiel beschreibt in seiner Fernsehkritik zu »Kassensturz« jene Sequenz, in der ihr ganz und gar Billy gewidmetes Leben – sie ist im gesamten Film fast ausnahmslos in der Filiale arbeitend zu sehen, bis sie im Epilog hinter Gittern sitzt – stimmungsreich auf den Punkt gebracht wird (26:59, 26:66):

> »Die ganze Tristesse wird ersichtlich, als sich die Filialleiterin (Traute Hoess) zu später Stunde in den trostlosen Katakomben des Marktes die Folie von ihrem Fertiggericht zieht, ein Abgesang auf den Tag und das Leben. Neben ihr über dem Spiegel hängt ein Schild: ›So sieht mich der Kunde‹« (Thiel 2009a).

Besonders an dieser Sequenz ist ihre extradiegetische, musikalische Gestaltung. Synchron zur ersten Einstellung auf die klingelnde Mikrowelle, mit der Freytag ihr fades Fertiggericht erhitzt, beginnt die Musik: ein Teil der ersten Strophe des Songs »No Surprises« von dem Album »OK Computer« (1997) der britischen Band Radiohead, allerdings in einer Coverversion im Stil der Balladen Tina Turners. Der englischsprachige Text des Songs fungiert ähnlich einer *voice-over*-Narration (vgl. Mikos 2008, S. 239) als Kommentar auf das Gezeigte: »A heart that's full up like a landfill / A job that slowly kills you / Bruises that won't heal« (26:59). Die »affektiv-evokative Funktion« (Borstnar et al. 2008, S. 141) der langsam-getragenen, molllastig-melancholischen Musik (Akkorde: A-Dur/A-Dur/fis-Moll/fis-Moll/h-Moll/E-Dur/A-Dur/d-Moll/A-Dur) besteht überdies darin, Gefühle der Schwermut, Einsamkeit und Erschöpfung bei den Zuschauern zu erzeugen und somit den visuellen Eindruck zu unterstützen.

In ihrer Gesamtheit lässt die Narration die am Ende als Mörderin im Affekt überführte Filialleiterin wie auch ihren Helfer, den Musiker Tom, als Opfer jener übergeordneten Verhältnisse erscheinen, denen sie sich nicht gewachsen sahen bzw. denen sie nicht gewachsen sein konnten. Dies entspricht dem liberalen Erklärungsmuster von Verbrechen in populären Erzählungen: »Diese Erklärung geht von einem an sich schwachen Individuum aus, das mächtigeren Kräften ausgesetzt ist. [...] In dieser Sichtweise sind Verbrecher also nicht so sehr Schuldige, sondern eher ein soziales Problem« (Pinseler 2006, S. 19). Die Filialleiterin als symbolischer Typus ist nur ein Teil eines größeren Problemzusammenhangs, innerhalb dessen die bereits erwähnten Arbeitsbedingungen, unter denen die angestellten Frauen im Film zu leiden haben, zentral sind.

5.2 »Kassensturz«: Gewerkschaft und Arbeit im »Tatort«

5.2.4 Arbeit und ihre Bedingungen

Die Dramatisierung der Arbeitsbedingungen bei Billy ist in »Kassensturz« notwendigerweise verknüpft mit den Handlungen und Interaktionen der thementragenden Hauptfiguren: Der den Ermordeten ersetzende Gebietsleiter Novak, die Filialleiterin Freytag, die Verkäuferinnen Beate Schütz und Gisela Dullenkopf sowie weitere Nebenfiguren, wie die bereits erwähnte Verkäuferin Renate. Die Handlung findet in weiten Teilen in den Räumlichkeiten der fiktiven Supermarktfiliale Billy statt. Diese ist zwar aufgrund der notwendigen Unbekanntheit der Marke, ihres Corporate Designs (Schrifttypen, Farbgestaltung etc.) und der standardisierten Kleidung der darin Arbeitenden als in der außerfilmischen Welt nicht existent zu erkennen, repräsentiert aber dennoch einen »Ort der sozialen Realität« (Mikos 2008, S. 117). Aus der Summe der zahlreichen Ausstattungsdetails, die – dem Realismus- und Aktualitätsgebot der »Tatort«-Reihe folgend – gegenwärtige Bezugnahmen zu Orten herstellen, die den Zuschauern aus profanen alltagsweltlichen Zusammenhängen hinlänglich bekannt sein dürften, entsteht die Discounterwelt von Billy. Ob sie Penny, Norma, Aldi, Netto oder Lidl heißen, die Billy-Filiale als metaphorischer Ort vereint jene grundlegenden Merkmale in sich, die diese Konsumstätten stets aufweisen. Regalreihen, Waren, Preisschilder, Wühltische, Scannerkassen, Einkaufswagen etc. dienen dabei als Mittel der filmischen Strategie der Authentisierung, um einen »Eindruck von Wirklichkeitstreue« (Pinseler 2006, S. 64) bei den Zuschauern zu erzeugen. Auch »Kassensturz« ist mithin eine Mischform, eine authentische Fiktion (vgl. Borstnar et al. 2008, S. 49). Der Regisseur des Films, Lars Montag, äußert sich in einem Interview mit der Autorin des »Schwarz-Buch Lidl«, Gudrun Giese, wie folgt zur Gestaltung des Filmsets:

> »Wir haben nach langem Suchen tatsächlich ein leer stehendes Geschäft gefunden, in dem wir die Discounterfiliale realistisch nachbauen konnten. Sicher vermittelt sich auch beim Zuschauen die Echtheit der Örtlichkeit. Besonders wichtig war mir die Beratung durch die richtigen Discounter-Beschäftigten. Die haben beispielsweise den Schauspielern beigebracht, wie sie sich in der Filiale zu bewegen haben und dass eine Discounter-Verkäuferin nie mit leeren Händen im Geschäft unterwegs ist« (Giese 2010).

In Teilen wirkt die Filiale wie auch die Figur des neuen Gebietsleiters Novak, aufgrund von Übertreibungen bzw. Überzeichnungen gar hyperreal. Im Übermaße vorhanden sind in dem Supermarkt in »Kassensturz« beispielsweise Hinweisschilder, auf denen auf schreiend gelb-grünlichem Grund »Gutes! Günstig!« (1:26) und »Billig!« (26:15) steht, die Preisangaben enden fast ausnahmslos auf

5. Detailanalysen und Kontextualisierung

der Ziffer neun (26:4) und Slogans wie »Schnapp zu!« (26:36) appellieren in übertrieben zugespitzter Form an animalische Instinkte der Konsumenten. Angesichts dessen ähnelt der Supermarkt in »Kassensturz« einer Aldi-Filiale am wenigsten, da der Marktführer auf Werbung und Slogans in seinen Räumlichkeiten seit jeher weitgehend verzichtet (vgl. Kohnert/Kordes 2011). Der zentrale Handlungsort ist in der Summe derart übertrieben künstlich gestaltet, dass über die Authentizitätsfiktion des Krimis mit lebensweltlichen Referenzen hinaus eine hyperreal marktschreierische Konsumwelt vor den Augen der Zuschauer ausgebreitet wird, deren überzogene Konstruiertheit ihre Authentizität umso stärker betont und herausstellt (vgl. Borstnar et al. 2008, S. 41 ff.).

Einen gewichtigen Anteil an der atmosphärischen Gestaltung des Supermarktes hat der Einsatz von Licht. Weiß-bläuliches, kaltes und sehr helles Neonlicht prägt jene Sequenzen, die im Verkaufsraum der Filiale spielen. »Filmästhetisch gilt Blau als Farbe der Nacht, der Kälte, des Dämonischen, des Todes, der Erinnerung, der Trauer, der Melancholie« (Marschall 2005, S. 61, vgl. Kapitel 5.4.1) und trägt somit zur negativ-gehetzten Stimmung in der geschlossenen Welt von Billy bei. In gnadenlosem *high key* (vgl. Mikos 2008, S. 210), in dem starke Helligkeit den Bildeindruck prägt, wirken die Gesichter der Personen in der Filiale blass, aschfahl und abgespannt. Der von harter Arbeit zeugende Schweiß auf den Stirnen der Verkäuferinnen, die freudlosen Falten im Gesicht der Filialleiterin und die Augenringe des Gebietsleiters treten so deutlich zutage. Kathrin Buchner schreibt dazu in ihrer Fernsehkritik: »Odenthals hoffnungsfrohes Outfit mit Mantel in grün kontrastiert die schrill-gelben Kittel der Verkäuferinnen, die ihre fahle Haut noch blasser aussehen lässt« (Buchner 2009a). Die Kleidung der außen stehenden Ermittlerin steht im visuell dissonanten Kontrast zu der Innenwelt, die zu betreten ihre Profession sie zwingt. Jene Sequenzen, die im trostlosen Pausenraum des Marktes spielen, sowie jene, in denen die Filialleiterin ihren abendlichen Putztätigkeiten nachgeht, sind dagegen lichtästhetisch in dunklem *low key* (vgl. Mikos 2008, S. 210) gestaltet, wodurch Schatten und Dunkelheit die Szenarien bestimmen (26:1, 26:5, 26:59). Hinzu kommt, dass bei den Dreharbeiten ohne Maske gearbeitet wurde (SWR-Pressemappe 2008). Die Lichtbzw. Farbgestaltung ist in »Kassensturz« mithin ein wichtiges Mittel zur Charakterisierung des Handlungsortes und der Figuren. Sie unterstützt stimmungsvoll die Narration und korrespondiert mit dem als ebenso gnadenlos und menschlich-kalt wie trist inszenierten Arbeitsalltag bei Billy (vgl. Mikos 2008, S. 235). Die mit dieser Gestaltung verbundene, partikulare Moral lautet: In dieser Umgebung zu arbeiten, kann keine Freude bereiten.

Die Bedingungen, unter denen die Menschen in der »Tatort«-Folge »Kassensturz« arbeiten, sind der zentrale thematische Aspekt der Sendung. Was ist Arbeit? Arbeit ist, dem Arbeitssoziologen Manfred Füllsack folgend, eine

5.2 »Kassensturz«: Gewerkschaft und Arbeit im »Tatort«

> »Tätigkeit [...], die unternommen wird, wenn ein bestimmter Zustand oder eine Gegebenheit in der Welt als *unbefriedigend* oder *mangelhaft* erlebt wird, oder wenn sich Ressourcen, die uns wichtig erscheinen, als knapp erweisen« (Füllsack 2009, S. 8, Herv. i. Orig.).

Die im Discounter arbeitenden Frauen, wie auch die männlichen Gebietsleiter, tun dies zum Broterwerb. Sie arbeiten gemeinsam, denn Arbeit ist ein soziales Phänomen, sie verfügen über eine gewisse Expertenschaft, denn sie sind Spezialisten, und sie handeln absichtsvoll und geplant, denn bei Arbeit im engeren Sinne handelt es sich »um einen zielgerichteten, intendierten und in der Regel auch *geplanten* Prozess« (ebd., S. 9, Herv. i. Orig.). Dabei sind die konkreten, von der Filialleiterin und ihren Untergebenen im Markt auszuführenden Tätigkeiten vielfältig. Neben den bereits erwähnten »Putzarbeiten« (Hamann/Giese 2004, S. 33) entladen die Frauen im Film unter großen Anstrengungen Paletten, räumen Regale ein, entleeren den Pfandautomaten, bauen Waren auf Wühltischen auf, sortieren Obst in Kisten und kassieren ab (26:5, 26:12, 26:15, 26:24, 26:45, 24:68). Dies sind allesamt Tätigkeiten, die den Zuschauern aus alltäglichen, lebensweltlichen Zusammenhängen bekannt sind. Weitere, die spezialdiskursive Arbeitswelt der Discounterwelt betreffende, finden ebenfalls in der Diegesis Erwähnung bzw. werden darin gezeigt. So gemahnt der neue Gebietsleiter die Filialleiterin beim Gang durch das Geschäft in vorwurfsvollem Ton: »Immer abschachteln, immer vorziehen. Hat Ihnen das Herr Blaschke nie gesagt?« (26:15). Was die spezialdiskursiven Begriffe »abschachteln« und »vorziehen« bedeuten, führt der »Thementräger« (Eder 2008, S. 711) währenddessen vor: Er zieht leere Kartons aus dem Regal, schmeißt sie auf den Fußboden und zieht die gefüllten bis an die Regalkante vor.

In einer anderen Sequenz ist das Verhältnis von Zeigebildern und -worten (vgl. Hickethier 2001, S. 108) bei der Vorführung spezialdiskursiver Handlungen in Ablauf und Gewichtung anders. Die Verkäuferin Beate Schütz sortiert darin Joghurt und Quark in einem Kühlregal (26:28). Die Sequenz beginnt mit einem *close-up* (vgl. Borstnar et al. 2008, S. 106) auf die arbeitenden Hände der Verkäuferin. Der Kamerablick ist – der bekannten »Kühlschrankkamera« ähnlich – aus dem Kühlregal heraus gerichtet. Zu sehen sind die flinken Hände der Verkäuferin, die, während sie über etwas anderes spricht, Joghurts in den Paletten umsortiert. Ermittler Kopper steht unterdessen hinter ihr und beginnt nach kurzer Zeit des Zuschauens damit, es ihr gleichzutun und selbst Hand an die Milchprodukte zu legen. Thementrägerin Schütz korrigiert ihn umgehend und liefert in diesem Zuge auch die spezialdiskursive Bezeichnung der Tätigkeit: »Nee, so nicht. Einfach die Sachen mit dem kürzeren MHD [Mindesthaltbarkeitsdatum, H.B.] nach vorne sortieren. Bei uns heißt das umwälzen« (26:28).

5. Detailanalysen und Kontextualisierung

Die Handlungsrolle des ermittelnden Kommissars ist hier besonders deutlich um die Funktion erweitert, eine ihm unbekannte Welt neugierig zu erkunden. Sein spielerisches Ausprobieren bzw. kurzzeitigen Mitmachen als Agent von Interdiskursivität im »Tatort« macht einen Aspekt des Themenkomplexes Arbeit im Discounterwesen plastisch und für die Zuschauer deshalb umso besser nachvollziehbar. In der kausallogischen Fortsetzung der Befragung von Schütz durch Kopper wälzen mittlerweile beide gemeinsam die Milchprodukte um und der Kommissar zeigt, dass er verstanden hat, worauf es dabei ankommt (26:30). Er führt in einem weiteren *close-up* (vgl. Borstnar et al. 2008, S. 106) vor, der dieses Mal seine noch etwas zögerlich ausgeführten Bewegungen im Kühlregal zeigt, wie die Produkte mit dem »kürzeren MHD« (26:28) den Kunden zum Kauf wortwörtlich nahezulegen sind. Dabei wird die Bedeutung des Kürzels MHD auch jetzt in »Kassensturz« nicht erläutert, da es von erfahrenen Konsumenten vor den Bildschirmen als bekannt vorausgesetzt werden kann bzw. leicht rekonstruierbar ist.

Über die Schwierigkeiten bei der Dramatisierung von Discounterarbeit sowie die damit einhergehenden spezialdiskursiven Begrifflichkeiten äußert sich Regisseur Lars Montag in einem Interview wie folgt:

> »Für den Dreh leisteten wir uns eine Fachberatung, eine Filialleiterin aus dem süddeutschen Raum, die mir im Vorfeld ihre Geschichten erzählte, das Drehbuch las und während der Drehtage im Discounter immer dabei war. Sie war auch diejenige, die mit den Schauspielern das Arbeiten im Discounter übte. Denn nichts ist schwieriger für einen Schauspieler als alltägliche Arbeit darzustellen, während man die Figur spielt und Texte spricht. Es muss ja so aussehen, als hätte man nie etwas anderes gemacht, und trotzdem muss man völlig frei sein, diese automatisierten Handlungen dann noch spielerisch variieren zu können. Deshalb haben die Schauspieler vor Drehbeginn zwei Abende in einer Filiale gearbeitet. Die wussten, wie man Kartons aufschneidet, was abschachteln oder umwälzen bedeutet; all die absurden Begriffe, die es in dem Bereich gibt« (SWR-Pressemappe 2008).

Die Perspektive des Films ist dezidiert auf die mit den Tätigkeiten der Frauen verbundenen Belastungen gerichtet und entspricht damit einem zentralen Erkenntnisinteresse arbeitssoziologischer Studien: der Zusammenhang von Arbeit und Belastung (vgl. Böhle 2010b, S. 451). Im Spezialdiskurs dieser Forschungsrichtung »bezieht sich der Begriff Belastung auf Arbeitsanforderungen und -bedingungen, durch die die Arbeitenden beeinträchtigt werden […]. Alternativ und ergänzend zum Begriff Belastung werden solche Aspekte von Arbeit auch als Restriktionen, Gefährdungen oder Risiken bezeichnet« (ebd.). Die Dramatisie-

5.2 »Kassensturz«: Gewerkschaft und Arbeit im »Tatort«

rungen konkreter physischer und psychischer Belastungen in der Arbeitswelt der Discounter nehmen in »Kassensturz« einen breiten Raum ein. So leidet die Filialleiterin Freytag bereits im Vorspann des Films beim Abladen von schwerer Ware (26:5). Die gekündigte Verkäuferin Gisela Dullenkopf beklagt später Kommissarin Odenthal gegenüber die Erhöhung der Scanfrequenz an den Kassen des Marktes, die noch der ermordete Gebietsleiter Blaschke vornahm: »Der hat die Quote von 40 auf 45 Scans die Minute hochgesetzt. Tak, tak, tak. Wir mussten schuften wie die Blöden. Da wird sich hoffentlich einiges ändern« (26:29). Beide Beispiele haben ihre Referenz in der außerfilmischen Arbeitswelt der Discounter und wurden im Film in entsprechende Zeigebilder und -worte (vgl. Hickethier 2001, S. 108) umgesetzt. Ersteres betrifft das arbeitsmedizinisch fassbare Problem harter körperlicher Arbeit, die zu Rückenschmerzen führen kann (vgl. Böhle 2010b, S. 452, Hamann/Giese 2004, S. 30). Das zweite verweist neben dem physischen Aspekt auch auf den psychischen, nämlich die als insgesamt stressreich dargestellte Arbeitssituation in Discountern, die in »Kassensturz« allgegenwärtig ist (vgl. Böhle 2010b, S. 459). In der Vorlage zum Film, dem »Schwarz-Buch Lidl«, ist von »vorgegebenen 40 Scanvorgänge[n] pro Minute« bei Lidl die Rede (Hamann/Giese 2004, S. 33). Über die interdiskursive Wissensvergabe hinaus dient das Beklagen der Erhöhung der Taktfrequenz beim Scannen in »Kassensturz« der Verknüpfung von Thematik und Kriminarration, nämlich der Etablierung und Verstärkung eines Verdachtsmomentes. Die ihre verständliche Antipathie bezüglich des Toten ausdrückende Gisela Dullenkopf – eine Antipathie, die gemäß der »Textperspektive« (Borstnar et al. 2008, S. 188) des Films nahegelegt wird – rückt mit ihrer interdiskursiven Rede weiter in den Kreis der Tatverdächtigen.

Auch weitere themengebundene Aspekte, die mit dem Arbeiten an der Kasse verbunden sind, werden in »Kassensturz« dramatisiert, wie zum Beispiel die als weiterer Stressfaktor im »Schwarz-Buch« belegte Durchführung von sogenannten »Testkäufen« (vgl. Hamann/Giese 2004, S. 55). Als Beate Schütz ein weiteres Mal an der Kasse sitzt, beobachtet Ermittler Kopper folgende Szene, die der Kamerablick über seine Schulter in der Halbnahen, die das Situative betont, erschließt (vgl. Hickethier 2001, S. 58, Mikos 2008, S. 196): Ein männlicher Kunde mittleren Alters schiebt seinen Einkaufswagen in Höhe der Kasse zügig vorbei und sagt gelangweilt: »Drei Paletten H-Milch« (26:24). Die Kassiererin erhebt sich halb und spricht den Mann an: »Ich muss Sie bitten, einmal hochzuheben, bitte. Frau Freytag!? – Wieder Storno? – Nee, Diebstahl. Sechs Pfund Kaffee, versteckt in der unteren Lage« (26:24). Der vermeintliche Kunde zeigt der herbeigeeilten Filialleiterin seinen Ausweis und entpuppt sich damit als Testkäufer im Auftrag der Firmenleitung. Die kurz in der Nahen zu sehende Miene der Kassiererin verrät, dass sie sichtlich erleichtert darüber ist, die Situation

5. Detailanalysen und Kontextualisierung

überstanden zu haben. Die kurze Szene stellt eine weitere audiovisuelle Repräsentation eines Teils des faktenreichen Erlebnisberichts einer Lidl-Beschäftigten aus dem Jahr 2004 dar. Darin heißt es:

> »Weiterer Stress entsteht durch die ständigen Tests: Manchmal sind es Mitarbeiter aus Sicherheitsfirmen, manchmal aber auch Lidl-Kollegen oder Freunde von Vertriebsleitern, die uns ›auf die Probe‹ stellen. Im Lauf der Zeit lernt man die Tricks: Mitarbeiter von Sicherheitsfirmen etwa legen oftmals vier Artikel aufs Band, drei weitere sind im Wagen versteckt. Etwa im ›toten Winkel‹, den wir Kassiererinnen schwer einsehen können oder unter einem Prospekt, einem Karton oder, oder« (Hamann/Giese 2004, S. 31).

Ähnlich wie oben beschrieben sieht es Ermittler Kopper in seiner Funktion als stellvertretender Beobachter im »Tatort« und erkundigt sich bei Beate Schütz: »Darf ich fragen, was das grad eben für 'ne Aktion war? – Ein Testeinkauf. Kommt öfters vor. Der war noch harmlos. – Und dann? – Gibt's 'ne Abmahnung, falls sie den Diebstahl nicht bemerken. Die Typen von Kampmüller lassen sich ständig neue Tricks einfallen und drei Abmahnungen heißt Entlassung« (26:24).

Die inkognito von einer Detektei (»Kampmüller«) durchgeführten Tests erweisen sich in »Kassensturz« als ein Teil eines umfassenden Überwachungssystems mit erstaunlichen Auswüchsen. Sie sind ebenfalls symptomatisch für das schlechte Betriebsklima bei Billy – das, gemäß der Vorlage – von ständigem Stress, Angst vor Entlassung und Misstrauen gegenüber den Beschäftigen geprägt ist. »Wissen Sie, bei Billy sind Kontakte unter den Mitarbeitern nicht so gerne gesehen« (26:46), lässt Gebietsleiter Novak beispielsweise Kommissarin Odenthal wissen. Den Grund dafür bleibt er schuldig, und so erfahren die Zuschauer erst später, dass persönliche Bekanntschaften wie beim »Vorbild« Lidl unerwünscht sind und deshalb Mitarbeiter bewusst fern ihres Heimatortes eingesetzt werden (vgl. Hamann/Giese 2004, S. 40, 26:33). Die im »Schwarz-Buch Lidl« thematisierte »Angst vor Dieben« (ebd., S. 31, 64) in den eigenen Reihen findet ebenfalls in mehreren Sequenzen von »Kassensturz« Erwähnung. Der neue Gebietsleiter kündigt bei seinem Arbeitsantritt gegenüber Filialleiterin Freytag an, »gerade am Anfang verstärkt Spät- und Taschenkontrollen« (26:15) durchführen zu wollen und inspiziert die Spinde der Angestellten. Dabei entdeckt er eine leere Pfandflasche und bemängelt: »An der Flasche klebt kein Kassenbon. Saustall« (26:17). Die plausibel klingende Rechtfertigung Freytags, »hier haben zwei Kolleginnen gegengezeichnet. Das machen wir hier so. Die Flasche wurde ganz sicher von außen mitgebracht« (26:17), legt eine Vorzugslesart nahe, die der Interpretation derartiger Vorgänge in der Vorlage entspricht. Darin ist

5.2 »Kassensturz«: Gewerkschaft und Arbeit im »Tatort«

von übertrieben penibler Genauigkeit bei der »Kleinigkeit [...], ob an der Getränkeflasche der Verkäuferin auch tatsächlich der Kassenbon mit der Personalnummer festgeklebt ist« (ebd., S. 58), die Rede. Ihrer undankbaren Position zwischen Firmenleitung und Angestellten entsprechend befürchtet auch Filialleiterin Freytag, dass ihre Untergebenen die Firma Billy bestehlen. So gemahnt sie im Laufschritt, als die stressreiche Atmosphäre in der Billy-Filiale mit einem Stromausfall im Film auf die Spitze getrieben wird: »Und dass mir niemand was mopst!« (26:57, vgl. ebd., S. 31).

Zu Beginn einer weiteren »Kassensequenz« ist der Kamerablick in der Großaufnahme auf das Scannerfeld einer Kasse gerichtet, über das eine Verkäuferin mit zügigen Bewegungen Waren zieht, um anschließend auf zwei sich im Markt unterhaltende Verkäuferinnen zu schwenken. Das intradiegetische, aufdringliche Piepen bei jedem Scanvorgang ist geeignet, bei den Zuschauern das alltagsweltlich hinlänglich bekannte Kassengeräusch in Erinnerung zu rufen. Damit ist die Basis gelegt, um in einer später folgenden Sequenz diesen akustischen Reiz in einer Vorzugslesart als Teil umfassender Belastungen am Arbeitsplatz zu inszenieren. Beide Sequenzen stehen damit in einem kausalen Zusammenhang (26:12, 26:29). Eine Arbeitsanweisung, die der Filialleiterin Freytag in den Hinterräumen des Marktes von ihrem Vorgesetzten Gebietsleiter Novak in herrischem Ton zur Umsetzung aufgetragen wird, betrifft ebenfalls die Arbeit an der Kasse:

> »N: Diese Regelung ist in allen Billy-Märkten verpflichtend. Jeder Kunde, der mit EC-Karte zahlt, muss dann mit seinem Namen verabschiedet werden. Ganz freundlich.
>
> F: Auch wenn mehr als drei Kunden an der Kasse stehen?
>
> N: Na logisch. Denn wenn sich an einer Kasse der dritte Kunde anstellt, dann wird geklingelt und eine neue Kasse aufgemacht« (26:17).

Der Dialog entspricht inhaltlich in weiten Teilen der Vorlage, einer Passage aus dem »Schwarz-Buch Lidl«. Dort heißt es:

> »Wenn drei KundInnen an einer Kasse stehen und ein/e weitere/r dazukommt, muss eine neue Kasse aufgemacht werden. Das ist natürlich völlig utopisch, da es viel zu wenig Personal für die ganze Arbeit gibt. Alle, die mit EC-Karte bezahlen, sollen künftig mit Namen verabschiedet werden, die Kassiererinnen werden zudem dazu angehalten, stets nett und freundlich Kunden-Fragen zu beantworten« (Hamann/Giese 2004, S. 35).

Die szenische Umsetzung der Arbeitsanweisung in entsprechende »Zeigebilder« (Hickethier 2001, S. 108) erfolgt kausallogisch etwas mehr als 20 Minuten erzählter Krimizeit später. Verkäuferin Beate Schütz sitzt an der Kasse, blickt auf eine EC-Karte und sagt zu einem Kunden: »Vielen Dank, Herr ... Dimic.

5. Detailanalysen und Kontextualisierung

Schönen Tag noch. – Ihnen auch« (26:44). Ihr Zögern bei der korrekten Aussprache des osteuropäisch klingenden Kundennamens verweist auf die zusätzliche Belastung der Verkäuferin, die mit der zuvor erteilten Arbeitsanweisung verbunden ist.

Die von Gebietsleiter Novak eingeforderte und von den Verkäuferinnen praktizierte Freundlichkeit den Kunden gegenüber birgt weitere Arbeitsbelastungen. Umso anstrengender ist es, gleichzeitig zu arbeiten, freundlich und zuvorkommend zu sein, wenn die Kunden es den Frauen schwer machen. Dies wird in einer Sequenz in »Kassensturz« gezeigt, als sich eine Kundin an Verkäuferin Schütz vorbeidrängt, die, während sie von Kommissar Kopper befragt wird, gerade Quark in ein Kühlregal einräumt. Die Frau fragt schroff und vorwurfsvoll duzend: »'tschuldigung, den Magerquark, wo habt ihr denn den wieder hingeräumt?« (26:30). Der Kommissar sanktioniert die Frau in seiner Funktion als Norminstanz mit einem forschen Kommentar: »Wo hätten Sie ihn denn gerne?« (26:30). Der überrumpelten Verkäuferin bleibt nur noch, der Frau eine Packung Quark in die Hand zu geben, bevor diese dank- und grußlos verschwindet: »Hier bitte ... Schönen Tag noch« (26:30). Die kurze Szene ist die filmische Repräsentation einer Aussage einer Lidl-Beschäftigten zum Umgang mit Kunden im Discounteralltag:

> »Die Vorgesetzten legen großen Wert darauf, dass wir höflich ›Auf Wiedersehen‹ und ›Schönes Wochenende‹ sagen. Und es gilt das Prinzip, dass der Kunde immer Recht hat. [...] Ob sich möglicherweise der Kunde falsch verhalten hat oder ausfallend geworden ist, interessiert niemanden« (Hamann/Giese 2004, S. 32).

In Anlehnung an die psychologische Arbeitsforschung handelt es sich bei diesem im Krimi dramatisierten Belastungsaspekt um eine im Marx'schen Sinne klassische Form der Entfremdung (vgl. Böhle 2010b, S. 471). Diese erfolgt aufgrund einer partiellen Ökonomisierung von Gefühlsäußerungen und Emotionen der Arbeitnehmer. Im »Handbuch der Arbeitssoziologie« heißt es dazu:

> »Speziell bei personenbezogenen Dienstleistungen führt dies dazu, dass von den Arbeitenden einerseits gefordert wird ›sich selbst‹ in die Arbeit einzubringen und eine ›persönliche‹ Beziehung zu Kunden aufzunehmen (Gefühls- und Emotionsarbeit), [...] dies andererseits aber für ökonomische Zwecke instrumentalisiert wird« (Böhle 2010b, S. 471).

Das Ausmaß der Entfremdung vom Selbst durch derart verordnete Gesten und Gefühle findet sich in der letzten Einstellung des »Tatorts« in komprimierter Form versinnbildlicht: Beate Schütz sitzt noch einmal im gelbgrünlichen Kittel an der Kasse des Billy-Marktes und zieht wie abwesend Waren über den Scanner; ein intradiegetisches, gleichmäßiges Piepen zeigt den Takt ihres monotonen

5.2 »Kassensturz«: Gewerkschaft und Arbeit im »Tatort«

Arbeitens an. Sie lächelt währenddessen kurz in Richtung eines zu ihrer Linken stehenden, imaginären Kunden herauf, um danach erneut in arbeitsamer Apathie fortzufahren, während die Musik des extradiegetischen Abspanns beginnt (26:74). Das Täterrätsel ist gelöst, aber die Verhältnisse im Discounterwesen, über die in »Kassensturz« unterhaltsam aufgeklärt wurde, bleiben unverändert und diskussionswürdig.

Dies bot der ARD den Anlass dazu, in der im Programmfluss unmittelbar folgenden Talkshow »Anne Will« ab 21.45 Uhr illustre Gäste über das Thema diskutieren zu lassen. Eine in einem Discounter real tätige Filialleiterin und Betriebsrätin kam auf dem Will'schen Sofa sitzend ebenso zu Wort wie Laurenz Meyer (CDU), Rudolf Dreßler (SPD) und der Ex-BDI-Chef Michael Rogowski. Die Betriebsrätin äußerte Zustimmung zum Gezeigten: »Ich habe in dem ›Tatort‹ sehr realistische Dialoge gehört, die könnte ich Ihnen frei weg sprechen«, sagte sie. Gleichzeitig beeilte sie sich zu sagen, dass seit dem Spitzelskandal bei Lidl einiges besser geworden sei: »Das hätte ich früher nicht für möglich gehalten« (Senft 2009). Der Ex-BDI-Chef konterte mit Verweisen auf die Dramatisierung von Einzelfällen, bevor sich die Diskussion schnell vom Thema der Arbeitsbedingungen in Discountern wegbewegte. Dennoch trafen politische Unterhaltung und unterhaltsame Politik im umfassenden Politainment des Sonntagabends aufeinander (vgl. Dörner 2001).

Die zentralen Thementräger in puncto Arbeitsbedingungen und den damit einhergehenden Belastungen in Discountern sind in »Kassensturz« die Figuren der Filialleiterin Hannelore Freytag und die einfachen Verkäuferinnen: Gisela Dullenkopf und Beate Schütz. Vor allem Letztere personifiziert als symbolischer Typus in situativ verdichteten, thematisch aufgeladenen Sequenzen interdiskursives Wissen über branchentypische Arbeitsbedingungen und Umgangsweisen mit Beschäftigten. Ob beim Einräumen von Ware, bei unbezahlter Mehrarbeit oder in verschiedenen Situationen an der Kasse – in der filmischen Repräsentation werden stark reglementierte Tätigkeiten durch die Figur der jungen Frau vorgeführt und beschrieben, die physische und psychische Belastungen mit sich bringen und sogar in ihr Privatleben hineinreichen. Dass diese negativen Einflüsse ihrem als sensibel gezeichneten Musikerfreund in der Detektionshandlung das Motiv für den Totschlag liefern, unterstreicht die textperspektivisch nahegelegte Lesart der Sendung, in der die Discounterwelt von Billy als Hort der Menschenschinderei gezeigt wird. Ihren Beitrag dazu leistet die gleichsam unter Druck stehende wie Druck ausübende Figur der Filialleiterin Freytag, die in der Diegesis ebenfalls Tätigkeiten und Umgangsweisen mit Beschäftigten verkörpert bzw. an der diese durch den Gebietsleiter Novak exemplifiziert werden. Die besondere Tragik der Figur liegt in ihrer undankbaren Doppelrolle und damit verbundenen Gefühlslagen wie Einsamkeit, Überforderung und Getriebensein.

5. Detailanalysen und Kontextualisierung

Als symbolischer Typus und herausgehobene Agentin von Interdiskursivität in diesem »Tatort« erscheint es plausibel, sie als Opfer und Täterin zugleich darzustellen. Die in der globalen Moral des Krimis angeprangerten Verhältnisse im Discounterwesen lassen ihr »Null Chance« (26:24). Ihre Tat wird mit einer Gefängnisstrafe geahndet, aber mit Verständnis bedacht. Kathrin Buchner fasst die Funktionen der Frauenfiguren im Billy-Discounter in ihrer Fernsehkritik zusammen:

> »Der Ludwigshafener ›Tatort‹ mit dem plakativen Titel ›Kassensturz‹ verpasst den Kassiererinnen und Regal-Auffüllerinnen eines beliebigen Discounters in unserer Umgebung Gesichter, Geschichten, Schicksale« (Buchner 2009a).

5.2.5 Betriebsratsgründung und -verhinderung

Beate Schütz und Gisela Dullenkopf erfüllen in »Kassensturz« zudem die Funktion, Neugründungen von Mitarbeitervertretungen zu personifizieren, wie sie im Discounterwesen von Arbeitgeberseite aus häufig mit allen Mitteln zu verhindern versucht werden (vgl. Kohnert/Kordes 2011, Hamann/Giese 2004, S. 24). Dabei ist der Name »Dullenkopf« ein etwas bösartiger *telling name*, bedeutet das Englische »dull« doch »dumm«, »stumpf« oder »dumpf«. Sie wird von der Schauspielerin Barbara Philipp als eine einfache Frau dargestellt, die zwar unbedarft ist und mit Ironie nichts anzufangen weiß, aber dennoch bei Billy engagiert und mutig für die Sache der Arbeitnehmerinnen eintritt (26:2, 26:4, 26:36, 26:13). Dullenkopf organisiert zu Beginn der Kriminarration in einem Bowlingcenter ein Treffen zur Gründung eines Betriebsrates, an dem auch Verkäuferin Beate Schütz teilnimmt (26:2): »Setzt euch. Tja, fangen wir einfach mal an. Keine Ahnung, wer da noch kommt. […] Ich hab jetzt einfach mal was vorbereitet« (26:4), sagt sie zu ihren Kolleginnen und teilt Zettel aus. Die Versammlung löst sich auf, als die Frauen Detektiv Kampmüller entdecken, der sie im Auftrag von Gebietsleiter Blaschke fotografierend ausspioniert. Der Spionagefall verweist auf den Bespitzelungsskandal bei Lidl aus dem Jahr 2008, der in der filmischen Repräsentation mit der versuchten Betriebsratsgründung bei Billy narrativ verwoben ist. Der Vorfall im Bowlingcenter sorgt für Angst unter den Frauen, die wenig später in einem kurzen Dialog zwischen der Nebenfigur Renate und Gisela Dullenkopf kausallogisch verbalisiert wird: »Also nachdem was gestern passiert ist, bin ich mir nicht mehr sicher, dass alle noch mitziehen. – Was willste denn damit sagen, willste abspringen? Ist doch gar nichts passiert« (26:12).

Die plausible Notwendigkeit einer Mitarbeitervertretung bei Billy erschließt sich den Zuschauern einerseits indirekt durch die im Film gezeigten Arbeitsbe-

5.2 »Kassensturz«: Gewerkschaft und Arbeit im »Tatort«

dingungen und Umgangsweisen mit den Beschäftigen. Direkt verbalisiert wird sie von den betroffenen Verkäuferinnen Dullenkopf und Schütz in zwei Sequenzen des Films. Am Tag nach dem Mord sucht Lena Odenthal in ihrer doppelten Funktion als Ermittlerin und Agentin von Interdiskursivität in diesem »Tatort« Dullenkopf auf und fragt sie nach dem Sinn des abendlichen Treffens:

> »O: Wieso haben Sie gestern Abend ihre Billy-Kolleginnen hierher eingeladen? Was gibt es denn so Geheimnisvolles, was sich bei Billy nicht besprechen lässt?
> D: Das ist halt eine der wenigen Möglichkeiten, wo wir mal ungestört reden können, ohne dass die Vorgesetzten gleich was mitbekommen« (26:25).

Während Ermittler Kopper später von Beate Schütz das Umsortieren von Kühlware beigebracht bekommt (vgl. Kapitel 5.2.4), erfahren er wie auch die Zuschauer von ihr noch konkretere Gründe für die Notwendigkeit der Gründung eines Betriebsrates:

> »Diese Mitarbeitervertretung ist unsere einzige Chance, unsere Ziele wirklich durchzusetzen. Zum Beispiel bezahlte Überstunden, geregelte Pausen, keine Spindkontrolle, also nur bei Verdacht. Kein Ausspionieren der Privatsphäre« (26:30).

Die Aufzählung der Verkäuferin ist, den Gesetzmäßigkeiten des Politischen im Unterhaltungsformat entsprechend, notwendigerweise selektiv und unvollständig (vgl. Dörner 2001, S. 239 ff.). Dabei beziehen sich die genannten Punkte allesamt auf Aspekte, die in der geschlossenen Welt des Krimis Erwähnung finden oder visuell angedeutet werden. Der für Verhältnisse im sogenannten »Niedrigpreissegment« (26:16) in »Kassensturz« exemplarische, gescheiterte Versuch, eine Mitarbeitervertretung bei Billy zu installieren, ist hier an die Figuren Beate Schütz und Gisela Dullenkopf geknüpft. Den Druck der Firmenleitung auf Schütz sowie Dullenkopfs letztlich erfolgloses Engagement werden im Kontext einer sich über zwei längere Sequenzen erstreckenden Inszenierung einer Betriebsversammlung dramatisiert. Geleitet wird die Veranstaltung von der in der Billy-Hierarchie ganz oben stehenden »Verkaufsleiterin BRD«, »Frau Fuchs« (Adele Neuhauser, ermittelt seit 2011 als Bibi Fellner im ORF-»Tatort«, vgl. Kapitel 5.5.4). »Fuchs« ist ein *telling name*, denn diese Figur ist ebenso schlau wie skrupellos. Bei den Vorbereitungen zu der Veranstaltung gibt sie im Beisein der Ermittler folgende Anweisung: »Stellen Sie direkt noch 'ne Reihe dazu. Die dürfen sich ruhig etwas verloren vorkommen« (26:11). Dies unterstreicht die von ihr personifizierte Strategie der Einschüchterung sowie das bei Billy herrschende Klima der Angst im Allgemeinen (vgl. Hamann/Giese 2004, S. 60). Frau Fuchs' herausgehobener, machtvoller Status wird gleich zu Beginn der in

5. Detailanalysen und Kontextualisierung

einer Stadthalle abgehaltenen Versammlung inszenatorisch untermauert: Die erste der beiden Sequenzen beginnt mit einem *close-up* des Mundes der strengen Mittfünfzigerin, die durch kurzes Klopfen und Pusten die Funktionstüchtigkeit des Mikrofons überprüft, in das sie sich anschickt zu sprechen (26:34). Der Ausschnitt ihres Gesichts ist dabei bildfüllend. Während sie mit hallender Stimme, die der Größe des Raums und der Verstärkung geschuldet ist, und den Worten »Guten Abend zusammen« (26:34) die Veranstaltung in die Stille hinein eröffnet, wechseln die Perspektive und der Winkel der Kamera. Die von einem Deckenscheinwerfer angestrahlte Fuchs wird zunächst von hinten und in der schwachen Aufsicht von der Schulter aufwärts und am rechten Bildrand gezeigt, über ihr nur noch die Hallendecke (vgl. Borstnar et al. 2008, S. 108 f.). In einer fließenden Aufwärtsbewegung der Kamera, die im *over-shoulder shot* hinter Fuchs zum Stehen kommt und in der Totalen den »Innenraumschauplatz« (Borstnar et al. 2008, S. 180) perspektiviert, erschließt sich den Zuschauern die Szenerie dann als eine Veranstaltung mit Bühne, Rednerpult und sitzendem Publikum.

Entscheidend an dieser Ton-, Bild- und Lichtgestaltung ist ihre Funktion, die Narration zu unterstützen und die Figur der Vertriebsleiterin Fuchs zu charakterisieren (vgl. Mikos 2008, S. 209). Der im Raum hallende Ton ihrer verstärkten Stimme, die zunächst rückwärtige und dann frontale Untersicht auf sie sowie der auf sie gerichtete Scheinwerfer unterstreichen ihre mächtige Position (vgl. ebd., S. 201). Vertriebsleiterin Fuchs befindet sich im Kontrast zu den einfachen Verkäuferinnen im Publikum, von denen einige den Billy-typischen gelben Kittel tragen und aufgrund der Perspektivierung sehr klein erscheinen, in einer exponierten, ja herrschaftlichen Position. Ihre Inszenierung zu Beginn der Betriebsversammlung hat damit etwas boshaft Totalitäres: Sie erinnert auf entlarvende Art und Weise an filmische Repräsentationen von Führerkult und Größenwahn im Stil der Filmästhetik Leni Riefenstahls (vgl. Glasenapp 2009). Derartig populärkulturell fest verankerte Ikonografien – zum Beispiel im Docutainment, der Nazisploitation und dem Sandalenfilm bzw. der Sandalenserie (»Gladiator«, 2000; »Rome«, HBO/BBC/RAI 2005–2007) – sind vielen Zuschauern bekannt und entsprechend geeignet, Figuren auch im Krimi bei Bedarf ins rechte bzw. totalitäre Licht zu rücken (vgl. Buhl 2011, S. 416, Sicks 2009, S. 126 f.). Diese Perspektivierung gibt dabei Aufschluss über die textperspektivische Bewertung der themenrelevanten Figur: Die Billy vertretende Vertriebsleiterin Fuchs wird den Zuschauern in der Lesart des Textes in der Summe als übermächtig, gnadenlos und ein totalitäres System repräsentierend gezeigt (vgl. Borstnar et al. 2008, S. 178, Keppler 2006, S. 128).

Die strukturellen Beziehungen zwischen Firmenleitung und Angestellten offenbart die genannte filmästhetische Perspektivierung als in starkem Maße un-

5.2 »Kassensturz«: Gewerkschaft und Arbeit im »Tatort«

gleich verteilt. Dies lässt den Wunsch der Verkäufer, einen Betriebsrat zu gründen, um der Firmenleitung »auf Augenhöhe« begegnen zu können, umso nachvollziehbarer erscheinen (vgl. Mikos 2008, S. 120). Bevor es jedoch dazu kommen kann, wird die hastig herbeieilende Verkäuferin Schütz am Halleneingang vom aufgesetzt freundlichen Gebietsleiter Novak abgefangen und mit bedrohlich ruhiger Stimme massiv dahingehend unter Druck gesetzt, nicht für eine Mitarbeitervertretung zu stimmen. Novak sagt zu Schütz: »Wissen Sie, ich bin der Meinung, wenn man bei Billy nicht zufrieden ist, dann sollte man sein Glück bei Aldi oder Lidl oder Netto oder Penny oder Hartz IV versuchen« (26:34). Mit der einer »systematische[n] Einschüchterung« (Hamann/Giese 2004, S. 66) entsprechenden Drohung des Vertreters der Arbeitgeberseite ist auf das Exemplarische des fiktiven Falles Billy verwiesen, der stellvertretend für branchenübliche Zustände im Discounterwesen steht. Die junge Mutter Beate Schütz lässt die Hand bei der Abstimmung in der kausal folgenden Sequenz aus Angst um den Verlust ihres Arbeitsplatzes unten (26:34).

Dabei könnte die Einleitung der der Versammlung vorsitzenden Vertriebsleiterin Fuchs zum Tagesordnungspunkt der Betriebsratswahl übertriebener inszeniert nicht sein. Nach einem deutlich hörbaren Aufstöhnen sagt sie Folgendes:

> »Kommen wir nun zu einem für Sie offenbar unerlässlichen Punkt der Tagesordnung. Selbst unter den schwierigen Umständen dieses Gewaltverbrechens an einem Ihrer Kollegen steht hier in Ludwigshafen erstmals in der Billy-Tradition zur Debatte, so etwas wie einen Betriebsrat zu gründen. Gibt es zu diesem, besonders zum jetzigen Zeitpunkt, völlig abwegigen Thema irgendeine Wortmeldung von Ihnen?« (26:36).

Die übertrieben und ihre Ablehnung gegen die Betriebsratswahl im gegebenen Kontext auf unrealistische Art und Weise ausstellende Figur trägt mit ihrem Verhalten und ihrer Rede dazu bei, den Film als fiktional überbordendes Konstrukt zu entlarven. Dabei betont sie gleichzeitig die Glaubwürdigkeit seines verbürgt authentischen Kerns. Diese paradox erscheinende textuelle Strategie funktioniert als politisches Unterhaltungsfernsehen entsprechend anders als reine Krimididaktik im ungebrochenen Realismusgewand und mit erhobenem Zeigefinger (vgl. Hattendorf 1994, S. 311, Borstnar et al. 2008, S. 43). Während Fuchs spricht, unterlegt von einem langsam im Crescendo anschwellenden Soundteppich, schaut Gebietsleiter Novak von der Seite skeptisch in die Reihen der Verkäuferinnen. Gisela Dullenkopf guckt sich fragend um, noch zögernd, ob sie sich trauen kann, sich zu Wort zu melden. Fuchs wartet nicht lange und wendet sich in Richtung ihrer Power-Point-Präsentation um: »Wunderbar. Dann wollen wir uns der diesjährigen Krankenstatistik zuwenden« (26:36).

5. Detailanalysen und Kontextualisierung

Schließlich nimmt Dullenkopf doch noch all ihren Mut zusammen, erhebt sich und spricht:

> »'tschuldigung. Doch noch mal zum letzten Thema. Ähm, also da sonst keiner was sagt, tu ich das. Wird hier auch, glaub ich, etwas von mir erwartet. Also, eins ist doch klar: Unsere Arbeitsbedingungen haben sich in den letzten Jahren immer mehr verschlechtert. Details hier, die kennt doch wirklich jeder. Darunter leidet doch nicht nur ihr, sondern besonders eure Kinder, eure Partner, eure Familien. Fragt euch mal, wie die sich fühlen, wenn wir uns immer nur ducken und wenn wir uns hier alles gefallen lassen. Wir dürfen jetzt nicht klein beigeben. Wenn wir das jetzt zusammen angehen, dann brauchen wir auch keine Angst zu haben. Weil, ich meine damit spielen die doch, mit der Angst. Das ist doch ihre Macht. Wir brauchen hier bei Billy jemanden, der wirklich für uns spricht. Also bitte, traut euch. Nur dieses eine Mal. Und danach haben wir wahrscheinlich eine Mitarbeitervertretung, die das dann für uns übernimmt« (26:36).

Die folgende Bereinigung der Situation zugunsten von Billy durch Fuchs und ihre Gebietsleiter erscheint – wie zuvor die einleitenden Worte der Vertriebsleiterin – als grotesk übertriebener, narrativer Exzess filmischer Repräsentation, der sich allerdings auf ähnliche Art und Weise in der außerfilmischen Welt der Discounter so zugetragen hat. Im »Schwarz-Buch Lidl« heißt es, dass Wahlberechtigte an einem für eine Betriebsratswahl anberaumten Termin zu einer Schulung geschickt wurden und stattdessen Vertreter der Geschäftsführung erschienen, um sicherzugehen, dass niemand an der Versammlung teilnahm (vgl. Hamann/Giese 2004, S. 66 ff.). Im Film treffen beide Gruppen direkt aufeinander und Vertriebsleiterin Fuchs weist ihre in Anzügen gekleideten Gebietsleiter vor der Abstimmung dazu an, »in den Reihen jeweils direkt vor Ihnen die Stimmen genau zu erfassen« (26:36). Die Führungskräfte erheben sich alle gleichzeitig, armiert mit Stiften und Blöcken, treten synchron einen Schritt vor und nehmen wie eine zur Schlacht bereite Phalanx – im »Schwarz-Buch« ist von den Verkaufsleitern bei Lidl entsprechend als »Söldner« die Rede (vgl. ebd., S. 57) – vor den Stuhlreihen Aufstellung. Das militärisch-totalitäre Bedrohungsszenario der ausnahmslosen Erfassung unliebsamer Untergebener korrespondiert mit der Inszenierung der die Veranstaltung leitenden Fuchs. Beate Schütz und Verkäuferin Renate wie auch weitere senken die Hände und die Wahl scheitert mit nur einer Gegenstimme: Dullenkopfs, die sich über den Ausgang der Wahl maßlos enttäuscht zeigt (26:36).

Wiederum in zwei kausallogisch zusammenhängenden Sequenzen, wird die unbequeme Mitarbeiterin später in die dunklen Aufenthaltsräume des Billy-

5.2 »Kassensturz«: Gewerkschaft und Arbeit im »Tatort«

Marktes zitiert, wo sie mit dem konstruierten Vorwurf, in die Pfandkasse gegriffen und 14 Euro gestohlen zu haben, von Gebietsleiter Novak, einem Revisor und einer Rechtsanwältin unter Druck gesetzt und schließlich zur Kündigung gezwungen wird (26:40, 26:42). Der vermeintliche Diebstahl als Vorwand, um die Mitarbeiterin zur Kündigung zu zwingen und sie somit loszuwerden, erweist sich bei der abermaligen Lektüre des »Schwarz-Buch Lidl« als weitgehend vorlagentreue Umsetzung (vgl. ebd., S. 23 ff.). All die in der faktenreichen Vorlage beschriebenen Szenarien werden im Themenkrimi »Kassensturz« dramatisiert bzw. fließen in die filmische Narration ein: psychischer Druck von dreien gegen eine, die Abwesenheit der zuständigen Filialleiterin, stets lauter werdendes Einreden auf die Beschuldigte, die Verweigerung anwaltlicher Unterstützung und schließlich die Unterbreitung von drei Möglichkeiten durch eine gelangweilt dreinblickende, akademische Arroganz ausstrahlende Anwältin:

> »Also juristisch ist es dann doch recht simpel, glauben Sie mir. Nun, es gibt ganze drei Möglichkeiten: Sie bekommen eine fristlose Kündigung, dann müssen wir natürlich sofort die Polizei rufen wegen des Diebstahls, oder wir schließen einen Aufhebungsvertrag, oder Sie kündigen selbst« (26:42, vgl. Hamann/Giese 2004, S. 26).

Dabei zeigt sich eine deutliche textperspektivische Parteinahme für die Position der Discounterangestellten später noch einmal deutlich, als die betroffene Dullenkopf bei einer Befragung durch die Ermittler Odenthal und Kopper die Gelegenheit bekommt, ihre Sicht auf die Dinge – ebenfalls ganz im Sinne der gewerkschaftlichen Publikation, die als Vorlage gedient hat – darzustellen und zu reflektieren:

> »Wenn die sich von 'nem unliebsamen Mitarbeiter entledigen wollen, dann wird dem eben mal 'n Diebstahl angehangen oder 'ne Abrechnung manipuliert oder 'n paar Testeinkäufe gefahren. [...] Mir konkret haben sie vorgeworfen, in die Pfandkasse gegriffen zu haben. Weil ich gestern als Einzige den Mund aufgemacht hab, deswegen. War ja irgendwie klar« (26:46).

Die Textperspektive, verstanden als »Haltung des Textes zu seinem eigenen Gegenstand des Erzählten« (Borstnar et al. 2008, S. 178), fällt in Bezug auf die thematischen Aspekte der verhinderten Betriebsratsgründung und der anschließenden erzwungenen Kündigung Dullenkopfs eindeutig zugunsten der als geschunden und ausgebeutet dargestellten Verkäuferinnen aus. Dies korrespondiert mit einer ebenso eindeutig negativen Bewertung der Verfahrensweisen der Billy-Geschäftsführung. Deren Sichtweise enthält der filmische Text den Zuschauern nicht vor, ist aber von vornherein im Sinne der genannten Perspektivierung negativ gefärbt. Beim späteren Verhör von Vertriebsleiterin Fuchs durch

5. Detailanalysen und Kontextualisierung

Kommissarin Odenthal fragt die Ermittlerin vorwurfsvoll: »Wie kann es sein, dass es nicht in einer einzigen Ihrer Filialen eine Mitarbeitervertretung gibt?« (26:52). Die Antwort der gefragten Managerin Fuchs fällt windig und wenig überzeugend aus, was die textuelle Perspektivierung zugunsten der unterprivilegierten Belegschaft unterstreicht:

> »Wissen Sie, Frau Odenthal, in unserer Branche ist das so eine Sache. Kaum ist so eine Mitarbeitervertretung installiert, beginnt sie die Belegschaft zu spalten, und zwar in solche, die sich immer beschweren, und in die Tüchtigen, die dann noch die Arbeit für alle anderen mit erledigen müssen. Wenn Sie mich also nach meiner Meinung fragen, ist für Billy und seine fleißigen Mitarbeiter ein solcher Preis zu hoch. Ich würde ja gerne mit Ihnen weiter diskutieren, aber ich denke, wir haben beide Wichtigeres zu tun, oder?« (26:52).

In der Summe etabliert der filmische Text mittels eines einfachen, binären Täter-Opfer-Schemas eine konsensfähige Moralposition, die einen derartigen Umgang mit Beschäftigten und insbesondere die Verhinderung von Betriebsratsgründungen, wie sie in »Kassensturz« erfolgt, ächtet. Dass im Film auch die Belastungen des Gebietsleiters zur Sprache kommen, ebenso Marktmechanismen, die dem Einzelfall übergeordnet sind, wie auch die Verantwortung der Verbraucher, spricht hingegen für die Komplexität und stellenweise für die Dialektik der thematisch gebundenen Kriminarration.

5.2.6 Der Lidl-Skandal in »Kassensturz«

Mit dem letzten von Schütz erwähnten Punkt, dem »Auspionieren der Privatsphäre« (26:30), ist jener genannt, der das Gebot der Aktualität der »Tatort«-Reihe auf verblüffende Art und Weise vorführt. Kurz vor Beginn der Dreharbeiten zu »Kassensturz« sorgte der vom populären Magazin STERN einer breiten Öffentlichkeit bekannt gemachte Skandal um Missstände bei der großen Discounterkette Lidl für Furore. Die im Jahr 2004 im »Schwarz-Buch Lidl« bereits publizierten Fakten zu Kameraüberwachungen und geheimdienstähnlichen Dossiers über Angestellte wurden durch umfassende Recherchen der Autoren nochmals belegt und vertieft und in einer reich bebilderten Titelstory mit dem Aufmacher »Der Lidl-Skandal. Wie der Discount-Riese seine Mitarbeiter bespitzeln ließ« sowie unter der Überschrift »Die Lidl-Stasi« (STERN Nr. 14, 27.03.2008, vgl. Hamann/Giese 2004, S. 25 f., 56) veröffentlicht. Die Autoren Markus Grill und Malte Arnsperger schreiben einleitend und dem Stil des Magazins entsprechend:

5.2 »Kassensturz«: Gewerkschaft und Arbeit im »Tatort«

> »Methoden wie in einer Diktatur. Der Discounter Lidl ließ Mitarbeiter mit versteckten Kameras ausspähen. Die Überwacher interessierte, wer Geldnöte oder Liebeskummer hatte – sogar, wer wie oft aufs Klo ging. Jede Woche war eine neue Filiale dran. Die Detektive schickten ihre Berichte an die Firmenzentrale. Dort heißt es, man wollte nur Ladendiebe erwischen. Tatsächlich wurde systematisch bespitzelt« (Grill/Arnsperger 2008, S. 44).

In »Kassensturz« personifiziert Privatdetektiv Kampmüller die Überwachung, die dann später von einem Experten von der Gewerbeaufsicht mit wenigen Andeutungen erwähnt wird.

Die Ermittler treffen den Detektiv zunächst bei einer seiner Observationen rauchend in einem schäbigen Bus an, aus dem heraus er fotografiert – »die uralte Nummer« (26:19), wie Odenthal feststellt. Der symbolische Themenbeitrag der mit Schirmmütze, Nebeltarnweste und Teleobjektiv stereotyp ausgestatteten Figur des Detektivs liegt darin, die skandalöse Überwachungspraxis zu beschreiben, während er sie vollführt (vgl. Eder 2008, S. 723). Zeigebilder und -worte stehen hier also in einem komplementären Verhältnis textbezogener Illustration zueinander (vgl. Keppler 2006, S. 130, Hickethier 2001, S. 108). Dabei ist es wiederum nur ein Aspekt des Überwachungsskandals, der in der begrenzten Zeit des Krimis erzählt werden kann. Während Fakten zum Betriebsklima, den Arbeits- und Pausenzeiten, der Belauschung von Privatem etc. in Verbindung mit der Bespitzelung außen vor bleiben, ist es der herausgehobene Aspekt der Betriebsratsgründung, der mit dem Detektiv in den Fokus gerückt wird. So heißt es auch im Artikel des STERN: »Von besonderem Interesse für die Lidl-Stasi ist es, wenn Mitarbeiter einen Betriebsrat gründen wollen oder sich überhaupt für gewerkschaftliche Fragen interessieren« (Grill/Arnsperger 2008, S. 50). Der Detektiv in »Kassensturz« äußert sich auf Kommissarin Odenthals Nachfrage hin ähnlich:

> »O: Billy lässt seine Angestellten beobachten?
>
> K: Na ja, also der Auftrag gestern, der war ja inoffiziell. Herr Blaschke war etwas panisch, weil sich seine Mitarbeiterinnen hier in Ludwigshafen organisieren wollten.
>
> O: Wofür denn oder wogegen?
>
> K: Eine Mitarbeitervertretung, Betriebsrat oder sowas Gewerkschaftsmäßiges eben.«(26:21)

Die Geringschätzung ausdrückende Mimik Koppers, sein abschließender Kommentar – »Das gilt bei Billy schon als organisierte Kriminalität« (26:21) – sowie die Konfiszierung des Speicherchips aus der Kamera des Privatdetektivs am Ende des Gesprächs zeigen die von den Ermittlern als Norminstanzen vertretene, partikulare Moral in Bezug auf die Bespitzelung: Derlei Praktiken sind abzulehnen und zu ächten. Diese Haltung verstärkt der Kommissar im Weggehen, indem er sich wie folgt über den Detektiv äußert: »Wie der da drinhockt, da kriegt man ja direkt Demut vor unserem Beruf« (26:22). Dass es sich in den Augen der Firmenleitung des Discounters Billy bei der versuchten Betriebsratsgründung um »organisierte Kriminalität« (26:21) handelt, verdeutlicht abgesehen von Koppers Aussage die Tatsache, dass überhaupt ein Detektiv beauftragt wurde, denn »Detektiv wird eine Figur, wenn sie der Spezialist für Verbrechensaufklärung ist oder dafür gehalten wird« (Hügel 2003, S. 153). Dass Billy insofern die sich organisierenden Frauen als Verbrecherinnen brandmarkt, deren Machenschaften der Aufklärung bedürfen, ist in der an dieser Stelle nahegelegten Lesart des Krimis das eigentlich Verbrecherische.

5.2.7 Der Experte von der Gewerbeaufsicht

Ein namenloser Vertreter der Gewerbeaufsicht, der mit der ihn einführenden Angabe seiner Statusposition als Experte ausgewiesen ist, erklärt und reflektiert in der fiktiven Welt von Billy zentrale Aspekte des Lidl-Skandals sowie spezialdiskursive Wissensbestände bzw. themenbezogene Inhalte. Der Agent von Interdiskursivität wird in einer Sequenz angekündigt und tritt dann in fünf kausallogischen folgenden auf (26:31, 26:33, 26:35, 26:38, 26:43, 26:50). Mit gelben Billy-Akten zum Ausweis seiner Expertenschaft in der Hand oder auf seinem Schoß, deren Inhalt er mit Kennerblick überfliegt oder den Ermittlern gegenüber kommentiert, klärt er die erwartungsfroh lächelnde Kommissarin Odenthal darüber auf, »wie die Sache in diesem Segment so grundsätzlich läuft«, was sicher »nicht uninteressant zu erfahren« ist (26:33), womit die Grundfrage des gesamten Films paradigmatisch benannt ist (vgl. Eder 1999, S. 41) – ein selbstreflexives Element, da sie das mit dem Krimi verbundene Anliegen, unterhaltsam aufzuklären, ausstellt (vgl. Borstnar et al. 2008, S. 94). Später enthält die Rede des Experten ein weiteres derartiges Element. Im Zuge der Nennung systemischer Gründe für die schlechte Behandlung der Beschäftigten im Discounterwesen äußert er sich folgendermaßen:

> »Wer Waren billig, sprich: unter Wert einkaufen will, darf sich nicht wundern, dass dafür Menschen auch unter Wert behandelt werden. Und zwar nicht nur irgendwo in Bangladesch, sondern hier bei uns. So, das war das Wort zum Sonntag. Das mal nur als erster, grober Einblick« (26:38).

5.2 »Kassensturz«: Gewerkschaft und Arbeit im »Tatort«

Die Rede ist auch deshalb in Teilen selbstreflexiv, da die Figur ihre eigene Redeweise indirekt und selbstironisch mit der wichtigsten christlich-kirchlichen Traditionssendung der ARD, dem nächtlichen »Wort zum Sonntag« (seit 1954), vergleicht. Deren Telos besteht darin, kirchliche Moral und Werte zu predigen bzw. zu vermitteln sowie Denkanstöße zu Fragen des Glaubens und weltlichen Themen zu liefern. Die mit dem Kommentar des Experten hergestellte Nähe zweier Sendungen, die zwar aufgrund ihrer öffentlich-rechtlichen Provenienz eine entfernte Verwandtschaftsbeziehung haben, aber dennoch grundverschieden (lang, personalisiert, ästhetisch gestaltet, erfolgreich etc.) sind, macht die Rede zum selbstreflexiven Gag (vgl. Borstnar et al. 2008, S. 95). Der Hinweis auf den für Erstausstrahlungen von »Tatort«-Sendungen üblichen Wochentag, an den sich zu erinnern die Zuschauer in diesem Augenblick aufgefordert werden, tut dabei ein Übriges.

Dabei erwähnt er die aktuelle Vorlage aus der außerfilmischen Welt nicht. Bei der Durchsicht der Unterlagen, die von den Ermittlern in der Wohnung des Toten gefunden wurden, sagt er Folgendes: »Das sind Kontrollpläne und Protokolle der Überwachungskamera, die wahrscheinlich über der Kasse angebracht ist. Das ist nicht unüblich« (26:35). Kopper zeigt ihm daraufhin eines der von Detektiv Kampmüller angefertigten Dossiers über eine Mitarbeiterin und fragt: »Und diese Art Personalakte mit den Privatbildern?« Der als kauzig gezeichnete Experte fängt daraufhin an, sich vor Lachen zu schütteln, und klärt die Ermittler über den wahren Entstehungshintergrund der Akte auf: »Das sind doch keine Privatbilder. Im Falle von verdächtigen Krankmeldungen schickt Billy gerne mal eine Detektei bei den Mitarbeitern zu Hause vorbei, um sicherzustellen, dass die nicht im Freibad sind oder sonst wo. Und dann: Ciao« (26:35). In weiterer, indirekter Bezugnahme auf den Lidl-Skandal fügt er nach genauer Sichtung der Akten später hinzu: »In diesen Unterlagen gibt es Protokolle von versteckten Kameras, die sich gezielt nur gegen Mitarbeiter richten. Das ist ein echter Hammer« (26:50). Obwohl weitere Details keine Erwähnung finden, zeigt sich Ermittlerin Odenthal froh darüber, »konkret was in der Hand« (26:50) zu haben. Sie fordert den verschrobenen Helfer dazu auf, sie innerhalb von »drei Minuten« (26:50) – ganz im Sinne stets zeitknapper Interdiskursivität – genauer aufzuklären. In der letzten Einstellung der Sequenz ist dann das motivierte, leicht irre Gesicht des Experten als das eines *mad scientist* (vgl. Krause/Pethes 2007) in Sachen Niedrigpreissegment zu sehen.

Die Funktion der als Experte ausgewiesenen Figur des Helfers von der Gewerbeaufsicht besteht darin, wenige spezialdiskursive Fachtermini kurz und einfach verständlich zu erläutern sowie auf Um- oder Missstände kenntnisreich hinzuweisen oder sie anzuprangern. Seine Referate dienen zweierlei: Zum einen der Wissensvermittlung zur Aufklärung über das brisante Thema, zum anderen dem Vorantreiben des auf die finale Lösung des *whodunit* hinauslaufenden Aufklärungsgeschehens. Bei seinem ersten Auftritt in der Zentrale der Detektion, dem Präsidium, weist er mit an Selbstverliebtheit grenzender Kennerschaft auf die Arbeitsbelastungen hin, unter denen auch die Gebietsleiter bei Billy zu leiden haben:

> »Dass Ihr Opfer hier gearbeitet hat, aber in Kiel gemeldet ist, ist für uns von der Gewerbeaufsicht ein alter Hut. Und bei allen Discountern üblich. Und wissen Sie warum? Das werde ich Ihnen sagen. Die meisten setzen ihre mittleren Führungskräfte extra möglichst weit von zu Hause ein, damit die auch ja keine privaten Kontakte haben, die sie von der Arbeit abhalten könnten. Ha, das ginge sowieso nicht, denn die Verkaufsleiter, oder wie sie bei Billy heißen, Gebietsleiter, arbeiten nicht selten von halb sechs Uhr morgens bis 22 Uhr« (26:33).

Die themenbezogenen Angaben des Experten entsprechen jenen in der Vorlage »Schwarz-Buch Lidl« und werden darüber hinaus von ihm als für das Niedrigpreissegment allgemeingültige erklärt. Dies unterstreicht den gesellschaftspolitischen Impetus dieses Themen-»Tatorts«, der mittels eines fiktiven Einzelfalls auf die Zustände in einer ganzen Branche hinweist (vgl. Hamann/Giese 2004, S. 58). In der übernächsten, kausallogisch anschließenden Sequenz fährt der Experte mit seinen Ausführungen über die Führungskräfte bei Billy fort:

> »Das erste Jahr ist für die jungen Gebietsleiter das härteste. Da trennt sich die Spreu vom Weizen. Mehr als zwei Drittel werfen da bereits hin. Der zähe Rest bleibt dann oft über Jahre. Na, den Kassiererinnen geht's ja auch nicht besser« (26:35).

Die interdiskursive Rede des Experten ist deshalb so anschaulich, weil mit dem kollektivsymbolischen Sinn-Spruch der »Trennung von Spreu und Weizen« der Prozess der intensiven personellen Auslese vereinfachend zur Darstellung gebracht wird. Das Bild aus dem Agrarbereich fungiert als ein fest im Sprachgebrauch integrierter, dem Spezialdiskursiven entgegengesetzter Pol zur einfachen Veranschaulichung personalpolitischer Verfahrensweisen im Discounterwesen (vgl. Link 2001, S. 80).

Im Bereich des Einzelhandels spielen zudem »Kosten-Nutzen-Kalkulationen« (Böhle 2010b, S. 474) eine große Rolle. Für die Vertriebsleiter bei Lidl wie auch die ihnen entsprechenden Figuren bei Billy ist die entscheidende Größe in dieser Hinsicht die sogenannte »Nettoleistung pro Filiale und im Bezirk« (Hamann/Giese 2004, S. 38). Bereits in der einleitenden Sequenz von »Kassensturz« wird der Terminus auf der Konferenz der Gebietsleiter durch Blaschke in einer Variation eingeführt: »Ich hab mir in den letzten Monaten nicht so den Arsch aufgerissen, um meinen Nettoumsatz halbwegs in den Griff zu bekommen, um jetzt

5.2 »Kassensturz«: Gewerkschaft und Arbeit im »Tatort«

aufzugeben, ja?« (26:3). In der hieran inhaltlich anschließenden Sequenz prämiert Vertriebsleiterin Fuchs dann »die beste Nettoleistung« (26:6), ohne dass bis dahin deutlich wurde, worum es sich dabei handelt. Erst der kundige Helfer von der Gewerbeaufsicht klärt die Kommissare und die Zuschauer eine knappe halbe Stunde Krimi-Erzählzeit später darüber auf. Auf Koppers leicht enervierte Nachfrage, die den interdiskursiven Ernst der Rede des Experten entschärft und die Informationsvergabe gleichzeitig vorantreibt – »Jetzt noch mal zum Mitschreiben. Was steht in den Ordnern?« (26:35) –, kommt es im Beisein Odenthals zu folgendem Dialog zwischen den beiden Männern:

> »GA: Also, hier drin sind in erster Linie die Umsatzzahlen. Alles, was zählt, ist die sogenannte Nettoleistung pro Bezirk. Diese magische Zahl ergibt sich aus dem monatlichen Umsatz geteilt durch die verbrauchten Mitarbeiterstunden.
>
> MK: Also sollen die Mitarbeiter möglichst keine Überstunden schreiben.
>
> GA: Genau so läuft's, Kollege. Ist für uns natürlich quasi unmöglich nachzuweisen.
>
> MK: Rason del poareto no la vale un peto. Des Armen Recht ist keinen Furz wert. Ein altes italienisches Sprichwort« (26:35).

Die Bedeutung wie auch die Errechnung der wichtigsten Kennzahl im Geschäft der Gebietsleiter sind somit anschaulich erklärt und der zuvor thematisierte Missstand unbezahlter Mehrarbeit systemisch begründet. Die interdiskursive Verfasstheit des Dialogs in seiner »entdifferenzierende[n], partiell reintegrierende[n] Tendenz der Wissensproduktion« (Link 2006, S. 412) ist an dieser Stelle beispielhaft: Eine »mathematische Formel«, mit Jürgen Link zu verstehen als »idealtypisches Instrument« (Link 2001, S. 81) von Spezialdiskursen, wird mit einfachen Worten erklärt, interpretiert und kontextbezogen eingeordnet. Die Rolle des Ermittlers Kopper besteht dabei einerseits darin, dem Experten bei seinen Ausführungen sekundierend zur Seite zu stehen, indem er Verständnis zeigende Schlussfolgerungen zum Referierten einbringt. In seiner Funktion als Norminstanz deutet er andererseits mit entsprechend abfälliger Mimik und der passenden italienischen Volksweisheit das Gesagte wertend. Die Anwendung des Sprichworts liegt in der vielen Zuschauern bekannten »Rollenbiographie« (Hickethier 2001, S. 177) der Figur Koppers begründet, die der Ermittlerin Odenthal bereits seit 1996 zur Seite steht und deren wichtigstes biografisches Merkmal ihre – oftmals mittels einschlägiger Stereotype, wie der Pasta kochenden »Mama«, hervorgehobene – italienische Abstammung ist. Das derbe Sprichwort sorgt überdies für den unterhaltungskulturell notwendigen Unernst, die in Konfrontation mit dem ernsten Faktenwissen eine Entschärfung darstellt (vgl. Hügel 2007, S. 48 ff.). Als Form der »politischen Korrektheit« (vgl. Kapitel 3.4.3) steht

5. Detailanalysen und Kontextualisierung

die Volksweisheit inhaltlich wiederum für eine Parteinahme des Ermittlers zugunsten der als klein, hilflos und benachteiligt repräsentierten Angestellten im Discounterwesen (vgl. Dörner 2001, S. 191).

In einer weiteren Sequenz referiert der Experte von der Gewerbeaufsicht themengebundenes Wissen im Modus der Interdiskursivität. Odenthal übernimmt dabei einleitend die zuvor Kopper zugedachte Funktion, das Gehörte in einen größeren Kontext einzuordnen. Die Sequenz beginnt mit der Frage der Ermittlerin: »Hab ich das jetzt richtig verstanden? All das, was Sie uns gerade ausführlich erzählt haben, ist weder ungewöhnlich noch signifikant in unserem Fall?« (26:38). Der Experte antwortet darauf: »Sie sagen es. Im Neusprech dieser Discounterketten heißt das *management by gear*« (26:38). Auf das für Themen-»Tatorte« typische Nachfragen der Kommissarin hin – »'tschuldigung?« – erläutert er den fremdsprachigen, spezialdiskursiven Terminus aus dem Bereich der Ökonomie im bildhaft vergleichenden Modus der Interdiskursivität: »Ja, wie im Getriebe. Die großen Räder drehen sich langsam, aber je kleiner die Zahnräder werden, umso schneller müssen sie rotieren« (26:38). Das somit evozierte Bild ist ein eindrückliches Kollektivsymbol, das auf den Bereich des Maschinenbaus bzw. der Technik zurückgeht (vgl. Link 2006, S. 42). In der tradierten Bilderwelt der Populären Kultur steht es für die Verlorenheit und Ohnmacht des Einzelnen in Konfrontation mit (groß-)industriellen Prozessen maschineller Produktion, in riesigen Werkhallen stattfindend und unter dem stressfördernden Einfluss von Lärm und (giftigen) Dämpfen. In Charlie Chaplins in dieser Hinsicht prägendem Meisterwerk »Modern Times« (1936) finden sich zahlreiche entsprechende Sinn-Bilder: Der Protagonist kann nicht mit der Geschwindigkeit des Fließbandes Schritt halten und wird darüber verrückt. Letztlich gerät er in die Fänge der vielen großen und kleinen ineinandergreifenden Zahnräder einer gigantischen Maschine, die ihn verschlingt. In der interdiskursiven Rede der Expertenfigur in »Kassensturz« wird dieses längst von industriellen Prozessen losgelöste und verselbstständigte Bild kollektivsymbolisch auf die Rolle einzelner Mitarbeiter in den Großsystemen der Discounterketten projiziert. Der Einzelne ist darin machtlos angesichts der unaufhaltsamen Maschinerie unter dem Diktat der niedrigen Preise, in dem der Druck zu Leistung und Effizienz von einer Hierarchie-Ebene zur nächsten weitergegeben wird: von Vertriebsleiterin Fuchs an die Gebietsleiter Blaschke und Novak, von ihnen an die Filialleiterin Freytag und von ihr wiederum an die Verkäuferinnen Dullenkopf und Schütz. Wer nicht mitkommt oder mitmachen will, wird aussortiert: »Ciao« (26:35), sagt der Mann von der Gewerbeaufsicht.

5.2 »Kassensturz«: Gewerkschaft und Arbeit im »Tatort«

5.2.8 Führungskräfte im Dauerstress

Den Typus des mehrere Discounterfilialen verwaltenden Gebiets- bzw. Verkaufsleiters repräsentieren in »Kassensturz« das Mord- bzw. Totschlagopfer, Boris Blaschke, und sein Widersacher, Günter Novak, der nach Blaschkes gewaltsamem Tod dessen Filialen übernimmt. Blaschke, Anfang bis Mitte 40, gehört mit »über 12 Jahren« (26:3) im Job zu den wenigen altgedienten seiner Art. Novak hingegen entspricht dem im »Schwarz-Buch Lidl« beschriebenen, häufiger vertretenen Typus des jungen, (über-)motivierten Verkaufsleiters von knapp über 30 Jahren (vgl. Hamann/Giese 2004, S. 58). Als Vorbild für Blaschke, der im Film belastendes Material gegen seinen Arbeitgeber sowie seinen Konkurrenten sammelt, dient in der Vorlage ein Exverkaufsleiter, der in den Verdacht geriet, allzu nachsichtig mit seinen Mitarbeitern umgegangen zu sein (vgl. ebd., S. 37). Das gleich zu Beginn der Narration angedeutete Konkurrenzverhältnis der beiden zwar verschiedenen, aber in ihrem Getriebensein ähnlichen Gebietsleiter dient in der Krimidramaturgie dazu, ein mögliches Mordmotiv Novaks frühzeitig zu konstruieren (26:3, vgl. Borstnar et al. 2008, S. 43). Die Disharmonie zwischen den Männern ist überdeutlich, als Novak den älteren Blaschke im Rahmen der Gebietsleiterkonferenz zu Beginn des Krimis verbal massiv attackiert und ihm berufliches Versagen auf ganzer Linie vorwirft. Nach dem etwas mehr als vierminütigen Vorspann, in dem die grundlegenden Konflikte angedeutet und zentrale Figuren eingeführt werden, beginnt die eigentliche Detektionshandlung mit dem obligatorischen Leichenfund: Blaschkes Leiche liegt auf einer Müllkippe, also dort, wo die Reste aller Konsumwaren enden (26:7). In der Lesart des Fernsehkritikers Thomas Thiel heißt es hierzu:

> »Der Tote liegt im Müll, hoch oben auf einer Halde über den Dächern Ludwigshafens zwischen Einkaufswagen, Eisbeinkeulen und anderer abgelaufener Ware. Fast könnte man sagen, dass diese würdelose Ruhestätte etwas Folgerichtiges hat, dass Boris Blaschke (Andreas Windhuis), Gebietsleiter eines Lebensmitteldiscounters, dem Warenkreislauf nicht mehr folgen konnte und deshalb mit ihm ausgespuckt worden ist, wie ein Produkt, das sein Verfallsdatum überschritten hat« (Thiel 2009a).

Der Leichenfundort stellt nicht nur einen symbolischen Verweis auf das Verhältnis von Täter und Opfer, Grundthema und Genrenarration dar (vgl. Wulff 2007, S. 66). Er dient ebenfalls als illustrierende Kulisse für einen kurzen Exkurs zu einem naheliegenden Subthema, dem der Müllentsorgung. So stellt Kommissarin Odenthal als Agentin von Interdiskursivität beim Staksen über den Müllberg eine entsprechende Frage, die die filmische Informationsvergabe auslöst und die Kriminaltechniker Becker beiläufig beantwortet:

5. Detailanalysen und Kontextualisierung

> O: »Wusste gar nicht, dass es solche Deponien noch gibt. Ich dachte, alles wird sortiert und recycelt?
> B: Der Müll wird hier offiziell nur umgeschlagen. Na ja, aber des kann dauern, wie man sieht« (26:7).

Der angesprochene Missstand spielt auf den Widerspruch von offizieller Entsorgungspolitik und ihrer Realisierung in der Praxis an. Die partikulare Moral lautet dabei: Die durch Vorschriften geregelte, genaue und umfassende Müllentsorgung findet nicht den Vorgaben gemäß statt. Deshalb gibt es immer noch riesige stinkende Müllberge, die die Landschaft verunstalten. Ermittler Kopper zeigt sich, eine noch intakt aussehende Puppe in den Händen, abschließend bestürzt darüber, »was die Leute alles so wegschmeißen« (26:7). Der in der sogenannten »Wegwerfgesellschaft« übliche, unachtsame Umgang mit vergänglichen Dingen ist zu überdenken, lautet der wenig subtile Denkanstoß. Im Zusammenhang mit diesem Aspekt macht Odenthal gegen Ende der Kriminarration eine für sie überraschende Entdeckung: Am Müllcontainer hinter der Billy-Filiale stellt sie des Nachts eine verdächtige junge Frau, die sie über die üblichen Praxen des Wegwerfens noch essbarer Lebensmittel aufklärt: »Die schmeißen Sachen weg, die sind gerade erst abgelaufen« (26:62). Das von Bedürftigen, aber auch zum Zeichen des Protests gegen die Unkultur des Wegwerfens praktizierte, sogenannte »Containern« (vgl. Gottschalk 2004) durch sogenannte »Mülltaucher« und das damit verbundene Problem des missverständlichen Begriffs des Mindesthaltbarkeitsdatums erhalten somit als thematische Randphänomene Einzug in die filmische Repräsentation.

Ihre Ermittlungen führen die Kommissare unmittelbar im Anschluss genrelogisch in die Wohnung des Toten. Die szenenbildnerische Gestaltung des Wohnraums dient nicht nur der Charakterisierung der Figur Blaschkes, sondern stellt darüber hinaus ein Versatzstück bei der Schaffung eines umfassenden Bildes vom Typus des Gebiets- bzw. Verkaufsleiters bei Discountern über den figürlichen Einzelfall hinaus dar. So wie die »Psychologie der Figuren, ihre Handlungen und Dialoge [...] einen Schauplatz soziokulturell konkretisieren« (Bollhöfer 2007, S. 135) können, gilt umgekehrt, dass filmische Wohn- und Arbeitsräume der sozialen Verortung und Charakterisierung von Figuren dienen (vgl. Platten 2010, S. 324). Die Wohnung Blaschkes sieht in der filmischen Repräsentation unwohnlich und ungemütlich aus: In der Küche sind Fastfood-Verpackungen zu sehen, die Küchenschränke sind leer, Umzugskartons stehen im Wohnzimmer und gelbe Billy-Akten liegen verstreut herum. In einem »komplementären, den Interpretationshorizont erweiternden Verhältnis von Wort und Bild« (Keppler 2006, S. 131) kommentieren die bei der Rekonstruktion des Lebens des Toten noch am Anfang stehenden Kommissare wertend das

5.2 »Kassensturz«: Gewerkschaft und Arbeit im »Tatort«

Gezeigte: »Wie kann man nur so leben, ohne sich jemals selbst 'n Essen zu kochen?«, fragt Kopper (vgl. Kapitel 5.2.3). Odenthal ergänzt: »Oh mein Gott, ist das trist hier. Nur Arbeit, nichts Privates. Guck dir das an« (26:8). Die Tristesse in der Wohnung und das offensichtlich nicht vorhandene Privatleben des Toten charakterisieren den symbolischen Typus des Gebiets- bzw. Verkaufsleiters – ganz im Sinne der Vorlage für den Film – als unter Dauerstress und langen Arbeitszeiten leidenden Manager auf der mittleren Führungsebene (vgl. Hamann/ Giese 2004, S. 57 ff.). Die entsprechenden Arbeitsbelastungen erscheinen im Film jenen strukturell ähnlich, denen die Filialleiterin Freytag ausgesetzt ist (vgl. Kapitel 5.2.3). Auch sie hat keine Zeit für leiblichen Genuss in Form eines selbst gekochten, hochwertigen Essens und verspeist in den hinteren Räumen der Billy-Filiale ein Fertiggericht aus der Mikrowelle (26:59). In der »Kassensturz«-Welt entsteht somit im Hinblick auf den Zusammenhang von Leben und Arbeit eine atmosphärisch dichte Stimmung, deren Politainment mehr in der Erzeugung von Gefühlslagen mitleidigen Unbehagens denn in belegbaren Faktenlagen im Modus interdiskursiver Wissensvergabe besteht (vgl. Dörner 2001, S. 240). Die mediale Repräsentation entspricht insofern arbeitssoziologischen Befunden:

> »Gcrade die Belastungen bei selbstverantwortlicher Arbeit wie beispielsweise deren Auswirkungen auf die Work-Life-Balance lassen sich [...] nur schwer eindeutig objektivieren oder sind zumindest schwieriger objektivierbar, als durch Kennzahlen gestützte ökonomische Erfordernisse und betriebswirtschaftliche Kosten-Nutzen-Kalkulationen« (Böhle 2010b, S. 474).

Zuvor aber erfahren die Ermittler durch die ranghöchste Billy-Mitarbeiterin, Frau Fuchs, worin die Aufgaben eines Gebietsleiters im Discounterwesen bestehen. Die Interdiskursivität im Rahmen der filmischen Informationsvergabe wird durch eine an Frau Fuchs gerichtete Frage Lena Odenthals in Gang gesetzt: »Was genau waren Herrn Blaschkes Aufgaben als GL, Gebietsleiter?« (26:14). Derartige Fragen haben in den Dramaturgien populärer Filme eine spezifische Funktion, wie Jens Eder herausarbeitete:

> »Innerhalb des übergreifenden Frage-Antwort-Bogens kann ein populärer Film in kleinere Bögen von Makro-Fragen und -Antworten gegliedert sein, die in einer Beziehung zur zentralen Frage stehen, auf ihre Antwort hinarbeiten oder sich von ihr entfernen. Die Fragen dieser kleineren Bögen sind in der Regel spezifischer als die zentrale Frage. Innerhalb der kleineren Bögen sind auch die einzelnen Ereignisse durch Frage-Antwort-Beziehungen untereinander verbunden« (Eder 1999, S. 41).

Die szenisch narrative Beantwortung der von Odenthal gestellten Frage erfolgt unmittelbar darauf. Die Ermittlerin und die Zuschauer erfahren dabei Folgen-

5. Detailanalysen und Kontextualisierung

des: Zu den Kernaufgaben eines Gebietsleiters gehört es, den ihm untergebenen Filialleitern Arbeitsanweisungen zu erteilen, sie unter Druck zu setzen, die Beschäftigten zu kontrollieren, sie indirekt zum Ableisten unbezahlter Mehrarbeit zu zwingen, ihre detektivische Überwachung zu veranlassen und Unliebsame mit unlauteren Methoden zur Kündigung zu zwingen (26:15, vgl. 26:17, 26:21, 26:40, 26:42).

Vor allem die in der Dramaturgie des Krimis direkt nachfolgende, kausallogisch anschließende Sequenz ist in dieser Hinsicht aufschlussreich (26:15). Sie repräsentiert indirekt die Antwort auf Odenthals Frage, auch wenn weder die Ermittlerin noch die Vertriebsleiterin darin vorkommt. Novak geht in dieser Sequenz durch »seine« Filiale, gibt den dort angestellten Frauen Anweisungen und weist sie barsch zurecht. Der rüde Umgangston des Gebietsleiters gegenüber seinen Untergebenen entspricht dabei jenem in der außerfilmischen Discounterwelt, im »Schwarz-Buch Lidl« belegt durch Aussagen von Lidl-Beschäftigen (vgl. Hamann/Giese 2004, S. 29). Im für die Figur des Günter Novak typischen Stil exzessiver, überzogener Sprechweise sagt dieser zur Verkäuferin Renate:

> »Sagen Sie mal, sind Sie zu blöd, um unsere Aktionsware aufzubauen? Es gibt da draußen vier Millionen Arbeitslose, und einer hat gerade wieder Grund, Hoffnung zu schöpfen« (26:15, vgl. Hamann/Giese 2004, S. 29).

Das Mitdenken seiner Mitarbeiterinnen verbittet er sich wiederum, wie seine Reaktion auf die Filialleiterin Freytag zeigt, die ihren jungen Vorgesetzten in seinem Übereifer bremsen will: »Wer denkt denn hier? Sie werden fürs Arbeiten bezahlt, nicht fürs Denken. Oder haben Sie Philosophie studiert? Ich nicht« (26:15). Philosophie haben die meisten Gebiets- bzw. Verkaufsleiter in der Tat nicht studiert, dafür aber eine dreijährige Ausbildung zum Diplom-Betriebswirt an einer Berufsakademie absolviert, mit Theorie- und Praxisphasen im Wechsel, was im Film aber keine Erwähnung findet (vgl. Hamann/Giese 2004, S. 37). In der nachfolgenden Sequenz schließlich weist Vertriebsleiterin Fuchs das zuvor Gezeigte als ihre Antwort abschließend aus, was den Eindruck des Vorangegangenen als zwar fiktionalen, aber qua Expertenstatus der Vorgesetzten auch belegten Einblick in die Verhältnisse bei Discountern unterstreicht (26:14, 26:15, 26:16): »Tja, und damit trägt die Arbeit der GLs entscheidend zum Erfolg unseres Unternehmens bei« (26:16). Odenthal widerspricht, worin sich der später offen ausgetragene, duellartige Konflikt der beiden Frauen bereits angedeutet findet: »Na ja, es kommt aber schon darauf an, wie man Erfolg definiert, würde ich sagen« (26:16).

Die Tatsache, dass in den Positionen der Verkaufs- bzw. Gebietsleiter sehr häufig Berufsanfänger eingesetzt werden, führt im Film das mittels der Figur des Günter Novak beispielhaft signifizierte, »tyrannische und rational kaum nach-

5.2 »Kassensturz«: Gewerkschaft und Arbeit im »Tatort«

vollziehbare Verhalten« (Hamann/Giese 2004, S. 62) vor Augen und Ohren. Als Nachfolger Blaschkes stellt sich Gebietsleiter Novak den Billy-Mitarbeiterinnen Freytag und Dullenkopf entsprechend vor. Wie Kathrin Buchner in ihrer Fernsehkritik hierzu schreibt: »Der [GL Novak, H.B.] wird grandios eklig und menschenverachtend von Jan-Hendrik Stahlberg gespielt und begrüßt im Krimi seine neuen Mitarbeiter mit dem Spruch ›Willkommen in der Hölle‹« (Buchner 2009a). In der außerfilmischen Realität belegte, extreme Verhaltensweisen von Discounter-Vertriebsleitern finden sich gegen Ende der Krimihandlung in einer weiteren Sequenz szenisch-narrativ umgesetzt. Darin malträtiert Gebietsleiter Novak die ihm nunmehr untergebene Filialleiterin Freytag massiv, schreit sie an und wirft sogar mit Bananen nach ihr (26:62). Die Täter-Opfer-Hierarchie ist hier eindeutig und trägt zur Begründung der Tat der zum wiederholten Male drangsalierten Frau bei, was das textperspektivisch nahegelegte, insgesamt liberale Erklärungsmuster für das Verbrechen erneut unterstreicht (vgl. 26:1, vgl. Kapitel 2.5). In einer entsprechenden Passage im »Schwarz-Buch Lidl« geht es um die »Einarbeitung« (Hamann/Giese 2004, S. 29) einer neuen Mitarbeiterin:

»Nach ein oder zwei Arbeitstagen wurde ich zum Vertriebsleiter ins Büro gerufen; er blieb sitzen, ich stand vor dem Schreibtisch. Dann fragte er mich ab wie eine Schulanfängerin: Er nannte eine Obst- oder Gemüsesorte aus dem Sortiment, und ich musste ihm die korrekte Wiegenummer nennen. Ebenso wurde ich zum Vertriebsleiter gerufen, wenn ein Kassensturz anstand« (ebd.).

Im Film – dessen Titel dieser Passage aus dem »Schwarz-Buch Lidl« entlehnt sein dürfte – attackiert Novak die Filialleiterin spätabends, was einen inhaltlichem Zusammenhang zur Eingangssequenz des Krimis herstellt, in der der später ermordete Blaschke die Frau auf leisere, aber ähnlich eindringliche Art und Weise unter Druck setzt (26:1, vgl. Kapitel 5.2.3). Gegen Ende des Films beobachtet Lena Odenthal Novak und Freytag von einer voyeuristischen »Außenperspektive« (Hickethier 2001, S. 130) aus, vor den Scheiben und durch die heruntergelassenen Gitter der geschlossenen Billy-Filiale. Der optische *point of view* (POV) der Kamera ist dabei im konventionalisierten *over-shoulder shot* über Odenthals Schulter und danach als »klassische[r] *POV Shot*« (Borstnar et al. 2008, S. 181, Herv. i. Orig.) gestaltet, in dem die Kamera »ungefähr den Standpunkt des Blicksubjekts« (ebd.) einnimmt. Die derart von der Ermittlerin und den Zuschauern zu beobachtende Szenerie enthält folgenden Dialog:

»GN: Ist ja völlig klar, dass hier alles immer etwas länger dauert, wenn man die PLU-Nummern für Frischeartikel alle nachschlagen muss. Sie kennen die natürlich alle auswendig.
HF: Ja.

5. Detailanalysen und Kontextualisierung

> GN: Ach ja? Okay. Frage: Bananen?
> HF: 312.
> GN: Blumenkohl?
> HF: 488.
> GN: Sellerie, Stückpreis?
> HF: 78 Cent.
> GN: [schreit unverständlich] 98, seit gestern!!!
> HF: Ich bin nämlich heute noch nicht an der Kasse gesessen.
> GN: Das ist mir doch scheißegal, ob sie an der Kasse gesessen haben oder nicht!!!« [bewirft HF mit Bananen] (26:62).

Die von der Vorlage inspirierte, aber nicht streng faktentreue Szene ist in ihrer textuellen Verfasstheit typisch für Politainment im »Tatort«: Ein belegter Missstand wird fiktionalisiert, indem Wissensbestände in der Krimidramaturgie des *whodunit* entsprechend auf die thementragenden Figuren verteilt und dadurch dramatisiert werden. Die Schicksale der derart symbolisch aufgeladenen Filmfiguren sind in der Diegesis von »Kassensturz« so miteinander verknüpft, wie sie auch in der Arbeitswelt der Discounter über Hierarchien und Weisungsbefugnisse miteinander verbunden sind. Lücken und Unzulänglichkeiten bei der themenbezogenen, filmischen Informationsvergabe – die Bedeutung des Kürzels PLU *(price look-up)* (26:62) wird nicht erläutert – tragen dabei als realitätsbezogenes, atmosphärisches »Hintergrundrauschen« zur Authentisierung der Fiktion bei. Die Inszenierung dichter, emotionsgeladener Spielszenen mit entsprechenden Schau- und Unterhaltungswerten für die Zuschauer steht gegenüber der didaktischen Vermittlung von Faktenwissen zu einem spezifischen Thema an solcher Stelle im Vordergrund.

5.2.9 Das große Ganze: Vertriebsleiterin Fuchs

Die als eiskalt, klug berechnend und unsympathisch gezeichnete Figur der Vertriebsleiterin steht in der Hierarchie von Billy ganz oben und repräsentiert damit grundlegende Positionen der Geschäftsleitung des fiktiven Discounters in »Kassensturz«. Die als narrativer Exzess unterhaltsam überzogene Inszenierung ihrer Machtfülle wurde bereits im Kontext der verhinderten Betriebsratsgründung und der Frage nach den Aufgaben der ihr untergebenen Gebietsleiter thematisiert (26:14, 26:16, 26:34, 26:36, vgl. Kapitel 5.2.5). Die Funktion der Managerinfigur besteht darüber hinaus darin, im Kontext von Befragungen und Verhören durch die Kommissare eine besondere Form kapitalistischer Kälte und Inhumanität zu personifizieren. Als Odenthal und Kopper sie zum ersten Mal

5.2 »Kassensturz«: Gewerkschaft und Arbeit im »Tatort«

treffen, fordert sie einen der dort Stühle verteilenden Mitarbeiter auf: »Stellen Sie direkt noch 'ne Reihe dazu. Die dürfen sich ruhig etwas verloren vorkommen« (26:11). Bezüglich des Todes von Gebietsleiter Blaschke zeigt sie kein Mitgefühl, sondern spricht von einem »unschönen Vorfall« (26:11) und begründet ihre Einstellung später folgendermaßen:

> »Das Leben, besser gesagt: das Geschäft, geht weiter. Und ich werde Ihnen wohl kaum etwas Neues erzählen, bei uns im Niedrigpreissegment ist für Emotionales nun mal nicht wirklich Platz« (26:14).

Die moralische Evaluation dieser Aussage erfolgt zunächst durch Kommissar Kopper und seine Körpersprache: Er wendet ihr angewidert den Rücken zu (vgl. Wulff 2005, S. 384). Wenig später dann weist Odenthal die Managerin zum ersten Mal zurecht und widerspricht ihr entschieden: »Jetzt passen Sie mal auf. Es gab keinen Vorfall, sondern ein Mensch ist ermordet worden« (26:16).

Die Rolle der Kommissarin als Norminstanz und Trägerin partikularer Moral kommt in zwei weiteren, kausallogisch miteinander verbundenen Sequenzen zum Tragen, in denen ihre Auseinandersetzung mit der mächtigen Vertriebsleiterin als ein auf Augenhöhe stattfindendes »Duell« inszeniert wird (26:52, 26:54). Die erste dieser beiden Sequenzen ist mehr themen-, die zweite eher detektionslastig. Dabei treten die beiden starken Frauen im präsidiumseigenen Verhörraum gegeneinander an. Im stimmungsvollen, mittels *low key*-Ausleuchtung (vgl. Mikos 2008, S. 210,. Borstnar et al. 2008, S. 125) realisierten Halbdunkel liegen ihre Gesichter im klassischen Film-noir-Stil dabei weitgehend im Schatten. In dieser spannungsreichen Inszenierung führen die beiden eine längere Diskussion um das Discounterwesen, worin in der Narration des Films bereits Dramatisiertes wertend auf den Punkt gebracht wird, aber auch Neues zur Sprache kommt. Odenthal fragt Fuchs zunächst:

> »Was meinen Sie denn mit Geschäftsinterna? Ihre getunten Inventuren? Manipulierte Tachoscheiben, sodass Ihre Fahrer 40 Stunden und länger unterwegs sind? Oder die Art und Weise, wie Billy unliebsame Kassiererinnen entsorgt, indem Sie sie so lange unter Druck setzen, dass sie ihre eigene Kündigung schreiben?« (26:52).

Neu ist an dieser Stelle des filmischen Textes der makroperspektivische Blick auf die filmisch inszenierten und angeprangerten Zustände. Zur Antwort von Vertriebsleiterin Fuchs nimmt Ermittlerin Odenthal nicht nur als Hüterin der Moral, sondern auch als Hüterin von Recht und Gesetz Stellung:

> »F: Unsere Lieferanten haben übrigens auch nichts zu lachen. Und die Baufirma, die die Billy-Filialen hochzieht, auch nicht. Nur einer lacht, nämlich der Kunde. Der bekommt Qualität zu einem günstigen Preis. Haben Sie sich nie gefragt, wie das geht?

5. Detailanalysen und Kontextualisierung

> O: Hm, verstehe. Die Nachfrage bestimmt den Markt. Aber in dem Punkt, wo Sie sich über Gesetze hinwegsetzen, endet die Regulation des Marktes« (26:52).

Dabei erweitert und differenziert die im Modus der Interdiskursivität anschauliche Erklärung einfachster ökonomischer Prinzipien den filmisch bis dato eindeutig perspektivierten Blick auf das Discounterwesen und die darin Arbeitenden. Es sind nicht die Vertriebs-, Gebiets- oder Filialleiter selbst, die Schuld an den Zuständen im Niedrigpreissegment haben, sondern – im Sinne einer Kapitelüberschrift aus der Vorlage »Schwarz-Buch Lidl« – »Unsere geizig-geile Schnäppchen-Republik«, also die Konsumenten selbst, die das System der Discounter durch ihren unbändigen Wunsch nach allzeit günstigsten Waren am Laufen halten (vgl. Kapitel 5.2.7). Im »Schwarz-Buch Lidl« wird die derartig verfasste Doppelbödigkeit der Konsumkultur mit folgender Polemik beschrieben:

> »Wir wollen billig und Beratung, wir wollen günstig und Geschmack, wir wollen Sonderangebote und Sicherheit. Und die Armut in den Entwicklungsländern finden wir auch ganz schrecklich ... Sie fühlen sich nicht angesprochen, gehören zur exotischen Minderheit der Nicht-Schnäppchen-Jäger? Sie sind natürlich nicht gemeint. Mal sehen, wann wir uns das nächste Mal bei Aldi oder Lidl treffen ...« (Hamann/Giese 2004, S. 99).

Dass diesbezüglich die wenigsten frei von Verantwortung sind, zeigen weitere szenisch-narrative Andeutungen und Dialoge. Auch Gebietsleiter Novak stellt Odenthal eine Moralfrage: »Haben Sie jemals in einem Discounter oder bei uns eingekauft? Dann zeigen Sie nicht mit dem Finger auf andere« (26:26). Wie zur Bestätigung dieser rhetorischen Frage bekommt Odenthal später im Polizeipräsidium von ihrer Assistentin – die als spießig gezeichnete Frau Keller – nebenbei eine Packung Discounterware, möglicherweise Kekse, gereicht (26:43). Discounterware ist demnach überall, die Kommissare sind ebenso Teil des Problems wie die Zuschauer, für die sie die Problemsphäre stellvertretend erkunden. Der filmische Text stellt mit der Erwähnung der Arbeitszeiten der Helferfiguren von der Spurensicherung und Kriminaltechnik gar eine strukturelle Nähe von Arbeitsbelastungen bei Discountern und der Polizei her. So fragt der Dialekt sprechende Leiter der Spurensicherung, Peter Becker, bei der Arbeit am Auto des Toten, »wie lang wir hier noch rumrödeln müssen« (26:63). Spätabends beschwert er sich im Wegfahren bei Kommissarin Odenthal über die personelle Situation in seiner Abteilung: »Lena, wir sind chronisch unterbesetzt, seit elf Stunden auf de Füß, habe hier des Nötigste erledigt und, nein, es gibt noch keine Ergebnisse. Gute Nacht« (26:66). Odenthal antwortet zunächst vorbildlich und das bei Billy Gesehene kontrastierend, mit wünschenswerter Achtung der

5.2 »Kassensturz«: Gewerkschaft und Arbeit im »Tatort«

Arbeit ihres Mitarbeiters – nur um diese dann umgehend scherzhaft zu brechen. »Gute Nacht. Halt, Moment mal. Und vielen Dank. Das meine ich im Ernst. Und damit du dich morgen nicht langweilst, habe ich etwas für dich« (26:66). Mit dem Hereinreichen eines weiteren, in einer gelben Billy-Plastiktüte verpackten Beweisstückes ist der normgebende Ernst gebrochen und der populäre Text changiert wieder unterhaltsam in Richtung Unernst (vgl. Hügel 2007).

5.2.10 Fazit: »Kassensturz«

In der filmischen Repräsentation des »Tatorts« »Kassensturz« werden problembehaftete thematische Aspekte über die außerfilmische Arbeits- und Sozialwelt der Discounter mit einer genretypischen Detektionshandlung verbunden. In einer Stellvertreterfunktion erhalten die beiden ermittelnden Kommissare Odenthal und Kopper Innenansichten eines skandalträchtigen Systems, das den meisten Zuschauer aus alltagskulturellen Zusammenhängen bekannt sein dürfte: das der Discounter des Niedrigpreissegmentes. In einer Filiale des fiktiven Billy-Discounters, der als hyperreal übertrieben gestalteter symbolischer Ort stellvertretend für viele bekannte Marken steht, erfolgt die szenisch-narrative Dramatisierung von Situationen, denen sich mehrere Problemprotagonisten in dieser Arbeitswelt ausgesetzt sehen, die sie erleiden, versuchen zu bewältigen und daran scheitern. Bei Letztgenannten handelt es sich – in der Reihenfolge ihres Status im streng hierarchischen Gefüge des Discounters – um einfache Verkäuferinnen im Dauerstress, um eine angesichts der gegebenen Verhältnisse zur Mörderin gewordene Filialleiterin, um ihr übergeordnete und sie unter Druck setzende Gebietsleiter und letztlich um die über allem thronende, einzig ökonomischen Prinzipien verpflichtete Vertriebsleiterin. Diese Figuren personifizieren spezifische thematische Aspekte, die in situativ verdichteten Spielszenen dramatisiert und in Teilen von den Kommissaren jeweils partikular moralisch evaluiert werden. Die situations- und figurengebundenen Thematisierungen folgen dabei in weitesten Teilen der Vorlage des Films: dem im Duktus des Investigativen und der Empörung verfassten »Schwarz-Buch Lidl« (Hamann/ Giese 2004), herausgegeben von der Dienstleistungsgewerkschaft ver.di. Darin nachzulesende Berichte von Betroffenen, spezialdiskursive Fachbegriffe und weitere Spezifika aus der Welt des Branchenriesen Lidl wurden in »Kassensturz« zu interdiskursiv verfassten, realitätsbezogenen Fiktionen mit authentischem Hintergrund. Die in Teilen expressiv überbordende ästhetische Gestaltung (Corporate Design und Ausstattung der Discounterfiliale, kommentierende Musik, visuelle Perspektivierungen und Charakterzeichnungen einzelner Figuren) sorgt für zweierlei: Zum einen stellt sie die Konstruiertheit des filmischen Artefaktes aus und betont da-

5. Detailanalysen und Kontextualisierung

mit paradoxerweise seinen authentischen Kern. Andererseits dient sie der Perspektivierung des Dargestellten im Sinne der Vorlage, angereichert mit unterhaltsamen, spannenden und komischen Elementen.

Die mit der Detektionshandlung des Krimis verwobenen thematischen Aspekte betreffen Arbeit und ihre Bedingungen, daraus resultierende Belastungen, den Stellenwert von Betriebsräten, Organisationsstrukturen und Hierarchien sowie Umgangsweisen mit Beschäftigten im Discounterwesen. Zu den Tätigkeiten der in der Filiale arbeitenden Frauen zählen putzen, Regale einräumen, kassieren etc. Damit verbunden sind im Film perspektivierte Szenarien arbeitssoziologisch belegbarer Belastungen physischer und psychischer Art, zum Beispiel in Form mangelnden Arbeitsschutzes, ständigen Drucks und Misstrauens durch die Vorgesetzten, verordneter Freundlichkeit gegenüber Kunden oder unbezahlter Mehrarbeit. Letzteres stellt einen Kernpunkt der themenbezogenen Narration dar: Die Arbeit bei Billy erstreckt sich bis weit in die Privatsphären der Angestellten. Entsprechend plausibel erscheinen die Gründe für die gemeinschaftliche, mörderische Tat der nur für die Arbeit lebenden Filialleiterin und des Lebensgefährten einer der Verkäuferinnen.[17] Dies entspricht einem liberalen Erklärungsmuster für Verbrechen, wonach Verstrickungen, Zwänge und äußere Umstände als soziale Gründe für das Verbrechen gelten und es weniger um eindeutige Zuordnungen von »Gut« und »Böse« geht. Insgesamt verbleibt die Narration nicht auf der Ebene eines eindeutigen, binären »Gut/Böse«-Schemas, sondern bringt auch die immensen Belastungen der Führungskräfte auf der mittleren Ebene, der Gebiets- bzw. Verkaufsleiter, zur Sprache. Darüber hinaus bietet die Kriminarration im Sinne der Vorlage Fragen und Antworten zu den übergeordneten Gründen für die benannten und gezeigten Verhältnisse im Niedrigpreissegment. Von drei Figuren – der Billy-Oberen Fuchs, dem Gebietsleiter Novak und einem ausgewiesenen Experten von der Gewerbeaufsicht – wird in diesem übergeordneten Zusammenhang der unbändige Wunsch der Konsumenten nach günstigen Waren genannt, ergo das eherne ökonomische Gesetz von Angebot und Nachfrage. Dass auch die Kommissare nicht frei davon sind, Discounterware zu konsumieren und den Trägern der Detektion auch in ihrer Arbeitssphäre, dem Polizeiapparat, viel abverlangt wird, findet sich im Film ebenso angedeutet wie das naheliegende Subthema der unbefriedigenden Praxen der Müllentsorgung in Deutschland.

---

17 Unter dem Titel »Der Lidl-Check« sendete die ARD am 09.01.2012 in der Reihe »Markencheck« eine beim Fernsehpublikum viel beachtete Aufklärungssendung. Darin heißt es, dass nach den Skandalen bei dem Discounter zwar eine elektronische Zeiterfassung eingeführt wurde, diese aber häufig von den Mitarbeitern umgangen werden müsse, um weiterhin unbezahlte Mehrarbeit zu leisten. In der reiheneigenen Kategorie »Fairness« kommt der »Lidl-Check« zu dem Ergebnis: »Unzureichend« (vgl. Laghai/Kordes 2012 und Spiegel Online 2012).

5.2 »Kassensturz«: Gewerkschaft und Arbeit im »Tatort«

Die Kommissare Odenthal und Kopper – und mit ihnen die Zuschauer – sehen sich während ihrer Ermittlungen in »Kassensturz« mit unterhaltsam präsentiertem Wissen über die Innenwelt der Discounter konfrontiert, das auf einzelne Aspekte beschränkt und somit nicht allumfassend, aber verbürgt ist. Im Modus der Interdiskursivität erfahren sie, was ein »Warenwirtschaftssystem« (26:6) ist und wozu es dient, welche Tätigkeiten mit den Bezeichnungen »abschachteln und vorziehen« (26:15) sowie »umwälzen« (26:28) gemeint sind, was »Testkäufe« (26:24) oder die von den Verkaufs- oder Gebietsleitern zu erbringende »Nettoleistung« (26:35) sind und wie bei Billy – bzw. im Niedrigpreissegment im Allgemeinen – Gründungen von Betriebsräten verhindert werden. Letzteres nimmt in »Kassensturz« einen breiten, auf wenige Figuren exemplarisch zugespitzten Raum ein und wird mit einzelnen Aspekten des während der Dreharbeiten zu dem Krimi einer breiten Öffentlichkeit bekannt gewordenen Bespitzelungsskandals bei Lidl verwoben (vgl. Grill/Arnsperger 2008). In weitgehend vorlagentreuer filmischer Umsetzung dessen, was Betroffene im »Schwarz-Buch Lidl« über Umgangsweisen mit Mitarbeitern berichten, findet sich in der filmischen Repräsentation beispielsweise die erzwungene Kündigung einer Mitarbeiterin wieder, die sich für die Gründung eines Betriebsrates engagiert.

Abgesehen von szenisch-narrativen Inszenierungen konkret benenn- und belegbarer thematischer Aspekte tritt der Experte von der Gewerbeaufsicht in »Kassensturz« als übergeordnete Instanz interdiskursiver Wissensvermittlung auf. Die Funktion dieses *mad scientist* in Sachen Discounterwesen besteht darin, in kritischer Außenperspektive auf Zu- und Missstände in diesem Wirtschaftssegment hinzuweisen. Diese versieht er mit partikularen Moralurteilen, erläutert einzelne spezialdiskursive Begrifflichkeiten im Modus der Interdiskursivität und ist den Kommissaren darüber hinaus bei der Lösung des Täterrätsels behilflich. Dass er in der Diegesis die themengebundenen Wissensvorräte nicht nur sachlich referiert und die Kommissare das Gesehene und Gehörte nicht unkommentiert goutieren, zeigt die medienkulturelle Bedeutung der »Tatort«-Reihe als »Moral-Agentur« (Ziemann 2011, S. 268) sehr deutlich. Mimisch-gestisch zum Ausdruck gebrachte Verwunderung, Empörung oder Fassungslosigkeit ob des Erfahrenen gehören ebenso dazu wie das zusammenfassende, reflektierende Einordnen von Gesagtem bzw. referiertem Wissen, kontrovers-argumentative Auseinandersetzungen und (symbolisches) Bestrafen. Die umfassende, globale »Moral von der Geschichte« (Wulff 2005, S. 384) ist als Summe der einzelnen partikularen Moralitäten fassbar. Sie lässt sich wie folgt zusammenzufassen: Im Niedrigpreissegment der Discounter gibt es Missstände verschiedener Art, auf die hinzuweisen ist und die es zu ächten gilt. Die massenmediale Funktion der »Moralisierung«, die »Informations- bzw. Wissensfunktion« und die »Gratifikations- bzw. Unterhaltungsfunktion« (Ziemann 2011, S. 252) sind mithin im

5. Detailanalysen und Kontextualisierung

komplexen Bild-Ton-Gefüge des Krimis »Kassensturz« mit einer Detektionshandlung (Täterrätsel), Themenbezügen (Hauptplot: Discounterwesen, Subplot: Müllentsorgung) und einer themenfernen, komischen Nebenhandlung (Radiorätsel) miteinander verwoben.

Die Diskussionswürdigkeit des Hauptthemas – die Arbeitsbedingungen im Discounterwesen – unterstrich die ARD am Tag der Erstausstrahlung des Politainment-Krimis »Kassensturz«, indem sie unmittelbar im Anschluss in der Talkshow »Anne Will« darüber diskutieren ließ (vgl. Schultz 2006). Die gesellschaftspolitische Brisanz des Themas und die offensichtliche Eindrücklichkeit der filmischen Umsetzung in »Kassensturz« zeigt die folgende Anschlusskommunikation: Am Tag nach der Erstausstrahlung des Krimis verkündete der Hauptverband des Deutschen Einzelhandels (HDE):

> »Es ist nicht seriös, dass in dem Tatort ›Kassensturz‹ und in der nachfolgenden Diskussionssendung der Eindruck erweckt wurde, die in dem Krimi geschilderte Erzählung gebe typischerweise die Arbeitsbedingungen der Arbeitnehmer des deutschen Einzelhandels wieder. [...] Der Tatort ›Kassensturz‹ greift – wie der Regisseur und Drehbuchautor einräumt – teilweise auf der Basis von wahren Gegebenheiten in geraffter Form das Fehlverhalten von Führungskräften und Mitarbeitern in einigen wenigen Betrieben auf. Eine Generalisierung würde der großen Mehrheit der Unternehmen, ihrer Führungskräfte und Mitarbeiter Unrecht tun« (HDE 2009).

Was Einzelfälle sind und wo die Generalisierbarkeit des Gezeigten anfängt und aufhört, darüber gibt der filmische Text keine Auskunft. Das muss er auch nicht, da es sich bei aller Realitätsbezogenheit von »Tatort«-Krimis stets um Fiktionen handelt. Die für authentisch zu haltenden Themenbezüge darin sind stets personalisiert, verkürzt, zugespitzt und häufig komisch gebrochen. Dass die Vereinigung des Deutschen Einzelhandels sich dennoch dazu veranlasst sah, umgehend eine Stellungnahme zum Film zu veröffentlichen, zeigt den hohen populärkulturellen Stellenwert der »Tatort«-Reihe. Dies wird ebenfalls durch die Prämierung des Films »Kassensturz« untermauert. Von der Gewerkschaft ver.di wurden der Drehbuchautor Stephan Falk und der Regisseur Lars Montag erwartungsgemäß mit dem jährlich vergebenen ver.di-Filmpreis ausgezeichnet. Ausgewählt wurde »Kassensturz« der Jury zufolge, weil er »unter Wahrung künstlerischer Gesichtspunkte zeit- und gesellschaftspolitische Stoffe behandelt, die geeignet sind, die politische Bildung zu vertiefen« (ver.di 2010). Außerdem sei er dazu geeignet, »die Urteilsfähigkeit in gesellschaftspolitischen Fragen [zu] erhöhen und die Bereitschaft zum politischen Engagement für Freiheit und Demokratie an[zu]regen« (ebd.).

5.3 Kontextualisierung: Arbeitswelt und Gewerkschaft im »Tatort«

Nach der Detailanalyse der »Tatort«-Folge »Kassensturz« im vorangegangenen Kapitel geht es im Folgenden um den kontextualisierenden Einbezug weiterer Episoden zum Themenkomplex Arbeitswelt und Gewerkschaft.

5.3.1 Arbeit im Krimi

Arbeit, verstanden als »zielgerichtete[r], intendierte[r] und in der Regel auch *geplante[r]* Prozess« (Füllsack 2009, S. 9, Herv. i. Orig.) findet in jeder einzelnen der »Tatort«-Sendungen statt: Zuallererst als Arbeit der Kommissare, als Detektionsarbeit, die in der Regel dazu bestimmt ist, nach knapp 90 Minuten Erzählzeit mit der Verhaftung der Täterin oder des Täters zu enden. Des Weiteren arbeiten die Mitglieder des Detektionsapparates: Die weiß gewandeten Spezialisten von der Spurensicherung sichern Fingerabdrücke und weitere Spuren, fotografieren und tüten Beweismaterial ein; die Assistenten der Ermittler sichten im Polizeipräsidium Überwachungsvideos, überprüfen Verbindungsdaten, stellen Listen mit Zeugen zusammen, klären Verwandtschafts- und Beziehungsverhältnisse, telefonieren mit zuständigen Behörden und kochen Kaffee; die Pathologen arbeiten zunächst am Tatort und dann in der Abgeschiedenheit von Kellerräumen daran, Todesursachen festzustellen, mögliche Tatwaffen in Form häufig stumpfer Gegenstände zu identifizieren, prämortalen Geschlechtsverkehr, Alkohol- und Drogenkonsum festzustellen und darüber Berichte anzufertigen. Das konzertierte Zusammenarbeiten aller führt zur Wiederherstellung der durch die böse Tat infrage gestellten Ordnung (vgl. Brück et al. 2003).

Die selbst verordnete Realitätsbezogenheit der »Tatort«-Reihe sorgt dafür, dass in der außerfilmischen Realität selbstverständlich und alltäglich vorkommende Vertreter von Berufsgruppen auch im Film ihren spezifischen Tätigkeiten nachgehen: Bäcker backen, Müllmänner entsorgen Müll, Kellner kellnern und Musiker musizieren. Arbeit als dem Realismusgebot der Reihe geschuldetes, lebensweltlich geerdetes Hintergrundrauschen ist ein fester Bestandteil der künstlichen »Tatort«-Welten. Die filmischen Konstruktionen von Arbeit in »Tatort«-Sendungen des Jahres 2009 und darüber hinaus werden deshalb im Folgenden kontextualisierend betrachtet. Der Themenkomplex Gewerkschaft im »Tatort«, spätestens seit »Kassensturz« und »Um jeden Preis« verstanden als

5. Detailanalysen und Kontextualisierung

eine um- und bekämpfte Form der Vergemeinschaftung, gilt dabei eine besondere Aufmerksamkeit.[18]

5.3.2 »Um jeden Preis«: neue Gewerkschaftsarbeit

Ein aufstrebender Gewerkschaftsfunktionär modernen Zuschnitts steht im Mittelpunkt des in jeder Hinsicht ungewöhnlichen Münchner »Tatorts« »Um jeden Preis«. Zur Erreichung seiner in erster Linie gewerkschaftlichen, aber auch persönlichen Ziele nimmt Funktionär Leo Greedinger »Bestechung, Betrug, eine selbst zugefügte Schusswunde und einen toten Journalisten in Kauf« (Scheel 2009). Mord gehört indes nicht dazu. Es handelt sich um kein klassisches *whodunit* nach dem Prinzip der verdeckten Täterführung, sondern um einen Krimi, der mit dem eindeutigen Selbstmord eines homosexuellen Journalisten beginnt. Die Ermittler Batic und Leitmayr machen es sich zur Aufgabe, die Gründe für die Verzweiflungstat zu rekonstruieren. Der Gewerkschafter Leo Greedinger wird sich als derjenige herausstellen, der den in ihn verliebten und mit ihm geistesverwandten Journalisten Rainer Truss mittels eines erpresserischen Videos mundtot machte und damit in den Suizid trieb. Die Gebrochenheit des Protagonisten Greedinger, zwischen Idealismus und Visionen, dem Streben nach Macht und realpolitischen Notwendigkeiten zur Erreichung seiner mittel- bis langfristigen Ziele steht im Zentrum der themenbezogenen Narration des Krimis »Um jeden Preis« (BR 2009).

---

18 Gewerkschafter und ihre Arbeit tauchen in »Tatort«-Sendungen in unregelmäßigen Abständen immer wieder auf. So in der ersten Schimanski/Thanner-Folge »Duisburg Ruhrort« (WDR 1981), in der unter anderem ein türkischer Gewerkschafter auftritt. Ebenfalls von dem Kultduo gelöst wird der Fall »Der Pott« (WDR 1989), in dem eine prall gefüllte und titelgebende Kasse, die zur Finanzierung einer Betriebsbesetzung dienen soll, gestohlen wird (vgl. Gräf 2010, Wenzel 2000). In dem behäbigen Stuttgarter Fall »Bienzle und das Doppelspiel« (SWR 2000) gerät ein verdienter Gewerkschaftsfunktionär unter, wie sich herausstellt, ungerechtfertigten Mordverdacht. Den Hintergrund bildet eine Story, die der von »Um jeden Preis« (BR 2009, vgl. Kapitel 5.3.2) nicht unähnlich ist: Eine Journalistin wollte eine Enthüllungsgeschichte über die angebliche Bestechlichkeit eines Funktionärs veröffentlichen und wird daraufhin ermordet. In dem von Kommissar Borowski in Kiel zu lösenden Fall »Schichtwechsel« (NDR 2004) bildet ein Streik auf einer Werft und in diesem Zusammenhang eine Liste mit 50 zu entlassenden Mitarbeitern den Hintergrund für die Detektionshandlung. »Unter Druck« (WDR 2011) befindet sich die Belegschaft eines in der Umstrukturierung befindlichen Medienhauses, was den Tod eines Unternehmensberaters zur Folge hat. Ein aufstrebender Gewerkschaftsfunktionär spielt auch hier eine tragende Rolle. Gemeinsam ist all den genannten Folgen, dass die gewerkschaftliche Interessenvertretung nicht tiefer gehend problematisiert wird, sondern einzelne Gewerkschafter und ihre Arbeit lediglich als Teil eines lebensweltlich geerdeten, realistisch anmutenden Krimikosmos fungieren, in dem sie ihre Rollen als Verdächtige, Täter oder Opfer ausfüllen.

5.3 Kontextualisierung: Arbeitswelt und Gewerkschaft im »Tatort«

Den für seine Charakterisierung wichtigen ersten Auftritt hat der thementragende Protagonist – als Figur, die als »Träger allgemeiner thematischer Aussagen« (Eder 2008, S. 723) fungiert – im Rahmen einer Vertragsunterzeichnung mit vietnamesischen Geschäftspartnern bei der Meyssen AG, einem fiktiven Unternehmen der Energiebranche (vgl. Faulstich 2002, S. 97).[19] Nach der medienwirksamen Ratifizierung des Vertrages spricht Greedinger in seiner Doppelfunktion als Aufsichtsrat und Gewerkschafter zu den versammelten Managern und legt seine Ziele wortgewandt dar:

> »Als ein Mann der Gewerkschaft, der ich vor allem bin, möchte ich an dieser Stelle auch nicht die Sicherung der Arbeitsplätze unerwähnt lassen. Auch für die Arbeit der Gewerkschaften birgt die Globalisierung gewaltige Möglichkeiten. Zum Beispiel die Schaffung international gültiger Standards in der Sozialgesetzgebung. Das heißt Lohngerechtigkeit und menschenwürdige Arbeitsbedingungen weltweit. Das ist nur eines der herausragenden Ziele für eine gemeinsame Zukunft« (7:7).

Die mit niederländischem Akzent vorgetragene Nachfrage eines Asiaten aus der Runde unterstreicht symbolisch den erwähnten Prozess der Globalisierung: »Sie setzen auf internationale Solidarität?« (7:7). In seiner Antwort konkretisiert der Anzug tragende Protagonist seine visionären Ideen:

> »Ja sicher. Nur so wird es uns gelingen, den wirtschafts- und auch gesellschaftspolitischen Herausforderungen in der Zukunft zu begegnen. Aber dafür müssen sich die Gewerkschaften auf internationaler Ebene zusammenschließen, d.h. ein globales Netzwerk der Gewerkschaften errichten. Das ist meine Vision« (7:7).

Gegen Ende der Kriminarration, kurz bevor die Kommissare ihn zur Rede stellen, wiederholt er im Rahmen seiner Kandidatur auf den Gewerkschaftsvorsitz vor den anwesenden Genossen seine Kernziele: »So werden wir ein Netzwerk errichten. Ein weltumspannendes, der sozialen Gerechtigkeit verpflichtetes Netzwerk der Gewerkschaften, das der Macht der internationalen Konzerne trotzen kann. Das ist meine Vision« (7:64). Die Selbstcharakterisierungen der Figur sind ein Teil des Funktionszusammenhangs filmischer Interdiskursivität in diesem Krimi. Die Zuschauer erfahren dadurch in kleinen Ausschnitten, vor

---

19 Gespielt wird die Figur Leo Greedinger von »Tatort«-Routinier Thomas Sarbacher, der damit im Jahr 2009 seinen dritten Auftritt in der Reihe hatte. In der »Um jeden Preis« direkt vorangegangenen Ludwigshafener Folge »Vermisst« spielte er einen smarten entlassenen Straftäter, der mit Kommissarin Odenthal flirtet und in »Bittere Trauben« einen leidenschaftlichen Winzer. Es ist ein Stück weit deutsche Krimirealität, in den Sendungen des Genres stets wiederkehrende Gesichter zu sehen. Schauspieler wie Sandra Borgmann, Martin Feifel, Martin Brambach oder Hinnerk Schönemann prägen dieses begrenzte Personeninventar (vgl. Scheel 2009).

5. Detailanalysen und Kontextualisierung

welchen Herausforderungen sich aktuelle Gewerkschaftsarbeit aufgrund weltumspannender wirtschaftlicher Entwicklungen sieht und welchen modernen Typus des Gewerkschaftsmanagers und Netzwerkers es heute gibt. Ihre außerfilmischen Vorbilder hat die Figur des Leo Greedinger in Männern wie Michael Vassiliadis, dem im Jahr der Erstausstrahlung des Krimis neuen Vorsitzenden der IG Bergbau, Chemie, Energie (BCE), oder Klaus Franz, dem Opel-Betriebsratschef, dem das Manager-Magazin (12/2009) in seiner Dezemberausgabe des Jahres 2009 einen Titel widmete. Gerade für Franz stellte sich die Frage nach internationaler bzw. transatlantischer Solidarität zu der Zeit in besonderem Maße, in der General Motors sich zu einer Sanierung Opels anstelle eines Verkaufs entschloss. In der Lesart des Wirtschaftsmagazins ist er, in Anlehnung an Cervantes' Don Quichote, »Der Retter von der traurigen Gestalt«. Dies trifft auf die Krimifigur Leo Greedinger im übertragenden Sinn ebenfalls zu, da er sein oberstes mittelfristiges gewerkschaftspolitisches Ziel, »die Rettung von 5 000 Arbeitsplätzen in Ingolstadt« (7:65), am Ende nicht erreicht. Der Vorsitzende der IGBCE, Michael Vassiliadis, verkörpert noch deutlicher den neuen Typus des Gewerkschaftsfunktionärs, den Greedinger in »Um jeden Preis« repräsentiert: Er stammt aus dem traditionellen Arbeitermilieu, ist ein gewandter Rhetoriker, sitzt in Aufsichtsräten großer Unternehmen und ist mit den Gepflogenheiten der Managerkaste vertraut.

Die Figur Leo Greedinger kennzeichnet eine pragmatische Orientierung an Sachfragen, fern von Dogmen. Sie weiß sich wortgewandt auszudrücken, trägt permanent Nadelstreifenanzüge und Lackschuhe, das Haar mit Gel frisiert, und er macht auch in der Oper eine gute Figur (7:7, 7:20, 7:64). Darüber hinaus ist Greedinger in der Fiktion des Krimis dazu bereit, auch mit der Gegenseite zu paktieren und weitgehende gewerkschaftsinterne Zugeständnisse an Widersacher zu machen, um seine Ziele zu erreichen. Dem übergeordnet ist jedoch für ihn der Kern gewerkschaftlichen Selbstverständnisses, an den ihn sein Vater bei einer Auseinandersetzung erinnert. In seiner letzten Ansprache beim Kampf um den Vorsitz ruft er den anwesenden Kollegen zu: »Und über allem steht, was ganz zu Anfang galt und noch immer gilt: die Solidarität« (7:64). Die plakative Zuspitzung auf diesen historisch gewachsenen, gewerkschaftlichen Grundwert ist der genretypischen Notwendigkeit zur Verkürzung geschuldet. Der Krimitext nutzt den aus dem Spezialdiskurs gewerkschaftlicher Interessenvertretung stammenden und seit Langem im Populären verankerten Wertebegriff weniger, um ihn mit Inhalt zu füllen. Vielmehr dient der Begriff »Solidarität« der leicht verständlichen und eindeutigen Verortung seines Protagonisten in dem ihm zugedachten gesellschaftspolitischen Milieu.

Die figurengebundene Inszenierung der Herkunft des Thementrägers ist dabei inhaltlich verbunden mit der des Wandels gewerkschaftlicher Interessenver-

5.3 Kontextualisierung: Arbeitswelt und Gewerkschaft im »Tatort«

tretung, wie Greedinger sie in diesem Krimi personifiziert. Die besagte Auseinandersetzung mit seinem Vater bietet dafür den inhaltlichen Anlass: eine der »soziale[n] Hauptkonfliktlinien«, die im Zuge der Krimihandlung »politisiert, das heißt zum konfliktgenerierenden Problem gemacht« (Dörner 2001, S. 172) wird. Der zwischen Vater und Sohn ausgetragene Generationenkonflikt dient damit im themengebundenen Teil der Narration der personifizierten Interdiskursivierung eines Wandlungsprozesses gewerkschaftlicher Interessenvertretung. Den genrespezifischen Anlass für die Auseinandersetzung bieten die verräterische Nachricht des Selbstmörders Truss auf Greedingers Handy, die der Vater sich ansah, und die digitalen Videodaten, die er versuchte zu vernichten, um seinen Sohn zu schützen (7:2). Unmittelbar bevor Greedinger Junior seinen Vater aufsucht, um sich nach seinem Handy zu erkundigen, wird der Senior inmitten einer geselligen Kegelrunde gezeigt – ein Symbolbild für proletarische Kultur. Beim Aufeinandertreffen der beiden geht der Vater, der ebenfalls das symbolträchtige Kleidungsstück »Schiebermütze« trägt, auf die bohrenden Fragen seines Sohnes nicht ein. Greedinger Senior mustert seinen Sohn und entfacht eine Grundsatzdiskussion: »Smoking. Lackschuhe. Ist das deine neue Arbeitskleidung heutzutage?« (7:23). Das Streitgespräch beginnt, und Greedinger Junior macht seinem Vater Vorwürfe: »Du bist doch nie zu Hause gewesen. Samstags gehört Vati mir? Dafür hast du doch bloß gekämpft, dass du zum Trabrennen konntest. Also was ist jetzt? Bist du an das Telefon gegangen?« (7:23). Der Thementräger rekurriert damit auf ein Stück Gewerkschaftsgeschichte. »Samstags gehört Vati mir« ist ein historisch verbriefter Slogan und stand auf einem Plakat des DGB zum 1. Mai des Jahres 1956. Der über einem glücklichen Kind prangende Ausruf steht für das erfolgreiche Streiten der Gewerkschaften für bessere Arbeits- und Lebensbedingungen durch kürzere Arbeitszeiten für die Arbeitnehmer. Die Arbeitszeit betrug in jenem Jahr 47,9 Stunden pro Woche. Ein Jahr später wurde von der IG Metall die 40-Stunden-Woche und das freie Wochenende erkämpft, ein damals wegweisendes Ergebnis (vgl. DGB 2009). Im Funktionszusammenhang des Krimis als Interdiskurs ist das Zitat dazu geeignet, kundige und/oder ältere Zuschauer an die damit zusammenhängenden Fakten zu erinnern. Für alle anderen entfacht es ein kulturhistorisches Hintergrundrauschen, das lediglich der atmosphärischen Aufladung des Dialogs dient. Im weiteren Verlauf der längeren, im klassischen Schuss-Gegenschuss-Verfahren inszenierten Auseinandersetzung wird deutlich, worin sich die Positionen der beiden Gewerkschafter voneinander unterscheiden. Die Passage wird daher hier nahezu vollständig wiedergegeben:

> »GS: Du hast die Bodenhaftung verloren, Junge. Hast keine Ahnung mehr, was die Menschen denken, was ihre Sorgen sind.

5. Detailanalysen und Kontextualisierung

> GJ: Vater, was glaubst du, wo man mehr für die Menschen tun kann? Auf der Straße, bei Kundgebungen oder Streiks, so wie du damals, oder da, wo ich bin? Ich kann mitgestalten, Vater. Ich kann verändern.
> GS: Du hast dich verändert, Leo. Wann warst du zum letzten Mal in einer Werkshalle? Da, wo's dreckig ist und laut.
> GJ: Hör doch endlich mit diesem Sozialkitsch auf, Vater! Deine alten Parolen ziehen nicht mehr.
> GS: Solidarität, Leo, das ist keine Parole. Du bist doch längst einer von den Bossen. Die haben dich eingekauft, Leo. Und du, du merkst es nicht mal.
> GJ: Große Ziele erfordern große Bündnisse, wenn's sein muss, auch mit den Bossen. Die nennt man übrigens Tarifpartner, und das schon länger.
> GS: Und? Wie weit bist du bei deinen großen Bündnissen gegangen, Leo? Brichst unsere Tradition, die von unserer Familie, die du verrätst!
> GJ: Ich verrat dir jetzt noch was. Ich bin gerade dabei, 5 000 Arbeitsplätze zu retten, mitten in der Rezession. 5 000 Familien, die sich keine Sorgen mehr machen zu müssen. Hast du so was jemals geschafft?« (7:23).

Der Sohn kontert die Vorwürfe des Vaters mit Verweisen auf seines Erachtens nach veraltete Methoden und Parolen, belehrt ihn über aktuelle Begrifflichkeiten und sein aktuelles Großprojekt zur Rettung von Arbeitsplätzen. Der Vater hingegen sieht seinen Sohn in den Realitäten enthobenen Sphären, womit er auch indirekt auf dessen Pläne zur Schaffung weltweiter Solidargemeinschaften anspielt. Dennoch halten die familiären Bande von Vater und Sohn: Der Senior händigt seinem Junior am Ende der Sequenz den USB-Stick mit dem belastenden Videomaterial aus, um ihn zu retten. Den vom Senior beschworenen Grundwert der Solidarität vertritt Greedinger ebenfalls, später auf der Versammlung zur Wahl des Gewerkschaftsvorsitzenden, und zwar mit Nachdruck.

Die von Greedinger in der filmischen Repräsentation entworfene Vision von einem »weltumspannende[n], der sozialen Gerechtigkeit verpflichtete[m] Netzwerk der Gewerkschaften, das der Macht der internationalen Konzerne trotzen kann« (7:64) ist keineswegs eine in weiter Ferne liegende Zukunftsmusik. Sie entspricht in Inhalt und Vokabular vielmehr dem, was von gewerkschaftlicher Seite schon lange betrieben wird und im Begriff ist, weiter ausgebaut zu werden. So forderte die Stadtsoziologin und Globalisierungsforscherin Saskia Sassen auf dem vom DGB veranstalteten Kapitalismuskongress im Mai 2009: »Gewerkschaften müssen jetzt ihre Strategien überdenken und globale solidarische Netzwerke bilden. Es gibt viele Möglichkeiten zu intervenieren« (Sassen 2009). Ebenfalls wird in einer bereits 2004 erschienenen Publikation der Hans-Böckler-

5.3 Kontextualisierung: Arbeitswelt und Gewerkschaft im »Tatort«

Stiftung beispielsweise zu »[g]renzübergreifende[n] Arbeitsbeziehungen in globalen Konzernen« (Müller et al. 2004) aufgerufen, die Frage nach der »Entwicklung transnationaler Arbeitsbeziehungen« (ebd., S. 10) gestellt und die Möglichkeiten einer Schaffung von »Weltbetriebsräten« (ebd., S. 22 ff.) diskutiert. Die gewerkschaftliche Zeitschrift BÖCKLER IMPULS (06/2006) gibt unter der Überschrift: »Betriebsräte. Der lange Weg zur globalen Vertretung« des Weiteren Informationen über bereits existierende sogenannte »Global Union Federations« (GUF), die es sich zur Aufgabe gemacht haben, Gewerkschaftsvertreter lokal und global zu vernetzen. Die von der Krimifigur Greedinger in der Fernsehfiktion als Fernziel formulierte »Vision« ist mithin in der außerfilmischen Realität bereits im Begriff, Wirklichkeit zu werden; eine, an deren weitere Entwicklung Gewerkschaftsvertreter bereits heute arbeiten. Gesellschaftspolitischer Realismus in diesem »Tatort« ist damit mehr als eine Form der Repräsentation von Ist-Zuständen und Bestandsaufnahmen. Der filmische Text macht auf die genannten Entwicklungen aufmerksam, hinterfragt sie aber auch, indem das letztliche Scheitern des Protagonisten die momentane Undurchführbarkeit seines visionären Plans behauptet.

Als Interdiskurs betrachtet, bietet der Fernsehtext in jenen Sequenzen, in denen Greedinger über seine Vorstellungen von gewerkschaftlicher Arbeit spricht, Wissenswertes aus dem Bereich der wirtschaftlichen Interessenvertretung und deren gegenwärtiger Entwicklung. Diese mit der Spielhandlung des Fernsehkrimis verwobenen Wissensbestände bleiben auf wenige Schlag- und Stichworte beschränkt, sind fragmentarisch-verkürzt und werden inhaltlich nicht weiter ausgeführt oder vertieft. Dennoch bietet der populäre Fernsehtext im Modus der Unterhaltsamkeit Einblicke in einen in der außerfilmischen Realität vorhandenen Bereich des Wiss- und Denkbaren.

Die Art und Weise, in der die Figur Greedinger in mehreren Szenen des Krimis ihre »Vision« in je abgewandelter Form vertritt, ist von Leidenschaft geprägt, von Eindringlichkeit und dem Mut, im Dienste der gewerkschaftlichen Sache in großen Dimensionen zu denken sowie die Demokratie als Grundwert zu stützen (7:39, 7:43). Dies wird ebenfalls deutlich, als er von Kommissar Leitmayr am Tagungsort der VIG – der fiktiven Gewerkschaft, deren Vorsitz er »um jeden Preis« anstrebt – aufgesucht wird, um genretypisch seine Beziehung zum toten Journalisten zu klären. Ob Greedinger die Gefühle des Toten erwiderte, bleibt im Unklaren. Seine möglicherweise bi- oder homosexuelle (Neu-)Orientierung ist nur ein Versatzstück in seinem vielgestaltigen Spiel um Arbeitsplätze, Macht und Einfluss (vgl. Buß 2009a). Gemäß der Vorzugslesart des filmischen Textes könnte eine Affäre unter Männern der Karriere des Aufsteigers Schaden zufügen, denn, so sein narbengesichtiger, intriganter Berater:

5. Detailanalysen und Kontextualisierung

»Dieser Schreiberling war schwul. [...] Unsere Leute sind altmodisch, mein Lieber, und zwar altmodischer als die Bundesliga und die Katholen zusammen. Was meinst du, was bei denen los ist, wenn durchsickert, dass dieser warme Bruder dich anruft, bevor er sich aufhängt?« (7:49).

Ob das in der »Dimension der politischen Kultur« (Dörner 2001, S. 243) hier entworfene Stimmungsbild von Gewerkschaftsvertretern Homosexuellen gegenüber in der außerfilmischen Realität zutrifft, bleibt zu hinterfragen. Die zukunftsorientierte Figur Greedinger spricht in diesem Zusammenhang von »alte[n] Zöpfe[n]« (7:49, vgl. Kapitel 6.2).

Der Journalist Truss wollte über Greedinger schreiben und wird so posthum zum narrativen Vehikel zur Ausbreitung von dessen Ideen. Leitmayr sagt zum Gewerkschafter: »Ich hab mich über Sie informiert, Herr Greedinger. Globale Sozialstandards, weltweite Lohnangleichung, Sie bieten den Menschen keine realistischen Perspektiven, Sie füttern sie mit Utopien« (7:39). Mit seiner Antwort, »Wie entsteht denn Realität, wenn nicht aus einer Utopie, aus einer Vision?« (7:39), beweist der Protagonist seine visionäre Kraft. Das Sichinformieren und kritische Hinterfragen des Kommissars im Rahmen der Detektion ist eine Form der »Fremdcharakterisierung« (Faulstich 2002, S. 98) des Protagonisten. Sie dient im Rahmen filmischer Interdiskursivität der komprimierten, figurengebundenen Wissensvergabe über das gesellschaftspolitische Kernthema dieses Krimis. Gegenüber dem Ermittler spricht Greedinger von Hoffnung und Gerechtigkeit in schweren Zeiten und beschwört damit hehre Ziele im Sprachduktus visionärer politischer Leitfiguren. Dies wird vom Kommissar mit dem Wahlkampfslogan »Yes, we can« (7:39) des seinerzeit aktuellen US-Präsidenten, Barack Obama, spöttisch kommentiert. Kommissar Leitmayr nimmt gegenüber der Figur des Gewerkschaftsfunktionärs eine betont skeptisch-distanzierte Haltung ein, was der narrativen Notwendigkeit geschuldet ist, einen Gegenpol zur persönlichen Befangenheit von Leitmayrs Partner Batic zu schaffen. Batics Verbindung zu Greedinger stellt der Krimiplot dadurch her, dass er die beiden Männer als alte Jugendfreunde zeigt (7:20, 7:43, vgl. Krah 2004, S. 129). Der Kommissar ist persönlich betroffen und rechtfertigt sein die Ermittlungen anfangs torpedierendes Verhalten seinem Kollegen Leitmayr gegenüber damit, dass die Familie Greedinger ihm vor langer Zeit half, als er aus Jugoslawien nach Deutschland kam: »Als ich nach München kam, hab ich bei denen gewohnt« (7:31). Der Migrationshintergrund des Ermittlers, der Erste seiner Art im »Tatort« – lange Zeit vor Cenk Batu (Mehmet Kurtulus) in Hamburg – dient als einfacher Begründungszusammenhang einer persönlichen Beziehung, die den Prozess der Detektion zunächst stört und damit interessanter, unterhaltsamer

5.3 Kontextualisierung: Arbeitswelt und Gewerkschaft im »Tatort«

macht.[20] Zudem hilft er, den familiären Hintergrund Greedingers zu konturieren. Darin war und ist die von Vater und Sohn beschworene »Solidarität« (7:23) das Kernstück eines nicht weiter spezifizierten Wertekanons.

Leitmayr indes versucht die Aussagen Greedingers mit dem Verweis auf Obama in den Bereich politischer Phrasenrhetorik einzuordnen. Des Weiteren wirft er ihm vor, unrealistisch zu argumentieren. Der Krimitext enthält an dieser Stelle einen kurzen Anflug von »Selbstreflexivität« (Borstnar et al. 2008, S. 94), der die grundsätzliche Begrenztheit interdiskursiver Informationsvergabe im Rahmen der konventionalisierten Genredramaturgie betont, wenn Leitmayr sagt, »das zu diskutieren würde dauern, und wir ham ja leider nicht viel Zeit« (7:39). Die kritisch ablehnende, von Greedinger als Zynismus bezeichnete Haltung des Kommissars kann einerseits als wertender Kommentar zu Greedingers visionärer Potenz gelesen werden und somit als textperspektivische Ablehnung. Andererseits hat eine zynisch-resignative Grundhaltung der Ermittler eine lange Tradition im Krimigenre, ist also weniger inhalts- und themen- als vielmehr genrespezifisch lesbar. Sie hat ihren Ursprung vor allem in den *hard-boiled detective stories* und ist von der fatalistischen Einsicht der Ermittler geprägt, selbst nicht als Problemlöser im Großen zu taugen und stattdessen tagtäglich den aussichtslosen Kampf gegen das Verbrechen im Kleinen führen zu müssen (vgl. Hickethier et al. 2005, S. 33, Hügel 2003, S. 158). Vor diesem Hintergrund ist Leitmayrs Kommentar weniger als grundsätzliche und umfassende Ablehnung Greedingers und seiner Werte zu lesen.

Die Settings, die Räume und Umgebungen, in denen Greedinger gezeigt wird, sind aufgrund ihrer narrativen Funktion von besonderem Interesse. Die televisuell gestalteten Handlungsorte ermöglichen es den Zuschauern, sich in der filmischen Welt zurechtzufinden. Dies geschieht in der fiktionalen Als-ob-Welt des Krimis mittels »referenzialisierender Zeichen« (Bauer 1992, S. 39 f.). Diese stellen Bezüge zur außerfilmischen Realität her. Von besonderer Bedeutung sind in »Um jeden Preis« die Settings »Konferenzraum der Meyssen AG« (7:7) und »Delegiertenkonferenz der VIG« (7:38, 7:39, 7:61, 7:64). Dass der Thementräger sich in beiden bewegt, gibt Aufschluss über das Spannungsverhältnis, in dem er sich als Vorstand und Gewerkschafter zugleich befindet. Im Konferenzraum der Meyssen AG sitzt Gewerkschafter Greedinger im obersten Stockwerk des Gebäudes mit den Aufsichtsratskollegen und den vietnamesischen Vertragspart-

---

20 Vgl. Nemec, Miroslav (2011): Miroslav – Jugoslav. Bad Schussenried: Hess. Die Autobiografie des Schauspielers wird mit einem Verweis auf seine »beispielhaft geglückte Integrationsgeschichte in Deutschland« (Klappentext) beworben, womit eine Reziprozität von Star- und Rollenimage angezeigt ist. Der rollenbiografische Migrationshintergrund von Nemecs Figur Ivo Batic fand wiederkehrend in Folgen der bayerischen »Tatort«-Krimis Erwähnung und wurde für Politainment in Sachen Ausländerfeindlichkeit genutzt.

5. Detailanalysen und Kontextualisierung

nern an einem Tisch, im Epizentrum der Macht. Mit der Ausstattung des Tagungsortes der Delegiertenkonferenz wird auf referenzialisierende Zeichen der filmexternen Realität in Schriftform verwiesen. Der Slogan »In die Zukunft Seit' an Seit' – VIG« rekurriert auf den Grundwert der Solidarität und mit der Farbe Rot wird auf die Farbe der Gewerkschaften zurückgegriffen. Bezeichnendes und Bezeichnetes stehen dabei in einem ikonischen Verhältnis, einem einfach zu realisierenden und eindeutigen Verhältnis der Ähnlichkeit zueinander (vgl. Monaco 2000, S. 165). Der Bühnenhintergrund in dem »Tatort« »Um jeden Preis« zitiert in Inhalt und Form, seiner farblichen und typografischen Gestaltung televisuell dokumentierte Gewerkschaftsveranstaltungen. Aktiviert werden damit bei den Zuschauern vor allem intertextuelle, medienvermittelte Wissensbestände über gewerkschaftspolitische Veranstaltungen. Im Rahmen politischer Berichterstattung von gewerkschaftlichen Veranstaltungen liefert besonders das Fernsehen wiederkehrende Bilder von weißen Leitsprüchen und Slogans auf roten Bühnenhintergründen, vor denen Rednern agieren und Delegierte in bestuhlten Sälen sitzen.

Die Figur des aufstrebenden Gewerkschafters ist in ihren Interaktionen mit anderen Figuren, ihrem Gebaren und den Situationen, in denen sie gezeigt wird, in starkem Maße angelehnt an populäre Bilder und Vorstellungen von Politikern, ihren (Selbst-)Inszenierungen, Macht- und Ränkespielen. So kontaktiert Leo Greedinger zur Bereinigung der für ihn gefährlichen Situation zu Beginn des Krimis einen Staatssekretär im bayerischen Innenministerium, über dessen »Handynummer« (7:9) er verfügt, was auf ein gewisses Vertrauensverhältnis schließen lässt. Daran kausallogisch anschließend trifft er später eine Frau namens Dr. Suska Droemer, offenbar eine Untergebene des Staatssekretärs – Akademikern begegnet der aus dem proletarischen Milieu stammende und bildungsnahe Funktionär in der gesamten Narration auf Augenhöhe –, um die Ermittlungen von Batic und Leitmayr stoppen zu lassen. Die filmische Umsetzung des konspirativen Treffens und seine Vorbereitung durch den smarten Bittsteller ist virtuos: In einer Parallelmontage wird alternierend gezeigt, wie Greedinger während seiner Fahrt im Auto seine Bittrede probt, Worte abwägt und verwirft, sein Auto in einem Parkhaus abstellt, zum Fahrstuhl geht und das Gespräch mit der Funktionsträgerin in einem Café führt (vgl. Hickethier 2001, S. 140). Bereits allein im Auto spricht er den Kern seines Anliegens aus: »Ich weiß nicht, wie weit ihre Kompetenz reicht, aber es wäre gut, wenn die polizeilichen Ermittlungen mit der Feststellung des Suizids enden. Scheiße, das ist viel zu direkt« (7:12). In der die Situation kausallogisch auflösenden Sequenz (7:15) sind sich Greedinger und Dr. Droemer auf dem Weg zum Wagen einig über die Maximen des gemeinsamen Handelns, denn, so die Funktionsträgerin, »Nur mit Verantwortung können wir auch verändern.« Greedinger: »Und das müssen wir. Politik, Gewerkschaften, Unternehmer. Wir sind da alle gefordert« (7:15). Der Pakt zwi-

5.3 Kontextualisierung: Arbeitswelt und Gewerkschaft im »Tatort«

schen den politisch Mächtigen und dem, der es werden will, scheint besiegelt. Die Funktionsträgerin setzt mit einem Telefonat die Einstellung des Verfahrens in Gang, wovon die Ermittler wenig später in Kenntnis gesetzt werden. Das klingt für sie wie »ein bisschen nach Druck von oben« (7:18) und ist damit pures Genre: Im Fernsehkrimi werden die Ermittler gerade durch ihre Vorgesetzten immer wieder an der Ausübung ihrer Pflicht, der Aufklärung von Verbrechen, gehindert.

Der aufstrebende Gewerkschaftsfunktionär Greedinger agiert in diesem Krimi, wie Politiker es in vielen anderen zeitgenössischen populären Repräsentationen tun: Er wird, wie oben geschildert, bei der Nutzung seines Beziehungsnetzwerkes gezeigt, ebenso bei einer Ansprache im Unternehmen (7:7), im Fond eines großen Wagens im Gespräch mit seinem Berater (7:33), bei internen Absprachen und Zugeständnissen zur Machterlangung (7:38), bei Reden auf einer großen Tagung seiner Organisation (7:61, 7:64) sowie bei der medienwirksamen Öffentlichkeitsarbeit (7:33).[21] Aspekte wie beispielsweise einsames Aktenstudium oder Gremienarbeit kommen aufgrund ihres televisuell geringen Reizes hingegen hier, wie generell im Fernsehen, nicht vor. Lediglich Greedingers in Worte gefasste »Agenda Zukunft« (7:38, 7:55) wird als papiernes Symbol seiner Vision – ähnlich dem Artikel des Journalisten Truss – kurz in einem *close-up* gezeigt.

Die medialen Bilder, die die politischen Akteure mit hervorbringen, begleiten und auch demontieren, spielen in »Um jeden Preis« eine weitaus größere Rolle. Mediale Selbst- und Fremddarstellungen des Protagonisten Greedinger sind in diesem Krimi allgegenwärtig. Vor dem pressewirksamen Besuch eines Kindergartens etwa, der von einer Frau betrieben wird, deren Stimme Greedinger für seine Wahl zum Vorsitzenden noch benötigt, wird er von seinem Berater zuvor über die Anzahl der zu erwartenden Pressevertreter und günstige Posen zur Selbstinszenierung instruiert: »Die werden dann sicher durch die Fenster fotografieren, also positionier dich entsprechend« (7:33). Dass er tut, wie ihm geheißen, und seine gekonnte Strategie zur Nutzung der Medien aufgeht, zeigen die später in seiner Stammkneipe flimmernden Fernsehbilder, die Greedinger gemeinsam mit Kommissar Batic beim Bier betrachtet (7:41). In dem (pseudo-)dokumentarischen Beitrag ist er, wie zuvor geplant, durch das besagte Fenster und inmitten spielender Kinder zu sehen. Der Kommentar zu den Bildern ist durchweg positiv und zeigt das Gelingen der Inszenierung:

---

21 Vgl. »The Wire« (HBO 2002–2008). In der zweiten Staffel der Qualitätsserie steht die vergleichsweise ohnmächtige Figur eines Vertreters der Hafenarbeitergewerkschaft und sein von Geldnöten geprägtes Wirken mit im Zentrum der Narration.

5. Detailanalysen und Kontextualisierung

»Der charismatische Gewerkschafter nahm sein Gespräch mit den Kindern sehr ernst. Er bat sogar die Presse darum, den Raum zu verlassen, um sich ungestört den Nöten, Sorgen und Wünschen der ...« (7:41).

Der Aufstieg Greedingers »Um jeden Preis« und sein Fall sind auf das Engste mit medialer Berichterstattung und der Nutzung verschiedenster technischer Speicher- und Kommunikationsmedien verknüpft: Truss lässt er zu Beginn der Kriminarration die Sätze in eine Videokamera sprechen, die den Journalisten erpressbar machen (7:1). Die Aufnahme wird sich später als passend zurechtgeschnittene Fälschung erweisen (7:50). Kurz vor seinem Selbstmord ruft der verzweifelte Truss den Gewerkschafter an und schickt ihm eine MMS mit einem Bild von sich mit dem Strick um den Hals (7:2). In einem alten, gelbstichigen Super-8-Film von sich und seinem alten Freund Batic bei einem Wettlauf erkennt der Ermittler die Strategie Greedingers wieder, sich in heiklen Situationen zum Opfer zu stilisieren, um am Ende doch noch zu gewinnen (7:3, 7:19). Der alte Vater des Protagonisten löscht mithilfe seiner in Abendkursen erworbenen Kenntnisse die Festplatte des Opfers samt des ungeschnittenen Digitalvideos, um seinen Sohn zu schützen, und gibt ihm später eine Kopie der Daten auf einem USB-Stick (7:10, 7:45, 7:51). Die sensationslüsterne Berichterstattung der »Zeitung«, ein fiktives Boulevardblatt, bringt Greedinger und den Vorstandsvorsitzenden der Meyssen AG, Dr. Rohpe, in Bedrängnis (7:30). In der investigativen Zeitschrift CONTROL veröffentlichte der tote Journalist Truss seine Artikel. Dort wäre auch jener über Greedinger und seine Vision von der Zukunft der Gewerkschaften sowie die Enthüllung des Korruptionsskandals bei der Meyssen AG erschienen (7:40). Zu Hause vor dem Fernseher muss der Kandidat mit ansehen, wie sein intriganter Berater ihn vor den versammelten Pressevertretern indirekt demontiert (7:54). Während der verloren Geglaubte mit großer Geste, untermalt mit pathetischer Musik, dennoch den Tagungsort der VIG öffentlichkeitswirksam gemeinsam mit seiner Familie betritt, ist er auf einer Videoleinwand zu sehen (7:59). Eine Videoleinwand zeigt Greedinger ebenfalls bei seiner kämpferischen Rede, mit der er seinen Machtanspruch geltend machen will (7:61, 7:64). Schließlich sieht sein verbitterter Vater, als alles aufgedeckt und für den Protagonisten verloren ist, im Fernsehen – zum dritten Mal werden an dieser Stelle Fernsehbilder im Fernsehen betrachtet – die Berichterstattung über das Scheitern seines Sohnes und die Floskeln des Vorstandsvorsitzenden der Meyssen AG samt seines Versprechens, »diese angebliche Affäre schnellstmöglich und umfassend aufklären« zu wollen (7:66). Medientechnologien sind in der fiktionalen Welt des Krimis »Um jeden Preis« omnipräsent. Sie für ihre Zwecke zu nutzen oder zu kontrollieren, ist ein Teil des Geschäfts derer, die mächtig sind oder dies anstreben. Wie ein medienreflexiver Kommentar klingt

5.3 Kontextualisierung: Arbeitswelt und Gewerkschaft im »Tatort«

da die genretypische Forderung des Ermittlers Leitmayr an den Protagonisten, ihm einen genauen Zeitplan über seine Aufenthaltsorte samt entsprechender Zeugen zukommen zu lassen: »Persönlich, per Fax, per Mail, wir sind da ganz modern« (7:39).

Unmittelbar nach der Vertragsunterzeichnung zu Beginn des Krimis wird der Protagonist vom Vorstandsvorsitzenden der Meyssen AG, Dr. Rohpe, über den Tod des Journalisten informiert. Die beiden hatten eine »Abmachung«: Dafür, dass Greedinger den Journalisten mundtot macht, garantiert Dr. Rohpe den Erhalt von »5000 Arbeitsplätze[n] in Ingolstadt« (7:8, 7:47). Den unveröffentlichten, investigativen Artikel von Truss hält er später in den Händen. In einem kurzen *close-up* wird die erste Seite gezeigt: »Systematische Korruption bei deutschen Konzernen u.a. Meyssen AG von Rainer Truss. Bestechung, Schwarzgeld, Provisionen« (7:47). Die Enthüllungen des Toten erweisen sich als zutreffend und Greedingers Pakt mit dem Vorstand als Gratwanderung. Als am Ende alles herauskommt und der Gewerkschafter abstürzt, erweisen sich alle Versprechungen über die Sicherung der Arbeitsplätze, vermeintliche Freundschaft und gegenseitige Unterstützung als haltlos (7:66). In seiner Rechtfertigung gegenüber seinem belogenen Freund Batic und dessen Kollegen Leitmayr werden die Dilemmata, in denen er sich befindet, noch einmal zusammengefasst, ebenso die großen Fragen entlang der Konfliktlinien »Idealismus – Moral und Freundschaft – Wahrheit« (Gürke 2009), die der Krimi aufwirft und die eindeutig zu beantworten niemand vermag:

> »Das Werk in Ingolstadt wird nicht geschlossen. Die Produktion wird nicht in ein Billigland verlagert. Ich musste Rainer Truss daran hindern, dass er mit diesen Recherchen an die Öffentlichkeit geht. […] Glaubt ihr wirklich, dass irgendein Unternehmen einen Großauftrag an Land zieht, ohne Bestechungsgelder zu bezahlen? Auch wenn sie alle das Gegenteil behaupten. Sie machen's alle, überall auf der Welt. […] Sag du mir, was richtig ist, Ivo. Sag's mir. Wenn diese Unterlagen in die falschen Hände kommen, an die Öffentlichkeit geraten, dann verlieren 5000 Menschen ihre Existenz. Vielleicht noch mehr« (7:65).

Mit dem Scheitern des Protagonisten verbunden ist eine am Ende des themengebundenen Teils der Narration textperspektivische Uneindeutigkeit, die bleibt. Die zu Denkanstößen taugenden Fragen lauten:

> »Wie weit darf man gehen, um die Welt zu verbessern? Wann ist man mutig und wann nur noch skrupellos? Und wo endet Freundschaft? Tiefgehende Fragen wirft der neue Münchner Tatort auf – und versucht sich zum Glück nicht an einfachen Antworten« (Gürke 2009).

5. Detailanalysen und Kontextualisierung

Eine eindeutige, globale »Moral von der Geschichte« (Wulff 2005, S. 384) entbehrt der Krimi im Hinblick auf sein in der vorletzten Sequenz auserzähltes Thema des Wandels gewerkschaftlicher Interessenvertretung. Hinsichtlich des Subplots über den Umgang mit ausländischen Kollegen, namentlich der »temporäre[n] italienische[n] Fachkraft für organisierte und Computerkriminalität« (7:4), die im Film Luca Panini heißt, ist die Moral trotz des Bemühens abgeschmackter Italien-Stereotype eindeutig: Der Ausländer stellt mit seinen spezifischen Fähigkeiten und aufgrund seiner Andersartigkeit eine Bereicherung dar. Auf dem Bolzplatz verbrüdern die drei Männer sich letztlich und entlassen damit das Krimipublikum in den weiteren Sonntagabend (7:67).

5.3.3 »Schweinegeld«: schlechte Arbeit in der Fleisch verarbeitenden Industrie

»Subventionsbetrug, Leiharbeiterelend, EU-Tricksereien – der Tod des Schnitzelkönigs führt die Kommissare Ritter (Dominic Raacke) und Stark (Boris Aljinovic) in ›Schweinegeld‹ [...] direkt ins Dickicht der globalisierten Fleischwirtschaft« (Buß 2009b). In der filmischen Repräsentation dieses überbordenden, kompliziert aber spannend erzählten Berliner »Tatorts« finden sich viele problembehaftete thematische Aspekte wieder, die von kritischen Stimmen mit der Fleisch verarbeitenden Industrie in Zusammenhang gebracht werden.[22]

Der in einer Kühlkammer inmitten von Schweinehälften aufgefundene Tote war der Seniorchef eines mittelständischen Berliner Schlachtereibetriebes. Es stellt sich heraus, dass das Unternehmen vor einiger Zeit in einen Gammelfleischskandal verstrickt war und ebensolches quer durch Europa fahren ließ, um EU-Subventionen zu kassieren. Ein ehemaliger Schlachter und mittlerweile Subunternehmer bei »Merklinger Fleisch. Qualität seit 1963« (30:11), Joachim Kahle, stellt sich am Ende als der gesuchte Täter heraus. Das Motiv: Seine kleine Tochter starb an verseuchtem Fleisch aus dem Betrieb.[23] Er hielt den Patriarchen gefangen, um ihn zur Rede zu stellen, wobei dieser einen Herzinfarkt erlitt und verstarb (30:40). Der ungewollt zum Täter Gewordene ist auch in diesem Fall selbst ein Opfer übergeordneter Verhältnisse und verbrecherischer Umtriebe, die

---

22 So diente das Buch »Die Fleischmafia. Kriminelle Geschäfte mit Fleisch und Menschen« von Adrian Peter (2006) den Drehbuchautoren Christoph Silber und Thorsten Wettke u.a. als Quelle für ihren Film; vgl. ebenfalls die Sendung »Fleischbranche: Deutschland ruiniert seine Nachbarn« des Politmagazins »Panorama« vom 02.12.2010.

23 Die Täterfigur wird von dem Schauspieler Ole Puppe verkörpert, der im ebenfalls thematisch in der Fleisch verarbeitenden Industrie verorteten »Tatort«-Krimi »Tödliche Häppchen« (SWR 2012) einen smarten und wortgewandten Veterinär spielt.

5.3 Kontextualisierung: Arbeitswelt und Gewerkschaft im »Tatort«

er selbst nur in Teilen mit zu verantworten hat. Dies entspricht erneut dem liberalen Erklärungsmuster für Verbrechen im Fernsehen und insbesondere in zeitgenössischen »Tatort«-Krimis (vgl. Pinseler 2006).

Die in dem Fall Verdächtigen haben fast alle auch in dem kleinen Politainment-Kosmos der Sendung ihren Platz und sind damit Thementräger: Um ihren Lohn betrogene Leiharbeiter wollen sich die Entführung Merklingers zunutze machen, um an ihr Geld zu gelangen, der Nachfolger des Firmenchefs, sein als charakterschwach und überfordert gezeichneter Sohn, überlässt die Firma peu à peu zwei unterhaltsam-stereotyp dargestellten Vertretern der ukrainischen Mafia, die betrogene Ehefrau des Toten könnte den vermeintlichen Mord ebenso begangen haben wie eine ältere Büroangestellte, deren Tochter der Tote sich zur Geliebten nahm. Die persönlichen Verstrickungen sind vielfältig.

Arbeit in Form konkreter Tätigkeiten im Betrieb, in diesem Fall das Umgehen und Hantieren mit Fleisch, wird in der Diegesis von »Schweinegeld« nur sehr kurz gezeigt. Ein weitaus größeres Gewicht hingegen kommt der verbrecherischen Organisation von Arbeit zu. Die Einführung in den Schlachtereibetrieb als Handlungsort erfolgt relativ spät, nachdem das Verbrechen begangen und zentrale Figuren der Narration in den ersten Sequenzen eingeführt wurden. Zu den lauten Geräuschen von Sägen und Beilen sind in kaltem Industrielicht nacheinander dokumentarisch anmutende Nah- und Großaufnahmen aus dem später sogenannten »Zerlegebereich« (30:16) der Firma zu sehen: Ein Fleischstück, das mit drei Beilschlägen zerteilt wird, dahinter weiteres Fleisch samt zahlreicher Knochen. Eine Hand schneidet mit einem scharfen Messer längs durch eine Schweinehälfte und löst Teile davon heraus, ein liegendes Schweinestück wird mit einer elektrischen Säge zerteilt, ein weiteres Stück einer von der Decke hängenden Hälfte von einer in einem Schnittschutzhandschuh steckenden Hand mit einem Messer herausgetrennt und in eine Plastikwanne geworfen. Es handelt sich um einen Teil eines Schweinekopfes samt Ohr. Schließlich nimmt einer der weiß bekittelten Arbeiter mit der einen geschützten Hand ein Stück Fleisch und zerteilt es mit der anderen, bevor sein konzentriertes Gesicht und das seiner Kollegin, die Freundin des später dingfest gemachten Täters, gezeigt werden. Ein weiteres großes Schweinestück wird von einem Arbeiter mit Schutzweste auf eine Arbeitsfläche gewuchtet, bevor in einer Übersicht gewährenden »Halbtotalen [...] die agierenden Figuren im Handlungsraum präsentiert« (Mikos 2008, S. 196) werden (30:8). Ziemlich genau 33 Sekunden reichen aus, um die Art der Arbeit, um deren Bedingungen es in diesem Krimi geht, in wenigen ikonischen Bildern kurz und dabei im dokumentarischen Stil audiovisuell anzudeuten. Die Übergänge von (Pseudo-)Dokumentarismus zur Fiktion sind in Themen-»Tatorten« stets fließend: Die Krimis sind mehr oder weniger fiktional, enthal-

5. Detailanalysen und Kontextualisierung

ten mehr oder weniger genau belegte, dokumentarische Aspekte. Ihnen liegt ein »graduelles Verständnis von Fiktionalität« (Hißnauer 2011, S. 58) zugrunde.

Nur einmal noch werden die Bilder von der Fleischverarbeitung kurz in einer weiteren Halbtotalen zitiert, als es darum geht, die Arbeitskraft neuer Beschäftigter von den hinter einer Glasscheibe stehenden Chefs der Firma beurteilen zu lassen (30:39). Die schlechten Rahmenbedingungen besagter Arbeit werden unmittelbar darauf erstmals angezeigt, als einer der Arbeiter sich bei dem Juniorchef beschwert und in gebrochenem Deutsch den ausstehenden Lohn für sich und seine bulgarischen Kollegen einfordert (30:8).

Der Juniorchef, der seit dem Tod seines Vaters allein für den Betrieb verantwortlich ist, behauptet seinen zukünftigen mafiösen Teilhabern gegenüber, »ungefähr die doppelte Leistung« (30:8) erzielen zu müssen, um konkurrenzfähig zu bleiben. Seinem somit begründeten Wunsch nach billigen Arbeitskräften werden seine neuen Partner in der darauffolgenden Sequenz kausallogisch entsprechen. Zunächst aber blickt Merklinger Junior aus dem Fenster seines Chefbüros auf die im Innenhof der Firma Arbeitenden und kommentiert das aus der Aufsicht zu Sehende: »Na ja, tot machen die sich nicht gerade. Katastrophe, Katastrophe. Keine Arbeitsmoral. Rauchen, saufen, beschweren sich. Und das für 4,50 Euro die Stunde« (30:9). Der Dumpinglohn entspricht in der außerfilmischen Realität ungefähr der Untergrenze dessen, was zur Zeit der Erstausstrahlung von »Schweinegeld« 2009 in der Fleisch verarbeitenden Industrie teilweise gezahlt wurde. Das Extrem als Exempel im Film dient der einfachen und unmissverständlichen Anschaulichkeit im Rahmen televisueller Interdiskursivität. Tiefere Gründe für derartige Praxen, außer dem ökonomischen Grundprinzip der Konkurrenz, werden im Krimi nicht genannt. Das ARD-Politmagazin »Panorama« nennt einige in einem Beitrag zum Thema:

> »Die Fleischindustrie in Deutschland erlebt echte Wirtschaftswunderzeiten. In ganz Europa werden Schlachthöfe dichtgemacht und in die Bundesrepublik verlagert. Nicht, weil die deutschen Schlachter die besten oder schnellsten wären. Nein, Deutschland lockt mit Rahmenbedingungen, mit denen der Rest Europas nicht mithalten kann: Kein Mindestlohn, keine Tarifbindung und nur wenig Kontrollen. [...] Tausende Billigarbeiter aus Osteuropa schuften dort in Tiermästereien, Schlachthöfen und Zerlegebetrieben zu Löhnen von teilweise unter fünf Euro, bis zu zwölf Stunden am Tag« (Panorama 2010).

Die beiden langbemäntelten, mafiösen Gebrüder Litwin – der eine klein und von bedrohlicher Höflichkeit, der andere ein in seiner schweigenden Art ebenso bedrohlich wirkender Hüne – lösen das Personalproblem des neuen Firmenchefs Merklinger Junior und verschaffen ihm dafür neue. Sie personifizieren »mit kra-

5.3 Kontextualisierung: Arbeitswelt und Gewerkschaft im »Tatort«

chendem slawischen Akzent« (Zaimoglu 2009a) die Organisation der illegalen Beschäftigung. Einer der Litwins macht folgenden Vorschlag und erläutert in diesem Zuge die Möglichkeiten illegaler Beschäftigungsverhältnisse:

»L: Maschinen nix Wert ohne Menschen. Für 4,50 Euro wir können besorgen zwei Schlachter aus Ukraine. Und die können arbeiten.

M: Die Ukraine ist nicht in der EU.

L: Wir beschäftigen Leute über eine polnische Firma. Und dann sie sind EU-Arbeiter.

M: Wir denken ähnlich, Herr Litwin« (30:9).

Eine halbe Stunde Krimizeit später entsteigt auf besagtem Hof, abermals aus der Aufsicht gezeigt, eine Gruppe Männer samt Reisegepäck der beplanten Ladefläche eines kleinen russischen Armeelasters. Die Büroleiterin des toten Firmenchefs erfasst dabei jeden einzelnen von ihnen und macht sich auf einem Schreibbrett Notizen (30:34). Das wenig komfortable Transportmittel und die an die Ankunft an einer Front oder in einem (Arbeits-)Lager gemahnende Inszenierung unterstreichen die Vorzugslesart des Textes, der zufolge (Leih-)Arbeit, zumindest in diesem fiktiven Betrieb, keine gute Form der Beschäftigung sein kann.

Die ukrainischen Mafiosi tragen mithin einerseits das Ihre zum szenisch-narrativ ausgestalteten Aspekt illegaler Beschäftigung bei. Andererseits informieren sie die Ermittler und die Zuschauer in direkter Figurenrede über Verfahrensweisen der fragwürdigen Subventionierung von Fleischexporten, wie sie in der außerfilmischen Realität existent sind. Vor der in Sachen Lokalkolorit perfekten Kulisse des Berliner Bode-Museums klärt der kleinere der Gebrüder Litwin die Ermittler offenherzig über die legale Seite seines »Geschäftsmodells« auf:

»L: Die haben Partner gesucht für EU-Subventionen, Exportpartner.

S: Was für EU-Subventionen?

L: Ukraine ist armes Land. Wir können uns nicht leisten Preise hier. Deshalb werden alle Fleischexporte an uns von der EU subventioniert.

S: Die Firma Merklinger bekommt Geld aus Brüssel, wenn sie an Sie Fleisch verkauft?

L: 31 Cent pro Kilo. Gute Politik. Die Deutschen essen fünf Millionen Tonnen Fleisch im Jahr. Produziert werden sieben. Es ist genug für andere Länder. Ärmere Länder« (30:48).

Dass derartige Praxen formal legal und aus der Sicht des halbseidenen Geschäftsmannes wünschenswert sind, ist die eine Seite der Medaille. Die Schattenseiten von Fleischexporten allerdings, etwa die Tatsache, dass sie den lokalen Märkten in den Importländern aufgrund niedriger Preise erheblichen Schaden zufügen, bleiben in »Schweinegeld« gänzlich unerwähnt (vgl. Maurin 2011).

5. Detailanalysen und Kontextualisierung

Der im Rahmen filmischer Interdiskursivität gegebene Zwang zur genretauglichen Darstellung führt dazu, dass mit der Verarbeitung von spezialdiskursivem Wissen eine selektive Verkürzung einhergeht.

Abgesehen von ihren Beiträgen zur interdiskursiven Informationsvergabe bereichern die ukrainischen Mafiosi die Narration um unterhaltsame Elemente der Krimisubgenres Gangsterfilm bzw. Mafiathriller (vgl. Hickethier et al. 2005, S. 19 ff.). Merklinger Junior macht sie zunächst zu Teilhabern (30:35) und freut sich mit ihnen über das gelöste Personalproblem (30:39). Die Ukrainer beweisen ihre Überzeugungskraft, indem sie einen betrügerischen Sub-Subunternehmer in bester, »ironisch gemeint[er] oder einfach nur unfreiwillig komisch[er]« (Israel 2009a) Genremanier dazu zwingen, veruntreutes Geld bei einem Treffen unter einer Brücke an Merklinger Junior zurückzugeben, unter der er dann auch später ermordet aufgefunden wird (30:42, 30:44, 30:58). Im weiteren Verlauf der Narration erpressen die Litwins den unbedarften Juniorchef zum kompletten Rückzug aus der Firma (30:61, 30:65). Merklinger Junior erkennt, sich »verrannt« (30:67) zu haben. Die Litwins hingegen werden schließlich nach einer erfolgreichen Abhöraktion durch ein Sondereinsatzkommando der Polizei verhaftet (30:68).

Nach der Vereinbarung des naiven Juniorchefs mit seinen neuen Partnern treten die Ermittler in die thematische Sphäre dieses Krimis ein. In einem *establishing shot* wird ihre Ankunft auf dem Firmenhof inmitten von Einsatz- und Lieferfahrzeugen sowie Männern der Spurensicherung gezeigt. Während er sich umschaut, ist hinter Kommissar Stark das Firmenlogo Merklingers erstmals zu sehen, ein fernsehtypisches *establishing logo*: Der Handlungsort ist somit in einer Form »inszenierte[r] Authentizität« (Bollhöfer 2007, S. 137) auf vorstellbar-wirklichkeitstreue Art kenntlich gemacht (vgl. Kapitel 6.2.3).

Um die Grundprinzipien bei der Beschäftigung von Leiharbeitern in der Fleisch verarbeitenden Industrie geht es, als die Sekretärin des toten Seniorchefs, Frau Balthasar (Johanna Gastdorf), im weißen Kittel und mit Merklinger-Logo als betriebszugehörig und kundig kenntlich gemacht, die Kommissare durch den Betrieb führt. Als Agentin von Interdiskursivität klärt sie die noch unwissenden, naiv bis bohrend nachfragenden und ihr damit Stichworte gebenden Ermittler und die Zuschauer über Organisation und Herkunft des Personals in dem exemplarischen Betrieb auf:

> »B: Insgesamt haben wir sechs Schlachtbereiche, mit unterschiedlichem Aufgabenfeld. Da drüben die beiden sind unsere Buchhalterin und unser Disponent. Außer mir sind das die einzigen Festangestellten […].
>
> R: Wenn das alle Angestellten sind, wer schlachtet dann die Schweine?
>
> B: Schlachter und Zerleger. Aber die sind nicht direkt bei uns angestellt.

5.3 Kontextualisierung: Arbeitswelt und Gewerkschaft im »Tatort«

R: Aber die arbeiten doch gerade hier?
B: Ja, aber von denen kann kaum jemand Deutsch« (30:16).

Besagte Buchhalterin und der Disponent sind in der riesigen, anfangs in der Totalen gezeigten Halle im Gespräch mit Assistent Weber zu sehen: Worte und Bilder stehen in einem komplementären Verhältnis zueinander. Die Kommissare und die Sekretärin setzen ihren Rundgang durch die zuvor gezeigte Produktionsstätte fort, die mittlerweile menschenleer, aber voll von halb verarbeitetem Fleisch ist. Dort klärt sie die Ermittler über die ungefähre Herkunft der verschwundenen Arbeiter auf: »Die kommen von einem Subunternehmer. Streng nach EU-Dienstleistungsrichtlinien. Alle legal. Vollkommen üblich in der Branche« (30:16). Ihr zur Entschuldigung vorgebrachter Verweis auf die Branchenüblichkeit des Verfahrens unterstreicht die textseitig behauptete Gültigkeit der Aussagen der Thementrägerin über die Krimifiktion hinaus. In der folgenden Sequenz klärt Ermittler Stark seinen Partner Ritter detektionslogisch über die genauere Herkunft der Arbeiter auf: »Es handelt sich um bulgarische Schlachter von einem Subunternehmer, dem Schlacht- und Zerlegebetrieb Joachim Kahle« (30:17) – der gesuchte Täter. Die Beschäftigungsverhältnisse klären sich nur wenig auf, als der gebrochene Subunternehmer berichtet, den Auftrag an einen »Sub-Subunternehmer in Bulgarien« (30:23) weitergegeben zu haben. Kahle fungierte nach der gammelfleischbedingten Unternehmenskrise bei Merklinger als Strohmann, der den Auftrag kostengünstig ins Ausland weitergab, was aber aufgrund komplizierter europäischer Richtlinien bis dato kaum zu durchschauen ist. Kahle: »Das sind EU-Bestimmungen. Ich guck da auch rein wie ein Schwein ins Uhrwerk. Aber ich hab weiter mein Gehalt gekriegt und – wenn die Alternative Hartz IV ist ...« (30:23). Den Betrug beging der zuvor elf Jahre als Schlachter tätige Kahle aus existenzieller Not heraus, ein weiteres Versatzstück im liberalen Begründungszusammenhang für das durch den Haupttäter begangene Verbrechen in diesem »Tatort«.

Die Lesart von der »schlechten« Leiharbeit unterfüttert zudem die szenische Gestaltung der auf einem ehemaligen Kasernengelände gelegenen, schäbigen Unterkunft der um ihren Lohn geprellten bulgarischen Leiharbeiter (30:27). Sie steht in starkem Kontrast zur mehrmals von innen und außen gezeigten, gediegen-herrschaftlichen Stadtvilla der Merklingers (30:3, 30:15, 30:18 u.a.). Nach dem von Björn Bollhöfer beschriebenen »Prinzip binärer semantischer Opposition, das mit sozialen und räumlichen Realisierungen korreliert« (Bollhöfer 2007, S. 133), arbeitet der filmische Text mit einfach verstehbaren Gegensätzen, um seiner »Haltung [...] zu seinem eigenen Gegenstand des Erzählten« (Borstnar et al. 2008, S. 178) zu entsprechen. Nach ihrer im *establishing shot* festgehaltenen Ankunft erkunden Ermittler Stark und seine uniformierten Kol-

5. Detailanalysen und Kontextualisierung

legen die Behausung mit subjektiv die Räumlichkeiten abtastenden Blicken und genretypisch gezogenen Waffen. Die Perspektivierung der Erzählung ist an dieser Stelle des Textes derart organisiert, dass es sich um eine Form des quantitativ restringierten *point of view* handelt: Die Zuschauer wissen nicht mehr als die innerfilmischen Figuren (vgl. Borstnar et al. 2008, S. 177). Diese Art der thematisch gebundenen Wissensverteilung ist zugleich Teil des Funktionszusammenhangs genreobligatorischer Spannungsdramaturgie, in diesem Fall eine Form von »Mystery« (Mikos 2008, S. 143). Die tastenden Blicke der Polizisten schweifen im düsteren Licht über Laub im Gebäudeinneren, zerborstene Scheiben sowie defekte und verdreckte sanitäre Anlagen samt blutiger Stofffetzen über den Armaturen. Nadja Israel bezeichnet die Unterkunft in ihrer Fernsehkritik treffend als menschenleeres »›Arbeitslager‹, in dem die blutigen Spuren der Schweineverarbeitung sich vermischen mit den Alltagsspuren der Menschen, die dort hausen müssen« (Israel 2009a). In einem größeren Raum des Quartiers dann entdeckt Stark – von Industrial Sounds begleitet, die die Narration unterstützen – eine improvisierte Wohnstätte aus Campingstühlen, quer durch den Raum gespannte Wäscheleinen und als Schlafgelegenheiten dienende Matratzen, durcheinander liegende Alltagsgegenstände, alte Stockbetten und eine völlig verdreckte Kochnische (vgl. Mikos 2008, S. 239 ff.). Eine der ehemaligen bulgarischen Bewohner der Unterkunft, die unschuldige Freundin des Täters Kahle, kommentiert das Gezeigte im Rahmen ihrer zusammenfassenden Beschreibung der schlechten Arbeitsbedingungen bei Merklinger später beim Verhör im Polizeipräsidium wie folgt (vgl. Keppler 2006, S. 131):

> »Wir wurden herangelockt. Mit einem schönen Märchen. Fester Job, guter Lohn, 40-Stunden-Woche, Essen, Wohnung, alles bezahlt. Und dann war 14 Stunden pro Tag. Wir mussten Miete fürs Drecksloch bezahlen. Und dann drei Monate kein Lohn. Gar nichts« (30:37).

Der anklagende Kommentar der betroffenen Nebenfigur und das in diesem Zuge verbalisierte Wissen stellen eine prototypische Form partikularer moralischer Evaluation im »Tatort« dar.

Einer der mafiösen Gebrüder Litwin erklärt den Kommissaren und Zuschauern, wie Firmen legal an EU-Subventionen für Fleischexporte gelangen können (30:48). In der zweifelhaften Partnerschaft Merklingers mit den Ukrainern hofft Ermittler Stark eine Spur zur Lösung des Falles zu finden. Er wendet sich unter der Nutzung eines alten Kontaktes an einen im Polizeiapparat tätigen Experten: »Dorfmann, ist doch 'nen Versuch wert« (30:48). Die mit einem *telling name* versehene, als freundlich hilfsbereiter Kleinbürger mit Scheitel, Hemd, Krawatte und Büropulli gezeichnete Helferfigur tritt im Folgenden dreimal in Erscheinung. Als zwar nicht mit einer genauen Statusposition versehener, aber dennoch

5.3 Kontextualisierung: Arbeitswelt und Gewerkschaft im »Tatort«

ausgewiesener Experte für EU-Angelegenheiten mit Kontakten in die belgische Hauptstadt klärt Dorfmann die Kommissare und die Zuschauer über den am fiktiven Beispiel Merklinger exemplifizierten Fall von Subventionsbetrug auf (vgl. Mikos 2008, S. 165). Die Erkenntnisse, die die Ermittler bei der Befragung von Merklingers Chefsekretärin und der illegalen Durchsuchung ihres Büros – eine für Politainment in »Tatort«-Krimis typische Praxis, um »die Gerechtigkeit über das Legalitätsprinzip siegen zu lassen« (Dörner 2001, S. 194) – erlangen, verdichten sich dank des Experten Dorfmann immer mehr zu einem stimmigen Bild (30:50). So informiert Dorfmann bei seinem zweiten Auftritt: »Brüssel hat gerade geantwortet. In den letzten zwölf Monaten hat Merklinger fast 1,5 Millionen an Subventionen eingestrichen. Lief aber alles ganz regulär« (30:51). Bei seinem dritten Auftritt erläutert er in einer Bürosequenz mithilfe einer Karte und darauf eingezeichneter Pfeile den Weg des Fleisches quer durch Europa (30:57).

»D: Ich hab mir gestern Abend noch mal diese ganze Subventionsgeschichte angeschaut. Und mittlerweile glaube ich, dass ihr doch Recht habt. Dreimal die Woche schickt Merklinger Senior einen LKW Schweinefleisch nach Wof. Dafür kassiert er monatlich 150 000 von der EU. So weit, so legal. Auf dem Rückweg lädt der LKW polnisches Fleisch auf, um es im Auftrag einer belgischen Firma nach Berlin mitzunehmen, wo es die Belgier abholen. Aber jetzt kommt's: Diese polnische Firma gibt's gar nicht, existiert nur auf dem Papier.

W: Det kann nich sein. Der LKW kam voll zurück. Det hab ick selber gesehen.

S: Ja, na klar, weil er dasselbe Fleisch wieder mit zurückbringt, was er vorher in die Ukraine gebracht hat.

D: Die etikettieren es um und verkaufen es den Belgiern als polnisches Fleisch.

S: Und Merklinger kassiert doppelt. Einmal die Subventionen und dann das Geld aus Belgien.

D: Letzteres wahrscheinlich schwarz. In den Büchern taucht nichts auf. Macht beim derzeitigen Fleischpreis noch mal eine knappe Million« (30:57).

Die Verhöre des für die Fuhren quer durch Europa zuständigen und dafür fürstlich belohnten Fahrers bestätigen, dass es sich um Papiergeschäfte handelte. Das mittlerweile verdorbene Fleisch wurde umetikettiert und hin und her gefahren (30:62, 30:64). Die »unterhaltsame Aufklärung« (Weber 1992) macht das einzelfallbezogene Wechselspiel von Expertise und dem Verhör eines entlarvten Mittäters in Sachen Subventionsbetrug und Gammelfleischproblematik aus.

5. Detailanalysen und Kontextualisierung

Der erste Dialog der Kommissare bei ihrer Ankunft am Tatort verweist auf einen weiteren der in »Schweinegeld« virtuos miteinander narrativ verwobenen thematischen Aspekte. Ritter: »Merklinger-Fleisch, da war doch mal was wegen Gammelfleisch, oder?« (30:11). Neben EU-Subventionen und illegaler Leiharbeit sind es die vor allem seit dem Herbst des Jahres 2005 regelmäßig einer breiten Öffentlichkeit bekannt gewordenen Skandale um Geschäfte mit verdorbenem und umetikettiertem Fleisch, die als Vorlagen für den Krimi dienten. Skandale taugen besonders zur Konstruktion von Politainment im Fernsehen, denn:

> »Der Skandal und seine Agenturen bilden eine nachhaltige Reflexions-, Verhandlungs- und Korrekturinstanz von soziokulturellen Werten und Normen sowie ihrer Stabilität und Legitimität – sei es, dass Grenzen von Vergesellschaftungsbereichen restabilisiert werden und neu geschärft werden müssen, oder sei es, dass solche Grenzen überhaupt erst gezogen und eingerichtet werden müssen« (Ziemann 2011, S. 263).

Grenzen ziehen muss der filmische Text in Sachen Gammelfleisch indes nicht. Die in »Schweinegeld« kommunizierte »Fernsehmoral« (Kottlorz 1993) ist dem als Vorlage dienendem Geschehen entsprechend eindeutig. Bei der oben zitierten Funktionsbeschreibung des Skandals handelt es sich um eine Idealvorstellung. Tatsache ist, dass viele skandalträchtige Themen erst mit zeitlicher Verzögerung und dem Primat der Unterhaltsamkeit weit untergeordnet Einzug in die Kriminarrationen von »Tatort«-Krimis halten.

Die Fleischskandale liefern einen Teil des lebensweltlichen Hintergrundes der Krimihandlung von »Schweinegeld« und in diesem Zuge auch das nachvollziehbare Motiv des Täters im Rahmen der spannenden Genrenarration. So wird Schlachter und Subunternehmer Kahle eingangs beim Selbstmordversuch mit Alkohol und Tabletten gezeigt (30:5); er verkraftete den Tod seiner kleinen Tochter nicht, die nach dem Verzehr von Gammelfleisch gestorben ist. Seiner Freundin nennt er später auf dem Liebeslager, während der populärkulturellen Standardsituation des intimen Momentes bei der »Zigarette danach«, die Gründe dafür (30:52) und erhält nach seiner Verhaftung die Gelegenheit, seine in Wut und Trauer begangene Verzweiflungstat ausführlich und Mitleid evozierend zu begründen (30:73). Der Krimiplot beutet in diesem Sinne den unhinterfragbaren Konsens darüber aus, dass Böse ist, wer verdorbenes Fleisch in Umlauf bringt und daraus Profit schlägt. Jedoch enthält der filmische Text auch Zwischentöne, die die Eindeutigkeit eines binären Gut/Böse-Schemas kurzzeitig infrage stellen und die Komplexität der Problematik zumindest erahnen lassen. Bei ihrer ersten Befragung von Max Merklinger, dem Juniorchef, kommen die Kommissare im Zuge der genretypischen Klärung der familiären Verhältnisse auf das Thema Gammelfleisch zu sprechen:

5.3 Kontextualisierung: Arbeitswelt und Gewerkschaft im »Tatort«

»S: Der Gammelfleischskandal letztes Jahr?

M: Gammelfleisch? Was denn für Gammelfleisch bitte?

S: Na ja, stand in der Zeitung.

M: Hören Sie mir mal zu. Wir haben eine Ladung Schweine bekommen, die mit Trichinen belastet war. Eine Ladung. Das Ganze wurde vorschriftsmäßig entsorgt, ab und fertig. Die Presse hat sich natürlich draufgestürzt. Was das für die Firma bedeutet hat, war denen scheißegal.

R: Was hat es denn bedeutet?

M: Entlassungen, Umsatzeinbrüche. Wir standen kurz vor der Pleite. Das stand nicht in Ihrer Zeitung, oder?« (30:13).

Die Kommissare haben von dem in »Schweinegeld« stellvertretend für viele stehenden, exemplarisch fiktionalisierten Einzelfall in der Zeitung gelesen und befinden sich damit auf dem vermuteten Kenntnisstand vieler Zuschauer. Das Thema Gammelfleisch nahm in sämtlichen Medien nach 2005 immer wieder einen breiten Raum ein, weshalb es vielen geläufig sein dürfte. Der spezialdiskursive Begriff »Trichinen« ist mit der empörten Aussage des Firmenleiters eingeführt und wird später von einem Experten näher erläutert. Die pressekritische Erwähnung der Auswirkungen negativer Schlagzeilen auf die gesamte Fleisch verarbeitende Industrie sorgt für ein kurzes Aufscheinen von Differenziertheit. Auf Bezugnahmen auf die im Zuge von Fleischskandalen ebenfalls betroffene Dönerindustrie verzichtet der filmische Text, obwohl dieser Verweis gerade in Hinblick auf den Handlungsort Berlin nahelege.

Schließlich finden die Kommissare nach gründlicher Recherche die verdorbene Ware. In »Schweinegeld« werden jedoch keine expliziten Ekelbilder von grün-gräulichem Gammelfleisch gezeigt. Ein Telefonat zwischen Ritter und Stark reicht aus, um den Fund anzudeuten und eindeutig moralisch zu evaluieren:

»R: Das Fleisch, das seit Tagen in unserem abgesperrten Kühlhaus liegt, ist das Gammelfleisch von vor einem Jahr?

S: Ja, gut möglich. Wahrscheinlich auch noch Fleisch aus zwei weiteren Kühlräumen. Pervers, oder? Das Labor bekommt 'ne Fleischprobe. Die machen dann gleich 'ne Analyse« (30:69).

In der übernächsten Sequenz folgt die besagte Analyse durch den zweiten Experten in diesem »Tatort«, einen mit weißem Kittel bekleideten und in einem Labor arbeitenden Mann in der Funktionsrolle des helfenden Naturwissenschaftlers (30:71, vgl. Mikos 2008, S. 165). Naturwissenschaften gehören im Fernsehen zu den Spezialdiskursen, die am leichtesten darstellbar sind, weshalb sie sehr häufig für Inszenierungen von Wissenschaft und Erkenntnisgewinn genutzt werden (vgl. Kapitel 6.2.3). Die Aufgabe des Experten besteht darin, die Existenz von

»Trichinen« (30:71) in dem gefundenen Fleisch nachzuweisen. In einem *extreme close-up*, einem Blick des Experten durch ein Mikroskop auf das Ergebnis einer »künstlich[en] Verdauung« (30:71), sind in einer kurzen Einstellung gräuliche Schleier und Würmer zu sehen. Das Entsetzen steht der Helferfigur ins Gesicht geschrieben, bevor sie, befördert durch die Nachfrage von einem der Ermittler, als Agentin von Interdiskursivität beginnt zu referieren:

»E: Man will sich gar nicht vorstellen, was los wäre, wenn jemand davon gegessen hat.

S: Wieso, was wär dann?

E: Trichinilose. Fängt mit Durchfall und Übelkeit an, wenn die Fadenwürmer schlüpfen und sich im Verdauungstrakt festsetzen. Ein normaler Arzt kann das gar nicht diagnostizieren. Kommt man ja nicht drauf. Und so vermehren die sich im ganzen Körper.

S: Und wozu kann das führen?

E: Infektionskrankheiten. Bei einem schwachen Immunsystem sogar zum Tod. Leberversagen, Lungenentzündung, Herzinfarkt, Magendurchbruch« (30:71).

Der Experte erfüllt eine Doppelfunktion: Er sorgt mit seiner Rede einerseits für eine Wissensvergabe im Rahmen filmischer Interdiskursivität und treibt andererseits die Detektionshandlung voran, indem er die Ermittler auf die Spur des Täters Kahle bringt, dessen Tochter an besagter Krankheit starb.

Verschiedene, die Fleisch verarbeitende Industrie betreffende, thematische Aspekte werden in der »Tatort«-Folge »Schweinegeld« von den Kommissaren verbal und mimisch moralisch evaluiert, dies in der Summe negativ. Die globale »Moral von der Geschichte« (Wulff 2005, S. 384) fällt hingegen optimistischer aus. Während Ermittler Ritter nach dem Fund des Gammelfleisches noch behauptete: »Da werd ja sogar ich zum Vegetarier« (30:69), kündigt er im für »Tatort«-Krimis typisch launigen Epilog der Sendung an, mit seinem Kollegen ein Steak essen gehen zu wollen: »Ich lass mir doch von so 'nem bisschen Gammelfleisch nicht den Appetit verderben« (30:75). Die Notwendigkeit eines nicht nur gelösten Falles, sondern auch eines »zumindest in Teilen vom gelingenden Leben« (Hügel 2008a, S. 96) erzählenden, hoffnungsfroh stimmenden, versöhnlichen Ausgangs sorgt für dieses Ende des Krimis, der Skandalträchtiges für seine unterhaltsame Narration nutzt und dabei aufklärt, jedoch nicht zur Panikmache beitragen will.

5.3 Kontextualisierung: Arbeitswelt und Gewerkschaft im »Tatort«

5.3.4 »Baum der Erlösung«: Arbeit und Integration I

Der grundlegende thematische Konflikt der ersten »Tatort«-Episode des Jahres 2009, die Migrationsfolge »Baum der Erlösung« (ORF 2009), ist bereits in seinem Vorspann angelegt. Während die Titel eingeblendet werden, sind in schneller Folge zu sehen: das Aufsetzen eines Halbmondes auf die Turmspitze einer Moschee vor einem Alpenpanorama, ein ausspuckender Nachbar auf seinem gegenüberliegenden Balkon, nochmals die von den Gläubigen bejubelte Fertigstellung der Moschee, eine christliche Kirche, ein Café namens Istanbul und – unter krachendem Lärm und waberndem Dampf – die industrielle Produktion von Stahlkugeln, möglicherweise für Kugellager. Es folgt ein Liebespaar am See, nochmals die industrielle Produktion, ein Unwetter, das Minarett im Dunkeln, ein Betender in der Moschee, der seinen Blick davon angewidert abwendende Nachbar, nochmals ein Unwetter und schließlich eine Tote am Baum, dem »Baum der Erlösung« (23:1). Die zwei sehr kurzen, figurenlosen Industrieszenen in der Einführung deuten bereits an, was später szenisch-narrativ ausgestaltet wird: den Zusammenhang von Arbeitswelt und Migration. Der Mann türkischer Herkunft, der den Halbmond auf die Moschee installiert hat, sowie sein Sohn sind Arbeiter in der auf wenige Details reduzierten Produktionsstätte. Der als völkisch-rechtsradikal charakterisierte Nachbar ist der ihnen vorgesetzte Industriemeister. Ihr Binnenverhältnis am Arbeitsplatz wird über zwanzig Minuten Erzählzeit später in einer Sequenz präzisiert. Sie beginnt mit der Markierung des Handlungsortes »Werkhalle«: Zwei Arbeiter in Blaumännern und mit Schutzmasken schweißen in gleißend hellem Licht zwei Werkstücke aneinander. Vater Ozbay schweißt, sein Sohn hält fest (23:21). Industriemeister Larcher – Vater des, wie sich herausstellen wird, rassistisch verblendeten Mörders – mit grauem Kittel, Oberhemd und vorn auf der Nase sitzender Lesebrille fordert Vater Ozbay missmutig auf: »Lass mal schauen« (23:21). Er kontrolliert die Arbeit der beiden, kann aber beim besten Willen nichts daran aussetzen. Im folgenden Dialog zwischen den beiden älteren Männern dann bringt der Ausländerhasser die Gründe für seine Gesinnung zum Ausdruck.

Die Werkhalle als Arbeitsstätte dient der Verortung von Menschen, die im selben Ort leben, im selben Betrieb arbeiten und demzufolge miteinander auskommen müssen. Der filmische Text liefert ein in der Populären Kultur fest etabliertes Sinnbild für die Arbeitssituation türkischer Migranten in westeuropäischen Staaten und versieht es mit einer konsensuell gültigen Lesart: Als sogenannte »Gastarbeiter« vor über 50 Jahren zur Arbeit in der Industrie ins Land geholt, leisteten und leisten sie und ihre Kinder heute qualifizierte Arbeit und tragen damit ihren Teil zur Wirtschaftsleistung bei. Dieser Lesart entspricht ebenfalls die Inszenierung der großbürgerlichen Bauunternehmerfamilie Kork-

5. Detailanalysen und Kontextualisierung

maz in der Folge »Familienaufstellung« (RB 2009, vgl. Kapitel 6.3.2): eine türkischstämmige Großfamilie gelangt durch viel Fleiß und Ehrgeiz zu Wohlstand und Anerkennung.

Die Arbeit der Gebrüder Larcher in »Baum der Erlösung«, von denen der eine sich als der gesuchte Mörder herausstellen wird, besteht darin, in luftigen Höhen der Tiroler Bergwelt mittels Gittern, Trossen und stählernen Matten Vorrichtungen zur Bergsicherung zu installieren. Sie und die sie umgebenden Kollegen tragen entsprechende Schutzkleidung, Helme und Handschuhe. Der Arbeitsplatz bietet einen weit reichenden Blick auf die Berge, in die der Mörder sich am Ende der Narration begeben wird, um ein weiteres Verbrechen zu begehen (23:58). Die Inszenierung des Arbeitsplatzes dient hier lediglich der reihentypischen, lokalen Kolorierung der Krimihandlung.

5.3.5 »Familienaufstellung«: Arbeit und Integration II

Andeutungen von Arbeit finden sich auch in dem »Türken-›Tatort‹« (Schmitz 2010, S. 103) »Familienaufstellung« (RB 2009). In dieser Cultural-Clash-Folge (vgl. Faulstich 2005, S. 300) betreibt der Patriarch der türkischstämmigen Familie Korkmaz ein Bauunternehmen und ist damit sehr erfolgreich. Von ihrem Assistenten Karlsen erfahren die Ermittler Lürsen und Stedefreund in hölzern aufgesagten Sätzen: »Die Familie der Toten Rojin Lewald ist sehr wohlhabend. Der Vater ist der Bauunternehmer Durmus Korkmaz. Er ist dick drin im Ausbau der Hafencity. Sein ältester Sohn Ferhat ist seit Kurzem Juniorchef der Korkmaz Bau GmbH« (19:14). Detektionslogisch gelangt Kommissar Stedefreund in die großzügigen und mit viel Glas gestalteten Räumlichkeiten der Firma. Arbeit hat in der filmischen Repräsentation hier die Funktion, den sozialen Status der tatverdächtigen Familienmitglieder zu definieren. Sie findet sich lediglich in angedeuteter Form wieder, indem zu Beginn der ersten Sequenz in der Firma ein Mann mit einer Akte und einer langen Papierrolle, einem Bauplan, vor einem großer Empfangstresen, hinter dem zwei Mitarbeiterinnen zu sehen sind, durchs Bild geht und der Juniorchef über den Vater sagt: »Ich weiß nicht, was ich ohne ihn in der Firma machen würde« (19:23), während er sich inmitten einer Gruppe Anzug tragender Männer befindet, die über papiernen Plänen brüten. Letzteres wird bei der Fortsetzung der Befragung in der übernächsten Sequenz in ähnlicher Form noch einmal kurz gezeigt (19:25). Arbeit ist hier keine Tätigkeit, die unternommen wird, weil es gilt, einen Mangel zu beseitigen, sondern im Gegenteil, um zu zeigen, woher der bereits vorhandene Reichtum der Familie stammt (vgl. Füllsack 2009, S. 8).

5.3 Kontextualisierung: Arbeitswelt und Gewerkschaft im »Tatort«

5.3.6 »Rabenherz«: Personal- und Zeitmangel in der Krankenhauspflege

In einem hybriden Mix aus leisem Krimi und religiösem Mysterienspiel, angereichert mit dokumentarisch anmutenden Elementen, verschlägt es den Kölner Kommissar Freddy Schenk in der Folge »Rabenherz« (WDR 2009) in ein Krankenhaus. Er schlüpft weder inkognito noch offen – also unrealistisch ermittelnd – in das weiße Gewand eines Krankenpflegers, um in der Praktikantenrolle stellvertretend Einblicke in die problembehafteten Verhältnisse eines exemplarischen deutschen Krankenhauses zu erhalten bzw. den Zuschauern zu gewähren. Der Arbeitsalltag ist geprägt von Personalmangel, engen Dienstplänen, Überstunden und wenig Zeit für Patienten. Schenk begibt sich im Krankenhaus auf Spurensuche, wird zunächst als ungebetener Gast betrachtet und abgeschoben, überprüft die Verfallsdaten von eingelagerten medizinischen Produkten, wischt auf der Babystation Erbrochenes auf und isst unter den skeptischen Blicken des Stammpersonals in der Kantine, gewinnt an Ansehen und wird zum temporären Mitglied der Gemeinschaft des pflegenden Personals. Wie in anderen »Tatort«-Episoden wird der Problembereich vermittels des temporären Mittuns, Erlebens und sogar Arbeitens des Ermittlers narrativ erschlossen (vgl. Kapitel 5.2). Diesen Funktionszusammenhang fasst Kathrin Buchner in ihrer Fernsehkritik in deutlichen Worten zusammen:

> »Wie schön also, wenn sich ein so überzeugendes Unterhaltungsformat wie der Kölner ›Tatort‹ mal den real existierenden Zuständen im Krankenhaus widmet. [...] So schlüpft Hauptkommissar Freddy Schenk (Dietmar Bär) zur Vor-Ort-Ermittlung in einen weißen Pflegerkittel, und es ist eine Wonne, die plumpe Gestalt des Kommissars beim Kotze-Aufputzen und Essensausteilen zu beobachten. Feinfühlig wie selten erfährt Schenk Intimes vom Pflegepersonal und erfährt am eigenen Leib den Stress in der Klinik« (Buchner 2009b).

Max Ballauf, der Partner Schenks, treibt derweil die Ermittlungen von seinem Büro aus voran. Nachhaltige Magenschmerzen verleiden ihm sowohl den Kaffeegenuss als auch Einsätze außerhalb des Präsidiums. Dies ist eine weitere Verbindung der Ermittlerfigur mit der aktuellen Thematik, die aufgelöst wird, indem er sich nach langem ängstlichem Zögern am Ende der Narration in eben beschriebenem Krankenhaus behandeln lässt. Die interdiskursive Informationsvergabe in der von einer Kritikerin als »Akte X mit katholischem Kölschgeschmack« (Gamer 2009b) bezeichneten Folge beschränkt sich auf relativ wenige Sequenzen. Sie beginnt mit Andeutungen einer Nebenfigur, eines Pflegers, im Kontext seiner genreobligatorischen Befragung durch die Ermittler zu seinem Verhältnis

5. Detailanalysen und Kontextualisierung

zum Ermordeten, einem beliebten Arzt. Der Befragte reagiert ungehalten und rechtfertigt dies mit der Arbeitsbelastung durch eine Doppelschicht: »Jetzt hören Sie doch mit der alten Geschichte auf. 'tschuldigung, ich hatte grad 'ne Doppelschicht, und die nächste fängt in ein paar Stunden an« (27:8). Stärker gewichtet noch ist in »Rabenherz« der Aspekt des Mangels an Zeit für Mitmenschliches im Krankenhausalltag. Seine zentrale Trägerin ist die vermeintlich mit heilenden Kräften ausgestattete, psychisch labile und strenggläubige Krankenschwester Maria (Anna Maria Mühe). Sie wird sich als die gesuchte Mörderin herausstellen, die den Arzt versehentlich umbrachte und sich zur Rechtfertigung, in religiösem Übereifer, auf Gottes Urteil beruft (27:82). Vor ihrer Verhaftung indes tut sie Gutes und kümmert sich ausgiebig, in den Augen der ihr vorgesetzten Ärztin gar zu ausgiebig, um die ihr anvertrauten Patienten: Ein aschfahler, glatzköpfiger Moribunder beichtet ihr im Fiebertraum, seine Frau betrogen und den Fehler zeitlebens nicht zugegeben zu haben (27:24). Maria geht in der übernächsten Sequenz in die Kapelle der Klinik und beichtet stellvertretend für den Mann. Bei einer anderen Gelegenheit bittet er sie, bei ihm zu bleiben: »Gehen Sie nicht, bitte bleiben Sie« (27:44). Sie kommt seinem Wunsch nach und hilft ihm durch Handauflegen. Infolge all dessen behauptet er später, Frieden gefunden zu haben, und verlässt am Ende, unter mysteriösen Umständen geheilt, die Klinik (27:26, 27:84). Die Verbindung von Interdiskursivität, Mystery-Elementen und konventioneller Genrehandlung in diesem Krimi zeigt, welch gänzlich unkonventionelle Verbindungen zur Einbindung brisanter Themen der »Tatort« ermöglicht. Die deutliche Verbalisierung des Zeitmangels, der in der Sendung mehrfach Erwähnung findet, erfolgt in einer weiteren Sequenz, in der eine Ärztin einen Fehler Marias bei der Sortierung von Medikamenten bemerkt und dies zum Anlass nimmt, sie zu ermahnen:

> »Ä: Sag mal, du weißt, dass das nicht geht, oder? Du bist doch nicht bloß müde. Du brauchst zu lange. Du bist zu lange bei den Patienten drin. Maria, du warst schon mal kurz davor, dass die dich rausschmeißen.
>
> M: Ja. Was soll ich jetzt machen? Bin doch nicht die Einzige, die manchmal nicht mehr kann« (27:43).

Ihre Antwort verweist auf die Allgemeingültigkeit des Problems des Zeitmangels bei der Pflege: Es betrifft nicht die Figur der labilen Krankenschwester allein, sondern hat über den fiktionalen Einzelfall hinaus eine Bedeutung in der außerfilmischen Realität. In redundanter Überdeutlichkeit fasst die Ärztin den Inhalt des Dialogs später gegenüber Schenk noch einmal zusammen: »Sie macht Fehler. Also keine schlimmen, es ist nur, sie braucht zu viel Zeit bei den Patienten, und wir müssen das dann ausbügeln. Sie steht quasi ein bisschen unter Bewährung« (27:56).

5.3 Kontextualisierung: Arbeitswelt und Gewerkschaft im »Tatort«

In einem späteren Gespräch Schenks mit Maria wird der Belastungsaspekt kausallogisch noch einmal deutlich herausgestellt. In einer für Interdiskursivität in »Tatort«-Krimis typischen Art unbedarften Nachfragens setzt der Ermittler als Außenstehender auf kurzer Stippvisite die filmisch-dialogische Informationsvergabe in Gang. Die Problemprotagonistin fasst das Ihre in einer Art von »Selbstcharakterisierung« (Faulstich 2002, S. 97) noch einmal zusammen:

> »FS: Ich hab ja sonst noch nicht so viel darüber nachgedacht, aber seit ich jetzt hier bin, also die letzten paar Tage, da denk ich, alle, die hier arbeiten, wie machen die das bloß? Was ist denn am schlimmsten für Sie?
>
> SM: Das sind die Patienten. Also, nicht die Patienten selbst, jedenfalls nicht alle. Aber das, was sie wollen. Haben Sie das schon mal erlebt, wenn Sie jemand Fremdes treffen und der erzählt Ihnen plötzlich ganz private Sachen? Was ihn bedrückt und so? [...] Ich lass mir einfach zu viel Zeit. Ich muss immer wieder zuhören. Ich schaff das nicht, dann wegzugehen, sie dann einfach liegen zu lassen. Ich nehme mir jedes Mal vor, das nächste Mal sagst du ihnen einfach irgendeine Ausrede und gehst. Aber ich schaff das nicht« (27:53).

Der Problemzusammenhang nicht ausreichend vorhandenen Personals bei stationärer Pflege wird in »Rabenherz« entsprechend in Form personalisierter, exemplarischer Inszenierungen und deren Kommentierungen thematisiert. Dieser und weitere mit dem Berufsbild der Pflegenden verbundene Belastungsaspekte fasst der ebenfalls in den Fall verstrickte Krankenhauspsychologe – qua Statusangabe ein ausgewiesener Experte – in einem längeren Monolog gegenüber Ballauf zusammen. Dr. Roth sagt zum Ermittler im Verhörraum des Präsidiums (vgl. Mikos 2008, S. 165):

> »Wissen Sie, bei den Geburten sieht es ja noch vergleichsweise gut aus. Wenn Sie sich zum Beispiel mal die Abteilung für Innere Medizin ansehen, da ist die Personalsituation extrem schlecht. Nachmittags ist da mitunter nur eine examinierte Pflegekraft für fünfundzwanzig bis dreißig Patienten zuständig. Und die soll sich dann noch um zwei Pflegeschülerinnen kümmern. Und auf der Onkologie bleibt kaum einer bis er vierzig ist. Die sind da verschlissen, wenn ich das mal so sagen darf. Die Überlastung gehört quasi zum Berufsbild. Da ist es wichtig, die Mitarbeiter aufzufangen. Gerade diejenigen, die überdurchschnittlich viel mit Sterbenden zu tun haben, mal von dem beziehungsgefährdenden System der Schichtdienste abgesehen, die ständig wechselnden Dienstpläne, das kommt ja alles noch dazu. Das sind sehr große Belastungen« (27:27).

Der Agent von Interdiskursivität erwähnt exemplarisch nacheinander drei verschiedene Abteilungen, die für Geburten, die Innere Medizin und die Onkolo-

5. Detailanalysen und Kontextualisierung

gie, was seine Rede leicht verständlich und nachvollziehbar macht. Die beiden Letztgenannten versieht er mit jeweils spezifischen Problemaspekten. Die Verständlichkeit seiner Rede erhöht sich dadurch, dass er neben rein spezialdiskursiven Begrifflichkeiten wie »examiniert«, die seinen Expertenstatus unterstreichen, auch Umgangssprachliches verbalisiert: So verwendet er das Wort »verschlissen« und entschuldigt sich sogleich für die saloppe Ausdrucksweise. Die mittels der Figur der Schwester Maria vorgeführten Belastungsaspekte erwähnt er wiederholend, die sozialen Auswirkungen von Schichtdiensten hingegen fanden bis dahin keine Erwähnung.

In der Summe beschränkt sich die interdiskursive Informationsvergabe in der Folge »Rabenherz« im Hinblick auf den arbeitssoziologischen Bereich des Zusammenhangs von Arbeit und Belastung auf wenige Aspekte, von denen der Mangel an Zeit für die Patienten der am deutlichsten hervorgehobene ist. Bei diesen Erwähnungen anhand weniger Beispiele bleibt es. Die Auseinandersetzung mit dem Problem des Personalmangels bei der Patientenbetreuung bleibt in der Summe rudimentär. Es kann daher lediglich von einem Darauf-aufmerksam-Machen gesprochen werden. Lösungsvorschläge werden nicht geliefert (vgl. Böhle 2010b, S. 452).

5.3.7 »Neuland«: Arbeit, die nicht lohnt

In der einsamen Landpartie des Frankfurter Kommissars Dellwo namens »Neuland« (HR 2009), das er ohne seine Partnerin Charlotte Sänger betritt, geht es um Landwirtschaft als eine Sphäre der Arbeit, in der nur noch Großbetriebe rentabel wirtschaften können und kleinere Produzenten auf der Strecke bleiben. In der textperspektivisch nahegelegten Lesart des Films ist die Arbeit der Kleinen zum Scheitern verurteilt bzw. trägt keine Früchte. Das Politainment in diesem hybriden Mix aus Krimi, Roadmovie, Spaghetti-Western und Heimatfilm beschränkt sich auf wenige, in loser Kopplung miteinander verbundene, thematische Aspekte bezüglich des Zusammenhangs von EU-Subventionen, Grundstücksspekulationen und Bio-Zertifikaten für Landwirte, von denen das titelgebende »Neuland« eines der bekanntesten ist. Die Handlung spielt im weitgehend geschlossenen Kosmos einer ländlichen, streng hierarchischen dörflichen Gemeinschaft, die den Mechanismen globaler Ökonomie dennoch nicht entrinnen kann. Kathrin Buchner schreibt in ihrer Fernsehkritik zu »Neuland«:

> »Wir sehen eine verzweifelte Biobäuerin, die auf das ›Scheißzertifikat aus Brüssel‹ wartet und bereits eine Viertelmillion Euro in den Hof versenkt hat. Und wir sehen einen Ex-Druckereibesitzer, der nach dem Tod seines Vaters die Mutter auf dem Hof durchbringt, keine Frau findet, mit einer

5.3 Kontextualisierung: Arbeitswelt und Gewerkschaft im »Tatort«

Flinte im Schweinestall auf Dellwo zielt und den Grundstücksspekulanten an seine Schweine verfüttert hat« (Buchner 2009c).
Der allmächtige Großbauer Plauer und die anonym bleibenden Konzerne lassen den Kleinbauern keine Chance: Sie verlieren ihr Land, weil sie sich bei den Versuchen, EU-Normen für Ökobetriebe zu erfüllen, über die Maßen verschulden (vgl. Buß 2009c). Die Settings weisen fernsehtypische Kontrastierungen auf: Auf der einen Seite steht das idyllische Landleben. Auf dem Hof der Jugendliebe des Ermittlers, gespielt von der zwischenzeitlich selbst zur »Tatort«-Kommissarin in Frankfurt avancierten Nina Kunzendorf, werden die Schweine von der kleinen Tochter noch per Hand gefüttert. Dem gegenüber steht der Agrargroßbetrieb des Großgrundbesitzers Plauer, mit aus der Untersicht gefilmten und dadurch mächtig erscheinenden Silos und großen LKWs samt Anhängern, die durchs Bild fahren, sowie seinem unmöglichen Sohn (Devid Striesow), der eine Gruppe Frauen für die groß angelegte Spargelernte einweist (24:8, 24:17, 24:18). Die Bäuerin hat »100 000 Euro Schulden und 40 000 bei Plauer« (24:40) und muss nach dem gewaltsamen Tod ihres Mannes später ihre Schweine verkaufen, um die Schulden zu begleichen (24:57). Mittels einfacher Gegensätze von Macht und Ohnmacht, kleinen und großen Betrieben, Soll und Haben etc. entwirft der Krimi ein Bild von Landwirtschaft, die im Kleinen zu betreiben sich nicht lohnt. Dabei liegen die Sympathien letztlich klar aufseiten der von Maklern, Spekulanten und Großgrundbesitzern Betrogenen (der Mörder Kruppka) oder glücklos Fleißigen (die verhinderte Bio-Bäuerin). Großbauer Plauer fasst in seinem großräumigen Büro – im Kontrast zu dem kleinen der Bauernfamilie (24:26) – gegenüber Dellwo, der sich eine Landschaftskarte mit blau markierten, schraffierten Flächen anschaut, die bestehenden Verhältnisse mit unverstellter Selbstzufriedenheit und krächzendem Geierlachen zusammen:

»Blau steht für Plauer. Haha. Mein Vater hatte nicht mal die Hälfte. Landwirtschaft macht heute nur noch Geld, wenn man's richtig macht. Grund und Boden, das ist und bleibt das Wichtigste. Schauen sie sich doch nur mal an wie die alle rumkrebsen mit ihrem Bio und Öko. Und das bisschen Geld von der EU. Kredite und dann ... Früher oder später schmeißen die alle hin« (24:29).

Das erste Opfer in diesem Krimi ist ein Grundstücksmakler. Zur negativen Charakterisierung dieser Berufsgruppe tritt in »Neuland« eine weitere Vertreterin dieser Zunft auf, die bei einer Veranstaltung im Saal eines Landgasthofs Bauern ihr Land abkaufen will. Die vor dem Hintergrund einer Power-Point-Projektion einer Landkarte agierende Nebenfigur mittleren Alters, mit blondiertem Haar, Hosenanzug, tiefem Dekolleté und in die Haare gesteckter Sonnenbrille wird als gleichsam geschäftstüchtig wie ordinär gezeichnet. Ihre Offerte an die Bauern beendet sie mit einem vermeintlich verlockenden Angebot:

5. Detailanalysen und Kontextualisierung

»M: Wenn Sie Ihr Land verkaufen wollen, bin ich in einer Stunde bei Ihnen. Und dann komm ich auch nicht alleine.

B: Ihren Mann können Sie daheim lassen. [Gelächter]

M: Keine Sorge. Ich bring einen Scheck mit, der deckt so gut wie Ihr bester Bulle« (24:19).

Ihr zotiges, mit ordinärem Augenzwinkern gemachtes Angebot wird von dem der Szenerie beiwohnenden Ermittler Dellwo mit einer abfälligen Geste bedacht und damit zum ersten Mal moralisch evaluiert. Beim zweiten Mal, in einer späteren Sequenz, fällt ihre Abstrafung durch die Norminstanz des Ermittlers noch deutlicher aus. Während sie diesmal zwei Anzug tragende Herren zu einer größeren Investition überreden will, »bevor der Kuchen verteilt ist« (24:28), kommt Dellwo überraschend hinzu, stellt eine einleitende Frage, gibt sich als Polizist zu erkennen und nimmt sie zur Seite: »Haben Sie auch was im Nordosten? Kriminalpolizei Frankfurt« (24:28). Der Ermittler verdirbt absichtlich das angebahnte Geschäft und die potenziellen Kunden flüchten unter Wahrung der Form aus dem Lokal. Der über den engeren Zusammenhang der Grundstücksspekulation gegebene Symbolwert der Sequenz besteht auch darin, die Tat, den Mord an einem Makler, zu plausibilisieren und im Sinne des liberalen Erklärungsmusters für Verbrechen zu deuten, wonach Täter nicht per se böse, sondern Opfer äußerer Umstände und Verhältnisse sind (vgl. Pinseler 2006, S. 19). So erzählt der später aufgrund schierer Verzweiflung ob der Verhältnisse zum Mörder an einem Grundstücksmakler gewordene Kruppka dem Ermittler Dellwo vor seiner Entdeckung eine exemplarische Geschichte über die Machenschaften einer »Spekulantenbande aus Frankfurt« (24:22) im Zusammenhang mit dem Bau eines Einkaufszentrums. Des Weiteren wird der Mörder als fürsorglicher Sohn gezeigt, der die Kochkünste seiner greisen Mutter lobt, ihr Arbeit abnimmt und ihr vor seiner Flucht Geld für die Reparatur des Hausdaches gibt (24:22, 24:59). Die Erklärung des verbrecherischen Protagonisten am Ende der Kriminarration, als er überführt ist und seine aussichtslose Flucht beginnt, entspricht ebenfalls diesem Erklärungsmuster. Der Verzweifelte wurde ein Opfer der Verhältnisse, in denen er zu leben hatte. Die genretypische Frage nach dem Wert des mörderischen Aufwandes beantwortet er Dellwo wie folgt:

»D: Und das alles nur wegen so 'n bisschen Geld?

K: Wegen Typen wie Gruber geht doch die Welt zugrunde. Typen, die einfach nur ihren Schnitt machen wollen. Und dann scheißen da irgendwelche Konzerne ihre Lagerhallen hin, die vor sich hin verrotten. Weil's Abschreibungsgeschäfte sind. Darum geht's doch. [...] Ich hab die Schnauze voll von Bestandsverwaltung. Ich hab nämlich nichts mehr zu verwalten« (24:59).

5.3 Kontextualisierung: Arbeitswelt und Gewerkschaft im »Tatort«

Als der Fall endgültig gelöst, der Mann der Bäuerin begraben ist und mit einem Leichenschmaus unter freiem Himmel – in einer Szenerie, die an Fernsehwerbung für Wurst erinnert – seiner gedacht wurde, kondolieren auch Großbauer Plauer und sein Sohn. Ob es sich um eine Versöhnungsgeste samt Schuldenstundung und einen möglichen Neuanfang samt Bio-Siegel handelt, bleibt dabei im Unklaren. Naheliegender ist, dass mit der schweren Herzens erfolgten Verabschiedung Dellwos von seiner Jugendliebe die in dieser Sendung thematisierten Verhältnisse unverändert fortbestehen.

5.3.8 »Mauerblümchen«: Leiharbeit

In diesem an thematischen Bezügen reichen »Tatort« finden vor dem Hintergrund eines zu lösenden Mordfalls an einer jungen Russin, die illegal in Leipzig lebte und arbeitete, neben Prostitution und Organhandel auch Bestechung in der Baubranche und die umstrittene Arbeitsform der Leiharbeit Eingang in die Kriminarration. Die Kommissare Saalfeld und Keppler stoßen im Zuge ihrer Ermittlungen auf eine Leiharbeitsfirma mit dem bezeichnenden Namen »Rapid«. Diese Firma hatte der grausam ermordeten Frau einen Job als Putzkraft in einem Hotel namens »Elster« verschafft, ein *telling name* für das darin vonstattengehende verbrecherisch diebische Treiben. Der vorbestrafte Hoteldirektor stellt sich am Ende als der gesuchte Mörder heraus und sein Neffe, ein »abgebrochener Filmstudent« (17:32), als skrupelloser Pornoproduzent. Ermittlerin Saalfeld sucht nach etwas mehr als einer halben Stunde Krimi-Erzählzeit zum ersten Mal die Geschäftsräume der Firma Rapid in einem modernen Flachbau auf. Der Kamerablick verfolgt sie von ihrer Ankunft im Auto an, beim Gehen über Metalltreppen und einen Gang bis ins Innere des Gebäudes. Dabei lenkt die Kamera in einem *establishing shot* den Blick auf das an dem Gebäude angebrachte Firmenschild. Derartige Verortungen von Spielhandlungen mittels Schriftzeichen finden im Fernsehen im Rahmen von »Authentisierungsstrategien, […] um nichtdokumentarisches Material authentisch erscheinen zu lassen« (Pinseler 2006, S. 67, vgl. Bollhöfer 2007, S. 137, Bauer 1992), nicht nur im Zusammenhang mit brisanten Themen im »Tatort« häufig Verwendung. Nachdem Saalfeld das Gebäude betreten hat, ist in einer Großaufnahme kurz das an der Glastür angebrachte Firmenschild mit dem vollständigen Namen »Rapid Leiharbeit GmbH« samt Angaben zu den Geschäftszeiten zu sehen (17:16, vgl. Kapitel 5.3.3). Der Ort des Geschehens ist damit eindeutig kenntlich gemacht. Saalfeld trifft zum ersten Mal auf die mit grauem Kleid und Lesebrille rollentypisch gekennzeichnete Geschäftsführerin mittleren Alters namens Horn. Diese erkennt die Tote auf dem Foto, das ihr gezeigt wird, wieder. Die korrigierende

5. Detailanalysen und Kontextualisierung

Antwort auf die provokante Frage Saalfelds, wohin sie Frau Buranek »verliehen« habe – »Vermittelt. Ins Hotel Elster« (17:16) – verweist bereits auf die umfassend kritische Textperspektive (vgl. Borstnar et al. 2008, S. 178) auf das hier repräsentierte Geschäft mit der Arbeitskraft ausländischer Frauen. Dass die Befragte sich umgehend rechtfertigt, unterstreicht dies: »Frau Kommissarin, ich weiß durchaus, dass es in unserer Branche viele schwarze Schafe gibt, aber Rapid ist ein seriöses Unternehmen« (17:16). Bereits an dieser Stelle ist zu erahnen, dass dem nicht so ist, was sich im Folgenden bestätigen wird. Die Tote war unter der Firmenadresse von Rapid gemeldet, wohnte dort aber nicht. Ihre Unterkunft entdecken die Ermittler später. Es handelt sich dabei um ein von außen in der Halbtotalen gezeigtes, finsteres Abbruchhaus mit vernagelten Fenstern, Stockbetten und Gerümpel darin: eine »[s]chlechte‹ Adresse« im Sinne eines »städtische[n] Raumausschnitte[s] [...] zur Typisierung« (Bollhöfer 2007, S. 134) des Schauplatzes sowie der für diese Wohnsituation Verantwortlichen.[24] Die schlechte Wohnsituation dient der filmischen Repräsentation von schlechter Arbeit, einer Arbeit, die als konkretes Tun bzw. Handeln indes nicht gezeigt wird, denn niemand putzt in diesem »Tatort«. Kommissar Keppler findet auf dem Fußboden der schäbigen Unterkunft eine Karte mit dem auffällig roten Logo der Leiharbeitsfirma, womit die passende Verbindung hergestellt ist. Keppler: »Rapid. Hier haben die Mädchen von Rapid also gelebt« (17:20). Seine Kollegin erwidert: »Ach. Gelebt ist für mich was anderes. Gleich nach der Kündigung von Stein hat die Horn die Mädchen abgeschoben« (17:20). Zuvor erfuhren die Zuschauer durch ein Telefonat des Hoteliers Stein, dass dieser einen »Putztrupp« zum Dumpingpreis, für »unter zehn Euro die Stunde« (17:18) orderte. Den Kommissaren gegenüber erwähnt der später überführte Mörder, dass er insgesamt zehn Leiharbeiterinnen bei sich als Zimmermädchen habe arbeiten lassen, die Tote eine von ihnen gewesen sei und er sie wegen eines Verdachts auf Diebstahl aus Prinzip alle herausgeworfen habe. Beim genretypischen Zusammenfassen der Ermittlungsergebnisse beim Verlassen des Hotels verdichtet sich der empörende Verdacht:

> »S: Stein mietet die Mädchen für fünf Euro die Stunde bei Rapid. Das muss man sich mal vorstellen. Und die machen nicht mal ein Geheimnis draus.

---

24 Vgl. die »Tatort«-Folge »Schweinegeld« (RBB 2009, Kapitel 5.3.2). Ähnliches ist in »Spargelzeit« (WDR 2011) zu sehen. In der Krimikomödie mit Politainment-Anteilen zum Thema ausländischer Arbeitnehmer als Erntehelfer bewohnen polnische und rumänische Arbeitskräfte ein wenig einladendes Behelfsquartier mit schäbigen Stockbetten und Spinden. In der Folge »Lohn der Arbeit« (ORF 2011) leben mazedonische Schwarzarbeiter bis zu ihrem Rauswurf in einem Container auf einer Baustelle und später unter freiem Himmel im Wald, wo sie sich von Wasser und aus der Not heraus gestohlenem Brot ernähren (14:37 ff.).

5.3 Kontextualisierung: Arbeitswelt und Gewerkschaft im »Tatort«

K: Und wie viel bleibt den Frauen davon?
S: Wusste er nicht« (17:19).

Die Frage danach, was den Frauen von dem Kleinstlohn bleibt, wird später kausallogisch beantwortet: Nichts (17:33). Bei der zweiten, diesem Mal gemeinsamen Visite der Ermittler bei Rapid betrachtet Kommissarin Saalfeld Geschäftsführerin Horn mit strafenden Blicken und der Ton ist rauer als bei ihrem ersten Besuch. Auf Horns Frage: »Was werfen Sie mir eigentlich vor?«, folgt die vernichtende moralische Evaluation durch die Ermittler. Keppler: »Menschenhandel, Ausbeutung von Minderjährigen, Kuppelei. Reicht Ihnen das?« (17:21).

Nach einer weiteren Viertelstunde Krimizeit, nach genretypischen Ermittlungen im Rotlichtmilieu und einem Schriftabgleich mittels Computertechnik haben die Kommissare das Zustandekommen des illegalen Beschäftigungsverhältnisses der Osteuropäerinnen geklärt. Eine Freundin der Rapid-Chefin aus der Stadtverwaltung namens Teichert besorgte gefälschte Arbeitsverträge und Aufenthaltsgenehmigungen für die jungen Frauen. Die Illegalität dieses Vorgehens ist eindeutig. Kommissarin Saalfeld verdeutlicht dies durch das Vortragen einer entsprechenden Textpassage aus dem Spezialdiskurs der Jurisprudenz:

»Paragraf 39 Aufenthaltsgesetz. Die Bundesagentur für Arbeit kann einer Beschäftigung zustimmen, wenn für diese deutsche Arbeitnehmer nicht zur Verfügung stehen – im Bereich der Gebäudereinigung eher unwahrscheinlich. Und um diese Prüfungen zu umgehen, hat die Teichert etliche Arbeitsgenehmigungen und Aufenthaltsbescheinigungen für ihre Freundin Horn gefälscht« (17:32).[25]

Die Zitation der Gesetzesnorm samt kontextualisierender Einordnung und Anbindung an den Fall macht den interdiskursiven Gehalt des kurzen Referats der Kommissarin als die die genannte Norm vertretende Instanz aus. In dem unmittelbar darauf folgenden Verhör der beiden Verbrecherinnen in der direkt anschließenden Sequenz, in klassischer »Alternation« (Borstnar et al. 2008, S. 153) der Handlungsorte, das zeitgleich und in getrennten Räumen erfolgt, zeigt sich die eine reumütig und die andere uneinsichtig. Beides löst bei den Kommissaren Unverständnis und Wut aus. Die Osteuropäerinnen arbeiteten »umsonst«, das heißt für »Kost und Logis« (17:33); den von Hotelier Stein gezahlten Dumping-

---

25 Unter dem Stichwort »Arbeitsmigration« informiert hierzu das Bundesministerium des Inneren: »Die Arbeitsmigration wird mit dem Aufenthaltsgesetz, der Aufenthaltsverordnung und der Verordnung über die Zulassung von neu einreisenden Ausländern zur Ausübung einer Beschäftigung (BeschV) geregelt. Im Aufenthaltsgesetz ist der Grundsatz festgelegt, dass die Zulassung ausländischer Beschäftigter und Selbständiger sich an den Erfordernissen des Wirtschaftsstandortes Deutschland orientiert. Hierbei müssen die Verhältnisse auf dem Arbeitsmarkt und das Erfordernis, die Arbeitslosigkeit wirksam zu bekämpfen, berücksichtigt werden« (BMI 2011).

lohn teilten die beiden »Vermittlerinnen« sich. Wo die Betrogenen tatsächlich hausten und nicht »logierten«, das zeigte zuvor die Entdeckung der ihnen zur Verfügung gestellten Unterkunft. Die sich trotzig gebende Rapid-Chefin rechtfertigt gegenüber Saalfeld das ausbeuterische Arbeitsverhältnis mit einer möglichen Legalisierung des Aufenthaltsstatus der um ihren Lohn Betrogenen:

> »R: Ein Jahr EU-Arbeitserlaubnis. Und die gilt für immer. Das war ihr Einstieg in die Legalität.
>
> K: Für fünf Euro Stundenlohn verdienen Sie durch die zehn Frauen 400 Euro täglich. Mal 60 Tage macht das zusammen 24 000. Während Ihre Zeitarbeiterinnen einen Null-Euro-Job hatten. Das müssen Sie mir mal erklären.
>
> R: Ich hab ihnen 'ne Chance auf die Erfüllung ihres Traums gegeben.
>
> S: Nein, das haben Sie nicht. Das war Ausbeutung, meine Liebe. Moderne Sklaverei« (17:33).

Den Mord beging jedoch allein der Hotelier. Die Verbindung von gänzlich unbezahlter Leiharbeit mit Prostitution und sogar Organhandel stellt eine textperspektivisch eindeutig eingenommene Haltung dar, die dem Gegenstand keineswegs umfassend gerecht wird und keinen Raum für Differenzierungen lässt. Eine neutrale Reintegration von Wissen im Modus der Interdiskursivität findet hier nicht statt. Was Leiharbeit über diesen fiktional extrem zugespitzten Fall genau ist oder auch sein kann, dazu liefert der filmische Text keine Informationen. Im Spezialdiskurs der Arbeitsforschung heißt es im Fazit der Publikation »Leiharbeit im Betrieb« des Instituts für Arbeitsmarkt- und Berufsforschung:

> »Es lässt sich festhalten: Leiharbeit ist also eine besondere und nach wie vor umstrittene Beschäftigungsform; für die einen kritikwürdig wegen der vermuteten Schlechterstellung der Leiharbeitnehmer und dem Unterlaufen von Sozialstandards, für die anderen begrüßenswert und förderungswürdig wegen ihrer erwarteten Beiträge zur Flexibilisierung des betrieblichen Arbeitseinsatzes, des Arbeitsmarktes und zum Abbau von Arbeitslosigkeit« (Promberger 2006, S. 3).

Das notwendigerweise verkürzte und zugespitzte Politainment der Sendung »Mauerblümchen« im Funktionszusammenhang der »Konsonanzbildung« (Dörner 2001, S. 103) beinhaltet indes die Behauptung eines bestehenden Konsenses darüber, dass Leiharbeit uneingeschränkt abzulehnen und verachtenswert sei. In diesem Sinne erfüllt der filmische Text seine »Orientierungsfunktion« (ebd.) im Rahmen politischer Unterhaltung und nimmt dabei einen eindeutigen Standpunkt ein bzw. offeriert ihn seinen Zuschauern. Insofern fehlt diesem »Tatort« als medialer »Moral-Agentur« (Ziemann 2011, S. 237) ein Element, das Platz

5.3 Kontextualisierung: Arbeitswelt und Gewerkschaft im »Tatort«

für eine »Kontroverse« oder gar eine »Gegenauffassung« (ebd.) lässt, was in anderen Folgen der Reihe durchaus festzustellen ist. Leiharbeit ist im »Tatort« »Mauerblümchen« durchweg und eindeutig schlechte Arbeit.[26]

5.3.9 »Oben und Unten«: Vorurteile gegenüber Putzkräften

In der Berliner Folge »Oben und Unten« (RBB 2009) stellen farbige Putzkräfte, die im U-Bahndepot der Verkehrsbetriebe arbeiten, den Bezug zum Thema des »Tatorts« – dem sozialen Gefälle in der Hauptstadt – her. Die obligatorische Leiche wird in einem Waggon sitzend gefunden, nachdem sie lange Zeit unbemerkt durch die Stadt gefahren ist. Bei der Besichtigung des Fundortes informiert Assistent und Kriminaltechniker Weber seine beiden Kollegen Ritter und Stark in saloppem Ton über die Entdeckung: »Also die Putzis ham ihn heute Morgen hier gefunden« (3:5). Ein Kameraschwenk auf zwei mit einem uniformierten Polizisten vor dem Waggon stehende farbige Männer in grauer Funktionskleidung und mit orangenen Warnwesten sorgt für eine entsprechende »textbezogene Illustration« (Keppler 2006, S. 130) des Gesagten. Auf der Jagd nach dem Mörder begibt sich Kommissar Ritter später auf eine nächtliche U-Bahnfahrt. Als die vermeintlich leere Bahn in das Depot einfährt und eine der männlichen Putzkräfte den Wagen betritt, erschreckt sie sich ob des daliegenden Mannes (3:20). Dass Ritter in dieser Nacht auf Fahndungstour ist, wissen die Zuschauer an dieser Stelle nicht – eine spannungsdramaturgische Form der »Überraschung« im Sinne der Typologie Edward Branigans (vgl. Mikos 2008, S. 143). Ritter weist sich aus, der Mann mit Wischmopp und Eimer zeigt sich erleichtert und antwortet in reinstem Hochdeutsch: »Ich hab gedacht, da sitzt schon wieder einer« (3:20). Der Kommissar lächelt und sagt beruhigend: »Alles okay« (3:20). Die beiden grinsen sich noch einmal freundlich an, der junge Mann fängt an zu wischen, und die Sequenz ist beendet.

Gering qualifizierte Arbeit dient hier dem filmischen Spiel mit Vorurteilen gegenüber farbigen Menschen. Mit der aus populären Narrativen hinlänglich bekannten und häufig verwendeten Funktionsrolle der farbigen oder anderweitig als fremd markierten Reinigungskraft geht die Erwartung einher, jemand gebrochen und unsicher deutsch Sprechenden anzutreffen. Die osteuropäische Putzfrau namens Maria Andreschko in der Folge »Mit ruhiger Hand« (WDR 2009,

---

[26] Vgl. die Folge »Auskreuzung« (WDR 2011), in dem ausgewiesene Experten das Für und Wider gentechnisch veränderter Lebensmittel verhandeln.

vgl. Kapitel 5.4) ist eine solche Nebenfigur, die diesem Bild entspricht.[27] In »Oben und Unten« bricht der filmische Text dieses Stereotyp und zeigt einen jungen Mann, der souverän parliert, sympathisch lächelt und sich mit dem Ermittler auf Anhieb gut versteht. Das Politainment der Sendung fällt insofern in das Register der »politischen Korrektheit« (vgl. Kapitel 3.4.3), als die Zuschauer dazu angehalten werden, eigene Vorurteile, die sie mit entsprechenden Stereotypen verknüpfen, zu hinterfragen (vgl. Dörner 2001, S. 103 f.). Darüber hinaus entspricht es dem offiziell propagierten Bild Berlins als einer sich unter anderem durch Diversität, Weltoffenheit und Toleranz auszeichnenden Weltstadt.

5.3.10 »Kinderwunsch«: Arbeit in der Stahlindustrie

In der Folge »Kinderwunsch« (ORF 2009) mit dem Kernthema der Reproduktionsmedizin führt die beiden österreichischen Ermittler Eisner und Brandstätter ihr Weg an den Arbeitsplatz der »lesbisch[en]« (9:2) Freundin der jüngst Ermordeten. Es handelt sich um eine wenig subtile, narrative Zuordnung mit starker Symbolkraft. »Astrid Heidegger, Diplomingenieurin« arbeitet in den »Stahlwerke[n] Linz« (9:2). In einer knapp einminütigen Sequenz passieren die behelmten Ermittler einen riesigen glühenden Stahlblock, dessen Weg der Kamerablick über die Walzstraße bis zu seiner Abkühlung verfolgt. Aufsteigender Wasserdampf und Warnsignale sorgen für Unsicherheit bei Gruppeninspektorin Brandstätter, sie stolpert in der ungewohnten Umgebung umher. Der die Ermittler Begleitende weist ihnen den Weg hinauf zum verglasten Leitstand. Darin treffen sie die Ingenieurin vor Kontrollbildschirmen sitzend an. Mit ihren halblangen Haaren im 1920er-Jahre-Stil und harten Gesichtszügen entspricht sie einem Stereotyp der (stahl-)harten, maskulinen Homosexuellen. Beim Vernehmen der überbrachten Todesnachricht bricht sie nicht in Tränen aus, sondern starrt ins Leere. Ihre Aussage zur Schwangerschaft ihrer ermordeten Freundin unterstreicht den maskulinen Gesamteindruck der Rollenfigur: »Eine Schwangerschaft konnte ich mir bei mir einfach nie vorstellen« (9:4). Ihre arbeitsweltliche Verortung in einem Stahlwerk ist zwar einerseits in hohem Maße stereotyp, bietet aber andererseits kurze dokumentarische Einblicke in einen Bereich schwerindustrieller Produktion.

---

27 Vgl. die »Tatort«-Folge »Spargelzeit« (WDR 2011). In der Münsteraner Episode fragt der ermittelnde Kommissar Thiel eine Gruppe polnischer und rumänischer Erntehelfer: »Kommen Sie, irgendwer wird ja wohl ein paar Brocken Deutsch sprechen, oder?« (Min 15:00 ff.). Er trifft zunächst auf eine Mauer internationalen Schweigens. Die späteren Antworten fallen entsprechend gebrochen und akzentreich aus.

5.3 Kontextualisierung: Arbeitswelt und Gewerkschaft im »Tatort«

5.3.11 Fazit: Arbeitswelt und Gewerkschaft im »Tatort«

Arbeit, verstanden als »zielgerichtete[r], intendierte[r] und in der Regel auch *geplante*[r] Prozess« (Füllsack 2009, S. 9, Herv. i. Orig.), ist in »Tatort«-Krimis allgegenwärtig, zunächst in Form der Detektionsarbeit der Kommissare. Als dem Realismusgebot der Reihe geschuldetes, lebensweltlich geerdetes Hintergrundrauschen ist Arbeit ein fester Bestandteil der artifiziellen »Tatort«-Welten. Figuren werden mit den Bezeichnungen und/oder Inszenierungen »ihrer« Arbeit in spezifischen filmischen Handlungsräumen sozial verortet. Die explizite Problematisierung von außerfilmischer Arbeit und ihren Bedingungen sowie von gewerkschaftlicher Interessenvertretung findet in mehreren im Jahr 2009 erstausgestrahlten Folgen statt, allen voran in der Episode »Kassensturz« (WDR 2009, vgl. Kapitel 5.2). Gewerkschaftsarbeit im Wandel wird in dem bayerischen Selbstmordkrimi »Um jeden Preis« (BR 2009) thematisiert. Die Analyse der Sendung zeigt, wie das Thema zeitgemäßer und zukünftiger Gewerkschaftsarbeit in Zeiten der Globalisierung mittels eines zwischen Idealismus, Karriere, gewerkschaftlicher Tradition und visionärer Kraft schwankenden Protagonisten dargestellt werden kann. Leiharbeit in der Fleisch verarbeitenden Industrie ist neben Subventionsbetrug und Gammelfleisch eines der Themen der komplexen Folge »Schweinegeld« (RBB 2009) aus Berlin. Darin finden sich selektiv verkürzt viele problembehaftete thematische Aspekte wieder, die mit der Fleisch verarbeitenden Industrie in Zusammenhang gebracht werden. Arbeit als konkrete Tätigkeit im Schlachtereibetrieb wird in diesem Krimi nur andeutungsweise gezeigt. Das in der Perspektive des Krimis elende Leben osteuropäischer Leiharbeiter erfolgt wie in anderen Krimis der Reihe »Tatort« anhand der Inszenierung einer schäbigen Unterkunft. Leiharbeit in der Fleischindustrie ist laut »Schweinegeld« stets schlechte Arbeit.

Auch in den »Migrations-›Tatorten‹« spielt Arbeit eine wichtige Rolle, insbesondere, um die thementragenden Figuren sozial zu verorten. In »Baum der Erlösung« (ORF 2009) findet sich der Zusammenhang von Arbeitswelt und Migration dadurch angedeutet, dass der filmische Text auf Industriearbeit als eine verbreitete Form der Arbeit türkischer Migranten, vor allem der ersten Generation, in westeuropäischen Staaten verweist. Die mit einer konsensfähigen Lesart – die fremden Arbeiter sind fleißig und gewissenhaft – versehenen Figurenzeichnungen haben überdies die narrative Funktion, Migranten und Ausländerhasser zu konfrontieren. In der Bremer Folge »Familienaufstellung« (RB 2009) ist Arbeit in der filmischen Repräsentation insofern funktional, als sie den hohen sozialen Status der tatverdächtigen männlichen Mitglieder einer arrivierten türkischstämmigen Familie mit definiert. Arbeit ist hier keine Tätigkeit, die unternommen wird, weil es gilt, einen Mangel zu beseitigen, im Gegenteil: Sie

5. Detailanalysen und Kontextualisierung

dient dazu, zu zeigen, woher der bereits vorhandene Reichtum stammt (vgl. Füllsack 2009, S. 8).

In der Episode »Rabenherz« (WDR 2009) erhalten die Kommissare stellvertretend für die Zuschauer Einblicke in die Arbeitsbedingungen von pflegendem Personal in deutschen Krankenhäusern. In der Rolle des Praktikanten begibt sich Ermittler Schenk direkt in diese Arbeitswelt und erfährt am eigenen Leib und aus erster Hand etwas über die entsprechend problembehafteten Verhältnisse: Personalmangel, enge Dienstpläne, Überstunden und wenig Zeit für die Patienten. Besonders das Problem, dass nicht genügend Personal für die stationäre Pflege vorhanden ist, wird in »Rabenherz« durch personalisierte, exemplarische, szenisch-narrative Dramatisierungen und deren Kommentierungen thematisiert. In »Neuland« (HR 2009) wiederum geht es peripher um Landwirtschaft als eine Sphäre der Arbeit, in der nur noch Großbetriebe rentabel wirtschaften können und kleinere Produzenten auf der Strecke bleiben. In dem hybriden Mix aus Krimi, Roadmovie, Spaghetti-Western und Heimatfilm beschränkt sich das Politainment auf wenige, in loser Kopplung miteinander verbundene, thematische Aspekte, die sich mit EU-Subventionen, Grundstücksspekulationen und Bio-Zertifikaten für Landwirte – von denen das titelgebende »Neuland« eines der bekanntesten ist – befassen.

In der Leipziger Folge »Mauerblümchen« (MDR 2009) empören sich die Ermittler über ausbeuterische Formen von Leiharbeit, eine in die Krimihandlung eingewobene Form des Geschäfts mit der Arbeitskraft ausländischer Frauen. Dumpinglöhne und unbezahlte Arbeit im Tausch gegen ein womöglich dauerhaftes Bleiberecht sind in diesem Krimi angesprochene Aspekte. Was Leiharbeit über den zugespitzten Fall hinaus genau ist oder auch sein kann, dazu liefert der filmische Text keine Informationen. Das zugespitze Politainment der Sendung »Mauerblümchen« im Funktionszusammenhang der »Konsonanzbildung« (Dörner 2001, S. 103) behauptet einen Konsens darüber, dass Leiharbeit eine mit größter Skepsis zu betrachtende Form der Beschäftigung sei. Gering qualifizierte Arbeit wird auch in »Oben und Unten« (RBB 2009), einer Episode aus Berlin, verrichtet. Arbeit von Putzkräften dient hier dem filmischen Spiel mit Vorurteilen der Krimiseher gegenüber farbigen Menschen. In einer der »politischen Korrektheit« (vgl. Kapitel 3.4.3) verschriebenen Sequenz werden die Zuschauer dazu angehalten, eigene Vorurteile zu hinterfragen. Die stereotype arbeitsweltliche Verortung einer lesbischen Frau als Ingenieurin in einem Stahlwerk bietet in »Kinderwunsch« (ORF 2009) kurze Einblicke in die Arbeitswelt schwerindustrieller Produktion.

5.4 »Mit ruhiger Hand«: Alkoholismus im »Tatort«

Der »Tatort«-Krimi »Mit ruhiger Hand« ist ein eindrückliches Beispiel für eine enge Verzahnung von Detektionshandlung und gesellschaftspolitischer Thematisierung. Nach einer Einführung zum Verhältnis von Ermittlern zum Alkohol wird »Mit ruhiger Hand« im Folgenden einer detaillierten Analyse unterzogen, um am Beispiel dieser Episode zentrale textuelle Strategien im Modus politischer Unterhaltung aufzuzeigen und herauszuarbeiten (vgl. Kapitel 5.2).

5.4.1 Ermittler und der Alkohol

Der Konsum von Alkohol ist im »Tatort« allgegenwärtig. Die lebensweltliche Verankerung der realistisch erzählten Krimigeschichten sorgt dafür, dass darin angestoßen, genippt und auch exzessiv getrunken wird. Der Realismus des Krimigenres im Allgemeinen und der »Tatort«-Reihe im Besonderen führt als rezeptionsseitig eingefordertes textuelles Merkmal im kommunikativen Vertrag zwischen Text und Zuschauer (vgl. Buhl 2007) dazu, dass der großen Bedeutung des Alkoholkonsums in unserer Kultur auch in den Sendungen Rechnung getragen wird. So wie der ritualisierte Konsum von Alkohol Teil unserer Alltagskultur ist, der auf offiziellen Empfängen, bei Betriebsfeiern, an Abenden nach Konferenzen, im Sportverein, beim privaten Tête-à-Tête oder beim sonntäglichen »Tatort«-Schauen stattfindet, so gehört er auch in die Als-ob-Welten der Fernsehfiktion (vgl. Hurrelmann/Settertobulte 2008, S. 9 f.). Kommissarinnen und Kommissare trinken während ihrer Ermittlungen in Kneipen und beim gemeinsamen Abendessen, nach misslungenen wie auch nach geglückten Polizeiaktionen, ganz gleich ob in Münchener Biergärten, in Telfser Weinstuben oder in Konstanzer Wohnungen, an Kölner Currywurstbuden oder beim Karneval. Der mitunter exzessive Alkoholkonsum einsamer und/oder beziehungsgestörter Ermittlerfiguren hat im Krimigenre im Allgemeinen eine lange Tradition. Als prototypisch für den internationalen Genrekontext sei hier Jimmy McNulty, der Protagonist der US-Kult-Krimiserie »The Wire« (HBO 2002–2008) genannt. Dieser Sympathieträger und eifrige Ermittler trinkt in Baltimore nach Feierabend in der Bar, bei Totenfeiern, gemeinsam mit seinen Partnern von der Polizei an verborgenen Orten, bei Tag und bei Nacht und sogar heimlich im Dienst. Nach dem Beginn einer neuen Beziehung in der vierten Staffel der Serie geläutert und fast trocken, fängt er in der fünften wieder an, exzessiv zu trinken und seine gesamte Existenz aufs Spiel zu setzen, um sich zum Ende des Krimi-Epos endgültig eines Besseren zu besinnen. Als schlagendes Gegenbeispiel zum Typus des trinkenden Ermittlers muss der Exportschlager des deutschsprachigen

5. Detailanalysen und Kontextualisierung

Fernsehkrimis angeführt werden: Stefan »Derrick« (1974–1998) aus der Feder des unseligen Herbert Reinecker. »Derrick«, der Asket im Ermittlungsdienst raucht weder noch trinkt er. Auch sonst verfügt er über nur wenige ausgeprägte Charakteristika.

In der »Tatort«-Historie steht der »Protagonist der 80er Jahre« (Harzenetter 1996), Horst Schimanski (Götz George), am ehesten beispielhaft für fortgesetzt exzessiven Alkoholkonsum. Der proletarisch anmutende Ermittler trinkt in vielen Folgen Bier aus Dosen, betrachtet eine Duisburger Kneipe als sein Wohnzimmer und erwacht des Öfteren mit höllischen Kopfschmerzen nach durchzechter Nacht (vgl. Vogt 2005, S. 124). Bereits mit seiner Einführung in »Duisburg Ruhrort« (WDR 1981) ist sein Hang zum Alkohol in der szenenbildnerischen Gestaltung seiner chaotisch verdreckten Wohnung deutlich angelegt: Leere Flaschen und Dosen stehen und liegen darin zuhauf herum. Schimanskis Affinität zum Alkohol bleibt während seiner gesamten Zeit als »Tatort«-Kommissar ein Charakteristikum der Figur, was weder dem Publikumserfolg noch dem späteren Status als »nationale[r] Ikone« (Wenzel 2000, S. 194) einen Abbruch tat – auch und gerade wenn es um gesellschaftspolitische Themen ging. Das wenig vorbildhafte Trinkverhalten vieler Ermittler trübt demnach keineswegs ihren Status als Sympathieträger in tragenden Rollen: Sie stehen weiterhin unzweifelhaft auf der richtigen Seite, da sie das »Böse« jagen. Zur kritischen Thematisierung des gesellschaftlichen Problems Alkoholismus tragen die genannten Charaktereigenschaften und Verhaltensweisen der Ermittler selten etwas bei.

Gemeinsam ist diesen und weiteren Ermittlerfiguren, dass sie zwar regelmäßig unter Alkoholeinfluss interagieren (vgl. Mikos 2008, S. 119), dies jedoch mehr ihrer zweifelhaften Charakterisierung als »maskulin«, tendenziell lasterhaft und zum Exzess neigend dient als einer Problematisierung ihres Alkoholkonsums. Ermittlerinnen trinken im »Tatort« ebenfalls regelmäßig, häufig aber nicht in dem Maße, wie es ihre männlichen Kollegen tun – beispielsweise die »Tatort«-Kommissarinnen Blum, Lindholm, Odenthal und Lürsen. Bibi Fellner hingegen, die dem österreichischen Sonderermittler Eisner ab 2011 zur Seite gestellt wurde, ist die erste weibliche Ermittlerfigur mit einem unbewältigten Alkohol*problem*, das als solches bezeichnet und auch problematisiert wird.[28] Die weitgehend bewältigte Trinkervergangenheit des Leipziger Ermittlers Keppler findet wiederum im »Tatort«-Jahr 2011 Erwähnung. Ex- und implizite Problematisierungen des brisanten Themas, ob mit oder ohne persönlich betroffene Ermittler, gibt es vermehrt ab dem Jahr 2009, wie beispielsweise den Frankfurter »Tatort«-

---

28 Die Figur Bibi Fellner wird verkörpert von Adele Neuhauser, die als »Vertriebsleiterin BRD« der fiktiven Supermarktkette Billy ebenfalls in »Kassensturz« (SWR 2009) zu sehen ist (vgl. Kapitel 5.2).

5.4 »Mit ruhiger Hand«: Alkoholismus im »Tatort«

Kommissar Frank Steier (Joachim Król). Besonders in der Folge »Mit ruhiger Hand« (WDR 2009) wird das Thema Alkoholismus deutlich verhandelt.

5.4.2 Ermittler und Betroffener: Kommissar Max Ballauf

In den ersten Sequenzen der Folge »Mit ruhiger Hand« (WDR 2009) ist das im »Intertext« (Mikos 2008, S. 272) der Programmankündigungen und Kritiken annoncierte Grundthema bereits angelegt: der Alkoholismus (vgl. Buchner 2009d, Zaimoglu 2009b). Zu Beginn des Films ist der Bildschirm nahezu schwarz. Die Kamera eröffnet den Blick auf eine grob gepflasterte Uferstraße, auf der ein Auto steht, dessen Unterseite wie auch einer der Reifen lediglich in schwarzen Umrissen zu erkennen sind. In dem schmalen Ausschnitt zwischen Straße und Autounterboden sind ein Geländer und dahinter das bewegte Wasser des Rheins auszumachen. Die gesamte Szenerie ist in ein diffuses, bläuliches Grün getaucht. In der glatten Oberfläche des Anhängers, der an dem im Zündschloss des Autos steckenden Schlüssel hängt, spiegelt sich der Kopf des schlafenden Kölner Kommissars Max Ballauf. Die folgende Totale eröffnet den Blick auf den Rhein sowie darüber flatternde und sich darauf absetzende Vögel. Auf dem Wasser liegt kaum sichtbar der Schatten eines Kreuzes, des christlich-religiösen Symbols für Tod und Wiederauferstehung. Es folgt die Ein- und langsame Wiederausblendung des Filmtitels in Versalien: MIT RUHIGER HAND. Während Ballauf noch immer auf dem Fahrersitz schläft, nähert sich eine noch nicht zu identifizierende Person dem Wagen und klopft dreimal gegen die Scheibe der Fahrertür (1:54).

Die im Verhältnis zur beschriebenen Bildebene extradiegetische, elektronische Musik erwächst aus dem »Atmoton« (Borstnar et al. 2008, S. 140, vgl. Keppler 2006, S. 123) der Szene: dem kurz hörbaren Geplätscher des Rheins und Vogelgezwitscher. Sie bildet mit breiten, verschachtelten Synthesizer- und Samplerklängen, sich über mehrere Takte erstreckenden Tönen und einzelnen bruchstückhaften elektronischen Einsprengseln eine sphärische Soundcollage. Dieser Klangteppich verstärkt den durch die Farbgestaltung erweckten Eindruck des Vernebelt-Diffusen, Nachtschlafend-Verträumten, aber auch Morbide-Bedrohlichen zu Beginn dieses »Tatorts« (vgl. Mikos 2008, S. 243).

Die Eingangssequenz ist in ein verschwommen-nebliges Blaugrün getaucht. »Filmästhetisch gilt Blau als Farbe der Nacht, der Kälte, des Dämonischen, des Todes, der Erinnerung, der Trauer, der Melancholie« (Marschall 2005, S. 61). Grün hingegen schafft eine symbolische Spannung »zwischen Idylle und Bedrohung, zwischen gesunder Lebenserhaltung und verborgenem Gift« (ebd., S. 79). Alkohol als ein den Geist vernebelndes, im Übermaß genossen traurig machen-

5. Detailanalysen und Kontextualisierung

des und in letzter Konsequenz tödliches Gift findet in diesem Sinne eine passende farbliche Symbolisierung. Durch den Einsatz von Nebelfiltern und Farben lösen sich die Konturen der Figur des Kommissars auf und verschwimmen mit der räumlichen Umgebung des Autos (vgl. ebd., S. 158). Darüber hinaus handelt es sich um ein farbdramaturgisches Muster im Film: Dieses monochrome, bläulich-grüne Licht verweist auf das Innere des Helden, seine Sphären des Unterbewussten (vgl. ebd., S. 422). Ballauf wird in dieser Folge mit einem Alkoholproblem zu kämpfen haben.

Die erste Sequenz zeigt somit eine eindrückliche Koinzidenz zwischen dem Thema der Kölner »Tatort«-Folge und ihrer Bild- und Soundästhetik. In der Synthese aus szenischer Gestaltung, Bild und Ton entsteht ein kleines, der Grundthematik des Alkoholismus angemessenes Sound-Bild-Kunstwerk, das dazu angelegt ist, eine zum Einstieg in die Story passende emotionale Stimmung zu schaffen (vgl. Borstnar et al. 2008, S. 138). Ihre kausallogische Fortsetzung findet die Situation in der übernächsten Sequenz (1:56), die dort beginnt, wo die erste endet (vgl. Mikos 2008, S. 135). Ein Mann, aufgrund seiner grünen Uniform und der Mütze als Inhaber seiner Statusposition identifizierbar, sagt (vgl. Mikos 2008, S. 165): »Polizei, hören Sie mich?« (1:56). Ballauf, durch den Polizisten geweckt, öffnet das Seitenfenster des Wagens:

»B: 'türlich habe ich Sie gehört.

P: Bisschen viel getrunken gestern Abend. Führerschein und Fahrzeugpapiere.

B: Ich hab das Auto keinen einzigen Millimeter bewegt.

P: Wieso steckt dann der Schlüssel?

B: Mann, es ist noch mitten in der Nacht. Ich hab noch nicht mal 'nen Kaffee getrunken. Warum glauben Sie mir nicht einfach?

P: Ich warte immer noch auf ihre Fahrzeugpapiere, Herr Kriminalhauptkommissar« (1:56).

Mimik und Gestik des Protagonisten Ballauf verraten seinen Zustand: Ballauf leidet unter den Nachwirkungen ausgiebigen Alkoholgenusses. Die Feststellung des Polizisten – »Bisschen viel getrunken?« – wird mittels verschiedener »Zeigebilder« (Hickethier 2001, S. 108) visualisiert. Die Bilder des sich windenden, stöhnenden und aus zusammengekniffenen Augen dreinschauenden Ballaufs bestätigen die Einschätzung des Ordnungshüters. Der Wechsel von Auf- und Untersicht verdeutlicht das hierarchische Interaktionsverhältnis in dieser Situation, denn »die *Untersicht* oder *Froschperspektive* dient dazu, die gezeigten Dinge und Figuren als bedeutend und mächtig erscheinen zu lassen« (Mikos 2008, S. 201, Herv. i. Orig.). Ballauf schaut im Wagen sitzend zum Polizisten auf: Er

5.4 »Mit ruhiger Hand«: Alkoholismus im »Tatort«

muss wie jeder andere Bürger auch den Anweisungen des Beamten Folge leisten. Der Uniformierte wiederum verhält sich professionell gegenüber seinem »Kollegen«, verschont ihn nicht und geht vorschriftsmäßig seiner Arbeit nach. Diese besteht darin, dafür zu sorgen, dass keine Betrunkenen bzw. Personen mit Restalkohol im Blut am Straßenverkehr teilnehmen.

Mit dem Klingeln von Ballaufs Handy gelangt dieser in ein neues Interaktionsverhältnis. Sein Kollege Freddy Schenk und er führen folgenden Dialog:

»B: Freddy.
S: Sag mal, wo steckst du?
B: Wo soll ich um diese Uhrzeit schon stecken?
S: Zu Hause bist du nicht, da war ich schon.
B: Spionierst du mir nach?
S: Sag mal, hast du 'nen Kater?
B: Nein.
S: Du klingst so.
B: Freddy, bitte sag einfach, was los ist, ja?
S: Wir haben 'ne Leiche in Hahnwald, Brandenburger Allee 5.
B: Ich mache mich auf den Weg.
S: Ich frage jetzt nicht, woher. Morgen Kollege.
P: Morgen« (1:57).

In einer für die filmische Gestaltung von Telefonaten typischen Parallelmontage (*cross-cutting*, vgl. Borstnar et al. 2008, S. 153) tritt Schenk in diesem »Tatort« zum ersten Mal auf. Er geht mit dem Handy am Ohr einen von Hecken gesäumten Weg entlang. Die Lichtgestaltung ist dort ganz anders als in der Szenerie, in der sich Ballauf befindet. Es herrscht natürliches, taghelles Licht. Insgesamt viermal wechselt der Schauplatz während des Gesprächs alternierend von Ballauf im Auto zum gehenden Schenk. Durch die Montage erfolgt eine Synthetisierung der beiden Handlungsorte. Dies gibt Aufschluss über die räumlichen Verhältnisse: Schenk ist bereits auf dem Weg zum Tatort und bei der Arbeit, während Ballauf noch verkatert von dem Polizisten aufgehalten wird. Fernsehkrimis im Allgemeinen und »Tatort«-Sendungen im Besonderen beginnen häufig mit Sequenzen, in denen die Kommissare spätnachts oder frühmorgens aus einer privaten Situation herausgerissen und zum Tatort bzw. Leichenfundort gerufen werden. Hier wird diese, die Detektion in Gang setzende Situation mit der Einführung des gesellschaftspolitischen Themas verknüpft. Einer der ermittelnden Kommissare ist selbst betroffen. Die Frage seines Kollegen, ob er »'nen Kater« (1:56), also zu viel getrunken habe, verneint Ballauf. Die vorangegange-

5. Detailanalysen und Kontextualisierung

nen »Beweis- und Belegbilder« (Keppler 2006, S. 130) seines Befindens während der unerwünschten Interaktion mit dem Polizisten haben jedoch das Gegenteil gezeigt. Das Nicht-einsehen-Wollen und Verleugnen gehört bei Menschen mit Alkoholproblemen zum Krankheitsbild (vgl. Petzold et al. 2007).

Der Fortgang des Dialogs mit dem Verkehrspolizisten nach Beendigung des Telefonats mit Schenk unterstreicht die Verbindung von konventionalisierten Genredramaturgie mit dem gesellschaftspolitischen Thema des Alkoholismus. Höflich, aber bestimmt sagt der Polizist zu Ballauf:

»P: Tut mir leid, ich kann Sie in dem Zustand nicht fahren lassen.

B: Ich muss zu 'nem Mordfall.

P: Wen interessiert da noch ein sicherer Straßenverkehr? Aussteigen.

B: Weißte was? Leck mich am Arsch.

P: Was für 'n arrogantes Arschloch« (1:56).

In diesem Dialog beleidigt Ballauf seinen sich korrekt verhaltenden »Kollegen« und fährt einfach davon, um – kausallogisch – zum Tatort zu gelangen. Er lässt »den Mann wie einen Trottel dastehen« (1:71), was ihm sein Vorgesetzter, Staatsanwalt von Prinz, später vorwerfen wird. Von Prinz droht Ballauf infolge dieses Vorfalls mit einem Disziplinarverfahren und zwingt ihn wutentbrannt zu einer »freiwillige[n] psychologische[n] Begutachtung« (1:71), bietet ihm allerdings auch seine persönliche Hilfe an, was Ballauf peinlich berührt ablehnt (1:90).[29] Ob Ballauf das Auto tatsächlich »keinen Millimeter bewegt hat« (1:56) und nicht betrunken gefahren ist, bleibt in der Folge »Mit ruhiger Hand« hingegen ungeklärt.

---

29 An Ballaufs Reaktion wird deutlich, dass er sich auf keinen Fall mit dem Staatsanwalt privat treffen wird. Das aufgesetzt wirkende, väterlich-fürsorgliche Angebot verunsichert den Ermittler und ist ihm unangenehm. Die Situation in »Mit ruhiger Hand« ist deshalb komisch gebrochen, weil das Verhältnis der Kommissare als Kopf- und Fußarbeiter der Detektion zu den ihnen vorgesetzten Staatsanwälten im Genre des Krimis häufig angespannt bis feindlich ist. Im Fernsehkrimi im Allgemeinen und im »Tatort« im Besonderen gilt das Prinzip der hierarchischen Trennung. Die Vorgesetzten, vom Staatsanwalt bis zum Polizeipräsidenten, behindern die Kommissare oft mehr, als sie sie unterstützen. Die Vorgesetzten beharren auf der strikten Einhaltung der Dienstvorschriften und korrekten Beweislagen, zögern mit der Ausstellung von sogenannten »Durchsuchungsbefehlen«, suspendieren ihre Untergebenen und sind oft mehr an gelingender Öffentlichkeitsarbeit interessiert als an der Lösung des aktuellen Falles. Dies zwingt die Kommissare häufig, die Grenzen zur Illegalität zu überschreiten, Dienstsiegel auf- und in Wohnungen einzubrechen, Verdächtige ohne richterlichen Beschluss festzuhalten und unter Druck zu setzen sowie unkonventionelle Wege der Informationsbeschaffung zu beschreiten (vgl. Dörner 2001, S. 191). Gänzlich unüblich ist es im Fernsehkrimi hingegen, dass Kommissar und Staatsanwalt gesellig Zeit miteinander verbringen. Das vorauszusetzende Wissen der Zuschauer um diese Genrekonvention macht die Inkongruenz der Situation in diesem »Tatort« und damit ihre Komik aus (vgl. Knop 2007, S. 53 ff.).

5.4 »Mit ruhiger Hand«: Alkoholismus im »Tatort«

Unmittelbar im Anschluss an Ballaufs verbalen Schlagabtausch mit dem Polizisten beginnt die Detektion am Tatort als »Handlungsort für die normüberschreitende Tat« (Viehoff 1999, S. 253, vgl. Völlmicke 2010). Die erste Einstellung dieser Sequenz zeigt den auf dem Fußboden liegenden Leichnam des Opfers. Frau Gann, eine elegant gekleidete, schlanke Frau, liegt mit offenen Augen in ihrem Blut. Sie trägt ein Kostüm und Schmuck, ist ordentlich geschminkt und frisiert. Ein kleiner Aufsteller mit der Ziffer »Zwei« markiert den Fundort. Darüber kniet der glatzköpfige Pathologe, Dr. Roth, und macht Angaben zur Todesursache: »eine tiefe Stichverletzung der Leber« (1:57). Diese Aussage verweist auf die Beziehung zwischen Täter und Opfer und verknüpft wiederum den Genretext mit dem gesellschaftspolitischen Thema. Zum einen bewahrt der

>»Opferleib [...] die Spuren der Tat auf, die das Opfer mit dem Täter verbinden. Täter und Opfer sind nicht mehr nur über den psychischsozialen Apparat der Motive und Tatanlässe intim aufeinander bezogen, sondern durch den Leib selbst aneinander gebunden« (Wulff 2007, S. 2).

Der Mörder ist der Ehemann der Toten, Professor Gann. Er hat seine Frau mit einem chirurgischen Werkzeug erstochen, was auf seine Profession als Operateur verweist. Zum anderen steht die Angabe der Todesursache in direktem Zusammenhang mit dem Grundthema dieses Krimis: Das Motiv des Täters, so werden es die Zuschauer später erfahren, bestand darin, zu verhindern, dass seine Frau seine Alkoholkrankheit öffentlich macht und sich von ihm trennt. Die Leber als das vom Mörder tödlich getroffene Organ steht dabei kollektivsymbolisch für die Schädigung des menschlichen Körpers durch übermäßigen Alkoholkonsum (vgl. Link 2006). Das in der Populären Kultur fest verankerte Sinnbild der durch das Trinken von Alkohol in Mitleidenschaft gezogenen Leber fungiert hier als symbolischer Kitt bei der Verbindung von Detektion und Thema.[30] Es wird in »Mit ruhiger Hand« noch zweimal leitmotivisch aufgegriffen: als ein Kunstfehler offenbar wird, den Gann begangen hat – das Durchtrennen einer Leberarterie –, und als der ebenfalls alkoholkranke Sohn des Täters nach seinem selbstmörderischen Autounfall in die Klinik eingeliefert wird und der behandelnde Arzt dem Vater gegenüber von einer »akuten Leberschädigung« (1:100) des Jungen spricht.

Am Ort der Tat herrscht die »Geschäftigkeit einer professionellen Registratur des Todes« (Prümm 1987, S. 350). Während der Pathologe über die Todesursa-

---

30 Vgl. Hirschhausen, Eckart von (2008): Die Leber wächst mit ihren Aufgaben. Reinbek bei Hamburg: Rowohlt. Der promovierte Mediziner und studierte Wissenschaftsjournalist von Hirschhausen wurde als Komiker, Autor und Moderator populär. Der Titel seines Buches taugt deshalb zum Witz, weil in ihm ein inkongruenter Zusammenhang zwischen dem kollektivsymbolisch aufgeladenen Organ und menschlicher Schaffenskraft hergestellt wird.

5. Detailanalysen und Kontextualisierung

che spricht, gehen die Männer von der Spurensicherung in ihren weißen Overalls ihrer Arbeit nach. Fingerabdrücke werden gesichert, Fotos gemacht und Spuren markiert. Kommissar Freddy Schenk ist bereits dabei, zu ermitteln, als sein Kollege Ballauf verspätet am Tatort eintrifft. Letzterer hat seinen Dienstausweis nicht dabei und gelangt erst nach der Intervention seines Partners, »das geht in Ordnung, Kollege« (1:57), ins Haus. Ballaufs Zustand ist infolge seines Restalkohols unverändert angeschlagen. Der zu spät seinen Dienst Antretende wird von seinem Partner zunächst skeptisch betrachtet. Als Ballauf während der routinierten Begehung der Räumlichkeiten in Schenks unmittelbare Nähe kommt, wendet dieser sich mit verzerrtem Gesicht ab. Ballauf hat eine »Fahne« (1:57), er riecht nach Alkohol. Außerdem macht er einen gequälten Gesichtsausdruck, kratzt sich und murmelt leidend vor sich hin (vgl. 1:57), während der Pathologe über den Zustand der Leiche spricht. Schenk kommentiert Ballaufs Verhalten jetzt nicht nur mimisch, sondern auch verbal: »Sag mal, hast du die Nacht unter der Brücke verbracht, oder was?« (1:57), fragt er vorwurfsvoll und evaluiert das Fehlverhalten seines Partners damit moralisch (vgl. Wulff 2005, S. 384).

Anschließend entdeckt Schenk den Sohn des Opfers schlafend in seinem Bett liegend. Schenk weckt ihn und teilt ihm mit, dass sein Vater verletzt und seine Mutter tot sei. Der Sohn reagiert ungläubig und sieht seinerseits verkatert aus: Er hat rote Augen und ist schweißgebadet, seine Bewegungen sind langsam. Ballauf kommt hinzu. Im erstmaligen Aufeinandertreffen des, wie sich herausstellen wird, schwer alkoholkranken Jungen und des betroffenen Ermittlers findet eine weitere Verzahnung von Detektion und Thematik auf figuraler Ebene statt. Ballaufs Kommentar dem Jungen gegenüber ist wenig sensibel: »Der junge Mann scheint ja einen gesegneten Schlaf zu haben« (1:57). Schenk wirft seinem Partner einen strafenden Blick zu, doch Ballauf geht noch weiter und kommentiert das unsichere Verhalten und Wanken des Sohnes mit den Worten: »Ganz schön getankt, ne?« (1:57). Dieser vorwurfsvolle Ausspruch kann als Beschreibung auch seines eigenes Zustandes gelesen werden und wird von Schenk mit einem abschätzigen, mahnenden Blick quittiert. Nachdem Gann Junior von den Kommissaren an der Leiche seiner Mutter vorbei aus dem Haus gebracht worden ist, fragt Ballauf ihn noch ohne Sensibilität für die Situation des Teenagers nach dessen Vater, der noch lebt. Schenk kommentiert die Grobheit seines Kollegen mit einer einfachen Metapher: »Manchmal hast du ein Feingefühl wie ein Elefant« (1:57). Die vertrauten Eigenschaften der beiden Protagonisten des Kölner »Tatorts« werden an dieser Stelle, wenn auch nicht grundsätzlich verändert, so doch zumindest partiell verkehrt. Der in anderen Folgen zumeist menschlich-sensible Ballauf gibt sich unter dem Einfluss von (Rest-)Alkohol ungehalten und grob. Sein Partner Schenk hingegen, »der ehemals bullige Rohling mit dem

5.4 »Mit ruhiger Hand«: Alkoholismus im »Tatort«

Herz am rechten Fleck« (Abteilung Presse und Information der Programmdirektion Erstes Deutsches Fernsehen 2005, S. 48) mit einer sichtbaren Affinität zu fettigem Essen und Kölsch, zeichnet sich in dieser Folge durch verstärkte Sensibilität und Empathie aus. Das auf der Bildebene um die Figur Ballauf aufgebaute Wissen und dessen Kommentierung durch Schenk auf der Tonebene des Dialogischen stehen in einem wechselseitigen Verhältnis zueinander. Es erfolgt eine »gegenseitige Einordnung und Kommentierung von Bild und Wort, in der das Wort die Fußnoten zum Bild liefert und das Bild umgekehrt den authentischen Charakter der angesprochenen Szene verstärkt« (Keppler 2006, S. 131).

Das unausgeglichene Verhalten Ballaufs ändert sich auch in der darauffolgenden Sequenz (1:58) nicht. Handlungsort ist jetzt das Präsidium, die Zentrale der Detektion. Gann Junior wird dort von den Kommissaren zu seinen Eltern und der familiären Situation befragt. Ballauf verhält sich dabei dem Jungen gegenüber weiterhin ungeduldig und unsensibel, was sich vor allem in seinem ermahnend-unfreundlichen Tonfall ausdrückt. Gestik und Mimik des Kommissars verraten, dass er fortgesetzt an den Spätfolgen des Zechens leidet (vgl. ebd., S. 122). Auch seiner Kollegin Lüttgenjohann gegenüber verhält sich Ballauf unangemessen grob. »Ja dann hol den hier hin!« (1:58), kommentiert er ungehalten, laut und vorwurfsvoll ihre Informationen über den Verdächtigen Koschinski, was auch sie, ähnlich wie Schenk, mit Unverständnis quittiert: »Fahndung läuft doch schon« (1:58). Die Kollegin macht auch ohne die Ermahnung Ballaufs ihre Arbeit. Der Detektionsapparat funktioniert. Ballauf windet sich, schaut gequält und fragt seine weiterhin referierende Kollegin nach einer »Kopfschmerztablette« (1:58). Der Protagonist verweist mit seinem verbalisierten Wunsch auf den eigenen Zustand. Die mit der Frage nach der Tablette genannten »Zeigewörter« (Hickethier 2001, S. 108) geben dem Gebaren der Figur Sinn. In der Verbindung von Zeigen und Verbalisieren entsteht die komplexe audiovisuelle Dimension filmischer Repräsentation.

Ballaufs Verhalten sorgt für schlechte Stimmung bei der Detektionsarbeit, sowohl am Tatort als auch im Polizeipräsidium. Eine Aura des Negativen umgibt die thematisch als Problemprotagonist aufgeladene Figur. Ihre Interaktion mit den anderen Figuren perspektiviert und bewertet einen Aspekt des Themas Alkoholismus, nämlich das problematische Verhältnis von Alkoholkranken und ihren Arbeitskollegen sowie daraus resultierende Beeinträchtigungen der Lebensqualität am Arbeitsplatz (vgl. Hickethier 2007, S. 118).

Als seine Kollegin keine Kopfschmerztablette für ihn hat, geht Ballauf selbst an einen Aktenschrank im benachbarten Teil des Büros und öffnet eine Schiebetür. Aus der schrägen Aufsicht sind darin mit dem nordrhein-westfälischen

5. Detailanalysen und Kontextualisierung

Wappen versehene Polizeiakten, eine Flasche Cognac (VSOP) und eine flache Pillenpackung zu sehen.[31] Die Ausstattungsobjekte dienen der weiteren Charakterisierung der Figur: Ballauf ist ein Polizist, der ein Alkoholproblem hat und deshalb zu Kopfschmerztabletten greift (vgl. Mikos 2008, S. 235). Der Kommentar seines Partners Schenk lässt schlussfolgern, es handele sich nicht um das erste Mal, das Ballauf verkatert arbeitet und der schmerzlindernden Medizin bedarf: »Sag mal, schaffst du es auch mal wieder einen Tag ohne Kopfschmerztabletten?« (1:58). Ballauf weist die vorwurfsvolle rhetorische Frage mit einem Verweis auf die ungesunde Ernährungsweise Schenks brüsk zurück: »Sag mal, frag ich dich, wie viele Currywürstchen du am Tag isst?« (1:58). Die Gegenfrage Ballaufs wird in einer späteren Sequenz kausallogisch wieder aufgegriffen, als er selbst im Auto sitzend eine Currywurst verspeist und damit die Inkonsistenz seines eigenen Verhaltens unterstreicht (vgl. 1:69).

Regelmäßigkeit und Häufigkeit eines nicht zwangsläufig exzessiven Alkoholkonsums sind ebenso Indikatoren für vorhandenes Suchtpotenzial wie die vehemente Verweigerung des Eingeständnisses von Problemen durch die Betroffenen selbst (vgl. Spode 2008). Die Flasche Cognac im Aktenschrank lässt vermuten, dass Ballauf bereits während der Arbeitszeit trinkt. Dieser nahegelegten Lesart widerspricht die Figur später selbst: Als es längst offiziell ist und er eingesehen hat, ein Alkoholproblem zu haben, bemerkt Ballauf das Verschwinden der Flasche und stellt seine Kollegin mit einem Verweis auf das »Geschenk« (1:89) zur Rede: »Die Flasche steht seit Wochen unberührt da drin, und plötzlich haste Angst davor, dass ich die noch vor dem Frühstück austrinke?« (1:89). Als Ballauf seine Kollegin im Befehlston dazu auffordert, die Flasche zurückzustellen, erscheint Staatsanwalt von Prinz, und die Situation wird mit Lüttgenjohanns Frage »Jetzt?« (1:89) und ihrem Weggehen aufgelöst. Kollegiale Solidarität rettet Ballauf vor einem weiteren Gesichtsverlust sowie Repressionen durch seinen Vorgesetzten. Schenks Frage, seit wann sein Kollege Cognac trinke, weist auf die prinzipiell anzunehmende Gefährlichkeit hin, die mit dem Konsum harter Alkoholika – Cognac hat einen Alkoholanteil von 40% – einhergeht. Der Schritt von gängigen alkoholischen Getränken wie Wein oder Bier zu Hochprozentigem steht für eine neue Qualität des Trinkens.

---

31 Bei dem nordrhein-westfälischen Wappen auf den Akten handelt es sich um kaum wahrnehmbare, da nur sehr kurz eingeblendete, referenzialisierende Zeichen zur Lokalisierung des Handlungsortes, ähnlich der gestalterischen Verwendung von Nummernschildern, Stadtplänen oder Tageszeitungstiteln. Das Lokalkolorit sorgt hier für eine räumliche Verortung im übergeordneten Sinne: Die in Köln spielenden »Tatort«-Folgen werden vom WDR produziert. Die fiktive Mordkommission in Köln ist somit als Teil der nordrhein-westfälischen Kriminalpolizei kenntlich gemacht (vgl. Bollhöfer 2007, S. 138 f.).

5.4 »Mit ruhiger Hand«: Alkoholismus im »Tatort«

Im weiteren Verlauf der Narration wird zwischen Ballauf und Schenk der Dialog um die regelmäßige Einnahme von Kopfschmerztabletten fortgesetzt (1:59). Als die Kommissare das Polizeipräsidium verlassen, um den verletzten Professor Gann in der Klinik aufzusuchen und zu befragen, fängt Ballauf an, sich vor seinem Kollegen zu rechtfertigen:

»B: Ich habe mit Freunden noch ein paar Bier getrunken, das ist alles.

S: Scheint ja ein neues Hobby von dir zu sein, Freunde für ein Bierchen finden.

B: Ja, was soll ich denn machen, wenn einen die alten im Stich lassen. Früher biste ja noch manchmal mitgekommen. Und heute spielst du nur noch den Opa.

S: Es ist keine Schande, mal 'nen Gang runterzuschalten, Max. Wir sind beide keine 30 mehr.

B: Ja gut, dass ich das jetzt auch mal weiß, kann ich mir ja gleich 'nen Hund kaufen« (1:59).

Ballauf rechtfertigt sein exzessives Trinkverhalten mit Geselligkeit und kontrastiert es mit der vermeintlich großväterlichen *Un*geselligkeit seines Kollegen. Schenk seinerseits verweist auf altersgemäße Formen des Feierns und Trinkens. Mit zunehmendem Alter – die beiden Männer sind um die 50 Jahre alt – sind ihm zufolge ausgiebiges bis exzessives Trinken keine angemessenen Verhaltensformen mehr. Schenks Rede ist einfach verständlich, weil sich die Figur in einem analogiebildenden Verfahren eines schlichten Bildes bedient. Mit der freundschaftlichen Mahnung an Ballauf, es sei »keine Schande, mal 'nen Gang runterzuschalten« (1:59), verwendet die Figur ein klassisches Kollektivsymbol aus dem Bereich der (automobilen) Fortbewegung. In der Werbung kann das Auto beispielsweise »Freiheit« oder »Familie« symbolisieren (vgl. Link 2006, S. 42). Der Motor eines Autos läuft in den unteren Gängen ruhig und gleichmäßig. In »Mit ruhiger Hand« steht das Bild des Mannes, der einen Gang herunterschaltet, kollektivsymbolisch für die Gesetztheit und Unaufgeregtheit von Menschen im fortgeschrittenen Alter. Die Hochtourigkeit eines Motors, hier: eines Menschen, suggeriert im Gegensatz dazu Fahrigkeit, Nervosität oder Aufgeregtheit.

Schenk nimmt mit der Kommentierung der Rechtfertigungen des Betroffenen, des Problemprotagonisten Ballauf, die kontrastierende Rolle eines »Vorbild-Protagonisten« (Wulff 2001, S. 256) ein. Letzterer personifiziert im Sinne des Politainments eine Modellidentität und fordert – als eine Norminstanz nicht nur in puncto Verbrechen – »richtiges« Verhalten ein (vgl. Dörner 2001, S. 241). Im weiteren Verlauf der Kriminarration wird Schenk noch mehrere Male in dieser Funktion zu erleben sein. Neben einer moralischen Evaluierung von

5. Detailanalysen und Kontextualisierung

Ballaufs Verhalten übernimmt Schenk die Funktion eines freundschaftlichen Beraters. Er versucht seinen Kollegen von der Richtigkeit sich bietender Lösungswege zu überzeugen und personifiziert damit Handlungsideale (vgl. Wulff 2001, S. 256). Als der Staatsanwalt Ballauf zur psychologischen Beratung zwingt, kommentiert Schenk dies mit den Worten »Schaden kann's ja nicht« (1:71), was Ballauf unmittelbar und später nochmals vehement von sich weist und mit Hohn quittiert. Auf dem Weg in eine illegale Arztpraxis empört er sich in folgendem Dialog (1:72):

>B: Schaden kann's ja nicht.
>
>S: Im Herbst nimmst du Vitamin C, bevor die Grippe kommt. Du redest über deine Trinkgewohnheiten, bevor sie zur Gewohnheit werden. Wo ist das Problem?
>
>B: Dann kannst du mich doch gleich zum Säufer abstempeln.
>
>S: Manchmal bist du empfindlich wie so 'ne Primadonna. […] An welchem Tag hast du zuletzt garantiert keinen Alkohol getrunken?
>
>B: Was ist denn das für 'ne blöde Frage?
>
>S: Wann, Max? Keinen Tropfen, garantiert. An welchem Tag?
>
>B: Oh Mann, das ist mir jetzt zu blöd« (1:72).

Mit seinem einfachen Grippevergleich rekurriert Schenk als »Träger allgemeiner thematischer Aussagen« (Eder 2008, S. 723), als »Thementräger« (ebd., S. 711) auf die Möglichkeiten prophylaktischer Maßnahmen in Bezug auf eine drohende bzw. sich entwickelnde Alkoholabhängigkeit. Damit ist im Ensemble der Figuren, die in »Mit ruhiger Hand« vom Alkoholismus betroffen sind, eine Abstufung vorgenommen. Es gibt nicht nur den Typus des pathologisch-exzessiven Trinkers, personifiziert durch Professor Gann und seinen jugendlichen Sohn. Darüber hinaus gibt es den Alkoholismus-Gefährdeten, dem zwar eine ernste Suchtkrankheit droht, der aber noch davor bewahrt werden kann. Damit wird in »Mit ruhiger Hand« auf das breite Spektrum des problematischen Umgangs mit Alkohol zwischen »Gefährdung, Missbrauch und Abhängigkeit« (BZgA 2011) verwiesen.

Schenk legitimiert eine psychologische Beratung und heißt sie für gut. Seine keineswegs »blöde« Frage »An welchem Tag hast du zuletzt garantiert keinen Alkohol getrunken? […] Wann, Max? Keinen Tropfen, garantiert. An welchem Tag?« (1:72) reicht über ihre dramaturgische Funktion, das Problem des Protagonisten zu verdeutlichen, weit hinaus. Einerseits ist mit ihr die Regelmäßigkeit des Konsums als Anzeichen für Alkoholismus benannt. Wer täglich Alkohol trinkt und keine Tage der Abstinenz einhält, läuft Gefahr, zum Alkoholiker zu werden – auch dann, wenn der Konsum relativ maßvoll ist.[32] Andererseits richtet sich die Frage an die Zuschauer. Als exemplarischer Appell und Denkanstoß gelesen, werden die Krimiseher ihrerseits dazu aufgefordert, über die Regelmäßigkeit ihres Alkoholkonsums nachzudenken. Hierin liegt der volkspädagogische Impetus der Frage (vgl. Dörner 2001, S. 180). Sie wird später in kausallogischer Verknüpfung von Frage- und Antwortsequenz durch Schenks Partner Ballauf beantwortet (1:84): Ein unangemeldeter abendlicher Besuch seines Kollegen überrascht Ballauf in seiner neuen Wohnung. Er ist alles andere als erfreut über die Visite seines Partners, haucht diesen an und fragt ungehalten, ob er ihn »kontrollieren« wolle und einen »Alkomat dabei« habe (1:84). Mit der unernsten Anspielung auf das polizeiliche Alkoholmessgerät schließt sich symbolisch der themenbezogen ernste Kreis zum einleitenden Vorfall mit dem Verkehrspolizisten (1:56, vgl. Hügel 2007). Nach Schenks angewidertem Verweis auf den Mundgeruch seines Partners – »Warst du beim Griechen?« (1:84), einer komischen Brechung der Situation – geht er durch die noch nicht komplett eingerichtete Wohnung an den Kühlschrank. Darin befinden sich ein altes Stück Pizza und zwei Flaschen Bier, die Schenk herausnimmt. Eine davon gibt er Ballauf in die Hand. Schenk beginnt über den Fortgang der Ermittlungen zu sprechen, woran sich sein Partner aber in dieser Situation wenig interessiert zeigt. Die Sprache kommt auf Professor Gann, den »Arzt mit Alkoholproblem« (1:84), so Schenk. Ballauf relativiert das im Zuge der Ermittlungen offenkundig gewordene Problem des Chirurgen, das Schenk durch Verweise auf den hohen Promillewert Ganns zum Tatzeitpunkt belegt sowie durch eine im Haus gefundene Cognacflasche (vgl. 1:58). Ballauf hingegen begründet Professor Ganns Verhalten mit der Verlusterfahrung und Desorientierung nach dem Tod von dessen Frau:

> »B: Mann, Freddy, die Frau ist tot. Der Mann weiß doch noch gar nicht, wohin's geht. Da trinkt man schon mal einen.
>
> S: Hättest du nicht im Moment dieselben Probleme, wärst du jetzt objektiv.
>
> B: Ich hab dieselben Probleme?
>
> S: Du weißt, was ich meine.
>
> B: Nein, ich weiß nicht, was du meinst. Das weiß ich ganz und gar nicht« (1:84).

---

32 Die Bundeszentrale für gesundheitliche Aufklärung rät im Rahmen ihrer bundesweiten Kampagne »Kenn dein Limit«: »Als Frau sollten Sie maximal 1 Glas Alkohol pro Tag trinken und an mindestens 2 Tagen pro Woche auf Alkoholkonsum verzichten. Als Mann sollten Sie maximal 2 Gläser pro Tag und ebenfalls an mindestens 2 Tagen pro Woche keinen Alkohol trinken« (http://www.kenn-dein-limit.de/alkohol/, Abruf: 24.06.2011).

5. Detailanalysen und Kontextualisierung

Ballaufs wiederholt trotzige Reaktion auf die klare Benennung seines Problems unterstreicht die symbolische Funktion der Figur, typische Verhaltensweisen von Menschen mit einem Alkoholproblem zu exemplifizieren (vgl. Eder 2008, S. 711). Die formalästhetische Gestaltung mittels Kameraarbeit unterstreicht dabei den inneren Konflikt der Figur: Während er angibt, nicht zu wissen, was sein Kollege meint, zoomt die Kamera von der amerikanischen Einstellung in die Großaufnahme seines Gesichts – ein mittlerweile etabliertes Gestaltungsmittel im »Qualitätsfernsehen« (vgl. Mikos 2008, S. 204).

Unmittelbar danach verlässt Ballauf hastig den Raum, tritt auf den Balkon und atmet hörbar angestrengt durch. Während Schenk wieder anfängt, über den Fall zu reden, blickt Ballauf nachdenklich ins Nichts. Die hinter dem nächsten Häuserblock emporragenden Spitzen des Kölner Doms sorgen für die lokale Situierung des Geschehens. Ballauf kann oder will den Ausführungen seines Partners nicht folgen. Als Schenk dies merkt, spricht er ihn erneut auf das Thema Alkohol an und differenziert dabei indirekt zwischen problematischem Konsum und Alkoholismus als Suchtkrankheit: »Max, ich hab nie gesagt, dass du ein Alki bist, und das sag ich auch jetzt nicht. Wenn's einer wissen muss, dann ich. Ich verbringe mein halbes Leben mit dir. Prost« (1:84). Nach dem Zuprosten schlagen die beiden noch vollen Bierflaschen hörbar aneinander. Im Ansetzen der Flasche dann zögert Ballauf und beginnt nicht zu trinken. »Was is?«, fragt Schenk. Ballauf überlegt, gibt Schenk die Flasche zurück und sagt: »Du wolltest doch wissen, an welchem Tag ich garantiert keinen Alkohol getrunken hab. Heute« (1:84). Der nun tieftraurige Ballauf wendet sich nach seinem Eingeständnis zuerst zur Seite und dann voller Scham ganz ab. Dass Schenk mit seiner Differenzierung zugunsten seines Partners falsch lag, ist für beide eine bittere Einsicht. Seine Fehlbarkeit lässt Schenk als »Vorbild-Protagonisten« (Wulff 2001, S. 256) umso glaubwürdiger erscheinen. Er überblickt das Problemfeld nicht umfassend, spricht keine reinen Wahrheiten oder Moralsätze aus. Die gesamte Sequenz bildet den emotionalen Höhe- bzw. Tiefpunkt bei der dramaturgischen Verzahnung von Detektion und Hauptthema: dem Kriminalfall um den alkoholkranken Professor Gann und den ermittelnden Kommissar mit einem sich anbahnenden Alkoholproblem (vgl. Hickethier 1991, S. 32).

5.4.3 Expertin, Helferin, Frau: Polizeipsychologin Lydia Rosenberg

Im Zuge der Detektionshandlung machen sich die Kommissare auf die Suche nach der Putzfrau der Ganns, die den vermeintlichen »Überfall gemeldet hat« (1:62). Dabei nutzt Ballauf seinen Kontakt zur attraktiven Polizeipsychologin

5.4 »Mit ruhiger Hand«: Alkoholismus im »Tatort«

Lydia Rosenberg.[33] Die in »Mit ruhiger Hand« nur »Lydia« genannte Figur tritt in zwei Handlungskontexten auf: zum einen als zum Polizeiapparat gehörende Helferfigur, die die Ermittler bei ihren Recherchen unterstützt, und zum anderen als von Kommissar Ballauf schon seit Langem begehrte Frau (vgl. Hallenberger 2010, S. 280). In ihrer Handlungsrolle vereinen sich ihre Statusposition als praktizierende Psychologin und individuelle sowie auf den Flirt-Subplot bezogene rollenbiografische Merkmale (vgl. Mikos 2008, S. 171). Ihre Einführung erfolgt im Zusammenhang mit dem Auffinden der Putzfrau am Abend eines langen Tages, an dem Ballauf als letzter das Büro im Präsidium verlässt (1:69). Als er seinen Partner Schenk telefonisch nicht erreichen kann, ruft er »Lydia« an, um ihr zu sagen, dass er ihre »Hilfe« (1:69) brauche. Unmittelbar zuvor war sie in einer kurzen Sprechstundenszene erstmals gezeigt worden, in der sie eine Patientin freundlich lächelnd verabschiedet und dieser herzlich »alles Gute« wünscht (1:69). Die farbdramaturgische Gestaltung steht dabei im Kontrast zu den Anfangssequenzen dieses »Tatorts«, während derer Ballauf in diffusem Blaugrün im Auto zu sehen ist (vgl. 1:54, 1:56, vgl. Kapitel 5.4.2). Lydia Rosenberg ist in gedämpft warmes, rötliches Gelb getaucht. Es umgibt sie eine Aura der Ruhe, Herzlichkeit und Ausgeglichenheit. Im Zusammenspiel der schauspielerischen Leistung von Juliane Köhler und der szenischen Gestaltung gelingt es, die Figur zu charakterisieren und Aussagen über ihre inneren Zustände zu treffen (vgl. Marschall 2005, S. 77).

Ballauf trifft in »Mit ruhiger Hand« erstmals im Auto auf die Psychologin, in das sie bei strömendem Regen einsteigt. Wie zuvor auch lächelt und strahlt sie, rotgelb beschienen, in der intimen Atmosphäre des kleinen, abgeschlossenen Raums. Der neben ihr sitzende Kommissar ist im Gegenschuss erneut in bläulichem Grün zu sehen, was in farbdramaturgischer Kontinuität zum Vorangegangenen auf seinen inneren Zustand verweist (vgl. Kapitel 5.4.2). Die »kontrastierende Figurengestaltung« (Wulff 2001, S. 255) von Ballauf und Lydia mittels Farbe und Licht dient dazu, das Binnenverhältnis zwischen den Figuren einordnen zu können: einerseits der vom Alkoholismus Betroffene und Begehrende und andererseits die Helferin und Begehrte. Die Schönheit der Psychologin und der Flirt-Subplot stehen im Kontrast zur Thematik des Alkoholismus (vgl. Hickethier 2008b, S. 105). Liebe und Begehren als Urgegenstände populärer Unterhaltung über das Fernsehen hinaus werden in diesem Krimi narrativ nutzbar gemacht, um gesellschaftspolitische Thematisierungen in dessen Handlung einzubetten (vgl. u.a. »Altlasten«, SWR 2009).

---

33 Vgl. eine frühere Fassung dieses Kapitels in Buhl 2012.

5. Detailanalysen und Kontextualisierung

Der Kommissar verhält sich der Psychologin gegenüber etwas unsicher und isst, während sie neben ihm sitzt, eine Currywurst. Die beiden tauschen vielsagende Blicke aus und flirten miteinander. Er wartet darauf, dass sie »schwach« (1:69) wird, was sie nur seufzen lässt. Sie weiß, dass er sie begehrt, möchte sich aber (noch) nicht auf ihn einlassen. Lydia lenkt das Gespräch schließlich in Richtung reiner Informationsvergabe. »Was willst du wissen?« (1:69):

»B: Gut. In deiner Freizeit, da behandelst du Leute, die illegal in Deutschland sind. 'ne Ärztin, die dasselbe gemacht hat, ist heute Morgen ermordet worden.

L: Frau Dr. Gann. Das habe ich gehört. Das ist schrecklich.

B: Hast du sie gekannt?

L: Wir haben unsere Patienten in derselben Praxis behandelt. So viele Möglichkeiten gibt's in Köln nicht« (1:69).

Die Informationen der Psychologin lassen die Kommissare eine ihnen zuvor unbekannte Welt betreten, jene der illegal in Deutschland Lebenden (vgl. Kapitel 5.4.6).

Die Ballauf von seinem Vorgesetzten, dem Staatsanwalt, gemachte Auflage, »sich einer freiwillige[n] psychologische[n] Begutachtung zu unterziehen« (1:71), führt dazu, dass Lydia den Kommissar in seinem Büro aufsucht (1:75). Lydia Rosenberg tritt diesmal vorrangig in ihrer Handlungsrolle einer zur Arbeit verpflichteten Polizeipsychologin in Erscheinung. Sie hat den Auftrag, Ballauf zu seinen Trinkgewohnheiten zu befragen, und will dafür einen Termin mit ihm vereinbaren. In Verkehrung der Tatsachen – »Du hast bei mir angerufen, nicht umgekehrt« – und einer Selbststilisierung als Verfolgtem – »Da wird 'ne Hexenjagd auf mich veranstaltet« – schlägt der Kommissar das Hilfsangebot zunächst aus. Dies stellt eine Dramatisierung seiner psychischen Disposition als vom Alkoholismus Gefährdeten dar, gehört es doch dazu, nicht einsehen und sich nicht helfen lassen zu wollen sowie Scham zu empfinden.[34] Die (Freud'sche) »Couch«, auf die Ballauf sich nicht legen will, fungiert dabei als Kollektivsymbol für Psychoanalyse bzw. psychologische Beratung im übergeordneten Sinne. Seine vier Sequenzen später gegenüber Schenk wiederholte Weigerung, »Ich leg mich nicht

---

34 Die Bundeszentrale für gesundheitliche Aufklärung (BZgA) schreibt hierzu: »Leider fällt es vielen von Alkoholmissbrauch und Abhängigkeit Betroffenen schwer, über ihr Alkoholproblem zu sprechen und Hilfe anzunehmen. Auf die Frage nach den Gründen erhält man Antworten wie: ›So schlimm ist es bei mir doch nicht‹, ›Ich bin doch kein Asozialer‹ oder ›Ich schäme mich‹. Solche Bedenken zeigen, dass Alkoholprobleme weithin mit dem Extremfall schwerer psychischer und körperlicher Abhängigkeit gleichgesetzt werden. Auch glauben viele, Hilfen, Behandlungen und Therapien in Sachen Alkoholkonsum und Alkoholmissbrauch würden nur für Schwerabhängige angeboten werden« (http://www.kenn-dein-limit.de, Abruf: 24.06.11).

auf die Couch« (1:79), wird von seinem Partner mit Humor gekontert. Er antwortet: »Dann setzt de dich halt auf 'n Sessel« (1:79). Diese Replik kann als Versuch gelesen werden, die mit psychologischer Beratung vonseiten der Betroffenen verbundene Scham und die Angst vor einer Pathologisierung komisch zu brechen.

Ballauf erscheint letztlich widerwillig bei der Psychologin (1:80). Langsam nähert er sich ihrer Bürotür und atmet hörbar durch, bevor er an die Tür klopft. Lydia heißt ihn mit gewohnter Herzlichkeit willkommen und bittet ihn herein. Erneut unterstreicht warmes Licht, dieses Mal von einer Stehlampe, ihre Charakterisierung (vgl. Kapitel 5.4.1). Ballauf möchte das Beratungsgespräch in ein Rendezvous ummünzen, um sich einer ernsthaften Auseinandersetzung mit seinem Problem zu entziehen und Lydia näher zu kommen: »Schreib doch einfach in den Bericht, dass alles in Ordnung ist, und wir beide nutzen die Zeit für 'n schönes Abendessen« (1:80). Eine indirekte Kommentierung dieses Flirtversuchs folgt in der nächsten Sequenz durch den erneut als »Vorbild-Protagonisten« (Wulff 2001, S. 256) in Erscheinung tretenden Schenk (1:81). Helferin Lüttgenjohann gibt dabei das Stichwort:

»L: Was meinst du, wie schlägt er sich wohl?

S: Na ja, sie stellt ihm Fragen, er weicht ihr aus und versucht mit ihr zu flirten. Du kennst ihn doch.

L: Und du? Warst du schon mal bei so jemand?

S: Wenn, würde ich's nicht sagen.

L: Wieso?

S: Weil das niemanden was angeht« (1:81).

In diesem Dialog fungiert Schenk erneut als Aufklärer (vgl. Dörner 2001, S. 180). Als Protagonist und maßgeblicher Träger der Narration ist er einer der zentralen Handlungs- und Sympathieträger des Krimis. Darüber hinaus besteht seine Funktion als »Thementräger« (Eder 2008, S. 723) darin, im Zusammenhang mit der Alkoholproblematik einerseits »falsches« Verhalten zu benennen und zu sanktionieren, andererseits »richtiges« anzumahnen und sogar Lösungswege zur Disposition zu stellen. Indem die Frage nach eigenen Erfahrungen mit psychologischer Beratung von der direkt betroffenen Figur Ballauf dialogisch losgelöst wird, kommt der Antwort Schenks eine über den Einzelfall hinausweisende Bedeutung zu. Seine Antwort betont, dass Beratung anonym ist, um Betroffene vor den möglicherweise unangenehmen Reaktionen ihrer Mitmenschen zu schützen. Persönlichen Problemen kann demnach begegnet werden, ohne dass Arbeitskollegen – im Morddezernat und anderswo – davon erfahren. Anonymität ist überdies ein Grundpfeiler des Selbstverständnisses von einer der be-

5. Detailanalysen und Kontextualisierung

kanntesten Selbsthilfegruppen (»Anonyme Alkoholiker«) sowie bei der staatlichen Suchtberatung in Sachen Alkohol und dient u.a. dem Abbau von Schwellenängsten.[35]

Der in der Kriminarration betroffene Kommissar Ballauf jedoch begibt sich weder freiwillig noch anonym zum Beratungsgespräch. Flirt-Subplot und gesellschaftspolitisches Thema werden auf der Ebene der Annäherung zwischen Lydia und Ballauf erneut miteinander verknüpft. Wie im Zuge eines weiteren Dialogs klar wird, erwarteten auf der letzten Betriebsfeier beide einander zu küssen (vgl. Kapitel 5.5.1). Dies geschah deshalb nicht, weil Ballauf »irgendwann betrunken« (1:81) war. Eine der Funktionen des Alkohols im sozialen Miteinander, der Abbau von »Hemmungen bei der Kontaktaufnahme zum anderen Geschlecht« (Hurrelmann/Settertobulte 2008, S. 9), ist hiermit in ihrem Umschlagen ins Negative thematisiert. Alkohol als fester und ritualisierter Bestandteil der Alltagskultur wird dann dysfunktional, wenn er im Übermaß genossen wird. Ballauf streitet im weiteren Verlauf des Gesprächs jedoch erneut ab, einen problematischen Alkoholkonsum zu pflegen. Nach der Cognacflasche in seinem Aktenschrank gefragt, beginnt er sich mit Verweisen auf seine stressreiche Arbeitssituation zu rechtfertigen:

> »Du, hör mal zu. Ich werde fast jeden Tag von Zeugen, von Verdächtigen belogen und betrogen. Ich arbeite 60, 70 Stunden die Woche. Und ich muss den ganzen Mist, den andere Leute untern Teppich kehren, den muss ich wieder hervorholen. Und abends, nach Feierabend, erlaube ich mir ein Bier zur Entspannung. Du weißt doch ganz genau, dass ich kein Alkoholiker bin« (1:80).

Die Argumentationsweise der Figur ist symptomatisch für das kulturelle Schema des Trinkens in Stresssituationen (vgl. Eder 2008, S. 711). Als Strategie der Problemlösung oder bei Konflikten birgt der Konsum von Alkohol ein erhöhtes Risikopotenzial: Dort, wo es scheinbar bei der Lösung von Problemen hilft, gelingt es immer seltener, unangenehme Situationen ohne Alkohol anzugehen.[36]

---

35 Vgl. Bundeszentrale für gesundheitliche Aufklärung (BZgA): http://www.kenn-dein-limit.de. In einem Rundschreiben an Fachleute bezeichnen Vertreter der »Anonymen Alkoholiker« den namengebenden Begriff der Anonymität als lebenswichtigen Grundstein für ihre Gemeinschaft (vgl. http://www.anonyme-alkoholiker.de, Abruf: 26.06.2011).

36 Vgl. BZgA über Alkoholismus: »Körperliche, psychische und soziale Schäden entstehen in der Regel nicht von heute auf morgen. Vielmehr wird häufiger und/oder übermäßiger Alkoholkonsum zunächst oft verharmlost. Alkoholmissbrauch wird als solcher nicht erkannt oder aus dem Bewusstsein verdrängt. Insbesondere in Stresssituationen oder bei Konflikten ist es für viele alltäglich, Kummer und Sorgen mit Alkohol ›hinunterzuspülen‹. Doch gerade dieser Versuch der ›Problemlösung‹ birgt ein erhöhtes Risikopotenzial. Denn dort, wo Alkohol scheinbar bei der Lösung von Problemen hilft, gelingt es in der Folge immer seltener, unangenehme Situationen ohne Alkohol anzugehen« (http://www.kenn-dein-limit.de, Abruf: 27.06.2011).

5.4 »Mit ruhiger Hand«: Alkoholismus im »Tatort«

Die Verharmlosung und von Lydia wörtlich genannte Verdrängung des Problems durch gefährdete Menschen sind überdies symptomatisch (vgl. 1:80). Sie bezweifelt deshalb, genau zu wissen, dass Ballauf kein Alkoholiker ist:

> »Woher weiß ich das? Weil du deinen Job machst und nicht wie ein Penner rumläufst? Max, es gibt in Deutschland mindestens fünf Millionen alkoholabhängige Menschen. Wenn die alle an Hauswänden lehnen und sich betrunken vollpinkeln würden, dann hätten wir irgendwann ein Platzproblem« (1:80).

Die Psychologin verweist in ihrer drastischen Rede auf den Facettenreichtum des Alkoholismus, der in allen gesellschaftlichen Schichten, auch bei Menschen in geordneten Arbeitsverhältnissen und ohne deutliche Anzeichen der Verwahrlosung zu finden ist. Die schwere Alkoholkrankheit des angesehenen und wohlhabenden Professors Gann unterstreicht in »Mit ruhiger Hand« das Vorkommen von Alkoholismus auch im gehobenen bürgerlichen Milieu. Das Stereotyp des »Penners« dient in diesem Fall der vereinfachenden Orientierung (vgl. Petersen/Schwender 2009, S. 9).[37] Die von der Polizeipsychologin Lydia geäußerte statistische Angabe, es gebe »in Deutschland mindestens fünf Millionen alkoholabhängige Menschen« (1:80), ist streng genommen falsch. Tatsächlich gibt es in Deutschland 1,3 Millionen Abhängige und zwei Millionen Menschen zwischen 18 und 64 Jahren, die missbräuchlich mit Alkohol umgehen. Schätzungen zufolge sterben jährlich sogar 74 000 Menschen durch riskanten Alkoholkonsum oder die schädliche Kombination von Alkohol und Nikotin. Insgesamt trinken über acht Millionen Menschen Alkohol in gesundheitsgefährdendem Maße.[38] Nach den Maßgaben der Statistik im Spezialdiskurs der Medizin ist die von der Psychologin genannte Zahl zwar nicht haltbar, vor dem Hintergrund der Funktion des »Tatorts« als institutionalisiertem Interdiskurs in ihrer Funktionalität aber erklärbar: Das im »Tatort« durch die Expertin referierte Wissen ist stets nur ein kleiner Teil eines großen, übergeordneten Wissenskomplexes. Es ist selektiv, vereinfachend und in seiner diskursiven Konstitution ein Konstrukt (vgl. Hepp 2004, S. 151). Als »Sphäre der Wirklichkeitsannahmen« (Müller/Wulff 2006, S. 198) dient auch statistisches Wissen im Rahmen fiktionaler Fernsehunterhaltung mehr der symbolischen Sinn-Bildung denn der Vermittlung umfassender, detaillierter Fakten. Die Erwähnung der statistischen Zahl in »Mit ruhiger

---

37 Der durchaus realistische Typus des alkoholkranken Obdachlosen ist im nächsten Kölner »Tatort« des Jahres 2009 allgegenwärtig (vgl. Kapitel 6.4.7). In der Folge »Platt gemacht« (WDR 2009) geben Obdachlose, die mit vergiftetem Wein ums Leben gebracht werden, Anlass für die Ermittlungen der Mordkommission und sind als soziale Gruppe das Kernthema.
38 Vgl. die statistischen Angaben der Deutschen Hauptstelle für Suchtfragen (DHS) sowie die Angaben der BZgA: http://www.aktionswoche-alkohol.de (Abruf: 28.06.2011).

5. Detailanalysen und Kontextualisierung

Hand« erfolgt im Sinne einer Veranschaulichung der Tatsache, dass es sich beim Alkoholismus um ein großes, massenhaft verbreitetes gesellschaftliches Problem handelt. Beim zweiten offiziellen Termin des Kommissars bei der Psychologin – er hat sein Alkoholproblem in der Zwischenzeit gegenüber seinem Partner Schenk indirekt eingestanden – tritt sie erneut als Helferin in Erscheinung (1:92). Sie klärt Ballauf in einer etwas mehr als einminütigen Sequenz über Aspekte der »Koabhängigkeit« auf. Dies trägt zum Verstehen der familiären Konflikte des Opfers und somit zur Lösung des Falles bei:

> »Du brauchst jemanden, der sich um alles kümmert, der die Spuren beseitigt, Ausreden erfindet, neuen Alkohol besorgt. Das nennt man Koabhängigkeit. Und es ist genauso eine Sucht wie die Sucht selbst. [...] Jonas trinkt, um zu provozieren. Er lebt seine Alkoholräusche öffentlich aus. Auf die Art bricht er das Schweigen. Als er seinem Freund Whisky über den Kopf geschüttet hat und ihn angezündet hat, konnte seine Mutter nicht mehr länger verdrängen, dass er denselben Weg geht wie sein Vater. [...] Sie hat aufgehört, Verantwortung für ihren Mann zu übernehmen, sie hat sich ihre Würde zurückgeholt, und sie hat sich ein Leben außerhalb des Alkohols aufgebaut« (1:92).

Die als Expertin etablierte Figur der Psychologin referiert dem ermittelnden Ballauf und den Zuschauern in Halbnahen, Nahen und Eindringlichkeit evozierenden Großaufnahmen während dieser interdiskursiv aufgeladenen Sequenz personalisiertes exemplarisches Wissen zu den sozialen Auswirkungen des Alkoholismus im familiären Umfeld. Dabei spricht sie am personalisierten Beispiel die Situation von Kindern in suchtbelasteten Familien an. Deren bis zu sechsfach erhöhtes Risiko, selbst zu erkranken, erwähnt sie zwar nicht direkt, das Faktum erhöhter Suchtgefahr ist jedoch latent in ihren Ausführungen enthalten (vgl. Klein 2008, S. 22). Im Authentizität verheißenden Blick der Wackelkamera weist Lydia mit der Nennung der Whisky-Attacke darüber hinaus auf unberechenbares Verhalten von Alkoholkranken hin (vgl. Borstnar et al. 2008, S. 43). Dabei entspricht der dominante Einsatz von Handkamera und auch Zooms in diesem »Tatort« einer seit den 1990er-Jahren in der internationalen Film- und Fernsehlandschaft etablierten Entwicklung hin zur Authentifizierung mittels formalästhetischer Mittel.

> »[D]ie holprigen, schwankenden Bewegungen und eventuell unscharfen Bilder oder nicht ausbalancierten Tonhöhen [werden] *nicht* vertuscht, sondern entweder gezwungenermaßen akzeptiert oder stilistisch bewusst eingesetzt« (Tröhler 2006, S. 158, Herv. i. Orig.).

5.4 »Mit ruhiger Hand«: Alkoholismus im »Tatort«

Die Konstruiertheit des filmischen Artefakts, wie sie durch solche »Authentizitätssignale« (Borstnar et al. 2008, S. 42) erfolgt, sorgt paradoxerweise für eine gesteigerte Glaubhaftigkeit des vermittelten Geschehens.

Mit der von Lydia genannten Einsicht der Mutter, dass etwas nicht stimmte mit ihrem Mann und ihrem Sohn, wird ein medizinischer Fachterminus umschrieben: Die sogenannte »Resilienz« (Klein 2008, S. 24); eine Verhaltensart, in der die durch Alkoholismus bedingte, stressreiche Lebenssituation als Herausforderung betrachtet wird. Psychologin Lydia erwähnt in ihrem Referat drei von sieben »Resilienzfaktoren« (Klein 2008), die sich in der Detektionshandlung des Krimis als jene Gründe herausstellen, die den Ehemann dazu veranlassen, seine Frau umzubringen: »Einsicht« (»konnte seine Mutter nicht mehr länger verdrängen«), »Unabhängigkeit« (»sie hat aufgehört, Verantwortung für ihren Mann zu übernehmen«) und »Initiative« (»sie hat sich ein Leben außerhalb des Alkohols aufgebaut«). Mit Letzterem wird auf den zweiten interdiskursiven Erzählstrang des Plots, Illegale in Deutschland, verwiesen.

Im letzten Drittel des Krimiplots sucht Lydia den verwunderten Kommissar Ballauf ein weiteres Mal auf, da sie sich in ihrer Praxis lediglich »schamlos« zur Lösung seines Falles ausgenutzt fühlt (1:95). In ruhiger, abendlicher Stimmung sitzt Ballauf abends allein in seinem Büro und schaut sich die Tatortfotos von der Leiche an. Das Licht ist gedämpft rotgelblich und bescheint beide, die Psychologin wie auch den Kommissar. Die farbliche Gestaltung unterstreicht nun nicht mehr ihre kontrastive Charakterisierung, sondern deutet auf eine Annäherung der beiden Figuren hin. Das narrative Muster, demzufolge Ballauf bei Zusammentreffen mit Lydia zu Beginn versucht, ihr näherzukommen und mit ihr zu flirten, findet in dieser Sequenz seine Fortsetzung. »Wir könnten ja zu mir gehen« (1:80), schlägt er vor. Sie antwortet, indem sie auf seine Einsamkeit als Grund für sein problematisches Trinkverhalten verweist.

> »Wenn ich heute Abend mit dir schlafe, glaubst du, du fühlst dich dann morgen weniger einsam? [...] Du bist einsam, Max. Deshalb ziehst du die Kneipe deiner Wohnung vor, und da trinkt man einen. Das macht dich nicht gleich zum Alkoholiker, es sei denn, du lässt die Einsamkeit weiter zu« (1:80).

Eindringliche Großaufnahmen des Gesichtes von Ballauf und seiner ernsten und betroffenen Mimik lassen darauf schließen, dass die Psychologin mit ihren Ausführungen zu seinen Gefühlen richtig liegt (vgl. Borstnar et al. 2008, S. 104). Ballauf geht schließlich davon aus, dass die »Ermittlungen« in seinem Fall durch Lydia »abgeschlossen« (1:95) sind, worauf sie ihm mit ernster Miene die Visitenkarte eines ihrer Kollegen überreicht.

5. Detailanalysen und Kontextualisierung

Nachdem der Mordfall aufgeklärt ist, kontaktiert Ballauf Lydia noch einmal. Letztere erwidert schließlich in der finalen Sequenz des Krimis Ballaufs Gefühle: Die beiden küssen einander auf dem Balkon des Krankenzimmers beinahe (1:106). Mit dem Ende des Krimis, an dem nicht alles, aber zumindest etwas gut wird, kommt das Changieren zwischen den unterhaltungskulturellen Polen von Ernst und Unernst zum Stillstand (vgl. Hügel 2008a, S. 96). Der Protagonist hat die ihm gestellte Aufgabe gelöst und ist mit den eigenen Problemen fertiggeworden. Im seriellen Zusammenhang des Kölner »Tatorts« wird das Alkoholproblem Ballaufs in der nächsten und weiteren Folgen mit kurzen Andeutungen wiederholt aufgegriffen.[39]

5.4.4 Exkurs: Lebensverhältnisse von »Tatort«-Ermittlern

Die Figur Max Ballauf als Single und bis zu dieser Folge noch als Dauerbewohner einer Pension (wie auch Kommissar Keppler in Leipzig) entspricht dem genrekonstitutiven Typus des »einsamen Wolfs«. Dieses Charakteristikum der Figur legt ihren symbolischen Beitrag zum Thema Alkoholismus nahe (vgl. Eder 2008, S. 722). Viele Ermittlerfiguren im Fernsehkrimi, nicht nur des »Tatort«, befinden sich in ungeordneten Lebensverhältnissen und leiden daran. Die meisten »Tatort«-Kommissare leben allein oder in Wohngemeinschaften (z.B. Odenthal und Kopper, Lindholm, Thiel und Boerne) und sind Singles (z.B. Odenthal, Batic und Leitmayr), flirten ständig oder gelegentlich mit Kollegen und Vorgesetzten (z.B. Borowski und Jung, Lindholm und Endres, Casstorff und Wilhelmi), haben amouröse Abenteuer mit Zeugen und Verdächtigen (z.B. Schimanski, Batic, Leitmayr, Ritter, Eisner), pflegen zarte Flirts mit Nachbarinnen (Lannert, Batu), sind grausam verwitwet (Lannert), allein erziehend (Lindholm, Stark), unglücklich verheiratet (Schenk), geschieden (Saalfeld und Keppler) – kurz: Die »Tatort«-Ermittler sind nur in Ausnahmefällen glückliche Familienmenschen (Bootz). Beziehungsunfähigkeit, kaputte oder unkonventionelle Lebensentwürfe und Familienverhältnisse sowie Einsamkeit prägen hingegen häufig das Privatleben der Ermittler. In den Fiktionen der Krimis haben die Protagonisten in ihren Handlungsrollen – über die Einbindung aktueller und realistischer Lebensentwürfe hinaus – die Funktion der Suche nach »der Wahrheit« sowie der Erkundung ihnen fremder Sozialwelten und Problemlagen zu dienen. Feste und ge-

---

39 Vgl. »Platt gemacht« (WDR 2009). Darin schlägt Ballauf ein Glas Kölsch mit ernster Miene aus und trinkt Kaffee. Die Polizeipsychologin und der Kommissar treffen in der Folge »Altes Eisen« (WDR 2011) erneut flirtend aufeinander. In der zu Ostern 2012 gesendeten »Tatort«-Doppelfolge trinkt er wieder mit seinen Kollegen Bier.

5.4 »Mit ruhiger Hand«: Alkoholismus im »Tatort«

ordnete Beziehungen würden sie nur ablenken und die Möglichkeiten filmischer Repräsentation von (inter-)diskursiven Aspekten einschränken. Die Einsamkeit als auslösendes Moment für Alkoholismus ist in »Mit ruhiger Hand« somit eine genretypische Gefühlslage, die einen passenden Anlass zur Aufklärung über ein gesellschaftspolitisches Thema gibt.

Zwei Autoren des rechten »Nachrichtenmagazin« Zuerst (2/2010) sehen aufgrund dieser Charakteristika des Figureninventars die »ARD-Serie ›Tatort‹ gar auf Abwegen«. Sie annoncieren auf der Titelseite des Heftes einen Artikel über die »traurigen Biographien der Fernseh-Kommissare« vor passenderweise braunem Hintergrund. Unter der Überschrift »Mordfälle und linker Klimbim. Fast jeden Sonntag – seit 30 Jahren [sic!] – bringt er Mord und Totschlag in die deutschen Wohnzimmer: Der Tatort. Teil I« (Hartmann/Michels 2010, S. 64 ff.) echauffieren sie sich im Duktus völkisch-rassistischer Ideologie über Feminisierung, Multikulturalismus, Beziehungsgefüge sowie Konzepte von Elternschaft und Familie in den Fiktionen des »Tatort«: »Da muß es überraschen, wenn die ARD-Sender die Stärkung des Ansehens von Familien offenbar nicht als ihre Aufgabe betrachten – und das vor dem Hintergrund der demographischen Katastrophe unseres Volkes« (ebd., S. 65). Der historisch betrachtet mit verbrecherischen Konsequenzen verbundenen Idee von der »Reinhaltung des deutschen Blutes« mittels des Konzepts der alle Zeiten überdauernden, »reindeutschen« Familie ist die »Tatort«-Reihe in der Tat nicht verschrieben. Als Zerrspiegel von Gesellschaft werden darin Lebensentwürfe aufgegriffen, die in der bundesrepublikanischen Realität vorhanden sind und diese in Form fiktionaler Charaktere komprimiert, verkürzt und manchmal überzeichnet. Dass diese Kunstfiguren keine Abbilder der Realität sind und auch nicht sein können, ist den Gesetzmäßigkeiten audiovisueller Kommunikation geschuldet. Die massive Feminisierung des Aufklärungsgeschehens beispielsweise entspricht keineswegs den Realitäten in hiesigen Morddezernaten, ist aber eine wünschenswerte Realität, die in der grundgesetzlichen Gleichstellung von Mann und Frau kodifiziert ist. Dass dies den deutschtümelnden Autoren des »Nachrichtenmagazins« Zuerst zuwider ist, verwundert nicht. Zudem gehört es zum zivilgesellschaftlich geerdeten Kodex der Reihe, gegen Rechtsradikalismus in sogenannten »Hakenkreuz-Krimis« (Vowe 1996, vgl. Süss 1993, Struck 2011) in vielfältiger Form Stellung zu beziehen (vgl. Dörner 2001, S. 189).[40]

---

40 Vgl. exemplarisch die Folgen »Bildersturm« (WDR 1996) und »Kameraden« (ORF 1991).

5. Detailanalysen und Kontextualisierung

5.4.5 Generationsübergreifender Alkoholismus: Professor Julius Gann und Sohn Jonas Gann

Der Alkoholismus des Tatverdächtigen Professors Julius Gann sowie dessen ebenfalls verdächtigten Sohnes Jonas befindet sich in einem fortgeschritteneren Stadium als der des Kommissars Max Ballauf. Das genrekonstitutive Detektionshandeln Ballaufs konfrontiert ihn in dem »Tatort« »Mit ruhiger Hand« mit den beiden Alkoholikern und befördert seine Auseinandersetzung mit dem Kernthema über die Interaktionen mit der Polizeipsychologin hinaus. Professor Gann und sein Sohn wiederum sind in ihren Handlungsrollen sowohl Betroffene, also »Thementräger« (Eder 2008, S. 711), als auch Tatverdächtige, wobei sich der Chirurg letztlich als der gesuchte Mörder herausstellt. Ihre dramaturgische Funktion besteht nicht nur darin, die Handlung voranzutreiben, sondern auch darin, die filmische Informationsvergabe in Sachen Alkoholismus zu personifizieren und zu perspektivieren sowie im Kontext der gesamten Kriminarration übergeordnete Bedeutungsangebote herzustellen (vgl. ebd., S. 721).

Der »mit ruhiger Hand« agierende Professor Gann ist neben den Ermittlern die wichtigste Hauptfigur in diesem »Tatort«. Seine Profession verortet das intertextuell annoncierte Grundthema der Sendung im gehobenen bürgerlichen Milieu. Der »Alkoholismus im Ärztemilieu« (Buchner 2009d) stellt den inhaltlich-thematischen Interdiskurs dar, dessen zentraler Träger die typisierte Figur des Professors Gann ist. Sie vereint viele Merkmale des Problemfeldes der »Suchterkrankungen bei Ärztinnen und Ärzten« (Mühlau-Mahlke 2007), unter denen der Alkoholismus seit Langem die am weitesten verbreitete darstellt: Julius Gann entspricht dem Rollenmodell des hochgradig professionalisierten, »selbstlosen Helfers, der zu jeder Zeit mit maximalem Einsatz arbeitet« (ebd., S. 109) und unter ständiger Einsatzbereitschaft sowie unter Vernachlässigung eigener Bedürfnisse und privater Interessen praktiziert. Zudem steht die Figur des Professors Gann für die Persönlichkeitsmerkmale Eitelkeit, Selbstverliebtheit und Arroganz sowie für das ärztetypische »Gefühl der Unersetzlichkeit« (Mühlau-Mahlke 2007, S. 110, vgl. Eder 2008, S. 711). Von den Kölner Ermittlern auf die Klage wegen eines (noch nicht erwiesenen) Kunstfehlers angesprochen, sagt der Mediziner: »Ich gehöre zu den besten Chirurgen in diesem Land. Aber selbst ich kann nicht jedes Leben retten« (1:60, vgl. 1:65). Später behauptet Gann im eigenen Haus gegenüber Schenk »in einer Welt [zu] lebe[n], die Sie nie begreifen werden. Eine Welt ohne Fehler« (1:83). Bei seiner Verhaftung am Ende des Krimis begründet er seinen Alkoholismus damit, er habe »den Druck nicht mehr spüren« (1:103) wollen. In den krimidramaturgisch relevanten Selbstbeschreibungen der Figur wie auch ihrer gesamten Gestaltung mittels Mimik, Gestik und Tonfall sind somit viele der Haltungen und Persönlichkeitsmerkmale reprä-

5.4 »Mit ruhiger Hand«: Alkoholismus im »Tatort«

sentiert, die für das Selbstverständnis von Ärzten typisch sind und als Ursachen für Alkoholismus dieser Berufsgruppe gelten (vgl. Mühlau-Mahlke 2007, S. 109). Dieses »Rollenmodell geht von speziellen internalisierten Erwartungen und übergroßen Anforderungen aus, an denen der Betroffene aufgrund der unvermeidlichen Überlastung letztlich scheitert« (ebd.). Professor Gann entspricht in diesem Sinne dem symbolischen Prototyp des alkoholkranken Mediziners (vgl. Eder 2008, S. 711, 722).

Die Figur zeigt sämtliche von Christoph Mühlau-Mahlke in seinem Aufsatz zu »Suchterkrankungen bei Ärztinnen und Ärzten« (2007) genannten Auffälligkeiten dieser Problemgruppe: »Vereinsamung und Rückzug« – Gann entfremdet sich von seiner Familie und von seinem Partner und Teilhaber. Er trinkt meistens heimlich oder allein (1:76, 1:85, 1:86, 1:96). Die »Zunahme familiärer Probleme« sind der Grund, weshalb Gann seine Frau ermordet und danach mit seinem Sohn nicht zurechtkommt (1:103), »Gerüchte um Suchtprobleme« werden indirekt thematisiert, als Ganns Partner am Telefon versucht, einem potenziellen Käufer seiner Anteile an der Klinik gegenüber Überzeugungsarbeit zu leisten: »Ich weiß ja nicht, was Sie für Geschichten gehört haben« (1:79). »Nachlassende Korrektheit« ist im »Tatort« »Mit ruhiger Hand« dadurch erwiesen, dass Gann eine riskante Operation »ohne CT« durchführt. Ihm »reicht« aufgrund seiner Erfahrung und seines großen Selbstvertrauens »ein Röntgenbild« (1:65, 1:76). Schließlich wird entdeckt, dass er zuvor einen »Kunstfehler« beging, indem er die Leberarterie einer Patientin durchtrennte (1:101). In der Summe steht die Hauptfigur des Professors – ganz ähnlich wie von Eggo Müller anhand der Analyse US-amerikanischer »Quality Drama Series« nachgewiesen – im Kontrast »zu typischen Leitfiguren konventioneller Arztserien, in denen die ›Halbgötter in Weiß‹ sowohl als hervorragende Ärzte wie auch als absolut integre, moralisch überragende Persönlichkeiten gezeichnet sind« (Müller 2011, S. 152). Professor Gann widerspricht in dem »Tatort« »Mit ruhiger Hand« in jedem der genannten Punkte diesem Idealbild.

Eine spannende Operationssequenz ist unter dem Eindruck dieses Wissens lesbar. Die Ungewissheit, ob es dem Professor gelingen wird, dem Patienten mit seinem chirurgischen Können »das Leben« (1:74) zu retten, ist darin das zentrale spannungsdramaturgische Element. Das Wissen ist in der Sequenz zwischen den filmischen Figuren und den Zuschauern gleich verteilt. Nach der Typologie der Spannungsformen von Edward Branigan handelt es sich um eine Form von »Mystery« (Mikos 2008, S. 143). Dabei hat die OP-Schwester Keller die Funktion, durch alarmierende Aussagen (»Blutdruck fällt«) und besorgte Blicke der Ungewissheit des sicheren Ausgangs der Operation eine Stimme zu geben bzw. Ausdruck zu verleihen. Das Vergnügen bei der genrekonstitutiven Tätersuche im Krimi findet in dieser Sequenz eine Erweiterung um Spannung generierende

5. Detailanalysen und Kontextualisierung

Elemente des Arztfilmgenres, in dem die lebensbedrohliche Operation ein fest etabliertes Motiv darstellt. Der »Tatort« »Mit ruhiger Hand« entspricht somit dem schon seit Langem anhaltenden Trend zur »*Hybridisierung*, d.h. die Vermischung des Krimigenres mit anderen Genres, Formen oder Annäherung[en] an die ästhetischen Standards anderer Genres oder Medien« (Brück et al. 2000, S. 14, Herv. i. Orig.).

Die Operationssequenz beginnt mit der Nahaufnahme eines angereichten Skalpells, das Professor Gann »mit ruhiger Hand« in Richtung einer klaffenden Wunde führt. Latexhandschuhe und grünes Tuch komplettieren das Bild. Es folgt eine Untersicht auf das Gesicht des Professors im grünen Gewand des Operateurs, mit Mundschutz und Haube. Ein hör-, aber nicht sichtbarer Schnitt ins Fleisch, ein Tupfer kommt zum Einsatz, der Chirurg bekommt eine Pinzette und ein weiteres chirurgisches Instrument angereicht, sein Blick ist konzentriert und auf die Wunde gerichtet. Alarmierende Worte der Schwester über den fallenden Blutdruck des Patienten lassen Gann unbeeindruckt fortfahren und nach dem Röntgenbild fragen. Auch für ein »Bitte« und »Danke« bleiben ihm noch Ruhe und Zeit. Eine Nahaufnahme der klaffenden Wunde, der Blutdruck »fällt weiter«, »90 zu 50«, doch der selbstsichere Chirurg findet beruhigende Worte: »Wir haben's gleich.« Trotz der persönlichen, Dringlichkeit anzeigenden Anrede durch die Schwester, »Herr Professor …«, fährt er fort und verlangt nach einem »Tupfer«. Ein (intradiegetisch) piependes Warnsignal eines medizinischen Gerätes ertönt, die Schwester möchte »den Anästhesisten« rufen. Gann macht trotz der Zuspitzung der Lage weiter und veranlasst die Verabreichung einer »Ampulle Adrenalin« (1:76). Die Schwester führt die Anweisung zügig und leicht kopfschüttelnd aus. Die gesamte Verfahrensweise des Professors ist professionell, aber gefährlich, was auf seine psychische Disposition als Alkoholiker verweist: Aufgrund seiner langen Erfahrung als Operateur kann er seinen professionellen Pflichten noch nachkommen, geht dabei aber das Wohl des Patienten bedrohende Risiken ein.

Zum gleichmäßigen Warnton kommt (extradiegetisch) ebenso ein unterschwelliger, leiser Soundteppich hinzu wie ein daraus im Crescendo erwachsender, lang anhaltender Synthesizerton, ein hohes C. In einer Halbtotalen ist noch einmal die gesamte Operationsszenerie zu sehen, ein Ensemble aus grün gewandetem und maskiertem Personal, Bestecken, medizinisch-technischen Geräten und großer Beleuchtung rund um einen Tisch (vgl. Borstnar et al. 2008, S. 102). Sabine Gottgetreu schreibt in ihrer umfassenden »Untersuchung eines filmischen Genres« über den »Arztfilm« (2001) und darin enthaltene Operationsszenen:

> »Es handelt sich um Einstellungen vermeintlicher Dramatik, sie sind geheimnisvoll, mal stumm und statisch in ihrer Komposition oder wenigs-

tens akustisch verschwenderisch, wenn permanent geredet oder von emotionsgeladener Musik Gebrauch gemacht wird. Letztlich sind sie absurd, denn sie sind das Ergebnis einer Anstrengung, etwas dadurch zu inszenieren, dass es nicht direkt gezeigt werden kann. [...] So erzeugen die meisten OP-Sequenzen eine Verlagerung vom Körper auf die Maschinerie, eine Begeisterung für die Ausstattung, das Setdesign, gerade durch die notgedrungene, wenn nicht kultivierte Abstraktion und die spezifische Art des Weglassens« (Gottgetreu 2001, S. 121 f.).

Diesen Darstellungskonventionen des Arztfilms entsprechend hält Professor Gann plötzlich den *off-screen* aus dem Körper entfernten Metallsplitter mit einer Pinzette. Während er ihn hörbar in eine stählerne Schale fallen lässt, verschiebt sich die Höhe des lang gehaltenen Tons in einer triumphalen großen Terz hin zum hohen E. Die musikalische Gestaltung unterstützt die spannende Narration (vgl. Mikos 2008, S. 243). Die Operation ist erfolgreich beendet und der »Blutdruck stabilisiert sich wieder«, so die Schwester. »Können zumachen« (1:76) sind die genretypischen letzten Worte des Professors am OP-Tisch, bevor er sich in sein Büro zurückzieht, um eine Flasche Whisky sowie ein Glas aus dem Schrank zu nehmen und sich einen großen Schluck einzugießen (1:76). Während er sich setzt, verändert sich die Musik erneut signifikant: vom nun tiefen, ungefähr eintaktigen E in einem böse-bedrohlichen Halbtonschritt hin zum F. In ihrer bezeichnenden Funktion kommentiert bzw. deutet die Musik das visuell Dargestellte (vgl. Borstnar et al. 2008, S. 141). In diesem Fall geschieht das einerseits auf kontrastive Art zum Vorangegangenen: Nach der letztlich geglückten Operation verfällt Gann erneut den Ritualen des Alkoholikers. Sein Erfolg ist fragil und wird nicht von Dauer sein. In einer komplementären Funktion unterstreicht die Musik andererseits die unausgeglichene und im wahrsten Sinne des Wortes dissonante Gefühlslage des Protagonisten.

Ein Klopfen an der Tür hält Gann vom Leeren des Glases ab. Er versteckt Glas und Flasche und bittet herein. Es ist Schwester Keller, die seinen Verband wechseln möchte. Während sie den Professor wie immer loyal und pflichtschuldig verbindet, gibt er das Verbergen auf und trinkt aus dem Glas. Mit sorgenvollen Blicken, aber ohne ihren Gefühlen verbal Ausdruck zu verleihen, verlässt die Schwester den Raum.

Diese direkt an die Operation anschließende Szene ist in ihrer Bedeutung tragenden Repräsentationslogik symptomatisch für das Phänomen des Alkoholismus bei Ärzten: »Die Suchtkrankheit bleibt [...] lange unentdeckt [bzw. folgenlos, H.B.], weil Kollegen und sonstige Mitarbeiter die Anzeichen der Krankheit nicht sehen oder sehen wollen« (Mühlau-Mahlke 2007, S. 114). Schwester Keller sieht zwar das Problem ihres Chefs, traut sich aber zunächst nicht, ihn

5. Detailanalysen und Kontextualisierung

darauf anzusprechen. Erst gegen Ende der Krimihandlung, als Professor Gann seinen mit dem Auto verunglückten Sohn unter hohem Risiko und ungeachtet (der halbherzig hervorgebrachten) Bedenken von Assistenzarzt Wolf operieren will, verweigert Schwester Keller Professor Gann die Gefolgschaft. Sie droht sogar damit, die Polizei zu rufen, falls er es versuchen sollte (1:100). Die späte Einsicht der Schwester steht dabei im kontrastierenden Verhältnis zur Figur des Dr. Wolf und seines Verhaltens. Der im Zusammenhang mit seiner Affäre bereits als rückgratlos gezeichnete Mediziner meint, dass ihn das Verhalten von Professor Gann nichts angehe: »Es ist seine Entscheidung, es ist seine Klinik, es ist sein Sohn« (1:100). In binärer Opposition des Verhaltens der beiden Nebenfiguren Keller und Wolf etabliert der Krimi damit eine zugespitzte Moral, die sich auf Entscheidungsprozesse im Umgang mit Alkoholikern bezieht. Diese Moral verlangt danach, entgegen institutioneller Zwänge und hierarchischer Abhängigkeiten Position zu beziehen und Alkoholismus nicht zu beschweigen, sondern anzusprechen und Alkoholiker dort zu stoppen, wo sie anderen Schaden zufügen können.

Professor Ganns Sohn Jonas schläft bei seiner Einführung – ebenso wie Ballauf zu Beginn dieses »Tatorts« – seinen Rausch aus (1:57). In der Tatnacht war der Junge dermaßen betrunken, dass er den Mord, den sein Vater an seiner Mutter verübte, nicht wahrnahm. Wie der Kommissar wird auch Gann junior nach durchzechter Nacht unsanft geweckt und leidet an den Folgen des Trinkens. Jonas schaut ins Leere, geht unsicher, und sein Gesicht ist stets schweißglänzend. Bei der Befragung durch die Kommissare auf dem Präsidium entleert er die Heftzwecken eines Bürohefters nervös klickend auf den Boden (1:58, 1:63). Als er sich erhebt, ist in einer kurzen Detailaufnahme ein ganzer Haufen der auf diese Weise vergeudeten Metallzwecken zu sehen (vgl. Mikos 2008, S. 198). Die unnütze und wie zwanghaft ausgeführte Handlung verweist symbolisch auf die instabile psychische Disposition des Jungen. Die Kommissare erfahren, dass Jonas in einem Schweizer Internat untergebracht ist. Das damit evozierte Bild des abgeschobenen Kindes wohlhabender Eltern findet sich »als rekurrente[s], konventionelle[s] Muster des Erzählens« (Schweinitz 2006, S. 52) in vielen populären Filmen und auch »Tatort«-Krimis wieder (vgl. Kapitel 6.1.2). Im Zuge der Ermittlungen gewinnt die Figur des Jonas Gann durch weitere rollenbiografische Informationen an Kontur und ist dadurch der Ebene des Stereotypen enthoben. Hilfskommissarin Lüttgenjohann referiert, dass »mehrere Anzeigen gegen Jonas vor[liegen], wegen Ruhestörung und Vandalismus. Und zwei wegen schwerer Körperverletzung. Alles unter Alkoholeinfluss.« Schenk ergänzt beim Aktenstudium: »Der hat einen Mitschüler mit Whisky überschüttet und dann angezündet« (1:66). Lüttgenjohann zeigt den beiden Ermittlern mit einer einfachen, die verbale Informationsvergabe ergänzenden, elementar-

5.4 »Mit ruhiger Hand«: Alkoholismus im »Tatort«

diskursiven Geste, worin Jonas' Problem besteht: Sie spreizt Daumen und kleinen Finger der rechten Hand und simuliert damit das Trinken aus einer Flasche.

Eine für Kinder in suchtbelasteten Familien typische Verhaltensweise ist in einer weiteren Sequenz ausgestaltet, in der Gann junior betrunken im Polizeipräsidium erscheint und danach verlangt, seine tote Mutter zu sehen (1:82). Er pöbelt herum, randaliert und beruhigt sich erst, als Kommissar Schenk ihn durch sein robustes Eingreifen zur Räson bringt. Der plötzliche Gefühlsausbruch des ansonsten apathisch wirkenden Jugendlichen ist die Dramatisierung eines ebenfalls suchttypischen Verhaltensmusters, die sogenannte »*Volatilität*. Hierunter werden abrupte, unberechenbare und meist auch nicht vorhersehbare, heftige Verhaltensänderungen und -schwankungen verstanden« (Klein 2008, S. 24, Herv. i. Orig.). In dieser interdiskursiv aufgeladenen Sequenz findet damit eine weitere Dramatisierung von Wissen um den Alkoholismus statt. Dabei ist die televisuelle Darreichungsform von spezialdiskursivem, medizinisch-psychologischem Wissens an dieser Stelle eine andere als bei der beispielhaften Erläuterung des Fachterminus der »Koabhängigkeit« durch die Psychologin (vgl. Kapitel 5.4.3). Der abstrakt-logische Begriff der »Volatilität« ist im Gebaren der Figur Jonas Gann nachvollziehbar. Im Zusammenhang mit dem zuvor aufgebauten Wissen über die Vorgeschichte des Jungen sind seine aggressiven Bewegungen und Redeweisen vom Krimipublikum les- bzw. sinnlich erfahrbar. Dass in der Fachliteratur zur Alkoholsucht in Familien »Volatilität« eher im Sinne einer Verhaltensweise betroffener Eltern beschrieben wird, ist als ein Stück angewandter künstlerischer Freiheit im Produktionsprozess zu betrachten. Stimmungsschwankungen sind bei alkoholkranken Kindern in suchtbelasteten Familien ebenfalls vorstellbar, also im weitesten Sinne realistisch.

Von besonderer thematischer Dichte sind die Interaktionsverhältnisse von Vater und Sohn. Ihre zwischenmenschliche Entfremdung und gleichzeitig suchtbedingte Nähe zueinander wird in dem »Tatort« »Mit ruhiger Hand« durch die folgende, stimmungsvolle *feel bad*-Sequenz (vgl. Dörner 2001, S. 218 ff.) von fast drei Minuten Länge dramaturgisch ausgestaltet. Bei ihrer Ankunft im vergitterten »Wohlstandsgefängnis« (Hintermeier 2009b) – einem weiß getünchten Bungalow – geht der Sohn schnell allein vorweg ins Haus und dort umgehend an die Bar. Er passiert hierbei den großen Blutfleck der ermordeten Mutter (1:83). Tatort und elementardiskursiv aufgeladenes Inventar befinden sich in unmittelbarer Nähe zueinander und verdeutlichen in ihrer Koinzidenz die thematische Gewichtung dieser Sequenz: Sie dient als komprimierte (Re-)Konstruktion der zerrütteten häuslichen Verhältnisse einer vom Alkoholismus geprägten Familie. Als Jonas sich anschickt, eine Flasche aus der Bar zu nehmen, sagt sein Vater: »Lass die stehen. Jonas, wir haben jetzt nur noch uns.« Jonas entgegnet: »Wir haben gar nichts ohne Mama. Du hast die Klinik und ich leb mein Leben«

5. Detailanalysen und Kontextualisierung

(1:68). Der von allen »bewunderte« (1:58) Professor und sein Sohn sind einander vollkommen fremd. Kathrin Buchner beschreibt ihr Verhältnis treffend:

> »Zwischen Vater und Sohn liegt nicht nur die Blutlache der toten Mutter, die Entfremdung ist Ergebnis eines jahrelangen innerfamiliären Zerstörungsprozesses. Männer gefangen in ihrer Isolation, die ihr Elend mit Drinks statt Dialog bekämpfen« (Buchner 2009d).

Dramatisiert wird dieses Binnenverhältnis mittels einer Parallelmontage. Die Gestaltung der »Bildmischung« (Hickethier 2001, S. 161) sorgt für den Eindruck einer Gleichzeitigkeit der Handlungen von Vater und Sohn: Beide betrinken sich und hören dabei Musik, der Vater standesgemäß und seine Hybris unterstreichend Opern und der Sohn altersgemäße, minimalistische elektronische Musik. Während der eine im Wohnzimmer sitzt, der Musik über einen Funkkopfhörer lauscht und Whisky trinkt, befindet sich der andere in seinem Jugendzimmer am Laptop und leert eine ganze Flasche Wodka. Durch die Abfolge der Bilder entsteht eine televisuelle »Außenperspektive« (ebd., S. 130) auf den so neu geschaffenen filmischen Raum. In diesem Raum findet eine emotionale Verdichtung sowohl der inneren Zustände der beiden Figuren statt – Gann weint, sein Sohn starrt ins Leere – als auch ihrer Beziehung zueinander (vgl. Hickethier 1991, S. 15). Als filmische »Informationsvergabe über Lebensverhältnisse« (ebd., S. 16), die fast ohne Worte auskommt, ist diese Sequenz daher von enormer atmosphärischer Dichte und steht symptomatisch für das soziokulturelle Schema der Suchtgefährdung von Kindern alkoholkranker Eltern (vgl. Hurrelmann/Settertobulte 2008, S. 10). Alkoholabhängige stammen sehr häufig aus Familien, in denen bereits ein Elternteil abhängig war oder ist (vgl. Klein 2008, S. 22 f.). Der klinische Psychologe Michael Klein schreibt: »Kinder von Alkoholikern sind als die größte *Risikogruppe für die Entwicklung von Alkoholmissbrauch und -abhängigkeit* anzusehen« (ebd., S. 23, Herv. i. Orig.). Der Professor und sein Sohn sind als Thementräger Personifikationen der einen wie auch der anderen Gruppe. Die Gann'sche Familienkonstellation und -atmosphäre ist in der Summe ein Schulbeispiel für eine problembelastete »Familienumwelt der Kinder suchtkranker Eltern« (Klein 2008, S. 24):

> »Die in diesem Zusammenhang am häufigsten anzutreffende Familienkonstellation, bestehend aus einem alkoholabhängigen Vater und einer nicht suchtkranken, aber oft dependenten, ich-schwachen oder co-abhängigen Mutter, bringt entscheidende Veränderungen und Gefahren in der Dynamik der betroffenen Familien mit sich. Die Eltern können oft ihren Pflichten als Erzieher der Kinder nicht mehr in ausreichendem Maße nachkommen, da der Abhängige in vielen Fällen auf das Suchtmittel fixiert ist und daher die Kinder kaum mehr wahrnimmt« (Klein 2008, S. 24).

5.4 »Mit ruhiger Hand«: Alkoholismus im »Tatort«

Jonas Gann fasst seine familiären Verhältnisse gegenüber Schenk folgendermaßen zusammen:

»Seit ich denken kann, haben meine Eltern nur rumgestritten, wegen der Sauferei. Trotzdem hat meine Mutter immer zu ihm gehalten. Ich muss fünf oder sechs gewesen sein, da kam er nachts in mein Zimmer und hat geheult. Dass ihn keiner verstehen würde und dass ihn alle im Stich lassen. Es war so, so widerlich« (1:94).

Von der offensichtlichen eigenen Abhängigkeit will Gann junior zu diesem Zeitpunkt noch nichts wissen. Auf die Frage, wann er »damit angefangen« (1:94) habe, weist er die Ähnlichkeit seines Verhaltens zu dem des Vaters von sich; eine Reaktion, mit der Schenk aufgrund der jüngsten Erfahrungen mit seinem Kollegen Ballauf nur allzu vertraut ist.

Einsicht zeigt Jonas erst nach seinem selbstmörderischen Autounfall. Als letztes, auslösendes Moment für die fatale Autofahrt erscheint die dialogbezogene Illustration seiner gegenüber Schenk gemachten Aussagen: Er sieht, selbst schwer angetrunken, seinen Vater im Blut seiner Mutter am Boden liegen und eine Flasche umarmen (1:96). Daraufhin verlässt Jonas das elterliche Haus. Währenddessen findet sein Zustand in der weitgehenden Verschwommenheit der filmischen Bilder seine ästhetische Entsprechung. Ihre elementardiskursive, weil mit Betrunkenheit umgehend assoziierbare Unschärfe knüpft an den Beginn des Krimis an, als der noch benebelte Ballauf von einem Polizisten geweckt wird (1:54, vgl. Kapitel 5.4.2). Außerdem erscheint während der Autofahrt des Jungen zum wiederholten Male ein Kreuz als Schatten auf dem Wasser des Rheins. Als christlich-religiöses Symbol für Tod und Wiederauferstehung war es bereits in der ersten Sequenz der Sendung zu sehen. Jonas' Leben wird vom Alkoholismus direkt bedroht und die existenzielle Frage, ob leben oder sterben, wird an dieser Stelle mit dem religiösen Zeichen symbolisiert. Der weitere Verlauf der Narration unterstreicht diese Lesart: In elliptischer Erzählweise wird die lebensmüde Fahrt des Jungen angedeutet. Die Zuschauer erfahren davon durch ein Telefonat zwischen Ballauf und Schenk, das mittels passender »Zeigebilder« (Hickethier 2001, S. 108) illustriert wird. Schenk sagt am Telefon zu seinem Kollegen: »Jonas hat sich den Wagen von seinem Vater genommen und ist damit frontal gegen die Wand der Klinik gerast« (1:100).[41] Im Krankenhaus stellt sich heraus, dass Gann junior neben den schweren Verletzungen infolge seines Selbstmordversuchs eine »akute Leberschädigung« (1:100) hat. Die Leber als ein

---

41 Das Gegen-die-Wand-Fahren kann als intertextueller Verweis auf den Titel des gleichnamigen Filmerfolges von Fatih Akin gelesen werden. Auch darin geht es unter anderem um alkoholismusbedingte Verzweiflung, die den Protagonisten eingangs und titelgebend »gegen die Wand« (2004) fahren lässt (vgl. Mikos 2008, S. 275).

5. Detailanalysen und Kontextualisierung

kollektivsymbolisches Leitmotiv in diesem »Tatort« findet somit ein weiteres Mal Erwähnung – nach der »tiefe[n] Stichverletzung der Leber« (1:57) als der eingangs durch den Pathologen festgestellten Todesursache und der von Professor Gann durchtrennten »Leberarterie« (1:101).

Der Betroffene Jonas Gann tritt in der vorletzten Sequenz des Krimis ein letztes Mal im Krankenhaus liegend in Erscheinung (1:105). Kommissar Schenk ist bei ihm, und Jonas ist wieder bei Bewusstsein. Letzterer ist nun einsichtig und gesteht Schenk gegenüber ein, Alkoholiker zu sein. Im Unterschied zu dem sich entwickelnden Alkoholproblem Ballaufs benennt Jonas die Krankheit und das lebensbedrohliche Stadium, in dem sich der Patient selbst befindet, direkt:

»J: Ich bin Alkoholiker, oder?

S: Das bist du, ja.

J: Und ich sterbe, wenn ich weiter trinke. Irgendwie ist das ein Segen. Egal, wie es ausgeht.

S: Aber du schaffst das.

J: Ja.

S: Ja?

J: Ja« (1:105).

Von Schenk in seiner Einsicht ermutigt, wandelt sich der Betroffene zum einsichtigen »Vorbild-Protagonisten« (Wulff 2001, S. 256), der ein Handlungsideal personifiziert und symbolisch dafür steht, dass es – egal wie weit die Suchtkrankheit vorangeschritten ist – nie zu spät zur Umkehr und zum Aufhören ist. Die »Schönheit des Populären« zum Ende der Sendung besteht auch hier wie im Fall des betroffenen Ballauf darin, »zumindest in Teilen vom gelingenden Leben« (Hügel 2008a, S. 96) zu erzählen. Zwei der drei Betroffenen in »Mit ruhiger Hand« geloben Besserung, und der Kommissar wird sogar mit der Gunst der Psychologin belohnt (vgl. Kapitel 5.4.3). Der Dritte, Professor Gann, muss hingegen büßen und gehört in seiner krankhaften Uneinsichtigkeit genretypisch hinter Schloss und Riegel.

5.4.6 Subthema: Illegale in Deutschland

Mit der Enthüllung der Nebentätigkeit von Psychologin Lydia Rosenberg wird ein weiteres gesellschaftspolitisches Thema in diesem Krimi aufgegriffen und mit konkretem Inhalt gefüllt: die Situation von Menschen, die illegal in Deutschland leben. Das Thema findet lediglich in vier Sequenzen (1:62, 1:69, 1:73, 1:91) Erwähnung bzw. eine »textbezogene Illustration« (Keppler 2006, S. 130).

5.4 »Mit ruhiger Hand«: Alkoholismus im »Tatort«

Die filmische Informationsvergabe darüber ist demnach im Vergleich zum Hauptthema Alkoholismus vergleichsweise spärlich. Eingeführt wird dieses Subthema am Krankenbett von Professor Gann im Beisein von Kommissar Ballauf und Ganns Teilhaber Bernstein. Letzterer lenkt den Mordverdacht indirekt auf die Illegalen:

> »G: Meine Frau ist auch, war, war auch Ärztin. Sie hat sich um Patienten gekümmert, die illegal in Deutschland sind oder keine Krankenversicherung haben.
> BS: Wir haben Karen für diese Arbeit immer sehr bewundert, aber das sind natürlich Leute, die haben nichts zu verlieren. Da waren wir immer ein bisschen besorgt.
> B: Wo hat Ihre Frau denn diese Patienten behandelt?
> G: Mal hier, mal da. Solche Praxen sind illegal« (1:62).

Lydia klärt Ballauf später darüber auf, »dass im Großraum Köln circa 10 000 Menschen illegal leben« (1:69). Als »Träger[in]« allgemeiner thematischer Aussagen« (Eder 2008, S. 723) sorgt sie mit der Nennung einer vagen statistischen Zahl für eine direkte Informationsvergabe über eine soziale Problemlage im Modus der Interdiskursivität: »Wo finde ich diese Leute?« (1:69), will Ballauf wissen. Nach einigem Zögern und der Zusicherung von Diskretion erhält der Ermittler die Information. Kausallogisch gelangen die Kommissare vier Sequenzen später über einen Hinterhof in die illegale Praxis (1:73). Beim Betreten der Räumlichkeiten gehen die beiden an einer überdimensionierten Kinderzeichnung an der linken Wand vorbei, die durch einen Kameraschwenk von links nach rechts kurz ins Bild gerät. Darauf sind gesichtslose bunte Figuren unterschiedlicher Haut- und Haarfarbe zu sehen, ebenso ein Clown und ein Schneemann. In schriftsprachlichem Kölsch steht zu lesen: »Mr spreche all desselbe Sprach« (1:73). Mit der eingangs zu sehenden Zeichnung und ihrem Titel steht die gesamte Sequenz im Zeichen »politischer Korrektheit«, bestimmt durch den Wert der Multikulturalität (vgl. Dörner 2001, S. 243, Kapitel 3.4.3). Die weiteren Geschehnisse während der knapp vierminütigen Sequenz verdeutlichen dies: Die Kommissare lugen um die Ecke, hören unverständliches Stimmengewirr und gelangen über einen dunklen Gang ans Ziel. Eine ältere Frau mit symbolträchtigem Kopftuch und ein alter Mann sitzen wartend auf Stühlen, während zwei ernst bis verängstigt schauende Frauen und ein schwarzbärtiger Mann zu ihnen aufblicken. Am Tresen steht eine weitere alte Frau mit Kopftuch und dahinter ein alter Mann mit Kopfverband, daneben ein grauhaariger Mann mittleren Alters mit Halskrause, der etwas aufschreibt. Die gesamte Szenerie ist mitleiderregend. Der Einsatz einstimmiger, leise anschwellender Musik unterstreicht diesen Eindruck.

5. Detailanalysen und Kontextualisierung

Die Konstruktion des gesamten filmischen Raums vollzieht sich aus der Sicht und mit den Blicken der Protagonisten (vgl. Fahle 2010, S. 70). Die »Perspektivierung der Erzählung« (Borstnar et.al 2008, S. 176), der mittels der Art und Weise filmischer Informationsvergabe konstituierte *point of view*, erfolgt somit durch die Ermittler als Hauptfiguren des Aufklärungsgeschehens. Mit ihrem neugierigen Eintreten und Erkunden einer ihnen fremden Welt erschließen sie einen fiktionalen Zugang zum Problembereich der medizinischen Versorgung illegal in Deutschland lebender Menschen. Dass es sich dabei um eine künstlich inszenierte Welt mit fiktiven Patienten und in gestalteten Räumlichkeiten handelt, die den Gesetzmäßigkeiten televisueller Repräsentation folgt, macht sie nicht weniger glaubwürdig. Die Szenerie ist realistisch in dem Sinne, dass sich die Geschehnisse so wie gezeigt zugetragen haben könnten (vgl. Borstnar et al. 2008, S. 41). Dieser »Realismus der Darstellung« (Wulff 2002a, S. 4) als Teil der Fiktion bereitet den Boden für ein intensives empathisches Erleben, ein Sicheinfühlen in die Situation und die Figuren der Ausländer, die in ihren Funktionsrollen grob umrissene soziale Typen verkörpern. Ihre »stereotypische Flachheit« – beispielsweise erzielt durch den zweimaligen Einsatz von Kopftüchern als Ausstattungsgegenstand zur Kenntlichmachung muslimischer Frauen – genügt, um sie »ausreichend zu empathisieren« (ebd., S. 5, Herv. i. Orig.).

In der Praxis treffen die Kommissare zu ihrer Überraschung auf Dr. Wolf, einen Kollegen Professor Ganns, der in der illegalen Praxis arbeitet, denn: »die Leute brauchen Hilfe« (1:73). Über sein kurzes Verhältnis mit der Toten werden die Ermittler erst bei einem späteren, zweiten Besuch in der Praxis sprechen (1:91). Während der Befragung des Mediziners hört eine mit Putzen beschäftigte Frau zu – die gesuchte, da tatverdächtige Maria Andreschko. Sie will über das Dach fliehen und wird von Ballauf dazu auf verständnisvolle Art und Weise – »Bitte bleiben Sie stehen, bitte« (1:91) – überredet, aufzugeben und sich den Fragen der Ermittler zu stellen. Er sagt: »Wir wollen Sie nicht festnehmen, wollen Ihnen nur ein paar Fragen stellen« (1:93). Schenk stellt fest, dass sie sich bei ihrem Fluchtversuch leicht verletzt hat, worauf sie von Dr. Wolf verarztet wird. Maria ist verängstigt und gibt den Kommissaren in gebrochenem Deutsch Auskunft. »Maria kommt aus Albanien, sie ist illegal hier. Blieb ihr gar nichts anderes übrig« (1:91), erfahren die Ermittler von Dr. Wolf, der damit den Status der Frau unwidersprochen legitimiert. Sie kooperiert, und es stellt sich heraus, dass sie nichts mit dem Mord zu tun hat. Dieser Umstand ist prototypisch für »Tatort«-Krimis des Jahres 2009 und darüber hinaus, in denen Migration und damit verbundene Milieus thematisiert werden: Als ausländisch gezeichnete Figuren kommen im Rahmen des Täterrätsels als Mörder zwar zunächst prinzipiell in Frage, sind es am Ende dann aber doch nicht gewesen. Dieser dem »Tatort«- und genrekompetenten Publikum nicht verborgen bleibende Umstand schränkt

5.4 »Mit ruhiger Hand«: Alkoholismus im »Tatort«

den Vergnügungswert der Spannungsdramaturgien dieser Krimis ein.[42] So erweist sich auch die Spur, die Bernstein in »Mit ruhiger Hand« gelegt hat, als Finte. Keiner der Illegalen hat etwas mit dem Kapitalverbrechen zu tun. Die Tatsache, dass die Arztpraxis illegal ist, veranlasst die beiden Kommissare nicht dazu, sie auffliegen oder schließen zu lassen und die dort Behandelten den dafür zuständigen Behörden zu melden. Die Putzfrau Maria, in der sich wenige Merkmale des Problemfeldes »Illegale in Deutschland« personifiziert bündeln – Angst vor Entdeckung, Notwendigkeit der Schwarzarbeit – wird nicht weiter belangt und von den Kommissaren verständnisvoll behandelt (vgl. Goldbeck 2004, S. 133 ff.). »Maria Andreschko, der wird nichts passieren« (1:75) sagt Ballauf später zu Psychologin Lydia. Ihr Status als Illegale ist nicht weiter von Interesse. Damit handeln die beiden Gesetzeshüter gegen das Gesetz und zeigen, »dass der Dienstweg nicht immer der richtige und politisch korrekte Weg ist« (Dörner 2001, S. 195). Legitimiert wird dies dadurch, dass es sich bei der Praxis zwar um einen illegalen Ort handelt, seine Existenz allerdings durch höhere Werte gerechtfertigt ist: in erster Linie durch den der Humanität – Menschen wird dort medizinisch-psychologisch geholfen – und in zweiter der der Multikulturalität, unterstrichen mit dem Wandbild. Der zivile Ungehorsam der Kommissare ist eine Form der Political Correctness (vgl. Kapitel 3.4.3), die für ein Weltbild steht, in dem sozial Benachteiligte und Außenstehende – hier: außerhalb des Systems der Krankenkassen illegal in Deutschland lebende Ausländer – geduldet oder gar bevorzugt behandelt werden (vgl. Dörner 2001, S. 191 ff.).[43]

5.4.7 Fazit: »Mit ruhiger Hand«

Im Zuge der Analyse des Krimis »Mit ruhiger Hand« wurden zwei Interdiskurse freigelegt, die mit der Genrenarration der Sendung verknüpft sind (vgl. Mikos 2008, S. 285). Der dominante in diesem »Tatort« ist der, der sich mit der Volkskrankheit Alkoholismus befasst. In einem vergleichsweise marginal ausgestalteten Subplot wird in »Mit ruhiger Hand« darüber hinaus die medizinisch-psychologische Versorgung illegal in Deutschland lebender Menschen thematisiert und in einer »politisch korrekten« (vgl. Kapitel 3.4.3) Vorzugslesart für richtig und wichtig erklärt. Das Kernthema Alkoholismus ist auf der Akteursebene in Form zweier miteinander verwobener Erzählstränge ausgestaltet: als

---

42 Vgl. die Folgen »Baum der Erlösung« (ORF 2009, Kapitel 6.3.1), »Familienaufstellung« (RB 2009, Kapitel 6.3.2) und »Im Abseits« (SWR 2011).
43 Vgl. die mit dem Grimme-Preis ausgezeichnete »Tatort«-Folge »Frau Bu lacht« (BR 1995) von Dominik Graf zum 25-jährigen Jubiläum der Reihe. Darin helfen die beiden Kommissare der überführten Mörderin eines Kinderschänders sogar bei ihrer Flucht aus Deutschland.

5. Detailanalysen und Kontextualisierung

fortgeschrittene Krankheit eines Arztes, die sich auf sein familiäres wie berufliches Umfeld auswirkt, sowie als temporär problematischer Alkoholkonsum von einem der in dem Fall ermittelnden Kommissare. Interdiskursiv aufgeladene Figuren bilden den Kern der problembezogenen Repräsentation dieses Krimis und agieren in auf »einfache[n] Grundkonstellationen reduzierte[n] Wirklichkeit[en]« (Dörner 2001, S. 239). Kriminarration und Thema sind dabei dergestalt miteinander verknüpft, dass Detektionshandlung, Milieuzeichnung und Problematisierung in den Interaktionsverhältnissen der Figuren als Tatverdächtige oder Ermittler, Betroffene oder helfende »Vorbild-Protagonisten« (Wulff 2001, S. 256) miteinander verschmelzen: Der Professor als anfangs vermeintliches Opfer eines Raubüberfalls ist der genrekonstitutiv gesuchte Mörder. In seinem Alkoholismus liegt einerseits das Motiv für die Tat. Andererseits eröffnet seine Krankheit die Möglichkeit der Dramatisierung von verallgemeinerbarem, berufsfeldbezogenem Faktenwissen über Alkoholismus bei Ärzten im Besonderen und von generellen Auswirkungen der Suchtkrankheit im sozialen Umfeld von Alkoholkranken im Allgemeinen – in diesem Fall die Koabhängigkeit (der Mutter) und die »Vererbung« der Krankheit (an den Sohn).

Dabei erfolgt die filmische Informationsvergabe bei der Dramatisierung von selektiv-verkürztem Wissen in diesem Krimi mehrheitlich auf der sprachlich-dialogischen Ebene, aber auch auf der der visuellen Illustration (vgl. Link 2006, S. 42). Sound- und Musikgestaltung unterstützen überdies die Figurenzeichnung und die Narration. Die somit komplexe audiovisuelle Repräsentation schafft einen atmosphärisch dichten Zeichenraum, in dem Teilaspekte des gesellschaftspolitischen Themas des Alkoholismus für die Zuschauer erfahrbar bzw. nachvollziehbar sind. Dass die Narration als sowohl spannend, stellenweise witzig und romantisch anrührend wie auch traurig stimmend goutiert werden kann, zeugt wiederum von der kunstvollen Verknüpfung disparater Elemente in diesem Fernsehkrimi. Eine wichtige Ebene sind hierbei die televisuellen Emotionen, die das themenbezogene Wissen »einfärben, perspektivieren und gefühlsbezogen bewerten« (Hickethier 2007, S. 118). Relevant sind sie im Hinblick auf das empathische Verstehen der Figuren in ihren Handlungskontexten und auf die Einfühlung in ihre fiktiven Existenzen (vgl. Mikos 2008, S. 177). Den arroganten Professor in seiner Eigenschaft als Kunstfehler begehender Chirurg, als wörtlich »am Boden liegender Trinker« sowie als unfähiger Vater verkörpert der Charakterdarsteller Roeland Wiesnekker beispielsweise rundum glaubwürdig.

Auch für den in dem Fall ermittelnden Kommissar Ballauf gilt, dass er als »Thementräger« (Eder 2008, S. 711) seinen Beitrag zur Ausgestaltung des gesellschaftspolitischen Themas Alkoholismus leistet. Ballauf hat ein auf diese Folge des Kölner »Tatorts« temporär begrenztes Alkoholproblem, mit dem sich mehrere Funktionsträger innerhalb des Polizeiapparates auseinandersetzen müssen.

5.4 »Mit ruhiger Hand«: Alkoholismus im »Tatort«

Ballaufs Partner Schenk wird mit der Problemlage auf gleich dreifache Art und Weise konfrontiert: erstens durch die professionelle Außenperspektive des Ermittlers auf den Fall und die in diesem Zusammenhang infrage kommenden Verdächtigen, zweitens durch das Verhältnis zu seinem angeschlagenen Kollegen als (fehlbare) Instanz partikularer moralischer Evaluation sowie drittens als über die Krimihandlung hinausweisende, moralische Instanz, die mögliche Lösungswege aufzeigt, für gangbar und allgemeingültig erklärt (vgl. Wulff 2005, S. 384). Schenks Ausführungen Ballauf gegenüber können von den Zuschauern als Anlässe zur Reflexion genommen bzw. als Anleitungen zur kritischen Selbstanalyse des eigenen Umgangs mit Alkohol gelesen werden. Helferin Franziska Lüttgenjohann hingegen leidet unter Ballaufs Gemütslagen und bewahrt ihn dennoch kollegial vor weiteren Repressalien durch den vorgesetzten Staatsanwalt. Letzterer sanktioniert seinerseits den Betroffenen und bietet ihm in der Rolle des komisch gebrochenen Vorbildes seine Hilfe an.

All diesen Figuren gemein ist eine elementardiskursive Auseinandersetzung mit dem Thema Alkoholismus. Die Art und Weise ihrer Auseinandersetzung damit geht vom Alltagsverstand aus, von einem als allgemein bekannt vorauszusetzenden Wissen um Problemlagen, die mit Alkoholismus zusammenhängen. Dabei verleihen die Figuren diesem realistischen Alltagsverständnis mit emotionalen Reaktionen, umgangssprachlichen Äußerungen und leicht nachvollziehbaren, teilweise komischen Verhaltensweisen einen unterhaltsamen Ausdruck (vgl. Dörner 2001, S. 167). Die Figur der Polizeipsychologin Lydia hat innerhalb dieses Ensembles eine besondere Funktion inne. Mit Ballauf ist sie über den Flirt-Subplot emotional verbunden. Noch wichtiger aber ist ihre Rolle als Expertin, die spezialdiskursives Wissen über Alkoholismus referiert, vor allem zum Aspekt der Koabhängigkeit (vgl. Mikos 2008, S. 287, Link 2006). Diese Rolle füllt sie in zweifacher Hinsicht aus: zum einen als Beraterin des betroffenen Kommissars und zum anderen als seine Helferin im Rahmen der Detektion. In der Handlungsrolle der Polizeipsychologin Lydia wird die Funktion des »Tatorts« als institutionalisierter Interdiskurs am deutlichsten.

Ermittler Ballauf wiederum wandelt sich im Laufe der Narration vom halsstarrigen Problemprotagonisten zum einsichtigen Vorbildprotagonisten, der dafür am Ende doppelt belohnt wird. Pointiert gesagt, fungiert die Figur des persönlich betroffenen Ermittlers in »Mit ruhige Hand« als halbvolles Gefäß, das – je nach thematischem Bedarf mit erweiterten individuellen Merkmalen versehen – angefüllt und ausgestaltet werden kann. Hat diese Figur ihren Zweck als Thementräger erfüllt, so fallen ihre jeweils themenbezogenen Charakteristika den Prinzipien seriellen Vergessens anheim. Um eine problembezogene Überfüllung des Gefäßes zu verhindern, wird der angesammelte Ballast zum Ende der Episode »Mit ruhiger Hand« weitgehend entfernt, um Platz für Neues zu schaffen.

5. Detailanalysen und Kontextualisierung

Derartige Verbindungen stehen für ein mittlerweile etabliertes, narratives Muster in themenlastigen »Tatort«-Krimis:

»Es gibt, so jedenfalls die Fernsehtendenz, sozusagen kein professionelles, distanziertes Ermittlerhandeln mehr, sondern die Ermittlung, die eine objektiv-distanzierte Einstellung fordern würde, wird zur subjektiven, lebensgeschichtlichen Krise des Ermittlers« (Jäger 2011, vgl. Hißnauer et al. 2012).

In der Summe gelingt in dem Kölner »Tatort« »Mit ruhiger Hand« der Spagat zwischen spannend hybrider Genrenarration und thematischen Bezügen mit aufklärerischem Impetus. Im Rahmen des *whodunit* des Krimis erleben und erleiden die Kommissare in der filmischen Welt einen ebenso unterhaltsam wie partiell informativ ausgestalteten Problembereich. Das Figurenensemble aus Betroffenen, Verdächtigen und Helfern sorgt für einen nicht allumfassenden, aber weit reichenden Blick auf das Thema Alkoholismus. Fraglich bleibt, warum auch dieser »Tatort« bei seiner Erstausstrahlung von der Brauerei Krombacher präsentiert wurde.

5.5 Kontextualisierung: Alkohol im »Tatort«

Nach der vorangegangenen Detailanalyse des Themen-»Tatorts« »Mit ruhiger Hand« (WDR 2009) geht es im Folgenden um den kontextualisierenden Einbezug weiterer Folgen im und rund um das Jahr 2009 zum Ge- und Missbrauch von Alkohol.

5.5.1 »Schön ist anders«: Alkoholismus im Intertext des »Tatorts«

Etwas mehr als ein Jahr nach der Erstausstrahlung der Folge »Mit ruhiger Hand« (WDR 2009) ging ein weiterer »Alkoholismus-›Tatort‹« auf Sendung: die Leipziger Episode »Schön ist anders« (MDR 2010) mit den Ermittlern Saalfeld und Keppler. Darin sind viele thematische Motive denen im Kölner Vorgänger ähnlich. Im Folgenden werden die daraus resultierenden interdiskursiven Potenziale beider Sendungen und darin vorhandene horizontale intertextuelle Verweise herausgearbeitet, um die sendungs- und serienübergreifenden »Signifikationspolitiken« (Marchart 2008) der »Tatort«-Reihe in Sachen Alkoholismus näher zu erläutern.

Neben dem Alkoholismus als Kernthema machen in »Schön ist anders« »deutsch-deutsche Ressentiments, die auch mehr als 20 Jahre nach dem Mauer-

5.5 Kontextualisierung: Alkohol im »Tatort«

fall lebendig sind« (Hoß 2010), einen Teil der gesellschaftspolitischen Substanz dieser Sendung aus. Damit steht diese Folge in der Tradition des nach 1989 und der Gründung des MDR ins gesamtdeutsche Ermittler-Rennen geschickten ersten ostdeutschen Duos Ehrlicher und Kain (1992–2007), deren Nachfolge Saalfeld und Keppler 2008 antraten. Die Fälle des ersten Ost-Teams bezogen sich häufig auf die DDR-Vergangenheit und Wendeproblematiken (vgl. Welke 2012). Dieser Tradition verpflichtet, sind auch einige Krimiplots des Nachfolgeteams um ostspezifische thematische Aspekte angereichert.[44]

Der Tote in »Schön ist anders« stammte aus dem Westen und war Personalleiter bei den Leipziger Verkehrsbetrieben. Sein ostdeutscher Stellvertreter erweist sich als sein Mörder. Der Westmensch managte den Betrieb effizient, aber ohne den – nicht nur in dieser Sendung durch den später entlarvten Mörder beschworenen – ostdeutschen Sinn für Solidarität und Zusammenhalt. Eben dieser bedingungslose, aber differenziert dargestellte Zusammenhalt unter den Angestellten sorgt für das Mordmotiv: Eine alkoholkranke Mitarbeiterin, Moni Fischer, soll nach der dritten Abmahnung wegen Trunkenheit entlassen werden. Der stellvertretende Personaler will dies mit allen Mitteln verhindern und erschlägt seinen Chef im Streit darüber im Affekt. Der Mann der Alkoholabhängigen, Uwe Fischer, hilft dabei, die Leiche zu beseitigen.

Die Mitglieder der fiktiven Familie Fischer erweisen sich als die zentralen Thementräger in diesem Krimi. Sie sind im (klein-)bürgerlichen Milieu zu verorten und sorgen damit im Rahmen des serienübergreifenden Politainments der Reihe für eine Betonung der gesamtgesellschaftlichen Relevanz des Problems Alkoholismus. Waren es in »Mit ruhiger Hand« (WDR 2009, Kapitel 5.4) wohlhabende Bildungsbürger mit Elitenstatus und in »Platt gemacht« (WDR 2009, Kapitel 6.4.7) die am untersten Ende der sozialen Skala zu verortenden Obdachlosen, so sind es in »Schön ist anders« Angestellte, die mit dem Alkoholismus zu kämpfen haben.

Die Einführung der meisten handlungstragenden Figuren erfolgt in der ersten Sequenz von »Schön ist anders« bezeichnenderweise auf einer »Betriebsfeier«, die so genannt wird, weil »man auf ihr etwas trinkt« (1:81). So erklärt es zumindest der derzeit noch selbst mit einem Alkoholproblem beschäftigte Kommissar Ballauf in der Folge »Mit ruhiger Hand« (WDR 2009, vgl. Kapitel 5.4). In »Schön ist anders« sind die beiden sich als schwer alkoholkrank herausstellenden

---

44 So bieten die historischen Ereignisse um die Leipziger Paulinerkirche, deren Sprengung im Jahr 1968 auf Geheiß der SED durchgeführt wurde, in dem Krimi »Falsches Leben« (MDR 2009) Anlass, um aus dem nicht vergehen wollenden Leid eines Opfers der DDR-Diktatur ein Mordmotiv abzuleiten (vgl. Kapitel 6.4.3). In der Folge »Nasse Sachen« (MDR 2011) sehen sich die Kommissare mit Stasimorden konfrontiert.

5. Detailanalysen und Kontextualisierung

Figuren Moni Fischer und ihr Sohn Tobias auf besagter Feier Wein und Bier trinkend zu sehen. Der später als Mörder Entlarvte will verhindern, dass der gemeinsame Vorgesetzte – das spätere Opfer – sieht, dass Moni trinkt. Das Verheimlichen und Nichtahnden als Ausdruck falsch verstandener Solidarität wird sich in der globalen »Moral von der Geschichte« (Wulff 2005, S. 384) letztlich als zerstörerisch und daher grundfalsch herausstellen.

Der gesundheitliche Zustand des Jugendlichen Tobias wird im Laufe der Narration erst allmählich deutlich. Bei der ersten Befragung seines Vaters erfahren die Ermittler, er hätte »irgendwas, Bauchspeicheldrüse« (Min. 5:07 ff.)[45] und sei deshalb im Krankenhaus. Wie sich später herausstellt, liegt Tobias auf der Intensivstation. Im Gespräch mit dem behandelnden Arzt hört Ermittlerin Saalfeld die genaueren Umstände der Einlieferung des Jungen.[46]

»S: Was hat er denn?

A: Er wurde mit 3,6 Promille eingeliefert. Die Polizei hat ihn irgendwo auf der Straße aufgefunden.

S: 3,6? [...]

A: Es geht ihm nicht gut. Seine Atmung setzt aus, weil seine Bauchspeicheldrüse stark entzündet und auch ziemlich geschwollen ist. Außerdem hängt er an der Dialyse, weil seine Nieren auch komplett kaputt sind.

S: Das klingt aber nicht nach 'nem einmaligen Vollrausch.

A: Sicher nicht. Der Junge ist schwer alkoholabhängig.

S: In dem Alter?« (Min. 22:25 ff.).

Die Figur des jugendlichen Alkoholikers Tobias Fischer ist damit der des Jonas Gann aus »Mit ruhiger Hand« (WDR 2009, vgl. Kapitel 5.4) sehr ähnlich. Beide sind Kinder alkoholkranker Eltern und bereits im frühen Alter selbst Alkoholiker. Was die narrative Ausgestaltung der beiden voneinander unterscheidet, ist die Tatsache, dass Jonas Gann sein Problem im Krankenbett liegend einsieht und Besserung gelobt. Das kurze Krimileben des Tobias Fischer hingegen endet wie in einer bösen Fortschreibung von Jonas Geschichte mit einem alkoholismusbedingten Tod (Min. 81:57 ff.).

Der Expertenstatus des im weißen Kittel gewandeten Arztes wird betont, als Saalfeld ein zweites Mal in die Klinik kommt. Bei dem Gespräch mit dem Me-

---

45 Bei filmischen Sequenzen aus Sendungen außerhalb des engeren Materialkorpus werden die herkömmlichen Minuten- und Sekundenangaben verwendet.
46 Der Name des Arztes wiederum lautet »Dr. Holsten«, ein *telling name* zur komischen Brechung, der themenadäquat auf die gleichnamige Hamburger Brauerei verweist. Der offizielle Slogan des Bierherstellers lautet: »Holsten. Auf uns, Männer«, der inoffizielle: »Holsten knallt am dollsten«.

diziner stellt sich heraus, dass Uwe Fischer seiner Frau verheimlicht, wie es um den gemeinsamen Sohn steht.

> »A: Ja, das ist komisch. Herr Fischer meint, sie sei krank, und bat darum, nur mit ihm zu reden. Auch für den Fall, dass es dem Jungen schlechter geht. Warum fragen Sie?
> S: Ja, wir vermuten, dass die Mutter dasselbe Problem hat.
> A: Vererbung spielt 'ne große Rolle.
> S: Ja, aber es gibt kein spezielles Suchtgen, oder?
> A: Nein« (Min. 40:30 ff.).

Das soziokulturelle Schema der Suchtgefährdung von Kindern alkoholkranker Eltern (vgl. Eder 2008, S. 711, Hurrelmann/Settertobulte 2008, S. 10), auf das im Ärztekrimi »Mit ruhiger Hand« (WDR 2009) latent rekurriert wurde, ist in dieser Folge dialogisch-manifest benannt: Alkoholabhängige stammen sehr häufig aus Familien, in denen bereits ein Elternteil abhängig war oder ist (vgl. Klein 2008, S. 22 ff.). Im Krimi »Schön ist anders« wird dieses spezialdiskursive Faktum von einem ausgewiesenen Experten, einem Arzt, ausgesprochen. Seine narrative Einbindung in den Krimiplot erhält er dadurch, dass er über seine Funktion als Agent von Interdiskursivität hinaus über einen Flirt-Subplot an das Geschehen gebunden ist. Seine Funktion als Thementräger verliert mit dieser zusätzlichen Konturierung an didaktischer Schärfe. Die Figur ist nicht auf ihre Funktion als Vermittler von themenbezogenem Wissen beschränkt, was ein durchaus gängiges narratives Muster in Themen-»Tatorten« darstellt.[47] Der Beau will der Ermittlerin später näherkommen. Beide verabreden sich direkt im Anschluss an ihr professionelles Gespräch zu einem »lauwarmen Wein« (40:30 ff.). Damit ist im moralischen Kosmos dieser Sendung ein kontrastierendes Element zur missbräuchlichen Verwendung von Alkohol benannt. Die Figur der in der Diegesis begehrten Ermittlerin Saalfeld nämlich ist es, die in der Vorführung alltagskultureller Handlungsideale »richtige« und »wünschenswerte« Umgangsweisen mit Alkohol personifiziert (vgl. Wulff 2005). Bevor sie sich mit dem Arzt verabredet, trinkt sie mit ihrer Mutter Prosecco (Min. 25:00 ff.) und ein abendliches Glas Wein, während ihr trockener Exmann und Kollege Keppler beim Wasser bleibt (Min. 70:17 ff.).

Die Figur der alkoholkranken Moni Fischer gewinnt an Kontur, als ihr bei der Arbeit – in Analogie zu dem in »Mit ruhiger Hand« (WDR 2009) Kunstfeh-

---

47 Vgl. »Altlasten« (SWR 2009, Kapitel 6.4.6), worin Kommissar Lannert von einer Ärztin erst über die Budgetierung im Gesundheitswesen unterhaltsam aufgeklärt wird, um ihm danach ein Wiedersehen in Aussicht zu stellen. In »Mit ruhiger Hand« (WDR 2009, Kapitel 5.4) hilft die Polizeipsychologin Ermittler Ballauf bei der Lösung des Falles, berät ihn in Sachen Alkoholismus und flirtet mit ihm.

5. Detailanalysen und Kontextualisierung

ler begehenden Professor Gann – Fehler bei der Koordination von Dienstplänen unterlaufen (Min. 9:47 ff.). Später liegt sie infolge des Trinkens auf dem Sofa und wird von ihrem fürsorglichen Mann mit Suppe gefüttert (Min. 28:59 ff.). Das Leben ihres Mannes, Uwe Fischer, ist qua Koabhängigkeit eng mit ihrem verbunden, weshalb er die Kommissare über den wahren Zustand seiner Frau belügt. Keppler konstatiert jedoch: »Frau Fischer hat keine Gastritis, die hat 'n Alkoholproblem, und zwar ein großes. […] Das sehe ich« (Min. 28:59 ff.). Auch der später als Mörder überführte Personalleiter der Verkehrsbetriebe in spe weiß um die Krankheit von Moni Fischer: »Ja, das ist sie leider. Aber das ist eine Krankheit. Und da muss man ihr helfen und sie nicht bestrafen« (Min. 46:30 ff.). Die Kranke nimmt die Hilfe aber nicht an. Der in der Diegese von »Schön ist anders« unternommene Versuch, einen alkoholkranken Menschen um jeden Preis in seinem sozialen Umfeld und an seinem Arbeitsplatz zu belassen, erweist sich als Fehler – ein über die Kriminarration hinausweisender Lehrsatz im Rahmen der gesellschaftspolitischen Thematik (Min 78:48 ff.).

Die zerstörerische Wirkung des Alkoholismus auf das Leben der Familie Fischer ist in zwei längeren und einer kurzen Sequenz des Krimis szenisch-narrativ ausgestaltet (Min. 49:30 ff. und Min. 53:32 ff.). In der ersten der zwei *feel bad*-Sequenzen (vgl. Dörner 2001, S. 218) trinkt Moni Fischer auf der Toilette Schnaps und wird von ihrem Mann dabei ertappt. Der ansonsten sehr ruhige und seine Frau umsorgende Ehemann findet nach kurzem Suchen die vor ihm verborgene Flasche, fordert seine Frau demonstrativ auf zu trinken und beginnt schließlich, sie festzuhalten und ihr den Schnaps einzuflößen: »Na, Schlückchen für Tobi, Schlückchen für Nele. Schütte das Zeug in dich rein, literweise. Das ist doch, was du willst.« Die kleine Tochter des Paares, besagte Nele, hört die Szene auf der Treppe mit an, während ihr Vater zu schreien beginnt: »Du willst diese ganze verdammt Scheiße …« (Min. 49:30 ff.). Das Klingeln des Telefons beendet die bedrückende Szene. Uwe Fischer geht mit Tränen in den Augen in den Flur, um das Telefonat anzunehmen. »Sein Gesicht spiegelt die heillose Überforderung und Ausgelaugtheit eines Menschen wider, der sich nurmehr von Moment zu Moment hangelt« und versucht, »die Fassade aufrechtzuerhalten« (Sternburg 2010). Die in dieser Sequenz wie auch im Folgenden qua schauspielerischer Leistung von Jule Böwe und Martin Brambach geschaffene affektive Dimension zeigt in der filmischen Repräsentation des Krimis exemplarisch die Verzweiflung, die Wut und den Leidensdruck, mit dem betroffene Angehörige von Alkoholabhängigen zu kämpfen haben. Der grundlegende Konflikt in dem Kleinsystem der fiktiven Familie Fischer findet dabei zwischen der Abhängigen selbst und ihrem sie vom Trinken abhalten wollenden und über das Suchtverhalten seiner Frau verzweifelnden Ehemann statt.

5.5 Kontextualisierung: Alkohol im »Tatort«

Die in der Erzählzeit kurz darauf folgende zweite, noch eindringlichere Sequenz ist ähnlich gestaltet und schafft einen emotionalen Eindruck vollkommener Tristesse, deren Bitternis die Grenzen dessen auslotet, was an themenbezogenem Ernst mit spannender Krimiunterhaltung in Einklang zu bringen ist. Die Eheleute liegen sich darin anfangs in den Armen und Moni Fischer gelobt, nicht mehr trinken zu wollen. Sie bettelt auf infantile Art und Weise darum, dass ihr Mann sie nicht verlassen möge und nicht auf sie böse sein solle, worauf er eingeht und dies zusagt. Unmittelbar darauf beginnt sie, ihren Mann heftig zu küssen und ihn zu entkleiden. Er hingegen windet sich und sagt: »Lass es, Moni. Nicht, nicht jetzt. – Doch genau jetzt. – Nein, nicht jetzt.« Der Wechsel von der Großaufnahme der beiden Oberkörper in die Halbtotale offenbart, dass beide sich auf dem Bett ihres Schlafzimmers befinden. Moni Fischer beginnt sich, auf dem Rücken liegend, schnell zu entkleiden. Als sie sich die Strumpfhose herunterzieht, packt ihr Mann sie bei den Armen und sagt mit Nachdruck: »Ich habe gesagt, ich will nicht! – Warum nicht?« Die brutal ehrliche Antwort des Ehemanns erfolgt in eindringlicher Großaufnahme über seine Schulter und auf ihr maskenhaftes Gesicht: »Du stinkst.« Sie stößt ihn daraufhin weg, greift unter die Matratze des Bettes und fördert eine Flasche zutage, aus der sie, hör-, aber nicht sichtbar trinkt, während er seufzend auf der Bettkante sitzt. Sie liegt nun neben ihm, nimmt eine weiteren, tiefen Schluck, bespuckt ihn mit dem Schnaps und sagt schließlich: »Du auch« (Min. 53:32 ff.). Abermals klingelt es an der Tür. Während Uwe Fischer sich anschickt zu öffnen, trinkt seine Ehefrau weiter und sinkt bitter weinend in die Kissen des Bettes. In dem nachfolgenden Dialog konfrontiert der eingetretene Keppler den Gescholtenen mit seiner gleichsam persönlich involvierten wie distanzierten Sicht auf die Dinge. Hierbei handelt es sich eine Form der Nutzbarmachung rollenbiografischer Merkmale für die Thematisierung, denn ein Charakteristikum der Ermittlerfigur Keppler ist seine Vergangenheit als Alkoholiker:

> »K: Ich kenne das, glauben Sie mir. Ich weiß das aus eigener Erfahrung. Es hat keinen Sinn. Ich würde Ihnen gerne helfen, aber …
>
> F: Danke, ich brauche keine Hilfe.
>
> K: Korsack hat Ihre Frau nach Hause geschickt, weil sie betrunken auf der Arbeit erschienen ist.
>
> F: Meine Frau wurde nach Hause geschickt, weil's ihr nicht gut ging.
>
> K: Hören Sie auf, sich was vorzumachen. Das hilft weder Ihnen noch Ihrer Frau. […] Haben Sie schon einmal etwas von Koabhängigkeit gehört?« (Min. 53:32 ff.).

Die Bedeutung des abstrakten Fachterminus der »Koabhängigkeit« wird im Folgenden nicht, wie in der Folge »Mit ruhiger Hand« (WDR 2009) geschehen,

5. Detailanalysen und Kontextualisierung

durch eine Expertin bzw. einen Experten näher erläutert. Zur Erinnerung: »Du brauchst jemanden, der sich um alles kümmert, der die Spuren beseitigt, Ausreden erfindet, neuen Alkohol besorgt. Das nennt man Koabhängigkeit. Und es ist genau so eine Sucht, wie die Sucht selbst« (Kapitel 5.4.3, 1:92), sagte in der Kölner Folge die Psychologin Lydia zu Ermittler Ballauf. Das interdiskursive Potenzial des Dialogs im Gesamtzusammenhang der Sendung »Schön ist anders« liegt darin begründet, hier in Form konkreter Spielhandlungen zu zeigen, worin Koabhängigkeit bestehen kann: im Verleugnen des Problems, im Lügen zugunsten der betroffenen Kranken, im Sich-nicht-Eingestehen der Sucht usw.

Die Koabhängigkeit des Mannes hat fatale Folgen: Am Ende des Krimis stoßen die Eheleute Fischer in einer traurig-grotesken Szene gemeinsam auf die zukünftige Abstinenz an: »Ohne das Zeug, Prost«. Der »nicht trinken!«-flehenden kleinen Tochter gegenüber (Min 85:14 ff.) gelobt die Mutter lallend Besserung, bevor Uwe Fischer wegen seiner Tatbeteiligung von der Polizei verhaftet wird und das Kind einer ungewissen Zukunft entgegensieht. Am Ende dieses »Tatorts« wird also nichts gut: Tobias Fischer ist tot, sein Vater in Polizeigewahrsam und die alkoholkranke Moni Fischer bleibt mit der kleinen Tochter allein. Mit diesem auch nicht »zumindest in Teilen vom gelingenden Leben« (Hügel 2008a, S. 96) erzählenden Ende ist damit einem narrativen Grundprinzip populärer Unterhaltung widersprochen. Der Krimi »Schön ist anders« verlangt den Zuschauern als Sozialdrama mit dem Kernthema Alkoholismus konsequent bis zum Schluss vieles ab. Es handelt sich dabei um eine erzählerische Gratwanderung zwischen spannender Kriminarration und emotionsgeladener Aufklärung über ein gesellschaftspolitisches Thema.

Die oben zitierte Andeutung Kepplers, er wisse aus eigener Erfahrung, wovon er spreche, weist auf die private Verstrickung des Ermittlers in die Thematik des Falles hin. Im Gegensatz zu Ballauf in »Mit ruhiger Hand« (WDR 2009) ist es seine dunkle Vergangenheit als Alkoholiker und nicht etwa eine temporäre Gefährdung, die ihn zum Engagement gegenüber den in seinen Augen eindeutig Betroffenen antreibt. Eingangs wähnt der Pathologe den Leipziger Ermittler in der Midlife-Crisis, rät zu guter Ernährung und: »Hände weg vom Alkohol!« – »Keppler trinkt keinen Alkohol«, lautet Saalfelds Antwort (Min. 13:30 ff.). Konterkariert wird diese Aussage durch die später folgende Sequenz, in der Ermittler Keppler seine Kollegin Saalfeld im Auto – ebenso leidend wie einst Ballauf (vgl. Kapitel 5.4.2) – nach einer »Kopfschmerztablette« (Min. 27:23 ff.) fragt. Ob er tatsächlich trocken ist und es über die einzelne Folge hinaus bleiben wird, bleibt unklar, was weitere Möglichkeiten der zukünftigen Thematisierung des Problems in Folgen des Leipziger »Tatorts« eröffnet. Im weiteren Verlauf der Narration offenbart er in zwei Sequenzen seiner Partnerin und Exfrau sowie der Alkoholikerin Moni Fischer gegenüber seine weit klaffende *backstory wound* (vgl.

5.5 Kontextualisierung: Alkohol im »Tatort«

Krützen 2004, S. 30 ff.). Bei einem Mineralwasser spricht er in einem intimen Moment zunächst mit der am Weißwein nippenden Saalfeld über die gemeinsame Vergangenheit:

»K: Warum hast du mich damals eigentlich im Stich gelassen?

S: Ich hab dich nicht im Stich gelassen. Ich hab dir geholfen.

K: Indem du abgehauen bist.

S: Es hat lange genug gedauert, bis ich das begriffen hatte. Ist mir nicht leichtgefallen. Das kannst du mir glauben.

K: Ich hab dich dafür gehasst.

S: Ich weiß. Wann hast du entgiftet? [zarte Klaviermusik setzt ein und unterstützt die Narration]

K: Drei Monate nachdem du weg warst, bin ich in die Klinik gegangen« (1:10:17 ff.).

In dem Dialog zeigen die Kommissare in ihrer Funktion als Vorbildprotagonisten retrospektiv »richtiges« Verhalten in Sachen Alkoholismus auf, das so mit dem »falschen« der Fischers kontrastiert. Wenn die oder der Alkoholkranke sich nicht helfen lassen will, ist die beste Hilfe die, sie/ihn sich selbst zu überlassen, damit sie/er selbst zur Vernunft kommen kann.

Kepplers Wunsch, der kranken Frau Fischer zu helfen, ist demnach aus seiner biografischen Erfahrung geboren. Er konfrontiert sie erfolglos mit seiner traurigen Geschichte, als er ihr beim Verhör einen Kaffee anbietet: »Milch, Zucker, Wodka?« Keppler holt eine Flasche unter dem Tisch hervor und gießt einen Schluck Wodka in den Kaffee. »So hab ich das damals gemacht. Funktioniert auch im Büro. Wodka im Kaffee. Fällt nicht auf, riecht man nicht gleich. Ist besser als Cognac zum Beispiel. Ich hab immer gedacht, es merkt niemand.« Moni Fischer zeigt sich unbeeindruckt und Keppler fährt sichtlich mitgenommen fort: »In der Nacht, als mein Kind gestorben ist, lag ich besoffen in einem Hotel in Frankfurt. Als ich wieder nüchtern war, war mein Kind schon seit über 40 Stunden tot« (Min. 74:11 ff.). Fischer sieht auch nach der emotionalen Selbstentäußerung Kepplers keinen Grund für eine Einsicht. Wieder sind es hier die Affekte, die wie in den beiden zuvor besprochenen Sequenzen die filmischen Verarbeitungsweisen thematischer Aspekte bestimmen. Die »ungeheure Emotionsmaschine« (Hickethier 2007, S. 118) Fernsehen schafft einen dichten Zeichenraum, der dazu angelegt ist, Interdiskursives szenisch-narrativ auszugestalten. Die persönliche Betroffenheit der Ermittlerfigur Keppler in Form sendungsübergreifender, rollenbiografischer Bezüge macht einen Teil der temporären Gewichtung des Themenkomplexes Alkoholismus im »Tatort« aus. Eine Betrachtung weiterer Folgen mit ähnlichen thematischen Schwerpunktsetzungen gibt

5. Detailanalysen und Kontextualisierung

Aufschluss über die umfassenden »Signifikationspolitiken« (Marchart 2008) der Reihe bezüglich des Ge- und Missbrauchs von Alkohol.

5.5.2 Alkohol im »Tatort« 2009/2010

Kommissare, aber auch Täter, Verdächtige und Helfer als Haupt- und Nebenfiguren interagieren im »Tatort« häufig mit Alkohol. Eine nüchterne Durchsicht der Folgen des Jahres 2009 und weiterer Episoden zeigt, in welchen Situationen diese Figuren im »Tatort« mit Alkohol interagieren und mit welchen narrativen Funktionen. In dem ORF-»Tatort« »Vergeltung« (2010), in dem es inhaltlich primär um jugendliche Gewalttäter und deren fehlgeleitete Therapierung durch einen vor Wut verblendeten Psychologen geht – der Seitenhieb auf die Erlebnispädagogik ist unverkennbar –, trinkt die dem Sonderermittler Eisner gegen seinen Willen zur Seite gestellte Assistentin Bibi Fellner (Adele Neuhauser)[48] gleich bei ihrem ersten Auftritt. Bei der Besichtigung des obligatorischen Leichenfunddortes in einem U-Bahntunnel zückt sie eine Flasche Kräuterschnaps und trinkt diese heimlich aus. Ein charakteristischer Bestandteil der Figur ist damit bereits eingangs angelegt. In der Folge braucht sie noch öfter »einen Magenbitter« (Min. 23:40 ff.), wird dabei von ihrem neuen Kollegen auf frischer Tat ertappt und deutlich ermahnt.

Die im fahlen Neonlicht der Untergrundbeleuchtung verlebt aussehende und unsicher wirkende Fellner wird Ermittler Eisner von der »Sitte« als Assistentin zugeteilt. Eisner ist darüber keineswegs erfreut: »Ich meine, es weiß doch jeder, dass du ... – Dass ich was?« ist einer der ersten Dialoge des neuen Duos, das Eisner anfangs möglichst schnell wieder aufgelöst wissen möchte. Seinem Vorgesetzten gegenüber wettert er: »Die braucht keinen neuen Job, die braucht a Therapie. [...] Ich brauch an Assistenten und kein Wrack« (Min. 7:50 ff.). Die zur Einführung neuer Teamkonstellationen im »Tatort« übliche »Gewöhnungszeit« der Partner – bedingt durch neue, unklare Kompetenzbereiche, Unsicherheiten im Umgang miteinander, verschiedene Arbeitsauffassungen und Kontroversen über Vorgehensweisen – werden in dieser Sendung nutzbar gemacht, um thematische Aspekte in die Narration einzubinden.[49] Die Charakterisierung der etwas über 50-jährigen Figur Bibi Fellner erfolgt dabei einzig auf elementardiskursiver Ebene: Sie zeigt alkoholismusbedingte Verhaltensweisen, die dem Alltagsver-

---

48 Neuhauser spielt in dem Discounter-»Tatort« »Kassensturz« (WDR 2009) eine zynisch-eiskalte Managerin der fiktiven Supermarktkette Billy (vgl. Kapitel 5.2.8).
49 Vgl. die Einführung neu zusammengestellter Teams in den Folgen »Willkommen in Köln« (WDR 1997) und »Hart an der Grenze« (SWR 2008).

ständnis nach mit dieser Krankheit in Verbindung gebracht werden. So erfahren die Zuschauer über Fellner, dass sie ihr altes Auto betrunken zu Schrott fuhr, ihren Führerschein aber wiedererlangte. Sie sehen außerdem, wie sie sich im Büro heimlich Schnaps in den Kaffee schüttet. Dies entspricht einer szenischen Ausgestaltung genau jenes Trinkverhaltens, das Kommissar Keppler der schwer alkoholkranken Moni Fischer in »Schön ist anders« (MDR 2010) mahnend vorführt (vgl. Kapitel 5.5.1). Bibi Fellner fällt infolge des Trinkens das Treppensteigen sehr schwer, nach einem abendlichen Kneipenbesuch verschläft sie zum Ärger ihres Kollegen den Dienst (Min. 42:18 ff.) und kämpft mithilfe von Pharmazeutika verzweifelt – »Glaubst du, das ist so leicht, von einem Tag auf den anderen?« (Min 71 ff.) – gegen die Sucht.

Am Ende eines langen Abends in Eisners Wohnung und seiner Tochter fragt die Betroffene mit Blick auf eine von zweien auf dem Tisch stehenden Weinflaschen rhetorisch: »Die trinken wir aber schon noch aus, oder?« (Min. 16:10 ff.). Sie verbringt die Nacht auf Eisners Sofa, wobei eine leere Flasche Wein neben ihrem Schlaflager und weitere im Szenenbild ersichtliche von der Menge zeugen, die die angeschlagene Ermittlerin in der Nacht zu sich genommen haben muss (Min. 17:10 ff.). Bedeutsam ist, dass sie in der geselligen Laune des Abends Eisner und dessen Tochter gegenüber den Grund für ihren persönlichen Niedergang einerseits damit begründet, während ihrer Zeit bei der »Sitte« viel Schreckliches erlebt zu haben, und andererseits damit, von ihrem Mann verlassen worden zu sein. Fellner stilisiert sich also zum Opfer widriger familiärer Verhältnisse bzw. äußerer Umstände, eine für Alkoholiker typische Verhaltensweise. Eine Einbindung von spezialdiskursivem Expertenwissen in puncto Alkoholismus, wie in den Folgen »Mit ruhiger Hand« (WDR 2009) und »Schön ist anders« (MDR 2010) geschehen, findet in »Vergeltung« jedoch nicht statt, sehr wohl aber die moralische Evaluation von Bibi Fellners Verhalten durch Kommissar Eisner. Eisner entlarvt ihre Geschichte später als sehr alt und oft wiederholt. Als »Vorbild-Protagonist« (Wulff 2001, S. 256) bietet er der mehrfach bitter weinenden und verzweifelt mit sich und ihrer Sucht ringenden Kollegin seine Hilfe an: »Hör endlich auf, dich in deinem ewigen Selbstmitleid herumzusuhlen. Du bist net die Einzige, die ein kaputtes Leben hat. Ich kann dir helfen. Aber das funktioniert nur, wenn du das willst« (Min. 25:58). Die Entlarvung ihrer Lebenslüge in Verbindung mit seinem Hilfsangebot kann als »Hilfe zur Selbsthilfe« gelesen werden, deren Appellcharakter über die Kriminarration hinausweist. Am Ende des Krimis »Vergeltung« – Eisner und seine ungewollte Kollegin sind sich professionell und zwischenmenschlich inzwischen nähergekommen – bekräftigt der Ermittler sein Hilfsangebot. Als Fellner aufgrund des ihr zu Herzen gehenden Ausgangs des Falles abermals in Versuchung gerät, falschen Trost im Alkohol zu suchen, hält ihr Kollege sie davon ab und nimmt sie zu sich nach Hause: »Das

5. Detailanalysen und Kontextualisierung

bringt's doch jetzt net. Steig ein, komm, steig ein« (Min 87 ff.). Das rollenbiografische Merkmal des Alkoholismus der Figur findet in weiteren Folgen mit dem Duo Eisner/Fellner eine fortgesetzte Erwähnung.[50]

Die Kölner Folge »Platt gemacht« (WDR 2009) wiederum spielt im Milieu der Obdachlosen (vgl. Kapitel 6.4.7). Die darin beiläufig erfolgende Problematisierung des in dieser sozialen Gruppe verbreiteten Alkoholismus steht im Kontrast zur vorangegangenen Episode aus der Rheinmetropole, »Mit ruhiger Hand« (WDR 2009, vgl. Kapitel 5.4). Die Verortung des Themas Alkoholismus in zwei diametral entgegengesetzten Milieus in zwei aufeinanderfolgenden Sendungen innerhalb der Kölner Serie unterstreicht die gesamtgesellschaftliche Relevanz des Themas. Die einführende Verknüpfung von Detektionshandlung, Milieu und Problematik erfolgt in »Platt gemacht« zu Beginn der Episode mit der Nennung der Todesursache des ersten Opfers. Ein drogenabhängiger Obdachloser wurde von einer enttäuschten Erbin mit Glykol versetztem Wein umgebracht (34:3). Der in dem Fall ermittelnde Kommissar Schenk fragt den von ihm als »Weinspezialist[en]« (34:3) titulierten Pathologen nach auffälligen Merkmalen des eingangs gefundenen Tropfens.[51] Bei der obligatorischen Zusammenfassung der Obduktionsergebnisse durch den Pathologen spielen die Ermittler auf die historischen Ereignisse um das Frostschutzmittel Glykol an:

»S: Glykol soll ja gar nicht so schlecht schmecken, wie 'ne billige Spätlese.

P: Woher rühren deine speziellen Kenntnisse? So was wird doch auf keiner Weinprobe mehr verkostet.

L: Na ja, vielleicht von den österreichischen Kollegen« (34:3).

Die Verwendung des »verdammt süß« (34:42) schmeckenden Giftes Glykol in der fiktiven Welt des Krimis »Platt gemacht« verweist auf einen Mitte der

---

50 Der sogenannte »'Tatort'-Inspektor« der BILD-Zeitung fragte entsprechend nach der Erstausstrahlung der Episode »Falsch verpackt« (ORF 2012): »Hat Adele Neuhauser tatsächlich ein Suchtproblem so wie ihre Figur der Bibi Fellner? JA! Aber nicht Alkohol wie im Tatort, sondern die Zigaretten machen ihr zu schaffen« (BILD Hamburg vom 26.03.2012, S. 12).

51 Der den Kommissar verkörpernde Schauspieler Dietmar Bär nutzte sein Starimage als bodenständiger Genießertyp mit rauer Schale und weichem Kern, um sich außerfilmisch als »echter« Weinexperte zu profilieren: Auf Handzetteln des Anbieters Wein & Vinos, die postalischen Sendungen eines Online-Modeversands beilagen, warb er für spanischen Wein. Darin verspricht er »Spannung bis zum letzten Tropfen« beim Genuss »seiner« im Sechserpack als »Dietmar-Bär-Paket« feilgebotenen »Favoriten«. Bärs Kollege Oliver Mommsen, der Bremer Ermittler Nils Stedefreund, wirbt seit 2011 in einem TV-Werbespot für ein Weizenbier der Marke »Schöfferhofer« und nutzt damit sein Rollenimage – als ein dem anderen Geschlecht zugetaner, attraktiver Mittdreißiger mit Dreitagebart – profitlich. Dass das Werben der Privatmänner Bär und Mommsen für die Genuss- und Kulturgüter Wein und Bier mit dem didaktischen Impetus der »Tatort«-Reihe in Sachen Alkohol kollidieren, ist ein Widerspruch, der das problematische Verhältnis von öffentlich-rechtlichem Sendungsbewusstsein und kommerzieller Wirklichkeit in der Medienkultur unterstreicht.

5.5 Kontextualisierung: Alkohol im »Tatort«

1980er-Jahre publik gewordenen Skandal um Weinpanscherei. »Glykol« war 1985 das Wort des Jahres. Österreichische und deutsche Winzer hatten seinerzeit Billigwein damit versetzt und ihn so in angeblichen Prädikatswein verwandelt. Der Skandal erschütterte vor allem die österreichische Weinwirtschaft nachhaltig, und in den nachfolgenden Prozessen wurden hohe Haftstrafen verhängt (vgl. WDR.de 2005).

Das Problem des unter Obdachlosen verbreiteten Alkoholismus in »Platt gemacht« wird szenenbildnerisch wiederholt mittels vieler Flaschen ausgestaltet und von einem der Ihren auch mehrfach thematisiert. Die in der Kirche Orgel spielende, als »Edelclochard« überzeichnete Figur namens »Beethoven« (Udo Kier) äußert sich zu den Essgewohnheiten unter seinesgleichen: »Na ja, ein richtiger Alkoholiker kennt keinen Hunger« (34:12). Eine in Schenks Anwesenheit beobachtete Szene, in der sich Obdachlose heftig streiten, kommentiert er wie folgt: »Das ist der Alkohol. Am Anfang ist er der einzige Seelentrost, und danach wird er ganz schnell zum größten Problem« (34:14). Beethoven selbst trinkt eigenen Angaben zufolge »schon seit Jahren nichts mehr. Früher hab ich so viel getrunken, bis ich umgefallen bin« (34:12). Seine Ehrlichkeit unterstreicht einerseits seinen Status als glaubhafter Experte in Sachen Alkoholismus und ist andererseits narrativ verbunden mit der Begründung seiner selbst gewählten deplatzierten Existenz. Im Laufe der Ermittlungen stellt sich heraus, dass er unter Alkoholeinfluss einen Unfall verursachte, der mehrere Menschen das Leben kostete (34:32, 34:34). Nicht nur Verbrechen lohnt sich nicht, sondern auch Alkohol am Steuer, so lautet die in der Figur Beethoven personifizierte »Fernsehmoral« (Kottlorz 1993). Das religiöse Motiv der Buße überhöht überdies die Vorzugslesart des für seine Tat mit einem Leben auf der Straße bezahlenden Intellektuellen. Weitere Nahrung erhält dieses Motiv bei der Konfrontation der Ermittler mit einem Privatdetektiv, den Schenk von früher kennt. Als die beiden ihn in einer Kölner Kneipe treffen, schlägt er das ihm angebotene Glas Kölsch (Bier) aus. Später erfährt Ballauf von Schenk, dass der Detektiv nicht mehr bei der Polizei ist, weil er »das Saufen angefangen« hat und »suspendiert« (34:17) wurde. Regelmäßigen »Tatort«-Sehern wird damit das auf horizontaler intertextueller Ebene angesiedelte Angebot gemacht, die Trinkerbiografie des Detektivs auf Ballauf und sein Alkoholproblem aus der vorangegangenen Kölner Episode zu beziehen. Diese Lesart wird verstärkt, als Ballauf seinerseits das nun übrige Glas Bier unberührt lässt und zum Kaffee greift.

Im Zusammenhang mit einer weiteren Figur, einem obdachlosen Zeugen, erfüllt der unter dieser sozialen Gruppe verbreitete Alkoholismus eine ganz andere narrative Funktion als die, mittels entsprechender Zeigebilder- und Worte aufzuklären. Der rotnasige Django wird von den Ermittlern volltrunken und die sogenannte »Berberhymne« der Höhner-Band singend – ein Lied über das Le-

5. Detailanalysen und Kontextualisierung

ben und Leiden von Obdachlosen – aufgefunden (34:18). Die Figur ist als wortgewitzter und frecher Geselle gezeichnet, dessen »Leber« zwar »einiges gewöhnt« ist, der eine »Fahne« hat und der von »'nem Fusel mit 'nem Cognacschwenker« (34:21) in seinem Tabakbeutel träumt. Seine Alkoholsucht aber wird nicht problematisiert. Als versoffen, aber sympathisch ist er Teil der übergeordneten »Signifikationspolitiken« (Marchart 2008) dieser »Tatort«-Sendung, deren unterhaltsame »politische Korrektheit« (vgl. Kapitel 3.4.3) darin zum Ausdruck kommt, primär für Verständnis und Mitleid für die sozial benachteiligten Obdachlosen zu werben (vgl. Dörner 2001, S. 191). Alkoholismus ist in diesem aufklärerischen Zusammenhang zwar ein zu zeigendes und zu erklärendes Übel, ein Symptom einer übergeordneten, größeren Problematik, aber keine Krankheit, die es zu bekämpfen gilt (vgl. Eder 2008, S. 723).

In »Schwarzer Peter« (MDR 2009, vgl. Kapitel 6.4.2) tritt eine Figur mit einem viel sagenden *telling name* in Erscheinung: der arbeitslose und zurückgezogen lebende Ex-Ingenieur Siegbert Finster. Als die Leipziger Ermittler Saalfeld und Keppler ihn in seiner Wohnung aufsuchen, treffen sie auf einen ungepflegten, rotwangigen Mann, der mit vielen Katzen zusammenlebt. In der Küche stehende Bierflaschen, palettenweise Katzenfutter und eine von Keppler wie zum Beleg in die Hand genommene Schnapsflasche charakterisieren die Figur als einsamen Alkoholiker. Ein wirkliches Gespräch zwischen ihm und den Ermittlern kommt nicht zustande; der Mann mit der finsteren Existenz wiederholt immer nur die Aufforderung »Kommen Sie, gehen Sie!«. Saalfeld empfindet Mitleid für Finster, da dieser »sich doch selbst im Weg« (15:20) stehe. Keppler bezeichnet den Alkoholkranken ähnlich als »arme Sau« (15:37). Der Ermittler möchte später den Grund von Finsters Entlassung bei einer Befragung im Präsidium in Erfahrung bringen. Finster ist unsicher, windet sich in seinem wie zur Wahrung seiner Würde hervorgeholten Anzug und verkrampft in einer Großaufnahme seine Füße in ledernen Schuhen (15:34). Auf die Fragen des Ermittlers antwortet er ausweichend, bis Keppler ihn schließlich zu einer ebenso exkulpierenden wie entlarvenden Aussage veranlasst: »'türlich hab ich was getrunken. Hatte ja auch allen Grund dazu. Aber meine Arbeit hab ich immer noch geschafft, ja? Immer« (15:34). In einem weiteren *close-up*, der Finsters Pochen mit dem Zeigefinger auf der Tischkante fokussiert, unterstreicht der Mann seine eigene Lebenslüge (vgl. Borstnar et al. 2008, S. 106).

Der den Alkoholiker Finster überzeugend verkörpernde Schauspieler Hans Uwe Bauer tritt in einer weiteren Folge des Jahres 2009 in Erscheinung.[52] In den

---

52 Die sendungs- und serienübergreifende Besetzung solcher in ihrer Typisierung ähnlichen Rollen mit denselben Schauspielern können für regelmäßig »Tatort«-Krimis rezipierende Zuschauer einen Wiedererkennungswert haben. Hinsichtlich der personellen Belebung des Täterrätsels

5.5 Kontextualisierung: Alkohol im »Tatort«

ländlichen Gefilden des Frankfurter »Tatorts« »Neuland« (HR 2009, Kapitel 5.3.7) spielt er einen vom wirtschaftlichen Niedergang gezeichneten Mann namens Stefan Kruppka, der als ehemaliger Druckereibesitzer und späterer Bewirtschafter eines maroden Bauernhofs erst zum Betrüger und dann zum Mörder wird. Kruppka trinkt regelmäßig und viel, was in dieser Folge häufig visualisiert wird, und spricht von einem »Selbstgebrannten«, den er sich gemeinsam mit dem in dem Fall ermittelnden Dellwo einverleiben möchte (24:10, 24:51). Die Affinität Kruppkas zum Alkohol dient in dieser »Tatort«-Folge – in diametralem Gegensatz zur »Trinker«-Folge »Mit ruhiger Hand« (WDR 2009, vgl. Kapitel 5.4) – der Charakterisierung der Figur als eine, die in erster Linie ein Opfer widriger Lebensumstände ist – seit Langem ein gängiges narratives Muster bei der Einbindung brisanter Themen in »Tatort«-Krimis (vgl. Koebner 2000, S. 209). So nennt Kruppka seine Ohnmacht angesichts der eigenen »Bestandsverwaltung« (24:59) als Grund für sein Tun.

In »Neuland« (vgl. Kapitel 5.3.7) begegnet Kommissar Dellwo zudem in einer schäbig-verrauchten Kneipe einer Menge Männer, die sich an Schnaps und Bier laben. Der im Feinrippunterhemd, mit schmierigen Haaren und einem brennenden Glas Sambuca in der Hand überzeichnete Dorfpolizist Kaleck wird vom Sohn des Großgrundbesitzers Plauer erniedrigt und dazu gezwungen, neue Getränke für ihn und seine Zechkumpanen heranzuschaffen. In der komisch anmutenden, hybriden Mixtur aus Krimi und Western kommt es vor dem Hintergrund einer musikalischen Gestaltung à la Enrico Morricone zum verbalen Kräftemessen zwischen Plauer junior und Dellwo (24:10). Auch später wird getrunken: Auf die Frage der betagten Mutter des später überführten Kruppka, »Wollen Se 'nen Kaffee?«, antwortet Dellwo nur: »Ein Schnaps wär mir lieber« (24:22). Den gleichen Dialog führen die betrogene Ehefrau und die junge Geliebte in »Schön ist anders« (2010, vgl. Kapitel 5.5.1), bevor sie versuchen, sich gegenseitig umzubringen.

Die letzte Sequenz des Krimis »Neuland« ist nicht nur symptomatisch für die alkoholreiche Landpartie des Ermittlers in dieser »Tatort«-Folge, sondern für viele in dörflichen Gegenden spielende Episoden: In einer zum visuellen Stereotyp erstarrten Inszenierung des Landlebens, die einer Fernsehwerbung für Wurst nachempfunden zu sein scheint, wird darin beim Leichenschmaus unter freiem Himmel getafelt und Schnaps getrunken (24:60). Der reichliche Konsum von

---

besteht allerdings die Gefahr, dass die Denksportaufgabe für die Zuschauer mit dem Einsatz typisierter und/oder auch bekannter Gesichter auf dem Bildschirm an Reiz verliert. Verdächtige kommen dann als Täter gar nicht oder besonders infrage. Für Kino- und Fernsehstars, die sich ein Stelldichein im »Tatort« geben, gilt dies besonders. Ihre Bekanntheit weist ihnen meist von vornherein eine tragende Handlungsrolle im Aufklärungsgeschehen zu. Dies geschieht beispielsweise im »Tatort« »Tote Männer« (RB 2009, vgl. Kapitel 6.2.2).

5. Detailanalysen und Kontextualisierung

Alkohol dient in jenen Krimis, in denen städtische »Tatort«-Ermittler in Dörfern und ländlichen Gegenden ermitteln, stets auch der Charakterisierung des Handlungsortes und seiner fiktiven Bewohner. Auf die dabei häufig als verschlossen und rückständig gezeichnete Dorfbevölkerung treffen die Ermittler oftmals in der örtlichen Kneipe, einer Schankwirtschaft mit Zimmervermietung oder einem alten Hotel. Die Menschen trinken dort allabendlich, und die Ermittler können darauf hoffen, dass sich ihre Zungen dabei lösen werden.[53] Alkoholkonsum im »Tatort« ist somit nicht zuletzt Teil der filmisch geschaffenen, imaginären Geografien, die »bestimmte Räume mit konkreten Verhaltensweisen, Menschen und kulturellen Praktiken in Verbindung bringen und sie damit gegenüber anderen Räumen abgrenzen und unterschiedlich präsentieren« (Bollhöfer 2007, S. 21). Der Zwang zur zeichenhaften Verkürzung in den diegetischen Welten birgt dabei die Gefahr, dass die durchaus realistische Verbindung von Alkoholkonsum und dörflicher Kultur zum Klischee erstarrt, das keinen Platz mehr für Differenzierungen lässt.

In vielen weiteren Krimis des »Tatort«-Jahres 2009 interagieren Figuren mit Alkohol. In der »Kopftuchfolge« »Familienaufstellung« (RB 2009, vgl. Kapitel 6.3.2) sorgt ein Hochzeitsgast im Hause Korkmaz für einen Eklat: Im betrunkenen Zustand mahnt er den Bräutigam per Mikrofon, sich »keine[n] Gebrauchtwagen andrehen« (19:49) zu lassen, womit die für alle Teilnehmer der türkischen Hochzeitsgesellschaft unangenehme Wahrheit der nicht mehr gegebenen Unberührtheit der Braut benannt ist. Im Bodensee-»Tatort« »Herz aus Eis« (SWR 2009, vgl. Kapitel 6.1.2) macht sich eine Tochter aus reichem russischen Hause mitschuldig am Tod eines Internatsmitschülers, als sie ihm mitsamt dem Trinkspruch »Nastrovje« (25:5) in Wodka aufgelöste Drogen verabreicht. Im Odenthal-»Tatort« »Tödlicher Einsatz« (WDR 2009, vgl. Kapitel 6.2.1) beraten die mit Muskeln unter engen T-Shirts und Kurzhaarfrisuren als maskulin gezeichneten Mitglieder eines Sondereinsatzkommandos der Polizei bei halben Litern Flaschenbier über ihr weiteres Vorgehen. Darunter ist auch ein versteckt lebender Homosexueller, der seinen Kollegen fragt, warum er »nach dem fünften Bier eigentlich immer so unerträglich« (10:4) wird. Das Trinken von Alkohol als Ausweis von Männlichkeit ist in gebrochener Form auch in der »Bisexualitätsfolge« »Tote Männer« (RB 2009, vgl. Kapitel 6.2.2) zu sehen. Der seine sexuelle Orientierung versteckt haltende Handwerker Leon Hartwig gesellt sich darin im Rohbau eines Hauses zu einem älteren Kollegen, um mit ihm und anderen die Mittagspause zu begehen. Im Gepäck hat er zwei große Flaschen

---

53 Prototypisch für die Gestaltung und Funktionalisierung derartiger Handlungsorte sind die Lindholm-»Tatorte« des NDR mit Maria Furtwängler (exemplarisch die Folge »Lastrumer Mischung«, NDR 2002); vgl. Surma 2010.

5.5 Kontextualisierung: Alkohol im »Tatort«

Bier, von denen er seinem Gegenüber eine anbietet. Der weist das Angebot mit einem Fingerzeig und ablehnender Mine zurück, und Hartwig beginnt, allein zu trinken (5:12). Das Stereotyp des auf der Baustelle Bier trinkenden Handwerkers wird in dieser Szene sowohl in Teilen fortgeschrieben als auch gebrochen. Die Verhaltensweise des Protagonisten kann als Versatzstück seines Versteckspiels gelesen werden, indem er mit dem vermeintlich maskulinen Biertrinken versucht, seine heterosexuell-maskuline Identität zu beweisen und so den Schein der Normalität nach außen zu wahren. Der ältere Bauarbeiter widerspricht mit seiner Ablehnung des ihm angebotenen Bieres diesem Bild und zeigt damit, dass es nicht notwendig ist, die eigene Männlichkeit durch das Trinken von Alkohol auf der Baustelle unter Beweis zu stellen.

Besonders häufig wird der Konsum von Alkohol zur Dramatisierung extremer Gefühlslagen funktionalisiert. In der »Gammelfleischfolge« »Schweinegeld« (RBB 2009, vgl. Kapitel 5.3.3) unternimmt der am Tod seiner Tochter leidende Subunternehmer Joachim Kahle einen misslingenden Selbstmordversuch mit Alkohol und Tabletten (30:5). In der gleichen Folge versucht die Frau des Mordopfers mithilfe harter Alkoholika über den Tod ihres Mannes und die Lebensuntüchtigkeit ihres Sohnes hinwegzukommen. Dieser fragt sie: »Glaubst du nicht, das ist ein bisschen viel?« (30:15). Mit dem Cognacglas in der Hand konstatiert sie gegenüber Kommissar Ritter: »Sie dürfen ja wohl im Dienst nicht« (30:18), was dieser nur bejahen kann. Auch in dem Krimidrama um häusliche Gewalt in der Ehe, »Schwarzer Peter« (MDR 2009, vgl. Kapitel 6.4.2), spielt Alkohol als Tröster und Selbstmordbegleiter eine große Rolle. Ein alkoholkranker Ex-Ingenieur ist darin nicht der Einzige, der trinkt. Die Tochter des Ermordeten öffnet eine Flasche Sekt, um in Unterstreichung ihrer verzweifelt-zynischen Lebenshaltung mit ihrer Mutter auf den Tod des Haustyrannen anzustoßen (15:22). Die Mutter trinkt ihrerseits später Rotwein, während sie alte Fotoalben anschaut (15:46). Danach versucht sie, sich mit Tabletten umzubringen (15:48). Tabletten in der Verbindung mit Alkoholika nimmt auch Frau Lohmann in der Leipziger Folge »Mauerblümchen« (MDR 2009, vgl. Kapitel 6.4.9), die ihre eigene Karriere und ihr Lebensglück zugunsten ihres (nunmehr ermordeten) Mannes aufgegeben hat. An die Tatnacht kann sie sich zunächst nicht erinnern; halbleere Wein- und Spirituosenflaschen in der Küche ihres Hauses und ihr verzweifelter Blick darauf zeigen, worin ihr Problem besteht (17:4, 17:14). Nach einer ersten Entgiftung kehrt ihr getrübtes Erinnerungsvermögen in Teilen zurück (17:34). Den Leipziger Kommissar Keppler verschlägt es im Zuge seiner Ermittlungen in der gleichen Folge in ein Bordell, in dem ihn eine Prostituierte milieutypisch dazu auffordert, ihr einen Sekt auszugeben. Er lehnt ab und befragt stattdessen den etwa 30-jährigen, verdächtigen Chris an der Bar. Während Keppler »Wasser, still« bestellt, ordert Chris sichtlich stolz »Wodka, groß, sto gramm« (17:31).

5. Detailanalysen und Kontextualisierung

Derlei Elend bei der Konfrontation mit Verbrechern und ihren Opfern sowie die Dummheit der eigenen Kollegen ertragen auch altgediente Ermittler nicht. So fragt Kommissarin Blum ihren der Lüge überführten Assistenten Perlmann in »Im Sog des Bösen« (SWR 2009, vgl. Kapitel 6.1.3): »Hast du was zu trinken? Was Starkes?« (6:10). Die Münchener Kommissare Batic und Leitmayr schließlich sehen sich in dem »Gewerkschafts-›Tatort‹« »Um jeden Preis« (BR 2009, vgl. Kapitel 5.3.2) mit einer ebenso ordinären wie sensationslüsternen Lokalreporterin konfrontiert. Alkohol dient in diesem Fall der negativen Charakterisierung einer Nebenfigur: »Frau Kropp« trinkt am Tatort aus einem Flachmann (7:6), in der Zeitungskantine mit Vergnügen noch ein zweites Glas Schnaps und sagt zu den Ermittlern: »Die Quelle ist heilig, tabu. Prost« (7:53). Ihr unvollständiger *telling name* mit Verweischarakter (»Kroppzeug«) lässt sie zu jenen Menschen zählen, die als asozial, verbrecherisch oder moralisch verkommen gelten. In derselben Folge sitzen die Jugendfreunde, Kommissar Batic und der Gewerkschaftsfunktionär Greedinger, gesellig beim lokaltypischen Münchener Weißbier beieinander (7:41).

5.5.3 »Bittere Trauben«: Alkohol als Kulturgut

Unter ganz anderen, positiven Vorzeichen steht der Konsum von Alkohol in der Saarbrücker Folge »Bittere Trauben« (SR 2009). Als Genuss- und nicht etwa als Suchtmittel inszeniert, ist Alkohol hier weniger Grund für und Ausdruck von Lasterhaftigkeit, Verkommenheit, Verzweiflung oder Identitätskrisen als vielmehr ein wertvolles Kulturgut: der Moselwein. Von seiner Güte hängen die Existenzen der ihn produzierenden Menschen ab. Die lokale Wirtschaftsregion, in der die Trauben für diesen Wein wachsen, dient als ansehnliche Kulisse zur künstlichen Schaffung und Ausgestaltung der Diegesis dieses Krimis. Hier wird der fiktive Ort »Bernheim« an der saarländischen Obermosel zum Schauplatz eines Verbrechens, an den es die Ermittler Kappl und Deininger verschlägt: Sie müssen einen Mord an einem Weinkontrolleur des saarländischen Instituts für Lebensmittelchemie aufklären. Mit der Profession des Mordopfers ist gleichzeitig auf die interdiskursive Gewichtung in diesem »Tatort« verwiesen. Die Zuschauer erfahren während der Recherchen, Erlebnisse und vor allem Interaktionen der Kommissare mit Menschen in dieser kleinen überschaubaren Weinwelt Ausgewähltes über Machtverhältnisse im Weingeschäft, die Weinbereitung und seine Faszinationskraft, aber auch über die Möglichkeiten seiner Verunreinigung. Die »Perspektivierung der Erzählung« (Borstnar et al. 2008, S. 176) sorgt dabei dafür, dass die filmische Informationsvergabe durch die Sinne der Kommissare erfolgt. Durch die Inszenierung ihres Sehens, Hörens, Riechens und

5.5 Kontextualisierung: Alkohol im »Tatort«

Schmeckens wird das Themenfeld Wein für die Zuschauer ihrerseits sinnlich, das heißt hörend und sehend erfahrbar. Der unausweichlichen Dominanz des Dialogischen im Fernsehen ist es geschuldet, dass das Wissen dabei mehrheitlich von entsprechend ausgezeichneten Figuren verbalisiert wird.

Der getötete Weinprüfer war ein ausgewiesener Experte, der seinen Widergänger in einem später mehrfach auftretenden Önologen namens Kliebenstein findet. Aufgrund der Weinanalysen des Ermordeten gingen in der Region zwei Winzer bankrott (11:16, 11:10). Kommissar Deininger hört von einem Dorfpolizisten, dass Kontrolleure nie mit Winzern trinken, »weil's dann vielleicht heißt, der ist bestechlich« (11:10). Im »Maison Weickert«, dem »schicksten Weinhandel in der Gegend«, erfahren die Ermittler dann nach überdeutlichem Nachfragen – »na, so ein Weinkontrolleur, der hat doch sehr viel Macht, oder?« (11:11) –, dass dem wirklich so ist.[54] Von der Macht der Weinjournalisten à la Robert Parker ist in diesem Zusammenhang indes keine Rede. Ebenso wenig »wie Winzer um Marktanteile und Auszeichnungen kämpfen, wie hart die Positionierung zwischen Aldi und Bio, zwischen Volksgeschmack und Feinschmecker ist« (Buchner 2009e). Das im institutionalisierten Interdiskurs »Tatort« ausgestellte Wissen ist stets selektiv und verkürzt sowie an die Gesetzmäßigkeiten des Genres gebunden.

Eine tiefere Einführung der Ermittler in die Welt des Moselweins erfolgt in »Bittere Trauben« mit ihrem Besuch des Bernheimer Weinfestes. Zwischen den im *establishing shot* (vgl. Borstnar et al. 2008, S. 106) zu sehenden Ständen der Weinverkostung – »Darf ich Ihnen unseren Prädikatswein vorstellen, einen Grauburgunder?« (11:14) –, Schießbuden, Blasmusik und der Krönung der Weinkönigin werden die wichtigsten Figuren dieses »Tatorts« eingeführt. In streng

---

54 Wohnen im »Tatort« böse Menschen in böser Architektur? Die Inszenierung des »Maison Weickert«, eines noblen Weinhandelsgeschäfts im neusachlichen Stil, folgt einem gängigen Muster der räumlichen Verortung von Tatverdächtigen im »Tatort«: »Die Bösen leben im Tatort stets im modernistischen Glaskasten. Wer im Fachwerk wohnt, tötet höchstens aus Notwehr. Darum ist das Weinhändler-Ehepaar mit seinem eisweißen Flachdachbunker im Hügelgrün auch aus architektonischen Gründen verdächtig« (Gärtner 2009). Die Kritikerin der SÜDDEUTSCHEN ZEITUNG stützt ihre These in einem weiteren Beitrag und konstatiert ein spezifisches Schüren einer »Angst vor der Architektur, der zeitgenössischen oder der modernen«, die die Zuschauer mittels »Flachdach, Sichtbeton, Glas« denken lassen soll: »Hart, kühl, herzlos, der war's bestimmt. Verdient hätte es er jedenfalls« (Gärtner 2010, S. 23). In dem Krimi »Bittere Trauben« stellt sich am Ende die Dame des (Wein-)Hauses tatsächlich als halb wahnsinnig gewordene Mörderin heraus. Weitere Nahrung erhält Gärtners These im Hinblick auf die Inszenierung entsprechender Häuser in weiteren Folgen der Reihe: Zwei davon sind »Das Mädchen Galina« (SWR 2009) und der überbordende Münsteraner Quotenerfolg »Herrenabend« (WDR 2011). Während im SWR-»Tatort« ein perverser Landespolitiker in einem modernen Bau mit großzügigen Glasflächen und fantastischer Aussicht auf Stuttgart residiert, ist es in Münster ein ebenso korrupter wie tot geglaubter Spitzenpolitiker, den es zu seiner Familie in eine auf Stelzen erbaute Bauhausvilla am Berg zurückzieht.

5. Detailanalysen und Kontextualisierung

kontrastierender Charakterisierung handelt es sich dabei um den unsympathischen Bürgermeister des Ortes, Alwin Eckes, sowie den »Winzer-Posterboy« (Buß 2009d) Richard Altpeter, verkörpert von »Tatort«-Routinier Thomas Sarbacher.[55] Eckes ist dick, vulgär, lächelt aufgesetzt und behandelt seinen Sohn schlecht (11:16), während »Winzerpräsident« Altpeter schlank, gut aussehend, höflich und feinfühlig ist. Bei seinem ersten Auftritt trägt er die mit seinem fiktiven Namen bedruckten Weinkisten selbst (11:14).[56] Durch diese beiden Tatverdächtigen bekommen die Kommissare als Agenten von Interdiskursivität in diesem »Tatort« zwei unterschiedliche Philosophien des Weinbaus gezeigt. Dazwischen liegen jedoch erst der alkoholreiche Verlauf des Weinfestes und der folgende Vormittag, an dem Ermittler Kappl neben der frisch gekürten Weinkönigin erwacht, während sein Kollege sichtlich an den Folgen des Feierns leidet (11:21). Die mit komischen Elementen gestaltete Sequenz steht in diametralem Gegensatz zu vergleichbaren aus den eingangs analysierten Alkoholismus-Folgen. Der Alkoholkonsum als gesellige volkskulturelle Praxis in Verbindung mit Musik und Tanz, in unverhoffter Zweisamkeit endend, ist in »Bittere Trauben« durchweg unernst und positiv konnotiert. Dasselbe gilt für den zweiten, launigen Flirt-Subplot dieses Krimis, in dem die kauzig-biedere Sekretärin der Kommissare mit Kappls Vater (Konstantin Wecker) eine folgenschwere Weinprobe im Polizeipräsidium genießt (11:43, 11:49).

Am Morgen nach dem Fest offenbart Winzerpräsident Altpeter den sich für sein Alibi interessierenden Kommissaren seine Philosophie von ökologischem Weinbau (11:25). Inmitten eines saftig-grünen Weinbergs, mit Blick auf die sich im Tal dahinschlängelnde Mosel, beschneidet der Winzer aus Leidenschaft in hellem Licht und mit geschickter Hand die Rebstöcke, die »man« ihm zufolge »anfassen« (11:25) muss. Er ist inmitten alter Eichenfässer zu sehen (11:24), setzt auf Qualität – »mit 98 Punkten zum besten Grauburgunder des Jahrgangs 2005 in Deutschland. Alle Achtung, Herr Altpeter« (11:31) –, führt Ermittler Kappl bei (extradiegetischer) romantischer Streichermusik in einen Weinkeller und gibt ihm eine mit Spinnweben und Staub bedeckte Flasche in die Hand:

> »A: Hier haben wir das gute Stück. Das ist ein 21er-Jahrgang. Den hat der Großvater von Marlis noch gekeltert. Und wenn Sie hier keinen Stein auf dem anderen lassen, nach Chemie oder so 'nem Dreck können Sie lange suchen. In meinem Wein ist nur Saft und ganz viel Sonne.

---

55 Thomas Sarbacher spielt den Funktionär Leo Greedinger in der Gewerkschaftsfolge »Um jeden Preis« (WDR 2009, vgl. Kapitel 5.3.1), eine hinsichtlich ihrer Sensibilität und ihres Scheiterns ähnlich gewichtete Figur.
56 Eine dem Vorzeigewinzer Altpeter ähnliche Figur verkörpert der im österreichischen »Tatort« ermittelnde Harald Krassnitzer in der seichten ARD-Familienserie »Der Winzerkönig« (seit 2005).

5.5 Kontextualisierung: Alkohol im »Tatort«

K: Herr Altpeter, wir suchen keine Chemikalien, wir suchen die Tatwaffe. Eine Pistole [...]« (11:31).

Tradition – bei »Alt-Peter« handelt es sich abermals um einen *telling name* – und natürliche Herstellungsverfahren, das sind die Maximen des Winzers. Altpeter ist in diesem Krimi als Vertreter des Qualitätsparadigmas die Personifizierung eines bürgerlich-traditionellen Ideals von »gutem und wünschenswertem« Weinbau: ökologisch vertretbar, mit viel Handarbeit produziert, hochwertig und preisgekrönt. Die lokal kolorierte Inszenierung der tragischen Figur als eine, die mit der schönen Landschaft der Weinberge verbunden ist, sorgt überdies für ihre insgesamt positive Konnotation.

Ihr Gegenpart ist Bürgermeister Eckes. Sein *telling name* in diesem »Tatort«, »Eckes«, verweist auf das Verständnis der Figur von Wein als Massenware: »Eckes-Granini« ist einer der größten Produzenten von Industriefruchtsäften in Deutschland (unter anderem »Hohes C«, »Fruchttiger«). Die Ermittler suchen den notorisch duzenden, groben Unsympathen in dramaturgischer Kontrastierung direkt im Anschluss an die Befragung Altpeters auf (11:26). Beim Eintreten in Eckes dunkle Räumlichkeiten zur Weinherstellung werden sie zunächst von einem bedrohlich von der Decke herabgelassenen Trog überrascht. Ein plötzlich extradiegetisch ertönender Sound unterstreicht die kurzzeitige Gefahr in der sich die Ermittler befinden. Sie werden von Eckes verhöhnt, der das hängende Gefäß am Kran bewegt: »Na, da hättet ihr euch mal besser gestern totgesoffen« (11:26). Deininger bringt den qua filmischer Informationsvergabe geschaffenen Gesamteindruck des Mannes auf den Punkt und bezeichnet Eckes als »Arschloch« (11:26). Die Kommissare erkunden die ihnen wie auch den Zuschauern fremde Umgebung mit neugierigen Blicken. Nachdem Deininger Behältnisse aus Kunststoff erblickt, werden die Ermittler von Eckes in zwielichtigem Dunkel über *sein* Verständnis von gutem Weinbau aufgeklärt:

»D: Ist ja Plastik. Ist ja gar kein Eichenholz.

E: Ja, ja. Und im Sonnenuntergang da hockt der Winzer und zählt und bewundert seine Trauben einzeln. Mann, habt ihr romantische Vorstellungen. Ich sag euch was: Bald gibt's auch keine Korken mehr. Irgendwann, in zehn Jahren, sind das alles Schraubverschlüsse. Und ihr werdet euch wundern, schmeckt ganz genauso« (11:26).

Im Zuge von Eckes' ausführlichen Erläuterungen zu den Besitz- und Schuldverhältnissen seines Konkurrenten Altpeter bezeichnet er dessen gescheiterten Versuch, ökologischen Weinbau zu betreiben, dann noch als »Scheiß« (11:26). Er ist damit als Altpeters grobschlächtiger Gegenpart etabliert und sorgt als Vertreter des Billig- und Massenweinparadigmas für eine im Hinblick auf Interdiskursivität differenzierte Sicht auf »heutigen« Weinbau. Weitere Ernüchterung tritt ein,

5. Detailanalysen und Kontextualisierung

als Deininger im Duktus des Investigativen vermeintliche Fakten zum Weinbau referiert: »Das ist unglaublich: Bio-Weine, wo kein Bio drin ist, Überzuckerung, falsche Alkoholangaben, illegale Farbstoffzusätze. Es gibt Typen, die schütten Salzsäure oder Düngemittel inne Wein. Da fällst vom Glauben ab« (11:39). Das kritische Sichechauffieren des Beamten bleibt jedoch ein Einzelfall. Lediglich in einem Witz der Weinkönigin, den Kappl nicht versteht, klingt noch zarte Kritik an möglichen Missetaten bei der Weinherstellung an:

>»W: Ein alter Winzer liegt im Sterben, ja? Seine beiden Söhne sitzen an seinem Bett. Da flüstert der Alte: Ich verrate euch jetzt mein größtes Geheimnis. Wein kann man auch aus Weintrauben machen. Dann sagt der eine Sohn zum anderen: Es ist so weit, er fantasiert schon.
>
> K: Das ist ja überhaupt nicht komisch.
>
> W: Nee?« (11:35).

Die wenigen Hinweise auf Schattenseiten in der Weinwelt liegen in dem Fokus der Sendung »Bittere Trauben« auf der Krimihandlung begründet, die auch Elemente des Heimatfilms enthält. Der »Regionalismus« (Vogt 2005, S. 116) dieser Folge – sich manifestierend im Ausstellen »regionaler Charakteristika« (ebd.) – besteht dabei eher im Zeigen der landschaftlichen Schönheiten und Reize der Region als darin, problematische Aspekte der Weinherstellung zu vertiefen. Der schmachtende Blick der Ermittler auf die Saarschleife – »Schön, die Saar« (11:58) – in der letzten Sequenz ist für diese Art des Lokalkolorits symptomatisch.

Ihre weiteren Ermittlungen führen die Kommissare in das dunkle Labor des Önologen Kliebenstein: ein Chemiker und Weinkontrolleur in Personalunion. Wie in anderen Sendungen der »Tatort«-Reihe ist er als unabhängig und kompetent ausgewiesener Experte ein wichtiger Agent interdiskursiver Aufklärung. In seinem übervollen Labor, bekleidet mit Pullover, Hemd und Krawatte unter seinem weißen Kittel und eine große Brille tragend, gleichsam wortkarg und geschäftig, entspricht er in Teilen dem filmischen Stereotyp des *mad scientist* (vgl. Krause/Pethes 2007). Der Önologe Kliebenstein will und kann den Ermittlern die gewünschten Informationen über eventuelle Verunreinigungen von Weinen zunächst nicht liefern und fungiert stattdessen als Botschafter des faszinierenden Kulturguts Wein. Auf die Frage Deiningers, warum es in seinem Labor »so dunkel« sei, reicht Kliebenstein ihm ein Reagenzglas und fragt ihn, was er rieche (11:42): »Nix.« Nach einigem Zögern lautet Deiningers Antwort: »Wein.« Der Experte riecht nun seinerseits konzentriert und antwortet eindringlich, untermalt von (extradiegetisch) perlender Musik, die den Eindruck seines sensorischen Erlebnisses unterstreicht: »Also, ich rieche Pfirsich, Schiefer und einen Hauch Grapefruit. Um Wein zu analysieren, brauchen Sie eine geübte

5.5 Kontextualisierung: Alkohol im »Tatort«

Nase und keine Ablenkung« (11:42). In kausallogischer Verknüpfung mit dieser Sequenz liefert der Experte, nachdem er bei Altpeter unbestechlich geprüft hat (11:48), die ausstehenden Ergebnisse (11:50). Der als kauzig gezeichnete Fachmann lässt sich lange bitten, bevor er – seinen Status als Experte unterstreichend – zu einem längeren Referat in der spezialdiskursiven Fachsprache der Chemie ansetzt: »Also, erstmal müssen Sie wissen: Es gibt zwei wichtige Oxide, Schwefeltrioxid und Schwefeldioxid. Das Schwefeldioxid ist im Wein in drei verschiedenen Formen feststellbar. Als freies SO_2, als gebundenes SO_2 und als Summe der beiden, als gesamtes SO_2« (11:50). Hiermit ist ein gängiges narratives Muster bei der Einbindung von Fachleuten und deren Wissen in »Tatort«-Krimis als institutionalisierte Interdiskurse exemplifiziert: Die Experten müssen gedrängt werden, aus ihrer hochgradig spezialisierten, gedanklichen und sprachlichen Fachwelt herauszutreten, mitunter auch gebeten werden, sich Details zu ersparen, um die für die Detektion und den thematischen Zusammenhang relevanten Informationen allgemein verständlich und kurz, eben in interdiskursiver Form, zu präsentieren. Deiningers Wunsch in »Bittere Trauben« ist in diesem Zusammenhang deshalb symptomatisch für die Funktion der Ermittlerfiguren, die thematisch gebundene Informationsvergabe zu befördern: »Herr Kliebenstein, nehmen Sie's mir net übel, aber könnten Sie das für mich ganz einfach erklären?« (11:42). Der Experte hat darauf ein Einsehen:

> »Nun gut. Weder der Wein vom Altpeter noch der vom Eckes ist verkehrsfähig. [...] Altpeter hat versucht, die Verschwefelung zu verschleiern. Bei Eckes fanden sich Spuren von Essig im gesamten Wein. Hab ich zwar noch nie erlebt, aber für mich kommt da nur ein Fehler bei der Filtrierung infrage. Da reichen schon zwei Gramm pro Liter, um alles zu versauen« (11:55).

Das so präsentierte Wissen über Wein ist weder umfassend noch tief gehend. Der interdiskursive Mehrwert der Sequenzen besteht lediglich darin, zu zeigen, worin die Arbeit eines Weinprüfers besteht und zu welchen Schlüssen er gelangt. Die umfassende Macht von Kliebensteins Berufsstand wurde bereits zu Beginn von »Bittere Trauben« erwähnt. Sie besteht in der kleinen Weinwelt des Krimis letztlich darin, das Gut Altpeters erneut aufzusuchen und die Vernichtung seines Weins anzuordnen (11:57). Der ruinierte Winzer aus Leidenschaft wird am Ende von seiner verrückt gewordenen Exfrau im Weinberg erschossen und stirbt melodramatisch in ihren Armen.

5. Detailanalysen und Kontextualisierung

5.5.4 Fazit: Alkohol und Alkoholismus im »Tatort«

Der Realismus der »Tatort«-Reihe sorgt dafür, dass darin neben Mord und Totschlag auch viel Alltägliches passiert: In den Als-ob-Welten der Sendungen wird auch gegessen und: Alkohol getrunken. Verdächtige, Täter und Kommissare trinken sowohl in freudigen als auch traurigen Situationen, in geselliger Runde oder allein. Ihre Interaktionen mit Alkohol dienen in den Narrationen der Krimis zumeist der Veranschaulichung spezifischer Gefühlslagen. Die Einsamkeit, die psychischen Belastungen bei der Mördersuche, der Stress und/oder die Unordnung ihrer Lebensverhältnisse lassen viele Ermittler regelmäßig zur Flasche greifen. 2009 war das gesamtgesellschaftliche Problem des Alkoholmissbrauchs eines der auf die Krimiagenda gehobenen, brisanten Themen der Reihe. Anhand der Detailanalyse der Folge »Mit ruhiger Hand« (WDR 2009) konnte exemplarisch aufgezeigt werden, wie das Problem als inhaltlicher Teil der spannenden Genrenarration unterhaltsam personalisiert und dramatisiert wurde. Ein Grundmuster bei der Einbindung gesellschaftspolitischer Themen in »Tatort«-Krimis ist die persönliche Betroffenheit von Ermittlern als Problemprotagonisten. Diese kann, wie im Fall Ballaufs in »Mit ruhiger Hand« (WDR 2009), temporär auf eine Folge beschränkt sein: Hier wird der Ermittler selbst Teil des übergeordneten, die Krimihandlung bestimmenden gesellschaftlichen Problems und ist dessen dann weitgehend entledigt, als der Fall abgeschlossen ist. Mittels einer *backstory wound* (vgl. Krützen 2004, S. 34 ff.), wie jener Kepplers in »Schön ist anders« (MDR 2011), ist es hingegen eine von vornherein in der Figur angelegte Eigenschaft des fiktiven Charakters, seine »Rollenbiographie« (Hickethier 2001, S. 177), die ihre Anbindung an ein gesellschaftspolitisches Thema ermöglicht. Der aufgrund persönlicher Erfahrungen im positiven Sinne Geläuterte verfügt über umfassendes Themenwissen und bringt dies in die im Zuge der Detektion notwendigen Auseinandersetzungen mit Betroffenen im selben Problemfeld ein. Die Ungewissheit darüber, ob er auch in Zukunft abstinent sein wird, hält dabei den Seriencharakter partiell »unrein«, das heißt, sie verhindert seine unhinterfragbare heldische Überlegenheit sowie einen ungebrochenen Moralismus. Damit taugt er als Vehikel bei der zukünftigen Verarbeitung des gesellschaftspolitischen Themas Alkoholismus in der Leipziger Serie.

Ein negatives Rollenmodell verkörpert als Pendant zu Keppler die ungeläuterte, von der Sucht noch fest umschlungene Ermittlerin Bibi Fellner in der österreichischen Episode »Vergeltung« (ORF 2010). Sie personifiziert Alkoholismus unabhängig von der thematischen Gewichtung des zu lösenden Falles. Ihr dramatisiertes Verhalten zeigt verallgemeinerbare Problem- und Gefühlslagen, die mit der Sucht und den Versuchen, sich ihrer zu entledigen, einhergehen. Als Symbolträgerin zeigt sie in ihrer Handlungsrolle als Ermittlerin und Betroffene

5.5 Kontextualisierung: Alkohol im »Tatort«

konkrete Ausprägungen des Alkoholismus (vgl. Eder 2008, S. 710). Auch ihr szenisch-narrativ gezeigtes Verhalten wird – ähnlich dem von Ballauf in »Mit ruhiger Hand« (WDR 2009) – durch ihren Duopartner in der Handlungsrolle eines vorbildlichen Protagonisten moralisch evaluiert und emotional bewertet. Dabei bekommen vom Alkoholismus betroffene Ermittler durch ihre Teamkollegen Hilfestellungen und (vage) Lösungsansätze aufgezeigt, was im Rahmen der stets »kontrastierende[n] Figurengestaltung« (Wulff 2001, S. 255) von Problem- und Vorbildprotagonisten in derart thematisch gewichteten Krimis ein weiteres narratives Muster darstellt. Die auf Verhörsituationen bezogene, binäre Rollenverteilung der genretypischen Konstellation »guter Cop, böser Cop« erhält somit eine weitere Bedeutungsdimension. Im Wechselverhältnis von themenbezogenen »Zeigewörtern und -bildern« (Hickethier 2001, S. 108) entstehen so komplexe Audiovisionen, die das in der außerfilmischen Realität vorhandene Phänomen des Alkoholismus in den Bild- und Tonwelten der Krimis repräsentieren (vgl. Borstnar et al. 2008, S. 39, Hall 2001, S. 354). Betroffene Problem- wie auch Vorbildprotagonisten haben darin die übergeordneten Funktionen von Thementrägern mit Symbolcharakter.

Das Gleiche gilt für die durch die Angabe ihrer Profession ausgewiesenen Experten. In den Themensendungen »Mit ruhiger Hand« (WDR 2009) und »Schön ist anders« (MDR 2011) sind dies eine Psychologin sowie ein Arzt. Ihre Funktion besteht in beiden Episoden darin, zum einen bei der genrekonstitutiven Mörderjagd zu helfen, zum anderen selektives Wissen aus dem Spezialdiskurs der Medizin zum Thema Alkoholismus komplexitätsreduziert zu verbalisieren. Damit fungieren sie neben betroffenen Ermittlern und dem weiteren, themengebundenen Figurenarsenal als zentrale Agenten von Interdiskursivität in »Tatort«-Krimis. Dies gilt auch für andere Wissensformen in Sachen Alkohol: So klärt ein Önologe den Ermittler Deininger in der Folge »Bittere Trauben« (SR 2009) über den Sinn seiner Arbeit auf und bringt ihm nebenbei noch das sensorische Faszinosum Wein nahe. Die Gefahr auf Kosten der Unterhaltsamkeit gehender, überzogen didaktischer Informationsvermittlung bannt der Krimitext, indem er die Experten in den Alkoholismusfolgen zusätzlich temporär über Flirt-Subplots an die Narration bindet. Begehren und Leidenschaften als Urgegenstände populärer Unterhaltung werden somit zur Einbindung von problembehafteten Wissensbeständen nutzbar gemacht. Das Expertenwissen wiederum beschränkt sich in diesen Sendungen auf sehr wenige, im spezialdiskursiven Rückschluss nachweisbare Aspekte: die Koabhängigkeit der Angehörigen und die mögliche Vererbung von Alkoholismus. Erst in themenbezogenen Illustrationen wird dieses zwar bereits interdiskursiv komplexitätsreduzierte, aber immer noch abstrakte Expertenwissen anschaulich und nachvollziehbar. So liegt denn auch im emotionsgeladenen, zum Entwickeln von Empathie auffordernden Zei-

5. Detailanalysen und Kontextualisierung

gen konkreter Verhaltensweisen von Mitgliedern suchtbelasteter Familien die Stärke der »Trinker-›Tatorte‹«. Die schiere Verzweiflung des koabhängigen Ehemanns beispielsweise sagt mehr aus als jedes Expertenreferat. Die affektiv aufgeladenen Bildwelten werden im Rahmen der filmischen Informationsvergaben durch elementar- bzw. alltagsdiskursive Wissensformen zum Thema Alkoholismus ergänzt: Der Verlust des Führerscheins, der Unfall im Vollrausch, Unkonzentriertheit und Fehler bei der Arbeit, heimliches Trinken etc. sind lebensweltlich bekannte und nach kurzer Andeutung leicht wiedererkennbare Verhaltensweisen, die die als betroffen gezeichneten Figuren in den realitätsnahen, aber dennoch künstlichen »Tatort«-Welten vorführen.

Die Gruppe der Tatverdächtigen und gleichzeitig Betroffenen sind mithin die dritte Gruppe der Thementräger in »Alkoholismus-›Tatorten‹«. Ihre Verortung in verschiedensten Milieus in den Sendungen mehrerer »Tatort«-Jahrgänge unterstreicht textseitig die tatsächlich gesamtgesellschaftliche Relevanz des Problems Alkoholismus und offenbart dabei gleichzeitig die umfassenden und langfristigen »Signifikationspolitiken« (Marchart 2008) der Reihe. Zu diesen Politiken gehört die grundlegende Wertaussage, dass Alkoholismus Menschen und ihre Beziehungen zueinander zerstört. Alle Trinkerfolgen legen diese dominante Lesart nahe. Eine sendungsübergreifende, homogene Textperspektive (vgl. Borstnar et al. 2008, S. 178) bzw. eingenommene Haltung besteht in der Aussage, dass übermäßiges Trinken sozialen und körperlichen Schaden anrichtet. Lediglich für den Fall »Mit ruhiger Hand« (WDR 2009) lässt sich eine halbwegs positive »Moral von der Geschichte« (Wulff 2005, S. 384) konstatieren: Ein Sicheingestehen des Problems und ein damit einhergehendes Aufhören sind möglich. Dafür gibt es passende Hilfsangebote, die anzunehmen keine Schande ist. Damit ist auf eine grundlegende Problematik der globalen Perspektive von »Tatort«-Krimis auf ihre gesellschaftspolitischen Themen verwiesen: Die Prinzipien von Krimigenre und Unterhaltung verlangen danach, dass die Detektion am Ende erfolgreich ist und die Täterin oder der Täter in der Regel gefasst wird. Die in die Ermittlungshandlungen eingeflochtenen Themen hingegen stehen der Möglichkeit einer durchweg befriedigenden finalen Lösung häufig entgegen. Beim zwar gesamtgesellschaftlich relevanten, aber letztlich in der Verantwortung des Einzelnen liegenden Problem Alkoholismus ist die Dramatisierung eines halbwegs guten Ausgangs ebenso nachvollziehbar wie das Gegenteil. Bezüglich anderer gesellschaftspolitischer Themen sind die Strukturen und Machtverhältnisse hingegen meist größer, sodass das betroffene Individuum ihrer nicht Herr werden kann.

6. Thematisch gruppierte Sendungsanalysen

Die zuvor in den Detailanalysen der Folgen »Kassensturz« und »Mit ruhiger Hand« herausgearbeiteten textuellen Strategien, Kategorien und Begrifflichkeiten werden im Folgenden in thematisch gruppierten, kürzeren Sendungsanalysen zur Anwendung gebracht, veranschaulicht und vertieft.

6.1 Böser Mediengebrauch, Wohlstandsverwahrlosung und Drogen

Die erste Sammelgruppe umfasst unterhaltsame Episoden zu Voyeurismus im digitalen Zeitalter, zur angeblichen Verwahrlosung von Kindern wohlhabender Eltern und zum fatalen Missbrauch harter Drogen.

6.1.1 »... es wird Trauer sein und Schmerz«: digitaler Voyeurismus

Ein scheinbar wahllos mordender Serientäter veranlasst LKA-Ermittlerin Charlotte Lindholm (Maria Furtwängler) in dem »Tatort« »... es wird Trauer sein und Schmerz« (NDR 2009) dazu, sich in die niedersächsische Provinz bei Braunschweig zu begeben. Das gesellschaftspolitisch aktuelle Thema dieses spannenden *whodunits* ist der Voyeurismus bzw. die Verletzung von Privatsphären in Zeiten einer umfassenden »Mediatisierung« (Krotz 2007) des Alltags. Das Motiv des Täters ist entsprechend plausibel konstruiert: Bei einer Massenkarambolage auf der Autobahn starb seine (schwangere) Frau in einem Autowrack, während Herumstehende die Rettungsarbeiten behinderten, dabei fotografierten und filmten. Infolgedessen gehören die Opfer des »Niedersachsen-Snipers« (32:12) zu den Schaulustigen. Zuvor hatte der Todesschütze ihnen Trauerkarten mit morbiden Sinnsprüchen wie dem Titelgebenden gesandt: »... es wird Trauer sein und Schmerz«. Da er seine Opfer aus der Distanz mit einem Scharfschützengewehr niederstreckt, vermutet der beleibte örtliche Ermittler Kohl zunächst fälschlicherweise einen »aus dem Ruder gelaufen[en] Soldaten«, der »kürzlich von einem Auslandsaufenthalt zurückgekommen« (32:7, 32:13) ist, hinter der Tat. Dem damit kurz angedeuteten Thema der Traumatisierung von Soldaten aufgrund von Kriegserlebnissen widmete der Saarländische Rundfunk später mit dem Politainment-Krimi »Heimatfront« (SR 2011) eine ganze Folge.

6. Thematisch gruppierte Sendungsanalysen

Genrenarration und Thematisierung von Voyeurismus sind in »... es wird Trauer sein und Schmerz« virtuos miteinander verknüpft. So muss sich Ermittlerin Lindholm beim genreobligatorischen Eintreffen an den verschiedenen Tatorten an neugierigen, die Hälse reckenden, ungebetenen Zaungästen vorbei ihren Weg bahnen und wird dabei mit einer wackelnden Digitalkamera, deren Display als »Bildschirm im Bild« zu sehen ist, gefilmt. Zudem wird sie mit Handys und Fotokameras fotografiert und mit einem Fernglas beobachtet (32:3, 32:6, 32:15). Die ausgestellte Videoästhetik hat eine doppelte Funktion: Sie fungiert einerseits als ein gängiges Mittel zur Authentisierung des audiovisuellen Geschehens. »Authentizitätssignale« zeigen die »Anwesenheit des filmischen Apparates, die ein filmisch vermitteltes Geschehen glaubhaft, authentisch macht« (Borstnar et al. 2008, S. 42). Andererseits ist die wackelige, ungesättigt farbige Videoästhetik Teil der audiovisuellen Repräsentation des brisanten Themenkomplexes selbst. Das Medium Fernsehen erweist sich in diesem Fall als funktional zur Problematisierung eines aggressiven, unangemessenen Gebrauchs audiovisueller Medien (vgl. Thiel 2009b). »Hand- und Wackelkamera« (Mikos 2008, S. 204) kommen ebenfalls in den dramatischen Autobahnsequenzen zum Einsatz, die in pixeligen Rückblenden (*flashbacks*) zu sehen sind. Diese sind u.a. im Kontext der Verhöre eines Polizisten erlebbar, der deshalb zum Kreis der Tatverdächtigen gehört, weil er am Unfallort verzweifelt und erfolglos versuchte, die Behinderung der Rettungskräfte durch Gaffer zu verhindern und infolgedessen seelisch krank wurde (32:29, 32:31, 32:33, 32:43).

Ein weiblicher Teenager, der ein Video des Massenunfalls gedreht und ins Internet gestellt hat, soll am Ende das letzte Opfer des Mörders werden, was Ermittlerin Lindholm genregemäß mittels Schusswaffengebrauch zu verhindern weiß. Das Phänomen des digitalen Voyeurismus im Internet ist mithin ein zentraler thematischer Aspekt in diesem Krimi. Er wird durch das nächtliche Aufgreifen eines an den Tatorten fotografierenden Jugendlichen eingeführt (32:11). Später sind er und seine Freundin in mehreren Sequenzen vor einem Computerbildschirm zu sehen. Sie beschäftigen sich mit einem entsprechend gestalteten Videoportal namens »Niedersachsen Sniper – Hier könnt ihr eure Fotos und Videos einstellen« (32:11). Die szenisch narrative Ausgestaltung ist für die Problematisierung des gedankenlosen und in der Vorzugslesart des Krimis unmoralischen Gebrauchs digitaler Medien funktional. Ein entsprechender Dialog zwischen dem thementragenden Teenagerpaar beim Betrachten des Videos, das komplementär dazu gezeigt wird, lautet wie folgt (vgl. Borstnar et al. 2008, S. 144):

»M: Rat mal, wie viele Aufrufe ich hab.

J: Dein Video?

M: Ja. Schon über 6 000.

6.1 Böser Mediengebrauch, Wohlstandsverwahrlosung und Drogen

J: Was?
M: Ja, hier, guck mal. Da.
J: Gibt's dazu auch irgendwelche Kommentare?
M: Ja, hier. Die schreiben halt, wie krass das ist und dass der Ton nichts taugt, aber gut, das liegt ja am Handy. Und dann fragen sie, ob da noch jemand drin ist.
J: Sieht man doch.
M: Ja« (32:23).

Die das Problem personifizierenden Figuren rekurrieren beim Betrachten des grausamen Videos auf Internetspezifika: die Zahl der Klicks als entscheidende Währung im Netz, die mindere Qualität der Aufnahmen, das Posten von Kommentaren sowie die unreflektierte Begeisterung für den vermeintlichen Erfolg mit dem hochgeladenen Material. Die moralische Evaluation des Gezeigten folgt in einer kausallogisch direkt anschließenden Reflexionssequenz (23:24): Von ihrem Mitbewohner bekommt Lindholm jene Webseite im Beisein ihrer Mutter gezeigt, auf der auch der Weg des Mörders durch Niedersachsen rekonstruiert wird. Der im Brustton der Empörung geäußerte Kommentar der Ermittlerin als Norminstanz fällt eindeutig aus: »Wer stellt *so was* ins Netz?« (32:24), während ihr Mitbewohner quasi nebenbei eine basale Funktion des Internets im Modus der Interdiskursivität erklärt: »Na ja, es ist 'ne private Seite. Jeder kann Informationen ins Netz stellen« (32:24).[57] Dass ihr Mitbewohner ein Krimiautor ist, dürfte regelmäßig Lindholm-Krimis sehenden Zuschauern als rollenbiografisches Detail bekannt sein und sorgt im Weiteren für ein selbstreflexives Moment, für eine »explizite Thematisierung der filmischen Bedingtheit und Konstruiertheit mit den Mitteln des konkreten Films selbst« (Borstnar et al. 2008, S. 94). Er gibt ihr gegenüber an, die Tatorte sehen zu wollen: »Weißt du, für eine realistische Geschichte, da brauche ich authentische Eindrücke« (32:37). Genau das ist »... es wird Trauer sein und Schmerz«: Eine realistisch anmutende Krimigeschichte mit aktuellen thematischen Bezügen, eine populäre Narration, die sich so wie gezeigt zugetragen haben könnte und zahlreiche Referenzen in der außerfilmischen Realität aufweist. Die moralische Evaluation durch die Ermittlerin, die sie in verächtlichem Ton artikuliert, fällt auch in diesem Fall eindeutig aus: »Ach so, mal 'ne Runde, 'ne Runde gucken, ja? Ein bisschen *gaffen*« (32:37). Dennoch macht sie sich das Wissen ihres Freundes zunutze und findet später mit seiner Hilfe das Video des folgenreichen Unfalls auf einer anderen

---

57 Vgl. den Fernsehfilm »Homevideo« (NDR 2010), ein mit dem Deutschen Fernsehpreis (2011) als bester Fernsehfilm ausgezeichnetes Politainment-Drama über das Phänomen des sogenannten »Cyber-Mobbings«. Es handelt von einem Jugendlichen, der an den Folgen der Veröffentlichung eines ihn kompromittierenden Videos zerbricht und sich schließlich umbringt.

6. Thematisch gruppierte Sendungsanalysen

einschlägigen Internetseite namens »Hot Clip Community« (32:37). Eine erneute Bewertung folgt umgehend, sowohl des großen Angebots – »So 'n Wahnsinn. Das sind doch mindestens 40, 50 Videos und Autounfälle« (32:37) – als auch des konkret zu Sehenden: »Das ist ja furchtbar. Ist das echt? – Und wie!« (32:37).

Zusammenfassend gelingt in dem Politainment-Krimi »... es wird Trauer sein und Schmerz« eine eindrückliche Verzahnung von unterhaltsamer Detektionshandlung, Medienreflexivität und -kritik. Die umfassende Textperspektive des Krimis, die »Haltung des Textes zu seinem eigenen Gegenstand des Erzählten« (Borstnar et al. 2008, S. 178), fasst Thomas Thiel in seiner Fernsehkritik wie folgt treffend zusammen:

> »Hinter dem Film steht also eine medienpädagogische These. Er will zeigen, was passiert, wenn moderne Medien den Schleier auch von den letzten Dingen zerren und das Einzigartige, was im Verlust des Toten deutlich wird, in serielle Daten bringen, die das Ereignis nivellieren und selbst den schwersten Momenten den Respekt verweigern. Die Verletzung der Intimsphäre durch das ungefragte Gefilmtwerden und die Atmosphäre allgemeiner Verunsicherung, zu der es führt, beklagt man gewöhnlich, aber man nimmt sie hin. Hier schlägt das Pegel zur Gewaltsamkeit aus, die Morde sind als Rebellion gegen die Verletzung des Privaten durch gedankenlosen, aggressiven Mediengebrauch zu verstehen« (Thiel 2009b).

6.1.2 »Herz aus Eis«: Wohlstand ohne Werte

Der im Februar des Jahres 2009 erstausgestrahlte Thriller »Herz aus Eis« (SWR 2009) steht in überraschendem Kontrast zu den häufig beschaulich inszenierten Bodensee-»Tatort«-Krimis mit den Ermittlern Klara Blum und Kai Perlmann (Eva Mattes und Sebastian Bezzel). Es ist der 14. »Tatort« aus der Feder der gelernten Dokumentarfilmerin, »Tatort«-Veteranin und -Erfolgsautorin Dorothee Schön, deren Motto lautet: »Du darfst nicht langweilen«. Dabei nimmt sie sich auch der Herausforderung an, brisante Stoffe unterhaltsam aufzubereiten (Schön 2010 u. 2007, S. 62).[58]

Von der Fernsehkritik wurde das gesellschaftspolitische Thema der sogenannten »Wohlstandsverwahrlosung« (Buchner 2009f, Buschheuer 2009, Gamer 2009c) als den Krimiplot des Films ergänzendes ausgemacht. Dies entspricht den Äußerungen der Autorin Schön, die vor der Erstausstrahlung via Pressemappe des SWR verbreitet wurden. Darin fragt sie:

---

58 Vgl. den »Tatort« »Altlasten« (SWR 2009, Kapitel 6.4.6) sowie Schöns erste Arbeit für die Reihe, die häufig wiederholte Folge »Heilig Blut« (WDR 1996).

6.1 Böser Mediengebrauch, Wohlstandsverwahrlosung und Drogen

»Welche Spielregeln gelten unter Jugendlichen, die in ihrem Leben noch nie etwas Materielles vermissen mussten? Wie sieht sie aus, die Wohlstandsverwahrlosung? Und was sagt das über den Zustand unserer Gesellschaft?« (Schön 2009).[59]

In einem noblen Internat entpuppt sich ein vermeintlicher Suizid eines Sohnes reicher Eltern als grausamer Mord, begangen von zwei kaltherzigen, habgierigen Mitschülern. Der junge Stefan wusste um die betrügerischen »Transaktionen« (25:3) fremden Geldes der beiden und drohte, ihnen gefährlich zu werden. Die beiden Musterschüler, der gleichsam skrupellose wie intelligente Beau Max von Stein (Florian Bartholomäi)[60] und die als eiskalt, boshaft, verschlagen und von krankhaftem Ehrgeiz getrieben gezeichnete Vollwaise Viktoria Scheffler (Nora von Waldstätten)[61] begehen mit ihrer unfreiwillig zur Komplizin gemachten Mitschülerin Olga, einer naiven Milliardärstochter, den fast perfekten Mord: Sie ertränken ihr Opfer im Schwimmbad des Internats wie eine Katze im Sack (25:76). Ein winzig kleiner Knopf ist die entscheidende erste Spur, die nach zwei gescheiterten Mordversuchen an ihrer Komplizin letztlich zur Ergreifung des Duos führt.

Es handelt sich bei »Herz aus Eis« um kein klassisches *whodunit*, was ziemlich selten in Sendungen der »Tatort«-Reihe vorkommt, sondern um ein Katz-und-Maus-Spiel mit offener Täterführung. Für die Zuschauer bedeutet dies, verfolgen zu können, ob und wie die Ermittler die ihnen von Anbeginn bekannten Mörder fangen. Angesichts des Wissensvorsprungs des Publikums gegenüber den Kommissaren lässt sich der Film, gemäß der Spannungstypologie von Edward Branigan, als Polizeikrimi mit *suspense*-Anteilen einordnen (vgl. Mikos 2008, S. 143). Trotz offener Täterführung vermag der Krimi es, bis zuletzt spannend zu unterhalten. Eine tiefere Psychologisierung der Täterfiguren findet dabei nicht statt, das heißt, sie verfügen weder über ein ausgestelltes Innenleben noch erhalten sie eine umfassende Charakterisierung. Max und Viktoria sind eindimensional böse, wobei Letztere stets die treibende Kraft in dem mörderischen Duo ist. Ein grundsätzliches Verständnis für zwanghafte Verstrickungen

---

59 Dabei diente das Buch »Gestatten: Elite« (Friedrichs (2008) der Krimiautorin Schön als Inspirationsquelle.
60 Vgl. »Platt gemacht« (WDR 2009), wo der Schauspieler einen Obdachlosenhasser verkörpert.
61 Für Nora von Waldstätten bedeutete ihre Rolle als eiskalte Killerin den Durchbruch als Fernseh- und Filmschauspielerin. Sie erhielt für ihre Rolle den »New Faces Award«. Die Kritiken für ihr Spiel waren durchweg positiv. Auf der Internetseite der FAZ stand zu lesen: »Die eigentliche Überraschung aber ist Nora von Waldstätten als Viktoria, die mit blutleerem Schneewittchenteint und pechschwarzen Haaren als wunderschöne, klirrend kalte Eiskönigin diesen Film regiert« (Huppertz 2009). Mit dem Terroristen-Epos »Carlos – Der Schakal« (2010) von Regisseur Olivier Assayas wurde sie wenig später einem internationalen Kinopublikum bekannt und ist seitdem ein Liebling des Feuilletons (vgl. ZEITMAGAZIN, Nr. 23, 01.06.2011).

als Begründungszusammenhang für die grausame Tat der beiden Mörder findet sich – wie oftmals im »Tatort« – in »Herz aus Eis« nicht. Allenfalls die von der Protagonistin Viktoria im Moment ihrer Überführung gleichsam selbstmitleidig wie arrogant nachgereichte *backstory wound* (vgl. Krützen 2004, S. 30 ff.) liefert eine fadenscheinig dünne Erklärung ihres Handelns: »Sie haben nicht die geringste Ahnung, was es bedeutet, völlig allein zu sein. Wenn die Eltern sich besoffen totfahren. Wissen Sie was das heißt, wenn man weiß, dass man viel besser ist als all die Nieten um einen herum?« (25:76). Indes, Mitleid erhält die schöne Böse von Ermittlerin Blum nicht: »Sie weinen nicht, weil Ihnen leidtut, was sie getan haben, sondern weil wir Sie überführt haben« (25:76). Viktorias Komplize, der junge Adelsspross von Stein, genießt seinen Ruf als Frauenheld. Zur Erreichung seiner verbrecherischen Ziele im Zusammenhang mit dem Kontobetrug schläft er aber auch mit seinem späteren, zu Lebzeiten »schwul[en]« (25:59) Opfer. Gegenüber seiner Komplizin gesteht er: »Ich müsste lügen, wenn ich behaupten würde, dass es ein Opfer war, mit ihm ins Bett zu steigen« (25:27). Die Erwähnung von Homo- bzw. Bisexualität trägt weniger zur konsenspolitisch befestigten Toleranznorm gegenüber einer Minderheit bei, sondern dient im Rahmen der Figurenzeichnung lediglich als weiteres Versatzstück zum Ausweis der skrupellosen Bösartigkeit und Amoralität des Protagonisten (vgl. Gräf/Krah 2010, S. 70 ff., Dörner 2001, S. 191 sowie Kapitel 6.2).

Hinsichtlich seiner filmischen Ästhetik sticht »Herz aus Eis« aus der Mehrheit der »Tatort«-Krimis heraus. Sie ist in Teilen angelehnt an den »gekünstelte[n] Formalismus« (Faulstich 2005, S. 155) von Alain Resnais' »Letztes Jahr in Marienbad« (1961), einem der Schlüsselwerke der *Nouvelle Vague*. Kaltes Blau und Grau dominieren die farbliche Gestaltung und unterstreichen farbästhetisch die kalte Unbarmherzigkeit der Täter im geschlossenen Mikrokosmos des Internats, Letzterer wiederum ist trotz der Ausstattungsmerkmale »Schuluniformen«, »Speisesaal« und »Wohnbuden«, »Direktorium« etc., die der Authentisierung dienen, eine gänzlich »künstliche Scheinwelt« (Buchner 2009f). Über allen Bildern liegt ein Schleier weißlichen Schmelzes, der gerade die maskenhaften Gesichter der Täter umso charakterloser und bösartiger erscheinen lässt.

Die Substanz des gleichsam spannend erzählten wie ästhetisiert inszenierten Films ist in Sachen Politainment vergleichsweise dürftig. Drogenhandel, ihr Ge- und Missbrauch durch Heranwachsende (25:32, 25:42, 25:45) und Voyeurismus per Fotohandy (25:18, 25:38) sind zunächst keine ausschließlich in sogenannten »Eliteschulen« zu lokalisierende Phänomene.

Während der Fahrt der Ermittler zum »Tatort« erfolgt eine erste Annäherung an das Thema, sofern dies als solches zu bezeichnen ist, durch Protagonistin Blum. Im Gestus des Neides der Besitzlosen, wie er in Polizeikrimis häufig üblich ist, äußert sie: »Als ich noch im Streifendienst war, da hatte ich öfter mal

6.1 Böser Mediengebrauch, Wohlstandsverwahrlosung und Drogen

mit diesen Kaschmir-Bubis und -Barbies zu tun. Die machen am Wochenende mit ihren Cabrios die Gegend unsicher. Na ja, und ansonsten halt die üblichen Drogengeschichten« (25:10). Die in Polizeikrimis genreübliche Herkunft der Ermittler aus dem mittleren bis unteren Bürgertum lässt sie, quasi stellvertretend für das Gros der weniger gut Situierten vor den Fernsehschirmen, in die Welt der Reichen und Mächtigen eindringen. Die Kommissare dürfen, »ohne devote Gesten zu vollführen in die Villen der Reichen eindringen, ohne sich die Schuhe abzuputzen« (Koebner 1990, S. 18). Die Sanktionierung jenes Schülers durch Blum, der mit seinem Handy Fotos des Toten gemacht hat, ist jedoch auch in anderen, weniger eindeutig verorteten Milieus vorstellbar:[62]

> »Warum haben Sie die gemacht? Weil's so schön gruselig ist. Weil man die Unterstufenschüler mit dem Bild eines echten Toten erschrecken kann. Oder wollten Sie die Fotos an die Presse verkaufen? Zu Lebzeiten hätte der Junge mehr davon gehabt, wenn sich jemand für ihn interessiert hätte« (25:18).

Die Rekonstruktion des Lebens des ermordeten Jungen und die Konfrontation mit seinen geschiedenen Eltern bieten weniger handfestes, interdiskursiv dargereichtes Wissen zum Phänomen der Wohlstandsverwahrlosung, dafür aber nachvollziehbare Gefühlslagen der Einsamkeit und Vernachlässigung von Kindern, denen es in materieller Hinsicht an nichts mangelt (25:10). »Ein ganz schön armes reiches Kind« (25:19) nennt Blum das noch am ehesten als Problemprotagonisten zu bezeichnende Opfer entsprechend. Kollege Perlmanns Kommentar zur Berufs- und Statusposition der Vaterfigur des Opfers, der mit einer Limousine anreist, verleiht dem Film dann doch noch eine brisante Note: »Gernot Fürst [...], der Swiss-Bank-Gary. Chef der Swiss-Bank, Manager of the Year, Leadership Award 2007« (25:25). Er kann in diesem Zusammenhang als zaghafter Kommentar auf das globale Phänomen der seit 2007 herrschenden Finanzkrise gelesen werden.[63] In dieser populären Lesart erscheinen einige der moralisch verkommen, Drogen konsumierenden Internatsschüler als Spiegelbilder und Opfer einer sich nicht um sie kümmernden Elternschaft, deren Agieren auf einem entfesselt wertfreien Markt hemmungslose und amoralische Sprösslinge gebiert. Als inkonsequent ist vor diesem Hintergrund die konstruierte Herkunft der mordenden und zum Morden anstiftenden Protagonistin sowie Ideengeberin für das »Scheiß-Aktiengeschäft« (25:55), die unadelige Viktoria (paradoxerweise verkörpert von der adeligen Nora *von* Waldstätten), zu bezeichnen, was

---

62 Vgl. »... es wird Trauer sein und Schmerz« (NDR 2009, Kapitel 6.1.1). Darin wird (digitaler) Voyeurismus zum zentralen Thema gemacht.
63 Vgl. »Gesang der toten Dinge« (BR 2009, Kapitel 6.4.4) und »Kinderwunsch« (ORF 2009, Kapitel 6.2.3), in denen das Thema ebenfalls kurz erwähnt wird.

»Tatort«-Kritikerin Katharina Gamer zu Recht hinterfragt, denn: Die Figur der Viktoria Scheffler ist eine ehrgeizige Aufsteigerin, eine Stipendiatin. In der globalen Moral des Krimis sind insofern

> »[...] keinesfalls die tugendhaften ›Eliten‹ vom Verfall der Werte betroffen, sondern es sind die ›Emporkömmlinge‹, die – von Neid und Ehrgeiz getrieben – längst über Leichen gehen. Sozialer Aufstieg schafft Verbrechen – ist das die Aussage, welche die Drehbuchautorin mit dieser ›Tatort‹-Folge treffen wollte?« (Gamer 2009c).

Die Frage erhält nicht zuletzt deshalb ihre Berechtigung, da auch die Figur des Drogendealers und Handyvoyeurs der Sohn einer »allein erziehende[n] Krankenschwester« und »aufgrund seiner hervorragenden Leistungen vom Schulgeld befreit« (25:32) ist. In Sachen Drogen enthält »Herz aus Eis« hingegen Substanzielles. In der genreobligatorischen Pathologie erfahren die Ermittler, dass der Junge »1,5 Promille im Blut und 10 Milligramm Flunitrazepam, ein starkes Schlafmittel« (25:24) intus hatte. Ermittler Perlmann ergänzt wissend:

> »Ja, ich weiß, Flunis. So nennt man die Dinger in der Szene. Eine Date-Rape-Droge. Die Flunis werden einem Opfer unbemerkt in den Drink geschüttet, bevor man es vergewaltigt. Danach kann sich das Opfer an nichts mehr erinnern. Mittlerweile werden Farb- und Bitterstoffe beigesetzt, um den Missbrauch zu verhindern, aber illegal gibt es immer noch die geschmacksneutrale Variante« (25:24).

Der Pathologe und damit ausgewiesene Experte gibt daraufhin zu, dass er es auch nicht besser hätte sagen können. Perlmanns im idealtypischen Sinne interdiskursives Referat findet vor dem Hintergrund der zu Beginn des Krimis aufgeworfenen, in Polizeikrimis fakultativen Frage nach seiner Beförderung statt. Sein Wunsch, seine Vorgesetzte mit Kompetenz zu überzeugen, lässt ihn sein fundiertes Wissen über die sogenannten »Flunis« (25:45) vor ihr und dem Krimipublikum ausbreiten. Die derart »unterhaltsame Aufklärung« (Weber 1992) richtet sich insbesondere an Eltern, die um ihre jugendlichen Kinder besorgt sind. Die Bewertung ihres Kollegen Perlmann bleibt auch am Ende des Krimis, im Modus reiner Detektion, von Bedeutung, als Kommissarin Blum die gerissene Mörderin Viktoria mit einem genretypischen »Bauerntrick« täuscht. Sie legt der Täterin einen CD-Rohling vor, auf dem lediglich die abschließende und durchweg positive Bewertung Perlmanns gespeichert ist, und behauptet einen Videobeweis für den zweiten Mordversuch des Duos an der Mitwisserin Olga in den Händen zu halten.

6.1 Böser Mediengebrauch, Wohlstandsverwahrlosung und Drogen

6.1.3 »Im Sog des Bösen«: Drogenopfer

Auch im zweiten Bodensee-»Tatort« des Jahres 2009 gibt es im Modus der Interdiskursivität unterhaltsam aufbereitete Informationen zu Drogen. »Im Sog des Bösen« (SWR 2009) befinden sich eine alsbald tote Konsumentin von Partydrogen und ein »Junkie mit Tendenz zu Gewaltausbrüchen, [der] in dubiose Medikamentengeschäfte mit zwei halbseidenen Freunden aus gemeinsamen Pharmaziestudientagen verwickelt ist« (Thiel 2009c). Ermittlerin Blums moralische Evaluation des Lebensentwurfs des Gescheiterten und zweiten Mordopfers fällt eindeutig negativ aus: »Sie waren einer der besten Studenten Ihres Jahrgangs, und jetzt hocken Sie hier in dieser Bude« (6:11, vgl. 6:5, 6:6). Faktisches zu illegalen Drogen gibt es während zweier Leichenbeschauungen in der Pathologie zu erfahren. Die toxikologische Untersuchung der toten Frau ergibt, dass sie neben Alkohol auch Ketamin intus hatte. »Ketamin?«, fragt Blum nach und wird vom Pathologen, dem kundigen Experten, aufgeklärt: »Wird häufig in der Tiermedizin verwendet als Narkosemittel. Ist aber auch 'ne Art Partydroge« (6:8). Bei der Beschau des zweiten Opfers, des Junkies, erfolgt die interdiskursive Informationsvergabe fast identisch. Der Pathologe erwähnt in seinem Befund »Crystal Meth« (6:15) und Blum fragt nach: »Crystal Meth?« Ein sich später als Mörder herausstellender, eifriger Polizeischüler klärt sie auf: »Ein Amphetamin, nur reiner und umso gefährlicher« (6:15). Über die Herstellungsweise dieser gefährlichen Droge geht es im weiteren Verlauf des Dialogs. Wiederum ist es die Figur der unwissenden Ermittlerin, die die filmische Vergabe von Wissen durch einen Experten, den Pathologen, einleitet. Letzterer referiert dann Kernbestandteile der Rezeptur: »Kann man das Zeug auch selber machen? – Ja ja. Jeder Apotheker kann das. […] Du brauchst nur Ephedrin, Jod und roten Phosphor. Oder Phenylaceton. Dat kriegste in jeder Apotheke« (6:15). Die globale, negative Moral in puncto illegaler Drogen ist in den beiden Blum-»Tatort«-Krimis eindeutig.[64]

---

64 Im Zusammenhang mit Crystal Meth sei auf die US-Qualitätsserie »Breaking Bad« (AMC, seit 2007) verwiesen, in der der todkranke Protagonist Walter White, ein Chemielehrer, die Droge aus dem Zwang heraus herstellt, das Geld für seine Krebsbehandlung aufbringen zu müssen und seine Familie finanziell abzusichern. Die Motive sind hier vielschichtiger und weniger eindimensional als in diesem der Aufklärung über den »Sog des Bösen« verpflichteten »Tatort« (vgl. Blanchet 2011).

6. Thematisch gruppierte Sendungsanalysen

6.2 Sexuelle Identität und Reproduktionsmedizin

Die zweite Sammelgruppe umfasst zwei »Tatort«-Krimis aus dem Jahr 2009, in denen sexuelle Identitäten thematisiert werden, sowie einen, in dem es um Reproduktionsmedizin und ihre missbräuchliche Verwendung geht.

6.2.1 »Tödlicher Einsatz«: Homosexualität in Männergesellschaften

Die Ludwigshafener Folge »Tödlicher Einsatz« (SWR 2009) enthält miteinander verbundene, brisante thematische Aspekte, die jedoch in höchst verschiedener Qualität und Gewichtung Teil dieses spannend erzählten Krimis sind: die zerstörerische Wirkung harter Drogen und die Rolle eines Homosexuellen in der Männergesellschaft eines Spezialeinsatzkommandos (SEK) der Polizei.

Den konsenspolitischen Kern der Folge bildet die traurige Geschichte eines schwer drogenabhängigen jungen Mannes (vgl. Kapitel 6.1.3). Seine verzweifelte Gier nach Stoff – um welchen es sich handelt, wird nicht erwähnt – ist das die Detektion auslösende Moment in diesem Krimi. Er überfällt eine Tankstelle und erbeutet dabei Geld. Als er dies in einer leer stehenden Lagerhalle in Drogen umsetzen will, wartet bereits ein Spezialeinsatzkommando der Polizei auf ihn und seinen Dealer. Ein Polizist wird bei dem im Folgenden misslingenden Einsatz erschossen, und der Junkie kann aufgrund einer alten freundschaftlichen Verbindung zu einem der Beamten fliehen. Schließlich stellt sich der Leiter des SEK als Straftaten vertuschender und Selbstjustiz verübender Verbrecher heraus und wird von den Ermittlern verhaftet (vgl. »Häuserkampf«, NDR 2009).

Der sich vor der Polizei verstetckende Junkie nimmt aufgrund seiner Notsituation erstmals nach zwei Jahren wieder Kontakt zu seinem Vater, einem Anwalt, auf und will mit dessen Hilfe den Entzug schaffen: Aggressiv, stets schwitzend, fahrig und von unstillbarer Gier getrieben, läuft der Mann umher (10:1), lässt sich in einem stillgelegten Schlachthof in einem großen gekachelten Raum von seinem Vater einsperren und versorgen (10:4):

> »Plakativ inszeniert Regisseur Bodo Fürneisen die Entgiftung des flüchtenden Junkies Florian (wechselt großartig vom diabolischen Süchtigen zum zitternden Elendshäuflein: Mirco Kreibich). Wie ein Opfertier auf der Schlachtbank vegetiert er in einem ehemaligen Schlachthof mit Neonlicht und weißen Fliesen, ein Ort, in dem einen auch ohne kalten Entzug das Grauen beschleicht« (Buchner 2009g).

Die Darstellung des Höllenqualen Erleidenden gemahnt an einschlägige Schilderungen von Betroffenen, die sich in einer vergleichbaren Situation befanden.

6.2 Sexuelle Identität und Reproduktionsmedizin

Darüber hinaus gehören derartige Inszenierungen, die die Folgen des Konsums harter Drogen aufzeigen, zum festen Repertoire populärer Narrative.[65] Der Junkie humpelt, ringt nach Luft und zerschlägt eine flackernde Neonröhre (10:7). Sein mit Trenchcoat und Krawatte bekleideter Vater findet ihn schließlich zu seinem Entsetzen in einem erbärmlichen Zustand: Der Sohn schüttelt sich vor Krämpfen, übergibt sich nach einem Zug an einer Zigarette in einen Eimer (10:9) und bedroht seinen Vater schließlich mit jener Waffe, mit der er sich kurz zuvor noch umbringen wollte, um den Entzug zu beenden und dem Verlies zu entkommen (10:13, 10:14).

Politainment ist der audiovisuelle Text insofern, als er die negativen Folgen des Konsums harter Drogen beispielhaft und drastisch vorführt und damit mahnend zur weiteren Konsolidierung eines bereits bestehenden, integrativen Konsensbereichs deutscher Kultur beiträgt (vgl. Dörner 2001, S. 33): Harte Drogen sind abzulehnen, doch ihren Opfern (in diesem Fall bürgerlicher Herkunft) muss geholfen werden. Gründe oder Ursachen für die Sucht werden in diesem Krimi hingegen nicht thematisiert (vgl. Kapitel 6.1.3).

Den breitesten narrativen Raum in »Tödlicher Einsatz« nimmt die Männergesellschaft des SEK ein. Ermittlerin Odenthal und ihrem Kollegen Kopper obliegt es, in dieser gleichsam verschwiegenen wie aufeinander eingeschworenen Gemeinschaft zu ermitteln. Dabei stellt sich heraus, dass es unter ihnen einen versteckt lebenden Homosexuellen gibt. Die Thematisierung beginnt bei der genretypischen Ermittlung in einem Szenelokal für Homosexuelle. Es handelt sich zunächst um einen in der Diegesis als »schlechte Adresse« (Bollhöfer 2007, S. 134) fragwürdig markierten, »schmutzigen« Ort: Schmierereien befinden sich an der schäbigen Hauswand, und die Tür quietscht, während Ermittler Kopper sich an zwei Männern in Muskelshirts vorbei ins Innere des Hauses begibt (10:8). Die Gestaltung der Szenerie entspricht dem einschlägigen visuellen Stereotyp des schwulen Szenetreffs. Vorbei an einem lebensgroßen Poster mit einem posierenden Mann, einem dicken Alten im Hawaiihemd und zahlreichen Muskelshirtträgern im Hintergrund gelangt Kommissar Kopper zur Tresenkraft: ein mit weißem Hundehalsband, löchrigem Shirt und Lederweste bekleideter Mann mittleren Alters. Von ihm erfährt Kopper, dass eines der Mitglieder der SEK-Einheit homosexuell ist. Die Inszenierung des namenlosen Szenelokals entspricht in weiten Teilen jener des Schwulentreffs »Hinterzarten« in dem Bisexualitätsdrama »Tote Männer« (RB 2009, vgl. Kapitel 6.2.2): »ein Name, der sicher nicht an der primären Interessenlage des dort verkehrenden Publikums zweifeln lässt: Wer sich hier trifft, will Sex« (Gräf/Krah 2010, S. 82 f.). Der all-

---

65 Vgl. »Christiane F. – Wir Kinder vom Bahnhof Zoo« (1981, Regie: Uli Edel) oder aber Reginald »Bubbles« Cousins und seine Junkiefreunde in »The Wire« (HBO 2002–2008).

6. Thematisch gruppierte Sendungsanalysen

gemeine Befund von Dennis Gräf und Hans Krah zu Homosexuellen im »Tatort«, die, »zumindest in den 80er und 90er Jahren in ›ihren‹ Räumen situiert – und damit von der ›Normalgesellschaft‹ abgegrenzt« (ebd., S. 77) gezeigt werden, findet sich sowohl in »Tödlicher Einsatz« als auch in »Tote Männer« bestätigt.[66] Allerdings kann ein Krimi als »dicht gepackter« Genretext, in dem die Thematisierung von Homosexualität als Problem nur einen kleinen Teil der Narration ausmacht, nur mittels derartiger Verkürzungen – seien sie auch noch so unbefriedigend und einseitig – funktionieren (vgl. Schweinitz 2006, S. 49). Die Inszenierung des Lokals dient in »Tödlicher Einsatz« mithin der plakativen Einführung in den brisanten Themenbereich. Die explizite, verbale Thematisierung der Frage nach Homosexuellen in Männergesellschaften erfolgt dann in der übernächsten Sequenz (10:10) im Polizeipräsidium als der Zentrale der Detektion und Reflexion. Die Ermittler Kopper und Odenthal äußern dazu Folgendes:

»K: Wo gibt es *keine* schwulen Männer? Außer in unserer Abteilung natürlich.

O: In der Bundesliga. Oder hast du schon einmal etwas von einem schwulen Profifußballer gehört? Ist das jetzt ein Thema für dich?

K: Schon. Und für dich auch. [...] Polizeihauptmeister Christian Howald hatte eine homosexuelle Beziehung mit ihm« (10:10).

In dem Dialog geht es um die begründete Annahme, dass es in allen Teilen der Gesellschaft Homosexuelle gibt, es aber nach wie vor Bereiche gibt, in denen sich viele von ihnen nicht trauen, sich zu ihrer sexuellen Identität zu bekennen. Der diesem gesellschaftspolitisch relevanten Thema entsprechenden Frage nach Homosexuellen in der Bundesliga widmete der NDR später ein der »Toleranznorm« (Dörner 2001, S. 191) verschriebenes Krimi-Sportdrama unter dem Titel »Mord in der ersten Liga« (NDR 2011). Es handelt sich dabei um eine Form von »Agenda-Pushing« (vgl. Gansel/Gast 2007) in Form eines erneuten Zur-Sprache-Bringens des Themas.

In der Folge »Tödlicher Einsatz« ist die Thematisierung jedoch weitaus weniger zentral für die Kriminarration und hat allenfalls den Rang eines Subthemas. Angesichts dessen lautet der vernichtende Befund des Fernsehkritikers Christian Buß: »Das Thema Homosexualität ist hier nicht mehr als ein erzählerischer Kniff, um eine weitere Verdächtigen-Fährte zu legen – wie mies« (Buß 2009e). Dem Befund von Buß ist zu widersprechen, da es im weiteren Verlauf der

---

66 Vgl. »Liebeswirren« (BR 2008), den 50. Fall des »Tatort«-Duos Batic und Leitmayr in München. Die beiden ermitteln darin im Schwulmilieu und tanzen sogar gemeinsam in einem entsprechenden Szenelokal. In der Episode, die homo- wie auch heterosexuelle männliche Identität thematisiert, äußert eine schwule Nebenfigur den Kommissaren gegenüber, aufgrund seiner sexuellen Identität aus dem Polizeidienst gemobbt worden zu sein.

Handlung sehr wohl zu einer, wenn auch kurzen, vertiefenden Beschäftigung mit der Problematik kommt. Der SEK-Mann äußert als betroffene Figur und insofern Problemprotagonist in einer Verhörsequenz nach anfänglicher Gegenwehr mit brüchiger Stimme und Tränen in den Augen:

> »Ich liebe Sandro. Aber ich kann nicht mit ihm leben. Er ist bedingungslos, ohne Wenn und Aber, er will, er wollte unsere Beziehung öffentlich leben. Das hat mir Angst gemacht. Er ließ nicht los. Er hat, er hat mich einfach nicht losgelassen. [...] SEK, das ist eine Männergemeinschaft ganz besonderer Art. Da gibt's jede Menge Vorurteile, auch bei den Chefs. Labile Persönlichkeit, Weichei, ich wär dann einfach mal raus gewesen. Ich wollt da schon immer hin« (10:11).

Es ist die Unvereinbarkeit von Homosexualität und beruflicher Selbstverwirklichung in einem homophoben beruflichen Umfeld, die die Bitternis dieser Sequenz ausmacht und zur Empathie mit dem unglücklich Liebenden einlädt (vgl. Mikos 2008, S. 176 ff., Wulff 2002a). Eine starke Versinnbildlichung der heimlichen Existenz des schwulen SEK-Mannes erfolgt in einer letzten Sequenz, in der er – aus der Untersuchungshaft entlassen – zu seinen von seiner wahren sexuellen Identität nichts ahnenden Kollegen zurückkehrt. Er trifft sie halbnackt und nackt in den Duschräumen ihrer Dienststelle an und wird von ihnen zur Begrüßung umarmt – ein indirekter Verweis auf die Unmöglichkeit eines ähnlichen Szenarios, wenn sie um seine sexuelle Identität wüssten (12:13).

6.2.2 »Tote Männer«: Bisexualität und Identität

»Tote Männer« (RB 2009) sind in dem gleichnamigen Bremer *whodunit* die ermordeten Bekanntschaften eines heimlich bisexuellen Handwerkers. Seine Frau ersticht die Strichjungen in dem Irrglauben, das im Werden begriffene Familienglück auf diese Weise retten zu können. Die mit Fritzi Haberlandt prominente Besetzung der zum Zeitpunkt der Ermittlungen hochschwangeren Ehefrau legt ihre Täterschaft für geübte Krimiseher nahe. Insofern sorgt ihre Überführung am Ende der Episode für wenig Überraschung.[67] Was in »Tödlicher Einsatz« (SWR 2009) eine untergeordnete Rolle spielt, steht in »Tote Männer« im Zentrum der Narration: Die mit verleugneter sexueller Identität einhergehenden inneren Kämpfe und Zerrissenheiten eines sowohl seine Ehefrau als auch gelegentlich fremde Männer Begehrenden. »Selten wurde das Thema Bisexualität zur besten Sendezeit so drastisch dargestellt« urteilt ein Kritiker

---

67 Vgl. »Hauch des Todes« (SWR 2010), in dem der bekannte Schauspieler Lars Eidinger sich als verrückter Mörder entpuppt.

6. Thematisch gruppierte Sendungsanalysen

(H. Werner 2009). Dabei liegt die Drastik nicht in der expliziten Darstellung von Begehren oder sexuellen Handlungen, sondern in der genauen Psychologisierung des Problemprotagonisten bzw. Betroffenen. Nichtsdestotrotz enthält die Narration zumindest einen indirekten Verweis auf homosexuelle Handlungen. Die genreobligatorische Obduktion zeigt, dass das Opfer vor seinem Tod Geschlechtsverkehr hatte. Hinweise auf den Täter ergeben sich dadurch nicht. Die Ermittler Stedefreund und Lürsen sprechen Folgendes miteinander: »Spermaspuren? – Safer Sex, leider in dem Fall. Analfissuren« (5:9). Der über das für die Detektion Notwendige hinausweisende Dialog ist als Teil des normalen »Tagesgeschäfts« der beiden Ermittler im Treppenhaus des Bremer Polizeipräsidiums inszeniert. Kommissarin Lürsen spricht die sexuellen Details und den in ihrer Eigenschaft als Norminstanz wünschenswerterweise geschützten Geschlechtsverkehr sachlich und nüchtern aus, bevor beide Ermittler sich ganz beiläufig weiteren Beweisstücken zuwenden, zwei Fahrkarten für den öffentlichen Nahverkehr. Die Details der sexuellen Handlungen interessieren sie nicht weiter. Homosexuelle Praktiken werden von ihnen weder für besonders erachtet noch moralisch negativ evaluiert, sondern als legitimer Teil menschlicher Sexualität anerkannt und toleriert (vgl. Dörner 2001, S. 191).

Dem in populären Narrativen üblichen Prinzip der Verwendung binärer Oppositionen (vgl. Hepp 2004, S. 33) geschuldet, enthält der Krimiplot auch Elemente, in denen heterosexuelles Begehren im Vordergrund steht. In einem Nebenstrang der Erzählung geht es um eine Affäre zwischen dem ermittelnden Kommissar Stedefreund und der Tochter seiner Partnerin Lürsen. Die beiden verheimlichen der Mutter bzw. Kollegin Lürsen gegenüber, dass sich nach einem One-Night-Stand im Anschluss an eine Polizeiparty eine Beziehung ergab, die sich bei einem Candle-Light-Dinner knisternd weiterentwickelte (5:0, 5:11). Die sexuelle Orientierung des Ermittlers wird mit seinen begehrlichen Blicken in tiefe Dekolletés in Naheinstellungen inszeniert und setzt einen Kontrapunkt zur Thematik der Bisexualität (vgl. Mikos 2008, S. 197). Lügen und Geheimnisse prägen in diesem Krimi auch die heterosexuelle Sphäre, was die bisexuelle implizit als weniger abseitig erscheinen lässt, als ihre Problematisierung vermuten lässt (vgl. Buß 2009f).

Ihre anfänglichen Ermittlungen führen die Kommissare in »Tote Männer« in eine »Schwulenkneipe« namens »Hinterzarten« (5:1), ein abgeschlossener Raum mit homoerotisch aufgeladener Atmosphäre, in dem Ermittler Stedefreund eindeutige Avancen gemacht werden – »Was machste denn nachher?« (5:6) – und in der er mit eindeutigen Blicken bedacht wird (vgl. Gräf/Krah 2010, S. 82 f., Kapitel 6.2.1). Auch in diesem genretypischen »Szenetreff« ist der Barkeeper in seiner Funktionsrolle stereotyp gezeichnet: ein Mann mit weit aufgeknöpftem rosa Hemd (5:4). Wenngleich es in »Tote Männer« um die Erfüllung des öffentlich-rechtlichen Auftrages zur Befestigung der Toleranz gegenüber Minderheiten geht, so bedient sich der Genretext des Mittels (notwendiger) funktionaler Stereotypisierung (vgl. Schweinitz 2006).

Der zentrale Thementräger in diesem »Tatort« ist der an seinen »Selbstverleugnungen und Selbstkasteiungen« (Buß 2009f) sowie Rechtfertigungsnöten leidende Leon Hartwig (Felix Eitner), ein auf einer Großbaustelle – eine als maskulin konnotierte Arbeitssphäre – tätiger Fachmann für Elektrotechnik (5:13). Der als fürsorglich und liebevoll gezeichnete Ehemann muss sich gegenüber seiner Frau, der Mörderin seiner Liebhaber, rechtfertigen, wird von ihr abwechselnd umworben und verachtet, woran er beinahe zerbricht. In kammerspielartigen Sequenzen, die im Haus des werdenden Elternpaares situiert sind, offenbart sich die Verzweiflung und Verunsicherung des Mannes, der nicht weiß, wie er mit seiner sexuellen Identität umgehen soll. Unter Tränen sagt er beispielsweise flehend zu seiner Frau durch die geschlossene Tür: »Ach Scheiße, ich weiß es doch auch nicht, warum ich immer wieder mit denen, mit diesen, mit diesen Typen. Ich muss es irgendwie ... Jutta. Ich liebe dich. Ich liebe dich. Jutta!« (5:21). Aufschlussreich ist des Weiteren eine im Präsidium spielende Verhörsequenz, in der der zentrale Thementräger sich temporär auch in der Funktionsrolle des Tatverdächtigen befindet. In dem genretypischen Fragespiel zu Aufenthalts- und Tatorten versucht Ermittlerin Lürsen ihn zum Reden zu bewegen, nachdem die bewährte Methode »Guter Cop, böser Cop« gescheitert ist. Ihre Feststellung, »[e]s ist ja nicht strafbar, bisexuell zu sein« (5:14), betrifft die Justiziabilität seiner sexuellen Identität und ist damit ein Stück Interdiskursivität in Reinform. Hartwig fängt daraufhin zögernd und stockend an zu reden: »Okay, Sie haben Recht. Ich hab den ... Ich hab Malik getroffen, ja, ähm, keine Ahnung. Wissen Sie, ich ... Also, eigentlich mag ich Frauen, ja? Aber manchmal, manchmal da ...« (5:14). Das zögernde Eingeständnis des Protagonisten ist unter der Hervorhebung seiner Zerrissenheit, Unsicherheit und auch Sprachlosigkeit mittels vieler Großaufnahmen seines Gesichts und seinen sich auf der Tischplatte bewegenden und einander festhaltenden Händen inszeniert. Die Fokussierung seiner Mimik und Gestik »macht mentale Prozesse der Filmfigur sichtbar, und im Einzelfall kann sogar auf unbewusste Erlebnisinhalte verwiesen werden« (Borstnar et al. 2008, S. 102). Es handelt sich mithin um eine Form der emotionalen Dimension politischer Unterhaltung, die auch in den letzten Einstellungen dieses Krimis von zentraler Bedeutung ist (vgl. Dörner 2001, S. 240). Nach dem Geständnis und der Überwältigung der Mörderin bleibt der in der Nahen, vom »Kopf bis zum Oberkörper« (Borstnar et al. 2008, S. 106) gezeigte Hartwig vollkommen verloren und einsam zurück, während die Inserts mit den Namen der an der Produktion Beteiligten bereits zu sehen sind (5:23, 5:24, 5:25). Der Fall ist zwar gelöst, aber das Problem des thementragenden exemplarischen Protagonisten bleibt bestehen.

6. Thematisch gruppierte Sendungsanalysen

6.2.3 »Kinderwunsch«: Reproduktionsmedizin

Das zentrale brisante Thema im österreichischen »Tatort« »Kinderwunsch« (ORF 2009) ist die künstliche Befruchtung von Frauen kinderloser Paare. Das in diesem Krimi verbrecherische Geschäft mit dem Wunsch nach einem eigenen Kind führt zunächst zur Ermordung einer Journalistin, die investigativ gearbeitet hat, und später zu einem weiteren Mord an einem Biologen.

Neben diesem Kernthema enthält die Sendung zwei thematische Aspekte, die jedoch nicht weiter ausgeführt werden: Am genreobligatorischen Fundort der Leiche erkennt Gruppeninspektorin Brandstätter, die temporäre Partnerin von Ermittler Eisner, die tote Journalistin wieder: »Im vorigen Jahr hat sie den großen Fleischskandal aufgedeckt, [...] die Verantwortlichen dafür sitzen alle im Gefängnis und warten auf ihren Prozess« (9:1). Was im Berliner »Tatort« »Schweinegeld« (RBB 2009) das Kernthema ist, findet als kleiner interdiskursiver Verweis ohne weitere inhaltliche Konkretisierung in »Kinderwunsch« Erwähnung. Ebenso verhält es sich mit einem kurzen Verweis auf die sogenannte »internationale Finanzkrise«. Beim Betreten der ihm zugewiesenen, opulent-antiken Linzer Dienstwohnung zeigt sich Ermittler Eisner erstaunt: »Wie kommt denn die Linzer Polizei zu so einer Wohnung?« Brandstätter: »Die haben wir von dem strebsamen Söhnchen eines Bankiers, der so ziemlich mit allem gehandelt hat, was verboten ist. Drogen, Waffen und die ungedeckten Zertifikate seines Vaters« (9:5). Der auf das zentrale Wirtschaftsthema nicht nur des Jahres 2009 bezogene bissige Kommentar bleibt – wie auch in zwei weiteren Folgen des Untersuchungszeitraums – weitestgehend inhaltsleer und wird nicht weiter ausgeführt.[68] In »Kinderwunsch« ist er lediglich für die Begründung der temporären räumlichen Verortung des in unterschiedlichen Regionen Österreichs tätigen Sonderermittlers Eisner funktional. Die mit Stadtrundfahrten und Ermittlungen in und rund um bekannte Sehenswürdigkeiten inszenierte und damit stark lokal kolorierte Geschichte wurde insbesondere deshalb in der Stadt Linz angesiedelt, weil sie die europäische Kulturhauptstadt des Jahres 2009 war.

Das den Inhalt des Krimis bestimmende Thema der künstlichen Befruchtung wurde nicht zum ersten Mal im »Tatort« verarbeitet. In der Kieler Folge »Sternenkinder« (NDR 2006) war es bereits als »blutiger Pränatal-Schocker aufbereitet« (Buß 2009g) worden. In der an physischer Gewalt reichen Folge »Kinderwunsch« stehen neben den mit einer künstlichen Befruchtung allgemein einhergehenden »psychologischen und gesellschaftspolitischen Implikationen« (ebd.)

---

68 Vgl. »Herz aus Eis« (SWR 2009) und »Gesang der toten Dinge« (BR 2009), in denen die Finanzkrise ebenfalls nur kurz genannt wird und lediglich für die Realitätsbezogenheit der Reihe funktional ist (vgl. Kapitel 6.1.2 und 6.4.4).

6.2 Sexuelle Identität und Reproduktionsmedizin

juristische Rahmenbedingungen bzw. Limitierungen und Verfahrensweisen in besagtem medizinischen Spezialdiskurs im Vordergrund, ebenso damit zusammenhängende ethische Fragen. Im Modus der Interdiskursivität werden sie für ein interessiertes Krimipublikum unterhaltsam und informativ aufbereitet. Dabei erfolgt die Einführung in das Thema durch die Figur der lesbischen Freundin der Toten, die über die letzten Recherchen ihrer Partnerin mutmaßt, es sei »um künstliche Befruchtung und damit verbundenes Schindluder [gegangen], der mit dem Kinderwunsch von zahlungskräftigen Frauen und Ehepaaren getrieben wird« (9:9), womit das Thema anschaulich zusammengefasst ist (vgl. Kapitel 5.3.10).

Die Schwangerschaft der lesbischen Ermordeten wird im Sinne der »Anerkennungsnorm« (Dörner 2001, S. 191) von den Ermittlern beiläufig zur Kenntnis genommen und nicht weiter erwähnt. Ihre Ermittlungen führen sie zu jenem Sport- und Fitnesscenter, in dem das auf natürliche Weise schwanger gewordene Opfer ihre »Rückbildungsgymnastik« (9:11) absolvierte. Deren Sinn und Zweck wird von den Ermittlern zunächst scherzhaft kontrovers diskutiert und dann szenisch gezeigt. Sie ist Teil des Themenkomplexes und insofern von interdiskursiver Relevanz, als am Beispiel einer Übung zu sehen ist, worum es sich dabei handelt (9:12, vgl. 9:20). Über das Fitnesscenter, dessen Betreiber aufgrund einer genretypischen Erpressung in den Mordfall verwickelt sind, gelangen die Ermittler an die fiktive Firma Invitral, die das gleichsam interdiskursive wie verbrecherische Zentrum der Folge »Kinderwunsch« bildet. Die Inszenierung der Firma für Reproduktionstechnik folgt einer im »Tatort« bewährten Machart: Über ein wiederkehrendes Corporate Design in gedruckter Form – hier ein individuell gestalteter Schriftzug, das Bild eines lachenden, schwimmenden Babys vor blauem Hintergrund mit dem Slogan »Du bist unsere Zukunft« (9:14) – wird die fiktionale interdiskursive Sphäre im Zuge visueller Authentisierung markiert (vgl. Hattendorf 1994, S. 311).[69] Name, Slogan und Bild sind wiederkehrend auf Werbebroschüren (»Erfolg durch Kompetenz. Dr. med. Helmuth Beck. Dr. med. Markus Ziegler«, 9:14, 9:18, 9:22), Visitenkarten (9:15), Plakaten (9:15) und Türbeschriftungen (9:18) zu sehen. Mittels des detektionstypischen Verfahrens der Vortäuschung von Interesse an der Dienstleistung des Unternehmens gelangen die Ermittler bei Invitral an Informationen und machen sich und den Krimisehern im wahrsten Sinne des Wortes ein Bild von der »Kinderwunschindustrie« (Buß 2009g). Der Assistent des ermittelnden Duos teilt seinen Kollegen seine ersten Erkenntnisse beim entspannten Grillvergnügen mit. Als Agent von Interdiskursivität wird er zum Referenten von vereinfachend auf-

---

69 Vgl. »Oben und Unten« (RBB 2009). Darin dient eine aufwändig gemachte Imagebroschüre der professionellen und sozialen Verortung einer Architektin (Kapitel 6.4.8).

bereitetem Wissen vor allem statistischer Art, das im Krimi insofern detektionsrelevant ist, als es das Verständnis des Motivs für das Verbrechen im übergeordneten Sinne verständlich macht (vgl. Link 2005, S. 88):

> »In Europa kann jedes zehnte Paar keine Kinder mehr kriegen. Allein im deutschsprachigen Raum sind es derzeit ungefähr 1,5 Millionen Paare, Tendenz noch steigend. Das heißt, man muss sich das ganze Gebiet der künstlichen Befruchtung als eine Art riesigen Wachstumsmarkt vorstellen. Den Leuten wird vorgegaukelt, dass es keine hoffnungslosen Fälle mehr gibt, und die Mediziner, die Ärzte profitieren natürlich von diesem Irrglauben. Ich hab mal ein paar Zahlen rausgesucht. In Deutschland beträgt die Erfolgsquote so 15 bis 25 Prozent. In Österreich wegen der besseren Gesetzeslage ungefähr bis zu 35 Prozent. Aber jetzt kommt's: Bei Invitral, da beträgt die Erfolgsquote zwischen 45 und 50 Prozent. [...] Und so ein Erfolg spricht sich schnell rum. Dementsprechend groß ist bei Invitral auch der Andrang. Und weil die Klinik ein privates Unternehmen ist, machen die natürlich einen Megagewinn« (9:18).

Indes, der große Gewinn des Unternehmens ist der Tatsache geschuldet, dass die Ärzte die Eizellen der Frauen sehr häufig nicht mit dem Samen ihrer Männer befruchten, sondern ihnen sogenannte »Kuckuckskinder« (9:21) unterschieben – »nur damit die Erfolgsquote stimmt und unsere Geldgeber und unsere Klientinnen zufrieden sind« (9:28), wie die beiden zum Ausweis ihrer (kriminellen) Expertenschaft promovierten Mediziner bei ihrer Verhaftung am Ende zugeben. Als zeugungs- bzw. empfängnisunfähiges Paar getarnt, gelangen Eisner und seine Kollegin später auch direkt in die reproduktionsmedizinischen Labore, was eine dem Vorangegangenen entsprechende Visualisierung und damit vertiefende Beschäftigung mit der Thematik bedeutet. Während der wort- und gestenreichen Ausführungen des weiß bekittelten, profitlich lächelnden »Dr. Beck« – »Hier fügen wir im Labor zusammen, was bei vielen Paaren auf natürlichem Weg allein nicht gelingen will« (9:22) – ist in inhaltlich komplementärer Relation von Bild und Ton ein künstlicher Befruchtungsvorgang quasi im Schnelldurchlauf zu sehen (vgl. Borstnar et al. 2008, S. 144): Zunächst schauen zwei weiß gekleidete Reproduktionstechniker sitzend in Mikroskope, dann wird in Großaufnahmen eine Petrischale unter eines der Geräte geschoben. Anschließend stoßen zwei spitze Pipetten automatisch in eine zähflüssige Substanz in der Schale. Etwas, womöglich eine Samenzelle, wird schließlich aufgenommen und danach die Pipette in eine elastische Eizelle gebohrt. Das Ganze ist auf Monitoren als »Bild im Bild« zu sehen und wird durch Großaufnahmen von den in die Mikroskope hineinschauenden Statisten ergänzt. Mit dieser szenenbildnerisch und kameratechnisch anspruchsvoll gestalteten Sequenz bietet der filmische Text eine glaubwürdige Visualisierung des hochtechnologischen Vorgangs der künstlichen Befruchtung an. In ihrer thematischen Komplexität qua »textbezogene[r] Illustration« (Keppler 2006, S. 130) stellt sie einen der interdiskursiven Höhepunkte dieses Politainment-Krimis dar.

Die psychischen Belastungen von Eltern, deren Kinder nicht ihre Kinder sind, werden anhand der Witwe des zweiten Opfers und eines betroffenen Paares verdeutlicht (9:21, 9:23). Als durch die Nachforschungen Eisners einem Landwirt und seiner Frau klar wird, dass es sich bei dem gemeinsamen Sohn um ein sogenanntes »Kuckuckskind« handelt, wünscht der Mann das ihm gänzlich unähnliche Kind fort. Eisner als Ermittler und Norminstanz in Personalunion beantwortet die schwierige ethische Frage nach dem Umgang mit der Situation im Sinne der Mutter eindeutig: »Ihre Frau hat Recht: Sie hat das Kind geboren, es wächst hier auf, es ist Ihr Sohn« (9:23). Später wird diese Position durch Ermittlerin Brandstätter bekräftigt (9:27). Die Kritik von Christian Buß an den Kommissaren und ihrer aufklärerischen Mission in »Kinderwunsch« – »Sie reißen alle Aspekte an, führen jedoch keinen so recht aus« (Buß 2009g) – bringt auf den Punkt, was diesen wie auch andere Krimis der »Tatort«-Reihe kennzeichnet: genrekonformes Politainment, in dem thematische Aspekte den textuellen Rahmenbedingungen entsprechend nur fragmentarisch zu gleichermaßen unterhaltsamen wie informativen Erlebnisangeboten gemacht werden.

6.3 Migration und Integration

Der mit drei Folgen im Jahr 2009 zum Thema Migration und Integration deutlichen thematischen Schwerpunktsetzung wird mit diesem Kapitel entsprochen.

6.3.1 »Baum der Erlösung«

Die österreichische Folge »Baum der Erlösung« (ORF 2009) mit der Hauptfigur des Sonderermittlers Moritz Eisner (Harald Krassnitzer) war der erste neu ausgestrahlte Krimi im »Tatort«-Jahr 2009. Der politisch unterhaltsame Kern dieses thematisch dichten Krimis basiert auf einer wahren Begebenheit: dem Telfser Minarettstreit von 2005. Wegen des Baus eines Moscheeturms lieferten sich ein FPÖ-Politiker und der Bürgermeister des Ortes Telfs einen erbitterten Kampf um kulturelle Werte (vgl. Dolak 2009). Vor dem Hintergrund der in der filmischen Repräsentation verarbeiteten Auseinandersetzung wird in »Baum der Erlösung« ein junges österreichisch-türkisches Paar ermordet. Was zunächst wie ein sogenannter »Ehrenmord« aussieht, stellt sich am Ende als die hasserfüllte Tat eines von Haus aus völkisch-rassistisch verblendeten Tirolers heraus, der nicht will, dass sein Bruder mit einer Türkin zusammen ist. Der Vater der beiden Brüder vertritt jene hasserfüllte Ideologie, die sein Sohn in die Tat umsetzt: »Mit verzerrtem Grimm um den muffigen Kantschädel verkörpert er die Starrköpfigkeit des alteingesessenen Fremdenhassers, dessen Fanatismus den mörderischen Wahn seines Sprößlings vorbereitet« (ebd.). Der Bruder des Mörders liebt die in Tirol verwurzelte Schwester der Ermordeten.

Der türkische Vater des Mädchens steht der islamischen Gemeinde des Ortes vor und will seine Tochter gegen ihren Willen in die Türkei verheiraten. »Mit einem guten Mann. Da steht sie immer unter Beobachtung« (23:48). Die Gestaltung der thementragenden Figuren ist auch im Sinne eines Hinterfragens gängiger Stereotype funktional:

> »In beiden Fällen agieren Brüder den unausgesprochenen Willen ihrer Väter mit Gewalt aus. Die beiden verfeindeten Patriarchen werden bis in ihr visuelles Erscheinungsbild hinein parallel inszeniert. [...] Tirolerbart, Türkenbart – werden die Zeichen austauschbar, verlieren sie ihre Funktion, das Denken in festgefügten Schubladen zu organisieren, die Schubladen selbst werden sichtbar« (Lorenz 2012, S. 188).

Gegen Ende des Krimis veranlasst er die Entführung seiner Tochter durch seine beiden Söhne, die in einem hybriden Showdown nach Art eines »Bergwesterns« (Buß 2009h) mündet. Dem Vater gehorcht (fast) bis zuletzt sein Ältester, Serkan, der dem Stereotyp des türkischen Machos und dem damit häufig verbundenen Konzept »mediterrane[r] Ehre« (Speitkamp 2010, S. 267) in vielen Belangen entspricht. Die lange Zeit hauptverdächtige Figur des Serkan Ozbay (Sinan al Kuri) ist als thementragender Problemprotagonist im Sinne der Fragestellung von besonderem Interesse und verdient deshalb eine genauere Betrachtung: Der Telfser Dorfpolizist traut dem als Unsympathen Eingeführten (23:2) die Tat zu (23:35). Serkan treibt Kampfsport und ist ein Schulversager (23:69), fährt einen getunten, tiefergelegten BMW (28:31, 28:33, 23:35) und neigt zur Gewalt. Er schlägt den Dorfpolizisten gemeinsam mit seinem jüngeren Bruder nachts nieder (23:41) und wird auch gegenüber Ermittler Eisner handgreiflich (23:51). Seiner von ihm selbst entführten Schwester droht der seine Maskulinität offensiv zur Schau Stellende mehrmals, sowohl indirekt als auch direkt, mit dem Tod: »Wehr dich nicht, sonst bring ich dich um« (23:36, 23:40, 23:51). Mit gesellschaftspolitischen Themen in Sendungen der Krimireihe »Tatort« vertraute, genre- wie reihenkompetente Zuschauer wird es nicht verwundern, dass Serkan jedoch nicht der gesuchte Täter ist. Im Sinne der »politisch korrekten«

(vgl. Kapitel 3.4.3) Grundausrichtung der Reihe wie auch angesichts der vorausgegangenen Kontroversen ist dies kaum vorstellbar (vgl. Dörner 2001, S. 191).[70]

Die stereotypisierte Figur vertritt in »Baum der Erlösung« seiner Schwester gegenüber eine Ideologie, die der völkisch-rassistischen des Mörders in nichts nachsteht: »Wir haben unsere Gesetze, Melisa. Wir mischen uns nicht mit den Einheimischen. Sonst löschen die uns aus. In nur zwei Generationen« (23:36). Später erschrickt Serkan, als der festgenommene Täter seine rassistische Rechtfertigung kundtut: »Einer muss es ja tun. Wenn wir uns mit denen vermischen, löschen wir uns aus. Wenn man das erst einmal kapiert hat, muss man was tun« (23:72). Die moralische Evaluation beider Lager, deren radikale Positionen im Wortlaut nahezu identisch sind, fällt negativ aus und ist prototypisch für die gesamte Textperspektive des Films: In seiner Vorzugslesart, die mittels »paritätisch abgewogener Schelte« (Buß 2009h) durch die Norminstanz des Ermittlers etabliert wird, sind religiös bedingter Fanatismus, Nationalismus und Fremdenfeindlichkeit jeglicher Art abzulehnen (vgl. Heidböhmer 2009a). Diese Vorzugslesart wird besonders deutlich anhand der kontrastierenden Gestaltung der beiden ortsansässigen dem Sonderermittler unterstellten Beamten, die in »Baum der Erlösung« einen mikropolitischen Kampf der Kulturen austragen, indem sie als Vertreter bzw. Kenner jeweils eines Lagers Ängste und Vorurteile dem anderen gegenüber formulieren. Franz »Pfurtschi« Pfurtscheller, ein nationalkonservativer Kleinbürger, und Vedat Özdemir, ein zwischen den Stühlen stehender, in Tirol geborener, dienstbeflissener Türke, sind dabei geradezu »hyperreale Prototypen ihrer selbst« (Dolak 2009). Die beiden Helfer des Ermittlers verbalisieren beispielsweise die Details des Minarettstreits von Telfs: »Kleines Minarett, kein Muezzin, keine Beschallung. Auge und Ohr des Tirolers werden kaum be-

---

70 Vgl. »Familienaufstellung« (RB 2009, Kapitel 6.3.2), worin die ähnlich gezeichnete Figur des ältesten Sohnes der Familie Korkmaz, Ferhat (Elyas M'Barek), sich am Ende ebenfalls als unschuldig erweist. Eine (halbherzige) Ausnahme von diesem Prinzip ist die Täterschaft des jungen Murat im Entführungskrimi »Der Wald steht schwarz und schweiget« (SWR 2012). Die Frage nach dem *whodunit* wurde in dieser Folge allerdings am Ende der Detektionshandlung nicht eindeutig und für alle Zuschauer erkennbar beantwortet. Erst nach einem Online-Quiz des SWR stand der sanfte Jugendliche mit der dunklen Vergangenheit als Täter fest.
Die im »Tatort« migrantisch stereotypisierten Figuren bleiben in ihrer Gestaltung weit hinter vergleichbaren aus anderen Fernseh- und Kinoproduktionen zurück. Zu nennen sind in diesem Zusammenhang beispielsweise das kompromisslose Berliner Sozialdrama »Knallhart« (2006) von Detlef Buck und der aufgrund seiner Gewalthaltigkeit verstörende Fernsehfilm »Wut« (WDR 2005). In Letzterem werden die Grenzen des im Rahmen »politischer Korrektheit« Sag- und Zeigbaren radikal ausgelotet und infrage gestellt. Nach seiner ins Spätprogramm der ARD verschobenen Erstausstrahlung entfachte der Film eine entsprechende Kontroverse. Seine Hauptfigur, der zu jeglicher Form der Gewalt bereite Can (Oktay Özdemir), erwies sich als Diskussionen entfachender Problemprotagonist und somit als im Rahmen von Politainment höchst funktional.

leidigt! – Tu mich ja nicht provozieren!« (23:16). Die beiden Streithähne werden in dieser exemplarischen Sequenz auf besondere Weise grotesk inszeniert, da sie aus der Untersicht in dynamischen Bildern gezeigt werden. Am titelgebenden »Baum der Erlösung«, an dem sich verzweifelte Migranten das Leben nahmen, kommt es zu folgendem polemisch geführten Dialog der beiden, eingeleitet durch eine für Politainment im »Tatort« typische Frage des Ermittlers:

»E: Warum hängen sie sich da auf?

P. Zwangsehen, die übliche Geschicht': Die Mädchen verlieben sich, die Väter haben schon andere Ehemänner für sie ausgesucht.

V: Ein Bursch', der sich aufgehängt hat, den hab i gekannt. Hasslet Miskini, a wunderbarer Musiker. Seine Freundin sollte mit Gewalt in der Türkei verheiratet werden. Zwei Wochen später hat sie sich an demselben Ast aufgehängt.

P: Wie im Mittelalter. Und die wollen in die EU.

V: Jetzt hör mal auf mit deiner EU. Die Türkei ist ein moderner Staat, ja? Aber ihr, ihr habt's euch nur die ungebildete Landbevölkerung geholt.

E: Ja, ist ja recht.

V: Als billige Arbeitskräfte ...

E: Hast ja recht, Ende der Diskussion« (23:17).

Ermittler Eisner kommt in dieser Sequenz wie auch in »Baum der Erlösung« insgesamt die Position eines Vertreters der Rechtsstaatlichkeit zu, der in erster Linie an der Lösung des Täterrätsels interessiert ist, im Zweifel aber liberale Positionen vertritt. So auch in einer anderen Sequenz, in der er und »Pfurtschi« die Mutter des Ermordeten aufsuchen. Letztere entlarvt in ihrer Rede vermeintlich stabile und reine Identitäten als stets in Bewegung befindliche Konstrukte, was auch an anderen Stellen des Krimis geschieht (vgl. Heidböhmer 2009a):

»M: Zu unseren Vorfahren gehört a jüdische Sängerin aus Czernowitz, a protestantischer Sudetendeutscher, a katholische Bauerntochter aus dem italienischen [...]-Tal. Und dann a gottloser [...] Scherenschleifer, der unglaublich Ziehharmonika gespielt hat. Ist doch alles nur scheinheiliges Theater. Sie san sicher reinrassiger Tiroler, Herr Pfurtscheller, oder?

P: Wir sind freie Tiroler Bauern seit 1511. Gut, a Kärntner war schon dabei.

M: Oh, das ist aber peinlich, oder? Slowene natürlich.

P: Ein Windischer.

M: Slowene, sag i ja« (23:22).

6.3 Migration und Integration

Die fast schon grotesk anmutende, komische Rede der Frau wird von Eisner in seiner Rolle als Norminstanz mit einem zufriedenen Lächeln in Richtung seines Kollegen quittiert und damit gutgeheißen. Eisners Zustimmung unterstreicht die textuell repräsentierte Gewissheit, dass vormals für stabil erachtete Konstrukte wie Ethnie, Klasse, Nation, politische Milieus etc. heute immer seltener in Reinform anzutreffen sind: »In der Gegenwartsgesellschaft sind die Identitäten in einem größeren Maße als je zuvor wählbar geworden, mit allen Problemen, die das für das zur Freiheit verdammte Individuum mit sich bringt« (Dörner 2001, S. 107). Der (Witz-)Figur des Polizisten Pfurtscheller kommt innerhalb des Figurenensembles die Rolle des textperspektivisch in der Summe negativ bewerteten Nationalkonservativen zu. Im Hinblick auf die von ihm vertretenen Werte und Positionen ist die von Eisner eingenommene Haltung eindeutig und alles andere als nur mehr neutral. Die zustimmenden Kommentare seines Kollegen »Pfurtschi« vor einem nationalistischen Plakat – »Bei uns bleibt die Kirche im Dorf« (23:23) – evaluiert Eisner auf unmissverständliche Art und Weise: »Und du bist a fester Trottel« (23:23). Der Dorfpolizist versagt zudem auf professioneller Ebene, und zwar in jeglicher Hinsicht: Zuerst übersieht er die entscheidende Spur zur Feststellung des Todeszeitpunktes (23:19) und gleich zweimal entwischt ihm der bis dato Hauptverdächtige (23:46, 23:49), was Eisner zu der Aussage verleitet: »Geh gleich in Pension, du Vollkoffer!« (23:49). Nach einer herb-versöhnlichen Verabschiedung von seinem vormaligen Kontrahenten Vedat – »Mach's gut, Knoblauchfresser – Du auch, Schluchtenscheißer« (23:79) – behauptet der mit Vorurteilen beladene Kleinbürger »Pfurtschi«, »jedes Jahr nach Antalya, mit der Mama« (23:81) zu fahren. Der entschärfende Witz am Ende führt das von der Figur vertretene Sinn- und Wertgefüge ein weiteres Mal ad absurdum.

Als Diskussionen potenziell anregendes Politainment zum Themenkomplex Identität und Migration bzw. Einwanderung ist der »Tatort« »Baum der Erlösung« insofern funktional, als darin »verschiedene diskursive Positionen der Kritik und Negation aufgegriffen und in den Erzählungen durch Figuren, Dialoge und filmische Beschreibungen artikuliert« (Thiele 2005, S. 204) werden. In diesem Zusammenhang dient der öffentlichkeitswirksam-provozierende Auftritt eines rechten Politikers auf dem zur Moschee gehörenden Gelände als eindrückliches Beispiel für eine exemplarische Reinszenierung des außerfilmisch-realen Streits um den Moscheenbau von Telfs: Die von einem Kamerateam begleitete Ankunft des Politikers am Gebäude des Anstoßes ist in Authentizität signalisierenden, kontrastarmen und mattfarbigen Bildern zu sehen, begleitet von einem samt-weißen, den Bildausschnitt anzeigenden Rand, einer Tonstörung und einem extrem Zoom (23:30). Die Ausstellung der Anwesenheit des filmischen Apparates verweist auf den auch medial ausgefochtenen Konflikt um die Telfser

6. Thematisch gruppierte Sendungsanalysen

Moschee im Besonderen sowie auf die stets medial begleiteten Auseinandersetzungen um Migration und Einwanderung im Allgemeinen (vgl. Borstnar et al. 2008, S. 42). In »Baum der Erlösung« tritt der Repräsentant der islamischen Gemeinde dem Eindringling höflich und in ungebrochenem Deutsch gegenüber: »Entschuldigen Sie bitte, das ist hier Privatgrund« (23:30). Dies lässt den Politiker und seine radikalen Positionen von vornherein fragwürdig erscheinen. In der kausallogisch anschließenden Sequenz gibt der jungdynamische Rechte ein weiterhin »sichtbar« gefilmtes Interview. Dabei ist die Moschee im Hintergrund zu sehen, die er als »Statussymbol des islamischen Machtanspruchs, und das mitten im heiligen Land Tirol« bezeichnet (23:32). Ein neben anderen im Bildhintergrund stehender, mit folkloristisch grüner Lodenkleidung, Schnauzbart und Hut als alteingesessener Tiroler gekennzeichneter dicker Mann nickt zustimmend und applaudiert. In einer dritten, kausallogisch folgenden Sequenz wird die Hetzrede des Politikers – »Wir fordern einen kompletten Zuwanderungsstopp« (23:34) – dann unterbrochen durch den herbeieilenden liberalen Bürgermeister des Ortes. Unter den Blicken des Ermittlers Eisner, der die Szenerie genervt beäugt, entbrennt vor Publikum, Mikrofon und Kamera ein im engeren Sinne diskursives Redegefecht: »Jetzt stellen Sie sich einmal vor, meine Damen und Herren, dass plötzlich alle Tirolerinnen Kopftücher tragen müssen. – Die Tiroler Bäuerinnen haben immer Kopftücher getragen, und sie tun es heute noch« (23:34). Der unterhaltsam-wortgewandte Schlagabtausch ist Politainment im anschaulichsten Sinne und endet ohne klar erkennbaren Sieger, wenngleich der an die Person Jörg Haiders erinnernde »Parteiobmann« (23:30) mit der Gewissheit von dannen fährt, für seine Sache günstige Symbolbilder produziert zu haben. Derartige Repräsentationen von Konfliktärem, die gleichermaßen argumentativ wie polemisch verlaufen, gehören zum offensichtlichsten Teil von »Tatort«-spezifischem Politainment, kommen aber vergleichsweise selten vor (vgl. Wulff 2001, S. 256).[71]

Schließlich gibt es auch in »Baum der Erlösung« das für Politainment im »Tatort« typische Strukturmerkmal der persönlichen Betroffenheit des Ermittlers (vgl. Krah 2004, S. 129): Seinen Ermittlungsauftrag erhält Eisner per Handy, während er mit seiner Tochter auf dem Wochenmarkt einkaufen geht. Er zeigt sich verwundert darüber, dass sie mit einer Kopftuch tragenden Marktfrau auf Türkisch parliert und damit ihren Teil zur interkulturellen Verständigung beiträgt:

»E: Ich mein, ich hab ja keine Vorurteile, aber du musst deutsch mit denen reden, die müssen das lernen.

---

71 Vgl. »Nie wieder frei sein« (BR 2010), worin der hitzköpfige Ermittler Batic und sein besonnener Kollege Leitmayr über den »richtigen« Umgang mit Sexualstraftätern diskutieren.

M: Keine Sorge, mein Herr, ich kann Deutsch.
T: Das war jetzt aber ein peinlicher Spruch, Papa.
E: Das war net peinlich, das ist Integrationsarbeit. [am Telefon] Eisner?«
(23:10)

Später richtet der Ermittler an die als türkischstämmige Österreicher gezeichneten Figuren direkt die Forderung, deutsch zu sprechen, während die im Rahmen filmischer Authentisierung in türkischer Sprache zu hörenden Dialoge in deutschen Untertiteln zu lesen sind: »Schluss jetzt! Wir sind hier nicht in Istanbul. Ihr lebt's in Österreich, ihr arbeitet's in Österreich, also redet ihr deutsch. Und zwar alle« (23:41). Als maßgebende Norminstanz vertritt der Ermittler damit eine in der Debatte um Integration auf konsenspolitisch breiter Basis stehende Position. Persönlich betroffen ist der Ermittler im weiteren Verlauf der Krimihandlung, als er merkt, dass seine Tochter – in Analogie zur Detektionshandlung – einen türkischen Freund hat. Ihren Wunsch, diesen mit in den Türkeiurlaub mitnehmen zu können, bittet sich Eisner noch zu diskutieren aus (23:25, 23:81). Das Politische findet ebenfalls im Privaten des Ermittlers statt, ist nicht leicht zu handhaben und konfliktär. Der Epilog des Krimis ist in seiner Vorzugslesart jedoch ein emotionaler Appell zur Versöhnung in symbolträchtigen Bildern, unterlegt mit zum Thema passender, orientalisch inspirierter Musik: Alle verzeihen einander, die Liebenden erhalten den Segen der Eltern, die Mutter entledigt sich des symbolträchtigen Kopftuchs, der Hetzer geht neben seinem einstigen Widersacher in der Moschee auf die Knie, Einsicht, Liberalität und Menschlichkeit siegen – eine positive Utopie vom gelingenden Leben, wie sie typisch ist für viele populäre Narrative, im »Tatort« aber nur selten derart konsequent ausgestaltet wird (vgl. Hügel 2008a).

6.3.2 »Familienaufstellung«

»Familienaufstellung« (RB 2009) ist ein weiterer Politainment-Krimi zum Themenkomplex Migration und Einwanderung, der Ermittler und Zuschauer »hinein in eine edle Nische der Parallelgesellschaft« (Pawlak 2009) führt: Die Bremer Kommissare Lürsen (Sabine Postel) und Stedefreund (Oliver Mommsen) ermitteln im Umfeld einer arrivierten Bremer Familie türkischer Herkunft, die es im Baugewerbe zu Wohlstand gebracht hat. Alle Familienmitglieder sprechen perfekt Deutsch, scheitern aber letztlich an den Widersprüchen zwischen Tradition, Ehre und liberaler Lebensführung in Deutschland. Die jüngste Tochter stellt sich am Ende als beinahe zwangsverheiratete Mörderin an zwei Frauen heraus: Ihre Schwester, eine Ärztin, musste sterben, weil sie sich geweigert hatte, ihr die für die anstehende Hochzeit obligatorische Jungfräulichkeit operativ wieder herzustellen. Eine Bekannte der Ärztin, eine homosexuelle Anwältin, wurde von der jungen Frau ermordet, weil sie drohte, alles zu verraten. Die Zerrissenheit der jungen Frau zwischen gelungener Integration, Religiosität, spezifischen kulturellen Sitten und Gebräuchen lässt sie zu Opfer und Täterin zugleich werden. Besonderes Augenmerk liegt in »Familienaufstellung« darüber hinaus auf der unheilvollen Rolle von Frauen als Hüterinnen fragwürdiger Werte und Normen, personifiziert durch die Mutter der Mörderin (vgl. Krüger 2009).

Wie in »Baum der Erlösung« spielt auch diese Kriminarration mit den (möglicherweise vorhandenen) Vorurteilen der Zuschauer und ihrer Kenntnis kultureller Stereotype: So ist lange Zeit fraglich, ob es sich um sogenannte »Ehrenmorde« handelt, begangen von einem der beiden Söhne der Familie. Des Weiteren tragen alle weiblichen Familienmitglieder Kopftücher und werden in einschlägigen Räumlichkeiten gezeigt. Einer dieser Räume wird in seiner kulturellen Bedeutung von den Ermittlern, in ihrer Funktion als Agenten von Interdiskursivität – hier in Sachen Badekultur – erklärt (vgl. Schmitz 2010, S. 115):

»L: Warum müssen die eigentlich direkt vor der Hochzeit noch in die Sauna gehen?

S: Das Hamam ist ein Dampfbad und keine Sauna. Genau da kommt die Waschkultur mit 'ner uralten Tradition zusammen. Die Familie des Bräutigams begutachtete die Braut und schaute, ob an ihr alles heil und gesund und ob sie auch gut genug für den Bräutigam ist.

L: Aha. Fleischbeschau mit Umtauschrecht.

S: Ja, Inga. Ich weiß, dass dir das nicht gefällt« (19:41).

Neben der in diesem »Tatort« untergeordneten Funktion als Agenten von Interdiskursivität beziehen beide Protagonisten des Aufklärungsgeschehens in der Auseinandersetzung mit der ihnen weitestgehend fremden Kultur Stellung, auch über den exemplarischen Einzelfall hinaus – wenngleich in nur sehr wenigen Sequenzen. Als Vertreter der Rechtsstaatlichkeit besteht ihre primäre Funktion darin, dafür zu sorgen, dass die Täterin überführt und einer gerechten Strafe zugeführt wird.

Norminstanz Stedefreund fasst das textperspektivisch etablierte Bild von der exemplarischen Familie in »Familienaufstellung« in einer für den »Tatort« typischen Reflexionssequenz zusammen: »Spannende Mischung: Traditionell, trotzdem sehr westlich. Ich wünschte, es gibt mehr Familien die so integriert sind« (19:16) und seine Kollegin Lürsen ergänzt im selben Dialog: »Wenn ich mir was wünschen dürfte. So 'n richtig schönes, klassisches Ehegatten-Eifersuchtsdrama. Nix mit fremder Kultur und Familienclan und so« (19:16). Damit ist ein Stück Reihenreflexivität gegeben, das sich anbietet, als selbst- bzw. reihenironischer

Kommentar auf die Themenkonjunktur von Migration und Einwanderung im »Tatort« gelesen zu werden.

Der thematische Komplex Migration bzw. Migranten im »Tatort« (Ortner 2007a/b, vgl. Thiele 2005) nahm in den vergangenen 20 Jahren in etlichen Folgen der Reihe einen breiten inhaltlichen Raum ein und wurde auch im Zusammenhang mit dem naheliegenden Aspekt des Rechtsradikalismus verarbeitet (vgl. Süss 1993). Christina Ortner kommt in ihrer Studie zum »Thema Einwanderung im beliebtesten deutschen TV-Krimi« nach der Analyse von fünf Sendungen zu folgendem Ergebnis: »Auch wenn Tatort-Filme ihr integrationsförderndes Potenzial selten voll ausschöpfen, leistet die Krimireihe vor allem seit 1991 einen wertvollen Beitrag zur Diskussion des Themas Migration im deutschen Fernsehen« (Ortner 2007b, S. 179). Anna-Caterina Walk arbeitet in ihrer Studie »Das Andere im Tatort – Migration und Integration im Fernsehkrimi« (2011) zu den drei Episoden »Wem Ehre gebührt« (NDR 2007), »Baum der Erlösung« (ORF 2009) und »Familienaufstellung« (RB 2009) die folgenübergreifenden Konzepte »Differenz durch Sprache, das Symbol des Kopftuchs, das Ehrenmordmotiv als anfänglich vermutetes Mordmotiv seitens der Kommissare, der Unterschied von Staatsangehörigkeit und der kulturellen Identität sowie die Geschlechterdifferenz« (Walk 2011, S. 98) heraus.

»Wem Ehre gebührt« war aufgrund eines »Fehler[s] in der kulturellen Übersetzung« (Andreas 2010, S. 146) skandalträchtig und blieb deshalb unwiederholt – Menschen alevitischen Glaubens sahen darin das böse Klischee des Inzests unter ihnen fortgeschrieben. Die Erstausstrahlung des im deutsch-türkischen Milieu spielenden Ludwigshafener »Tatorts« »Schatten der Angst« (SWR 2008) wurde angesichts eines Brandanschlags auf ein mehrheitlich von Türken bewohntes Haus in Ludwigshafen um knapp zwei Monate verschoben (vgl. Schmitz 2010, S. 104). Von einer regen Themenkonjunktur in Sachen Migration im »Tatort« ist dann ein knappes Jahr später zu sprechen:

> »Im Winter 2008/2009 wurden innerhalb weniger Wochen mit ›Der tote Chinese‹, ›Baum der Erlösung‹ und ›Familienaufstellung‹ drei weitere ›Tatorte‹ mit migrantischen Sujets ausgestrahlt. Mit ›Der tote Chinese‹ knüpfte die ›Tatort‹-Reihe an die Debatte der neunziger Jahre um illegale und legale Zuwanderung an, während ›Baum der Erlösung‹ und ›Familienaufstellung‹ mit ihren in türkischen Milieus angesiedelten Sujets eher die die ersten zehn Jahre des 21. Jahrhunderts beherrschenden Debatten um Parallelgesellschaften und Zwangsheirat thematisierten« (Andreas 2010, S. 147).

In »Familienaufstellung« weiß Ermittler Stedefreund nicht nur über die Spezifika orientalischer Badekultur zu informieren, sondern spricht bei den Ermittlun-

6. Thematisch gruppierte Sendungsanalysen

gen auch noch gebrochen Türkisch (vgl. »Baum der Erlösung«, ORF 2009). Beim genreobligatorischen Kondolieren lobt ihn der Patriarch der Familie (Erol Sander) ausdrücklich für seine Sprachkenntnisse, was durch einen Kommentar des jüngsten Sohnes konterkariert wird: »Was soll das werden? Türkisch für Anfänger?« (19:15). Mit seiner Frage rekurriert der Sohn auf die von der Kritik hochgelobte, von 2006 bis 2008 ausgestrahlte gleichnamige ARD-Vorabendserie, in der das Thema der multikulturellen Gesellschaft mit viel Witz, Ironie und »politischer Unkorrektheit« verarbeitet wurde und die im Jahr 2012 eine Kinofilmadaption nach sich zog – bezeichnenderweise auch mit zwei Schauspielern, die auch in »Baum der Erlösung« (Pegah Ferydoni als Melisa Ozbay) und »Familienaufstellung« (Elyas M'Barek als Ferhat Korkmaz) zu sehen sind. Typisierungen und ein begrenztes Inventar an Darstellern prägen die audiovisuellen Repräsentationen von Migration und Einwanderung in Kino und Fernsehen. Das schauspielerische Wirken der im Laufe einer bewegten Karriere zur »Tatort«-Ermittlerin avancierten Sibel Kekilli (u.a. »Die Fremde«, 2009) ist für dieses Phänomen das wohl prominenteste Beispiel.

Die Frage nach »Türkisch für Anfänger« ist indes auch ohne ein Erkennen des intertextuellen Verweises lesbar. Der Kommissar spricht die laut eigenen Angaben »höllenkomplizierte Sprache« (19:16) ein weiteres Mal – bei der Befragung des zukünftigen Schwiegervaters in einem türkischen Kulturzentrum, was zur allgemeinen Heiterkeit der Anwesenden beiträgt (19:29). Der komisch gebrochene Versuch, die fremde Sprache im Sinne interkultureller Verständigung einzusetzen, ist als beispielhaft vorbildliches Verhalten des Ermittlers lesbar. In diesem dem Politainment der Sendung geschuldeten Sinne begrüßt Kommissarin Lürsen die Mutter des Hauses einmal in türkischer Sprache – »Merhaba, Frau Korkmaz« (19:22, vgl. Kapitel 6.3.1).

Mithilfe der rollenbiografischen Charakterisierungen beider Ermittler gelingt es in zwei kausallogisch miteinander verbundenen Schlüsselsequenzen des Films, verschiedene Ansichten über das Milieu, in dem die Spielhandlung angesiedelt ist, dialogisch zu artikulieren (19:30, 19:34). Die Kommissare sitzen darin in der Polizeikantine und führen bei Currywurst und Pommes Frites die titelgebende »Familienaufstellung« durch – eine genretypische Reflexion über den Kreis der Tatverdächtigen und ihre möglichen Motive: Die frauenbewegte Lürsen ist gegenüber der Familie voreingenommen, weil diese »traditionellere Ansichten in Sachen Männer- und Frauenrollen« (19:30) haben, was den rollenbiografisch als »Frauentyp« gezeichneten, sportlich-maskulinen Stedefreund wiederum »mächtig zu beeindrucken scheint« (19:30). Die Diskussion weitet sich im Folgenden auf die in populären Diskursen über den Islam sowie die Themen Migration und Einwanderung obligatorische Kopftuchdebatte aus und ähnelt in der Umsetzung und der Art der Argumentation wiederum sehr jener in »Baum der Erlösung« (vgl. Schmitz 2010, S. 115):

> »L: Findest du es normal, dass die Frauen in ihrem eigenen Haus ein Kopftuch tragen, sobald ein Mann in den Raum kommt?
> S: Inga, viele Frauen tragen Kopftücher. Nonnen tragen 'ne Kopfbedeckung, meine Oma hat bei der Gartenarbeit gern ihr Kopftuch getragen, das ist keine muslimische Erfindung.
> L: Die Korkmaz-Frauen sehen aber nicht aus wie deine Oma bei der Gartenarbeit. Die sehen auch nicht aus wie Nonnen, sondern als wären sie in Paris vom Laufsteg gefallen. Passt alles nicht zusammen.
> S: Worauf willst du hinaus? Dass unter jedem Kopftuch 'ne islamische Fundamentalistin steckt?
> L: Ich will auf gar nichts raus. Sollen wir vielleicht mal 'ne Familienaufstellung machen?« (19:30).

In der anschließenden Sequenz fragen Lürsen und Stedefreund auf groteskübertriebene Art und Weise eine Nebenfigur, ob sie aufgrund ihrer jeweiligen Position *in extremo* als »Muslim-Macho-Versteher?« bzw. »Fascho-Feministin?« (19:34) zu bezeichnen seien. Dieser Höhepunkt der »Familienaufstellung« kann als Appell gelesen werden, in der Debatte um Migration und Einwanderung Gelassenheit walten zu lassen, sie offen und zwischen den Polen von Affirmation und Negation zu führen und gleichzeitig extremen Positionen jedweder Art eine Absage zu erteilen (vgl. Schmitz 2010, S. 104). Die mittels der Ermittlerfiguren personalisierten Perspektiven sind als weithin konsensfähig zu bezeichnen: Sie karikieren das Einseitige und Radikale und sind nicht verstörend-provokativ. Das derart propagierte Mittelmaß geschieht im Sinne der »Konsonanzbildung« (Dörner 2001, S. 103), also als Herstellung bzw. Sichtbarmachung von Konsensuellem, eine der zentralen Funktionen von Politainment im Fernsehen.

Als Mittlerfigur fungiert in »Familienaufstellung« die lesbische Anwältin Dilek Ilhan (Dorkas Gryllus), das zweite Opfer.[72] Sie kann als das filmische Abbild von Seyran Ates gelesen werden, die gemeinsam mit Thea Dorn das Drehbuch für den Film geschrieben hat: einer bekannten und 2007 mit dem Bundesverdienstkreuz ausgezeichneten Multikulturalismus-Kritikerin. Die für Unterhaltung mit einer eindeutigen Position stehende Figur der Anwältin personifiziert die umfassende Textperspektive, also »die Haltung des Textes zu seinem eigenen Gegenstand des Erzählten« (Borstnar et al. 2008, S. 178): Diese Haltung kann

---

72 Vgl. »Kinderwunsch« (ORF 2009, Kapitel 6.2.3). Die Schauspielerin verkörpert darin eine Verführerin, die sich gegenüber Ermittler Eisner als Juniorprofessorin für Klavier ausgibt und sich schließlich als Killerin entpuppt.

im Hinblick auf »Familienaufstellung« wie folgt zusammen gefasst werden: »Ökonomischer Erfolg und Bildung [implizieren, H.B.] noch lange nicht die Überwindung von Repression, Unfreiheit und tödlicher Gewalt in türkisch-muslimischen Gemeinschaften« (Schmitz 2010, S. 111). Die Anwältin rekurriert gegenüber den Ermittlern auf den außerfilmisch realen Fall Sürücü und den anschließenden »Ehrenmordprozess in Berlin« (19:17), die Debatten um das Tragen von Kopftüchern (19:18, 19:28) und um Zwangsheiraten (19:18). Mit dem Aufgreifen dieser Debatten handelt es sich um eine typische Form von »Krimi und Agenda-Pushing« (Gansel/Gast 2007) in Form eines verstärkenden Aufgreifens gesellschaftlich relevanter Problemlagen und Fragestellungen. In seinem Aufsatz zum »Tatort« »Familienaufstellung« mit dem Titel: »Hinter den Fassaden der Integration: Räumlichkeit, Gender und die Inszenierung von Blickgrenzen in einem Türken-›Tatort‹« (2010) kommt der Autor Markus Schmitz zu folgenden Ergebnissen:

> »Der *Tatort Familienaufstellung* enthüllt aus meiner Sicht weder eine verborgene Wahrheit über das Leben von Muslimen in Deutschland noch unterminiert dieser die kulturelle Projektion narzisstischer Phobien. [...] Die Effekte der medialen Konstruktion muslimischer Parallelräume betreffen aber nicht nur die auf diesem Weg als integrationsbedürftig stigmatisierten Gruppen und Einzelpersonen. Ein *Tatort* wie *Familienaufstellung* verwandelt den Sonntagabend gleichzeitig zu eineinhalb Stunden nationaler Kontemplation und Re-Generation. [...] Weder bietet der Krimi eine systematische Rekonstruktion der gesellschaftlichen Ursachen für den erzählten Einzelkonflikt noch hilft das filmische Psychodrama, die Gefühle und Verhaltensweisen zu verstehen« (Schmitz 2010, S. 116 f., Herv. i. Orig.).

Das Fazit des Autors lässt erkennen, dass er bei seiner Analyse medienkulturwissenschaftliche Erkenntnisse zum Fernsehen im Allgemeinen und zu Genretexten im Besonderen weitestgehend außer Acht lässt: Fernsehen kann keine »verborgenen Wahrheiten enthüllen«, sondern in Form audiovisueller Repräsentationen nur mehr oder weniger komplette bzw. lückenhafte Erlebnisangebote unterbreiten, die die Zuschauer sich ihrerseits kreativ im kommunikativen Prozess aneignen (vgl. Mikos 2008, S. 27). Des Weiteren ist es fragwürdig, von »integrationsbedürftig stigmatisierten Gruppen und Einzelpersonen« zu sprechen, wenn es in der außerfilmischen Realität Fälle gibt, in denen verfehlte Integration bzw. religiös motivierter Fanatismus tatsächlich zu Morden führt. Unterhaltsame Genretexte können überdies nicht »systematisch rekonstruieren«, sondern lediglich komplexitätsreduziert re-präsentieren: Sie brauchen typisierte Figuren und typische Räume, das heißt auf wesentliche Merkmale reduzierte

Charaktere und mit wenigen Einstellungen zu beschreibende und entsprechend von ihren Zuschauern an den kleinen, heimischen Bildschirmen einzuordnende kulturelle Stereotype, um als Politainment im Fernsehen überhaupt funktionieren zu können (vgl. Walk 2011, S. 102, Mikos 1992b, S. 19).

6.3.3 »Häuserkampf«

Der mittels Ellipsen und Echtzeitdramaturgie modern inszenierte Hamburger Thriller »Häuserkampf« (NDR 2009) handelt vom Kriegstrauma eines Mannes, dessen Frau und Kind von einem deutschen Soldaten bei einem UN-Einsatz erschossen wurden und der deshalb einen posthumen Rachefeldzug initiiert (vgl. Buß 2009i, Krah 2004). In erster Linie bietet dieser »Tatort« Unterhaltung mittels Hochspannung. Zum Themenkomplex Migration und Einwanderung ist die Folge nicht deshalb zu zählen, weil entsprechende Aspekte als »unterhaltsame Aufklärung« (Weber 1992) über fremde Kulturen im Mittelpunkt der Handlung stünden, sondern weil es sich um den zweiten Fall des seit 2008 nach dem »Konzept des ›freien Helden‹« (Krah 2004, S. 125) verdeckt ermittelnden Cenk Batu (Mehmet Kurtulus) handelt. Diese Figur ist per se Politainment, da sie als erster »Tatort«-Ermittler mit türkischem Migrationshintergrund und in eigener Verantwortung eine fiktionale Entsprechung deutscher Realitäten und Selbstverständlichkeiten darstellt (vgl. Dörner 2001, S. 243).[73] Der Fernsehkritiker Christian Buß jubelte zu ihrer Einführung:

> »Bye, bye Kebab-Klischee! Der Döner-Fluch ist abgeschüttelt – Mit Mehmet Kurtulus schickt der NDR den ersten türkischen ›Tatort‹-Kommissar an den Start. Der unterwandert souverän alle Multikulti-Klischees und führt durch ein im TV nie gesehenes Hamburg. Ein Quantensprung für den ARD-Quotenbringer« (Buß 2008).

Beim Publikum hielt sich indes der Erfolg Cenk Batus in Grenzen, und die Teilserie wurde nach fünf Einsätzen »gewaltsam« beendet – die ihre »ethnischen Identitäten« (Andreas 2010, S. 155) häufig wechselnde Figur wurde in der letzten Folge erschossen, um für Nick Tschiller (Til Schweiger) als neuen Hamburger Ermittler Platz zu machen.

Im Thriller »Häuserkampf« sieht sich Ermittler Batu mit thematischen Andeutungen konfrontiert, die auch in anderen »Tatort«-Episoden Teil der Spielhandlung sind bzw. darin umfassender ausgestaltet werden: Zum Ersten mit der Gewissheit, »dass man Krieg immer mit nach Hause nimmt – egal, wie weit weg

---

73 Vgl. Thiele 2005, S. 197. Die seit über 20 Jahren in München ermittelnde Figur Ivo Batic (Miroslav Nemec) war der erste hauptamtliche »Tatort«-Kommissar mit Migrationshintergrund.

6. Thematisch gruppierte Sendungsanalysen

und wie lange her der Einsatz war. Brandaktuell in Zeiten, in denen deutsche Soldaten in Afghanistan stationiert sind« (Buchner 2009h, vgl. Krah 2004, Kapitel 6.1.1). Dem Thema posttraumatische Belastungsstörungen von Kriegsveteranen der Bundeswehr widmete der »Tatort« später mit »Heimatfront« (SR 2011) eine ganze Folge. Zweitens spielt ein krimineller Polizeibeamter eines SEK eine Rolle (vgl. »Tödlicher Einsatz«, SWR 2009, Kapitel 6.2.1), der auf dem Balkan als Söldner arbeitet. Drittens geht es in »Häuserkampf« um »ghettoisierte [...] Räume[...] einer jugoslawischen Parallelgesellschaft« (Andreas 2010, S. 157), in denen der Ermittler es mit einem brutalen serbischen Milizionär und Waffenhändler sowie mit dessen Handlangern zu tun bekommt (13:35, 13:37, 13:38, 13:45). Die Serben sind einschlägig mittels schwarzer Lederjacken gekennzeichnet (vgl. »Kein Entkommen«, ORF 2012). Der serbische Warlord begründet Batu gegenüber die Motivation seines Handelns: »Du denkst, der Krieg ist vorbei? Er ist nicht vorbei. Nicht für uns. Wir werden unser Land zurückerobern. Damals haben wir eine Schlacht verloren. Den Krieg noch lange nicht« (13:38). Gemeint ist der immer noch schwelende Konflikt um die Republik Kosovo, die als ehemaliger Teil des untergegangen Jugoslawiens von serbischen Nationalisten weiterhin für sich beansprucht wird (vgl. Andreas 2010, S. 156). Auch internationale politische Konflikte finden somit im nationalen Kulturgut »Tatort« zuweilen Erwähnung.

6.4 Thematische Vielfalt: Konsensuelles und Konfliktäres

In diesem Kapitel kommt die Vielfalt thematischer Bezüge in »Tatort«-Krimis des Jahres 2009 zum Ausdruck. Die Heterogenität der Handlungsorte und Ermittler geht einher mit einer Vielzahl disparater, zum Teil oberflächlicher Thematisierungen.

6.4.1 »Borowski und die heile Welt«: Kindesmisshandlung und Vorurteile

Das eindringlich inszenierte Krimi-Familiendrama »Borowski und die heile Welt« (NDR 2009) bestätigt die zivilgesellschaftlich unhinterfragbare Norm der Ablehnung von Gewalt gegen Kinder. Im Modus des *feel bad* (Dörner 2001, S. 218) liefert das spannende *whodunit* bedrückende Bilder und Dialoge aus einer Welt, in der nichts mehr in Ordnung ist. Die Antwort auf die Frage, wer die Tochter einer Kleinfamilie erstickte, ist erschütternd: Die Täterin ist die

6.4 Thematische Vielfalt: Konsensuelles und Konfliktäres

»Mutter, die überfordert ist, sich allein gelassen fühlt von ihrem Mann, in eine Traumwelt flüchtet und die Aggression über die enttäuschten Erwartungen gegen sich selbst und gegen die eigene Tochter richtet« (Buchner 2009i).

Emotionales Politainment bietet den Zuschauern vielfältige Möglichkeiten des Empathisierens (vgl. Dörner 2001, S. 240, Wulff 2002a). In diesem Krimi zu erleben sind durchweg überzeugende Schauspieler, die die Tragik der Geschichte und der daran Beteiligten mit Leben füllen: So Kommissar Borowski (Axel Milberg), der beispielsweise mit seiner genretypischen Pflicht, die Todesnachricht zu überbringen, in langen Einstellungen hadert und dabei mit sich kämpft (12:1). Daneben die an sich und der Welt verzweifelnde und vor der Realität fliehende, autoaggressive und dabei hochschwangere Mörderin (Katharina Wackernagel, vgl. exemplarisch 12:1, 12:4, 12:14) sowie der Vater (Fabian Hinrichs), der wegen Drogenmissbrauch und Autodiebstahl im Gefängnis war, ein Mann, der in einer ausweglosen Situation seine eigene Wut mit Macht zu unterdrücken versucht und außer am Tod seiner Tochter an der Unerträglichkeit seiner Frau sowie deren »tyrannisch hilfsbereit[er]« (Baretzko 2009) Mutter leidet (12:1, 12:12). In dieser Hinsicht gerät der Krimi über das Kernthema der Kindesmisshandlung hinaus zum »Lehrstück in Sachen Vorverurteilung und Klischees« (Buchner 2009i): Seine Knastvergangenheit macht den Vater für Ermittler Borowski anfangs zum Hauptverdächtigen. Letztlich stellt sich heraus, dass er ein Beispiel für gelungene Resozialisierung ist, da er nach Absolvierung einer Kochlehre im Gefängnis gegen alle Widerstände und hart arbeitend versucht, seine Familie mit seinem schlecht gehenden Restaurant durchzubringen (12:11). Eine Nebenfigur ist ebenfalls Teil besagten Lehrstücks: Der Kellner in dem Restaurant hatte regen Kontakt zu dem kleinen Mädchen, versuchte es aufzuheitern und ging mit ihr zum Schwimmen. Er gerät in das Visier des Ermittlers, wird von seinem eigenen Bruder denunziert und verhaftet. Im Verhörraum des Präsidiums befragt ihn Borowski:

»K: Glauben Sie, ich bin pädophil? Nur weil ich mit 'nem Mädchen zum Schwimmen gehe.

B: Wie kommt Michelles Unterhose zu ihren Sachen?

K: Michelle hat in der Kabine rumgetrödelt.

B: In der Umkleidekabine? [...]

K: Michelle hat ständig getanzt. Augen zu, sich gedreht, total versunken. Außerdem war das mit dem blauen Fleck halb so schlimm. Beim Abrubbeln hat ihr wenigstens nichts wehgetan.

B: Beim was?

K: Beim Abrubbeln. Mit 'nem Handtuch.

> B: Als meine Tochter sieben Jahre alt war, da wollte sie nicht mehr von mir abgetrocknet werden.
> K: Vielleicht waren Sie zu grob.
> B: Und Sie waren nicht grob« (12:7).

Diese Sequenz bietet »Reflexionsanlässe« (Dörner 2001, S. 157) darüber, was im Umgang mit kleinen Kindern anrüchig oder angemessen, richtig oder falsch ist und vor allem, welche Worte entweder auf möglichen Missbrauch schließen lassen oder aber überinterpretiert werden können. Weitere Recherchen im Schwimmbad und die Expertise der von Borowski sanft begehrten Adjuvantin, der Psychologin Jung, sprechen für die glaubwürdige Unschuld des jungen Kellners (12:8). Zusammenfassend betrachtet handelt es sich um ein Spiel mit Vorurteilen und Vorverurteilungen, das Kommissar und Zuschauer gleichermaßen vor die Aufgabe stellt, die eigenen Maßstäbe und sprachlichen Sensibilitäten zu überdenken. Die globale Moral hinsichtlich der Kindsmörderin fällt in »Borowski und die heile Welt« eindeutig aus. Sie bleibt nach dem Sprung aus dem Fenster für den Rest ihres Lebens gelähmt und erhält somit – der Textperspektive der Narration folgend – ihre »gerechte« Strafe. Der Vater wird sich nicht um sie, sondern um die nach dem Sturz gesund geborene Tochter kümmern, ein zumindest in Teilen vom »gelingenden Leben« (Hügel 2008a) kündender Hoffnungsschimmer am Ende dieser bitteren Krimitragödie.

6.4.2 »Schwarzer Peter«: häusliche Gewalt

Der Leipziger »Tatort« »Schwarzer Peter« (MDR 2009) »zeigt häusliche Gewalt mit schockierenden Details und eine Kommissarin mit Wut im Bauch« (Buchner 2009j). Die Folge trug entscheidend zur Etablierung des 2009 noch jungen, zum 700. »Tatort«-Jubiläum ein Jahr zuvor eingeführten Leipziger Teams Saalfeld/Keppler (Simone Thomalla und Martin Wuttke) bei. Es ist der vierte Fall des ungleichen Paares. Der Film entstand nach einem Buch von Katrin Bühlig und unter der Regie von Christine Hartmann, beides etablierte »Tatort«-Routiniers. Bühlig begann ihre Karriere bezeichnenderweise als Dokumentarfilmerin. Ihr erster, Grimme-Preis-nominierter »Tatort« »Unter uns« (HR 2007) mit dem thematischen Kern der Kindesmisshandlung wurde von Margarethe von Trotta inszeniert. Auf die Frage nach ihrem Weg vom Dokumentarfilm zur Krimifiktion antwortet Bühlig in einem Interview:

> »So weit ist der Weg doch gar nicht. Für mich steht in beiden Berufen die Recherche sehr im Mittelpunkt. Früher habe ich daraus dann einen Dokumentarfilm gemacht und heute schreibe ich eben ein Drehbuch« (Bühlig 2009).

6.4 Thematische Vielfalt: Konsensuelles und Konfliktäres

Ob und inwiefern »Schwarzer Peter« eine in Teilen dokumentarische »Authentizitätsfiktion« (Hoops 1979, zit. n. Bauer 1992, S. 37) ist, mit dem Ziel, den Anspruch auf die Objektivität des Gezeigten zu legitimieren, wird herauszufinden sein. Nach der Erstausstrahlung des »Tatorts« hatte die Autorin zunächst keine Freude an ihrem Werk: Die Journalistin Sabine Rückert erhob den Vorwurf, das Drehbuch sei ein Plagiat einer Geschichte, die sie im Jahr 2001 in der Wochenzeitung DIE ZEIT geschrieben hatte (vgl. Schlüter 2009).

Plagiat oder nicht, der »Tatort« »Schwarzer Peter« bietet eine unterhaltsame Mischung aus Krimi und Familiendrama. Das Thema, das die Narration inhaltlich beherrscht, ist häusliche Gewalt. Der titelgebende »Schwarze Peter« Schneider ist das Mordopfer: ein gewalttätiger Despot, der über seine Familie und die ihm in der eigenen Firma Untergebenen diktatorisch geherrscht hat. Seine geschundene Ehefrau und ihre mittlerweile erwachsenen Kinder wie auch weitere Figuren aus dem beruflichen Umfeld des Ermordeten tragen allesamt zur Entwicklung eines differenzierten Psychogramms des Gewalttäters bei, der zum Mordopfer geworden ist: »Der Film zeichnet immer auch die Figur des toten Peter Schneider, der nicht anwesend sein kann, aber allgegenwärtig ist« (F. Werner 2009). Sein eifriger Ziehsohn und Stellvertreter, dessen Freundin und Assistentin, ein ehemaliger Ingenieur sowie Schneiders ältliche Sekretärin – bis auf Letztere alle tatverdächtig – werden peu à peu genretypisch von den Ermittlern zu ihrem ehemaligen Chef befragt. Der wirtschaftlich erfolgreiche und vermögende Fabrikant wird als ein »Macher, Gewinner« (15:18), »großzügig« (15:31), »sehr fleißig« (15:32), »wohltätig« (15:35, 15:53), »charismatisch« (15:38), aber auch »verrückt« (15:42) beschrieben. Allerdings überwiegen Schneiders schlechte Eigenschaften. Die posthume Charakterzeichnung ist demnach keineswegs eindimensional und ausschließlich böse, was die Eindringlichkeit der Erzählungen über seine brutalen Gemeinheiten unterstreicht. Beispielsweise finden die Kommissare heraus, dass er zur Demonstration seiner geldbedingten Allmacht seinem Stellvertreter ein Nacktbild von dessen Freundin und Assistentin schickte, für das er ihr 10 000 Euro gezahlt hatte. Einen tüchtigen, aber alkoholkranken Ingenieur entließ Schneider nicht nur, sondern erniedrigte ihn darüber hinaus (vgl. Kapitel 5.5.2).

Die differenzierte, in der Summe negative Charakterisierung Schneiders dient in dieser Kriminarration einerseits der Konstruktion verschiedener, möglicher Tatmotive. Die meisten der genannten Figuren hatten gute Gründe dafür, ihn umzubringen. Andererseits liefert sie den Begründungszusammenhang für die filmische Verarbeitung des brisanten Themas der häuslichen Gewalt. Es wird verbalisiert und in explizit gewalthaltigen Szenen gezeigt. Die das Thema tragenden Figuren sind Schneiders Familienmitglieder, die Witwe und ihre drei Kinder. Ihr vergangenes, während der Detektionshandlung von den Ermittlern

6. Thematisch gruppierte Sendungsanalysen

rekonstruiertes wie auch ihr in der szenisch ausgestalteten Narration gegenwärtiges Leiden macht den Kern dieses Politainment-Krimis aus, der ganz der Befestigung der konsensuellen Ablehnung häuslicher Gewalt verschrieben ist. Besonderes Augenmerk liegt dabei auf der »Vererbung« der Opferrolle in die nächste Generation, beispielhaft dargestellt am Schicksal einer der Töchter Schneiders, die selbst zum Opfer häuslicher Gewalt wird.[74]

Die mit Suzanne von Borsody prominent besetzte und deshalb für routinierte »Tatort«- Zuschauer von vornherein in besonderem Maße der Tat verdächtige Ehefrau stellt sich am Ende als die gesuchte Mörderin heraus.[75] Das Motiv für ihre Tat, die in der Textperspektive des Films nachvollziehbar erscheint, sind Jahre des Erleidens schlimmster physischer und psychischer Gewalt durch ihren Mann. Die vier übrigen Familienmitglieder sind dementsprechend die zentralen, das Thema tragenden Problemprotagonisten. Die im Film 52 Jahre alte Ehefrau wird als zutiefst gebrochene Person dargestellt, die in eigenartiger psychischer Verfassung den Mann, der sie demütigte, schlug und vergewaltigte, und die Ehe mit ihm auch posthum noch schönredet und verteidigt (15:59, 15:60). Die zur Mörderin gewordene spricht auch dann noch von einer heilen Ehe, als die Beweislast bereits erdrückend und das Motiv eindeutig ist (15:60). Die Kommissare suchen sie anlässlich der genreobligatorischen Überbringung der Todesnachricht nach ersten Ermittlungen in ihrer noblen Stadtvilla auf – eine kurz in der Totalen präsentierte »gute Adresse« (Bollhöfer 2007, S. 134), die der räumlichen Markierung des gesellschaftlichen Milieus, in der die Figur zu verorten ist, dient (15:12). Die Kennzeichnung des Wohnortes sowohl der Mutter als »großbürgerlich« und dem der ebenfalls zum Opfer gewordenen Tochter als »bürgerlich« – sie bewohnt eine Doppelhaushälfte in einer neuen Reihenhaussiedlung (15:40) – legt die Lesart nahe, dass das Phänomen der häuslichen Gewalt keineswegs auf Milieus am untersten Ende des gesellschaftlichen Spektrums beschränkt ist.

Schneiders homosexueller, eigenen Angaben zufolge selbst misshandelter Sohn erklärt gegenüber Ermittler Keppler, dass er seit Jahren keinen Kontakt zu seinem Vater hatte, der seine »Lebensweise« (15:28) verachtete, ihm aber dennoch einen Comicladen schenkte. Besagter Laden ist der einzige Handlungsort, an dem die Figur auftritt. Dass der etwa 30-jährige Mann homosexuell ist, wird durch Blicke eines weiteren in dem Laden arbeitenden Mannes sowie die in Ansätzen zärtliche Verabschiedung der beiden Männer voneinander angedeutet,

---

74 Vgl. »Der Wald steht schwarz und schweiget« (SWR 2012), worin Ermittlerin Odenthal ihren Entführern von einer ganz ähnlichen Konstellation in ihrer eigenen Familie berichtet.
75 Vgl. die Folge »Tote Männer« (RB 2009), in der die bekannte und vielfach ausgezeichnete Schauspielerin Fritzi Haberlandt die Täterin spielt. Das Täterrätsel verliert für geübte »Tatort«-Rezipienten durch derartige Besetzungen an Reiz, da der Ausgang vorhersehbar ist.

6.4 Thematische Vielfalt: Konsensuelles und Konfliktäres

aber nicht exzessiv stereotyp ausgestaltet (15:28). In einer weiteren Sequenz erzählt der Sohn dem Ermittler unter Tränen, dass ihm der Tod seines Vaters keineswegs leidtue und er den Mord am liebsten selbst begangen hätte:

»Als Kind hat er mich gezwungen zuzusehen, wenn er meine Mutter verprügelt hat. Ich sollte lernen, wie man mit so einer Schweinemutter richtig umgeht. Und mich hat er genauso gedroschen wie meine Mutter. Bis ich gegangen bin. An meinem 18. Geburtstag« (15:59).

Die ältere der beiden Schwestern, verkörpert von der routinierten »Tatort«-Schauspielerin Sandra Borgmann, treffen die Ermittler ebenfalls an ihrem Arbeitsplatz. Sie ist Krankenschwester und behandelt Kinder im Park einer Klinik. Auch sie bedauert den Tod des Vaters keineswegs: »Sie werden von mir keinen Trauerausbruch erleben, falls sie den erwarten« (15:14). Die aufgrund des Erlebten Verbitterte öffnet später eine Flasche Sekt, um mit ihrer Mutter auf den Tod des tyrannischen Vaters anzustoßen, wobei Letztere ihn auch posthum noch in Schutz nimmt: »Hör auf so zu reden, du hast ihm 'ne Menge zu verdanken. – Ach ja? Was denn zum Beispiel? Welche von meinen drei Therapien meinst du?« (15:22). Die psychischen Auswirkungen der Gewalterfahrungen im Elternhaus finden sich in der rhetorischen Frage der Tochter angedeutet.

Die jüngere Tochter, verheiratete Kuhnert und selbst Mutter einer circa achtjährigen Tochter, ist die herausgehobenste der thementragenden Figuren in »Schwarzer Peter«. In mehreren Sequenzen mit expliziten Gewaltdarstellungen findet sich ihr leise ertragenes Martyrium drastisch inszeniert. Die fiktionale Konstruktion dieser Gewalt soll, dem Authentizitätsversprechen des Textes gemäß, »*wie reale* Gewalt zur Wahrnehmung kommen« (Keppler 2006, S. 268, Herv. i. Orig.). Die emotionale Dimension des Politainments für die konsensuelle Befestigung der Ächtung häuslicher Gewalt steht in den im Folgenden analysierten Sequenzen im Vordergrund (vgl. Dörner 2001, S. 240). Sie spielen alle in besagtem Doppelhaus, hinter dessen bürgerlicher Fassade das Grauen der häuslichen Gewalt in mehreren Stufen der Eskalation gezeigt wird. Den Ermittlern kommt in diesem Zusammenhang die Funktion (spät) eingreifender Retter zu. Ebenso fungieren sie als Moral- und Reflexionsinstanzen.

Die Einführung in das brisante Thema beginnt in »Schwarzer Peter«, in Alternation mit dem Zeigen des obligatorischen Leichenfunds, mit einer Alltagsszene im Hause Kuhnert in zwei kausallogisch miteinander verbundenen Sequenzen (15:2, 15:4). An einem strahlenden Sommertag – der Rasen ist kurz, der Garten sauber und aufgeräumt, die Nachbarn werden freundlich gegrüßt – bereitet der Vater, der Schwiegersohn des Ermordeten, den Grill vor, während die Mutter den Salat bringt und die kleine Tochter mit dem Hund spielt. Die krimitypische Inszenierung einer kleinen und scheinbar heilen bürgerlichen

6. Thematisch gruppierte Sendungsanalysen

Welt, hinter deren Fassade Abgründe lauern, lässt nichts Gutes erwarten. Die kontrastierende musikalische Untermalung der vermeintlichen Idylle mittels eines extradiegetisch erklingenden, sphärisch gebrochenen, spannungsreich-traurigen d-Moll-Akkordes, unterstreicht diese Lesart. Der Vater bietet seiner Frau ein Glas Wein an, was diese ohne Begründung ausschlägt, die kleine Tochter schießt mit einer Schleuder auf den Hund, worauf der Vater gegenüber der Mutter ungehalten, aber noch nicht zornig reagiert. Später werden die Ermittler die kleine Tochter dabei beobachten, wie sie mit Kreide nach dem Tier wirft und ausruft, es zu hassen (15:40). Ermittlerin Saalfeld stellt der Mutter später die dem Gezeigten kausallogisch entsprechende Frage: »Ich weiß nicht, aber wenn so 'n Kind seine Aggressionen an 'nem Hund auslässt, steckt da nicht meistens was anderes dahinter?« (15:40). Die globale These des Films von der in Familien »vererbbaren Gewalt« wird mittels der Figur des unschuldigen Kindes gestützt, das in diesem Film viel Schreckliches erleben muss. Kommissarin Saalfeld fasst die fatale familiäre Konstellation am Ende in einer Frage an die Mutter zusammen: »Wissen Sie, ich hab den Eindruck, dass Ihre Tochter Ihnen sehr ähnlich ist. Könnte es sein, dass Sie das gleiche Schicksal haben? Ihr Mann hat Sie doch auch geschlagen« (15:60).

Die Eskalation in der einführenden Grillsequenz wird offensichtlich, als der ungeduldige Vater Brandbeschleuniger in den Grill spritzt, woraufhin er sich leicht an der Hand verletzt, zetert und schreit (15:2). Ihre kausallogische Fortsetzung findet die Situation in der übernächsten Sequenz, die dort beginnt, wo die erste endete (15:4, vgl. Mikos 2008, S. 135): Das Grillen der Kuhnerts im sommerlichen Garten ist gescheitert. Die Kleinfamilie sitzt drinnen gemeinsam am Tisch, die Würstchen kommen nun aus der Pfanne und werden im düsterbedrohlichen Halbdunkel des Esszimmers auf die Teller gelegt (15:4). Eine dynamisch wackelnde Kameraführung sorgt als ein Mittel der Authentisierung für eine Beglaubigung der Wirklichkeitstreue des fiktiven Geschehens (vgl. Borstnar et al. 2008, S. 43). Der Vater insistiert darauf, dass seine verängstigt dreinschauende Frau mit ihm anstößt, was diese leise ablehnt. Der Vater sagt vorwurfsvoll: »Was ist denn bitte so schlimm daran, mit mir am Sonntagabend ein Glas Rotwein zu trinken?« (15:4). Eine qua Figurenrede hergestellte, mögliche Kongruenz von filmischer und außerfilmischer Realität lässt die Szenerie mitunter bei der, beim Wein begangenen Rezeption der sonntagabendlichen Erstausstrahlung des Krimis umso eindringlicher und bedrohlicher erscheinen. Schließlich fegt der Mann vor Wut den Teller vom Tisch. Sein Zorn schlägt um in Traurigkeit, als seine kleine Tochter seine Hand hält und ihre Liebe zu ihm bekundet (15:4). Die zweimalige Alternation zwischen dem genretypischen Leichenfund und dem themenbezogenen Teil der Narration hatte den Begründungszusammenhang für die Tat von Mutter Schneider, deren Schicksal die Tochter teilt, bereits vorweg-

6.4 Thematische Vielfalt: Konsensuelles und Konfliktäres

genommen. Der »Schwarze Peter« Schneider wurde von seiner Frau ermordet, weil er sie jahrzehntelang mittels physischer und psychischer Gewalt gequält hat.

In einer weiteren Sequenz wird Susanne Kuhnert von ihrem Mann auf dem Küchenboden brutal vergewaltigt, während ihre Mutter hörbar auf den Anrufbeantworter spricht. Sie will ihrer Tochter etwas über den Tod ihres Mannes mitteilen, womit erneut eine direkte Verbindung zwischen den Gewalterfahrungen von Mutter und Tochter hergestellt ist (15:16). Die Aufsicht auf den Mann und die Untersicht auf die Frau unterstreichen das Dominanzverhältnis bei der Inszenierung der Vergewaltigung perspektivisch eindeutig (vgl. Mikos 2008, S. 201). Als der Mann sich fluchend erhebt, tritt er seine auf dem Rücken liegende Frau in die Seite (15:16). Sie windet sich und weint bitterlich im wackligen *close-up*. Leise, sphärisch-traurige Klaviermusik unterstützt die berührende Narration.

In einer weiteren am Esstisch der Kuhnerts spielenden Sequenz, in der aufgrund des Vorangegangenen erneut nichts Gutes zu erwarten ist, zeigt sich Vater Kuhnert davon gestört, dass die Tochter die Wurst mit der Hand und ohne Brot isst. Nach einer ungeduldigen Ermahnung seiner Frau – »Sag du doch mal was« (15:24) – fordert diese ihre Tochter freundlich auf, ihr Verhalten zu ändern. Schließlich schlägt er zuerst das Kind – »'ne Ohrfeige hat noch keinem Kind geschadet« (15:24) – und verprügelt danach seine Frau. Eine Sequenz später versöhnen sich die Eheleute in dem in warmes, rötliches Licht getauchten Kinderzimmer. Als die Tochter hinzukommt, für den in den Armen seiner Frau schluchzend liegenden Vater unsichtbar, lächelt die Mutter, als ob sie ihren Mann entschuldigen wollte – genau so, wie ihre Mutter es immer tat und bis zu ihrer Entdeckung tut (15:26).

Ihre Rekonstruktionsarbeit führt das Ermittlerteam später erstmals in einer sehr langen, fast fünfminütigen Sequenz in die gewalttätige Welt der Kuhnerts (15:40). In einer von bedrohlich schweren, lang ausgehaltenen Synthesizerklängen untermalten Atmosphäre des falschen Scheins – bei gespielter Normalität – sehen sich die Ermittler mit dem noch nicht zu stoppenden Täter und dem schweigenden Opfer konfrontiert. Der prügelnde Ehemann zeigt sich betont freundlich und die ihr blaues Auge hinter ihrem Pony verbergende Ehefrau streitet die Übergriffe ihres Mannes gegenüber der sie offen darauf ansprechenden Kommissarin – »Schlägt Ihr Mann Sie?« (15:40) – ab. In einer unmittelbar darauf folgenden Reflexionssequenz reden die Ermittler genretypisch über das zuvor Erlebte und fangen an, sich darüber zu streiten. Kommissarin Saalfeld zeigt sich empört ob der eigenen Ohnmacht und emotional aufgewühlt, während ihr Kollege Keppler sich auf eine nüchterne Beobachterposition zurückzieht: »Theoretisch könnte sie sich wirklich gestoßen haben« (15:40). Es handelt sich um eine typische Art kontrastierender Figurengestaltung und entsprechender Positionierungen der Ermittler im Team: Die in der gesamten Leipziger Serie als betont »weiblich« gezeichnete Saalfeld »ermittelt sensibel, intuitiv, couragiert, mit Wut im Bauch und Tränen in den Augen« (vgl. Buchner 2009j). Ihr »männlicher« Kollege Keppler hingegen erfüllt die Rolle des kalten Analytikers. In dieser kontrastierenden, für Moralkommunikation idealtypischen Konstellation stehen sich zwei Auffassungen gegenüber, von der jene nach Intervention verlangende im Zuge der nahegelegten Lesart des Krimitextes als die erstrebenswertere herausgestellt wird (vgl. Ziemann 2011, S. 243). Keppler wird seiner Kollegin in einer weiteren Reflexionssequenz Recht geben und sie um Verzeihung bitten (15:47). Mit einfacher »Küchenpsychologie« – die Ermittler bereiten in der Küche eine Mahlzeit vor, während sie sprechen – erklären sie sich und den Zuschauern die gezeigten Verhaltensweisen der exemplarischen Eheleute:

>»S: Warum tut sie sich das an? Warum verlässt sie den Kerl nicht einfach? Kannst du mir das erklären?
>
> K: Zu so 'ner Beziehung gehören immer zwei: Einer, der schlägt, und eine, die geschlagen wird. Das ist kein Zufall. Und die haben sich gesucht und auch gefunden. Beide sind irgendwie traumatisiert, und beide versuchen mit ihrem Partner ihre Vergangenheit zu korrigieren.
>
> S: Du willst mir jetzt aber nicht wirklich erklären, dass Rüdiger Kuhnert so 'ne Art Opfer ist, oder was?
>
> K: Doch. Genauso ist es. [...] Jeder Täter ist in seiner Vergangenheit irgendwann mal ein Opfer gewesen, in einem anderen Zusammenhang.
>
> S: Ja, aber was ist denn mit der, mit der eigenen Verantwortung? Gibt's nicht so was wie 'nen freien Willen oder so?
>
> K: Die eigene Verantwortung ist 'ne Illusion. Jeder ist ein Opfer seiner eigenen Vergangenheit. Tja. So ist das mit Psychologie. Kann man sich fast alles mit erklären. Muss man aber nicht« (15:47).

Nach dem zur Thematik passenden, mit einer Sequenz eingeschobenen Selbstmordversuch von Mutter Schneider (15:48) findet die Küchensequenz ihre kausallogische Fortsetzung (15:49). Das in der vorangegangenen vollen Stunde erzählter Krimizeit Gezeigte wird nun von den Kommissaren zusammengefasst, reflektiert und um einen thematischen Aspekt erweitert: die fragwürdige Opferrolle von Frauen. Der Dialog beginnt mit einer für interdiskursive Wissensvergabe im »Tatort« – hier aus dem Spezialdiskurs der Psychologie – prototypischen Frage des Ermittlers an seine Kollegin. Hiermit wird zugleich das Kollektivsubjekt des interessierten Publikums indirekt adressiert:

> »K: Wusstest du eigentlich, dass häusliche Gewalt vererbbar ist? Und dass es wie in der griechischen Tragödie, wie 'n Fluch von Generation zu Ge-

6.4 Thematische Vielfalt: Konsensuelles und Konfliktäres

neration übertragen wird? Und deshalb glaube ich, dass Peter Schneiders Frau ein Opfer häuslicher Gewalt ist.

S: Ja. Aber Opfer häuslicher Gewalt sind nicht automatisch Frauen.

K: Aber du willst mir doch nicht erzählen, dass Gitta Schneider ihren Mann geschlagen hat.

S: Das hab ich auch gar nicht gesagt. Ich wehre mich doch nur gegen das Vorurteil, dass Frauen immer Opfer und Männer immer Täter sind. Das stimmt einfach nicht« (15:49).

Die letzte Stufe der szenisch-narrativ explizit ausgestalteten Eskalation der Gewalt erfolgt in einer quälend langen, knapp zweieinhalbminütigen Sequenz kurz vor Ende des Krimis (15:57): Ermittlerin Saalfeld sucht erneut das Haus der Kuhnerts auf, um mit der Frau zu reden. Der gesteigerte Ernst der Lage wird deutlich, als die Kommissarin nicht in das Haus gelangt, weil Mutter und Tochter offensichtlich darin eingeschlossen wurden und sie erst den Schlüsseldienst kommen lassen muss, um die Tür öffnen zu lassen. Trotz der »Gefahr im Verzug« lässt sich die Ermittlerin eine halbe Stunde Zeit, um die Frau zu retten, womit gegen das Realismusgebot des Krimis verstoßen wird. Zum letzten Mal übertritt sie die symbolische Schwelle des Hauses und gelangt unter Mühen vom Hellen ins Dunkle, in die von ihr stellvertretend für die Zuschauer zu erkundende, vormals unbekannte Welt der häuslichen Gewalt (vgl. Krützen 2004, S. 72). Saalfeld findet die Frau blutüberströmt und vollkommen aufgelöst am Boden der Küche liegend, neben ihr ihre traurige kleine Tochter (15:57). Als ihr Anzug tragender Mann – ein weiterer Ausweis der bürgerlichen Existenz der Familie – überraschend nach Hause kommt, ergreifen die Frau nackte Angst und Entsetzen. Ermittlerin Saalfeld stellt sich ihm und seiner ungebändigt brutalen, bis zum Tötenwollen reichenden Wut – unterstrichen durch ein *close-up* auf seine geballte Faust – entgegen und schreit ihn an. Das Thema verlangt von der Kommissarin als Norminstanz eine unmissverständlich deutliche Positionierung. Der Dialog in Auszügen:

»SK: Ich hab ihr nichts gesagt. Bitte, tu ihr nichts.

RK: Wenn Sie nicht sofort von hier verschwinden, dann ...

S: Was dann? Sie drohen mir?

RK: Ich mach dich tot.

S: Wissen Sie was? Sie haben die nächsten 48 Stunden Zeit, darüber nachzudenken, was hier passiert ist! Abführen!« (15:57).

Von horizontaler intertextueller Relevanz (vgl. Mikos 2008, S. 275) ist die Tatsache, dass der den prügelnden Ehemann verkörpernde Schauspieler Thomas Huber etwas mehr als drei Jahre nach der Erstausstrahlung von »Schwarzer Peter« in dem quotenträchtigen Frankfurter »Tatort« »Es ist böse« (HR 2012) erneut einen Täter häuslicher Gewalt spielt. In einer der gerade beschriebenen sehr ähnlichen Sequenz versucht der sich darin als Anwalt ausgebende Mann – der damit ebenfalls dem bürgerlichen Milieu zuzurechnen ist – Ermittlerin Mey gegenüber die angezeigte Tat anfangs zu verleugnen, droht ihr dann während der Suche nach dem Opfer in der luxuriösen Wohnung mit rechtlichen Konsequenzen, geht die Kommissarin in der Folge körperlich an und wird schließlich von ihr weggeschubst und angeschrien, als sie im Bad seine nackte und übel zugerichtete Frau entdeckt. Die erneute Besetzung des Schauspielers mag an seiner überzeugenden Darstellung des Typus des bürgerlichen Täters häuslicher Gewalt liegen. Für reihenkundige Zuschauer ergibt sich die Möglichkeit, das erneute Auftauchen des Schlägers zunächst in Leipzig und dann in Frankfurt als serienübergreifendes bzw. -verbindendes themenbezogenes Element zu lesen. Der Gewalttäter könnte in dieser Lesart also 2009 in Leipzig vorerst gestoppt und dann später nach Hessen übergesiedelt sein, um dort in gleicher Weise sein neues Opfer zu quälen. Dies liegt auch insofern nahe, als in »Es ist böse« (HR 2012) die anderen Täter – Mörder, Freier und Vergewaltiger – triebhaft und wiederholt handeln.

In der in »Schwarzer Peter« folgenden, im Polizeipräsidium spielenden Reflexionssequenz zählt Ermittlerin Saalfeld unter Tränen die lange Liste der Verletzungen der Frau Kuhnert auf und evaluiert die verabscheuungswürdigen Taten des Schlägers moralisch auf das Eindeutigste:

»Steißbeinprellung, Unterleibsprellung, Schädelprellung, Druckschmerz Kehlkopf mit Schluckbeschwerden, offene Platzwunden, zwei an der linken Schläfe, zwei eurostückgroße Hämatome über den Dornfortsätzen der Halswirbelsäule, vier weitere am rechten Ober- bzw. Unterarm. [...] Jedenfalls hab ich sie dazu gebracht, dieses Dreckschwein morgen anzuzeigen. Hoffentlich kommt der nie wieder in ihre Nähe« (15:58).

Derartig eindringliche Szenen sind für die Detektion dysfunktional, werden dem Thema der häuslichen Gewalt aber aufgrund ihrer Drastik gerecht. Im Rahmen der konventionalisierten Detektion, bei der Beschäftigung mit der »Fließgeschwindigkeit des Flusses, der Elster, um zu ermitteln, wo der Leichnam ins Wasser geworfen wurde« (15:7, 15:15, 15:17), oder beim Enträtseln der von der Mörderin angewandten Fesseltechnik mittels eines Bondage-Seils gelingt der Krimierzählung gar eine kurzzeitig augenzwinkernde Brechung der stark themenbezogenen Handlung. Die Suche nach dem Seil, mit dem der Torso des Toten zusammengebunden wurde, verschlägt Keppler in einen SM-Laden und lässt ihn in der Leipziger Straßenbahn unter den kritischen Augen einer älteren Dame ein Buch über Fesseltechniken studieren (15:6, 15:8, 15:9). Die derart

6.4 Thematische Vielfalt: Konsensuelles und Konfliktäres

erfolgende Anspielung auf Gewalt, die als lustvoll empfunden wird, sorgt für einen alternativen Kommentar zum brisanten Thema. Es stellt sich heraus, dass das verwendete Seil von der mordenden Ehefrau Schneider willkürlich verwendet wurde (15:11).

Die Tochter wird von den Ermittlern gerettet, während ihre Mutter sich mordend aus dem Gewaltverhältnis befreit hat, wofür Ermittlerin Saalfeld Verständnis zeigt. Vor dem Geständnis der »Opfertäterin« verweist sie im Modus der Interdiskursivität mitfühlend auf die praktizierte Rechtsprechung: »Frau Schneider, es gibt mittlerweile die Auffassung bei Gericht, dass, dass ihre Tat nicht als Mord, sondern als Notwehr geahndet wird. Die jahrelangen Misshandlungen ...« (15:60). Das anschließende Geständnis der Frau enthält nochmals drastische Schilderungen sexueller, psychischer und physischer Gewalterfahrungen. Im Epilog des Krimis, der in optimistisch hellem Sonnenlicht inszeniert ist, treffen beide geschundenen Frauen aufeinander und schauen einander versöhnlich an. Dazu erklingt extradiegetisch ein trauriges Lied. Ermittlerin Saalfeld berührt die Mörderin, deren Tat in der globalen Moral der Narration nachvollziehbar ist, sogar verständnisvoll, bevor sie in einen Streifenwagen gesetzt und davongefahren wird, um sie ihrer dennoch notwendigen Bestrafung zuzuführen (15:61).

Mit selten gesehener und gehörter Drastik nimmt sich der »Tatort«-Krimi »Schwarzer Peter« des Themas häuslicher Gewalt im bürgerlichen Milieu an. Der Film enthält exemplarische, betroffen machende Inszenierungen im Modus des *feel bad* (vgl. Dörner 2001, S. 218), bietet Reflexionen der ermittelnden Kommissare über Ursachen und Zusammenhänge an, zeigt aber keine Lösungswege auf.

6.4.3 »Falsches Leben«: Unrechtsstaat DDR

Der knapp einen Monat nach dem 20-jährigen Jubiläum des Mauerfalls erstausgestrahlte Leipziger »Tatort« »Falsches Leben« (MDR 2009) ist ein Politainment-Krimi zur Vergangenheitsbewältigung in Sachen DDR. Darin finden sich Themen wie die Zerstörung von Kulturgut auf Geheiß von Parteioberen, Zwangsadoption und Folter durch Organe der Exekutive, Praxen der Devisenbeschaffung und alte Seilschaften in dem untergegangenen zweiten deutschen Staat.

Der die Detektion veranlassende Mord an einem behinderten Mann entpuppt sich in diesem Krimi als Tat eines zu DDR-Zeiten bei der Kriminalpolizei beschäftigten Mannes, der damit unter anderem seine Verstrickung in einen Kunstraub vertuschen wollte. Im Zuge der dramaturgischen »Verschachtelung der Handlungsstränge« (Mikos 1992b, S. 23) hängt in diesem Krimi alles miteinander zusammen, und so stellt sich heraus, dass der Mörder ein ehemaliger

6. Thematisch gruppierte Sendungsanalysen

Kollege des Vaters von Kommissarin Eva Saalfeld (Simone Thomalla) ist, die in dem Fall ermittelt und dabei beginnt, sich Gedanken über die Vergangenheit ihrer Familie zu machen. Die persönliche Betroffenheit der Ermittlerin dient einmal mehr als narratives Vehikel zur Verarbeitung brisanten Wissens im »Tatort« (35:16, vgl. Krah 2004, S. 129). Saalfeld findet heraus, dass ihr Vater gemeinsam mit dem zunächst nur Verdächtigen an einem Polizeieinsatz zur Niederschlagung von Protesten gegen die historisch verbriefte Sprengung der Leipziger Paulinerkirche auf Geheiß von SED-Parteikadern im Jahr 1968 beteiligt war. Die exkulpierenden Aussagen ihrer Mutter – »Bei dem Einsatz war er dabei. Weil er musste. Er war schließlich Staatsdiener. So wie du« (35:22) – werden von Saalfeld lediglich in Ansätzen kritisch hinterfragt, aber nicht vertiefend diskutiert. Die Tatsache, dass die Mutter selbst an den Demonstrationen teilgenommen hatte, symbolisiert den tiefen Riss, der die Gesellschaft des untergegangenen deutschen Staates bis in seine kleinste Einheit hinein, die Familie, durchzog.[76] Der Verdächtige bringt das von Saalfelds Mutter etablierte Bild des in »schwierigen Zeiten« anständig gebliebenen Vaters ins Wanken – ein häufiger Topos in erinnerungskulturellen Kontexten (35:22, vgl. Welzer 2010). In einer abendlichen Reflexionssequenz fasst Saalfelds Partner Keppler (Martin Wuttke) die Gemütslage seiner Kollegin zusammen: »Und jetzt quält dich die Frage, ob Papa nicht auch mal zugeschlagen hat und überhaupt, wie das früher so alles war« (35:25). Ob der Vater ein »Prügelbulle« (35:28) wie der Mörder war, bleibt letztlich ungeklärt – wenngleich wahrscheinlich ist, dass er tat, was ihm befohlen wurde, nämlich »kräftig zu[zu]langen« (13:29). Der Frage nach individueller Verantwortung und Moralität in Zeiten von Unfreiheit und Diktatur wird im »Tatort« »Falsches Leben« nicht eingehender nachgegangen.

Der historiografische Aspekt der Devisenbeschaffung in der DDR findet sich in diesem Krimi noch spärlicher ausgestaltet. Bei der detektionstypischen Befragung des seit jeher in Leipzig ansässigen Pensionswirtes durch Keppler klärt der ihn über Sinn und Zweck der »KoKo« (35:45) auf: »Das ist die Truppe vom Schalck-Golodkowski gewesen. Da ging's um Summen, kann ich Ihnen sagen« (35:45). Genaueres erfährt der Ermittler erst durch seine rollenbiografisch (wie auch in der außerfilmischen Realität) aus dem Osten stammende – und damit für die interdiskursive Informationsvergabe qualifizierte – Kollegin Saalfeld im Polizeipräsidium, der Zentrale der Detektion. Eine komische Brechung »entschärft« hier die interdiskursive Vermittlung von historiografischem Faktenwissen:

---

[76] Vgl. »Weißensee« (ab 2010), die erfolgreiche ARD-Serie über die Geschichte einer zerrissenen Familie kurz vor dem Untergang der DDR. Darin spielt Jörg Hartmann, der seit 2012 offiziell für den WDR in Duisburg ermittelnde »Tatort«-Kommissar, einen skrupellosen Stasi-Offizier.

6.4 Thematische Vielfalt: Konsensuelles und Konfliktäres

»K: Sagt dir KoKo was?

S: Ja klar.

K: Ich meine jetzt nicht das Parfum.

S: Kommerzielle Koordinierung. Die gehörten zum Außenhandel. Sollten mit legalen oder illegalen Mitteln Devisen beschaffen. Warum?

K: Ja genau, die haben im großen Stil Kunstwerke und Antiquitäten ins Ausland verhökert. Antiquitätenhandel KoKo« (35:46).

Wozu Vertreter des DDR-Regimes überdies fähig waren, zeigt der interdiskursiv verfasste Erzählstrang des Krimis über die von SED-Parteifunktionären veranlasste Sprengung der damals über 700 Jahre alten Leipziger Paulinerkirche am 30. Mai 1968. Auf der Suche nach der Kunsthistorikerin Prof. Wessel (Thekla Carola Wied), der Mutter des Ermordeten, gelangt Ermittler Keppler in die Räumlichkeiten des seinerzeit im Bau befindlichen Paulinums, der heutigen Aula und Universitätskirche St. Pauli – einem Gebäude der Universität Leipzig, dessen Benennung und Zweckgebung den historischen Ereignissen von damals geschuldet ist. Keppler trifft dort auf einen Restaurateur, dem die Funktionsrolle eines Agenten von Interdiskursivität zukommt. Er klärt den eher uninteressierten und mehr auf den Fortschritt seiner Ermittlungen fixierten, rollenbiografisch als unwissenden Westler markierten Ermittler in lokal koloriertem Sächsisch auf. Vor dem Hintergrund historischer Bildhauereien und weiterer Artefakte kommt es zu folgendem Dialog:

»R: Wir restaurieren hier die geretteten Epitaphe der Paulinerkirche. Sagt Ihnen wohl nischt?

K: Ich such Frau Wessel. Die soll hier arbeiten.

R: Die Kirche stand früher genau hier. 1968 ist sie von der SED gesprengt worden. War nicht sozialistisch genug.

K: Ja, vielleicht war das ganze Land nicht sozialistisch genug.

R: Nu, mir hat's gelangt. Sie meinen Frau Professor Wessel. 1545 wurde sie von Martin Luther [...] zur Universitätskirche geweiht.

K: Frau Wessel, Moment mal.

R: Leibniz, Schumann und Heisenberg haben hier gewirkt!« (35:7).

Den Ermittler scheint die Historie seines Wohn- und Arbeitsortes nicht weiter zu interessieren: Er geht fort, während der Mann noch spricht, was – neben dramaturgischen Notwendigkeiten – für die »Entschärfung« dieses lehrreichen, historiografischen Teils der Kriminarration funktional ist. Interdiskursivität erhält somit den Charakter des Beiläufigen. Eine vertiefende filmische Informationsvergabe zum brisanten Themenkomplex erfolgt später mittels einer Fernsehdokumentation, die Ermittler Keppler sich in seiner Pension auf der Treppe essend und erneut mit nicht ungeteilter Aufmerksamkeit anschaut (35:9). Auf dem »Bildschirm im Bild« sind alte Schwarz-Weiß- Aufnahmen von der Sprengung zu sehen, während eine weibliche Stimme das Gezeigte im *voice-over* innerdiegetisch kommentiert. Keppler als Zuschauer wie auch die Krimiseher an den heimischen Bildschirmen werden so »in einer Beobachterrolle positioniert« (Mikos 2008, S. 239). Auch diese faktenreiche, interdiskursive Sequenz wird zugunsten von Unterhaltsamkeit entschärfend gebrochen: Dies geschieht mittels der latent komischen Ansprache des friedlich schlafenden Pensionswirtes durch Keppler sowie seiner Interaktion mit einem Hund (35:9). Letzteres ist ein in »Tatort«-Krimis häufiger eingesetztes Stilmittel, um das Täterrätsel bzw. den Themenbezug kurzzeitig in den Hintergrund treten zu lassen und den Zuschauern somit eine Pause zu gewähren (vgl. »Familienaufstellung«, RB 2009). Für eine kulturhistorische Bewertung der »Causa Paulinerkirche« sorgt schließlich die qua Statusposition ausgewiesene Expertin, besagte Kunsthistorikerin Professorin Wessel, die auf dem zentralen Augustusplatz vor Fototafeln und dem Hintergrund der Baustelle des Paulinums engagiert Unterschriften und Spenden sammelnd gezeigt wird: »Bitte, helfen Sie uns mit ihrer Unterschrift. Die Sprengung der Paulinerkirche war das größte Kulturverbrechen der Nachkriegszeit. Wir sammeln, haben Sie sich das schon durchgelesen? Wir sammeln für die Restaurierung der Kirche« (35:23). Die Figur der Professorin ist in »Falsches Leben« in besonderer Art und Weise mit der Geschichte der Paulinerkirche verbunden, womit ein weiterer, exemplarisch signifizierter Aspekt verknüpft ist: die Zwangsadoptionen und Folter durch Organe der Exekutive in der DDR. Die Kunsthistorikerin wird am Ende zur Mörderin des Mörders ihres Kindes, den zu töten der Figur aus einem weiteren, rollenbiografischen Grunde naheliegt. Als Agentin von Interdiskursivität vermittelt sie ihrem Gegenüber, dem »unwissenden« Ermittler Keppler aus dem Westen – stellvertretend für die Zuschauer des Krimis – am Beispiel ihrer persönlichen Geschichte Wissenswertes über den Unrechtsstaat DDR. Keppler erfährt zunächst, dass man ihr infolge ihres Protestes gegen die Zerstörung der Paulinerkirche das Kind wegnahm und es ins Heim steckte. Wessel selbst kam ins Zuchthaus, bevor sie in den Westen abgeschoben wurde (35:8, 35:27). Von besonderer Tragik ist die Leidensgeschichte der Professorin am Ende des Krimis. Zu trauriger, die Narration unterstützender Streichermusik erklärt die umständehalber und nicht aus Bösartigkeit zur Mörderin Gewordene sich vor dem Hintergrund des Paulinums gegenüber den beiden Ermittlern (vgl. Mikos 2008, S. 240):

> »Nächtelang hat er mich verhört. Er hat mich gequält. [...] Versuchter Kirchenraub stand in den Akten. Irgendwann war ich am Ende. Ich hab

6.4 Thematische Vielfalt: Konsensuelles und Konfliktäres

alles unterschrieben. [...] Irgendwann war ich im Haftkrankenhaus. Ein Arzt kam zu mir und sagte, dass ich schwanger bin. Das wusste ich gar nicht. Die Geburt war dann im Zuchthaus. Ulf haben sie mir sofort nach der Geburt weggenommen. Ich durfte ihn nicht mal anfassen, nicht mal spüren. Zirner war schuld, dass mein Junge nicht wie andere war. Er hat mich geschlagen, er hat mich getreten, immer wieder, immer wieder, ich hab ihn angefleht, aber ich hab nicht gedacht, dass ich einen Menschen so hassen kann« (35:55).

Die traurige Geschichte der Frau erhält mittels eines *flashbacks* eine stark emotionalisierende, textbezogene Illustration (vgl. »Um jeden Preis«, BR 2009). In gelbstichigen Bildern findet sich in der Rückblende der am einfachsten darstellbare Teil dessen, wovon sie erzählt; drastisch inszeniert in einer für Formen des Geschichtsfernsehens typischen Art der szenischen Nachstellung von Geschehenem (vgl. Schwabe 2009, S. 342): Eine junge Frau mit für die späten 1960er-Jahre typischer Frisur und Kleidung, die von einem nur an einer Narbe auf der Hand erkennbaren Mann geschubst, geschlagen und getreten wird, deren Halskette er zerreißt und die sich den Bauch vor Schmerzen hält (35:55). In den partikularen Moralitäten wie auch in der globalen Moral des Krimis ist der audiovisuelle Text als Anklage gegen die Exzesse diktatorischer Unrechtsstaatlichkeit in der DDR lesbar.

6.4.4 »Gesang der toten Dinge«: Profitgeschäft Esoterik

Die »Tatort«-Folge mit dem elegischen Titel »Gesang der toten Dinge« (BR 2009) ist kein Politainment im herkömmlichen Sinne. In dem launigen Münchner »Krimilustspiel aus der weiten Welt der Esoterik« (Buß 2009j), das im Stil der Münsteraner Krimikomödien inszeniert ist, sehen sich die Ermittler Batic und Leitmayr (Miroslav Nemec und Udo Wachtveitl) mit einem Stück Religion im Fernsehen konfrontiert (vgl. Jecker 2011, Stockinger 2011, 2013). Der Krimi stellt verschiedene Facetten esoterischen (Irr-)Glaubens an Übersinnliches aus und führt deren profitlich lächelnde Nutznießer vor: Pseudowissenschaften, Wahrsagerei, Scharlatanerie, im Krimi vertreten durch einen selbsternannten Professor für »parasensorische Stochastik« (2:11, 2:19), der mit einer Aktienkurse vorhersagenden, kurzberockten Probandin »arbeitet« (2:19), ein im fiktiven Sender »Astral-Time« (2:5) praktizierender, pathetischer TV-Hellseher (André Eisermann), der »in direktem Kontakt mit den Engeln Gabriel und Uriel« (2:10) steht, sowie seine mit »Kristallen und Runen« (2:7) hantierende Kollegin. Mittels einschlägiger Ausstattungsdetails wie gebatikter Kleidung (2:4), verschiedenster Teesorten (2:10, 2:14) und entsprechender Literatur, z.B. »Die

6. Thematisch gruppierte Sendungsanalysen

Wahrscheinlichkeit des Unwahrscheinlichen. Vermessung des Unwägbaren. Entwurf ein extrasensorischen Stochastik« (2:13), findet sich das Milieu der Esoterik charakterisiert. Den Anlass für die Detektion gibt der sich später als Selbstmord herausstellende Tod der Frau des Hellsehers. Der habgierige Professor wird am Ende aufgrund seiner nicht mehr beweisbaren Unschuld und zweier Mordversuche von den Ermittlern aus dem übersinnlichen Verkehr gezogen. Die Selbstbeschreibung seiner Tätigkeit als Deuter seines die Aktienkurse voraussagenden Mediums – »Ich werte nur das Material für meine Kunden aus. Übrigens alles gestandene Broker und Geschäftsleute« (2:19) – bietet für Ermittler Batic die Vorlage zu einem schalen Witz: »Deswegen die Finanzkrise« (2:19). Diese Anspielung auf ein Dauerthema von globaler Relevanz ist weniger Politainment, sondern dient vielmehr der Konstruktion von Komik mittels einer aktuellen diskursiven Bezugnahme.[77]

Die moralische Evaluation des gewinnbringenden Treibens der Figuren, die die Welt der Esoterik repräsentieren, respektive der kontrastiv gestalteten Figur namens Fefi, fällt durch die Ermittler eindeutig aus: Sie werden von ihnen als Betrüger entlarvt und verlacht. Das herausgehobenste Beispiel hierfür in diesem »Tatort«-Krimi wird im Folgenden anhand einer Sequenz beschrieben und analysiert. Es handelt sich um die gemeinsame Arbeit des TV-Hellsehers Remy Pirol und seiner Frau, die Selbstmord beging, in dem »komischen Esoteriksender […] AstralTime« (2:7). Die zwei Kommissare und ihre schweizerische Helferin sichten darin eine Videoaufzeichnung einer der Sendungen. Als »Fernsehen im Fernsehen« handelt es sich dabei um ein Stück »*Selbstreflexivität* [im Sinne einer, H.B.] explizite[n] Thematisierung der filmischen Bedingtheit und Konstruiertheit mit den Mitteln des konkreten Films selbst« (Borstnar et al. 2008, S. 94, Herv. i. Orig.). Sie funktioniert dergestalt, dass die Ermittler sich eine detailgenaue Reinszenierung einer solchen Sendung gemeinsam anschauen, die nach dem Vorbild in der außerfilmischen Fernsehrealität tatsächlich existierender Sendungen gestaltet wurde. Die Ermittler folgen damit einer Spur zu einem Anrufer, der einen Grund für den Mord an der Frau gehabt haben könnte, was sich aber als falsch herausstellen wird und für die weitere Detektionsarbeit dysfunktional ist (2:9, 2:30). Die Sequenz dient einzig der komischen Entlarvung von kommerziellen TV-Sendern à la Astro-TV.[78]

Beim fiktiven »Astral-Time« nutzt in besagtem Mitschnitt ein im bayerischen Dialekt (vgl. Schneider 2012) sprechender, aufgebrachter Mann die kostenpflichtige Hotline, um sich über die Lebensberatung durch das gemeinsam mo-

---

77 Vgl. »Herz aus Eis« (SWR 2009) und »Kinderwunsch« (ORF 2009) (Kapitel 6.1.2 und 6.2.3).
78 Vgl. http://www.astrotv.de (07.02.2012) und die Satiren des Grimme-Preisträgers Oliver Kalkofe zu dem Thema.

6.4 Thematische Vielfalt: Konsensuelles und Konfliktäres

derierende Ehepaar Pirol zu beschweren: Seine Frau habe ihn auf Anraten des »Sehers« verlassen. In einer Laufschrift am unteren Bildrand ist zu lesen: »Doro & Remy kennen Ihre Zukunft! Rufen Sie jetzt an! 649933 (80c/Minute)« (2:9). Dabei sitzt das die Sterne deutende Paar in wallenden weißen Gewändern nebeneinander auf übergroßen Sitzgelegenheiten, umrahmt von allerlei mystisch aufgeladenen Symbolen und Figuren (2:30). Das »Medium« Remy »empfängt« (2:30) im Schneidersitz, mit geschlossenen Augen und bebenden Gesichtszügen, seine Partnerin spricht mit sanfter Stimme. Die Entlarvung des für die Anrufer teuren Unfugs erfolgt durch die im Gegenschussverfahren zur Videoeinspielung gezeigten Ermittler: ihr Schmunzeln, ihr Austauschen vielsagender Blicke, ihr Lachen und Sich-beschämt-Wegdrehen sowie ihr belustigtes Wiederholen von *on-screen*-Gesagtem: »Es war Gabriel« (2:30). Im komiktheoretischen Sinne handelt es sich dabei um ein überlegenes und bestrafendes Verlachen im Sinne Henri Bergsons (vgl. Knop 2007, S. 52):

> »Das Komische entsteht nach Bergson [...], wenn Menschen ihr Gefühl beiseite schieben und lediglich ihren Intellekt spielen lassen und dieses vor allem, wenn als Gruppe zusammengehörige Menschen ihre Aufmerksamkeit auf einen richten« (ebd., S. 53).

Die drei Ermittler befinden sich in der primär der Ratio verschriebenen Zentrale der Detektion, dem Polizeipräsidium. Als normgebende Instanzen der Rationalität entlarven sie mit ihrer distanzierten Haltung das zu Sehende als betrügerischen Unsinn – im Gegensatz zur in der filmischen Repräsentation des Krimis grotesken Irrationalität der Esoterik. Diese von den Vorbildprotagonisten vertretene Position kann als weitestgehend konsensfähig bezeichnet werden. Überdies wird das Funktionsprinzip der Sendung durch den bis zum Schluss naiven Anrufer ad absurdum geführt. Als der »Seher« ihm mit bedeutungsschwerer Stimme voraussagt, er werde schon bald eine neue Frau finden, ist das Als-ob himmlischer Weissagungen nicht mehr aufrechtzuerhalten. Seine Reaktion fällt eindeutig aus: »Leck mich, du Lügner. Ich will die Angie. Ihr habt sie ma vertrieben, und jetzt holt's ihr mir meine Angie wieder ...« (2:30). Der Mitschnitt endet mit dem plötzlichen Abbruch der vermeintlichen ARD-Sendung – das eingeblendete Logo des Ersten befindet sich am rechten oberen Bildrand; ein weiterer Gag, der in diesem Fall mit dem Wissen der Zuschauer um den öffentlich-rechtlichen Auftrag spielt (vgl. Kapitel 2.3).

Der für populäre Narrative typischen kontrastierenden Figurengestaltung entspricht die Figur der gutmütigen »Kräuterhexe Fefi«, verkörpert von Fassbinder-Schauspielerin Irm Hermann. Sie steht in diesem Krimi für andere, differenziertere Facetten des Übersinnlichen. Fefi wird als ältere Dame eingeführt, »die neben gesundheitsfördernden Pflanzen den »Gesang der toten Dinge« sammelt –

das Quietschen einer alten Tür etwa, kurz bevor diese geölt oder repariert wird. Die außerdem einen Hund namens Muhackl hat – bayerisch für »Schlawiner« – und Weisheiten gelassen ausspricht: »Begreifen wollen immer nur die G'scheiten« (Staude 2009a, 2:24). Ermittler Batic wird von ihr über ihre seherischen Fähigkeiten, eine ungewollte Gabe der Natur, aufgeklärt und in ihren Bann gezogen. Dies mündet passenderweise in einer fantastischen, dem Realismusgebot der »Tatort«-Reihe zuwiderlaufenden, Albtraumsequenz (2:23, 2:36, 2:49). Als gleichsam bodenständige wie übersinnlich begabte Frauenfigur fungiert Fefi als Mittlerin zwischen »der Welt der Esoterik und der Welt der Ratio, zwischen dem Irdischen [...] und dem Transzendenten« (Angele 2009). Von einem spleenigen Schulmediziner erfahren die Ermittler, dass sie Krebserkrankungen von Menschen »erkennt« und die Patienten ganz im Gegensatz zu den übrigen Esoterikern in diesem Krimi unentgeltlich zu ihm schickt. Er behandelt dann die von ihr »gesehenen« Krankheiten (2:29). Der Arzt: »Fefi hat mir einen bunten Patientenkreis eröffnet. Alles Leute, die die Schulmedizin verteufeln. Das gibt oft ein Theater, wenn wir die in die CT-Röhre schieben« (2:29). Derart mit der Figur der sehenden Fefi verknüpfte Elemente des Plots betreffen die gesellschaftspolitisch relevante Frage nach der ausschließlichen Existenzberechtigung der Schulmedizin, werden aber nicht vertiefend behandelt. In der »Tatort«-Folge »Rabenherz« (WDR 2009) wird diese Frage im Zusammenhang mit dem Pflegenotstand in deutschen Krankenhäusern ebenfalls thematisiert (vgl. Kapitel 5.3.6). Im »Gesang der toten Dinge« indes bleibt es bei Andeutungen und der textperspektivisch etablierten These, dass der universelle menschliche Wunsch nach wie auch immer geartetem Glauben oder Transzendenz seine Berechtigung hat (2:49).

6.4.5 »Das Gespenst«: Terrorismus

Der nach dem selteneren Prinzip der offenen Täterführung (*whydunit*) konstruierte »Tatort« »Das Gespenst« (NDR 2009) mit der populären Ermittlerinnenfigur Charlotte Lindholm (Maria Furtwängler) aus Hannover ist ein spannender Politthriller und damit Politainment im besten Sinne: Thema ist Terrorismus, der aus radikaler Globalisierungskritik erwächst, und die damit verbundene Frage, wie weit die Organe des Rechtsstaates gehen dürfen, um terroristische Bedrohungen abzuwenden (vgl. Hintermeier 2009a, Heidböhmer 2009b). Bei dem titelgebenden »Gespenst« handelt es sich um eine alte Schul- und Jugendfreundin der Ermittlerin namens Manuela Seehausen (Karoline Eichhorn). Sie ist Mitglied einer terroristischen Vereinigung, die einen afrikanischen Diktator umbringen will, der sich in Deutschland medizinisch behandeln lässt. Der erste

6.4 Thematische Vielfalt: Konsensuelles und Konfliktäres

Versuch schlägt fehl: Zu Beginn des Krimis erschießt Seehausen auf dem Flughafen Hannover im Affekt einen Polizisten. Zugleich arbeitet sie für den niedersächsischen Verfassungsschutz, im Film vertreten durch den als eiskalt und skrupellos gezeichneten Jens Ritter (Hansa Czypionka). Ritter beabsichtigt, mithilfe seiner Informantin die Terrorzelle zu sprengen und ihren Anführer und Vordenker Jens Osburg (Pierre Besson) dingfest zu machen. Vor langer Zeit kaufte Ritter Seehausen aus afrikanischer Geiselhaft frei. Nach ihrer Verhaftung durch Lindholm sorgt Ritter erneut dafür, dass sie auf freien Fuß kommt, um sie weiter für seine Zwecke instrumentalisieren zu können. Seehausen beendet das Doppelspiel, entscheidet sich für den Terrorismus und die Durchführung des Anschlags auf den afrikanischen Diktator. Dabei wird Terrorist Osburg von seinem langjährigen Verfolger Ritter erschossen, und auch Seehausen stirbt im Kugelhagel der Polizei. Zusammenfassend hat es Ermittlerin Lindholm in diesem Krimi mit zwei Gegnern zu tun:

> »Auf der einen Seite die Terroristen, die für eine vorgeblich gute Sache einen Menschen ermorden wollen. Auf der anderen Seite den Verfassungsschutz, der es mit der Einhaltung der Rechtsgrundlagen, die er zu schützen vorgibt, selbst nicht so genau nimmt« (Heidböhmer 2009b).

Die persönliche Bekanntschaft der Ermittlerin mit der Mörderin und ihre damit emotionale Betroffenheit entspricht der von Hißnauer et al. (2012) für die im Zeitraum zwischen 2001 und 2008 im »Tatort« feststellbaren »Tendenz zur Individualisierung und Privatisierung der Ermittlerfigur[en]« (ebd., S. 161, vgl. Krah 2004, S. 129). Maria Furtwänglers Figur der Charlotte Lindholm ist ein prototypisches Beispiel für diese Entwicklung. Seien es ihre Liebesbeziehungen wie die mit dem Staatsanwalt Tobias Endres, die tragisch endete (Hannes Jaenicke, vgl. u.a. »Atemnot«, NDR 2005), ihre rollenbiografische Verbindung zur Region Lüneburg und dem Wendland (vgl. »Salzleiche«, NDR 2008) eingedenk ihrer Anti-AKW-Vergangenheit oder ihre Schwanger- und Mutterschaft (vgl. »Das namenlose Mädchen«, NDR 2007): Wie andere Ermittlerfiguren auch, sieht sie sich in der Krimihandlung häufig mit privaten Angelegenheiten konfrontiert und ist dabei vielfältigen emotionalen Belastungen ausgesetzt. In der Figur fließen dann je nach Einzelfall Privates, Detektionsrelevantes und Thematisches ineinander. In Konfrontation mit gesellschaftspolitischen Problemlagen zeigt sie sich aufgrund ihrer Rollenbiografie häufig persönlich betroffen, was einen zentralen Teil der emotionalen bzw. empathischen Dimension von Politainment in derart konstruierten Krimis ausmacht und im Zuge dessen dazu beiträgt, die ethische Dimension umso glaubwürdiger und interessanter zu gestalten (vgl. Dörner 2001, S. 240, Wulff 2002a):

6. Thematisch gruppierte Sendungsanalysen

»Der Kniff, Charlotte Lindholm immer wieder persönlich ins politisch motivierte Verbrechen mit einzubeziehen, ist so einfach wie effizient: Wo keine bequeme Distanz herrscht, muss das moralische Urteil hart erkämpft werden« (Buß 2009k).

Dieses Rollenmerkmal hat Lindholm beispielsweise mit der dienstälteren Bremer »Tatort«-Kommissarin Inga Lürsen (Sabine Postel) gemein, deren studentenbewegte Vergangenheit unter anderem in der Folge »Schatten« (RB/Degeto 2002), im Zusammenhang mit dem Tod Ulrike Meinhofs, eng mit der Detektionshandlung verwoben ist und ihr Anlass zu nostalgischen Rückblicken wie auch kritischer Selbstreflexion gibt.

In der Folge »Das Gespenst« ist Charlotte Lindholms Antagonistin ihre auf Abwege geratene alte Freundin Manuela Seehausen. »Lotte und Manu« (16:18) waren einst unzertrennlich. Von ihrer fiktionalen wie tatsächlichen Mutter (Lindholms Mutter wird von Furtwänglers außerfilmisch-realen Mutter Kathrin Ackermann gespielt) erfährt die Ermittlerin, dass die verlorene Freundin nach dem Studium der Medizin nach Afrika ging, »zu ›Helfer für Afrika‹ oder irgend so was« (16:18). Die auf die Handlung bezogene Charakterisierung und Psychologisierung der Problemprotagonistin erfolgt somit über die filmische Informationsvergabe biografischer Details durch ihr nahestehende Figuren in entsprechenden Funktionsrollen (vgl. Mikos 2008, S. 171). Lindholm sucht nicht nur ihre eigene Mutter, sondern auch die Mutter der Terroristin in ihrem Haus in Reppenstedt auf: »Reppenstedt? – Ja, ein Kaff bei Lüneburg, unser Heimatort« (16:11). Die Titulierung des Ortes Reppenstedt als »Kaff« veranlasste den realen Bürgermeister des kleinen Ortes dazu, einen Protestbrief an die »Kommissarin« Maria Furtwängler zu schreiben und sie in seine kleine Gemeinde einzuladen. Die Visite kam wegen terminlicher Probleme der Schauspielerin zwar nicht zustande, der Bürgermeister wurde von ihr zur »Wiedergutmachung« aber auf den Roten Teppich des Filmfestes Hamburg gebeten, wo er sichtlich stolz mit ihr für die Fotografen posierte. »Bürgermeister im Blitzlichtgewitter« lautete hierzu die Überschrift zu einem Artikel im Lokalteil der LÜNEBURGER LANDESZEITUNG (14.10.2009, S. 4). Die Anekdote zeigt die stets von Neuem festzustellenden Schwierigkeiten von Rezipienten, den fiktionalen Kern realitätsnaher Medientexte anzuerkennen. Der Fall steht beispielhaft für viele, in denen Menschen ihre Stadt oder ihre Region im »Tatort« nicht korrekt repräsentiert sehen (vgl. Wenzel 2000). In »Das Gespenst« gehört das kleine Reppenstedt für die Ermittlerin Lindholm zu den Orten ihrer Kindheit, wohin sie zurückkehrt, um nach den Gründen und Motiven für das Handeln ihrer damaligen Freundin zu suchen. Die Heldin begibt sich auf die Reise (16:19, vgl. Krützen 2004, S. 63). Der folgende Dialog zwischen ihr und Manuela Seehausens Mutter findet im Jugend-

6.4 Thematische Vielfalt: Konsensuelles und Konfliktäres

zimmer der Mörderin statt, vor einer im Hintergrund zu sehenden Collage. Die szenenbildnerische Gestaltung dieses Ausstattungsdetails ist eine der zentralen Informationsquellen zur rekonstruktiven Charakterisierung der Figur (vgl. Platten 2010, S. 324, Mikos 2008, S. 231). Die Collage besteht aus ikonischen Bildern, Fotos und zum Teil selbst gebastelten Slogans.[79] Der Krimi bedient sich dabei des ikonografischen Erbes verschiedener Protestbewegungen und Lebensstile der 1960er-, 1970er- und teilweise der 1980er-Jahre (vgl. Mikos 2010, S. 219): Als Lindholm einen Brief Manuelas liest, den die Mutter ihr überreicht hat, ist der Blick auf die Wand für die Zuschauer gänzlich frei. Che Guevara ist dort gleich dreimal vertreten, in Variationen des berühmten Bildes von Alberto Korda vom 5. März 1960: jener »globalen Protestikone des 20. Jahrhunderts« (Lahrem 2008), die in populärkulturellen Repräsentationen von Protestkultur und/oder Terrorismus immer wieder als willkürlich eingesetztes visuelles Stereotyp herhalten muss.[80] Des Weiteren sind auf der Collage vergilbte Jugendbilder zu sehen. Während Manuela Seehausens Tätigkeiten in Afrika durch ihre Stimme im »Off« (Hickethier 2001, S. 107) geschildert werden – »Meine Tage verbringe ich damit, so alltägliche Dinge zu organisieren: sauberes Wasser, Medikamente für die Kleinen« (16:19) –, fährt die Kamera die Collage ab. Nacheinander bzw. gleichzeitig sind zu sehen: »Stop War«, ein Mann in einem VW-Bus, die Siegerehrung nach dem 200-m-Lauf bei den Olympischen Spielen 1968 in Mexiko, bei der die farbigen Amerikaner Tommie Smith und John Carlos ihre schwarz behandschuhten rechten Fäuste auf dem Siegerpodest stehend in die Luft recken. Dies war das Zeichen der radikalen Black-Power-Bewegung, die sich für die Rechte Farbiger einsetzte. Das in der Collage folgende Bild ist ein Button eben jener Black-Power Bewegung, flankiert von der Flagge Vietnams, daneben wieder der halbtonlose Che Guevara mit dem Slogan der kubanischen Revolution »Hasta la victoria siempre« (»Bis zum immerwährenden Sieg«) darunter, gefolgt von einem Schwarz-Weiß-Foto von einem jungen Mann mit langen Haaren und dünnem Oberlippenbart, der Haarmode der 1970er-Jahre. Schließlich eine postkartengroße Montage, bestehend aus einer die Form Afrikas andeutenden Fläche, vielen Menschenbildern und dem Kopf des jungen südafrikanischen Bürgerrechtlers Nelson Mandela, dessen Name in Versalien darunter zu lesen

---

79 Im Krimi und insbesondere auch im Serienkillerfilm finden sich derartige Collagen häufig zum Ausweis des obsessiven Wahns der Täter, die durch handschriftliche Kommentare und Zeichnungen ergänzte Bilder, Zeitungsausschnitte und Notizen über ihre (potenziellen) Opfer an einem zentralen Ort sammeln. Derartige Zusammenstellungen sind dann häufig in einem *mad room*, einem einzig der Kultivierung des Bösen dienenden Ort des Verbrechens versammelt.
80 Vgl. »Mogadischu« (2008, Regie: Roland Suso Richter), den mit dem Deutschen Fernsehpreis ausgezeichneten teamWorx-Fernsehthriller, in dem die Entführer Poloshirts mit einem aufgedruckten Konterfei des kubanischen Revolutionärs tragen.

ist. Die Begründung für den Weg der jungen Frau in den Terrorismus bleibt trotz alledem diffus und auf wenige Aspekte beschränkt. Neben ihrem in besagtem Brief geäußerten Wunsch, etwas bewegen zu wollen – »Aber wir werden nicht länger tatenlos zusehen. Wir werden etwas tun. Eines Tages werde ich euch alle noch mal überraschen« (16:19) –, und ihrer Radikalisierung nach ihrer Entführung (16:29) gehört dazu eine globalisierungskritische Aussage der Täterin in der Schlüsselsequenz des Films. Lindholm und Seehausen sitzen darin gemeinsam nackt in der Badewanne, während die Terroristin die Ermittlerin mit einer Waffe in der Hand bedroht und die Gründe für ihr Handeln darlegt:

>»S: In der Provinz Batangar sind zweieinhalb Millionen Menschen umgekommen. Der Krieg wird künstlich am Leben gehalten, damit das Coltan außer Landes gebracht werden kann. Das ist Afrika.
>
> L: Coltan?
>
> S: Weil die Chips in den Handys ohne dieses Edelmetall nicht funktionieren, die ganze Unterhaltungsbranche ohne Coltan nicht funktioniert, deswegen. Es geht also um Unterhaltung. Zur Unterhaltung der reichen Länder sterben dort jeden Tag tausend Menschen. Deswegen tue ich das« (16:39).

In der Tat, es geht in diesem Fernsehkrimi primär um spannende Unterhaltung. »Die unterhaltsame Aufklärung« (Weber 1992) im Modus der Interdiskursivität erfolgt in dem doppelbödigen Dialog durch eine zwar ausgewiesene, da vor Ort gewesene Expertin, deren Glaubwürdigkeit allerdings aufgrund ihrer Rolle als Mörderin und wieder zum Morden bereite Terroristin infrage steht. Die von Unwissenheit zeugende, »Tatort«-typische Nachfrage der Ermittlerin, »Coltan?« (16:39), ist ein Teil ihrer Funktionsbestimmung im Rahmen dieses nicht weiter vertieften, rudimentär bleibenden Gegenstands filmischer Interdiskursivität in diesem Krimi.

Die televisuelle Kennzeichnung der Attentäter als Terroristen erfolgt mittels einschlägiger konventioneller Situationen, Ausstattungsmerkmale und Handlungsorte, die ihrerseits auf Elemente filmischer (Re-)Inszenierungen der Auseinandersetzung mit dem RAF-Terrorismus verweisen, die einem breiten Publikum aus Spielfilmen und Dokudramen bekannt sein dürften (vgl. Schweinitz 2006, S. 84): Eine konspirative, schäbige Wohnung in einem anonymen Häuserblock (16:7), der sich mit Anzug und Vollbart tarnende Terrorist (16:17), nervöses Sichumschauen im öffentlichen Nahverkehr (16:22), eine Gartenlaube als neues Versteck (16:24), Entwicklungen von gutem, sozialem zu bösem, mörderischem Engagement (16:28), Observationen von Opfern (16:33), gegenseitiges Misstrauen und Fragen der Loyalität innerhalb der Gruppe (16:38) sowie die Vorbereitung und Durchführung eines Anschlags (16:55). Der Film vertraut bei der

6.4 Thematische Vielfalt: Konsensuelles und Konfliktäres

kargen Inszenierung der Terroristen auf die Sujet- und Genrekenntnis der Zuschauer (Mikos 2010, S. 217).[81]

Die Frage, wie weit die Organe des Rechtsstaates gehen dürfen, um terroristische Bedrohungen abzuwenden personifiziert in diesem Krimi die Figur des eiskalten Verfassungsschützers Jens Ritter. Zur Erreichung seines Ziels, den Topterroristen Osburg festzusetzen, ist er bereit, jegliche Form von Rechtsstaatlichkeit und Regelkonformität über Bord zu werfen. Damit wird er zum zweiten Antagonisten Charlotte Lindholms. Ritter löscht die Aufnahmen der Überwachungskameras am Flughafen, verhindert damit die Überführung der Mörderin (16:12) und sieht sich zu keinem Zeitpunkt an die gegebenen Rechtsnormen gebunden. Gegenüber seiner Gegenspielerin Lindholm äußert er:

»Glauben Sie mir, ich weiß gute Polizeiarbeit zu schätzen. Aber sie hat auch ihre Grenzen. Sie sind an das Legalitätsprinzip gebunden, ich bin auf diesem Gebiet ein wenig, sagen wir, kreativer, als Sie sein dürfen« (16:13).

Außerdem: »Keiner darf sich so sicher sein, wo unsere Grenzen sind. Wir müssen unberechenbar werden, zu allem fähig. Nur so werden wir denen wirklich ebenbürtig« (16:34). Schließlich unterlässt Ritter es sogar, Lindholm in einer lebensbedrohlichen Situation zu helfen (16:54) und zieht den Tod der Terroristen ihrer Verhaftung vor (16:57). Dies lässt die Figur Ritter und die von ihr vertretenen Werte in der textperspektivisch etablierten Vorzugslesart des Films als eindeutig böse und verachtenswert erscheinen. Die zentrale (und oftmals brüchig gewordene) Moral des Krimigenres – »Verbrechen lohnt sich nicht!« – findet sich hingegen durch das entschiedene Handeln von Ermittlerin Lindholm bestätigt und ergänzt um ein indirektes Plädoyer für Rechtsstaatlichkeit und Gesetzestreue auch beim Umgang mit Terroristen.

Die Zeichnung des Verfassungsschützers Ritter und seiner Machenschaften stieß bei Amtsträgern in der außerfilmischen, niedersächsischen Welt auf wenig Verständnis. Ähnlich der den fiktiven Fall betreffenden »Causa Reppenstedt« beschwerten sich der Chef des niedersächsischen Verfassungsschutzes, Günther Heiß, sowie Niedersachsens Innenminister Uwe Schünemann (CDU) über den Film. Letzterer sprach vom »schlechtesten Tatort, den er je gesehen« habe, und Heiß schrieb am Mittwoch nach der Erstausstrahlung einen Brief an die Schauspielerin Maria Furtwängler, in dem er sich über die »völlig unrealistische Darstellung des Verfassungsschutzes« im »Tatort«-Krimi »Das Gespenst« beschwerte (Spiegel Online 2009). Der den Film verantwortende NDR reagierte:

---

81 Vgl. »Der Baader Meinhof Komplex« (2008) von Uli Edel und »Todesspiel« (1997) von Heinrich Breloer.

> »Eine Sprecherin des NDR betonte, es gehe um einen Krimi und damit
> ›um Fiktion und kein Abbild der Arbeit des Verfassungsschutzes‹. Au-
> ßerdem habe sich der NDR professionell beraten lassen und das Dreh-
> buch vorab an das niedersächsische Landeskriminalamt geschickt. ›Eine
> Reaktion haben wir von dort allerdings nicht erhalten‹, erklärte der Sen-
> der. Zudem sei man sicher, dass die Zuschauer Fiktion von Realität un-
> terscheiden könnten« (ebd.).

Die zitierte Vertreterin des NDR bringt es auf den Punkt: Weder dieser noch ein anderer Fernsehkrimi kann jemals die Realität »abbilden« oder »spiegeln«. Die filmische Repräsentation des Fernsehfilms liefert für die Zuschauer potenziell unterhaltsame Erlebnisangebote und/oder Denkanstöße zu einem brisanten Thema, das im Zuge der weltweiten terroristischen Bedrohung von gesellschaftspolitischer Relevanz ist (vgl. Hißnauer 2011, S. 29, Mikos 2008, S. 23). Als Politainment betrachtet, »insistiert [der filmische Text, H.B.] auf kritische Aufmerksamkeit als wichtigem Grundton der politischen Existenz« (Dörner 2001, S. 242) in demokratischen Gesellschaften und entspricht damit seiner öffentlich-rechtlichen Provenienz.

6.4.6 »Altlasten«: Alter, Demenz, Tod

In der nach den Weihnachtsfeiertagen 2009 erstausgestrahlten Jubiläumsfolge »Altlasten« (offiziell ist es die 750.) geht es um die brisanten Themen im Zusammenhang mit alten Menschen, die zur Last werden, namentlich um »Demenz, Verantwortung und den Generationenkonflikt« (Buchner 2009k), um Abrechnungspraxen im Gesundheitswesen, Erbregelungen sowie um Fragen nach einem selbstbestimmten und würdevollen Lebensende. In der genreuntypischen, da gänzlich von physischer Gewalt freien Folge ermitteln die Stuttgarter Kommissare Lannert und Bootz (Felix Klare und Richy Müller) im Fall eines 84-jährigen Mannes: Obwohl dieser unter zahlreichen alterstypischen Erkrankungen litt, starb er eines unnatürlichen Todes – was der behandelnde Hausarzt nicht erkannte. Der vermeintliche Mord entpuppt sich am Ende als geplanter Suizid, den der Senior gemeinsam mit seiner ebenfalls betagten Frau beging. Die demente Dame überlebt den gemeinsamen Selbstmordversuch, kann sich später aber nicht mehr daran erinnern. Das zum Beginn der meisten Krimis stehende Ende eines Lebens, der – zumeist, aber nicht immer gewaltsam herbeigeführte – Tod, markiert in diesem Film den Auftakt der filmischen Auseinandersetzung mit dem natürlicherweise vorangehenden Lebensabschnitt: dem Alter(n) (vgl. Küpper 2010). Was der Medienwissenschaftler Marcus S. Kleiner über Altersbilder im populären Film schreibt, gilt auch für den »Tatort« »Altlasten«:

6.4 Thematische Vielfalt: Konsensuelles und Konfliktäres

»Populäre Kulturen, hier am Beispiel des populären Films, als einflussreiche Felder kultureller Produktion und Rezeption, können als kulturelles Gedächtnis im Umgang mit dem Alter(n) fungieren bzw. als Altersbilder, die die Gestaltung von Altersrollen und Altersidentitäten (affirmativ und/oder kritisch) anregen. [...] Zudem können populäre Kulturen zu Aufschreibesystemen und Artikulationsinstanzen für individuelle Auseinandersetzungen mit dem Alter(n) bei den Zuschauern werden, wodurch verstärkt zur öffentlichen Thematisierung angeregt, also die Selbstbeobachtung und Selbstbeschreibung der alternden Gesellschaft mitbestimmt, zumindest aber die individuelle Beschäftigung mit diesem Thema angereichert werden könnte« (Kleiner 2012, S. 42).

Denkanstöße und Informationen im anrührend unterhaltsamen Gewand bietet »Altlasten« – »Der traurigste Tatort aller Zeiten!« (BILD vom 28.12.2009) – reichlich. Die Alzheimererkrankung der Witwe macht die Figur zu einer Problemprotagonistin par excellence. Die alte Dame verwechselt Namen (28:7), verfällt in Abwesenheit (29:8) und vergisst vieles, kurzzeitig sogar, dass ihr Mann tot ist (29:48). In den zahlreichen, behutsam inszenierten Sequenzen, in denen Kommissar Lannert auf sehr sensible Art und Weise versucht, etwas von der alten Frau zu erfahren, sagt sie einmal, ihr Mann sei »de-reagiert« (28:10) gewesen: Sie bildet ein Fantasiewort, verfügt also über ein partiell eingeschränktes Sprachvermögen. An anderer Stelle fragt sie den Ermittler nach einem »Nasentrockner« (28:55) und bezeichnet die Galerie ihres Sohnes als »Bilderhausgeschäft« (28:48) – ein weiterer umschreibender, streng genommen falscher Begriff. Wie viele Alzheimerkranke gebraucht sie eine »bild- oder gleichnishafte Ausdrucksweise [...], um auf den Begriff zu bringen, was geschieht« (Wulff 2008, S. 231). Ihren eigenen Zustand umschreibt sie folgendermaßen: »Es schneit in meinem Kopf, und ich kann nichts dagegen machen« (29:55). Die Inszenierung ihres traurigen Blickes in den Spiegel symbolisiert den beginnenden Identitätsverlust aufgrund der Alzheimererkrankung, dessen sie sich in lichten Momenten bewusst ist. Der Ermittler als Vorbildprotagonist hilft der verzweifelten Witwe bei der Trauerarbeit. Er offenbart ihr, dass auch er um das Leid von Hinterbliebenen weiß, und erzählt ihr von dem Verlust seiner eigenen Familie. Die seit der Stuttgarter »Tatort«-Folge »Tödliche Tarnung« (SWR 2009) rollenbiografisch fest verankerte, weit klaffende *backstory wound* (vgl. Krützen 2004, S. 34) des Ermittlers ist für die Ausfüllung seiner Rolle als Vorbildprotagonist funktional. Die Witwe reicht ihm die Hand, die er mit beiden Händen festhält, und wird sich des Verlustes unter Rückgriff auf eine krankheitstypische »Basis-Erinnerung« (Wulff 2008, S. 229) kurz bewusst.

6. Thematisch gruppierte Sendungsanalysen

In der darauffolgenden Sequenz erfährt die Tochter durch den behandelnden Arzt von der Alzheimererkrankung ihrer Mutter. Zur Rede gestellt, behauptet die alte Dame unter Ausblendung der Konsequenzen für ihre Familienangehörigen, es sei ganz allein ihre Angelegenheit (29:49). Damit ist ein weiteres Symptom der Alzheimerkrankheit thematisiert, der häufig zu beobachtende Egoismus der Erkrankten (vgl. Wulff 2008, S. 229). Im Anschluss diskutieren zwei der erwachsenen, genregemäß aufgrund des zu erwartenden Erbes tatverdächtigen Kinder, was mit der Mutter geschehen soll:

»S: Und, was machen wir jetzt?

T: Keine Ahnung.

S: Weißt du, was da auf uns zukommt? Alzheimer?

T: Das heißt Rundumbetreuung.

S: Müssen wir ein richtig gutes Pflegeheim für sie finden.

T: Wir können Mama doch nicht einfach in 'n Heim abschieben.

S: Warum nicht? Da hat sie die beste Betreuung, und das von Leuten, die dafür ausgebildet sind. Was ist daran so schlimm? Vor allem ist sie nicht allein.

T: Nein. Das können wir Mama nicht antun.

S: Also gut, dann nehme ich sie auf.

T: Ah ja. Du willst für sie einkaufen, kochen, Essen pürieren, füttern, Zähne putzen, eincremen, ihr den Hintern abwischen. Aber das ist Pflege, Peter. So sieht's dann aus.

S: Hast du Vater …? Ich meine, ich könnt's verstehen« (28:51).

Es handelt sich bei dem Dialog um eine an dem exemplarischen Einzelfall festgemachte, aber über die Fiktion hinausweisende, prototypische Diskussion um den Umgang mit alten und/oder kranken Menschen. Die Verhandlung des ethischen Problems erfolgt in einer typischen »Dichotomie von Pro und Kontra« (Wulff 2001, S. 256, vgl. Ziemann 2011, S. 243), einem häufigen Modus bei der Dramatisierung moralisch-ethischer Aspekte im Fernsehen. Er dient der einfachen Verständlichkeit und geht auf Kosten tiefer gehender Diskussion und Differenziertheit. Die interdiskursive Informationsvergabe zum Themenkomplex Alzheimer ist in »Altlasten« in der Summe auf frühe Symptome der Krankheit beschränkt. Die Auslassung von späteren Symptomen der Krankheit, insbesondere die komplette Auflösung des Subjektes, das unwiederbringliche Verschwinden der Persönlichkeit bis hin zur kompletten Teilnahmslosigkeit, weist neben der genrenotwendigen Komplexitätsreduktion auf eine Inkonsequenz bei der Behandlung des Themas hin (vgl. Wulff 2008, S. 229). Der Genretext belässt es bei der Dramatisierung eines frühen Stadiums der Alzheimerkrankheit in zarten

6.4 Thematische Vielfalt: Konsensuelles und Konfliktäres

Andeutungen und blendet ihren weiteren, grausamen Verlauf aus. Die filmische Informationsvergabe zum Thema Alzheimer ist in »Altlasten« deshalb nicht nur als eingeschränkt, sondern auch als grob verzerrend zu bezeichnen. Was Alzheimer in letzter Konsequenz aus Menschen macht, bleibt in der Spielhandlung des Krimis unerwähnt. Stärker als die filmische Informationsvergabe von »harten« Fakten zur Krankheit Alzheimer wiegt die emotionale Anrührung der Zuschauer (vgl. Hickethier 2007, S. 105). Die in der Vorzugslesart des Textes nahegelegten Emotionen sind Mitleid und Verständnis für das Leid der Kranken. Dies geschieht vor allem mittels der Darstellung des einfühlsamen Verhaltens des Kommissars Lannert gegenüber der betroffenen Witwe. Mit der vorbildlichen Figur des Kommissars wird damit eine Modellidentität angeboten, die in der mikropolitischen Sphäre des alltäglichen Umgangs mit alten kranken Menschen humane Werte wie Verständnis und Einfühlungsvermögen propagiert (vgl. Dörner 2001, S. 241).

Auf ähnliche Weise vorbildlich ist das Verhalten beider Ermittler in einem Pflegeheim. Hier suchen sie den ebenfalls zum Kreis der Tatverdächtigen zählenden Hausarzt des Toten auf. Die Sequenz ist das szenisch-narrative Komplement zu jener, eine halbe Stunde Krimi-Erzählzeit früher gezeigten, in der die beiden betroffenen »Kinder« die Möglichkeit einer Heimunterbringung ihrer Mutter diskutieren. Sie beginnt mit einem *establishing shot* auf die Stadt Stuttgart, die Kamera schwenkt über Gebüsch und Geäst nach unten rechts, fängt die Kommissare ein und verfolgt sie in der Halbtotalen bis zum Eingang des Heimes. Dort markieren zwei alte Menschen, ein Mann im Rollstuhl und eine Frau mit Rollator, den Ort als das, was er sein soll. Nach dem Schnitt befinden sich die Ermittler im Gebäude und weitere alte Menschen kreuzen ihren Weg, als sie herein- und auf die Kamera zukommen. Die alten Menschen fungieren als visuelle referenzialisierende Zeichen: Sie sind Träger von »Referenzanweisungen« (Bauer 1992, S. 40) die dazu dienen, »filmische Zeichen auf reale Objekte und Sachverhalte zu beziehen und den Zeichen dadurch Bedeutung zuzuweisen« (ebd.). Mittels weniger filmischer Details können die Zuschauer die gesamte Szenerie somit als bewohntes Altenheim identifizieren. Mit dem Überschreiten der Türschwelle des Altenheims betreten die Ermittler die so thematisch markierte Sphäre und agieren auch darin als »Vorbild-Protagonisten« (Wulff 2001, S. 256): Sie finden den Arzt nicht, gelangen aber in ein Zimmer, in dem eine Pflegerin sich um einen alten Mann kümmert. Die Kommissare müssen in dem sich eröffnenden Handlungsraum agieren. Die unverständlichen Laute des Mannes erfordern von den Ermittlern eine Reaktion und beide tun intuitiv das Richtige. Sie halten ihm die Hände und erfahren von der Pflegerin, dass die Familie des alten Mannes keine Zeit hat, sich um ihn zu kümmern. Während sie dies sagt, tun die Kommissare genau das, was die Angehörigen des alten Mannes eigentlich tun sollten. In ihrer Rolle als Norminstanzen demonstrieren sie so wünschenswertes Verhalten. In ihrem Status als Protagonisten des Aufklärungsgeschehens bieten sie den Zuschauern zugleich eine moralisch richtige Position an (vgl. Mikos 2008, S. 176, Wulff 2001, S. 256).

Im Zuge der Ermittlungen im engeren Umfeld des Toten beschäftigen sich die Kommissare auch und wiederum genretypisch mit seinem Testament (28:23). Kommissar Bootz zeigt sich während eines in der Polizeikantine beiläufig geführten Gesprächs darüber verwundert, »dass es kein Berliner Testament ist« (28:47). Er führt aber nicht näher aus, was es damit auf sich hat. Dass sich nach dem Berliner Modell beide Ehepartner gegenseitig als Alleinerben bestimmen und erst mit dem Tod des zuletzt Verstorbenen Dritte, die Kinder, berücksichtigt werden, erschließt sich nur indirekt. Die interdiskursive Informationsvergabe zum Erbrecht bleibt zunächst uneindeutig. Dass es sich beim Berliner Modell um das Gegenmodell zum geschilderten Einzelfall handelt, wird nur bedingt deutlich. Die weitere Wissensvergabe erfolgt dann auf der Ebene des Privatlebens des Ermittlers. Bootz sagt über das Modell des Berliner Testaments, seine Frau und er hätten »so etwas gemacht«. Auf Nachfrage seines Partners führt er aus, welche Vorkehrungen ihrerseits getroffen wurden: »Ja, na klar, wir haben alles geregelt. Testament, Versorgungs- und Betreuungsvollmacht. Schon allein wegen der Kinder. Du nicht?« (28:47). Die entsprechenden Begrifflichkeiten werden nicht näher spezifiziert. Angesichts der Tatsache, dass der junge Kommissar Bootz als Norminstanz fungiert, lässt sich die Frage am Ende seiner Figurenrede als Appell lesen. Die Zuschauer können sich dazu aufgefordert fühlen, sich – auch im jungen Alter – mit erbrechtlichen Fragen auseinanderzusetzen (vgl. Newcomb/Hirsch 1986, S. 183).

Zur ethischen Grundfrage, wie mit älteren Arbeitnehmern umzugehen ist, die nicht mehr die Leistung der Jüngeren erbringen können und nicht über den entsprechenden Bildungsstand verfügen, um technischen Entwicklungen am Arbeitsplatz (PC-Kenntnisse) gerecht zu werden, bietet die Kriminarration eine komisch gebrochene Antwort an. Am Beispiel der alten Sekretärin des tatverdächtigen Schwiegersohns des Toten legt der Film eine eindeutige Lesart nahe: Jung und Alt passen am Arbeitsplatz nicht immer zusammen (28:52, 28:56). Zum Wohle der Firma kann es im Sinne dieser Lesart daher notwendig sein, einen alten Arbeitnehmer frühzeitig, aber sozial verträglich aus dem Arbeitsleben ausscheiden zu lassen und in den Ruhestand zu schicken. In »Altlasten« stehen die Korrektheit und Integrität des Arbeitgebers gegenüber der alten Frau außer Frage, da er sowohl aufgrund seiner Tätigkeit als Anwalt zu differenzieren weiß als auch hinsichtlich seines behinderten Sohnes die richtigen Entscheidungen getroffen hat (28:57). Besagter Sohn mit Trisomie 21 (Tim Krebs) wird in »Altlasten« von seiner Mutter nicht als »behindert«, sondern als »besonderes Kind«

6.4 Thematische Vielfalt: Konsensuelles und Konfliktäres

(28:39) bezeichnet. Der als verspielt, gewitzt und liebenswürdig gezeigte Junge wächst gemeinsam mit seiner nicht behinderten Schwester auf (28:9), der zuweilen weniger elterliche Aufmerksamkeit zuteilwird als ihm (28:27, 28:54). Er ist für seine ebenso fürsorgliche wie karrierebewusste Mutter auch eine Belastung (28:19, 28:21, 28:37) und wird von seiner Familie umsorgt und geliebt (28:54, 28:57). Bei der Nebenfigur des behinderten Sohnes handelt es sich um eine in Fernsehspielen und Serien, vor allem in Geißendörfers »Lindenstraße«, vielfach erprobte »natürliche Einbeziehung des Down-Syndrom-Kindes in eine Spielhandlung, die sich keinesfalls ausschließlich, oder auch nur primär« (Radtke 2003, S. 146) um den Behinderten selbst dreht.[82] Die Figur des Jungen erfüllt in der Krimihandlung von »Altlasten« in erster Linie die Funktion, die berufliche und familiäre Belastung der karrierewilligen Tochter des Toten zu veranschaulichen. In zweiter Linie dient sie der Befestigung konsensueller Wertdispositionen. Die filmische Repräsentation zeigt auf, was im Zusammenhang mit behinderten Kindern als problematisch, aber sagbar gilt. Der filmische Text wirkt somit differenzierend an der gesellschaftlichen »Konsonanzbildung« (Dörner 2001, S. 103) mit, bietet Orientierung und macht konsensuelle Wertdispositionen sicht- und verhandelbar. Die filmischen Sag- und Sichtbarkeiten können so zur »Herausbildung eines öffentlichen Meinungskonsenses« (ebd.) beitragen bzw. einen bereits vorhandenen befestigen.

Im genreobligatorischen Verhör des Anwalts, der wie alle erwachsenen Familienangehörigen mordverdächtig ist, kulminiert die zuvor beiläufige Beschäftigung mit dem behinderten Jungen in einer Demonstration ethisch richtigen Verhaltens über den Einzelfall hinaus (28:57). Seine Fähigkeit, differenzierend zu argumentieren, hatte er bereits zuvor schon im Hinblick auf den Umgang mit seiner ältlichen Sekretärin bewiesen, und auch jetzt spricht er von einer klaren »Haltung« in Bezug auf die »anständige« Strafverteidigung, auch eines Sexualstraftäters, womit ein weiteres Themenfeld eröffnet ist, das aber in dieser Folge nicht bestellt wird, sehr wohl aber in anderen »Tatort«-Folgen, wie etwa der herausragenden »Nie wieder frei sein« (BR 2010). Bevor sich der Anwalt zu seinem Sohn äußert, insistiert er auf der Möglichkeit von Meinungspluralismus. Es müsse »doch wohl möglich sein, dass es in einer Familie zwei unterschiedliche Haltungen gibt« (ebd.). Derartige Aussagen stellen das »Einverständnis des Adressaten« (Wulff 2001, S. 256) implizit her. Es handelt sich um eine moralische Position, die kaum abzulehnen ist. Sein Plädoyer für eine Vielfalt an Meinungen und Haltungen innerhalb einer Familie dehnt der Anwalt in der Folge auf den Umgang mit seinem behinderten Sohn Olli aus:

---

82 Vgl. den Pädophilie-»Tatort« »Schrott und Totschlag« (SWF 2002) mit Rolf »Bobby« Brederlow, einem Schauspieler mit Trisomie 21.

> »Wissen Sie, wenn ich ehrlich sein soll, wenn es nach mir gegangen wäre, dann würde mein Sohn Olli heut gar nicht leben. Als wir damals erfuhren, dass er wahrscheinlich Trisomie 21 haben wird, da war ich ganz klar für eine Abtreibung. Aber das kam für meine Frau und ihre Familie nicht infrage. Heute bin ich allen unsagbar dankbar für ihre sture Haltung. Olli ist wirklich das größte Geschenk, das man sich vorstellen kann. Ich begreife jeden Tag durch ihn, wie herrlich das Leben sein kann. Ich hab viel daraus gelernt. Vor allem: Toleranz« (28:57).

Vom verhörten Mordverdächtigen wird die Figur des Anwalts plötzlich zum »Vorbild-Protagonisten« (Wulff 2001, S. 256), der zugleich ein Lebensmodell und auch ein Handlungsideal personifiziert. Die Figur spricht sich ebenso für Lernfähigkeit und Meinungspluralismus in ethischen Fragen wie für den Schutz ungeborenen Lebens trotz wahrscheinlicher Behinderung und auch für Behinderte generell als Bereicherung des eigenen Lebens aus. Sie beschwört den Wert der Toleranz und macht damit eine gewichtige »Wertaussage« (Wulff 2005, S. 387). Hinzu kommt die in dem Film einmalig erfolgende begriffliche Benennung der Art der Behinderung des Jungen als »Trisomie 21« (28:57) und damit die normative Vorführung einer »politisch korrekten« (vgl. Kapitel 3.4.3) Redeweise bzw. Sagbarkeit. »Politisch korrekt« ist die Aussage in dem Sinne, dass in diesem »Tatort«-Krimi hier »Grenzen des politisch Sagbaren« (Hölscher et al. 2008, S. 15) gezogen werden, bzw. das Sagbare definiert wird. Der Junge hat kein »Downsyndrom«, ist schon gar nicht »mongoloid«, er hat »Trisomie 21« und ist ein wertvoller Mensch wie alle anderen auch. Der Monolog des Anwalts läuft schließlich auf die Beschwörung eines konsensuell fest gefügten und in der zivilgesellschaftlichen Selbstvergewisserung des Landes für grundlegend erachteten Wertes hinaus: die Toleranz. Der unterhaltsame Text stellt in diesem Sinne »ein zentrales Forum zur Vermittlung politisch-kultureller Traditionsbestände und Selbstverständlichkeiten« dar (Dörner 2001, S. 243). Eine solche »Wertaussage« (Wulff 2005, S. 387), die Toleranz als zivilgesellschaftlichen Grundwert beschwört, lässt sich schwerlich entkräften, auch nicht von den in dieser Sequenz zu Statisten degradierten Kommissaren. Sie nehmen den Begriff der Toleranz lediglich im Hinblick auf die Strafverteidigung des Sexualstraftäters durch den Anwalt später wieder auf. Die Art und Weise der Inszenierung birgt allerdings die Gefahr misslingender Kommunikation, der Kündigung des kommunikativen Vertrages zwischen Krimitext und Rezipienten, gerät der Monolog des Anwalts doch zu einer Art Predigt. Sein Plädoyer für Toleranz ist für die Kriminarration gänzlich dysfunktional und treibt das Ermittlungsgeschehen nicht weiter voran. Die Rede löst sich aus der Spannungsdramaturgie heraus und gerät zum frei schwebenden »Moralsatz« (ebd.).

6.4 Thematische Vielfalt: Konsensuelles und Konfliktäres

Über das Wartezimmer des tatverdächtigen Hausarztes gelangen die Ermittler in eine weitere interdiskursive Sphäre: die des Gesundheitswesens (28:16). Die in Konfrontation mit alten Leuten darin komisch gebrochene Sequenz ist darüber hinaus in zweierlei Hinsicht funktional: Zum einen in dramaturgischer Hinsicht – die Ermittler gelangen so zu ihrem nächsten Zeugen bzw. Verdächtigen –, zum anderen führen die Kommissare, indem sie sich gegenüber einem motzenden Alten (»schwules Pack«, 28:16) als homosexuell ausgeben, »politisch korrekte« (vgl. Kapitel 3.4.3) Wertdispositionen vor. Im doppelten Modus des Als-ob – die beiden spielen innerhalb der Spielhandlung – führen sie dadurch, dass sie einander demonstrativ die Hände halten, Homosexualität in der Öffentlichkeit des Wartezimmers vor und legitimieren bzw. normalisieren sie damit. Die der Szene inhärente Komik bricht und relativiert diese Vorzugslesart in Teilen. Tatsächlich als homosexuell konnotierte Kommissare gibt es in der »Tatort«-Reihe bis dato nicht. Darüber hinaus stellt die Sequenz einen innerseriellen Verweis dar. Bereits in ihrem ersten gemeinsamen Fall, »Hart an der Grenze« (SWR 2008), gaben sich Lannert und Bootz zum Zwecke der Aufdeckung illegaler Adoptionen als homosexuelles Paar mit Kinderwunsch aus. Die Sequenz ist somit im Sinne der »Integrationsfunktion des Politainment« (Dörner 2001, S. 243) lesbar. Die Helden der Kriminarration führen mit einer kleinen Geste vor, was als gesellschaftlich akzeptabel zu gelten hat. Als Figuren mit hohem Identifikationspotenzial sind sie damit »eingebettet in gesellschaftliche Diskurse, die soziale Rollen und die Positionierung von Subjekten im sozialen Gefüge einer Gesellschaft thematisieren« (Mikos 2008, S. 176).

Die entscheidende Funktion der Wartezimmersequenz ist jedoch, die Hauptfiguren in die Sphäre des Interdiskurses um das deutsche Gesundheitswesen zu führen. Als vermeintliche Privatpatienten werden sie sofort zum Arzt vorgelassen, was auf eine als bekannt vorauszusetzende Problemlage verweist: die Zwei-Klassen-Medizin, in der Privatpatienten gegenüber Kassenpatienten bevorzugt behandelt werden (vgl. Buß 2009l). Nach einer ersten Befragung des tatverdächtigen Arztes über den Gesundheitszustand seines verstorbenen Patienten (28:16) führen seine Ermittlungen Kommissar Lannert zu einer gänzlich unverdächtigen Expertin in Sachen Gesundheitswesen: eine Ärztin, die den alten Patienten seinerzeit operierte (28:28). Die Nebenfigur ist mittels ihres weißen Kittels in ihrer Statusposition und damit als Agentin des Interdiskurses gekennzeichnet (vgl. Mikos 2008, S. 165). Der Schauplatz »Krankenhaus« ist von einem das Bild kreuzenden Krankenwagen mit Blaulicht als visuellem Zeichen markiert, der während des Gesprächs hinter den beiden hält und entladen wird. Die dialogische Informationsvergabe, das Gespräch über den Gesundheitszustand des alten Mannes, bringt zutage, dass die Lebenserwartung des Patienten nicht in dem Maße begrenzt war, wie der behandelnde Arzt es behauptete. Trotz seiner

6. Thematisch gruppierte Sendungsanalysen

Krebserkrankung hätte er mit den richtigen Medikamenten noch einige Jahre leben können – sofern »er 'nen guten Hausarzt hat, der ihm die verschreibt« (28:28), so die Ärztin. Die vom Hausarzt behauptete Begrenzung der Lebenserwartung auf wenige Wochen weist demnach darauf hin, dass der Patient nicht die optimale Medikation erhalten hat:

> »L: Sein Hausarzt hat uns gesagt, dass seine Lebenserwartung eher begrenzt sei. Paar Wochen vielleicht noch.
> Ä: Wenn er das sagt.
> L: Wieso, stimmt was nicht?
> Ä: Na ja, sagen wir mal so, es wäre net der erste Hausarzt, der net die entsprechende Medikation verschreibt.
> L: Wie, das verstehe ich nicht, warum denn nicht?
> Ä: Wegen de Kosten, Herr Lannert. Die Medikamente sind leider sehr kostspielig.
> L: Was hat denn der Arzt damit zu tun?
> Ä: Ja, da fragen Sie am besten Ihren Arzt oder Apotheker und in diesem Fall Dr. Riedmann. Tja, ich hätte gern mehr Zeit für Sie, Herr Lannert, aber ich muss schnell in den OP. Vielleicht 'n anderes Mal?« (28:28).

Die Ebene der noch in Andeutungen verbleibenden interdiskursiven Wissensvergabe wird am Ende des Dialogs wieder verlassen. Die Ärztin schaut auf ihre Uhr, gibt dem Kommissar die Krankenakte zurück und verabschiedet sich in die spezialdiskursive Sphäre der Klinik – nicht, ohne ihm ein Wiedersehen, möglicherweise einen Flirt in Aussicht zu stellen. Während die Ärztin weggeht, wird die Klinik erneut mit einem eindeutigen visuellen Zeichen der Raumkonstitution versehen, einem auf weißem Grund leuchtenden Roten Kreuz am Rande des Weges. Schließlich ist es der verdächtige Arzt selbst, der für »unterhaltsame Aufklärung« (Weber 1992) sorgt. Nach einer weiteren, eher substanzlosen Befragung des Mediziners erfolgt bei seinem Verhör im Präsidium eine komprimierte Informationsvergabe im Modus der Interdiskursivität (28:31, 29:33). Die sich unwissend zeigenden und interessiert nachfragenden Ermittler werden, stellvertretend für die Zuschauer vor den heimischen Bildschirmen, von dem Mediziner in der Sequenz wie folgt aufgeklärt:

> »Eine Praxis, die nur ältere Patienten hat, lohnt sich einfach nicht. Außer diese sind Privatpatienten. So bitter es klingt, es gibt nun mal eine Zwei-Klassen-Medizin in Deutschland. Und ich kann es mir nun mal nicht leisten, meinen Patienten immer diejenigen Medikamente zu verschreiben, die sie in der Tat eigentlich bräuchten. Ich habe die Gesetze nicht gemacht« (28:33).

6.4 Thematische Vielfalt: Konsensuelles und Konfliktäres

Der verdächtige Arzt in der Funktionsrolle des Wissensträgers mit Expertenstatus erläutert das System der Budgetierung im Gesundheitswesen in einfachen Worten und erwähnt dabei indirekt das Delikt des Abrechnungsbetruges im Gesundheitswesen. Der Arzt bleibt verdächtig und wird nach einer genretypischen Hausdurchsuchung in seiner Praxis erneut verhört (28:38, 28:46). Er behauptet später, das eigene Budget zugunsten seiner Patienten überschritten zu haben und deshalb mit Regressforderungen belastet worden zu sein, und wird von der Staatsanwältin letztlich des Abrechnungsbetruges bezichtigt (ebd.).

Das Vergütungssystem als Ganzes ist ein spezialdiskursiver umkämpfter Bereich von großer Komplexität und Undurchsichtigkeit, weshalb eine interdiskursive Reintegration von Wissen dringend geboten scheint. So schreibt Michael Simon in seiner »Einführung in Struktur und Funktionsweise« des Gesundheitssystems in Deutschland:

> »Die Vergütung der vertragsärztlichen Behandlung ist seit Jahren eines der zentralen Themen der Gesundheitspolitik. Das System ist mittlerweile allerdings derart komplex, dass es vollständig im Grunde nur von wenigen Verbandsexperten und zuständigen Ministerialbeamten beherrscht und verstanden wird« (Simon 2010, S. 208).

»Abrechnungsbetrug« (ebd., S. 224) durch Ärzte gilt als Wirtschaftskriminalität.[83] Die Ankündigung der Staatsanwältin, dem Mediziner den Abrechnungsbetrug nachzuweisen, kann als Plädoyer für ein einheitliches Abrechnungssystem im Gesundheitswesen und die Abschaffung der »Zwei-Klassen-Medizin« gelesen werden. Wie das Exempel ausgeht, bleibt in der filmischen Narration unbeantwortet. Der Handlungsstrang endet an dieser Stelle, der Arzt taucht nicht mehr auf und wird auch nicht mehr erwähnt.

6.4.7 »Platt gemacht«: Obdachlosigkeit

Obdachlosigkeit ist das gesellschaftspolitische Thema dieser Kölner Milieustudie im Krimigewand. Der vermeintliche Mord an einem drogensüchtigen Prostituierten ohne festen Wohnsitz entpuppt sich am Ende als verzweifelter Suizid. Ihre Ermittlungen führen die Kommissare Ballauf und Schenk (Klaus J. Behrendt und Dietmar Bär) in »Platt gemacht« (WDR 2009) in das Milieu der Obdachlosen und an entsprechend einschlägige, lokal kolorierte Orte, an denen diese sich

---

83 Im Rahmen öffentlich-rechtlicher Aufklärung wird die Thematik in dem 30. Fall des Berliner Duos Stark und Ritter mit dem programmatischen Titel »Edel sei der Mensch und gesund« (RBB 2011) vertieft. Darin bekommen die Ermittler ebenso wie die Zuschauer abermals »einen Einblick in das deutsche Gesundheitswesen, in Hausarztbudgets, Medikamentenpreise, Quartalsabrechnungen und die Regelbehandlungsdauer von Kassenpatienten« (Zimmermann 2011).

aufhalten: öffentliche Plätze (34:1), ein Quartier unter der Kölner Hohenzollernbrücke (34:9), ein Stadtpark (34:15). Die Inszenierungen weiterer Orte werden in diesem Krimi damit verknüpft, soziale Arbeit bzw. soziales Engagement zu loben: So ermitteln die Kommissare in einem Kleiderfundus der Heilsarmee (34:10), gehen vorbei an einem Lokal in der Nähe des Bahnhofs, in dem es günstiges Essen für Obdachlose gibt (34:12), und suchen den Veranstaltungsort auf, an dem ein tatverdächtiger Schönheitschirurg zweimal im Jahr öffentlichkeitswirksam ein großes Essen für Obdachlose gibt (34:13). An einer Suppenküche geraten die Ermittler an eine »Tatort«-typische Agentin von Interdiskursivität: eine Ärztin, die sie später für ihr Wirken loben werden, die sich um Obdachlose kümmert und ein längeres Referat unter anderem zu den juristischen Rahmenbedingungen ihrer medizinischer Versorgung hält:

»Auch jeder Obdachlose hat ein Anrecht auf eine ärztliche Grundversorgung. Die meisten sind über das Sozialamt pflichtversichert, aber die wenigsten nehmen das bei einem niedergelassenen Arzt in Anspruch […]« (34:24, vgl. »Mit ruhiger Hand«, WDR 2009).

Adjuvantin Franziska, die Assistentin der Ermittler, führt ihre Kollegen an einen weiteren thematisch aufgeladenen Ort, ein »Obdachlosencafé« (34:3), »ein zwangloser Treffpunkt, wo die Leute günstig frühstücken können, Kaffee trinken und so. Ja, und da gibt's 'ne Kleiderkammer, 'nen Tagesschlafraum und die Möglichkeit, Wäsche zu waschen« (34:4). In ihrer Funktionsrolle als »Vorbild-Protagonist[in]« (Wulff 2001, S. 256), die ein Handlungsideal personifiziert, gibt sie an, in der Einrichtung gelegentlich ehrenamtlich zu arbeiten. Dort angekommen, bekräftigen die Ermittler die Notwendigkeit eines solchen Treffpunktes und begründen dies mit einer zunehmenden Grobmaschigkeit des sozialen Netzes (34:5).

Als Mittler zwischen der bürgerlichen Welt der Kommissare und der der Obdachlosen fungiert im Krimi »Platt gemacht« eine Figur namens Beethoven (Udo Kier). Beethoven lebt auf der Straße, »macht« also im wahrsten Sinne des Wortes »Platte«. Er tut Buße für einen von ihm verursachten Unfall und ist ein gleichsam literarisch wie musikalisch gebildeter Orgelspieler. Die Figur hat die Funktion, die Ermittler in die Welt der Obdachlosen einzuführen bzw. ihnen milieutypische Verhaltensweisen und Begrifflichkeiten zu erläutern, wie beispielsweise die »Afterseite« (34:14) des Bahnhofs.

Die Obdachlosen selbst werden in diesem Krimi in »romantisch-impressionistische[n] Bilder[n]« (Buchner 2009l) als zwar in der Regel alkoholkrank (vgl. Kapitel 5.5), zuweilen stehlend oder wild pöbelnd, ungepflegt und verlaust, aber dennoch liebenswert-sympathische Verlierer inszeniert. In Fortschreibung der Traditionslinie der »politischen Korrektheit« (vgl. Kapitel 3.4.3) im Kölner »Tatort« und den damit verknüpften Toleranz- bzw. Anerkennungsnormen setzen sich die Kommissare über ihre dienstlichen Pflichten hinaus für diesen Per-

6.4 Thematische Vielfalt: Konsensuelles und Konfliktäres

sonenkreis ein (vgl. Dörner 2001, S. 191). Jene Figuren, die in »Platt gemacht« Kritik an den Lebens- und Verhaltensweisen von Obdachlosen üben, tun dies – in der »Perspektivierung der Erzählung« (Borstnar et al. 2008, S. 176) – auf überzogene, menschenverachtende Art und Weise. Sie werden als unsympathische Kleinbürger vor beispielsweise rustikal-eichener Schrankwand ohne soziales Gewissen charakterisiert und von den beiden Kommissaren moralisch entsprechend negativ evaluiert (vgl. Mikos 2008, S. 179). Dies trifft auf eine keifende Imbissbetreiberin (34:1, 34:2), einen auch vor Gewalt und versuchtem Mord an Obdachlosen nicht zurückschreckenden Jugendlichen und dessen Großmutter zu. Die beiden Letzteren werden von Ermittler Schenk offen für verrückt erklärt (34:19). Obdachlose lehnen sie beispielsweise aufgrund ihres geschäftsschädigenden Verhaltens (öffentliches Urinieren, Betteln, Herumlungern etc.) ab – eine Haltung, die die beiden ermittelnden Norminstanzen für illegitim erklären. Kritik an der sozialen Randgruppe der Obdachlosen ist im Sinne der von den Kommissaren vertretenen und durchgesetzten Toleranznorm im Rahmen umfassender »politischer Korrektheit« (vgl. Kapitel 3.4.3) nicht erwünscht.

Interessant ist, dass der Krimi »Platt gemacht« eine selbstreflexive Sequenz enthält, in der er gerade das inhaltliche Merkmal der »politischen Korrektheit« »mit den Mitteln des konkreten Films selbst« (Borstnar et al. 2008, S. 94) – hier der dialogischen Figurenrede der Protagonisten – zum Thema hat:

»S: Seit heute früh sehe ich nur noch Penner in der Stadt.

B: Es gibt ja auch zweieinhalb Tausend Wohnungslose in Köln. Übrigens, Penner ist jetzt nicht so 'n schönes Wort.

S: Nun sei mal nicht so übertrieben politisch korrekt. Bloß weil dein Vater selber Stadtstreicher war.

B: Offiziell heißt es Obdachloser, ja?

S: Vagabund, Rumtreiber, Streuner, Clochard, Berber – ich glaub, das ist denen schnurzegal, wie man sie nennt« (34:7).

Die Ermittler sind hier als Agenten von Interdiskursivität im doppelten Sinne funktional, da sie Wissbares referieren wie auch Sagbarkeiten reflektieren – ein kompositorischer Kunstgriff, der die Schwere dieses engagierten, um das Gute und Erstrebenswerte bemühten »Besinnungsfernseh[ens] vom Feinsten« (Buß 2009m) abzufedern hilft. Es handelt sich dabei um einen äußerst seltenen und daher bemerkenswerten Moment, in dem darüber hinaus die Rollenbiografie der Figur des Ermittlers Ballauf nutzbar gemacht wird.[84] Ballauf ist es dann auch, der mithilfe der Mittlerfigur Beethoven kurzzeitig verdeckt in der Welt der Ob-

---

84 Vgl. »Mördergrube« (WDR 2001), ein »Tatort«, in dem der alkoholkranke und obdachlose Vater Ballaufs eine tragende Rolle spielt.

6. Thematisch gruppierte Sendungsanalysen

dachlosen ermittelt – ein im Fernsehkrimi gängiges narratives Mittel zur Erschließung von Szenen und Milieus. »Zu seiner Verblüffung entdeckt er unter den Gestrauchelten nicht wenige frühere ›Bürger‹, die ein Schicksalsschlag von oben nach unten fegte« (Zaimoglu 2009c), darunter eine verwahrloste und geistig abwesende alte Frau, ehemalige Betreiberin eines Blumenladens (34:14).[85] Der thematische Aspekt des potenziell schnellen sozialen Abstiegs wird auch durch eine Anwältin personifiziert. Ihre Entschlossenheit zur bösen Tat wurzelt nicht zuletzt in ihrer finanziellen Not. Sie hat Miet- und Steuerschulden sowie Klienten, die ihre Rechnungen nicht bezahlen (34:29, 34:31, 24:39). Äußere Umstände und Zwänge begründen einmal mehr verbrecherisches Handeln, nicht das »Böse« an sich. Diese Lesart findet sich am Ende von »Platt gemacht« noch einmal in verstärkter Form wieder. Die letzte Sequenz und damit der Epilog des Krimis spielt abermals in besagtem Obdachlosencafé (34:43). Darin wohnen alle »Guten« des Figurenensembles einem Auftritt der Kölner Karnevalsband Höhner bei, die ihren zuvor von Mittlerfigur Beethoven als »Berberhymne« (34:18) bezeichneten Song »Alles verlore« zum Playback performen. Bevor allerdings die Band zu sehen ist, erklingt die erste Strophe des langsamen Liedes extradiegetisch zu einem Bilderbogen von Obdachlosen in Alltagsszenen. In dem Text des in Kölscher Mundart gesungenen Liedes im Stil gefälligen Schlagerrocks geht es um die fiktiven Biografien von Menschen, deren Schicksal sie auf die Straße verschlug. Die Musik dient an dieser Stelle der »affirmativen Unterstützung von Gefühlen und zur Kommentierung der Erzählung« (Mikos 2008, S. 240). Der Songtext bildet in Teilen die Quintessenz des Politainment-Krimis »Platt gemacht«:

> Dä Hein vun dr Domplaat – wor e Levve lang Elektromontör,
> Firma pleite, Frau fottjelaufe – alles leef quer.
> Nix mieh zo rette, Finanzamp am Hals,
> keine Penning en dr Täsch.
> Nit opjepass', ussjerass' – hück hängk hä aan dr Fläsch.
> Alles verlore – kein Wonnung – kein Arbeit – kei' Jeld.
> Se nenne sich Berber – verachtet vum Rest der Welt.
> Dobei litt et Schicksal nit immer en de eijene Häng,
> janz schön fädisch – heiß' noch lang nit am Eng!
> Katharina die »Krumme« – met ehre 45 Johr,
> kein Zäng en dr Muul un fettje, strähnje Hoor.
> Huushalt jemaat, Pänz opjetrocke, Kinderjeschrei,
> niemols ne Dank, ne Tritt en de Fott un alles vorbei. (34:43)

---

[85] Vgl. die gleichnamige Folge »Oben und Unten« (RBB 2009, Kapitel 6.4.8), in der es um sozialen Abstieg geht.

6.4 Thematische Vielfalt: Konsensuelles und Konfliktäres

Während des ersten Refrains des Liedes wird die extradiegetische zur intradiegetischen Musik: Die Band spielt hör- und sichtbar vor ihrem Publikum im Obdachlosencafé und an den heimischen Bildschirmen. In der in warmes Licht getauchten Szenerie herrscht wohlige wie nachdenkliche Einmütigkeit zwischen den sich im Takt wiegenden Obdachlosen, Sozialarbeitern, Ermittlern und vormals zu Unrecht Verdächtigten. Dies veranlasste einen Kommentator von BILD.DE zu folgendem Urteil: »Zum Finale auf der Obdachlosenparty drücken Henning & Co [die Band Höhner, H.B.] mächtig auf die Tränendrüse mit ihrem sozialkritischen Hit ›Alles verlore, kein Wohnung, kein Jeld ...‹« (Bischoff 2009). Der gut gemeinte Krimi über die traurigen Existenzen von Obdachlosen kann von den Zuschauern als informative Unterhaltung oder aber als peinlich berührender Sozialkitsch gelesen werden.

6.4.8 »Oben und Unten«: soziales Gefälle

Der Krimi mit dem programmatischen Titel »Oben und Unten« (RBB 2009) ist ein weiterer Jubiläums-»Tatort«: Es ist der 20. Fall des Berliner Duos Stark und Ritter (Boris Aljinovic und Dominic Raacke). »Oben und Unten« sind in diesem »Tatort« Risikofreudige und Wohlhabende einerseits, sozial Deklassierte und Verzweifelte andererseits. Dieses Gefälle wird hier lokalisiert in der Hauptstadt, deren Inszenierung neben Ansichten im Stile gefälligen Stadtmarketings weitaus mehr bietet (vgl. Bollhöfer 2007, S. 142):

> »Das Neonlicht der U-Bahnstationen, Zuggleise im Morgengrauen und in der Abenddämmerung, der Fernsehturm, sanierte Luxuswohnungen, Hochhäuser, die Schächte unter der Hauptstadt – Regisseur Nils Willbrandt findet starke Symbolbilder für gesellschaftliche Kluften und die Diskrepanz zwischen Privilegierten der Oberschicht und den vielen Menschen ohne Chance. Himmel und Hölle, reich und arm, oben und unten« (Buchner 2009l).

Das in populären Narrativen häufige Strukturprinzip binärer Oppositionierung bestimmt auch diese Kriminarration (vgl. Hepp 2004, S. 33). Der Mord an einem Bauunternehmer und Pleitier namens Baumann – ein besonders sinniger *telling name* – entpuppt sich am Ende als Verzweiflungstat seines eigenen Sohnes aus erster Ehe. Der Sohn erpresste ihn zunächst und tötet ihn dann, um seiner verwahrlosten Mutter zu helfen. Der junge Mörder trainiert die Mitglieder des »Kids-FC [...], Kinder in desolaten Situationen. Nee, Spaß. Kids heißt ›Kurs zur Integration dauerhafter Schulschwänzer‹« (3:29). Sein ironischer Kommentar dient als Hinweis auf seine verzweifelte, vaterlose Existenz und gleichzeitig als

6. Thematisch gruppierte Sendungsanalysen

Hinweis auf ein soziales Problem in Großstädten. Dies wird nach seiner Andeutung aber nicht näher spezifiziert. Ein heterogenes Figurenensemble von Verdächtigen sorgt für spannende Unterhaltung und in Teilen für das thementragende Personal:

> »Ex- und Ehefrau, ein betrogener Handwerker, ein verrückter Künstler, ein Kindermädchen, gierige Bauherren, und schwierige, gelangweilte Jugendliche bieten sich an, den korrupten und unsympathischen Horst Baumann ermordet zu haben« (Israel 2009b).

Die der blutigen Tat verdächtige zweite Ehefrau des Toten und einer ihrer Geschäftspartner personifizieren dabei ein brisantes Thema mit einschlägigen Vorlagen in der außerfilmischen Realität: Gier und Betrug im Bauwesen. Bei ihrem obligatorischen Besuch bei der Witwe in einem der oberen Stockwerke eines Neubaus erfahren die Ermittler, dass es sich bei der eleganten Dame (Muriel Baumeister) um eine Architektin handelt, die Luxuswohnungen saniert, wobei ihr Mann als Investor fungierte (3:6). Die visuelle Inszenierung ihres räumlichen Umfeldes ist entscheidend für die filmische Verortung der Figur im sozialen Spektrum dieses »Tatorts«: Die Kamera folgt den beiden Kommissaren zunächst zu Fuß auf dem Weg zu ihr, während eine Halbtotale den Handlungsort anzeigt: ein großer Neubau in Berlin-Mitte. Aus der Vogelperspektive erscheinen die Ermittler ganz klein, links und rechts neben ihnen gepflegter Rasen. Der Neubau wird hier zum symbolischen Ort, der in der Diegesis dazu dient, den sozialen Status der in Kürze auftretenden Person anzuzeigen und sie soziokulturell zu verorten. Derart visualisiert werden laut Björn Bollhöfer im »Tatort«

> »Imagekomponenten, die allgemeine soziale Begebenheiten und Sachverhalte oder typisch (groß-)städtische Eindrücke aufrufen und durch Hinweise auf Sozialstatus, Lebensstil, Statussymbole, Architektur, räumliche Infrastruktur und Raumfunktionen erkennbar werden« (Bollhöfer 2007, S. 135).

Die nachfolgende Totale zeigt einen riesigen Häuserblock. In der Wohnung angekommen, blickt Kommissar Ritter aus dem Fenster auf die umliegenden Neubauten und wendet seinen Blick dann auf die Inneneinrichtung. Diese zeigt den hohen sozialen Status der Bewohnerin an, so z.B. ein edel gefliestes Bad, auf das eine offen stehende Tür den Blick frei gibt. Noch einmal blickt Ritter nachdenklich nach draußen, um dann an dem Gespräch mit der Witwe teilzunehmen. Dabei nimmt der Ermittler eine auf dem Tisch liegende, edel aufgemachte Imagebroschüre in die Hand, deren typografische Gestaltung sich durch edle Schreibschrift und Lettern in Goldgelb auszeichnet. Weiterhin sind darin ein Bild von der Architektin, architektonische Grundrisse und Illustrationen zu sehen. Der gezielte Einsatz der Drucksache unterstreicht auf der visuellen Ebene

6.4 Thematische Vielfalt: Konsensuelles und Konfliktäres

filmischer Repräsentation die Statusposition der Figur und zeigt gleichzeitig ihren Berufsstand an – ein im »Tatort« gängiges Mittel zur Einführung in Berufs- und Sozialwelten.[86]

Von ihrem Adjuvanten Weber erfahren die Ermittler, dass der tote Ehemann der Architektin vor Jahren für eine »der übelsten Berliner Baupleiten« (3:7) verantwortlich war. Er floh daraufhin nach Südamerika, um nach Ablauf der Verjährungsfrist über einen Mittelsmann wieder im Berliner Bauwesen tätig zu werden. Dieser derart konstruierte Fall ist angelehnt an den des »Baulöwen« Jürgen Schneider, bei dem Arbeitsplätze verloren gingen und vor allem kleinere Betriebe in die Insolvenz getrieben wurden (vgl. Kazim 2007). Im Krimi erklärt Kommissar Stark in der Funktion eines Agenten von Interdiskursivität seinem Kollegen verkürzt und vereinfacht, wie Subventionsbetrug im Bauwesen theoretisch funktioniert: »Okay. Schinkelhöfe. Ist 'ne simple Nummer. Altbau. Gutachter deklariert es als Schrott, billig gekauft, dann auf historisch wertvoll gemacht und fett Förderung kassiert« (3:18). Die seinerzeit durch die Baupleite ruinierten Handwerker sind im Hinblick auf den thematischen Aspekt des sozialen Abstiegs in »Oben und Unten« von besonderem Interesse, da einer von ihnen im vorliegenden Fall nicht wieder »auf die Beene kam« (3:7), wie es der für das Lokalkolorit zuständige Helfer Weber formuliert. Dem Handwerker wird damit umgehend die Funktionsrolle eines Tatverdächtigen zuteil, da Rachegefühle bei ihm wahrscheinlich sind.

Die räumliche Verortung des verdächtigen Elektrikers verläuft analog zu der der wohlhabenden Witwe. Eine Totale zeigt einen großen Wohnblock mit unzähligen kleinen »Wohnwaben«. Nach einem Schnitt folgt eine Detailaufnahme von einer Tasse, die – die anschließende Halbnahe lässt es erkennen – in der kleinen, karg möblierten Wohnung des Verdächtigen gereicht wird. Diesmal ist es Kommissar Stark, der aus dem Fenster blickt, während Ritter die Fragen stellt. Die Statusposition des Befragten wird durch Ritters Aussage angezeigt: »Sie arbeiten als Aushilfselektriker bei den Verkehrsbetrieben. Ist ja nicht gerade ein Aufstieg für einen, der mal 'nen florierenden Betrieb mit zehn Mitarbeitern hatte« (3:9). In der weiteren Interaktion wird die prekäre wirtschaftliche Situation des Verdächtigen mittels einer Rekapitulation seines Erwerbslebens noch deutlicher. Der um die 50 Jahre alte Mann mit leichtem Ostakzent erzählt seine Geschichte: »Ja. Erst ABM-Maßnahme und dann ham se mich übernommen. Am Ende ist man froh, wenn man überhaupt irgendwo bleibt« (3:9). Für die Situation des Deklassierten und darüber in Ansätzen verrückt Gewordenen zeigen die »Tatort«-Kommissare – der Mitleidsnorm öffentlich-rechtlichen Poli-

---

86 Vgl. die Imagebroschüre der Reproduktionsmedizin betreibenden Firma in »Kinderwunsch« (ORF 2009, Kapitel 6.2.3).

tainments entsprechend – Verständnis, dennoch muss der Mord genregemäß aufgeklärt werden (vgl. Dörner 2001, S. 191).[87]

Soziale Rollen und Statuspositionen von Figuren erfüllen in der filmischen Narration dieses »Tatorts« demnach eine Doppelfunktion: Sie symbolisieren einerseits das große soziale Gefälle in einer Stadt wie Berlin. Andererseits erfüllen die Figuren typische Funktionsrollen im Rahmen der Genreerzählung, stellen im Zuge der Rekonstruktion des persönlichen Umfeldes des Opfers also zu befragende Angehörige und/oder Verdächtige dar. Die genretypische Standardsituation der Sichtung von Überwachungsvideos im Polizeipräsidium dient in »Oben und Unten« darüber hinaus dazu, Kommissar Ritter über die brisanten Themen Datenschutz und Überwachung im öffentlichen Raum sinnieren zu lassen:

> »Du vergisst wirklich, dass man auf Schritt und Tritt überwacht wird. Ich kann mich noch erinnern, da haben wir die Tür nicht aufgemacht, wegen der Volkszählung. Und heute, da stellste mal eben so dein Profil ins Netz mit Schuhgröße, Urlaubsfotos und Essgewohnheiten« (3:7).[88]

In der locker dahingesagten Rede des Ermittlers erfolgt eine Verbindung diskursiv zusammenhängender Aspekte: Die Überwachung im öffentlichen Raum, Datenerhebungen von Verwaltungsbehörden und der leichtfertige Umgang mit persönlichen Daten im Internet (vgl. »Perfect Mind – Im Labyrinth«, BR 1996). Letzteres taugte 2009 als Denkanstoß, da zu diesem Zeitpunkt erstmals vermehrt Debatten um im Internet öffentlich kursierende Daten und die damit verbundenen Gefahren geführt wurden. Ermittler Ritter verweist somit in »Oben und Unten« auf eine aktuelle Diskursebene innerhalb eines Diskursstrangs (vgl. Jäger 2004). Dabei ist der filmische Text an dieser Stelle geprägt von »textbezogenen Illustration[en]« (Keppler 2006, S. 130): Während Ritter äußert, »dass man auf Schritt und Tritt überwacht« (3:7) werde, zieht er seine kaputten Schuhe aus und wirft sie in den Mülleimer. Daraufhin blickt er auf zwei Monitore, auf denen Überwachungsvideos aus der U-Bahn laufen. Während er fortfährt und sich zum heutigen Umgang mit persönlichen Daten äußert, stellt er einen Schuhkarton auf seinen Schreibtisch und entnimmt ihm einen neuen Schuh, den er sich anzieht, während er spricht. Eine kurze Einstellung zeigt dann noch einmal die beiden Monitore, auf dem Linken ist eine einfahrende U-Bahn zu sehen. Die Überwachung im öffentlichen Raum nützt den

---

87 Vgl. Sequenz 3:42, in der Ermittler Stark den *mad room* des um seine Existenz gebrachten Handwerkers betritt. Darin ist eine komplette Wand mit Zeitungsausschnitten des toten Baulöwen Baumann samt roter Einkreisungen und Markierungen zu sehen.

88 Ritter rekurriert mit dem Begriff Volkszählung auf die Diskussionen um den Zensus in den 1980er-Jahren.

Kommissaren bei ihrer Arbeit, der Verbrecherjagd. Dies veranlasst einen von ihnen dazu, Überlegungen zum Spezialdiskurs des Datenschutzes anzustellen, die textbezogen illustriert werden.

6.4.9 »Mauerblümchen«: Zwangsprostitution, Fluglärm, Leiharbeit und mehr

Die gesellschaftspolitischen Aspekte im zweiten Leipziger »Tatort« des Jahres 2009 namens »Mauerblümchen« (MDR 2009) sind vielfältig:

> »Auswüchse des modernen Arbeitsmarktes, Leiharbeit, Billigarbeiter aus dem Osten, Prostitution, Sexfilmchen im Netz, Korruption in der Baubranche, Tablettenmissbrauch, Fluglärm, Organhandel, ganz zu schweigen von der bekannten Problemlage, dass gutes Personal halt schwer zu finden ist« (Werning 2009).

Die Gewichtung der in einer Fernsehkritik aufgezählten Aspekte – in der der Missbrauch von Alkohol unerwähnt bleibt – variiert im filmischen Text, und ihre gesellschaftspolitische Relevanz ist keineswegs gleichrangig. Ausbeuterische Arbeitsverhältnisse in Form von Leiharbeit nehmen in »Mauerblümchen« den breitesten Raum ein (vgl. Kapitel 5.3.8). Die Verknüpfung von Leiharbeit mit den Themen Zwangsprostitution und Organhandel lässt diese Form der Beschäftigung in noch schlechterem Licht erscheinen, als dies aufgrund der eindeutig negativen moralischen Evaluation durch die Kommissare ohnehin schon geschieht.

Das Opfer nicht nur einer Gewalttat ist in diesem »Tatort« eine gebürtige Tschechin. Sie wird einer gesunden Niere beraubt und vom Juniormanager eines Hotels eingesperrt, zwangsprostituiert und in Internet-Sexvideos gezeigt, bis ihr ein Leipziger Amtsleiter hilft. Der »Bürgermeister für Ordnung und Umwelt« (17:4), Lohmann, nimmt sie mit zu sich nach Hause und bezahlt dies mit dem Leben. Als Mörder stellt sich der wegen Sex mit Minderjährigen vorbestrafte Hotelier Stein heraus. Um einer weiteren Verurteilung zu entgehen, tötet Stein auch die junge Frau. Im Showdown entführt er die kleine Schwester der Ermordeten, die sich bei einer Frau versteckt hält, die der Prostitution durch Heirat entronnen ist (17:41). Stein wird schließlich ganz im Sinne der globalen Moral dieses Politainment- Krimis, der zufolge Zwangsprostitution und Organhandel selbstverständlich für verachtenswert zu halten sind, seiner »gerechten Strafe« zugeführt: Die junge Schwester seines Opfers schießt ihn nieder, und er gesteht alles (vgl. Dörner 2001, S. 33).

Seine Ermittlungen führen Kommissar Keppler genretypisch in ein Rotlicht-Etablissement. Der Themenaspekt der Prostitution ist hier sehr konkret, mit viel nackter Haut, verortet. Der in Sachen Alkoholismus als geläuterter »Vorbild-Protagonist« (Wulff 2001, S. 256) fungierende Keppler trinkt weder noch nimmt er die ihm angebotenen Dienste in Anspruch. Er trifft dort Chris, der sich als Pornoproduzent und Zuhälter erweist und entdeckt in einem Hinterzimmer die entsprechende Produktionsstätte (17:31, 17:38, 17:39). Als einer der Freier der ermordeten Sechzehnjährigen stellt sich Bauunternehmer Rose heraus: Nach seiner Festsetzung wird er von Saalfeld (Simone Thomalla) und Keppler (Martin Wuttke) verhört. Rose: »Sie war von ihrer Entwicklung her weiter. Ich habe gedacht, wenn ich sie für eine Nacht an Lohmann ausleihe ...« (17:36). Die moralische Evaluation seines Verhaltens erfolgt umgehend: Saalfeld, die die Fortführung des Verhörs ihrem schnurrbärtigen Kollegen überlässt, urteilt: »Von der Entwicklung her weiter. Das muss man sich auch noch anhören. Bring du das zu Ende, sonst vergesse ich mich noch« (17:36). Vertieft oder ausgeführt wird das Problem der Prostitution minderjähriger Osteuropäerinnen nicht. Ebenso wenig bietet »Mauerblümchen« Lösungsvorschläge dafür an. Verknüpft wird das Thema mit dem ebenfalls nur rudimentär angedeuteten Aspekt Organhandel. Der jungen Frau wurde »vor zwei Jahren eine gesunde Niere entfernt« (17:26), so der sichtlich betroffene Pathologe zu den Ermittlern. Eine in Ansätzen vertiefende Beschäftigung mit diesem brisanten Thema erfolgt in der kausallogisch anschließenden Reflexionssequenz: In der Zentrale der Detektion fasst Ermittlerin Saalfeld nach der Lektüre des als Informationsquelle dienenden Tagebuchs des Opfers die Ermittlungsergebnisse bei düsterem Licht zusammen:

> »Oxana ist 14, als man ihr die Niere entfernt. Der Vertrag für ihre Schwester ist schon unterschrieben. Die Eltern bekommen 30 000 Dollar. Die eigenen Eltern. Oxana und ›Kleine Schwester‹ fliehen durch die halbe Welt. Und um die beiden durchzubringen, geht Oxana auf den Strich. Was sie hier darüber schreibt, ist Stoff für einen Horrorfilm« (17:27).

Beim darauf folgenden Durchblättern einer Polizeiakte verallgemeinert Ermittlerin Saalfeld das Problem, indem sie neben den detektionsrelevanten Einzelfall mehrere vergleichbare Fälle stellt. Ihr im Grundton der Resignation gehaltenes Referat wird von Fotos der genannten Opfer begleitet, die entsprechend grausame, zum Gesagten komplementäre Aufnahmen geschundener, toter Leiber zeigen:

> »Hier: Svetlana, 14, erschlagen am Straßenrand gefunden. Eri, 14, erwürgt im Wagen eines Freiers. Nicola, 16, mehrfach überfahren. Alles Flüchtlinge wie Alena und Doucha. Machen sich auf für ein besseres Leben, und wo landen sie? In den Händen von Kinderschändern und Menschenhändlern« (17:27).

6.4 Thematische Vielfalt: Konsensuelles und Konfliktäres

Bezüglich des Themenkomplexes Zwangsprostitution fungiert der Politainment-Krimi als Konsensmaschine par excellence, die »das jenseits dieser Grenze [der Grenze zum ›Guten‹, H.B.] liegende Andere als das identitätsstiftende Böse festleg[t]« (Dörner 2001, S. 197).

Zusammenfassend gibt es zwar viele brisante thematische Aspekte in diesem »Tatort«-Krimi. Dabei geht die quantitative Dichte allerdings zu Lasten der qualitativen Tiefe der Beschäftigung mit den einzelnen Themen.

Die substanziell wenig angereicherten thematischen Aspekte »Zwangsprostitution« und »Bestechung in der Baubranche« werden in »Mauerblümchen« von der Figur des grobschlächtigen Bauunternehmers »Stefan Rose von Rose Komplettbau« (17:5) getragen. Er ist Thementräger in doppelter Hinsicht: Einerseits wird anhand dieser Figur die laut Kriminarration im Bauwesen weitverbreitete Korruption exemplifiziert, und andererseits, damit verknüpft, die Prostitution Minderjähriger, illegal in Deutschland lebender Ausländerinnen thematisiert. Er ist derjenige, dem in der Detektionshandlung von Anfang an die Rolle des in besonderem Maße Tatverdächtigen zukommt – zum Ausweis seiner Gewaltbereitschaft findet sich ein totes, aufgeschlitztes Reh in seinem Kofferraum (17:5) – und der es am Ende doch nicht gewesen ist.[89] In »Mauerblümchen« erhielt Roses fiktive Firma zunächst »den Zuschlag zum Bau der Zufahrtstraße zum Frachtflughafen« (17:7), der dann aber von dem Ermordeten zurückgezogen wurde. Rose hatte guten Grund zu glauben, dass der Beamte Lohmann hinter dem Baustopp steckt, da die neue Straße direkt durch dessen Garten führen sollte (17:8). Kommissarin Saalfeld fragt sich: »Warum hat er nicht erst versucht, Lohmann zu erpressen? Ist doch üblich in der Baubranche« (17:8). Keppler empört sich später gegenüber dem Tatverdächtigen: »Sex mit Minderjährigen. Ist das die Währung, mit der die Baubranche neuerdings ihre Bestechungsversuche abwickelt?« (17:36). Eine tiefer gehende, interdiskursive Informationsvergabe in Sachen Bestechung im Bauwesen findet nicht statt, es bleibt bei der polemischen und nicht weiter differenzierten Unterstellung, diese sei dort üblich. Derartige Aussagen von öffentlich-rechtlichen Kommissaren rufen immer wieder Proteste von entsprechenden Branchenverbänden und Interessengruppen hervor, was in diesem Fall jedoch ausblieb.[90]

---

[89] Der grobe Bauunternehmer wird von Arved Birnbaum gespielt, der u.a. mit seiner Rolle als LKA-Gruppenleiter Nico Röber in Rolf Basedows und Dominik Grafs Miniserie und Krimimeilenstein »Im Angesicht des Verbrechens« (2009) brillierte. Die zu Beginn allzu offensichtliche Verdächtigkeit einer Figur kann als Genrestereotyp bezeichnet werden und findet sich in vielen nach dem Prinzip der verdeckten Täterführung (*whodunit*) konstruierten Krimis wieder.

[90] Vgl. »Kassensturz« (WDR 2009, Kapitel 5.2) und »Das Gespenst« (NDR 2009, Kapitel 6.4.5), nach deren Erstausstrahlungen es zu Protesten von Branchenverbänden kam.

6. Thematisch gruppierte Sendungsanalysen

Besagte »Zufahrtstraße zum Frachtflughafen« (17:7) verweist in »Mauerblümchen« auf einen gänzlich anderen brisanten thematischen Aspekt, den der Belästigung durch Flugzeuglärm von Anwohnern des außerfilmisch bedeutsamen Frachtflughafens Leipzig/Halle. Wie auch an anderen Flughafenstandorten in Deutschland klagten Anwohner erfolglos gegen Lärmbelästigungen und für ein Nachtflugverbot. Es handelt sich mithin um ein lokales Phänomen von gesellschaftspolitischer Relevanz mit vergleichbaren Fällen auf nationaler Ebene. Das Thema Fluglärm ist somit ein Stück problembehaftetes Lokalkolorit, in dem die Kommissare als Norminstanzen eindeutig Partei für die betroffenen Anwohner nehmen, wie im Folgenden zu zeigen sein wird. Ihre Detektionsarbeit führt sie genretypisch zur Witwe (Sophie von Kessel) des ermordeten Beamten. Das Haus liegt in der Nähe des Flughafens (17:4). Die Erwähnung, aber nur kurze Problematisierung der Tabletten- und Alkoholabhängigkeit der an ihrem ungeliebten Leben verzweifelnden Frau findet sich in der Narration mit dem thematischen Aspekt des Fluglärms verknüpft (vgl. Kapitel 5.4, 5.5). Mit einem Blick auf die Pillendose der Frau, während das innerdiegetische »Hintergrundgeräusch« (Hickethier 2001, S. 96) eines startenden oder landenden Flugzeugs zu hören ist, sagt Ermittlerin Saalfeld: »Die kenn ich. Hat meine Mutter mal vor Jahren verschrieben bekommen. Damit kannste 'nen Elefanten einschläfern. Das ist der Frachtflughafen, da starten und landen sie sogar nachts alle zwanzig Minuten«. Keppler antwortet: »Da bräuchte ich auch 'n Schlafmittel« (17:4). In einer weiteren Sequenz ist der Fluglärm als Sound im Stereopanorama von links nach rechts zu hören, synchron zu einem in der gleichen Bewegungsrichtung ausgeführten, langsamen Kameraschwenk, der den Blick auf eine weite unbebaute Fläche freigibt und in der mittleren Aufsicht auf die Kommissare endet (17:8). Die Funktion der lauten Flugzeuggeräusche als »*Atmoton* oder *Atmo*, der vergleichsweise stereotyp bestimmte und leicht dechiffrierbare Bestandteile [...] [von] Umwelten kondensiert« (Borstnar et al. 2008, S. 140, Herv. i. Orig.) liegt in Bezug auf die Krimnarration darin, die Probleme der Witwe zu verdeutlichen. Zudem sind die Geräusche im Rahmen der filmischen Informationsvergabe der einzige akustische Hinweis auf den genannten Problembereich. *Gezeigt* wird das Streitobjekt Flughafen in diesem Krimi niemals.

6.5 Fazit: Thematisch gruppierte Sendungsanalysen

Die Analysen der im Jahr 2009 erstausgestrahlten »Tatort«-Krimis haben gezeigt, dass die Sendungen eine große Bandbreite an gesellschaftspolitischen Bezügen aufweisen. Die Repräsentationen der meisten von ihnen verweisen dabei auf Konsensbereiche, die im deutschsprachigen Raum politisch-kulturell gültig

6.5 Fazit: Thematisch gruppierte Sendungsanalysen

sind: So zeigen und ächten die audiovisuellen Texte in ihren textperspektivisch nahegelegten Lesarten »falschen«, mit Voyeurismus verbundenen Mediengebrauch in Zeiten umfassender Digitalisierung in »... es wird Trauer sein und Schmerz« und »Herz aus Eis« sowie in Ansätzen in »Oben und Unten«. In den Krimis »Tödlicher Einsatz« und »Im Sog des Bösen« finden sich die zerstörerischen Auswirkungen des Konsums harter Drogen beispielhaft signifiziert und durch die Ermittler als Norminstanzen entsprechend eingeordnet und bewertet (Kapitel 6.1). In dem Bisexualitätskrimi »Tote Männer« wiederum wird die Befestigung der allgemein anerkannten Toleranznorm gegenüber Minderheiten und Benachteiligten postuliert, ähnlich wie im Obdachlosenkrimi »Platt gemacht« und dem Familiendrama »Altlasten«. Die als konsensuell gültig zu bezeichnende Toleranznorm gegenüber Menschen mit einer anderen als der mehrheitlich heterosexuellen Orientierung unterstreichen die Krimis »Kinderwunsch« und »Tödlicher Einsatz« (Kapitel 6.2). Letzterer bietet darüber hinaus Anlässe zur Reflexion über die Rolle von Homosexuellen in Männergesellschaften. Migration und Einwanderung, im Jahr 2009 selbstverständliche Bestandteile deutscher bzw. österreichischer Kultur, werden als thematischer Schwerpunkt des Jahres 2009 in drei »Tatort«-Folgen thematisiert, in »Baum der Erlösung«, »Familienaufstellung« und »Häuserkampf« (Kapitel 6.3). Mit den Aspekten Migration und Integration im Zusammenhang stehende Konfliktpotenziale werden darin benannt und virtuos mit einer jeweils spannenden Krimihandlung verknüpft. Der Thriller »Häuserkampf« stellt dabei einen Sonderfall dar. Sein Protagonist, Cenk Batu (Mehmet Kurtulus), ist per se Politainment, da er der erste eigenverantwortlich handelnde, türkischstämmige Ermittler in den Diensten der ARD ist. Die Migrationskrimis legen aufgeklärt-liberale Positionen textperspektivisch nahe: So werden Ausländerhasser abgestraft, und in zwei der genannten drei Filme sprechen bzw. lernen positiv besetzte Figuren die türkische Sprache, um kulturelle Verständigung zu propagieren. »Baum der Erlösung« entwirft am Ende sogar eine positive Utopie, in der es zu einer umfassenden Aussöhnung zwischen Zugezogenen und Alteingesessenen kommt.

Als weitgehend zustimmungsfähig können auch viele textperspektivisch etablierte Positionen zu spezifischen Aspekten in jenen Folgen bezeichnet werden, die für sich allein stehen und keinem thematischen Schwerpunkt zuzuordnen sind (Kapitel 6.4): das Thema Kindesmisshandlung in »Borowski und die heile Welt«, die in schockierenden Sequenzen inszenierte häusliche Gewalt in »Schwarzer Peter«, die menschenverachtenden Praktiken von Exekutivorganen der DDR und die Zerstörung von Kulturgütern in »Falsches Leben«, das Verlachen esoterischen Irrglaubens im »Gesang der toten Dinge« oder Terrorismus und die rechtsstaatliche Verankerung seiner Bekämpfung in »Das Gespenst«. Eine allzu vorauseilende Erfüllung konsensueller Wertedispositionen birgt indes die Gefahr

6. Thematisch gruppierte Sendungsanalysen

einer Überbetonung des aufklärerischen Impetus der »Tatort«-Reihe, die zur Undifferenziertheit und zum Sozialkitsch führen kann, so zu sehen am Beispiel »Platt gemacht« und der darin erfolgenden Inszenierung von Kölner Obdachlosen sowie in »Altlasten« bei der als Predigt zu bezeichnenden Lobrede eines Anwalts auf den Grundwert der Toleranz. »Altlasten« enthält zudem ein seltenes Beispiel für einen als strittig und ungeklärt inszenierten gesellschaftspolitischen Aspekt. Es handelt sich dabei um die dialogische Auseinandersetzung zwischen zwei erwachsenen Kindern einer dementen alten Frau über die Frage nach deren Heimunterbringung. Dichotomien von Pro und Kontra finden sich ansonsten eher selten in gesellschaftspolitisch aufgeladenen Krimis der »Tatort«-Reihe (vgl. Kapitel 6.3.1, 6.4.6). In »Oben und Unten« wird das unbestreitbar vorhandene soziale Gefälle in der Hauptstadt Berlin anhand einzelner Thementräger signifiziert. Als weitgehend zustimmungsfähig können zudem die textperspektivisch angebotenen Positionen in »Mauerblümchen« zu den Themen Leih- und Billigarbeit, Zwangsprostitution, Fluglärm und Organhandel bezeichnet werden. In der Summe bieten die meisten der 2009 erstausgestrahlten »Tatort«-Krimis als konsensfähig bzw. -pflichtig inszenierte Sinnkonstruktionen und Positionen an.

In vielen Sendungen der Reihe »Tatort« gibt es Themen, die lediglich in kurz angedeuteter Form Erwähnung finden. Gesellschaftspolitisch Brisantes wird dann von Kommissaren oder anderweitig thementragenden Figuren kurz erwähnt, aber selten tiefer gehend problematisiert und/oder szenisch narrativ ausgestaltet. So zu sehen in »… es wird Trauer sein und Schmerz«, wo der Mordverdacht zunächst auf einen möglicherweise traumatisierten Soldaten fällt. Das substanzielle Thema posttraumatischer Belastungsstörungen bei Kriegsveteranen wurde in einer späteren »Tatort«-Episode zum Kernthema gemacht (vgl. Kapitel 6.1.1). Ebenso in den Episoden »Kinderwunsch« und »Herz aus Eis«, in denen die sogenannte »internationale Finanzkrise« nur andeutungsweise Erwähnung findet und später erst in einer entsprechenden Folge zum gesellschaftspolitischen Thema gemacht wird (vgl. Kapitel 6.2.3). Derartige Bezugnahmen dienen eher der lebensweltlichen Erdung der als realitätsnah inszenierten Narrative denn ihrer Problematisierung im Sinne öffentlich-rechtlicher Aufklärung.

Neben der medialen Repräsentation von Werten und Normen im Rahmen umfassender signifikationspolitischer Aufklärungsarbeit ist es eine zentrale Funktion von Politainment-Krimis der »Tatort«-Reihe, Formen des Wissens aus spezialisierten bzw. spezialdiskursiven Bereichen auf leicht zugängliche Art und Weise für ein Millionenpublikum bereitzustellen. Dies macht sie zu einem wichtigen, institutionalisierten Interdiskurs in der deutschsprachigen Medienkultur. Faktisches aus dem Spezialdiskurs der Historiografie bietet beispielsweise der MDR-Krimi zur DDR-Vergangenheit »Falsches Leben«, der Stuttgarter »Tatort« »Altlasten« informiert in Auszügen über Abrechnungspraxen im Gesund-

6.5 Fazit: Thematisch gruppierte Sendungsanalysen

heitswesen und in »Mauerblümchen« ist mittels symbolischer Wissenspartikel etwas über die gesundheitsschädigenden Auswirkungen von Fluglärm zu erfahren.

Für die signifikationspolitische Verarbeitung von Wissensvorräten zentral sind die in Krimis auftretenden Figuren in ihren Funktionen als Thementräger. Viele von ihnen sind in doppelter Hinsicht funktional: Zum einen im Hinblick auf ihre Rollen als Zeugen oder Verdächtige, Täter oder Opfer bzw. als nur randständige Informationsträger im Rahmen des genrespezifischen Täterrätsels und zum anderen als Träger themenspezifischen Wissens in einfach und schnell verständlichen, exemplarisch-situativen Kontexten. Sie sind notwendigerweise – dem Genrerahmen entsprechend, der einer umfassend-differenzierten Figurenzeichnung entgegensteht – häufig stereotypisiert. Eine besondere Funktion kommt den so zu nennenden Mittlern zu. Sie sind wissende Experten und führen die Ermittler in ihnen zuvor unbekannte Lebens- und/oder Sozialwelten ein, geleiten sie an exemplarische Orte, verwenden themenspezifische Fachtermini, erläutern diese und sind wie die meisten Figuren potenziell der bösen Tat, des Mordes, verdächtig. In »Platt gemacht« ist es beispielsweise eine Mittlerfigur mit bildungsbürgerlichem Hintergrund, die den Ermittlern und damit auch den Zuschauern Einblicke in die Welt der Obdachlosen gewährt. Ebenfalls eine Mittlerfigur ist die Anwältin in »Familienaufstellung«: Sie ordnet das im Krimi Gezeigte im Sinne der umfassenden Textperspektive ein und bewertet es.

Den Kommissaren als Protagonisten der Detektionshandlung und Norminstanzen kommt wiederum die herausgehobene Funktion zu, die stets in kleinen Dosen und ausschnittweise vorhandenen Wissensvorräte machtvoll zu perspektivieren, einzuordnen und zu interpretieren. Dies tun sie mittels provokativer Nachfragen, kritischer Kommentare, abfälliger oder zustimmender Gesten und Blicke. In räumlich häufig in der Zentrale der Detektion, dem Polizeipräsidium, angesiedelten Reflexionssequenzen fassen sie das in interdiskursiv aufgeladenen Sphären Gezeigte stellvertretend für das Fernsehpublikum zusammen und bewerten es. Beispielsweise werden in »... es wird Trauer sein und Schmerz« im Fadenkreuz des Mörders stehende jugendliche Internetnutzer dabei gezeigt, wie sie eine dem Voyeurismus dienende Videoplattform benutzen und mit Inhalten füllen. Ermittlerin Lindholm quittiert das Gezeigte und in Ansätzen von ihr am eigenen Leib Erfahrene mit verächtlichen Kommentaren (Kapitel 6.4.5).

Als gängiger narrativer Modus bei ihren Konfrontationen mit Wissensvorräten hat sich die partielle persönliche Betroffenheit und emotionale Verstrickung von Ermittlern erwiesen, angefangen von Ermittler Eisners türkischstämmigem Adjuvanten in »Baum der Erlösung« über die sich Kommissarin Saalfeld in »Falsches Leben« stellende Frage nach der individuellen Schuld ihres Vaters zu Zeiten der DDR-Diktatur bis hin zu rollenbiografischen Hinweisen auf das Leben von Ermittler Ballaufs Vater als Obdachloser in »Platt gemacht« (vgl. Kapitel 6.4.7).

7. Resümee

»Wissenschaftliches Renommee hängt heutzutage von der Länge der Publikationsliste ab«, äußert die Figur Dr. Christoph Rubner (Mišel Matičević) im Gentechnik-»Tatort« »Auskreuzung« (WDR 2011, Min 28:25 ff.) gegenüber den Kölner Kommissaren Ballauf und Schenk. Am Ende des Krimis wird Rubner als der gesuchte Mörder überführt und verhaftet. Seine nicht zwischen publizistischer Quantität und Qualität differenzierende Aussage enthält einen wahren Kern und verbleibt dennoch im Ungefähren. Die exemplarische Situation ist prototypisch für gesellschaftspolitische Themen im »Tatort«: Eine detektionsrelevante, als Experte ausgewiesene Figur klärt die Kommissare in wenigen Ausschnitten über einen ihnen weitgehend unbekannten, spezialisierten und problembehafteten Bereich der außerfilmischen Realität auf.

Das Erkenntnisinteresse vorliegender Arbeit gilt den politischen Dimensionen populärkultureller Unterhaltung und damit der Frage nach Materialisierungen gesellschaftlicher Diskurse in Sendungen der Krimireihe »Tatort«. Die Wahl des Untersuchungszeitraums 2009 mit seinen 34 Erstausstrahlungen erwies sich dementsprechend als zielführend. Die im Rahmen vorliegender Studie durchgeführten Produktanalysen haben gezeigt, dass das heterogene Phänomen gesellschaftspolitischer Themen ein nach wie vor wichtiger und wiederkehrender Bestandteil spannender Genrenarrationen im »Tatort« ist.

Die populärkulturellen Erlebnisangebote des Fernsehgroßprojektes der ARD offerieren den Zuschauern eine besondere Form der »unterhaltsame[n] Aufklärung« (Weber 1992). Zu den zentralen Funktionen der »Tatort«-Reihe zählt daher auch die Thematisierung von gesellschaftlichen Problemlagen in polysemen Komposita aus Unterhaltung und Information, Faktualität und Fiktionalität, Ernst und Unernst. Entsprechende Themen im »Tatort« weisen inhaltlich über die Detektionshandlungen der Krimis hinaus, sind potenziell aktuell und von gesellschaftlicher Relevanz (vgl. Hickethier 2001, S. 114). Sie bestehen aus typischen Aussagen, Handlungen und Bildverläufen, in denen Sag- und Wissbares in komprimierter Form benannt, gezeigt, eingeordnet, verhandelt und/oder kommentiert wird.

Gesellschaftspolitische Themen sind in Sendungen der »Tatort«-Reihe unterschiedlich gewichtet und in verschiedenen Ausprägungen anzutreffen. Vor dem Hintergrund des heterogenen Produktionskontextes der Sendungen mit serienspezifischen Traditionslinien sowie der Konventionen des Krimigenres über-

7. Resümee

rascht dies nicht. Dennoch gibt es einen konventionalisierten Inszenierungsstil in Form wiederkehrender, serienübergreifender narrativer Elemente und formaler Muster, der vorgibt, wie gesellschaftspolitische Themen in die Spielhandlungen der Krimis eingebunden werden. In 28 Sendungen des engeren Materialkorpus von 34 Krimis ließen sich Politainment (Dörner 2001) und Interdiskursivität (Link 2006) im Sinne des Erkenntnisinteresses nachweisen. In diesen Themen-»Tatorten« des Jahres 2009 sind komplizierte Sachverhalte und gesellschaftspolitische Problemlagen sinnlich, das heißt hörend und sehend, erfahrbar. Verschiedenste Themen werden darin einer potenziell breiten Öffentlichkeit bekannt gemacht, Wissensbestände zur Verfügung gestellt, verortet sowie zuweilen reflektiert.

Das Mitwirken an der Konsonanzbildung und -reflexion ist eine der herausragendsten Funktionen von Politainment im »Tatort«. Die vorliegenden Produktanalysen haben gezeigt, dass die »Tatort«-Sendungen unterhaltsame Momentaufnahmen darstellen, die bestimmte Positionen und Werthaltungen zu ausgesuchten gesellschaftspolitischen Themen als konsensfähig inszenieren. Die Behauptung eines bestehenden Konsenses weist die themenbezogenen Ton- und Bildpolitiken der »Tatort«-Reihe als welche aus, die in erster Linie der hegemonialen Artikulation und Fixierung von Bedeutungen verpflichtet sind. Dies entspricht einem Befund soziologisch orientierter Filmanalyse, nämlich, »dass populäre Filme eine gewisse Hegemonie in einer Gesellschaft ausüben können, indem sie existierende, zentrale und wirksame Sinnmuster, Werte und Ideologien bestärken, gegenläufige dagegen ausschließen oder an den Rand drängen« (Mai/Winter 2006, S. 9). Was zustimmungsfähig und -pflichtig ist, findet sich im »Tatort« definiert und seltener kontrovers diskutiert. Als Teil der deutschsprachigen »Unterhaltungsöffentlichkeit« fungiert die Reihe somit als eine medienkulturelle Instanz zur Veranschaulichung kultureller Traditionsbestände und Verbindlichkeiten (vgl. Dörner 2001, S. 243, Göttlich 2009). Der »Tatort« ist insofern ein Paradebeispiel für medienkulturelle Konsonanzbildung und -befestigung sowie Integration auf der Grundlage symbolischer Signifikation (vgl. Adolf 2006, S. 263, Dörner 2001, S. 33). Mittels »Strategien der intellektuellen und moralischen Führung« (Marchart 2008, S. 80) benennt und zementiert die von vielen sonntäglich genutzte »Konsensmaschine ›Tatort‹« sittliche Grundsätze, Werte und Normen. Sie zeigt und steckt den Rahmen dessen ab, was sag- und wissbar und in weitesten Teilen als gut oder schlecht gilt oder zu gelten hat. In ohnehin der Befestigung von Konsensuellem verpflichteten Sendungen wie jenen über Alkoholismus, Kindesmissbrauch oder häusliche Gewalt stellen sich Fragen nach Dissens, Differenziertheit und Ausgewogenheit von vornherein nicht, weil diese Themen mit unhinterfragbaren, gesamtgesellschaftlichen Gewissheiten verknüpft sind. Sie sind für die Befestigung des integrativen Konsensbereichs unserer Kultur funktional (vgl. Dörner 2001, S. 33).

Politainment im »Tatort« heißt auch, dass viele der entsprechenden Krimisendungen als populäre Interdiskurse mit spezifischem Leistungsvermögen fungieren. Sie stellen Wissensbestände in kleinen Ausschnitten reintegrierend zur Verfügung. Thementräger verbalisieren entsprechend spezifisches Wissen und leisten so ihren Beitrag zum jeweiligen Thema des Krimis (vgl. Eder 2008, S. 722). Dieses in die Genredramaturgien der Krimis eingepasste, interdiskursive Wissen ist häufig in einen erklärenden und wertenden Rahmen eingebettet. Es ist deshalb in den Sendungen selten in Form »reiner« Information vorzufinden, sondern stets in Formen prozessierten Wissens (vgl. Hall 2001, S. 355, Ganz-Blättler 2000): Selektiv aufbereitet und leicht, das heißt weitgehend voraussetzungslos verstehbar (vgl. Göttlich 2009, S. 213). Das Wissen, das dem »Tatort«-Fernsehpublikum im Modus der Interdiskursivität angeboten wird, ist stets Wissen in kleinen Dosen aus spezialisierten Wissenskomplexen. Besonders die Fallstudien zu Alkoholismus und Arbeit im »Tatort« zeigen, dass die Themen-»Tatorte« in der Regel sauber recherchiertes, je nach Phänomenbereich interpretativ eingefärbtes und perspektiviertes Wissen in beispielhaft signifizierten Formen zur produktiven Aneignung bereitstellen. Die Analysen haben gezeigt, dass die Krimireihe »Tatort« ein Paradebeispiel für eine der Spezialisierung »gegenläufige, entdifferenzierende, particll reintegrierende Tendenz der Wissensproduktion« (Link 2006, S. 411) ist. Wissen, das in hochgradig komplexen, spezialisierten Bereichen zirkuliert, wird den Zuschauern in vielen Sendungen der Reihe in kleinen Ausschnitten und textperspektivisch eingefärbt zur Bedeutungsproduktion angeboten. Dieser machtvolle Vorgang – Wissensbestände vereinfachend aufzubereiten, zu perspektivieren und zu interpretieren – macht die Krimireihe »Tatort« zu einem populärkulturellen Interdiskurs (vgl. Link 1999, 2006). Die unterhaltsamen Krimigeschichten bilden in diesem Sinne einen Grundstock, auf den je nach Thema lebensnahe Beispiele, einfach verständliche Sinnbilder und Wissenspartikel aufgepfropft werden. Populäre Erlebnisangebote auf Genrebasis verlangen letztlich nach relativ einfachen Zugängen zu komplizierten Sachlagen, sonst wären sie keine Unterhaltung mehr. Das einfache Grundschema des Krimigenres aus Mord – Detektion – Aufklärung eröffnet dafür zahlreiche Möglichkeiten. Politainment und Interdiskursivität funktionieren nur dann, wenn thematische Aspekte der textuellen Verbindung von Schema und Variation entsprechend fragmentarisch dramatisiert und zu ebenso unterhaltsamen wie informativen Sinnangeboten verarbeitet werden. Gemein ist den Themen-»Tatorten« die personalisierte und beispielbezogene Dramatisierung von Lebens- und/oder Arbeitsverhältnissen in konkreten situativen Kontexten, bei genrekonformer Verkürzung und symbolischer Komprimierung.

7. Resümee

Es gibt reine Themen-»Tatorte«, Sendungen mit eindeutiger thematischer Schwerpunktsetzung. Dies sind inhaltlich-thematisch dichte Folgen, die dadurch gekennzeichnet sind, dass in ihnen Detektionshandlung und Thematik eng miteinander verzahnt sind, thematische Bezüge in entsprechend vielen Sequenzen vorhanden sind und das Figureninventar überwiegend ebenso detektionsrelevant wie thementragend ist. Tatverdächtige Figuren, Ermittler oder Nebenfiguren personifizieren darin themenrelevante Rollenmuster mit entsprechenden Typisierungen. In den filmischen Repräsentationen kann sogar das Detektionsgeschehen partiell hinter die thematischen Bezüge treten. Beispiele hierfür sind die Krimis »Schwarzer Peter« mit dem Thema der häuslichen Gewalt, der Discounter-»Tatort« »Kassensturz«, die Migrationsfolge »Familienaufstellung«, die Alkoholismusfolge »Mit ruhiger Hand« oder die Milieustudie »Platt gemacht«, die Obdachlosigkeit thematisiert.

Darüber hinaus gibt es viele »Tatort«-Krimis, die zwar nicht über ein Kernthema im engeren Sinne verfügen, anhand von Subthemen jedoch eine Vielzahl gesellschaftspolitischer Konflikte anschneiden. Derart angeschnittene thematische Aspekte werden in »Tatort«-Krimis selten konkret mit Inhalt gefüllt, ausgestaltet, in ihrem Facettenreichtum beleuchtet oder vertiefend behandelt. Kein »Tatort«-Krimi indes informiert seine Zuschauer umfassend und lückenlos über ein Thema. Dies ist im Rahmen televisueller Fiktion weder von der Produktionsseite intendiert, im Rahmen der Genrenarrationen möglich noch von den Zuschauern gewollt. Themen-»Tatorte« bieten auf dem unterhaltsamen Weg der Detektion verstreut liegende, symbolische Partikel an Wissbarkeiten.

Daneben stehen Themen-»Tatorte«, die über die starke Fokussierung auf einen Problembereich hinaus vereinzelte, beiläufig in die Narration eingeflochtene bzw. lediglich andeutungsweise vorhandene thematische Aspekte enthalten: Thematisierungen, die mit dem jeweiligen Hauptthema nichts oder nur wenig zu tun haben. So wird beispielsweise in der Folge »Kassensturz« neben dem brisanten Thema der Arbeitsbedingungen im Niedrigpreissegment beiläufig und rudimentär über ein Faktum der Abfallentsorgung in Deutschland unterhaltsam aufgeklärt. Ähnliches ist in der Episode »Oben und Unten« zu beobachten, in der im Kern das soziale Gefälle in der Hauptstadt Berlin thematisiert wird, in der aber auch die Videoüberwachung im öffentlichen Raum sowie die Preisgabe persönlicher Daten im Internet kurz Erwähnung finden. In der Episode »Das Gespenst«, die sich schwerpunktmäßig mit dem Thema Terrorismus befasst, referiert die Mörderin an einer Stelle die Bedeutung des Edelmetalls Coltan für die Unterhaltungsindustrie. In dem »Tatort« »Mit ruhiger Hand« sehen sich die Ermittler und die Zuschauer neben dem Kernthema Alkoholismus mit dem Aspekt der medizinischen Versorgung illegal in Deutschland lebender Menschen konfrontiert. In »Oben und Unten« wiederum arbeitet der gesuchte Mörder in

7. Resümee

einem Projekt für notorische Schulschwänzer. Das großstädtische soziale Problem wird nach seiner Andeutung nicht näher spezifiziert. In der Folge »Mauerblümchen« reicht die thematische Spanne gar von Leiharbeit über Fluglärm bis hin zu Organhandel, wobei lediglich der Arbeitsaspekt eine eingehendere Betrachtung erfährt.

Abgesehen von der groben Unterscheidung in Haupt- und Subthemen sind die Themenbezüge generell zu unterscheiden in Themen von permanenter Relevanz einerseits – darunter Alkoholismus (»Mit ruhiger Hand«), Kindesmisshandlung (»Borowski und die heile Welt«), häusliche Gewalt (»Schwarzer Peter«), Pflegenotstand (»Rabenherz«), soziales Gefälle (»Oben und Unten«), Reproduktionsmedizin (»Kinderwunsch«), Obdachlosigkeit (»Platt gemacht«), Umgang mit alten und kranken Menschen (»Altlasten«), Drogenkonsum (»Tödlicher Einsatz«), Zwei-Klassen-Medizin im Gesundheitswesen (»Altlasten«), Ausbeutung von Arbeitnehmern (»Schweinegeld«, »Mauerblümchen«, »Kassensturz«) – und Problemlagen sowie gesellschaftlichen Phänomenen andererseits, die aktuellen, jüngeren Entwicklungen geschuldet sind, wie beispielsweise Voyeurismus und Datenschutz in der Mediengesellschaft (»Herz aus Eis«, »... es wird Trauer sein und Schmerz«, »Oben und Unten«), Öko-Zertifikate für landwirtschaftliche Betriebe (»Neuland«) und Gewerkschaftsarbeit vor dem Hintergrund der Globalisierung (»Um jeden Preis«). Daneben stehen im »Tatort« konjunkturell wiederkehrende Themenkomplexe wie Migration und Integration (»Familienaufstellung«, »Häuserkampf« und »Baum der Erlösung«) und in der Vergangenheit Rechtsradikalismus. Außerdem gibt es Themen, die sich an öffentlichkeitswirksamen Skandalen und zeithistorischen Ereignissen orientieren, wie der sogenannte »Telfser Minarettstreit« (»Baum der Erlösung«), der sogenannte »Lidl-Skandal« (»Kassensturz«), die Sprengung der Leipziger Paulinerkirche im Jahr 1968 (»Falsches Leben«), mehrere Skandale um verdorbenes Fleisch (»Schweinegeld«, »Kinderwunsch«) oder der Glykolwein-Skandal in den 1980er-Jahren (»Bittere Trauben«, »Platt gemacht«). Mischformen gibt es ebenfalls und in vielen Variationen, zum Beispiel Themen, die potenziell Aktuelles mit Skandalen oder anderen öffentlichkeitswirksamen Ereignissen verbinden, wie die beiden 2009er-Folgen »Baum der Erlösung« und »Kassensturz« zeigen.

Ein häufiger Modus der Thematisierung ist auf der Ebene horizontaler Intertextualität angesiedelt: Einzelne Themenbezüge sind von reihenkompetenten, da regelmäßig »Tatort«-Krimis schauenden Rezipienten auf andere Sendungen anderer Teilserien der Reihe und deren Thematisierungen übertragbar. Dies betrifft einerseits große, in Konjunkturen auftretende Themenkomplexe wie Migration oder Alkoholismus. Andererseits werden Themenbezüge, die in einzelnen Sendungen angedeutet werden, in späteren Folgen oder auch in anderen Teilserien und dann mit größerer Gewichtung bedacht. So wird beispielsweise

7. Resümee

in dem ORF-»Tatort« »Kinderwunsch« kurz auf einen Fleischskandal rekurriert, während in der Berliner Episode »Schweinegeld« sogenanntes »Gammelfleisch« im Zentrum der thematisch gebundenen Narration steht. Dem vergleichbar werden auch in »Tödlicher Einsatz« die Identitätsprobleme eines homosexuellen Polizisten zwar am Rande, aber nicht vertiefend behandelt. Die darin aufgeworfene Frage nach der Existenz Homosexueller in Männergesellschaften im Allgemeinen und in der Fußballbundesliga im Besonderen findet sich zwei Jahre später in einem Themen-»Tatort« mit dem Titel »Mord in der ersten Liga« (NDR 2011) im Zentrum der Narration wieder.

Einen seltenen Sonderfall konjunktureller im »Tatort« erfolgender Thematisierung stellen Problematisierungen dar, die zunächst in einzelnen Teilserien (»Kölner Tatort«) parallel zueinander erfolgen, um dann später im Aufeinandertreffen ihrer Thementräger zusammengeführt zu werden. So finden sich die rollenbiografisch verankerten Alkoholprobleme der Ermittler Ballauf in Köln, Keppler in Leipzig und der Ermittlerin Fellner in Wien in einzelnen Sendungen problematisiert und in weiteren Folgen erneut wieder kurz aufgegriffen. Die beiden männlichen Thementräger Ballauf und Keppler lernen sich in der gesamtdeutschen Doppelfolge zu Ostern des Jahres 2012 kennen, wobei die sich unterscheidenden Arten der Bewältigung ihres gemeinsamen, aber unterschiedlich gewichteten Problems für reihenkompetente Zuschauer deutlich lesbar ist (»Kinderland«, MDR/WDR 2012 und »Ihr Kinderlein kommet«, WDR/NDR 2012).

In Pressemappen und Kritiken paratextuell bzw. auf der Ebene vertikaler Intertextualität (vgl. Mikos 2008, S. 275) vorangekündigte Themenbezüge erweisen sich bei genauer Produktanalyse häufig als wenig substanziell und nur in Ansätzen bzw. andeutungsweise in den Krimis vorhanden. Dies verweist auf die notwendige Komplexitätsreduktion bei der Einbindung faktualer Anteile in fiktionale, primär der spannenden Unterhaltung verschriebene Genretexte. Der Bodensee-Thriller »Herz aus Eis« ist für ein eher paratextuell behauptetes denn tatsächlich ausgestaltetes Thema – hier die sogenannte »Wohlstandsverwahrlosung« – ein besonders anschauliches Beispiel. In Krimis wie diesem dienen Themenbezüge vielmehr als lebensweltlich verankerte Kulissen zur Ausbreitung spannender Geschichten. In das Register derart oberflächlicher Themenbezüge, die keine unterhaltsame Aufklärung im eigentlichen Sinne sind, sondern lediglich dem Realismusgebot der Reihe Rechnung tragen, fallen ebenfalls komische Andeutungen und Witze mittels aktueller interdiskursiver Bezugnahmen: Im »Tatort«-Jahr 2009 lässt sich dies beispielsweise in den drei Folgen »Herz aus Eis«, »Gesang der toten Dinge« und »Kinderwunsch« konkret auf ein zentrales Wirtschaftsthema – die sogenannte »Finanzkrise« – beziehen. Zum Politainment gemacht wurde das Thema dann später in der »Ballade von Cenk und Valerie« (NDR 2012).

7. Resümee

Der schon lange anhaltende Trend zur »*Hybridisierung*, d.h. die Vermischung des Krimigenres mit anderen Genres, Formen oder Annäherung[en] an die ästhetischen Standards anderer Genres oder Medien« (Brück et al. 2000, S. 14, Herv. i. Orig.), eröffnet viele Möglichkeiten zur narrativen Einbindung gesellschaftspolitischer Themen in »Tatort«-Krimis. So finden sich Elemente des Arztfilms (»Mit ruhiger Hand«), des Cultural-Clash-Dramas (»Familienaufstellung« und »Baum der Erlösung«), des Terrorismusdramas (»Das Gespenst«), des Westerns (»Neuland«, »Altlasten«), der Sozialreportage (»Platt gemacht«) und des Familiendramas (»Schwarzer Peter«, »Borowski und die heile Welt«) in den Folgen des Jahres 2009. Sie zeigen das breite Spektrum an Möglichkeiten zur Signifikation von Gesellschaftspolitischem.

Gesellschaftspolitische Themen im »Tatort« sind notwendigerweise immer personalisiert. Der zentrale Zugang zu ihrem Verständnis liegt daher in der Analyse von Figuren. Ohne Figuren und Akteure gäbe es in Fernsehkrimis nicht nur »keine Erzählung, keinen Plot und keine Geschichte« (Mikos 2008, S. 163), sondern ebenso wenig eine Dramatisierung gesellschaftspolitischer Themen. Figuren als »Thementräger« (Eder 2008, S. 723), die im Rahmen der filmischen Informationsvergabe jeweils »ihren« spezifischen Beitrag zum Thema leisten, sind für die Analyse von Politainment und Interdiskursivität im »Tatort« daher von zentraler Bedeutung.

Die Protagonisten des Aufklärungsgeschehens sind die Ermittler. Ihnen obliegt es, das genretypische Täterrätsel (*whodunit* oder *whydunit*) zu lösen und die Mörderin oder den Mörder zu überführen. Dazu bedienen sie sich in der Regel zahlreicher »Mitarbeiter, Mittel und Institutionen« (Hickethier et al. 2005, S. 15), die der Polizeiapparat ihnen zur Verfügung stellt. In Themen-»Tatorten« gerät ihre Suche nach der Wahrheit über die Täterschaft zu einer Form des doppelten Erkenntnisgewinns: Bei der Erfüllung ihrer kriminalistischen Pflicht, dem Zusammentragen von Informationen über das Opfer und sein Umfeld mit dem Ziel der Aufklärung einer Straftat, erfahren sie etwas über spezifische Problemlagen und Milieus. Ob die Ermittler sich an der Thematik interessiert zeigen, wie Kommissarin Odenthal in »Kassensturz«, oder themenspezifisches Wissen nur widerwillig zur Kenntnis nehmen, wie Kommissar Keppler in »Falsches Leben«: Die filmische Informationsvergabe über gesellschaftspolitische Themen ist stets eng, aber nicht ausschließlich, an die Ermittlerfiguren gebunden. Die »Perspektivierung der Erzählung« (Borstnar et al. 2008, S. 176), der *point of view*, erfolgt häufig und größtenteils durch die Ermittlerfiguren, die in Themen-»Tatorten« zu Protagonisten des Aufklärungsgeschehens im doppelten Sinne werden. Mit ihrem neugierigen oder missmutigen Eintreten und Erkunden ihnen fremder Welten, ihrem Staunen oder erschreckten Zur-Kenntnis-Nehmen, erschließen sie sich und den Zuschauern in Ausschnitten Gezeigtes und Benanntes von

7. Resümee

thematischer Brisanz. Nach der unmittelbaren Konfrontation mit Problemlagen und Milieus fassen sie in Reflexionssequenzen häufig nicht nur den Zwischenstand ihrer Ermittlungsergebnisse zusammen, sondern ordnen und interpretieren darüber hinaus filmisch signifizierte Konfliktlagen. Dabei gibt es unterschiedliche Modi ihres Engagements bzw. ihrer professionellen Involviertheit. Ermittler Keppler betrachtet beispielsweise in »Schwarzer Peter« den Problembereich weitgehend distanziert und professionell, während sich Ermittler Kopper in »Kassensturz« beim Erlernen des vorschriftsmäßigen Sortierens von Quark mit Arbeit und deren Bedingungen im Discounterwesen konfrontiert sieht, etwas am eigenen Leib erlebt und damit temporär involviert ist. Letzteres gilt auch für Kommissar Schenk als Hilfspfleger in einem Krankenhaus in »Rabenherz« oder bei mehr oder weniger verdeckt stattfindenden Ermittlungen, beispielsweise durch Ermittler Ballauf als Clochard in »Platt gemacht«. Eine Besonderheit stellt das für Politainment im »Tatort« typische Strukturmerkmal der persönlichen Betroffenheit, der privaten Involviertheit der Ermittler als Thementräger dar. Diese kann rollenbiografisch langfristig verankert sein, wie der Alkoholismus bei den Ermittlern Keppler und Fellner oder die Ostbiografie von Ermittlerin Saalfeld. Das nunmehr bewältigte Alkoholproblem von Ermittler Ballauf hingegen war rollenbiografisch mittelfristig angelegt. Betroffenheit der Ermittler kann aber auch beispielsweise kurzfristig oder einmalig zu Aufklärungszwecken eingesetzt werden, beispielsweise bei dem Wiedersehen von Ermittlerin Lindholm mit ihrer zur Terroristin gewandelten Jugendfreundin in »Das Gespenst«. Durch die Verbindung von privaten, detektionsbezogenen und thematischen Aspekten ergeben sich viele Möglichkeiten zur unterhaltsamen Signifikation gesellschaftspolitischer Sinngehalte.

Die Ermittler im »Tatort« verhalten sich bei der Erschließung gesellschaftspolitischer Themenkomplexe nur selten neutral und ziehen sich auf ihre Funktionen als lediglich der Aufklärung des Verbrechens verpflichtete Vertreter der Rechtsstaatlichkeit zurück. In ihrem Gebaren und mit ihren Kommentaren werden Interpretationen von Problemlagen textperspektivisch etabliert und kommen entsprechende Parteinahmen für oder gegen thementragende Figuren maßgeblich zum Ausdruck. Als maßgebliche Hüter der »Fernsehmoral« (Kottlorz 1993) im Krimi evaluieren die Ermittler die in den Sendungen repräsentierten Figuren und Konflikte gestisch-mimisch und verbal auf partikularer wie auch globaler Ebene, das heißt sowohl in situativen Kontexten als auch übergeordneten Perspektiven. Fernsehethik funktioniert in ihren Grundzügen im »Tatort« so, wie von Hans J. Wulff im Folgenden beschrieben:

> »Die Ethik lebt von Geschichten, in denen wertorientiertes Handeln als Handeln in einem Problem- oder Konfliktfeld vorgeführt wird. Ge-

schichten illustrieren und exemplifizieren das abstrakte Problem, indem sie abstrakte Wertediskurse mit den konkreten Horizonten der Handlung vermitteln« (Wulff 2005, S. 377, vgl. Wulff 2001).
Kommissar Kopper beispielsweise wendet sich entnervt ab, als die oberste Chefin der fiktiven Supermarktkette Billy in »Kassensturz« über die angebliche Unnötigkeit von Betriebsräten sinniert. Die beiden Kölner Ermittler Ballauf und Schenk hingegen strafen in mehreren Sequenzen von »Platt gemacht« Kleinbürger verbal ab, die sich abfällig über Obdachlose äußern. Im Sinne der tatortspezifischen Toleranz- und Anerkennungsnormen gegenüber Minderheiten, Rand- und Problemgruppen weist auch Ermittler Eisner seinen ebenfalls kleinbürgerlichen Adjuvanten Pfurtscheller mehrmals zurecht, als dieser sich ausländerfeindlich äußert (vgl. Dörner 2001, S. 191). Ermittlerin Lindholm gibt zudem in »... es wird Trauer sein und Schmerz« der textperspektivisch nahegelegten Empörung über Voyeurismus im Internetzeitalter eine Stimme. Als sympathietragende und zur Identifikation bzw. Empathie einladende Protagonisten des Aufklärungsgeschehens bieten die Ermittler den Zuschauern moralisch vertretbare Positionen an bzw. schreiben diese fest (vgl. Mikos 2008, S. 176). Im »Tatort« werden ethische Probleme seltener in einer »Dichotomie von Pro und Kontra« (Wulff 2001, S. 256) behandelt, einem im Fernsehen ansonsten häufig anzutreffenden Modus bei der Dramatisierung moralisch-ethischer Aspekte, welcher der einfachen Verständlichkeit dient und auf Kosten tiefer gehender Diskussion und Differenziertheit geht (vgl. Ziemann 2011, S. 243). Eine Vielstimmigkeit der in den Sendungen zu Wort kommenden gesellschaftlichen Kräfte bei der Behandlung gesellschaftspolitischer Themen ist hingegen selten gegeben. Argumentative Auseinandersetzungen um ein Für und Wider zwischen Gegnern und Befürwortern, Zweifelnden oder Zustimmenden – das Führen eines Diskurses im Sinne eines argumentativen Schlagabtauschs – findet sich nur vereinzelt im »Tatort« wieder. Beispiele hierfür sind das Gespräch zweier Erwachsener über eine eventuelle Heimunterbringung ihrer alten Mutter in »Altlasten« sowie die herausragende Folge »Nie wieder frei sein« (BR 2010), in der die Ermittler Batic und Leitmayr die schwierige Frage des »richtigen« Umgangs mit Sexualstraftätern emotionsgeladen diskutieren. Auch die Andeutung von Ausgewogenheit und Dialektik bei der Betrachtung gesellschaftspolitischer Problemlagen gibt es im »Tatort«. So kommen in »Kassensturz« zwei Vertreter der Arbeitgeberseite beispielsweise lediglich am Rande zu Wort, um »ihre« Sicht auf die Dinge zu schildern. Ihre Aussagen sorgen partiell für Differenziertheit und täuschen dennoch nicht darüber hinweg, dass die textperspektivische Parteinahme für die Arbeitnehmerseite in diesem Krimi eindeutig ist: ein Beispiel für Unterhaltung mit einer Haltung, in diesem Fall einer gewerkschaftsnahen. In ohnehin der Befestigung von Kon-

7. Resümee

sensuellem verpflichteten Sendungen wie jenen über Alkoholismus, Kindesmissbrauch oder häusliche Gewalt stellen sich Fragen nach Differenziertheit und Ausgewogenheit von vornherein nicht. Sie sind für die Befestigung des integrativen Konsensbereichs unserer Kultur funktional (vgl. Dörner 2001, S. 33).

Als normgebende »Vorbild-Protagonisten« (Wulff 2001, S. 256) führen die Ermittler im »Tatort« in exemplarischen Situationen das Gute und Erstrebenswerte vor, während sie Verhaltensweisen und Äußerungen thementragender Figuren achten oder ächten, sanktionieren oder anerkennen. Als engagierte und vorbildliche Prototypen werden sie im Rahmen des Politainments als »Modellidentitäten« (Dörner 2001, S. 188) inszeniert. Dies entspricht ihrer Rolle als Hüter von »politischer Korrektheit« im »Tatort«. Diese wichtige Funktion, einen »sensibilisierten Umgang mit sensiblen Themen« (Lorenz 2012, S. 182) zu pflegen und einzufordern, ist eine elementare von Politainment-Krimis. Vorbildprotagonisten sind beispielsweise Kommissar Lannert, als er sich in »Altlasten« rührend um eine demente alte Frau kümmert, oder Adjuvantin Lüttgenjohann in der Kölner Folge »Platt gemacht«, die von ihrer ehrenamtlichen Arbeit in einer Einrichtung für Obdachlose spricht, oder ihr Kollege Schenk in »Mit ruhiger Hand«, der ihr gegenüber die Möglichkeit erwähnt, sich im Falle eines Alkoholproblems anonym beraten lassen zu können. Das Aufzeigen von Lösungswegen gehört überwiegend nicht zu den Aufgaben der Ermittler. Sie stehen den sich ihnen darbietenden Verhältnissen in der Regel ebenso macht- und ausweglos gegenüber wie jede/-r andere auch. Die Utopie einer Versöhnung am Ende von »Baum der Erlösung« stellt eine seltene Ausnahme dar; meistens bestehen die zu Beginn von den Ermittlern vorgefundenen Verhältnisse nach der Lösung des Falles unverändert fort.

Das allzu eilfertige Bemühen der Vorbildprotagonisten um »politische Korrektheit« (vgl. Kapitel 3.4.3), insbesondere die hochsensible bis bevorzugte Behandlung von »Problemgruppen« jeglicher Couleur in einzelnen Folgen der »Tatort«-Reihe, birgt allerdings im unterhaltungskulturellen Prozess des Fernsehens die Gefahr von misslingendem Politainment. Dies ist dann der Fall, wenn aus unernstem Ernst – den Verknüpfungen von unterhaltsamer Genrenarration und Themenbezügen – nur noch Ernst, Moralisierung oder Volkspädagogik in ungebrochenen Reinformen wird (vgl. Hügel 2007, S. 27). Dazu zählt beispielsweise die einseitige Abstrafung von Kritik an Obdachlosen und deren undifferenziert-sozialkitschige Zeichnung als durchweg sympathische Verlierer in »Platt gemacht« (WDR 2009).

Im Zuge der Detektion sehen sich die Ermittler mit realitätsbezogenen gesellschaftlichen Sphären konfrontiert, in denen das jeweilige Opfer lebte, liebte und arbeitete. Hier treffen die Kommissare auf Angehörige, Kollegen, Feinde sowie Freunde der Toten, die ihnen nicht nur hinsichtlich letzter Aufenthaltsorte und

7. Resümee

Telefonate, sondern auch bezüglich privater wie beruflicher Beziehungsgefüge und Konflikte, individueller Merkmale und Charakteristika Auskünfte erteilen können. Diese für die Genretexte obligatorischen Figuren in konventionalisierten situativen Kontexten sind insofern detektionsrelevant, als sie die filmische Informationsvergabe hinsichtlich des (in der Regel) zu lösenden Täterrätsels vorantreiben. Darüber hinaus können sie themenrelevant sein, indem sie als »Träger allgemeiner thematischer Aussagen« (Eder 2008, S. 723) fungieren. Im Zuge des narrativen Aufbaus von Wissen werden sie dann – wie andere Figuren auch – zu symbolischen Trägern von Bedeutungen und thematischen Aussagen (vgl. Mikos 2008, S. 168, Eder 2008, S. 711). Sie personifizieren Problemlagen und führen dafür in den Spielhandlungen der Krimis beispielhafte Verhaltensweisen und Gefühlslagen in ebenso exemplarischen Situationen vor. Jede dieser Figuren trägt ihren Teil zum jeweiligen Thema bei. Als soziale Typen in ihrem Milieu und mit den entsprechenden Problemen sind sie als mehr oder weniger hinreichend charakterisierte Figuren versteh- und interpretierbar (vgl. Wulff 2002a, S. 4). Im inhaltlich-thematischen Kontext Arbeit beispielsweise sind gestresste Krankenschwestern oder Regale einräumende Verkäuferinnen als »Inhaber[innen] von Statuspositionen« (Mikos 2008, S. 165) qua berufsspezifisch einschlägig bekannter Ausstattungsmerkmale (Kleidung), Tätigkeiten (Medikamente verabreichen, Boden wischen) und Handlungsräume (Patientenzimmer, Supermarkt) kenntlich gemacht und in die Genrenarration eingebunden.

Als Betroffene gezeichnete Thementräger sind »Abstraktionen sozialer Akteure« (Mikos 2008, S. 164) und daher häufig stereotypisiert. Sie entsprechen

> »einfach strukturierte[n] und stabilisierte[n] Vorstellungen über Menschen, die bestimmten Gruppen angehören, Vorstellungen, die im kulturellen Alltagsbewusstsein verankert, also konventionalisiert sind« (Schweinitz 2006, S. 44).

Ihren funktionalen Bestimmungen als Personifikationen von Missständen oder Problemlagen kommen diese Stereotypisierungen sehr entgegen, denn die unterhaltsamen Genretexte in der (weitgehend) geschlossenen Form von knapp 90 Minuten Spielhandlung verlangen nach schnell verortbaren und leicht zugänglichen Charakteren. Mehr als Regale einzuräumen, sich vom Gebietsleiter beschimpfen zu lassen und bei der Betriebsversammlung in einer der hinteren Reihen zu sitzen, muss eine Nebenfigur wie die Verkäuferin Gisela im Discounter-»Tatort« »Kassensturz« nicht leisten. Stereotypisierungen von Nebenfiguren bergen indes auch die Gefahr, zum Misslingen politischer Unterhaltung zu führen. So ist fraglich, ob es sinnvoll ist, in »Tatort«-Krimis zum Thema Homo- und Bisexualität Schwule auftreten zu lassen, die wie stereotypisierte Karikaturen aussehen und agieren (vgl. Gräf/Krah 2010). Die Gestaltung thementragender

7. Resümee

Figuren stellt stets eine Gratwanderung zwischen notwendiger und unzulänglicher Verkürzung dar. Wenn »Tatort«-Krimis als Politainment im Fernsehen funktionieren sollen, dann scheint die Verwendung kultureller Stereotype jedoch unausweichlich (vgl. Walk 2011, S. 102, Mikos 1992b, S. 19).

Die Thementräger in zentralen Handlungsrollen hingegen sind stärker mit individuellen Merkmalen ausgestattete Charaktere, die über ein psychologisches Innenleben, eine Biografie und eine näher definierte Statusposition verfügen (vgl. Mikos 2008, S. 171, Schweinitz 2006, S. 45). So ist in »Kassensturz« die Filialleiterin, die zur Mörderin geworden ist, als Hauptfigur weitaus komplexer gezeichnet als die ihr untergebene Verkäuferin. Die näheren Arbeitsumstände der Filialleiterin, ihre betriebliche Laufbahn sowie ihre Einsamkeit nehmen einen vergleichsweise größeren narrativen Raum ein. Ähnliches lässt sich in dem Hauptstadtkrimi »Oben und Unten« beobachten: Darin erzählt ein des Mordes verdächtiger Elektriker den Ermittlern von seiner traurigen Erwerbsbiografie. Diese zwei Beispiele verdeutlichen auch die enge Verzahnung von Genre und Themenbezug in einem sehr wichtigen Punkt: dem genreobligatorischen Motiv für die böse Tat. In den textperspektivisch nahegelegten Lesarten der meisten Themen-»Tatorte« sind es schicksalhafte Verstrickungen und äußere Zwänge, die die thementragenden Figuren zu Mördern werden lassen (können). Diesem liberalen Erklärungsmuster von Verbrechen gemäß sind in erster Linie die sozialen Umstände und nicht etwa die per se »bösen« Täter Urheber für Normverletzungen (vgl. Pinseler 2006, S. 19). So wird der um sein Familienleben gebrachte Lebensgefährte einer Verkäuferin in »Kassensturz« zum Mittäter und die jahrelang misshandelte Ehefrau in »Schwarzer Peter« zur Mörderin ihres Mannes.

Die Träger von themenbezogenem Wissen im »Tatort« erfüllen ihre komplexe Funktion in den szenisch-narrativen Dramatisierungen ihres Handelns, Fühlens und Sichartikulierens in den fiktionalen Welten der Krimis: In Dramatisierungen milieu-, gruppen- oder branchenspezifischer, häufig stereotypisierter Einstellungen und Verhaltensweisen, konkreter Tätigkeiten und spezifischer Gefühlslagen in themenspezifischen, exemplarischen Situationen. Die im Rahmen filmischer Informationsvergabe mit Konzepten von Thementrägerschaft verbundenen Figurenreden sind in den für den kleinen Bildschirm produzierten Ton-Bild-Komplexen der Krimis von besonderer Relevanz, da die auditive Ebene im Medium Fernsehen gegenüber der visuellen die dominantere ist (vgl. Ellis 2001). Was nicht im Rahmen szenischer Narration gezeigt wird oder werden kann, das wird von entsprechend ausgewiesenen Thementrägern verbalisiert oder aber beispielhaft Gezeigtes durch Wissende in darauf bezogenen Sequenzen kommentiert und wertend eingeordnet. Beispielsweise äußert der Fremdenhasser seine ausländerfeindliche Gesinnung in »Baum der Erlösung« mimisch und verbal, die Verkäuferinnen in »Kassensturz« räumen Regale ein und das Stasiopfer

7. Resümee

in »Falsches Leben« empfindet eine traurige Wut. Die Analysen haben bestätigt, dass insbesondere die emotionalen Zugänge bei den Dramatisierungen gesellschaftspolitischer Themen eine große Rolle spielen (vgl. Dörner 2001, S. 240, Wulff 2002a). Sie zielen darauf ab, die Figuren in ihren Handlungskontexten verstehen und sich in ihre fiktiven Existenzen einfühlen zu können. In diesem Sinne unterstützen Stimmungen und Gefühlslagen, die durch filmästhetische Gestaltungsmittel erzeugt werden, ebenfalls in starkem Maße themengebundene Narrationen (vgl. Mikos 2008, S. 177, Dörner 2001, S. 33 f.). Beispiele hierfür sind die kontrastierende Farbgestaltung in »Mit ruhiger Hand« und »Kassensturz«, die Auf- und Untersichten in »Schwarzer Peter« sowie der Einsatz von extra- und innerdiegetischer, kommentierender Musik in »Platt gemacht« und in »Kassensturz«.

Die formalen Gestaltungsweisen unterscheiden sich von Folge zu Folge sehr: So gibt es Episoden im Stil des altbewährten, »kalten« Fernsehrealismus, dessen Realitätsnähe sich aus der ungebrochenen textuellen Behauptung speist, Realistisches mittels eines mittig austarierten Verhältnisses zwischen Strategien der Fiktionalisierung und Authentisierung bieten zu können (vgl. Hattendorf 1994). Diese Inszenierungsstrategie kennzeichnet zum Beispiel die konventionelle Kölner Episode »Platt gemacht«, in der die Ermittler sich und den Zuschauern in Form einer linear verlaufenden Spielhandlung verschiedene milieuspezifische Problembereiche erschließen. Ganz anders ist wiederum die Inszenierung in den unkonventionellen Folgen »Kassensturz« oder »Familienaufstellung«, in deren offensiver Ausstellung der filmischen Bedingtheit des Geschehens mittels einschlägiger Authentisierungsstrategien einerseits und hyperrealer, schreiender Fiktionalisierung andererseits ein besonderer »Realitätseindruck« (Hickethier 1995, S. 64) entsteht. Ein derart »heißer« Fernsehrealismus, der durch »expressiven ethnografischen Realismus« (Tröhler 2006, S. 162) mittels einschlägiger Authentizitätssignale (Wackelkamera, Inserts, Bildsprünge etc.), hyperreale Figurenzeichnung und/oder exzessive Genrehybridität gekennzeichnet ist, bietet einen großen Unterhaltungswert und somit auch viele Möglichkeiten, gesellschaftspolitische Gehalte beiläufig einzubinden und sein Publikum dafür zu interessieren. Bei aller Realitätsbezogenheit stellt der »heiße« Fernsehrealismus seine Fiktionalität aus und spielt mit ihr, nimmt seine Zuschauer und deren Genrekompetenz ernst, will auf zum Teil groteske Art und Weise unterhalten und vermag es dennoch, viel Faktuales in sein Erlebnisangebot zu integrieren.

Thementräger können im Einzelnen sein:
1. *Betroffene*, die Problemlagen untereinander, den Ermittlern oder Dritten gegenüber auf anschauliche, oftmals umgangssprachliche Art und Weise benennen. So tauschen sich beispielsweise die betroffenen Kinder in »Altlasten«

über das Für und Wider einer Heimunterbringung ihrer Mutter aus, die bei Billy herausgeworfene Verkäuferin in »Kassensturz« berichtet den Ermittlern über den Umgang mit Beschäftigten im Discounterwesen und der temporäre Edelchlochard in »Platt gemacht« klärt die Kölner Kommissare in der Funktion eines Mittlers über sein Leben und das seiner Schicksalsgenossen auf. Lebens- und/oder Arbeitsumstände und damit zusammenhängende Problemlagen in den Fiktionen der Krimis zu erleben, zu erleiden und konkret zu schildern sind die Funktionen dieser Figuren.

2. *Ermittler* und ihre Helfer aus dem Polizeiapparat, die sich über ein gesellschaftspolitisches Thema kundig gemacht haben oder qua persönlicher Betroffenheit bereits kundig sind. Beispielsweise klärt Kommissar Stedefreund seine Kollegin in »Familienaufstellung« über die kulturelle Bedeutung des »Hamam« auf, und Ermittler Keppler sinniert in »Schwarzer Peter« über die »Vererbung« häuslicher Gewalt. Den Kommissaren kommt insofern eine herausgehobene Bedeutung zu, als es ihnen in besonderem Maße obliegt, Wissen zu perspektivieren und gefühlsbezogen zu bewerten (vgl. Hickethier 2007, S. 118). In ihrer Eigenschaft als Norminstanzen legen sie überdies fest, was als sagbar gilt, das heißt, sie verfügen über eine Definitionsmacht bei der Benennung und Einordnung von problembezogenem Wissen.

3. *Ausgewiesene Experten*, Figuren, deren Kennerschaft durch die implizite oder explizite Angabe ihrer Berufs- bzw. Statusposition kenntlich gemacht ist (vgl. Mikos 2008, S. 165). So spricht der weiß bekittelte, des Mordes verdächtige Arzt in »Altlasten« über »seine« Probleme mit der Budgetierung im Gesundheitswesen, der Mann von der Gewerbeaufsicht klärt die Ermittler in »Kassensturz« über Vorgänge im Niedrigpreissegment auf oder der Önologe versucht in »Bittere Trauben« Ermittler Deininger das sensorische Faszinosum Wein nahezubringen. Die Kommissare treten diesen Experten in der Regel als weitgehend Unwissende gegenüber und verfügen dabei lediglich über elementardiskursives, unspezifisches Alltagswissen (vgl. Link 2005, S. 84). Das interessierte Nachfragen, das potenziell Neues zutage fördert, ist neben ihren Recherchen an interdiskursiv aufgeladenen Orten *das* inszenatorische Stereotyp von Interdiskursivität im »Tatort« überhaupt: »'tschuldigung?«, fragt Kommissarin Odenthal den Mann von der Gewerbeaufsicht in »Kassensturz«, um daraufhin über die Bedeutung eines fremdsprachigen Terminus aus dem Spezialdiskurs der Ökonomie aufgeklärt zu werden. Nach der Bedeutung des Begriffs Coltan erkundigt sich Ermittlerin Lindholm in »Das Gespenst«, woraufhin sie von ihrer Jugendfreundin etwas über die Bedeutung des Edelmetalls erfährt und über Crystal Meth möchte Kommissarin Blum in »Im Sog des Bösen« mehr wissen, woraufhin ihr ein eifriger Polizeischüler erklärt, um

was für eine Droge es sich dabei handelt. Experten geben auf Fragen Antworten, referieren, definieren und erklären, schwadronieren allerdings mitunter auch – sehr zum Leidwesen der Ermittler. Experten als Thementräger sind im »Tatort« häufig übereifrige, von »ihrem« Spezialdiskurs beinahe besessene *mad scientists* (vgl. Krause/Pethes 2007). Sie müssen geradezu gebeten oder dazu gedrängt werden, aus ihrer hochgradig spezialisierten gedanklichen wie auch sprachlichen Fachwelt herauszutreten. Mitunter müssen sie auch gebremst werden, sollen sich überflüssige Details ersparen und die für die Detektion und den thematischen Zusammenhang relevanten Informationen allgemein verständlich und kurz – im Modus der Interdiskursivität – präsentieren. Dieser Umstand an sich stellt bereits eine Form der interdiskursiven Brechung im »Tatort« dar.

Die Verzahnung von fiktionaler Genrehandlung mit faktualen Anteilen erfolgt im »Tatort« zum Teil mittels einfacher aber auch virtuos eingesetzter Verfahren der Brechung. Letztere sind besondere Formen populärkultureller ästhetischer Zweideutigkeit in den unterhaltsamen Genretexten zwischen Ernst und Unernst (vgl. Hügel 2007). Sie treten zum Beispiel dort auf, wo Faktuales mit komischen Elementen verknüpft wird, wie im »Gesang der toten Dinge«, wenn sich die Ermittler über eine Esoteriksendung im Fernsehen amüsieren. Ein launiger Subplot kann die themenbezogene Handlung auch kurz unterbrechen: So zum Beispiel, wenn, wie in »Familienaufstellung«, immer wieder kleine Geschichten über die Betreuung von Haustieren Verwendung finden. Daneben erfolgen gebrochene Einbindungen thematischer Gehalte mittels populärkulturell konventionalisierter Elemente aus dem großen Spektrum zwischenmenschlicher Beziehungen – vor allem denen zwischen Frau und Mann. Zarte Flirts, herbeigesehnte Liebe und auch mehr – allesamt elementare inhaltliche Bestandteile von populären Narrativen – finden sich in vielen Themen-»Tatorten« des Jahres 2009 wieder. Derartige »Schönheiten des Populären« (Maase 2008) gönnen den Zuschauern eine Pause vom themenbezogenen Ernst oder erleichtern dessen Einbindung (vgl. Hickethier 2008b, S. 105). Im Untersuchungszeitraum am prominentesten ausgestaltet findet sich diese Form der Entschleunigung und Abfederung in der sich anbahnenden Liebesbeziehung zwischen Ermittler Ballauf und der über Alkoholismus referierenden Expertin in »Mit ruhiger Hand«. Aber auch die Kommissar Lannert in »Altlasten« von einer Ärztin in Aussicht gestellte Verabredung, nachdem sie ihn auf das unter Kollegen handlungsleitende Kostenbewusstsein bei der Verschreibung von Medikamenten aufmerksam gemacht hat, lässt sich als eine derartige Brechung lesen. Eine besondere Form der Brechung des Ernstes thematisch aufgeladener Plots stellt die hyperreale Zeichnung thementragender Figuren dar, wie sie besonders deutlich in »Baum der Erlösung«

7. Resümee

und »Kassensturz« zu sehen ist. In der ausgestellten Überzeichnung und Übertriebenheit der Figuren anstelle einer nüchternen Erfüllung des Realismusgebots liegen für Zuschauer besonders anschlussfähige Verbindungen von Unterhaltung und Information. Schließlich können auch selbstreflexive Elemente für ironische Brechungen themenbezogenen Ernstes sorgen, so beispielsweise bei der Diskussion der Kommissare um die »politisch korrekte« (vgl. Kapitel 3.4.3) Bezeichnung für Obdachlose in »Platt gemacht«.

Die durch die themenbezogenen Sendungen der Krimireihe »Tatort« eröffneten symbolischen Wissenshorizonte sind vielfältig, aber selten vielstimmig. In der Gesamtschau der Erstausstrahlungen des Jahres 2009 lässt sich eine große Bandbreite thematisierter Problemlagen aufzeigen. Die Spanne reicht von Dauerthemen, wie Arbeit und ihre Bedingungen, über lokale Phänomene, wie Belastungen durch Fluglärm, bis zu jüngeren gesellschaftspolitischen Herausforderungen, beispielsweise Gewerkschaftsarbeit im Zeitalter fortschreitender Globalisierung.

Eine zentrale medienkulturelle Funktion der Politainment-Krimis der »Tatort«-Reihe besteht darin, Positionen und Werthaltungen für konsensuell zu erklären, diese fragmentarisch zu definieren, zu zeigen und zu bestätigen (vgl. Kapitel 3.4.2). Bereiche des Zustimmungsfähigen und -pflichtigen werden in den Sendungen inszenatorisch abgesteckt, aktualisiert und stets von Neuem für wichtig und richtig erklärt. Für allgemeingültig erklärte Werte und Normen finden sich in den Krimis der Reihe im Modus der Unterhaltung dramatisiert (vgl. Dörner 2002, S. 50). Die Ablehnung von rechtsradikalem Gedankengut und Ausländerfeindlichkeit, das vehemente Eintreten für den besonderen Schutz von Minderheiten oder das Recht auf sexuelle Selbstbestimmung, das Anprangern individueller Verfehlungen im Unrechtsstaat DDR – Politainment im »Tatort« zeigt mit seismografischem Vermögen den jeweils gültigen Wertekodex einer aufgeklärt-liberalen Zivilgesellschaft in Auszügen auf. Werte sind in diesem Sinne zu definieren als

> »allgemeine und grundlegende Orientierungsstandards [...], die für das Denken, Reden und Handeln auf individueller und auf kollektiver Ebene Vorgaben machen und dabei explizit artikuliert oder implizit angenommen werden« (Dietz/Neumaier 2012, S. 302).

Im »Tatort« propagierte Werte sind in der Regel historisch-aktuell unwidersprochen bleibende einer aufgeklärten, demokratischen und offenen Gesellschaft, die quer zu weltanschaulichen Interessen ihre Gültigkeit haben. An den dem populärkulturellen »Mainstream« zuzurechnenden Fernsehkrimis sind die von der Mehrheit selten deutlich vertretenen, aber auf Nachfrage zu unterschreibenden Maßstäbe menschlichen Handelns und Denkens in Ausschnitten ablesbar.

7. Resümee

Von linkslastigem »Rotfunk« kann im zeitgenössischen »Tatort« keine Rede sein (vgl. Kapitel 5.4.4). Die in »Tatort«-Krimis des Jahres 2009 und darüber hinaus propagierten Werte und Werthaltungen sind seltener eindeutig, aber immer noch häufig als »linksliberal« zu identifizieren. Vielmehr sind die in medienkulturellen Artefakten der Krimireihe im und rund um das Jahr 2009 vertretenen Werte vielmehr universeller Art und lassen sich nicht ohne Weiteres politischen Lagern bzw. parteipolitischen Programmatiken zuordnen. Angesichts der aktuellen Profilarmut der großen Volksparteien, ihrer kaum vorhandenen Unterscheidbarkeit und damit einhergehender, mangelnder Orientierungs- und Sinngebungsleistungen verwundert dies nicht. Einzig die auf der Grundlage einer gewerkschaftlichen Publikation entstandene Folge »Kassensturz« stellt eine relativ eindeutige und seltene Ausnahme dar (vgl. Kapitel 5.2).

Die unterhaltungskulturellen Artefakte der Krimireihe »Tatort« bieten den Zuschauern leicht zugänglichen Diskussionsstoff, greifen in den Prozess der Meinungsbildung ein, befördern im Idealfall kollektive Bildungsprozesse sowie die kulturelle Teilhabe am demokratischen Prozess und tragen somit der Integrationsfunktion von öffentlich-rechtlichem Politainment Rechnung. *Wer* im »MedienAlltag« (Röser 2007) *was* aus den Sinnangeboten konkret macht, ist allerdings eine andere Frage. Die Durchführung groß angelegter, der Bedeutung der Reihe in der deutschsprachigen Populärkultur gerecht werdender mehrdimensionaler Produkt-, Rezeptions- und Aneignungsstudien scheint dringend geboten, um den prozessualen Charakter politischer Unterhaltung kulturwissenschaftlich zu erforschen (vgl. Müller 2011, S. 35).

Im produktiven Sinne verstörende oder unerhört provokative Dramatisierungen von Themen, die öffentliche Diskussionen nötig oder gar unausweichlich machen würden, bieten die Sendungen des Flaggschiffs der ARD selten, und wenn, dann versehentlich, wie die Skandalfolge »Wem Ehre gebührt« (NDR 2007) zeigte, nach deren Erstausstrahlung es zu wütenden Protesten von Angehörigen einer Glaubensgemeinschaft kam. Gezielte Provokationen sind auch nur bedingt möglich, wollen die Verantwortlichen den herausragend populären Status ihres Aushängeschilds nicht allzu leichtfertig gefährden. Gerade der Zwang zur »politischen Korrektheit« (vgl. Kapitel 3.4.3) und das Realismusgebot im Relevanzfernsehen der für staatstragend gehaltenen Reihe erschweren (derzeit noch) experimentelle Zugänge auch zu brisanten Stoffen (vgl. Graf 2012).

Als Mischung aus unterhaltenden und gesellschaftspolitisch für relevant gehaltenen Elementen, als Politainment (Dörner 2001, vgl. Kapitel 3.4), ermöglichen »Tatort«-Krimis eine sinnliche Erfahrbarkeit abstrakter Themen und komplizierter Zusammenhänge. Die emotionale Dimension ist dabei für die Perspektivierung themenbezogenen Wissens von entscheidender Bedeutung, denn die affektive Dimension von Unterhaltung ist ein wesentlicher Bestandteil auch politischer

7. Resümee

Medienkulturen. Die unterhaltsame Eröffnung »eng begrenzte[r] Sagbarkeits- und Wißbarkeitsräume« (Link 2006, S. 411, vgl. Kapitel 3.5) im Modus der Interdiskursivität macht die spannenden Narrative darüber hinaus zu Fiktionen mit faktualen Anteilen – zu leicht verdaulichem Bildungsfernsehen. Die zentralen Agenten dieser machtbesetzten Funktionen sind die mit Wissensbeständen konfrontierten, sie interpretierenden, wertend einordnenden und dabei selten ungerührt bleibenden Ermittlern. Mittels »Krimi und Agenda-Pushing« (Gansel/Gast 2007) bewirtschaftet der »Tatort« Aufmerksamkeiten, schafft eigene Themenkonjunkturen, lässt einzelne Themen kurz aufblitzen und befördert damit die diskursive Zirkulation. Neue Themen generiert er nicht, sondern begibt sich mit einer Latenz auf bekanntes, umkämpftes und zumeist bereits befriedetes Terrain. Neuverhandlungen von Werten bietet der »Tatort« entsprechend selten (vgl. Kapitel 6.5). Seine weitgehende inszenatorische Behauptung, Konsensuelles darzustellen, ist seinem etablierten Status als auf Dauer angelegtem, populärkulturellen Großprojekt geschuldet, das den Anspruch erhebt, repräsentativ für Kulturen und Gesellschaften in Deutschland, Österreich und der Schweiz zu sein.

8. Filmografie

»A gmahde Wiesn«, BR, Nr. 674, Erstausstrahlung: 23.09.2007, Drehbuch: Friedrich Ani, Regie: Martin Enlein

»Alles hat seinen Preis«, RBB, Nr. 833, Erstausstrahlung: 01.04.2012, Drehbuch: Hartmut Block/Michael Gantenberg, Regie: Florian Kern

»Altlasten«, SWR, Nr. 750, Erstausstrahlung: 27.12.2009, Drehbuch: Katrin Bühlig, Regie: Eoin Moore

»Architektur des Todes«, HR, Nr. 740, Erstausstrahlung: 06.09.2009, Drehbuch: Judith Angerbauer, Regie: Titus Selge

»Atemnot«, NDR, Nr. 611, Erstausstrahlung: 23.10.2005, Drehbuch: Thorsten Näter/Verena Mahlow, Regie: Thomas Jauch

»Baum der Erlösung«, ORF, Nr. 717, Erstausstrahlung: 04.01.2009, Drehbuch: Felix Mitterer, Regie: Harald Sicheritz

»Bildersturm«, WDR, Nr. 388, Erstausstrahlung: 21.06.1998, Drehbuch: Robert Schwentke/Jan Hinter, Regie: Nikolaus Stein von Kamienski

»Bittere Trauben«, SR, Nr. 731, Erstausstrahlung: 26.04.2009, Drehbuch: Andreas Pflüger, Regie: Hannu Salonen

»Blutdiamanten«, WDR, Nr. 620, Erstausstrahlung: 15.01.2006, Drehbuch: Sönke Lars Neuwöhner/Sven Poser, Regie: Martin Eigler

»Borowski und die heile Welt«, NDR, Nr. 732, Erstausstrahlung: 03.05.2009, Drehbuch: Elke Schuch/Marc Blöbaum, Regie: Florian Froschmayer

»Borowski und die Sterne«, NDR, Nr. 741, Erstausstrahlung: 21.09.2009, Drehbuch und Regie: Angelina Maccarone

»Das Gespenst«, NDR, Nr. 726, Erstausstrahlung: 15.03.2009, Drehbuch: Stefan Dähnert, Regie: Dror Zahavi

»Das Mädchen Galina«, SWR, Nr. 738, Erstausstrahlung: 21.06.2009, Drehbuch: Stephan Brüggenthies, Regie: Thomas Freundner

»Das namenlose Mädchen«, NDR, Nr. 663, Erstausstrahlung: 15.04.2007, Drehbuch: Khyana el Bitar/Matthias Keilich, Regie: Michael Gutmann

»Der frühe Abschied«, HR, Nr. 698, Erstausstrahlung: 12.05.2008, Drehbuch: Judith Angerbauer, Regie: Lars Kraume

»Der glückliche Tod«, SWR, Nr. 706, Erstausstrahlung: 05.10.2008, Drehbuch: André Georgi, Regie: Aelrun Goette

»Duisburg Ruhrort«, WDR, Nr. 126, Erstausstrahlung: 28.06.1981, Drehbuch: Thomas Wittenburg/Horst Vocks, Regie: Hajo Gies

»Edel sei der Mensch und gesund«, RBB, Nr. 796, Erstausstrahlung: 03.04.2011, Drehbuch: Dinah Marte Golch/Gerhard J. Rekel, Regie: Florian Froschmayer

8. Filmografie

»Ein ganz normaler Fall«, BR/Telepool, Nr. 818, Erstausstrahlung: 27.11.2008, Drehbuch: Daniel Wolf, Rochus Hahn, Regie: Torsten C. Fischer

»Erntedank e.V.«, NDR, Nr. 693, Erstausstrahlung: 30.03.2008, Drehbuch und Regie: Angelina Maccarone

»Es ist böse«, HR, Nr. 836, Erstausstrahlung: 22.04.2012, Drehbuchvorlage: Axel Petermann, Drehbuch: Lars Kraume, Regie: Stefan Kornatz

»… es wird Trauer sein und Schmerz«, NDR, Nr. 747, Erstausstrahlung: 15.11.2009, Drehbuch: Astrid Paprotta, Regie: Friedemann Fromm

»Falsches Leben«, MDR, Nr. 748, Erstausstrahlung: 06.12.2009, Drehbuch: Andreas Pflüger, Regie: Hajo Gies

»Familienaufstellung«, SWR, Nr. 721, Erstausstrahlung: 08.02.2009, Drehbuch: Thea Dorn/Seyran Ates, Regie: Mark Schlichter

»Frau Bu lacht«, BR, Nr. 322, Erstausstrahlung: 26.11.1995, Drehbuch: Günter Schütter, Regie: Dominik Graf

»Gesang der toten Dinge«, BR, Nr. 728, Erstausstrahlung: 29.03.2009, Drehbuch: Markus Fenner, Regie: Thomas Roth

»Hart an der Grenze«, SWR, Nr. 690, Erstausstrahlung: 09.03.2008, Drehbuch: Holger Karsten Schmidt, Regie: Elmar Fischer

»Hauch des Todes«, SWR, Nr. 768, Erstausstrahlung: 22.08.2010, Drehbuch: Jürgen Werner, Regie: Lars Montag

»Häuserkampf«, NDR, Nr. 729, Erstausstrahlung: 13.04.2009, Drehbuch: Johannes W. Betz/Peter Braun, Regie: Florian Baxmeyer 768:

»Heilig Blut«, WDR, Nr. 324, Erstausstrahlung: 14.01.1996, Drehbuch: Dorothee Schön, Regie: Hartmut Griesmayr

»Heimatfront«, SR/Degeto, Nr. 789, Erstausstrahlung: 23.01.2011, Drehbuch: Christiane Hütter/Christian Heider, Buchbearbeitung: Uwe Wilhelm, Regie: Jochen Alexander Freydank

»Herz aus Eis«, SWR, Nr. 723, Erstausstrahlung: 22.02.2009, Drehbuch: Dorothee Schön, Regie: Ed Herzog

»Hinkebein«, WDR, Nr. 831, Erstausstrahlung: 11.03.2012, Drehbuch: Jan Hinter/Stefan Cantz, Regie: Manfred Stelzer

»Höllenfahrt«, WDR, Nr. 727, Erstausstrahlung: 26.03.2009, Drehbuch: Matthias Seelig/Claudia Falk, Regie: Tim Trageser

»Ihr Kinderlein kommet«, WDR/MDR, Nr. 835, Erstausstrahlung: 09.04.2012, Drehbuch: Jürgen Werner, Regie: Thomas Jauch

»Im Sog des Bösen«, SWR, Nr. 736, Erstausstrahlung: 07.06.2009, Drehbuch: Susanne Schneider, Regie: Didi Danquart

»Kameraden«, SF, Nr. 242, Erstausstrahlung: 01.04.1991, Drehbuch und Regie: Markus Fischer

»Kassensturz«, SWR, Nr. 720, Erstausstrahlung: 01.02.2009, Drehbuch: Stephan Falk, Regie: Lars Montag

»Kein Entkommen«, ORF, Nr. 827, Erstausstrahlung: 05.02.2012, Drehbuch: Fabian Eder/Lukas Sturm, Regie: Fabian Eder

8. Filmografie

»Kinderland«, MDR/WDR, Nr. 834, Erstausstrahlung: 08.04.2012, Drehbuch: Jürgen Werner, Regie: Thomas Jauch

»Kinderwunsch«, ORF, Nr. 735, Erstausstrahlung: 01.06.2009, Drehbuch: Thomas Baum/Walter Bannert, Regie: Walter Bannert

»Manila«, WDR, Nr. 383, Erstausstrahlung: 19.04.1998, Drehbuch und Regie: Nikolaus Stein von Kamienski

»Mauerblümchen«, MDR, Nr. 725, Erstausstrahlung: 08.03.2009, Drehbuch: Simone Schneider, Regie: Johannes Fabrick

»Mit ruhiger Hand«, WDR, Nr. 739, Erstausstrahlung: 23.08.2009, Drehbuch: Jürgen Werner, Regie: Maris Pfeiffer

»Mord in der ersten Liga«, NDR, Nr. 794, Erstausstrahlung: 20.03.2011, Drehbuch: Harald Göckeritz, Regie: Nils Willbrandt

»Mördergrube«, WDR, Nr. 463, Erstausstrahlung: 25.02.2001, Drehbuch: Robert Schwentke, Regie: Christine Balthasar

»Neuland«, HR, Nr. 722, Erstausstrahlung: 15.02.2009, Drehbuch: Bernd Lange, Regie: Manuel Flurin Hendry

»Nie wieder frei sein«, BR, Nr. 784, Erstausstrahlung: 19.12.2010, Drehbuch: Dinah Marte Golch, Regie: Christian Zübert

»Oben und Unten«, RBB, Nr. 730, Erstausstrahlung: 19.04.2009, Drehbuch: Natja Brunckhorst, Regie: Nils Wilbrandt

»Perfect Mind – Im Labyrinth«, BR, Nr. 348, Erstausstrahlung: 15.12.1996, Drehbuch: Christoph Fromm, Regie: Friedemann Fromm

»Platt gemacht«, WDR, Nr. 742, Erstausstrahlung: 04.10.2009, Drehbuch: Stefan Cantz/Jan Hinter, Regie: Buddy Giovinazzo

»Rabenherz«, WDR, Nr. 719, Erstausstrahlung: 25.01.2009, Drehbuch: Markus Busch, Regie: Thorsten C. Fischer

»Reifezeugnis«, NDR, Nr. 73, Erstausstrahlung: 27.03.1977, Drehbuch: Herbert Lichtenfeld, Regie: Wolfgang Petersen

»Salzleiche«, NDR, Nr. 711, Erstausstrahlung: 16.11.2008, Drehbuch: Johannes W. Betz/Max Eipp, Regie: Christiane Balthasar

»Schatten der Angst«, SWR, Nr. 694, Erstausstrahlung: 06.04.2008, Drehbuch: Annette Bassfeld-Schepers/Martin Eigler, Regie: Martin Eigler

»Schatten«, RB/Degeto, Nr. 506, Erstausstrahlung: 28.07.2002, Drehbuch und Regie: Thorsten Näter

»Schiffe versenken«, RB, Nr. 734, Erstausstrahlung: 24.05.2009, Drehbuch: Wilfried Huismann/Philip LaZebnik, Regie: Florian Baxmeyer

»Schrott und Totschlag«, SWR, Nr. 490, Erstausstrahlung: 06.01.2002, Drehbuch: Dorothee Schön, Regie: Jürgen Bretzinger

»Schwarzer Peter«, MDR, Nr. 718, Erstausstrahlung: 18.01.2009, Drehbuch: Katrin Bühlig, Regie: Christine Hartmann

»Schweinegeld«, RBB, Nr. 746, Erstausstrahlung: 01.11.2009, Drehbuch: Christoph Silber/Thorsten Wettcke, Regie: Bodo Fürneisen

8. Filmografie

»Sternenkinder«, NDR, Nr. 627, Erstausstrahlung: 02.04.2006, Drehbuch: Orkun Ertener, Regie: Hannu Salonen

»Tempelräuber«, WDR, Nr. 745, Erstausstrahlung: 25.10.2009, Drehbuch: Magnus Vattrodt, Regie: Matthias Tiefenbacher

»Tod im All«, SWF, Nr. 350, Erstausstrahlung: 12.01.1997, Drehbuch und Regie: Thomas Bohn

»Tödliche Tarnung«, SWR, Nr. 724, Erstausstrahlung: 01.03.2009, Drehbuch: Holger Karsten Schmidt, Regie: Rainer Matsutani

»Tödlicher Einsatz«, SWR, Nr. 733, Erstausstrahlung: 10.05.2009, Drehbuch: Kai-Uwe Hasenheit, Regie: Bodo Fürneisen

»Tote Männer«, RB/WDR, Nr. 737, Erstausstrahlung: 14.06.2009, Drehbuch: Jochen Greve, Regie: Thomas Jauch

»Tote Taube in der Beethovenstraße«, WDR, Nr. 025, Erstausstrahlung: 07.01.1977, Drehbuch und Regie: Samuel Fuller

»Um jeden Preis«, BR, Nr. 744, Erstausstrahlung: 18.10.2009, Drehbuch: Christian Jeltsch, Regie: Peter Fratscher

»Undercover-Camping«, NDR, Nr. 374, Erstausstrahlung: 02.11.1997, Drehbuch: Michael Illner, Regie: Jürgen Bretzinger

»Unter uns«, HR, Nr. 676, Erstausstrahlung: 14.10.2007, Drehbuch: Katrin Bühlig, Regie: Margarethe von Trotta

»Vermisst«, SWR, Nr. 743, Erstausstrahlung: 11.10.2009, Drehbuch: Christoph Darnstädt, Regie: Andreas Senn

»Wat Recht is, mutt Recht bliewen«, NDR, Nr. 136, Erstausstrahlung: 02.05.1982, Drehbuch: Elke Loewe, Regie: Volker Vogeler

»Wem Ehre gebührt«, NDR, Nr. 684, Erstausstrahlung: 23.12.2007, Drehbuch und Regie: Angelina Maccarone

»Wir sind die Guten«, BR, Nr. 749, Erstausstrahlung: 13.12.2009, Drehbuch: Jobst Christian Oetzmann/Magnus Vattrodt, Regie: Jobst Christian Oetzmann

»Wunschdenken«, SF, Nr. 806, Erstausstrahlung: 14.08.2011, Drehbuch: Nils Morten Osburg, Regie: Marcus Imboden

9. Literatur und Quellen

Abteilung Presse und Information der Programmdirektion Erstes Deutsches Fernsehen (Hrsg.) (1994): Tatort 300! O.O.: O.J.

Abteilung Presse und Information der Programmdirektion Erstes Deutsches Fernsehen (Hrsg.) (1998): Tatort 400. O.O.: O.J.

Abteilung Presse und Information der Programmdirektion Erstes Deutsches Fernsehen (Hrsg.) (2000): 30 Jahre Tatort. O.O.: O.J.

Abteilung Presse und Information der Programmdirektion Erstes Deutsches Fernsehen (Hrsg.) (2002): Tatort 500. O.O.: O.J.

Abteilung Presse und Information der Programmdirektion Erstes Deutsches Fernsehen (Hrsg.) (2005): Tatort 600. O.O.: O.J.

Adelmann, Ralf/Hesse, Jan-Otmar/Keilbach, Judith/Stauff, Markus/Thiele, Matthias (Hrsg.) (2001): Grundlagentexte zur Fernsehwissenschaft. Theorie, Geschichte, Analyse. Konstanz: UVK

Adolf, Marian (2006): Die unverstandene Kultur. Perspektiven einer Kritischen Theorie der Mediengesellschaft. Bielefeld: transcript

Allrath, Gaby (Hrsg.) (2007): Narrative Strategies in Television Series. Basingstoke: Palgrave Macmillan

Althusser, Louis (1977): Ideologie und ideologische Staatsapparate. Aufsätze zur marxistischen Theorie. Hamburg: VSA

Andreas, Michael (2010): Klischee und Klandestines: Verdecktes Ermitteln und mehrfache Identitäten im postkolonialen Raum. In: J. Griem/S. Scholz (Hrsg.): Tatort Stadt. Mediale Topographien eines Fernsehklassikers. Frankfurt a.M.: Campus, S. 145–160

Angele, Michael (2009): Jenseitiger Tatort. In: http://www.freitag.de, 29.03.2009 (Abruf: 13.06.2012)

Armbruster, Stefanie/Mikos, Lothar (2009): Innovation im Fernsehen am Beispiel von Quizshow-Formaten. Konstanz: UVK

Armstrong, Richard (2005): Understanding Realism. London: BFI

Arnsfeld, Andreas (2005): Medien – Politik – Gesellschaft. Aspekte ihrer Wechselwirkungen unter dem Stichwort Politainment. Marburg: Tectum

Aufenanger, Stefan (2006): Interview. In: R. Ayaß/J. Bergmann (Hrsg.): Qualitative Methoden der Medienforschung. Reinbek bei Hamburg: Rowohlt, S. 97–113

Ayaß, Ruth (2005): Transkription. In: L. Mikos/C. Wegener (Hrsg.): Qualitative Medienforschung. Ein Handbuch. Konstanz: UVK, S. 377–386

Ayaß, Ruth/Bergmann, Jörg (Hrsg.) (2006): Qualitative Methoden der Medienforschung. Reinbek bei Hamburg: Rowohlt

9. Literatur und Quellen

Bachmann, Götz/Wittel, Andreas (2006): Medienethnographie. In: R. Ayaß/J. Bergmann (Hrsg.): Qualitative Methoden der Medienforschung. Reinbek bei Hamburg: Rowohlt, S. 183–219

Baretzko, Dieter (2009): »Tatort«. Die Welt, ein furchtbarer Willensakt. In: http://www.faz.net, 03.05.2009 (Abruf: 13.06.2012)

Bartsch, Anne/Eder, Jens/Fahlenbrach, Kathrin (Hrsg.) (2007): Audiovisuelle Emotionen. Emotionsdarstellung und Emotionsvermittlung durch audiovisuelle Medienangebote. Köln: von Halem

Bartz, Christina/Krause, Marcus (Hrsg.) (2007): Spektakel der Normalisierung. München: Fink

Bauer, Ludwig (1992): Authentizität, Mimesis, Fiktion. Fernsehunterhaltung und Integration von Realität am Beispiel des Kriminalsujets. München: Schaudig/Bauer/Ledig

Baum, Achim (Hrsg.) (2002): Fakten und Fiktionen. Über den Umgang mit Medienwirklichkeiten. Berichtsband der Jahrestagung der Deutschen Gesellschaft für Publizistik- und Kommunikationswissenschaft (DGPuK) 23.–25.05.2001, Münster. DGPuK. Konstanz: UVK

Behmer, Markus (Hrsg.) (2003): Medienentwicklung und gesellschaftlicher Wandel. Beiträge zu einer theoretischen und empirischen Herausforderung. Wiesbaden: Westdeutscher Verlag

Berg, Jan (Hrsg.) (1997): Authentizität als Darstellung. Hildesheim: Univ.

Berger, Eva (2010): »Sie laufen, als wüssten sie, wo es besser ist« – Auf der Suche nach den Bildern der Arbeit im Film. In: http://www.zeitgeschichte-online.de/zol-arbeitimfilm-2010

Bergmann, Jörg (2006): Qualitative Methoden der Medienforschung. Einleitung und Rahmung. In: R. Ayaß/J. Bergmann (Hrsg.): Qualitative Methoden der Medienforschung. Reinbek bei Hamburg: Rowohlt, S. 13–41

Bergmann, Jörg/Ayaß, Ruth (Hrsg.) (1999): Struktur und Dynamik der Formen moralischer Kommunikation. Opladen: Westdeutscher Verlag

Bergmann, Jörg/Luckmann, Thomas (1999): Moral und Kommunikation. In: dies.: Kommunikative Konstruktion von Moral. Band 1: Struktur und Dynamik der Formen moralischer Kommunikation. Opladen: Westdeutscher Verlag, S. 13–36

Bertemes, Claude (2005): Alles nichts – oder? Systematische Rekonstruktion und Vergleich ausgewählter Paradigmen zur Fernsehunterhaltung. Münster: Lit

Biressi, Anita/Nunn, Heather (Hrsg.) (2005): Reality TV. Realism and Revelation. London: Wallflower

Bischoff, M. (2009): Do simmer dabei. Höhner kommen uns mit Tatort und Weihnacht. In: http://www.bild.de, 02.10.2009 (Abruf: 03.07.2013)

Blanchet, Robert (Hrsg.) (2011): Serielle Formen. Von den frühen Film-Serials zu aktuellen Quality-TV- und Onlineserien. Marburg: Schüren

Bleek, V. (2011): Krimi Total. Mörder und Ermittler, wohin man schaut. Jede fünfte Sendeminute im Fernsehen ist inzwischen Krimi. Was macht das Genre so erfolgreich? In: TV Spielfilm 2011, 08.10.-21.10.11 (21), S. 8–9

9. Literatur und Quellen

Bleicher, Joan Kristin (1992): Zur Institution des »Deutschen Fernsehens«. Institutionsgeschichte als Grundlage der Programmgeschichte. In: K. Hickethier (Hrsg.): Fernsehen. Wahrnehmungswelt, Programminstitution und Marktkonkurrenz. Frankfurt a.M.: Lang, S. 267–281

Bleicher, Joan Kristin (1999): Fernsehen als Mythos. Poetik eines narrativen Erkenntnissystems. Opladen: Westdeutscher Verlag

Block, Martin (Hrsg.) (1998): Tatort Manila. Entführt, verkauft, mißbraucht – Tourismus und Kinderprostitution. Colonia-Media-Filmproduktionsgesellschaft. Reinbek bei Hamburg: Rowohlt

BMI (2011): Zuwanderung A–Z. Arbeitsmigration. In: http://www.zuwanderung.de (Abruf: 21.10.2011)

Böhle, Fritz (2010a): Arbeit als Handeln. In: ders./G.G. Voß/G. Wachtler (Hrsg.): Handbuch Arbeitssoziologie. Wiesbaden: VS, S. 151–176

Böhle, Fritz (2010b): Arbeit und Belastung. In: ders./G.G. Voß/G. Wachtler (Hrsg.): Handbuch Arbeitssoziologie. Wiesbaden: VS, S. 451–482

Böhm, Andreas (2005): Theoretisches Codieren: Textanalyse in der Grounded Theory. In: U. Flick/E. v. Kardorff/I. Steinke (Hrsg.): Qualitative Forschung. Ein Handbuch. 4. Aufl., Orig.-Ausg. Reinbek bei Hamburg: Rowohlt, S. 475–485

Bohnsack, Ralf (2009): Qualitative Bild- und Videointerpretation. Die dokumentarische Methode. Opladen: Budrich

Bollhöfer, Björn (2007): Geographien des Fernsehens. Der Kölner »Tatort« als mediale Verortung kultureller Praktiken. Bielefeld: transcript

Bopp, Matthias/Wiemer, Serjoscha/Nohr, Rolf F. (Hrsg.) (2009): Shooter. Eine multidisziplinäre Einführung. Münster: Lit

Borsò, Vittoria/Liermann, Christiane/Merziger, Patrick (Hrsg.) (2010): Die Macht des Populären. Politik und populäre Kultur im 20. Jahrhundert. Bielefeld: transcript

Borstnar, Nils/Pabst, Eckhard/Wulff, Hans Jürgen (2008): Einführung in die Film- und Fernsehwissenschaft. Konstanz: UVK

Brandt, Ulrich (1989): Der Freitagabendkrimi der ARD. In: C. W. Thomsen (Hrsg.): Seller, Stars und Serien. Medien im Produktverbund. Heidelberg: Winter, S. 116–129

Breuer, Franz (2009): Reflexive Grounded Theory. Eine Einführung für die Forschungspraxis. Wiesbaden: VS

Bromley, Roger/Kreuzner, Gabriele (Hrsg.) (1999): Cultural Studies. Grundlagentexte zur Einführung. Lüneburg: zu Klampen

Brück, Ingrid (1996): Der westdeutsche Fernsehkrimi im Diskurs der ExpertInnen: ein Forschungsbericht. In: SPIEL 15 (2), S. 293–341

Brück, Ingrid (1999a): Suche nach dem Krimi-Helden 2000. Ein Streifzug durch die Genregeschichte. In: Katholisches Institut für Medieninformation (KIM) (Hrsg.): Quotenfänger Krimi. Das populärste Genre im deutschen Fernsehen. Köln: O.V., S. 103–115

Brück, Ingrid (1999b): Verbrechensdarstellung im deutschen Fernsehkrimi. Anmerkungen zur aktuellen Situation. In: J. Linder/C. M. Ort/J. Schönert/M. Wünsch (Hrsg.): Verbrechen – Justiz – Medien. Konstellationen in Deutschland von 1900 bis zur Gegenwart. Tübingen: Niemeyer, S. 489–502

9. Literatur und Quellen

Brück, Ingrid (2004): Alles klar, Herr Kommissar? Aus der Geschichte des Fernsehkrimis in ARD und ZDF. Bonn: ARCult

Brück, Ingrid (2012): Der Fernsehkrimi, ein Universalgenre mit Moral. In: A. Dörner/ L. Vogt (Hrsg.): Unterhaltungsrepublik Deutschland. Medien, Politik und Entertainment. Bonn: BpB, S. 67–81

Brück, Ingrid/Guder, Andrea (1996): Wer war der Täter – und was tat er? Eine teilweise räsonierende Auswahlbibliographie zum deutschen Fernsehkrimi. In: SPIEL 15 (2), S. 365–422

Brück, Ingrid/Guder, Andrea/Viehoff, Reinhold/Wehn, Karin (Hrsg.) (2000): Abschlußbericht. Das Kriminalsujet im ost-, west- und gesamtdeutschen Fernsehen. Die Programmgeschichte des deutschen Fernsehkrimis. In: http://server4.medienkomm.uni-halle.de (Abruf: 07.06.2012)

Brück, Ingrid/Guder, Andrea/Viehoff, Reinhold/Wehn, Karin (Hrsg.) (2003): Der deutsche Fernsehkrimi. Eine Programm- und Produktionsgeschichte von den Anfängen bis heute. Stuttgart: Metzler

Brütsch, Matthias (Hrsg.) (2005): Kinogefühle. Emotionalität und Film. Marburg: Schüren

Bublitz, Hannelore (Hrsg.) (1999): Das Wuchern der Diskurse. Perspektiven der Diskursanalyse Foucaults. Frankfurt a.M.: Campus

Bublitz, Hannelore (2003): Diskurs. Bielefeld: transcript

Bubmann, Peter/Stolte, Dieter (Hrsg.) (1996): Die Zukunft des Fernsehens. Beiträge zur Ethik der Fernsehkultur. Stuttgart: Kohlhammer

Bucher, Hans-Jürgen/Duckwitz, Amelie (2005): Medien und soziale Konflikte. In: M. Jäckel (Hrsg.): Mediensoziologie. Grundfragen und Forschungsfelder. Wiesbaden: VS, S. 179–199

Buchner, Kathrin (2009a): Psychoterror im Supermarkt. In: http://www.stern.de, 02.02.2009 (Abruf: 13.06.2012)

Buchner, Kathrin (2009b): Die mordende Krankenschwester. In: http://www.stern.de, 23.03.2009 (Abruf: 13.06.2012)

Buchner, Kathrin (2009c): Schießerei im Schweinestall. In: http://www.stern.de, 16.02.2009 (Abruf: 13.06.2012)

Buchner, Kathrin (2009d): Wenn der Suff das Skalpell führt. In: http://wap.stern.de, 24.08.2009 (Abruf: 13.06.2012)

Buchner, Kathrin (2009e): Panik im Pennerglück. In: http://www.stern.de, 05.10.2009 (Abruf: 13.06.2012)

Buchner, Kathrin (2009f): Kashmir-Barbie als Killerqueen. In: http://www.stern.de, 22.02.2009 (Abruf: 13.06.2012)

Buchner, Kathrin (2009g): Lena Odenthal und das männliche Versagen. In: http://www.stern.de, 11.05.2009 (Abruf: 13.06.2012)

Buchner, Kathrin (2009h): Tödliche Schnitzeljagd durch Hamburg. In: http://www.stern.de, 14.04.2009 (Abruf: 13.06.2012)

Buchner, Kathrin (2009i): Borowski und die mordende Mutter. In: http://wap.stern.de, 04.05.2009 (Abruf: 13.06.2012)

Buchner, Kathrin (2009j): Ein Schocker über häusliche Gewalt. In: http://www.stern.de, 19.01.2009 (Abruf: 13.06.2012)

Buchner, Kathrin (2009k): Biedere Altlasten. In: http://www.stern.de, 23.12.2009 (Abruf: 13.06.2012)

Buchner, Kathrin (2009l): Der Tod in den Katakomben von Berlin. In: http://www.stern.de, 20.04.2009 (Abruf: 13.06.2012)

Buhl, Hendrik (2007): Tatort-Kultur. Die Krimireihe Tatort aus der Sicht ihrer Zuschauerinnen und Zuschauer. Lüneburg: unveröffentlichte Magisterarbeit

Buhl, Hendrik (2011): Funny Nazis? Comics zwischen Information und Unterhaltung. In: K. Farin/R. Palandt (Hg.): Rechtsextremismus, Rassismus und Antisemitismus in Comics. Berlin: Archiv der Jugendkulturen, S. 405–418

Buhl, Hendrik (2012): (Inter-)Diskursive Themen in der Krimireihe »Tatort«. Eine Methode der Populärkulturforschung. In: M.S. Kleiner/M. Rappe (Hrsg.) (2012): Methoden der Populärkulturforschung. Münster: Lit, S. 143–163

Bühlig, Katrin (2007): »Nicht weg-, sondern hinsehen!« Interview mit Tobias Goltz. In: http://www.tatort-fundus.de (Abruf: 13.06.2012)

Bühlig, Katrin (2009): »Es ist immer ein Kompromiss«. 750. »Tatort«. Die Jubiläumsfolge kommt aus Stuttgart. Wieso hat die Autorin Katrin Bühlig früher Dokumentarfilme gedreht? Interview mit David Denk. In: http://www.taz.de, 24.12.2009 (Abruf: 13.06.2012)

Bundeszentrale für politische Bildung (Hrsg.) (2008): Droge Alkohol. Aus Politik und Zeitgeschichte (APuZ), 28/2008. Bonn: BpB

Bundeszentrale für politische Bildung (Hrsg.) (2009): Öffentlich-rechtlicher Rundfunk. Aus Politik und Zeitgeschichte (APuZ), 9-10/2009. Bonn: BpB

Burbach, Markus (Hrsg.) (1999): Gesetz & Moral. Öffentlich-rechtliche Kommissare. Marburg: Schüren (Augen-Blick, 30/1999)

Burkhardt, Steffen (2006): Medienskandale. Zur moralischen Sprengkraft öffentlicher Diskurse. Köln: von Halem

Bürkle, Christoph (Hrsg.) (2007): Tatort. Der Mord zum Sonntag. Sulgen: Niggli

Buschheuer, Else (2009): Klirrend kalte Kaschmir-Bubis. In: http://www.sueddeutsche.de, 21.02.2009 (Abruf: 13.06.2012)

Buß, Christian (2007a): Brisanz gibt es nicht zum Nulltarif. In: C. Bürkle (Hrsg.) (2007): Du. Zeitschrift für Kultur. Tatort. Der Mord zum Sonntag. Sulgen: Niggli, S. 30–31

Buß, Christian (2007b): Tatort Münster: undidaktisch und politisch unkorrekt – Sternstunden jenseits der Geschmacksgrenzen. In: C. Bürkle (Hrsg.) (2007): Du. Zeitschrift für Kultur. Tatort. Der Mord zum Sonntag. Sulgen: Niggli, S. 34

Buß, Christian (2008): Neuer Hamburg-Tatort: Bye, bye Kebab-Klischee! In: http://www.spiegel.de, 25.10.2008 (Abruf: 13.06.2012)

Buß, Christian (2009a): Genosse der Bosse. In: http://www.taz.de, 17.10.2009 (Abruf: 13.06.2012)

Buß, Christian (2009b): Schnitzelprinz Hanswurst. In: http://www.taz.de, 30.10.2009 (Abruf: 13.06.2012)

9. Literatur und Quellen

Buß, Christian (2009c): Im hessischen Saloon. In: http://www.taz.de, 14.02.2009 (Abruf: 13.06.2012)
Buß, Christian (2009d): Verkaterte Tatort-Kommissare. Nur Saft und Sonne! In: http://www.taz.de, 27.04.2009 (Abruf: 13.06.2012)
Buß, Christian (2009e): Nie wieder Duschwitze! In: http://www.taz.de, 09.05.2009 (Abruf: 13.06.2012)
Buß, Christian (2009f): Bremer Tatort »Tote Männer«. Sex, Lügen und Selbstkasteiungen. In: http://www.taz.de, 12.06.2009 (Abruf: 13.06.2012)
Buß, Christian (2009g): Wiener Tatort »Kinderwunsch«. Viel Geld, große Sehnsüchte. In: http://www.taz.de, 29.05.2009 (Abruf: 13.06.2012)
Buß, Christian (2009h): So jung und schon so blöd. Im Ösi-»Tatort: Baum der Erlösung« muss Moritz Eisner den Mord an einer jungen Türkin und ihrem deutschen Freund aufklären und gerät mitten in einen Tiroler Moscheestreit. In: http://www.taz.de, 03.01.2009 (Abruf: 13.06.2012)
Buß, Christian (2009i): Moralische Kollateralschäden. In: http://www.taz.de, 11.04.2009 (Abruf: 13.06.2012)
Buß, Christian (2009j): Ein Herz für Hexen. In: http://www.taz.de, 27.03.2009 (Abruf: 13.06.2012)
Buß, Christian (2009k): Sniper, ick hör dir trapsen. In: http://www.taz.de, 15.11.2009 (Abruf: 13.06.2012)
Buß, Christian (2009l): Der teure Kassenpatient. In: http://www.taz.de, 27.12.2009 (Abruf: 13.06.2012)
Buß, Christian (2009m): Der Sonntags-Krimi. Berberfolklore im Tatort. In: http://www.taz.de, 02.10.2009 (Abruf: 13.06.2012)
BZgA (Bundeszentrale für gesundheitliche Aufklärung) (2011): Alkohol? Kenn Dein Limit. In: http://www.kenn-dein-limit.de (Abruf: 04.07.2012)
Caldwell, John Thornton (1995): Televisuality. Style, Crisis, and Authority in American Television. New Brunswick, N.J: Rutgers University Press
Carvalho, Ilonka Angela de Feraz (2002): Frauen- und Männerbilder im Tatort. Lüneburg: unveröffentlichte Magisterarbeit
Cipitelli, Claudia (Hrsg.) (1998): Das Mord(s)programm. Krimis und Action im Deutschen Fernsehen. Frankfurt a.M.: GEP
Colin, Nicole (Hrsg.) (2011): Täter und Tabu. Grenzen der Toleranz in deutschen und niederländischen Geschichtsdebatten. Essen: Klartext
Compart, Martin (2000): Crime TV. Lexikon der Krimiserien. Berlin: Bertz
Corcoran, Farrel (1987): Television as Ideological Apparatus: The Power and the Pleasure. In: H. Newcomb (Hrsg.): Television. The Critical View. 4. Aufl. New York: Oxford Univ. Press, S. 533–552
Creeber, Glen. (2004): Serial Television. Big Drama on the Small Screen. London: BFI
Creeber, Glen (Hrsg.) (2006a): Tele-visions. An Introduction to Studying Television. London: BFI
Creeber, Glen (2006b): Analysing Television. Issues and Methods in Textual Analysis. In: ders. (Hrsg.): Tele-visions. An Introduction to Studying Television. London: BFI, S. 26–43

Creeber, Glen (2006c): Case Study. Shot-by-Shot Analysis. In: ders. (Hrsg.): Tele-visions. An Introduction to Studying Television. London: BFI, S. 38–43
Creeber, Glen (2006d): Decoding Television. Issues of Ideology and Discourse. In: ders. (Hrsg.): Tele-visions. An Introduction to Studying Television. London: BFI, S. 44–55
Creeber, Glen (Hrsg.) (2007): The Television Genre Book. Reprinted. London: BFI
Creeber, Glen (Hrsg.) (2008): The Television Genre Book. 2nd ed. Basingstoke: Palgrave Macmillan
Debatin, Bernhard (Hrsg.) (2003): Kommunikations- und Medienethik. Konstanz: UVK
Decker, Jan-Oliver/Krah, Hans (2005): Skandal auf jedem Kanal. Bilder von Homosexualität in deutschen TV-Produktionen. Eine Auswahl von den 70er-Jahren bis zur Gegenwart. In: C. Gerhards/S. Borg/B. Lambert (Hrsg.): TV-Skandale. Konstanz: UVK, S. 151–179
DGB (Deutscher Gewerkschaftsbund) (2009): 1945–1958. Wiederaufbau und Wirtschaftswunder. Soziale Marktwirtschaft und Mitbestimmung. In: http://www.dgb.de, 29.10.2009 (Abruf: 13.06.2012)
Dehm, Ursula (1984): Fernsehunterhaltung. Zeitvertreib, Flucht oder Zwang? Eine sozialpsychologische Studie zum Fernseh-Erleben. Mainz: v. Hase & Koehler
Denzin, Norman K. (2005): Reading Film – Filme und Videos als sozialwissenschaftliches Erfahrungsmaterial. In: U. Flick/E. von Kardorff/I. Steinke (Hrsg.): Qualitative Forschung. Ein Handbuch. 4. Aufl., Reinbek bei Hamburg: Rowohlt, S. 416–428
Derks, Kai-Oliver (2009): Hinter den Kulissen des SEK. In: http://www.tatort-fundus.de (Abruf: 13.06.2012)
Desinger, Bernd (2002): Deutschland im Fadenkreuz: die Polizeikrimis Tatort und Polizeiruf 110. München: Goethe-Institut
Diaz-Bone, Rainer (2006): Zur Methodologisierung der Foucaultschen Diskursanalyse. In: Historical Social Research 31 (2), S. 243–274
Dietz, Bernhard/Neumaier, Christopher (2012): Vom Nutzen der Sozialwissenschaften für die Zeitgeschichte. Werte und Wertewandel als Gegenstand historischer Forschung. In: Vierteljahreshefte für Zeitgeschichte, 60, 2012, H. 2, S. 293–304
Dietz, Simone (Hrsg.) (2007): Mediale Markierungen. Studien zur Anatomie medienkultureller Praktiken. Bielefeld: transcript
Dolak, Gregor (2009): »Tatort: Baum der Erlösung«. Die Döner-Saga. In: http://www.focus.de, 05.01.2009 (Abruf: 13.06.2012)
Dorn, Thea/Dietze, Gabriele/Koelbl, Herlinde/Kubitz, Peter Paul/Waz, Gerlinde (Hrsg.) (2004): Die Kommissarinnen. Filmmuseum. Berlin: Nicolai
Dörner, Andreas (2000): Politische Kultur und Medienunterhaltung. Zur Inszenierung politischer Identitäten in der amerikanischen Film- und Fernsehwelt. Konstanz: UVK
Dörner, Andreas (2001): Politainment. Politik in der medialen Erlebnisgesellschaft. Frankfurt a.M.: Suhrkamp
Dörner, Andreas (2002): Medienkommunikation und Unterhaltungsöffentlichkeit. Zirkulation der Diskurse und virtuelle Vergemeinschaftung. In: C. Schicha/C. Brosda (Hrsg.): Politikvermittlung in Unterhaltungsformaten. Medieninszenierungen zwischen Popularität und Populismus. Münster: Lit, S. 38–52

9. Literatur und Quellen

Dörner, Andreas (2006a): Medienkultur und politische Öffentlichkeit: Perspektiven und Probleme der Cultural Studies aus politikwissenschaftlicher Sicht. In: A. Hepp/ R. Winter (Hrsg.): Kultur – Medien – Macht. Cultural Studies und Medienanalyse. 3., überarb. u. erw. Aufl. Wiesbaden: VS, S. 219–236

Dörner, Andreas (2006b): Political Culture and Media Culture: Constructing Political Identities in the US and Germany. In: W. Uricchio (Hrsg.): Media Cultures. Heidelberg: Winter, S. 41–48

Dörner, Andreas/Schicha, Christian (Hrsg.) (2008): Politik im Spot-Format. Zur Semantik, Pragmatik und Ästhetik politischer Werbung in Deutschland. Wiesbaden: VS

Dörner, Andreas/Vogt, Ludgera (Hrsg.) (2012): Unterhaltungsrepublik Deutschland. Medien, Politik und Entertainment. Bonn: BpB

Dreher, Christoph/Akass, Kim (Hrsg.) (2010): Autorenserien. Die Neuerfindung des Fernsehens. Internationales Remediate-Symposium, Merz-Akademie. Stuttgart: Merz & Solitude

Dreyfus, Hubert L./Rabinow, Paul (1994): Michel Foucault. Jenseits von Strukturalismus und Hermeneutik. Weinheim: Beltz-Athenäum

Eagleton, Terry (1993): Ideologie: eine Einführung. Stuttgart: Metzler

Eder, Jens (1999): Dramaturgie des populären Films. Drehbuchpraxis und Filmtheorie. Münster: Lit

Eder, Jens (2008): Die Figur im Film. Grundlagen der Figurenanalyse. Marburg: Schüren

Eisenhauer, Bertram (1998): Tatort Deutschland. Sozialgeschichte und Mentalitäten im Spiegel des Kriminalfilms. In: C. Cipitelli/A. Schwanebeck (Hrsg.): Das Mord(s)-programm. Krimis und Action im deutschen Fernsehen. Franfkurt a.M.: GEP, S. 63–87

Ellis, John (2001): Fernsehen als kulturelle Form. In: R. Adelmann/J.-O. Hesse/J. Keilbach/M. Stauff/M. Thiele (Hrsg.): Grundlagentexte zur Fernsehwissenschaft. Theorie, Geschichte, Analyse. Konstanz: UVK, S. 44–73

Ellis, John (2002): A Minister is About to Resign: On the Interpretation of Television Footage. In: A. Jerslev (Hrsg.): Realism and Reality in Film and Media. Copenhagen: Museum Tusculanum Press, S. 193–210

Ellis, John (2006): Defining the Medium. TV Form and Aesthetics. In: G. Creeber (Hrsg.): Tele-visions. An Introduction to Studying Television. London: BFI, S. 12–19

Ellrich, Lutz/Maye, Harun/Meteling, Arno (Hrsg.) (2009): Die Unsichtbarkeit des Politischen. Theorie und Geschichte medialer Latenz. Bielefeld: transcript

Engelmann, Jan (Hrsg.) (1999): Die kleinen Unterschiede. Der Cultural Studies-Reader. Frankfurt a.M.: Campus

Engels-Weber, Marianne (Hrsg.) (1999): Quotenfänger Krimi. Das populärste Genre im deutschen Fernsehen. Katholisches Institut für Medieninformation. Köln: Kath. Inst. für Medieninformation

Ermert, Karl (Hrsg.) (1985): Der neue deutsche Kriminalroman. Beiträge zu Darstellung, Interpretation und Kritik eines populären Genres. Evangelische Akademie. 2. Aufl. Loccum: Evangelische Akademie

9. Literatur und Quellen

Fahle, Oliver (2010): Die Nicht-Stadt im Tatort. In: J. Griem/S. Scholz (Hrsg.): Tatort Stadt. Mediale Topographien eines Fernsehklassikers. Frankfurt a.M.: Campus, S. 69–79

Fahlenbrach, Kathrin/Brück, Ingrid/Bartsch, Anne (Hrsg.) (2008): Medienrituale. Rituelle Performanz in Film, Fernsehen und Neuen Medien. Wiesbaden: VS

Faulstich, Werner (2002): Grundkurs Filmanalyse. München: Fink

Faulstich, Werner (Hrsg.) (2005): Die Kultur der achtziger Jahre. München: Fink

Faulstich, Werner (2008a): Grundkurs Fernsehanalyse. München: Fink

Faulstich, Werner (Hrsg.) (2008b): Das Böse heute. Formen und Funktionen. München: Fink

Faulstich, Werner/Knop, Karin (Hrsg.) (2006): Unterhaltungskultur. München: Fink

Felsmann, Klaus-Dieter (Hrsg.) (2010): Die Bedeutung der Unterhaltungsmedien für die Konstruktion des Politikbildes. Erweiterte Dokumentation zu den 13. Buckower Mediengesprächen 2009. München: kopaed

Feuchert, Sascha; Leibfried, Erwin (Hrsg.) (2007): Literatur und Geschichte. Festschrift für Erwin Leibfried. Frankfurt a.M.: Lang.

Fickinger, Bärbel (Hrsg.) (2007): Work in Progress. Kinematografien der Arbeit. Theorie, Kinopraxis, Filmindex. Berlin: b_books

Fiske, John (1991): Television culture. London: Routledge

Fiske, John (1996): Media matters. Race and Gender in U.S. Politics. Rev. ed., 2. print. Minneapolis: Univ. of Minnesota Press

Fiske, John (1997 [1989]): Populäre Texte, Sprache und Alltagskultur. In: A. Hepp/R. Winter (Hrsg.): Kultur – Medien – Macht. Cultural Studies und Medienanalyse. Opladen: Westdeutscher Verlag, S. 65–84

Fiske, John (1999 [1989]): Augenblicke des Fernsehens. Weder Text noch Publikum. In: C. Pias (Hrsg.): Kursbuch Medienkultur. Die maßgeblichen Theorien von Brecht bis Baudrillard. Stuttgart: DVA, S. 234–253

Fiske, John (2000): Lesarten des Populären. Wien: Turia + Kant

Fiske, John (2001): Die britischen Cultural Studies und das Fernsehen. In: R. Winter/L. Mikos/T. Hartl (Hrsg.): Die Fabrikation des Populären. Der John-Fiske-Reader. Bielefeld: transcript, S. 17–68

Fiske, John/Hartley, John (1978): Reading Television. London: Methuen

Fix, Ulla (Hrsg.) (2005): Hörfilm. Bildkompensation durch Sprache. Linguistisch-filmisch-semiotische Untersuchungen zur Leistung der Audiodeskription in Hörfilmen am Beispiel des Films »Laura, mein Engel« aus der »Tatort«-Reihe. Berlin: Schmidt

Flick, Uwe (2000): Qualitative Forschung. Theorie, Methoden, Anwendung in Psychologie und Sozialwissenschaften. 5. Aufl. Reinbek bei Hamburg: Rowohlt

Flick, Uwe (2005): Wissenschaftstheorie und das Verhältnis von qualitativer und quantitativer Forschung. In: L. Mikos/C. Wegener (Hrsg.): Qualitative Medienforschung. Ein Handbuch. Konstanz: UVK, S. 20–28

Flick, Uwe/Kardorff, Ernst von/Steinke, Ines (Hrsg.) (2005): Qualitative Forschung. Ein Handbuch. 4. Aufl., Reinbek bei Hamburg: Rowohlt

9. Literatur und Quellen

Frehsee, Detlev (2000): Kriminalität in den Medien – eine kriminelle Wirklichkeit eigener Art. In: Bundesministerium der Justiz (Hrsg.): Kriminalität in den Medien. Mönchengladbach: Forum, S. 23–42

Friedrichs, Julia (2008): Gestatten: Elite. Auf den Spuren der Mächtigen von morgen. München: Heyne

Friese, Susanne (2012): Qualitative Data Analysis with Atlas.ti. London: SAGE

Frink, Alexandra (1998): Die starken schönen Bösen. Mörderinnen im Film. Alfeld: Coppi

Frith, Simon (1999): Das Gute, das Schlechte und das Mittelmäßige. Zur Verteidigung der Populärkultur gegen den Populismus. In: R. Bromley/G. Kreuzner (Hrsg.): Cultural Studies. Grundlagentexte zur Einführung. Lüneburg: zu Klampen, S. 191–214

Früh, Werner (1994): Realitätsvermittlung durch Massenmedien. Die permanente Transformation der Wirklichkeit. Opladen: Westdeutscher Verlag

Fuchs, Mareike (2007): Der Verfolgte. Trailerfigur Horst Lettenmayer. In: C. Bürkle (Hrsg.) (2007): Du: Zeitschrift für Kultur. Tatort. Der Mord zum Sonntag. Sulgen: Niggli, S. 70

Füllsack, Manfred (2009): Arbeit. Wien: Facultas

Gamer, Katharina (2009a): »Tempelräuber«. In Gottes Namen – wie immer, nur schlimmer. In: http://www.tatort-fundus.de (Abruf: 13.06.2012)

Gamer, Katharina (2009b): »Rabenherz«. Akte X mit katholischem Kölschgeschmack. In: http://www.tatort-fundus.de (Abruf: 13.06.2012)

Gamer, Katharina (2009c): Mord mit Knöpfchen. In: http://www.tatort-fundus.de (Abruf: 13.06.2012)

Gansel, Carsten/Gast, Wolfgang (2007): Krimi und Agenda-Pushing. Der deutsche TV-Krimi zwischen Unterhaltung und politisch-gesellschaftlichem Diskurs. In: merz. Medien + Erziehung. Zeitschrift für Medienpädagogik (4), S. 38–46

Ganz-Blättler, Ursula (1999): Der Krimi als narratives Genre: Theorieansätze und -befunde. In: D. Wiedemann/L. Mikos/J. von Gottberg (Hrsg.): Mattscheibe oder Bildschirm. Ästhetik des Fernsehens. Berlin: Vistas, S. 264–277

Ganz-Blättler, Ursula (2000): Knowledge Oblige: Genrewissen als Statussymbol und Shareware. In: U. Göttlich/R. Winter (Hrsg.): Politik des Vergnügens: zur Diskussion der Populärkultur in den Cultural Studies. Köln: von Halem, S. 195–214

Ganz-Blättler, Ursula (2006): Die (Fernseh-)Fiktion als Gemeinschaftswerk(en) und kulturelle Teilhabe. In: A. Hepp/R. Winter (Hrsg.): Kultur – Medien – Macht. Cultural Studies und Medienanalyse. 3., überarb. u. erw. Aufl. Wiesbaden: VS, S. 285–298

Gärtner, Barbara (2009): »Tatort« Burli ermittelt. In: http://www.sueddeutsche.de, 26.04.2009 (Abruf: 13.06.2012)

Gärtner, Barbara (2010): Die Architektur im »Tatort«. Der Böse sitzt meistens im Glashaus. In: http://www.sueddeutsche.de, 12.11.2010 (Abruf: 13.06.2012)

Gendolla, Peter/Ludes, Peter/Roloff, Volker (Hrsg.) (2002): Bildschirm – Medien – Theorien. München: Fink

Gerhard, Ute (Hrsg.) (2001): Infografiken, Medien, Normalisierung. Zur Kartografie politisch-sozialer Landschaften. Heidelberg: Synchron

Gerhard, Ute/Link, Jürgen (1991): Zum Anteil der Kollektivsymbolik an den Nationalstereotypen. In: J. Link (Hrsg.): Nationale Mythen und Symbole in der zweiten Hälfte des 19. Jahrhunderts. Strukturen und Funktionen von Konzepten nationaler Identität. Stuttgart: Klett-Cotta, S. 16–52

Gerhards, Claudia/Borg, Stephan/Lambert, Bettina (Hrsg.) (2005): TV-Skandale. Konstanz: UVK

Germann, Sibylle (2007): Vom Greis zum Senior. Bezeichnungs- und Bedeutungswandel vor dem Hintergrund der »Political Correctness«. Hildesheim: Olms

Gethmann, Daniel/Stauff, Markus (Hrsg.) (2005): Politiken der Medien. Zürich: Diaphanes

Giese, Gudrun (2010): »Wie im richtigen Leben!« Regisseur Lars Montag hat für seinen Krimi »Kassensturz« bei Discountern recherchiert. In: http://lidl.verdi.de/tatort (Abruf: 24.08.2011)

Giltlin, Todd (1987): Prime Time Ideology: The Hegemonic Process in Television Entertainment. In: H. Newcomb (Hrsg.): Television. The Critical View. 4. ed. New York: Oxford Univ. Press, S. 507–532

Girshovich, Josef (2009): Schon wieder ein Ehrenmord. In: http://www.cicero.de, 06.02.2009 (Abruf: 13.06.2012)

Glasenapp, Jörn (Hrsg.) (2009): Riefenstahl revisited. München: Fink

Glaser, Barney G./Strauss, Anselm L. (2008): Grounded Theory. Strategien qualitativer Forschung. 1. Nachdr. der 2., korrig. Aufl. Bern: Huber

Goertz-Ulrich, Sabine (2008): Die Jagd nach dem Zeitgeist. Gesellschaftliche Strömungen nachempfinden, Skandale aufarbeiten: 38 Jahre schon betreibt der »Tatort« dieses Wechselspiel – und ist dabei topaktuell. In: Hörzu (21), S. 14–18

Goldbeck, Kerstin (2004): Gute Unterhaltung, schlechte Unterhaltung. Die Fernsehkritik und das Populäre. Bielefeld: transcript

Gottberg, Joachim von/Prommer, Elizabeth (Hrsg.) (2008): Verlorene Werte? Medien und die Entwicklung von Ethik und Moral. Konstanz: UVK

Gottgetreu, Sabine (2001): Der Arztfilm. Untersuchung eines filmischen Genres. Bielefeld: Aisthesis

Göttlich, Udo (Hrsg.) (2000): Politik des Vergnügens. Zur Diskussion der Populärkultur in den Cultural Studies. Köln: von Halem

Göttlich, Udo (2009): Auf dem Weg zur Unterhaltungsöffentlichkeit? Aktuelle Herausforderungen des Öffentlichkeitswandels in der Medienkultur. In: ders./S. Prombka (Hrsg.): Die Zweideutigkeit der Unterhaltung. Zugangsweisen zur populären Kultur. Köln: von Halem, S. 202–219

Göttlich, Udo/Porombka, Stephan (Hrsg.) (2009): Die Zweideutigkeit der Unterhaltung. Zugangsweisen zur populären Kultur. Köln: von Halem

Göttlich, Udo/Gebhardt, Winfried/Albrecht, Clemens (Hrsg.) (2010): Populäre Kultur als repräsentative Kultur. Die Herausforderung der Cultural Studies. Köln: von Halem

Göttlich, Udo/Mikos, Lothar/Winter, Rainer (Hrsg.) (2001): Die Werkzeugkiste der Cultural Studies. Perspektiven, Anschlüsse und Interventionen. Bielefeld: transcript

9. Literatur und Quellen

Gottschalk, Christian (2004): Gnadenbrot für Diebin. Eine Soli-Fete soll die Anwaltskosten für eine Kölnerin reinbringen, die wegen »Containerns« vor Gericht stand. In: die tageszeitung, 21.12.2004; http://www.taz.de (Abruf: 27.09.2011)

Gräf, Dennis (2010): Tatort. Ein populäres Medium als kultureller Speicher. Marburg: Schüren

Gräf, Dennis/Krah, Hans (2010): Sex & Crime. Ein Streifzug durch die »Sittengeschichte« des TATORT. Berlin: Bertz + Fischer

Graf, Dominik (1998): 400 Jahre Tatort! In: Programmdirektion Erstes Deutsches Fernsehen (Hrsg.): 400. Tatort. München, S. 6–11

Graf, Dominik (2012): Deutscher Filmpreis. »Das Grauen ... das Grauen!« In: http://www.zeit.de, 27.04.2012 (Abruf: 13.06.2012)

Graf, Dominik/Althen, Michael (2009): Schläft ein Lied in allen Dingen. Texte zum Film. Berlin: Alexander

Griem, Julika/Scholz, Sebastian (Hrsg.) (2010): Tatort Stadt. Mediale Topographien eines Fernsehklassikers. Frankfurt a.M.: Campus

Grill, Markus/Arnsberger, Malte (2008): Der Lidl-Skandal. Wie der Discount-Riese seine Mitarbeiter bespitzeln ließ. In: Stern Nr. 14, 27.03.2008, S. 44–56

Grisko, Michael (Hrsg.) (2009): Texte zur Theorie und Geschichte des Fernsehens. Ditzingen: Reclam

Grisko, Michael/Münker, Stefan (Hrsg.) (2009): Fernsehexperimente. Stationen eines Mediums. Berlin: Kadmos

Grodal, Torben (2002): The Experience of Realism in Audovisiual Representation. In: A. Jerslev (Hrsg.): Realism and Reality in Film and Media. Copenhagen: Museum Tusculanum Press, S. 67–91

Gül, Azra (2010): Muslima im »Tatort«: Zur Konstruktion islamischer Frauen in einer Krimiserie. Lüneburg: unveröffentlichte Magisterarbeit

Gurevitch, Michael (Hrsg.) (1990): Culture, Society and the Media. London: Routledge

Gürke, Britta (2009): Tatort: Um jeden Preis. In: http://www.saarbruecker-zeitung.de, 18.10.2009 (Abruf: 13.06.2012)

Haase, Henning (2003): Spiel. In: H.O. Hügel (Hrsg.): Handbuch Populäre Kultur. Begriffe, Theorien und Diskussionen. Stuttgart: Metzler, S. 416–421

Hachmeister, Lutz/Burkhardt, Kai (Hrsg.) (2008): Grundlagen der Medienpolitik. Ein Handbuch. Lizenzausg. Bonn: Bundeszentrale für Politische Bildung

Hall, Peter Christian (Hrsg.) (2006): Bilder des sozialen Wandels. Das Fernsehen als Medium gesellschaftlicher Selbstverständigung. Mainzer Tage der Fernseh-Kritik. Mainz: ZDF

Hall, Stuart (1990): The rediscovery of »ideology«: return of the repressed in media studies. In: M. Gurevitch (Hrsg.): Culture, Society and the Media. London: Routledge, S. 57–90

Hall, Stuart (1999): Kodieren/Dekodieren. In: R. Bromley/G. Kreuzner (Hrsg.): Cultural Studies. Grundlagentexte zur Einführung. Lüneburg: zu Klampen, S. 92–110

Hall, Stuart (2001): Die strukturierte Vermittlung von Ereignissen. In: R. Adelmann/ J.-O. Hesse/J. Keilbach/M. Stauff/M. Thiele (Hrsg.): Grundlagentexte zur Fernsehwissenschaft. Theorie, Geschichte, Analyse. Konstanz: UVK, S. 344–375

Halle, Maria (2012): Zwischen Information und Stigmatisierung: die Darstellung psychisch kranker Menschen in Filmen von »Tatort« und »Polizeiruf 110« von 1980 bis 1989. Berlin: Medizinische Fakultät Charité. In: http://www.diss.fuberlin.de (Abruf: 01.05.2013)

Hallenberger, Gerd (Hrsg.) (2000): Live is life. Mediale Inszenierungen des Authentischen. Baden-Baden: Nomos

Hallenberger, Gerd (2002): Das Konzept »Genre«: Zur Orientierung von Medienhandeln. In: P. Gendolla/P. Ludes/V. Roloff (Hrsg.): Bildschirm – Medien – Theorien. München: Fink, S. 83–110

Hallenberger, Gerd (2010): Figurenkonzepte im Fernsehen. In: R. Leschke/H. Heidbrink/P.M. Meyer/N.M. Schmitz (Hrsg.): Formen der Figur. Figurenkonzepte in Künsten und Medien. Konstanz: UVK, S. 275–294

Hallenberger, Gerd/Foltin, Hans-Friedrich (1990): Unterhaltung durch Spiel. Die Quizsendungen und Game Shows des deutschen Fernsehens. Berlin: Spiess

Hamann, Andreas/Giese, Gudrun (2004): Schwarz-Buch Lidl. Billig auf Kosten der Beschäftigten. 2. aktual. Aufl. Berlin: ver.di

Hartley, John (1992): The Politics of Pictures. The Creation of the Public in the Age of Popular Media. London: Routledge

Hartley, John (2005): Textual Analysis. In: T. Miller/A. Lockett (Hrsg.): Television Studies. Reprinted. London: BFI, S. 29–33

Hartmann, Christiane (2003): Von »Stahlnetz« zu »Tatort«. 50 Jahre deutscher Fernsehkrimi. Marburg: Tectum

Hartmann, Michael/Michels, Hartmut (2010): Mordfälle und linker Klimbim. In: Zuerst! Deutsches Nachrichtenmagazin. 02/2010, S. 64–67

Hartung, Martin (2006): Datenaufbereitung, Transkription, Präsentation. In: R. Ayaß/ J. Bergmann (Hrsg.): Qualitative Methoden der Medienforschung. Reinbek bei Hamburg: Rowohlt, S. 475–488

Harzenetter, Wilma (1996): Der Held »Schimanski« in den »Tatort«-Folgen des WDR. Ein Protagonist der achtziger Jahre. Alfeld: Coppi

Hasebrink, Uwe (1998): Politikvermittlung im Zeichen individualisierter Mediennutzung. Zur Informations- und Unterhaltungsorientierung des Publikums. In: U. Sarcinelli (Hrsg.): Politikvermittlung und Demokratie in der Mediengesellschaft. Beiträge zur politischen Kommunikationskultur. Opladen: Westdeutscher Verlag

Hasebrink, Uwe (Hrsg.) (2006): Medien von A bis Z. Hans-Bredow-Institut für Medienforschung an der Universität Hamburg. Wiesbaden: VS

Hattendorf, Manfred (1994): Dokumentarfilm und Authentizität. Ästhetik und Pragmatik einer Gattung. Konstanz: UVK

HDE (2009): Tatort Kassensturz: Realität im Handel ist anders. Pressemeldung des Handelsverbandes Deutschland vom 02.02.2009. In: http://www.einzelhandel.de (Abruf: 27.09.2011)

9. Literatur und Quellen

Hecken, Thomas (2007): Theorien der Populärkultur. Dreißig Positionen von Schiller bis zu den Cultural Studies. Bielefeld: transcript

Hecken, Thomas (2009): Pop. Geschichte eines Konzepts 1955–2009. Bielefeld: transcript

Heidböhmer, Carsten (2009a): Türken, Tiroler und Tote. In: http://www.stern.de, 05.01.2009 (Abruf: 13.06.2012)

Heidböhmer, Carsten (2009b): Die Terroristin, die in die Wanne pinkelt. In: http://www.stern.de, 16.03.2009 (Abruf: 13.06.2012)

Heiner, Stefan (2003): Bildstörungen. Kranke und Behinderte im Spielfilm. Frankfurt a.M.: Mabuse

Heinze, Carsten/Moebius, Stefan/Reicher, Dieter (2012): Perspektiven der Filmsoziologie. Konstanz: UVK

Hensel, Jana (2008): O.T. In: http://www.zeit.de, 13.11.2008 (Abruf: 13.06.2012)

Hepp, Andreas (2004): Cultural Studies und Medienanalyse. Eine Einführung. 2. Aufl. Wiesbaden: VS

Hepp, Andreas (2008): Kulturtheorie in der Kommunikations- und Medienwissenschaft. In: C. Winter/A. Hepp/F. Krotz (Hrsg.): Theorien der Kommunikations- und Medienwissenschaft. Grundlegende Diskussionen, Forschungsfelder und Theorieentwicklungen. Wiesbaden: VS, S. 113–137

Hepp, Andreas/Winter, Rainer (Hrsg.) (1999): Kultur – Medien – Macht. Cultural Studies und Medienanalyse. 2., überarb. u. erw. Aufl. Opladen: Westdeutscher Verlag

Hepp, Andreas/Winter, Rainer (Hrsg.) (2006): Kultur – Medien – Macht. Cultural Studies und Medienanalyse. 3., überarb. u. erw. Aufl. Wiesbaden: VS

Hepp, Andreas/Höhn, Marco/Wimmer, Jeffrey (Hrsg.) (2010): Medienkultur im Wandel. Konstanz: UVK

Hepp, Andreas/Krotz, Friedrich/Thomas, Tanja (Hrsg.) (2009): Schlüsselwerke der Cultural Studies. Wiesbaden: VS

Hepp, Andreas/Winter, Carsten/Laugstien, Thomas (Hrsg.) (2003): Die Cultural Studies Kontroverse. Lüneburg: zu Klampen

Hermes, Joke (1998): Cultural Citizenship in Popular Fiction. In: K. Brants (Hrsg.): The Media in Question. Popular Cultures and Public Interests. London: SAGE, S. 156–167

Hickethier, Knut (1985): Die umkämpfte Normalität. Kriminalkommissare in deutschen Fernsehserien und ihre Darsteller. In: K. Ermert (Hrsg.): Der neue deutsche Kriminalroman. Beiträge zu Darstellung, Interpretation und Kritik eines populären Genres. 2. Aufl. Loccum: Evangelische Akademie

Hickethier, Knut (1991): Die Fernsehserie und das Serielle des Fernsehens. Lüneburger Beiträge zur Kulturwissenschaft, Bd. 2. Lüneburg

Hickethier, Knut (1992a): Die Fernsehserie – eine Kette von Verhaltenseinheiten. Problemstellungen für die Seriendiskussion. In: F. Salow (Hrsg.): Serie Kunst im Alltag. Berlin: Vistas, S. 11–18

Hickethier, Knut (Hrsg.) (1992b): Fernsehen. Wahrnehmungswelt, Programminstitution und Marktkonkurrenz. Frankfurt a.M.: Lang

9. Literatur und Quellen

Hickethier, Knut (Hrsg.) (1994a): Aspekte der Fernsehanalyse. Methoden und Modelle. Münster: Lit
Hickethier, Knut (1994b): Der Fernsehkrimi. Stationen deutscher Genregeschichte. In: SPIEL 13 (2), S. 278–291
Hickethier, Knut (1995): Dispositiv Fernsehen. In: Montage AV 4 (1), S. 63–83
Hickethier, Knut (1999a): Fernsehen und soziokultureller Wandel. In: J. Wilke (Hrsg.): Massenmedien und Zeitgeschichte. Jahrestagung der Deutschen Gesellschaft für Publizistik- und Kommunikationswissenschaft (DGPuK) »Massenmedien und Zeitgeschichte«, 20.–22.05.1998, Mainz. Konstanz: UVK, S. 143–158
Hickethier, Knut (1999b): Medienkultur und Medienwissenschaft. In: C. Pias (Hrsg.): Dreizehn Vorträge zur Medienkultur. Weimar: vdg, S. 199–220
Hickethier, Knut (2001): Film- und Fernsehanalyse. 3., überarb. Aufl. Stuttgart: Metzler
Hickethier, Knut (2003): Serie. In: H.O. Hügel (Hrsg.): Handbuch Populäre Kultur. Begriffe, Theorien und Diskussionen. Stuttgart: Metzler, S. 397–403
Hickethier, Knut (2007): Die kulturelle Bedeutung medialer Emotionserzeugung. In: A. Bartsch/J. Eder/K. Fahlenbrach (Hrsg.): Audiovisuelle Emotionen. Emotionsdarstellung und Emotionsvermittlung durch audiovisuelle Medienangebote. Köln: von Halem, S. 104–122
Hickethier, Knut (2008a): Das narrative Böse – Sinn und Funktionen medialer Konstruktionen des Bösen. In: W. Faulstich (Hrsg.): Das Böse heute. Formen und Funktionen. München: Fink, S. 227–243
Hickethier, Knut (2008b): Die Schönheit des Populären und das Fernsehen. In: K. Maase (Hrsg.): Die Schönheiten des Populären. Ästhetische Erfahrung der Gegenwart. Frankfurt a.M.: Campus, S. 98–113
Hickethier, Knut (2010): »Tatort« und »Lindenstraße« als Spiegel der Gesellschaft. 60 Jahre ARD. In: Aus Politik und Zeitgeschichte (20), S. 41–46
Hickethier, Knut/Bleicher, Joan (Hrsg.) (1997): Trailer, Teaser, Appetizer. Zu Ästhetik und Design der Programmverbindungen im Fernsehen. Münster: Lit
Hickethier, Knut/Hoff, Peter (1998): Geschichte des deutschen Fernsehens. Stuttgart: Metzler
Hickethier, Knut/Schumann, Katja/Koebner, Thomas (Hrsg.) (2005): Kriminalfilm. Stuttgart: Reclam
Hieber, Lutz (2012): Die Filmästhetik der Tatort-Krimis als Produkt historischer Weichenstellungen. In: C. Heinze/S. Moebius/D. Reicher (Hrsg.): Perspektiven der Filmsoziologie. Konstanz: UVK, S. 267–290
Hinrichs, Per (2005): Für eine Handvoll Salzstangen. In: Uni-Spiegel (3), S. 38–39
Hintermeier, Hannes (2009a): Fernsehvorschau: Tatort »Das Gespenst«. Du bist so kalt wie eine Hundeschnauze. In: http://www.faz.net, 15.03.2009 (Abruf: 13.06.2012)
Hintermeier, Hannes (2009b): Heute mal kein Bierchen. In: http://www.faz.net, 23.08.2009 (Abruf: 13.06.2012)
Hirseland, Andreas/Schneider, Werner (2006): Wahrheit, Ideologie und Diskurse. In: R. Keller (Hrsg.): Handbuch sozialwissenschaftliche Diskursanalyse. 2., aktual. u. erw. Aufl. Wiesbaden: VS, S. 377–406

9. Literatur und Quellen

Hißnauer, Christian (2010): MöglichkeitsSPIELräume. Fiktion als dokumentarische Methode. Anmerkungen zur Semio-Pragmatik Fiktiver Dokumentationen. In: Medienwissenschaft 1/10, S. 17–28

Hißnauer, Christian (2011): Fernsehdokumentarismus. Theoretische Näherungen, pragmatische Abgrenzungen, begriffliche Klärungen. Konstanz: UVK

Hißnauer, Christian/Scherer, Stefan/Stockinger, Claudia (2012): Formen und Verfahren der Serialität in der ARD-Reihe »Tatort«: Ein Untersuchungsdesign zur Integration von Empirie und Hermeneutik. In: F. Kelleter (Hrsg.): Populäre Serialität: Narration – Evolution – Distinktion. Bielefeld: transcript, S. 143–167

Hoffmann, Jella (2007): Krimirezeption. Genre-Inkongruenz und Genrewahrnehmung bei Auswahl, Erleben und Bewertung von Kriminalfilmen. München: Fischer

Hohenberger, Eva (Hrsg.) (1998): Bilder des Wirklichen. Texte zur Theorie des Dokumentarfilms. Berlin: Vorwerk

Holly, Werner (2004): Fernsehen. Tübingen: Niemeyer

Hölscher, Lucian/Bendikowski, Tillmann (2008): Political Correctness. Der sprachpolitische Streit um die nationalsozialistischen Verbrechen. Göttingen: Wallstein

Höltgen, Stefan (2010): Schnittstellen. Serienmord im Film. Marburg: Schüren

Holtgreve, Sabine (2000): Supergirls. Die Geschichte der Tatort-Kommissarinnen. In: E. Wenzel (Hrsg.): Ermittlungen in Sachen Tatort: Recherchen und Verhöre, Protokolle und Beweisfotos. Berlin: Bertz und Fischer, S. 71–82

Hörning, Karl H./Winter, Rainer (1999): Widerspenstige Kulturen. Cultural Studies als Herausforderung. In: dies. (Hrsg.): Widerspenstige Kulturen. Cultural Studies als Herausforderung. Frankfurt a.M.: Suhrkamp, S. 7–13

Hoß, Dieter (12.12.2010): Tödlicher Ost-West-Konflikt. In: http://www.stern.de, 12.12.2010 (Abruf: 13.06.2012)

Hügel, Hans-Otto (1997): Die Darstellung des authentischen Moments. In: J. Berg (Hrsg.): Authentizität als Darstellung. Hildesheim: Univ., S. 43–58

Hügel, Hans-Otto (Hrsg.) (2003): Handbuch Populäre Kultur. Begriffe, Theorien und Diskussionen. Stuttgart: Metzler

Hügel, Hans-Otto (2007): Lob des Mainstreams. Zu Begriff und Geschichte von Unterhaltung und populärer Kultur. Köln: von Halem

Hügel, Hans-Otto (2008a): Nachrichten aus dem gelingenden Leben. Die Schönheit des Populären. In: K. Maase (Hrsg.): Die Schönheiten des Populären. Ästhetische Erfahrung der Gegenwart. Frankfurt a.M.: Campus, S. 77–96

Hügel, Hans-Otto (2008b): Spielformen des Bösen in der populären Kultur. In: W. Faulstich (Hrsg.): Das Böse heute. Formen und Funktionen. München: Fink, S. 307–318

Huppertz, Heike (2009): »Tatort«. Schneewittchen kann gefährlich sein. In: http://www.faz.net, 22.02.2009 (Abruf: 13.06.2012)

Hürlimann, Jürgmeier; Hürlimann, Helen (2008): »Tatort«, Fussball und andere Gendereien. Materialien zur Einübung des Genderblicks. Luzern: Interact

Hurrelmann, Klaus/Settertobulte, Wolfgang (2008): Alkohol im Spannungsfeld von Suchtverhalten und kultureller Prägung. In: Bundeszentrale für politische Bildung (Hrsg.): Droge Alkohol. Aus Politik und Zeitgeschichte, 28/2008. Bonn: BpB, S. 9–14

9. Literatur und Quellen

Hurth, Elisabeth (2004): »Alle Toten auf ihre Plätze!«. Die mediale Inszenierung des Todes. Mainz: Matthias-Grünewald

Hüser, Rembert (2011): Toter Briefkastenonkel. In: A. Häusler/J. Henschen (Hrsg.): Topos Tatort. Fiktionen des Realen. Bielefeld: transcript, S. 135–156

Imhof, Kurt (Hrsg.) (2002): Integration und Medien. Mediensymposium Integration und Medien. Wiesbaden: Westdeutscher Verlag

Imhof, Kurt/Blum, Roger/Bonfadelli, Heinz/Jarren, Otfried (Hrsg.) (2006): Demokratie in der Mediengesellschaft. Wiesbaden: VS

IfD (Institut für Demoskopie Allensbach) (2010): 40 Jahre Tatort. Allensbacher Berichte November 2010. In: http://www.ifd-allensbach.de (Abruf: 01.06.2012)

Institut für Neuere deutsche Literatur Philipps-Universität-Marburg (Hrsg.) (1990): Tatort. Normalität als Abenteuer. Augen-Blick. Marburger Hefte zur Medienwissenschaft (9)

Israel, Nadja (2009a): Schweinegeld. Was unterscheidet den Menschen vom Schwein? In: http://www.tatort-fundus.de (Abruf: 13.06.20012)

Israel, Nadja (2009b): Oben hui, unten pfui. In: http://www.tatort-fundus.de (Abruf: 13.06.20012)

Jacke, Christoph (2004): Medien(sub)kultur. Geschichten – Diskurse – Entwürfe. Bielefeld: transcript

Jacke, Christoph (2010): Figurenkonzepte in der Popmusik. In: R. Leschke/H. Heidbrink/P.M. Meyer/N.M. Schmitz (Hrsg.): Formen der Figur. Figurenkonzepte in Künsten und Medien. Konstanz: UVK, S. 133–154

Jacke, Christoph/Kleiner, Markus S. (2012): Let's stick together. Popkulturforschung(en) in Deutschland als Projekt zwischen Unübersichtlichkeit und Formierung. In: M.S. Kleiner/M. Rappe (Hrsg.) (2012): Methoden der Populärkulturforschung. Münster: Lit, S. 45–65

Jacke, Christoph/Ruchatz, Jens/Zierold, Martin (Hrsg.) (2011): Pop, Populäres und Theorien. Münster: Lit

Jäckel, Michael (Hrsg.) (2005): Mediensoziologie. Grundfragen und Forschungsfelder. Wiesbaden: VS

Jaeggi, Rahel/Wesche, Tilo (Hrsg.) (2009): Was ist Kritik? Frankfurt a.M.: Suhrkamp

Jäger, Lorenz (2011): »Tatort – Nasse Sachen« im Ersten. Narziss und Schmollmund. In: http://www.faz.net, 13.06.2011 (Abruf: 13.06.2012)

Jäger, Siegfried (2004): Kritische Diskursanalyse. Eine Einführung. Auszug. Programm Workshop III. 4., unveränd. Aufl. Münster: Unrast

Jäger, Siegfried (2006): Diskurs und Wissen. Theoretische und methodische Aspekte einer Kritischen Diskurs- und Dispositivanalyse. In: R. Keller et al. (Hrsg.): Handbuch Sozialwissenschaftliche Diskursanalyse. Band 1: Theorien und Methoden. 2., aktualisierte und erweiterte Auflage. Wiesbaden: VS, S. 83–114

Jäger, Margarete/Jäger, Siegfried (2007): Deutungskämpfe. Theorie und Praxis Kritischer Diskursanalyse. Wiesbaden: VS

Jarren, Otfried (2008): Massenmedien als Intermediäre. Zur anhaltenden Relevanz der Massenmedien für die öffentliche Kommunikation. In: Medien + Kommunikationswissenschaft 56 (3–4), S. 329–346

9. Literatur und Quellen

Jarren, Otfried/Donges, Patrick (2006): Politische Kommunikation in der Mediengesellschaft. Eine Einführung. 2., überarb. Aufl. Wiesbaden: VS

Jarren, Otfried/Sarcinelli, Ulrich/Saxer, Ulrich (Hrsg.) (1998): Politische Kommunikation in der demokratischen Gesellschaft. Ein Handbuch mit Lexikonteil. Opladen: Westdeutscher Verlag

Jecker, Constanze (Hrsg.) (2011): Religionen im Fernsehen. Analysen und Perspektiven. Konstanz: UVK

Jerslev, Anne (Hrsg.) (2002): Realism and reality in film and media. Copenhagen: Museum Tusculanum Press

Junge, Torsten (2006): Die Moral (in) der Moralgesellschaft. In: K. Gerlof (Hrsg.): Die Verfasstheit der Wissensgesellschaft. Münster: Westfäl. Dampfboot, S. 181–195

Jungk, Sabine (Hrsg.) (1996): Zwischen Skandal und Routine? Rechtsextremismus in Film und Fernsehen. Marl: Adolf-Grimme-Institut

Jurga, Martin (1999): Fernsehtextualität und Rezeption. Opladen: Westdeutscher Verlag

Jurga, Martin (2002): Textmerkmale und Rezeptionsoptionen von Fernsehserien – zur »Offenheit« von fiktional-seriellen Fernsehtexten. In: L. Mikos/N. Neumann (Hrsg.): Wechselbeziehungen. Medien, Wirklichkeit, Erfahrung. Berlin: Vistas, S. 111–133

Kammler, Clemens (Hrsg.) (2008): Foucault-Handbuch. Leben, Werk, Wirkung. Stuttgart: Metzler

Kammler, Clemens/Parr, Rolf (Hrsg.) (2007): Foucault in den Kulturwissenschaften. Eine Bestandsaufnahme. Heidelberg: Synchron

Kappelhoff, Hermann (2008): Realismus. Das Kino und die Politik des Ästhetischen. Berlin: Vorwerk 8

Karczmarzyk, Nicole (2010): Der Fall *tatort*. Die Entschlüsselung eines Kultkrimis. Marburg: Tectum

Karmasin, Matthias (Hrsg.) (2002): Medien und Ethik. Stuttgart: Reclam

Karpf, Ernst/Kiesel, Doron/Visarius, Karsten (Hrsg.) (2000): Nicht kleinzukriegen? Die Rückkehr des Sozialen im Film. Arnoldshainer Filmgespräche. Marburg: Schüren

Kazim, Hasnain (2007): Milliardenbetrüger Jürgen Schneider. Der Gauner mit der weißen Weste. In: In: http://einestages.spiegel.de, 20.12.2007 (Abruf: 13.06.2012)

Keil, Christopher (2008): Mehmet Kurtulus' erster »Tatort«. Kommissar mit türkischen Wurzeln. In: http://www.sueddeutsche.de, 11.05.2010 (Abruf: 13.06.2012)

Kelle, Udo (2005): Computergestützte Analyse qualitativer Daten. In: U. Flick/E. v. Kardorff/I. Steinke (Hrsg.): Qualitative Forschung. Ein Handbuch. 4. Aufl., Reinbek bei Hamburg: Rowohlt, S. 485–502

Keller, Reiner (2004): Diskursforschung. Eine Einführung für SozialwissenschaftlerInnen. 2. Aufl. Wiesbaden: VS

Keller, Reiner (Hrsg.) (2005a): Die diskursive Konstruktion von Wirklichkeit. Zum Verhältnis von Wissenssoziologie und Diskursforschung. Konstanz: UVK

Keller, Reiner (2005b): Wissenssoziologische Diskursanalyse. Grundlegung eines Forschungsprogramms. Wiesbaden: VS

Keller, Reiner (Hrsg.) (2006): Handbuch sozialwissenschaftliche Diskursanalyse. 2., aktual. u. erw. Aufl. Wiesbaden: VS

Kellner, Douglas (1987): TV, Ideology, and Emancipatory Popular Culture. In: H. Newcomb (Hrsg.): Television. The Critical View. 4. ed. New York: Oxford Univ. Press, S. 471–503
Kellner, Douglas (1995): Media Culture. Cultural Studies, Identity and Politics Between the Modern and the Postmodern. Reprinted. London: Routledge
Kellner, Douglas (1997): Critical Theory and Cultural Studies: The Missed Articulation. In: J. McGuigan (Hrsg.): Cultural Methodologies. London: SAGE, S. 12–41.
Kellner, Douglas (1999): Medien- und Kommunikationsforschung vs. Cultural Studies. Wider ihre Trennung. In: R. Bromley/G. Kreuzner (Hrsg.): Cultural Studies. Grundlagentexte zur Einführung. Lüneburg: zu Klampen, S. 341–363
Kellner, Douglas (2005): Für eine kritische, multikulturelle und multiperspektivische Dimension in den Cultural Studies. In: R. Winter (Hrsg.): Medienkultur, Kritik und Demokratie: Der Douglas Kellner Reader. Köln: von Halem, S. 12–58
Keppler, Angela (1994): Wirklicher als die Wirklichkeit? Das neue Realitätsprinzip der Fernsehunterhaltung. Frankfurt a.M.: Fischer
Keppler, Angela (1995): Person und Figur. Identifikationsangebote in Fernsehserien. In: Montage AV 4 (2), S. 85–99
Keppler, Angela (2005): Fiktion und Dokumentation. Zur filmischen Inszenierung von Realität. In: C. Wulf/J. Zirfas (Hrsg.): Ikonologie des Performativen. München: Fink, S. 189–200
Keppler, Angela (2006): Mediale Gegenwart. Eine Theorie des Fernsehens am Beispiel der Darstellung von Gewalt. Frankfurt a.M.: Suhrkamp
Kepplinger, Hans Matthias/Tullius, Christiane (1995): Fernsehunterhaltung als Brücke zur Realität. Wie die Zuschauer mit der »Lindenstraße« und »Der Alte« umgehen. In: Rundfunk und Fernsehen 43 (2), S. 138–157
Klaus, Elisabeth (1996): Der Gegensatz von Information ist Desinformation, der Gegensatz von Unterhaltung ist Langeweile. In: Rundfunk und Fernsehen 44 (3), S. 402–417
Klaus, Elisabeth/Lünenborg, Margreth (2004): Cultural Citizenship. Ein kommunikationswissenschaftliches Konzept zur Bestimmung kultureller Teilhabe in der Mediengesellschaft. In: Medien + Kommunikationswissenschaft (2), S. 193–213
Klein, Michael (2008): Alkoholsucht und Familie – Kinder in suchtbelasteten Familien. In: Bundeszentrale für politische Bildung (Hrsg.): Droge Alkohol. Aus Politik und Zeitgeschichte, 58, S. 22–29
Kleiner, Marcus S. (2012): You Can See Me Aging! Altersbiler im populären Film – The Wrestler. In: F. Niedlich (Hrsg.): Facetten der Popkultur. Über die ästhetische und politische Kraft des Populären. Bielefeld: transcript, S. 15–49
Kleiner, Marcus S./Rappe, Michael (Hrsg.) (2012): Methoden der Populärkulturforschung. Münster: Lit
Klöppel, Moritz (2008): Infotainment. Zwischen Bildungsanspruch und Publikumserwartung Wie unterhaltsam darf Information sein? Marburg: Tectum
Knoblauch, Hubert (2005): Wissenssoziologie. Konstanz: UVK
Knop, Karin (2007): Comedy in Serie. Medienwissenschaftliche Perspektiven auf ein TV-Format. Bielefeld: transcript

9. Literatur und Quellen

Koebner, Thomas (1990): Tatort – zu Geschichte und Geist einer Kriminalfilm-Reihe. In: Institut für Neuere deutsche Literatur der Philips Universität Marburg (Hrsg.): Tatort. Die Normalität als Abenteuer. Marburger Hefte zur Medienwissenschaft. Augenblick 9, S. 7–31

Koebner, Thomas (2000): Vor dem Bildschirm. Studien, Kritiken und Glossen zum Fernsehen. St. Augustin: Gardez!

Kohl, Helmut/Barendt, Eric (Hrsg.) (1997): Vielfalt im Rundfunk. Interdisziplinäre und internationale Annäherungen. Sonderforschungsbereich Ästhetik, Pragmatik und Geschichte der Bildschirmmedien. Konstanz: UVK

Kohnert, Nicole/Kordes, Herbert (2011): Der Aldi-Check. In: http://www.wdr.de, 22.08.2011 (Abruf: 22.06.2013)

Korte, Barbara (Hrsg.) (2009): Geschichte im Krimi. Beiträge aus Kultur- und Geschichtswissenschaften. Köln: Böhlau

Kottlorz, Peter (1993): Fernsehmoral. Ethische Strukturen fiktionaler Fernsehunterhaltung. Berlin: Spiess

Kozloff, Sarah (2000): Overhearing film dialogue. Berkeley: Univ. of California

Krah, Hans (2004): Krieg und Krimi. Der Bosnienkrieg im deutschen Fernsehkrimi – Tatort: Kriegsspuren und Schimanski: Muttertag. In: C. Petersen (Hrsg.): Nordamerika und Europa. Kiel: Ludwig, S. 96–131

Krause, Marcus/Pethes, Nicolas (Hrsg.) (2007): Mr. Münsterberg und Dr. Hyde. Zur Filmgeschichte des Menschenexperiments. Bielefeld: transcript

Kreimeier, Klaus (2003): Fernsehen. In: H.O. Hügel (Hrsg.): Handbuch Populäre Kultur. Begriffe, Theorien und Diskussionen. Stuttgart: Metzler, S. 177–184

Kreuzer, Helmut (Hrsg.) (1993): Geschichte des Fernsehens in der Bundesrepublik Deutschland. München: Fink

Krotz, Friedrich (2005): Neue Theorien entwickeln. Eine Einführung in die Grounded Theory, die Heuristische Sozialforschung und die Ethnographie anhand von Beispielen aus der Kommunikationsforschung. Köln: von Halem

Krotz, Friedrich (2007): Mediatisierung. Fallstudien zum Wandel von Kommunikation. Wiesbaden: VS

Krotz, Friedrich/Hepp, Andreas/Winter, Carsten (2008): Einleitung: Theorien der Kommunikations- und Medienwissenschaft. In: C. Winter/A. Hepp/F. Krotz (Hrsg.): Theorien der Kommunikations- und Medienwissenschaft. Grundlegende Diskussionen, Forschungsfelder und Theorieentwicklungen. Wiesbaden: VS, S. 9–25

Krüger, Karen (08.02.2009): Die Braut muss bluten. In: http://www.faz.net, 08.02.2009 (Abruf: 13.06.2012)

Krützen, Michaela (2004): Dramaturgie des Films. Wie Hollywood erzählt. Frankfurt a.M.: Fischer

Kübler, Hans-Dieter (2000): Alles Gaga oder: die pure Lust am Banalen? Analytische Sondierungen darüber, was unterhält. In: Medien praktisch (4), S. 4–9

Kuckartz, Udo (Hrsg.) (2004): Qualitative Datenanalyse computergestützt. Methodische Hintergründe und Beispiele aus der Forschungspraxis. Wiesbaden: VS

9. Literatur und Quellen

Kümmel, F. Michael (1985): Beruhigung und Irritation – Gedanken zu Ideologie und Ideologiekritik im neuen deutschen Kriminalroman. In: K. Ermert (Hrsg.): Der neue deutsche Kriminalroman. Beiträge zu Darstellung, Interpretation und Kritik eines populären Genres. 2. Aufl. Loccum: Evangelische Akademie, S. 33–49

Küpper, Thomas (2010): Filmreif. Das Alter in Kino und Fernsehen. Berlin: Bertz + Fischer

Laghai, Shafagh/Kordes, Herbert (2012): Der Lidl-Check. Das Erste, 09.01.2012. In: http://mediathek.daserste.de (Abruf: 25.02.2012)

Lahrem, Stephan (2008): Che. Eine globale Protestikone des 20. Jahrhunderts. In: G. Paul (Hrsg.): Das Jahrhundert der Bilder. Band II: 1949 bis heute. Bonn: BpB, S. 234–241

Lampert, Claudia (2005): Grounded Theory. In: L. Mikos/C. Wegener (Hrsg.): Qualitative Medienforschung. Ein Handbuch. Konstanz: UVK, S. 516–526

Langemeyer, Ines (2009): Antonio Gramsci: Hegemonie, Politik des Kulturellen, geschichtlicher Block. In: A. Hepp/F. Krotz/T. Thomas (Hrsg.): Schlüsselwerke der Cultural Studies. Wiesbaden: VS, S. 72–82

Lederer, Karin (Hrsg.) (2008): Zum aktuellen Stand des Immergleichen. Dialektik der Kulturindustrie – vom Tatort zur Matrix. Berlin: Verbrecher

Leggewie, Claus (2008): Politik. In: L. Hachmeister (Hrsg.): Grundlagen der Medienpolitik. Ein Handbuch. München: DVA, S. 297–300

Lesch, Walter (Hrsg.) (2005): Filmkunst und Gesellschaftskritik. Sozialethische Erkundungen. Marburg: Schüren

Leschke, Rainer (2003): Einführung in die Medientheorie. München: Fink

Leschke, Rainer/Heidbrink, Henriette/Meyer, Petra Maria/Schmitz, Norbert M. (Hrsg.) (2010): Formen der Figur. Figurenkonzepte in Künsten und Medien. Konstanz: UVK

Lewins, Ann/Silver, Christina (2007): Using Software in Qualitative Research. A Step-by-Step Guide. Los Angeles: SAGE

Lilienthal, Volker (2009): Integration als Programmauftrag. In: Bundeszentrale für politische Bildung (Hrsg.): Öffentlich-rechtlicher Rundfunk. Aus Politik und Zeitgeschichte, 9-10/2009. Bonn: BpB, S. 6–26

Link, Jürgen (1999): Diskursive Ereignisse, Diskurse, Interdiskurse: Sieben Thesen zur Operativität der Diskursanalyse, am Beispiel des Normalismus. In: H. Bublitz (Hrsg.): Das Wuchern der Diskurse. Perspektiven der Diskursanalyse Foucaults. Frankfurt a.M.: Campus, S. 148–161

Link, Jürgen (2001): Aspekte der Normalisierung von Subjekten. Kollektivsymbolik, Kurvenlandschaften, Infografiken. In: U. Gerhard (Hrsg.): Infografiken, Medien, Normalisierung. Zur Kartografie politisch-sozialer Landschaften. Heidelberg: Synchron, S. 77–92

Link, Jürgen (2004): Kulturwissenschaftliche Orientierung und Interdiskurstheorie der Literatur zwischen horizontaler Achse des Wissens und vertikaler Achse der Macht. Mit einem Blick auf Wilhelm Hauff. In: G. Mein (Hrsg.): Soziale Räume und kulturelle Praktiken. Über den strategischen Gebrauch von Medien. Bielefeld: transcript, S. 65–83

9. Literatur und Quellen

Link, Jürgen (2005): Warum Diskurse nicht von personalen Subjekten ausgehandelt werden. Von der Diskurs- zur Interdiskurstheorie. In: R. Keller (Hrsg.): Die diskursive Konstruktion von Wirklichkeit. Zum Verhältnis von Wissenssoziologie und Diskursforschung. Konstanz: UVK, S. 77–99

Link, Jürgen (2006): Versuch über den Normalismus. Wie Normalität produziert wird. 3., erw., überarb. u. neu gestaltete Aufl. Göttingen: Vandenhoeck & Ruprecht

Link, Jürgen (2008): Wissen und Macht statt Ideologie und Interesse: Plausibilitäten und Defizite in Foucaults Marx-Kritik. In: Prokla 38 (3), S. 443–457

Link, Jürgen/Link-Heer, Ursula (1990): Diskurs/Interdiskurs und Literaturanalyse. In: Zeitschrift für Literaturwissenschaft und Linguistik (LiLi) 77, S. 88–99

Lockett, Andrew. (2005): Cultural Studies and Television. In: T. Miller/A. Lockett (Hrsg.): Television Studies. Reprinted. London: BFI, S. 24–27

Lorenz, Matthias N. (2005): »Armer Nanosh«? – armer Frohwein. Antiziganismus und Täter-Opfer-Inversion: Zu einem Tatort-Krimi, der schon Ende der 80er Jahre eine veritable Walser-Debatte hätte auslösen können. In: Der Deutschunterricht 57 (2), S. 74–79

Lorenz, Matthias N. (2008): Im Zwielicht. Filmische Inszenierung des Antisemitismus: Schimanski und »Das Geheimnis des Golem«. In: Text und Kritik (180), S. 89–102

Lorenz, Matthias N. (2011): Die Motive des Monsters oder die Grenzen des Sagbaren. Tabubrüche in den Niederlanden und Deutschland und ihre literarische Spiegelung in Erzählungen von Harry Mulisch und F.C. Delius. In: N. Colin (Hrsg.): Täter und Tabu. Grenzen der Toleranz in deutschen und niederländischen Geschichtsdebatten. Essen: Klartext, S. 119–138

Lorenz, Matthias N. (2012): Tatort Zigeuner. Zur Auseinandersetzung um den Tatort Brandmal (2008). In: C. Bruns et al. (Hrsg.) (2012): »Welchen der Steine du hebst« Filmische Erinnerungen an den Holocaust. Berlin: Bertz + Fischer, S. 180–191

Lucht, Jens (2006): Der öffentlich-rechtliche Rundfunk ein Auslaufmodell? Grundlagen – Analysen – Perspektiven. Wiesbaden: VS

Lucht, Jens (2009): Öffentlich-rechtlicher Rundfunk in der Demokratie. In: Bundeszentrale für politische Bildung (Hrsg.): Öffentlich-rechtlicher Rundfunk. Aus Politik und Zeitgeschichte (APuZ), 9-10/2009. Bonn: BpB, S. 26–31

Ludwig, Hans-Werner/Pruys, Guido Marc (1998): »… so brauch' ich Gewalt!« Wie Fernsehgewalt produziert und bekämpft wird. Baden-Baden: Nomos

Lützen, Wolf Dieter (1985): Der Krimi ist kein deutsches Genre. Momente und Stationen zur Genregeschichte der Kriminunterhaltung. In: K. Ermert (Hrsg.): Der neue deutsche Kriminalroman. Beiträge zu Darstellung, Interpretation und Kritik eines populären Genres. 2. Aufl. Loccum: Evangelische Akademie

Maase, Kaspar (Hrsg.) (2008): Die Schönheiten des Populären. Ästhetische Erfahrung der Gegenwart. Frankfurt a.M.: Campus

Maase, Kaspar. (2010): Was macht Populärkultur politisch? Wiesbaden: VS

MacCarthy, E. Doyle (2003): Knowledge as Culture. The New Sociology of Knowledge. Reprinted. London: Routledge

Mai, Manfred/Winter, Rainer (Hrsg.) (2006): Das Kino der Gesellschaft – die Gesellschaft des Kinos. Interdisziplinäre Positionen, Analysen und Zugänge. Köln: von Halem

Marchart, Oliver (2005): Der Apparat und die Öffentlichkeit. In: D. Gehtmann/M. Stauff (Hrsg.): Politiken der Medien. Zürich-Berlin: diaphanes, S. 19–37

Marchart, Oliver (Hrsg.) (2008): Cultural Studies. Konstanz: UVK

Marchart, Oliver (2011): Soziologie als verschwindender Vermittler. Max Weber, die Cultural Studies und die Kulturwissenschaften. Akademie. In: O. Scheiding/F. Obenland/C. Spahr (Hrsg.): Kulturtheorien im Dialog. Neue Positionen zum Verhältnis von Text und Kontext. Berlin: Akademie, S. 61–78

Marrs, Kira (2010): Herrschaft und Kontrolle in der Arbeit. In: F. Böhle, G.G. Voß/ G. Wachtler (Hrsg.): Handbuch Arbeitssoziologie. Wiesbaden: VS, S. 331–358

Marschall, Susanne (2005): Farbe im Kino. Marburg: Schüren

Martens, René (2002): Mehr Frauen und mehr Provinz. Langlebige Marke: 500. Folge des ARD-Krimiklassikers »Tatort«. In: Funkkorrespondenz 20-21, S. 5–8

Massing, Peter/Bieber, Christoph (Hrsg.) (2004): Mediendemokratie. Eine Einführung. 2. Aufl. Schwalbach/Ts.: Wochenschau

Maurin, Jost (2011): EU-Fleisch macht Afrikas Bauern hungrig. In: http://www.taz.de, 15.04.2011 (Abruf: 13.06.2012)

McCarthy, Anna (2001): Regieren per Fernsehen? TV-Filme im Dienst an der Öffentlichkeit und die Archive der Frühzeit des Fernsehens in den USA. In: Montage AV 14 (1), S. 115–135

McGuigan, Jim. (Hrsg.) (1997): Cultural Methodologies. London: SAGE

Mein, Georg (Hrsg.) (2004): Soziale Räume und kulturelle Praktiken. Über den strategischen Gebrauch von Medien. Bielefeld: transcript

Merscheim, Horst (1984): Medizin im Fernsehen. Probleme massenmedial vermittelter Gesundheitsberichterstattung. Eine empirische-analytische Studie. Bochum: Brockmeyer

Mey, Günter/Mruck, Katja (Hrsg.) (2007): Grounded Theory Reader. Wiesbaden: VS

Meyer, Thomas (2010): Was ist Politik? 3., aktual. u. erg. Aufl. Wiesbaden: VS

Mikos, Lothar (1992a): Kitzel des Unvorhergesehenen. Zum Live-Charakter des Fernsehens. In: K. Hickethier (Hrsg.): Fernsehen. Wahrnehmungswelt, Programminstitution und Marktkonkurrenz. Frankfurt a.M.: Lang, S. 181–191

Mikos, Lothar (1992b): Serien als Fernsehgenre. Zusammenhänge zwischen Dramaturgie und Aneignungsweisen des Publikums. In: F. Salow (Hrsg.): Serie Kunst im Alltag. Berlin: Vistas, S. 19–27

Mikos, Lothar (2000): Das Leben als Show. Tendenzen der Fernsehunterhaltung zu Beginn des 21. Jahrhunderts. In: Medien praktisch (4), S. 17–20

Mikos, Lothar (2001): Fern-Sehen. Bausteine zu einer Rezeptionsästhetik des Fernsehens. Berlin: Vistas

Mikos, Lothar (2002a): Die Inszenierung alltäglicher Erfahrungsmuster in der Krimireihe Derrick. In: ders./N. Neumann (Hrsg.): Wechselbeziehungen. Medien, Wirklichkeit, Erfahrung. Berlin: Vistas, S. 137–152

9. Literatur und Quellen

Mikos, Lothar (2002b): Dem Verbrechen auf der Spur. Ästhetik der Gewaltdarstellung im Krimi. In: tv diskurs 2/2002 (Ausgabe 20), S. 18–23. In: http://www.fsf.de (Abruf: 01.07.2012)

Mikos, Lothar (2005a): Alltag und Mediatisierung. In: L. Mikos/C. Wegener (Hrsg.): Qualitative Medienforschung. Ein Handbuch. Konstanz: UVK, S. 81–94

Mikos, Lothar (2005b): Film-, Fernseh- und Fotoanalyse. In: L. Mikos/C. Wegener (Hrsg.): Qualitative Medienforschung. Ein Handbuch. Konstanz: UVK, S. 458–465

Mikos, Lothar (2008): Film- und Fernsehanalyse. Konstanz: UVK

Mikos, Lothar (2009): John Fiske: Populäre Texte und Diskurs. In: A. Hepp/F. Krotz/T. Thomas (Hrsg.): Schlüsselwerke der Cultural Studies. Wiesbaden: VS, S. 156–164

Mikos, Lothar (2010): Der Baader-Meinhof-Komplex. Ein filmisches Hybridprodukt in einer konvergenten Medienwelt. In: W. Wende/L. Koch (Hrsg.): Krisenkino. Filmanalyse als Kulturanalyse: Zur Konstruktion von Normalität und Abweichung im Spielfilm. Bielefeld: transcript, S. 209–224

Mikos, Lothar/Neumann, Norbert (Hrsg.) (2002): Wechselbeziehungen. Medien, Wirklichkeit, Erfahrung. Berlin: Vistas

Mikos, Lothar/Wegener, Claudia (Hrsg.) (2005): Qualitative Medienforschung. Ein Handbuch. Konstanz: UVK

Miller, Toby (2007): Cultural Citizenship. Cosmopolitanism, Consumerism and Television in a Neoliberal Age. Philadelphia: Temple University Press

Miller, Toby/Lockett, Andrew (Hrsg.) (2005): Television Studies. Reprinted. London: BFI

Mittell, Jason (2005): Genre and Television. From Cop Shows to Cartoons in American Culture. New York: Routledge

Monaco, James (2000): Film verstehen. Kunst, Technik, Sprache, Geschichte und Theorie des Films und der Medien. Reinbek bei Hamburg: Rowohlt

Moormann, Peter (Hrsg.) (2010): Musik im Fernsehen. Sendeformen und Gestaltungsprinzipien. Wiesbaden: VS

Morley, David (1999): Bemerkungen zur Ethnographie des Fernsehpublikums. In: K.H. Hörning/R. Winter (Hrsg.): Widerspenstige Kulturen. Cultural Studies als Herausforderung. Frankfurt a.M.: Suhrkamp, S. 281–316

Morsch, Thomas (2010): Repräsentation, Allegorie, Extase – Phantasien des Politischen in aktuellen Fernsehserien. In: C. Dreher/K. Akass (Hrsg.): Autorenserien. Die Neuerfindung des Fernsehens. Internationales Remediate-Symposium, Merz-Akademie. Stuttgart: Merz & Solitude, S. 199–249

Mühlau-Malke, Christoph (2007): Suchterkrankungen bei Ärztinnen und Ärzten. Überblick über den derzeitigen Kenntnisstand mit erweiternden Aspekten aus der Integrativen Therapie. In: H. Petzold (Hrsg.): Integrative Suchttherapie. Theorie, Methoden, Praxis, Forschung. 2., überarb. Aufl. Wiesbaden: VS, S. 103–123

Müller, Eggo (2003): Genre. In: H.O. Hügel (Hrsg.): Handbuch Populäre Kultur. Begriffe, Theorien und Diskussionen. Stuttgart: Metzler, S. 212–215

Müller, Eggo (2011): Not only entertainment. Studien zur Pragmatik und Ästhetik der Fernsehunterhaltung. Köln: von Halem

Müller, Eggo/Wulff, Hans J. (2006): Aktiv ist gut, interaktiv noch besser: Anmerkungen zu einigen offenen Fragen der Cultural Studies. In: A. Hepp/R. Winter (Hrsg.): Kultur – Medien – Macht. Cultural Studies und Medienanalyse. 3., überarb. u. erw. Aufl. Wiesbaden: VS, S. 193–200

Müller, Torsten/Platzer, Hans-Wolfgang/Rüb, Stefan (2004): Grenzübergreifende Arbeitsbeziehungen in globalen Konzernen. In: http://www.boeckler.de (Abruf: 03.07.2012)

Nemec, Miroslav (2011): Miroslac – Jugoslav. Bad Schussenried: Hess

Neumann-Braun, Klaus/Müller-Doohm, Stefan (Hrsg.) (2000): Medien- und Kommunikationssoziologie. Eine Einführung in zentrale Begriffe und Theorien. Weinheim: Juventa

Newcomb, Horace (Hrsg.) (1987): Television. The Critical View. 4. ed. New York: Oxford Univ. Press

Newcomb, Horace M./Hirsch, Paul M. (1986): Fernsehen als kulturelles Forum. Neue Perspektiven für die Medienforschung. In: Rundfunk und Fernsehen 34 (2), S. 177–190

Niedenthal, Clemens (2007): Von A bis Z: ein Tatort-Glossar. In: C. Bürkle (Hrsg.): Du. Zeitschrift für Kultur. Tatort. Der Mord zum Sonntag. Sulgen: Niggli, S. 45–53

Niedlich, Florian (Hrsg.) (2012): Facetten der Popkultur. Über die ästhetische und politische Kraft des Populären. Bielefeld: transcript

Nieland, Jörg-Uwe (2009): Pop und Politik. Politische Popkultur und Kulturpolitik in der Mediengesellschaft. Köln: von Halem

Nieland, Jörg-Uwe/Kamps, Klaus (Hrsg.) (2004): Politikdarstellung und Unterhaltungskultur. Zum Wandel der politischen Kommunikation. Köln: von Halem

Nieland, Jörg-Uwe/Schicha, Christian (2000): Infotainment und Aspekte medialer Wahrnehmung – Kontexte der Mediennutzung, Ergebnisbericht und Stellungnahmen zum Workshop an der FU Berlin vom 02.06.1999 im Rahmen des DFG-Schwerpunktprogramms »Theatralität«. RISP-Arbeitspapier 1/2000. Duisburg

Niesyto, Horst (2002): Medien und Wirklichkeitserfahrung – symbolische Formen und soziale Welt. In: L. Mikos/N. Neumann (Hrsg.): Wechselbeziehungen. Medien, Wirklichkeit, Erfahrung. Berlin: Vistas, S. 29–54

Nohr, Rolf F. (2009): Die schwarze Hornbrille des Freiheitskampfs. Half Life, Ideologie und Dissidenz. In: M. Bopp/S. Wiemer/R.F. Nohr (Hrsg.): Shooter. Eine multidisziplinäre Einführung. Münster: Lit, S. 125–153

Nohr, Rolf F. (2012): Die Aushandlung ›zeitweilig gültiger Wahrheiten‹. Die kritische Diskursanalyse als Methode am Beispiel des Computerspiels. In: M.S. Kleiner/M. Rappe (Hrsg.) (2012): Methoden der Populärkulturforschung. Interdisziplinäre Perspektiven auf Film, Fernsehen, Musik, Internet und Computerspiele. Münster: Lit, S. 415–447

Ortner, Christina (2007a) Tatort: Migration. Das Thema Einwanderung in der Krimireihe Tatort. In: Medien- und Kommunikationswissenschaft 55 (1), S. 5–23

Ortner: Christina (2007b): Migration im Tatort. Das Thema Einwanderung im beliebtesten deutschen TV-Krimi. Marburg: Tectum

9. Literatur und Quellen

Otte, Björn (2013): Das Milieu im Fernsehkrimi. Am Beispiel der Krimireihe »Tatort«. Marburg: Tectum

Otto, Isabell/Stauff, Markus (2007): Einleitung. Das Maß der Mitte. In: C. Bartz/M. Krause (Hrsg.): Spektakel der Normalisierung. München: Fink, S. 79–89

Paasch-Colberg, Sünje/Küfner, Anne (2012): Zur Repräsentationsleistung von Fernseh-Fiktion. Die Darstellung von Migranten im Tatort der Jahre 1970 bis 2009. In: Medien- und Kommunikationswissenschaft 60 (2012), H. 3, S. 392–413

Panorama (2010): Fleischbranche: Deutschland ruiniert seine Nachbarn. In: http://daserste.ndr.de, 02.12.2010 (Abruf: 03.12.2010)

Parr, Rolf/Thiele, Matthias (2004): Eine »vielgestaltige Menge von Praktiken und Diskursen«. Zur Interdiskursivität und Televisualität von Paratexten des Fernsehens. In: K. Kreimeier/G. Stanitzek (Hrsg.): Paratexte in Literatur, Film, Fernsehen. Berlin: Akademie, S. 261–282

Parr, Rolf/Thiele, Matthias/Link, Jürgen (2005): Link(s). Eine Bibliographie zu den Konzepten »Interdiskurs«, »Kollektivsymbolik« und »Normalismus« sowie einigen weiteren Fluchtlinien. Jürgen Link zum 65. Geburtstag. Heidelberg: Synchron

Pawlak, Carin (2009): Der Teufel trägt Kopftuch. In: http://www.focus.de, 09.02.2009 (Abruf: 13.06.2012)

Peter, Adrian (2006): Die Fleischmafia. Kriminelle Geschäfte mit Fleisch und Menschen. Düsseldorf: Econ

Petersen, Thomas/Schwender, Clemens (Hrsg.) (2009): Visuelle Stereotype. Köln: von Halem

Petzold, Hilarion/Ebert, Wolfgang/Schay, Peter (Hrsg.) (2007): Integrative Suchttherapie. Theorie, Methoden, Praxis, Forschung. 2., überarb. Aufl. Wiesbaden: VS

Pias, Claus (Hrsg.) (1999): Kursbuch Medienkultur. Die maßgeblichen Theorien von Brecht bis Baudrillard. Stuttgart: DVA

Pinseler, Jan (2006): Fahndungssendungen im deutschsprachigen Fernsehen. Köln: von Halem

Plake, Klaus (2004): Handbuch Fernsehforschung. Befunde und Perspektiven. Wiesbaden: VS

Platten, Klaus-Peter (2010): Der »markante Ort«: Zur Gestaltung von Räumen im Tatort. In: J. Griem/S. Scholz (Hrsg.): Tatort Stadt. Mediale Topographien eines Fernsehklassikers. Frankfurt a.M.: Campus, S. 319–326

Prokop, Dieter (2007): Das fast unmögliche Kunststück der Kritik. Erkenntnistheoretische Probleme beim kritischen Umgang mit Kulturindustrie. Marburg: Tectum

Promberger, Markus (2006): Leiharbeit im Betrieb. Strukturen, Kontexte und Handhabungen einer atypischen Beschäftigungsform. Abschlussbericht. Düsseldorf: Hans-Böckler-Stiftung. In: http://www.boeckler.de (Abruf: 30.04.2013)

Prommer, Elisabeth (2005): Codierung. In: L. Mikos/C. Wegener (Hrsg.): Qualitative Medienforschung. Ein Handbuch. Konstanz: UVK, S. 404–413

Pross, Harry/Rath, Claus-Dieter (Hrsg.) (1983): Rituale der Medienkommunikation. Gänge durch die den Medienalltag. Berlin: Guttandin & Hoppe

Prümm, Karl (1987): Der Fernsehkrimi – ein Genre der Paradoxien. In: Rundfunk und Fernsehen 35 (3), S. 349–360
Prümm, Karl (2008): Revolte gegen den ritualisierten Fernsehkrimi. Götz George und Horst Schimanski – Porträt einer Rolle und eines Schauspielers. In: K. Fahlenbrach/ I. Brück/A. Bartsch (Hrsg.): Medienrituale. Rituelle Performanz in Film, Fernsehen und Neuen Medien. Wiesbaden: VS, S. 137–144
Pundt, Christian (2008): Medien und Diskurs. Zur Skandalisierung von Privatheit in der Geschichte des Fernsehens. Bielefeld: transcript
Putz, Petra/Jacob, Lars (2010): ARD Bericht 09/10, Leitlinien 11/12. Herausgegeben von der Programmdirektion Erstes Deutsches Fernsehen. Presse und Information. In: http://www.ard.de (Abruf: 01.07.2012)
Raab, Jürgen (2008): Visuelle Wissenssoziologie. Theoretische Konzeption und materiale Analysen. Konstanz: UVK
Raab, Klaus (2012): In mörderischer Gesellschaft. In: Cicero, 9 (2012), S. 16–26
Rademacher, Lars (2003): Reihe. In: H.O. Hügel (Hrsg.): Handbuch Populäre Kultur. Begriffe, Theorien und Diskussionen. Stuttgart: Metzler, S. 374–376
Radtke, Peter (2003): Zum Bild behinderter Menschen in den Medien. In: Medien + Erziehung 47 (3), S. 141–147
Riegert, Kristina (Hrsg.) (2007): Politicotainment. Television's Take on the Real. New York, NY: Lang
Rosenthal, Gabriele (2005): Interpretative Sozialforschung. Eine Einführung. Weinheim: Juventa
Röser, Jutta (2000): Fernsehgewalt im gesellschaftlichen Kontext. Eine Cultural-Studies-Analyse über Medienaneignung in Dominanzverhältnissen. Wiesbaden: Westdeutscher Verlag
Röser, Jutta (Hrsg.) (2007): MedienAlltag. Domestizierungsprozesse alter und neuer Medien. Wiesbaden: VS
Röser, Jutta/Peil, Corinna (2005): Fernsehen als populäres Alltagsmedium. Das duale Rundfunksystem und seine kulturellen Folgen. In: W. Faulstich (Hrsg.): Die Kultur der achtziger Jahre. München: Fink, S. 155–168
Rothemund, Kathrin (2012): Serielle Textproduktionen – Zeitgenössische Fernsehserienforschung. In: Medienwissenschaft. Rezensionen - Reviews. 1/2012, S. 8–21
Rothemund, Kathrin (2013): Komplexe Welten. Narrative Strategien in US-amerikanischen Fernsehserien. Berlin: Bertz + Fischer
Rudolph, Ulrich (2007): Die Visualität der Teilsysteme. Intersubjektivität der Wahrnehmung visueller Symbole am Beispiel einer TATORT-Filmreihe. Marburg: Tectum
Salow, Friedrich (Hrsg.) (1992): Serie Kunst im Alltag. Berlin: Vistas
Sarcinelli, Ulrich (Hrsg.) (1998): Politikvermittlung und Demokratie in der Mediengesellschaft. Beiträge zur politischen Kommunikationskultur. Opladen: Westdeutscher Verlag
Sassen, Saskia (2009): Nachgefragt. In: Umdenken Gegenlenken. Der DGB-Kapitalismuskongress. In: http://www.kapitalismuskongress2009.dgb.de (Abruf: 03.07.2012)

9. Literatur und Quellen

Saxer, Ulrich (2007): Politik als Unterhaltung. Zum Wandel politischer Öffentlichkeit in der Mediengesellschaft. Konstanz: UVK

Schatz, Heribert (Hrsg.) (1997): Machtkonzentration in der Multimediagesellschaft? Beiträge zu einer Neubestimmung des Verhältnisses von politischer und medialer Macht. Opladen: Westdeutscher Verlag

Scheel, Ingo (2009): Der Tote an der Tivolibrücke. In: http://www.stern.de, 19.10.2009 (Abruf: 13.06.2012)

Scherer, Stefan/Stockinger, Claudia (2010a): Tatorte. Eine Typologie zum Realismus des Raums in der ARD-Reihe Tatort und ihre Umsetzung am Beispiel Münchens. In: http://www.iaslonline.de, 19.02.2010 (Abruf: 24.08.2010)

Scherer, Stefan/Stockinger, Claudia (2010b): Unsere kleine Stadt: München im Tatort. In: J. Griem/S. Scholz (Hrsg.): Tatort Stadt. Mediale Topographien eines Fernsehklassikers. Frankfurt a.M.: Campus, S. 179–197

Schicha, Christian/Brosda, Carsten (Hrsg.) (2002): Politikvermittlung in Unterhaltungsformaten. Medieninszenierungen zwischen Popularität und Populismus. Münster: Lit

Schlesinger, Martin (2010): Tatort 110 – Fahnder und Fährten des deutsch-deutschen Fernsehfunks. In: J. Griem/S. Scholz (Hrsg.): Tatort Stadt. Mediale Topographien eines Fernsehklassikers. Frankfurt a.M.: Campus, S. 81–99

Schlüter, Dieter (2009): Tatort »Schwarzer Peter« Alles nur geklaut? In: http://www.bild.de, 27.01.2009 (Abruf: 13.06.2012)

Schmidt, Kurt W./Maio, Giovanni/Wulff, Hans J. (Hrsg.) (2008): Schwierige Entscheidungen. Krankheit, Medizin und Ethik im Film. Frankfurt a.M.: Haag + Herchen

Schmidt, Susanne (1994): Es muß ja nicht gleich Hollywood sein. Die Produktionsbedingungen des Fernsehspiels und die Wirkungen auf seine Ästhetik. Berlin: Sigma

Schmitz, Markus (2010): Hinter den Fassaden der Integration: Räumlichkeit, Gender und die Inszenierung von Blickgrenzen in einem Türken-Tatort. In: J. Griem/S. Scholz (Hrsg.): Tatort Stadt. Mediale Topographien eines Fernsehklassikers. Frankfurt a.M.: Campus, S. 103–119

Schnake, Karin (2000): Klinik unter Palmen und Tatort: Information als Affektträger von Unterhaltung. In: I. Paus-Haase (Hrsg.): Information, Emotion, Sensation. Wenn im Fernsehen die Grenzen zerfließen. Bielefeld: GMK

Schneider, Maximilian (2012): Die Sprache des »Tatort«. Dialektgebrauch und Dialektwandel in einer Fernseh-Krimiserie. Marburt: Tectum

Schön, Dorothee (2007): Die Erzählerin. In: C. Bürkle (Hrsg.) (2007): Du. Zeitschrift für Kultur. Tatort. Der Mord zum Sonntag. Sulgen: Niggli, S. 62–63

Schön, Dorothee (2009): Herz aus Eis. Ein TATORT in der Welt der Eliten. Dorothee Schön über ihr Drehbuch. Zitiert aus SWR-Pressemappe. In: http://www.tatortfundus.de (Abruf: 13.06.2012)

Schön, Dorothee (2010): Du darfst nicht langweilen! In: http://www.noz.de, 16.09.2010 (Abruf: 13.06.2012)

Schramm, Holger/Wirth, Werner/Bilandzic, Helena (Hrsg.) (2006): Empirische Unterhaltungsforschung. Studien zu Rezeption und Wirkung von medialer Unterhaltung. München: Fischer

Schroer, Markus (Hrsg.) (2007): Gesellschaft im Film. Konstanz: UVK
Schultz, Tanjev (2006): Geschwätz oder Diskurs? Die Rationalität politischer Talkshows im Fernsehen. Köln: von Halem
Schützeichel, Rainer (Hrsg.) (2007): Handbuch Wissenssoziologie und Wissensforschung. Konstanz: UVK
Schwabe, Astrid (2009): Geschichtsfernsehen im ZDF. In: T. Fischer/M.N. Lorenz (Hrsg.): Lexikon der Vergangeheitsbewältigung in Deutschland. Debatten- und Diskursgeschichte des Nationalsozialismus nach 1945. Bielefeld: transcript, S. 341–343
Schweinitz, Jörg (2006): Film und Stereotyp. Eine Herausforderung für das Kino und die Filmtheorie. Zur Geschichte eines Mediendiskurses. Berlin: Akademieverlag
Seeßlen, Georg (1996): Unterhaltung über alles. Oder: Infotainment im elektronischen Biedermeier. In: Medien + Erziehung (3), S. 135–144
Seeßlen, Georg (1997): Derrick und die Dorfmusikanten. Miniaturen zur deutschen Unterhaltungskultur. Hamburg: KVV konkret
Seeßlen, Georg (1999): Copland. Geschichte und Mythologie des Polizeifilms. Marburg: Schüren
Seeßlen, Georg/Kling, Bernt (Hrsg.) (1977): Western, Science Fiction, Horror, Crime, Abenteuer. Reinbek bei Hamburg: Rowohlt
Seibel, Andrea (2009): Der Ehrenmord liegt in der Luft. Interview mit Thea Dorn und Seyran Ates. In: http://www.welt.de, 07.02.2009 (Abruf: 13.06.2012)
Seiler, Bernhard (2009): Fernsehen, das Wissen schafft. Forschungsthemen in Magazin- und Doku-Formaten. Marburg: Tectum
Senft, Simone (2009): Anne Will und die Angst um den Job. In: http://www.welt.de, 02.02.2009 (Abruf: 13.06.2012)
Sicks, Kai Marcel (2009): Siegfrieds Rückkehr: Intermediale Referenzen und nationalsozialistische Ikonographie in Leni Riefenstahls Tiefland. In: J. Glasenapp (Hrsg.): Riefenstahl revisited. München: Fink, S. 115–135
Simon, Michael (2010): Das Gesundheitssystem in Deutschland. Eine Einführung in Struktur und Funktionsweise. 3., überarb. u. aktual. Aufl. Bern: Huber
Speitkamp, Winfried (2010): Ohrfeige, Duell und Ehrenmord. Eine Geschichte der Ehre. Stuttgart: Reclam
Spiegel Online (2009): Furtwängler-»Tatort« »Das Gespenst« vergrätzt Geheimdienst. In: http://www.spiegel.de, 18.03.2009 (Abruf: 13.06.2012)
Spiegel Online (2012): ARD-Doku: »Der Lidl-Check« schafft Sensations-Quote. In: http://www.spiegel.de, 10.01.2012 (Abruf: 13.06.2012)
Spode, Hasso (2008): Alkoholismus. In: Bundeszentrale für politische Bildung (Hrsg.): Droge Alkohol. Aus Politik und Zeitgeschichte, 28/2008. Bonn: BpB, S. 3–9
Staude, Sylvia (2009a): Gesang der alten Türe. In: http://www.fr-online.de, 27.03.2009 (Abruf: 13.06.2012)
Staude, Sylvia (2009b): Im Niedrigpreissegment. In: http://www.fr-online.de, 31.01.2009 (Abruf: 13.06.2012)
Stauff, Markus (2005): Das neue Fernsehen. Machtanalyse, Gouvernementalität und digitale Medien. Münster: Lit

9. Literatur und Quellen

Stauff, Markus (2007): Die Cultural Studies und Foucault. Macht, Diskurs, Gouvernementalität. In: C. Kammler/R. Parr (Hrsg.): Foucault in den Kulturwissenschaften. Eine Bestandsaufnahme. Heidelberg: Synchron, S. 113–134

Steinke, Ines (2005): Gütekriterien Qualitativer Forschung. In: U. Flick/E. v. Kardorff/I. Steinke (Hrsg.): Qualitative Forschung. Ein Handbuch. 4. Aufl. Reinbek bei Hamburg: Rowohlt, S. 319–331

Sternburg, Judith von (2010): Stark ist anders. In: http://www.fr-online.de, 10.12.2010 (Abruf: 13.06.2012)

Stockinger, Claudia (2011): Die Interessantheit des Abweichenden. Darstellungen des Katholizismus in der ARD-Reihe »Tatort«. In: Stimmen der Zeit (12), S. 838–848

Stockinger, Claudia (2013): Schuld, Sühne, Humor. Der »Tatort« als Spiegel des Religiösen. Evangelische Akademie: Baden

Stollfuß, Sven (2010): Wissenschaft in Serie. Zur Inszenierung von Wissenschaft in aktuellen Fernsehserien. In: Medienwissenschaft (3), S. 292–303

Stolz, Matthias (2011): Deutschlandkarte. Mord und Totschlag. In: Zeit-Magazin Nr. 20, 12.05.2011, S. 10

Strauss, Anselm/Corbin, Juliet (1999): Grounded Theory. Grundlagen qualitativer Sozialforschung. 2. Aufl. Weinheim: Beltz

Struck, Wolfgang (2000): Kommissar Finke und die Ethnographie der Provinz. In: E. Wenzel (Hrsg.): Ermittlungen in Sachen Tatort. Berlin: Bertz, S. 105–126

Struck, Wolfgang (2011): Vom Aufheben alter Bilder. Wenn die Geschichte dem Tatort zum Fernsehen wird. In: A. Häusler/J. Henschen (Hrsg.): Topos Tatort. Fiktionen des Realen. Bielefeld: transcript, S. 169–184

Suerbaum, Ulrich (1984): Krimi. Eine Analyse der Gattung. Stuttgart: Reclam

Surma, Hanna (2010): »Wir sind doch hier nicht in Hannover«: Stadt, Land, Gender. In: J. Griem/S. Scholz (Hrsg.): Tatort Stadt. Mediale Topographien eines Fernsehklassikers. Frankfurt a.M.: Campus, S. 161–176

Süss, Daniel (1993): Der Fernsehkrimi, sein Autor und die jugendlichen Zuschauer. Medienkommunikation aus drei Perspektiven, am Beispiel des »Tatort«-Krimis »Kameraden«. Bern: Huber

SWR-Pressemappe (2008): »Kassensturz«. Abschachteln und Umwälzen. Ein Discounter im TATORT. Interview mit Regisseur Lars Montag. In: http://www.tatort-fundus.de (Abruf: 13.06.2012)

Tas, Mehmet (2005): Die Konstruktion »politischer Bilder« und ihre Vermittlungsstruktur im TV-Unterhaltungsprogramm. Eine medienwissenschaftliche Analyse ausgewählter Kriminalserien in den öffentlich-rechtlichen und privaten Sendern. Stuttgart: ibidem

Thiel, Thomas (2009a): »Tatort«. Kein Kunde kennt den wahren Preis. In: http://www.faz.net, 01.02.2009 (Abruf: 13.06.2012)

Thiel, Thomas (2009b): Tatort. Der Tod und die Medien. In: http://www.faz.net, 15.11.2009 (Abruf: 13.06.2012)

Thiel, Thomas (2009c): Fernsehvorschau Tatort Ich höre immer nur Vorschriften. In: http://www.faz.net, 07.06.2009 (Abruf: 17.06.2013)

9. Literatur und Quellen

Thiele, Matthias (2005): Flucht, Asyl und Einwanderung im Fernsehen. Konstanz: UVK

Thiele, Matthias (2006): Ereignis und Normalität. Zur normalistischen Logik medialer und diskursiver Ereignisproduktion im Fernsehen. In: O. Fahle (Hrsg.): Philosophie des Fernsehens. München: Fink, S. 121–136

Thimm, Caja (2010): Das Spiel – Medium und Metapher der Mediengesellschaft? Wiesbaden: VS

Thomas, Tanja (2009): Michel Foucault: Diskurs, Macht und Subjekt. In: A. Hepp/ F. Krotz/dies. (Hrsg.): Schlüsselwerke der Cultural Studies. Wiesbaden: VS, S. 58–71

Thomsen, Christian W. (Hrsg.) (1989): Seller, Stars und Serien. Medien im Produktverbund. Heidelberg: Winter

Tröhler, Margrit (2006): Eine Kamera mit Händen und Füßen. Die Faszination der Authentizität, die (Un-)Lust des Affiziertseins und der pragmatische Status der (Unterhaltungs-)Bilder von Wirklichkeit. In: B. Frizzoni/I. Tomkowiak (Hrsg.): Unterhaltung. Konzepte, Formen, Wirkungen, Zürich: Chronos, S. 155–174

Türk, Klaus (2000): Bilder der Arbeit. Eine ikonografische Anthologie. Wiesbaden: Westdeutscher Verlag

Türschmann, Jörg/Paatz, Annette (Hrsg.) (2001): Medienbilder. Dokumentation des 13. Film- und Fernsehwissenschaftlichen Kolloquiums an der Georg-August-Universität Göttingen Oktober 2000. Hamburg: Kovac

Türschmann, Jörg/Wagner, Birgit (Hrsg.) (2010): TV global. Erfolgreiche Fernseh-Formate im internationalen Vergleich. Bielefeld: transcript

TV Spielfilm (2009a): TV-Kritik zum »Tatort« »Mit ruhiger Hand«, TV Spielfilm 17/09, 23.08.2009, S. 137

TV Spielfilm (2009b): TV-Kritik zum »Tatort« »Platt gemacht«, TV Spielfilm 20/09, 04.10.2009, S. 137

ver.di (2010): Der ver.di-Fernsehpreis 2010 geht an Connie Walther, Stephan Falk und Lars Montag. Pressemeldung vom 21.04.2013. In: http://www.verdi-bg-fhh.de (Abruf: 27.09.2011)

Viehoff, Reinhold (1999): Vom Tatort und dem Ort der Tat oder: Cogito, ergo – »Krimi«? In: D. Wiedemann/L. Mikos/J. v. Gottberg (Hrsg.): Mattscheibe oder Bildschirm. Ästhetik des Fernsehens. Berlin: Vistas, S. 253–263

Viehoff, Reinhold (2005): Der Krimi im Fernsehen. Überlegungen zu einer Genre- und Programmgeschichte. In: J. Vogt (Hrsg.): MedienMorde. Krimis intermedial. München: Fink, S. 89–110

Vogt, Jochen (Hrsg.) (1998): Der Kriminalroman. Poetik, Theorie, Geschichte. München: Fink

Vogt, Jochen (2005): Tatort – der wahre deutsche Gesellschaftsroman. In: ders. (Hrsg.): MedienMorde. Krimis intermedial. München: Fink, S. 111–129

Völlmicke, Stephan (2010): Konstrukte von Sterben und Tod. Überlegungen zu einer Paradoxie. In: J. Westerbarkey (Hrsg.): EndZeitKommunikation. Diskurse der Temporalität. Münster: Lit, S. 87–98

9. Literatur und Quellen

Völlmicke, Stephan (2013): 40 Jahre Leichenshow – Leichenschau. Die Veränderung der audiovisuellen Darstellung des Todes im Fernsehkrimi Tatort vor dem Hintergrund des gesellschaftlichen Wandels im Umgang mit Sterben und Tod. Frankfurt a.M: Peter Lang

Voß, Günter G.: Was ist Arbeit? Zum Problem eines allgemeinen Arbeitsbegriffs. In: F. Böhle/G.G. Voß/G. Wachtler (Hrsg.): Handbuch Arbeitssoziologie. Wiesbaden: VS, S. 23–80

Vowe, Rainer (1996): Hakenkreuz-Krimis. Ikonographie neorassistischer Jugendlicher in TV-Filmen. In: S. Jungk (Hrsg.): Zwischen Skandal und Routine? Rechtsextremismus in Film und Fernsehen. Marl: Adolf-Grimme-Institut, S. 130–135

Wacker, Holger (1998): Tatort. Köpfe, Krimis, Kommissare. Berlin: Henschel

Walk, Anna-Caterina (2011): Das Andere im Tatort. Migration und Integration im Fernsehkrimi. Marburg: Tectum

Walter, Klaus-Peter (2011): Das Format »Abendfüllende Kriminalserie« in Frankreich und Deutschland. In: J. Türschmann/B. Wagner (Hrsg.): TV global. Erfolgreiche Fernseh-Formate im internationalen Vergleich. Bielefeld: transcript, S. 81–101

WDR.de (2005): 09. Juli 2005. Vor 20 Jahren: Glykol-Wein-Skandal wird bekannt: Mit Frostschutz gepanscht. In http://www1.wdr.de, 09.07.2005 (Abruf 14.06.2013)

Weber, Thomas (1992): Die unterhaltsame Aufklärung. Ideologiekritische Interpretation von Kriminalfernsehserien des westdeutschen Fernsehens. Bielefeld: Aisthesis

Weber, Thomas (1994): Die beruhigende Mörderjagd. Zur Ästhetik und Funktion von westdeutschen Fernsehkrimis. In: SPIEL 13 (2), S. 256–277

Wehn, Karin (1999): Novembertage und Silvesternächte. In: Grimme 22 (1), S. 20–22

Wehn, Karin (2002): »Crime-Time« im Wandel. Produktion, Vermittlung und Genreentwicklung des west- und ostdeutschen Fernsehkrimis im dualen Rundfunksystem. Bonn: ARCult

Weiß, Hans-Jürgen (1998): Informationsqualität. In: O. Jarren/U. Sarcinelli/U. Saxer (Hrsg.): Politische Kommunikation in der demokratischen Gesellschaft. Ein Handbuch mit Lexikonteil. Opladen: Westdeutscher Verlag, S. 659–660

Weiß, Monika (2010): Eine Zukunft für den öffentlich-rechtlichen Rundfunk: Vom Auslaufmodell Fernsehen zu neuen Überlegungen? In: Medienwissenschaft (3), S. 282–291

Welke, Tina (2012): Tatort Deutsche Einheit. Ostdeutsche Identitätsinszenierung im »Tatort« des MDR. Bielefeld: transcript

Wellgraf, Stefan (2008): Migration und Medien. Wie Fernsehen, Radio und Print auf die Anderen blicken. Münster: Lit

Welzer, Harald (2010): Opa war kein Nazi. 8. Auflage. Frankfurt a.M.: Fischer

Wende, Waltraud Wara/Koch, Lars (Hrsg.) (2010): Krisenkino. Filmanalyse als Kulturanalyse zur Konstruktion von Normalität und Abweichung im Spielfilm. Bielefeld: transcript

Wenzel, Eike (Hrsg.) (2000): Ermittlungen in Sachen Tatort. Recherchen und Verhöre, Protokolle und Beweisfotos. Berlin: Bertz

9. Literatur und Quellen

Werner, Francois (2009): Schwarzer Peter. Jeder hat sein Päckchen zu tragen. In: http://www.tatort-fundus.de (Abruf: 13.06.2012)

Werner, Hendrik (2009): Tatort-Jubiläum aus Bremen. So bigott wird der Tatort mit Sabine Postel. In: http://www.welt.de, 14.06.2009 (Abruf: 13.06.2012)

Werner-Lobo, Klaus/Weiss, Hans (2010): Das Neue Schwarzbuch Markenfirmen. Die Machenschaften der Weltkonzerne. Berlin: Ullstein

Werning, Heiko (2009): Mauerblümchen. Wie Popcorn. In: http://www.tatort-fundus.de (Abruf: 13.06.2012)

Wiedemann, Dieter/Mikos, Lothar/Gottberg, Joachim von (Hrsg.) (1999): Mattscheibe oder Bildschirm. Ästhetik des Fernsehens. Berlin: Vistas

Winter, Carsten/Hepp, Andreas/Krotz, Friedrich (Hrsg.) (2008): Theorien der Kommunikations- und Medienwissenschaft. Grundlegende Diskussionen, Forschungsfelder und Theorieentwicklungen. Wiesbaden: VS

Winter, Rainer (1995): Der produktive Zuschauer. Medienaneignung als kultureller und ästhetischer Prozeß. München: Quintessenz

Winter, Rainer (2000): Was ist populäre Unterhaltung? Die Perspektive der Cultural Studies. In: Medien praktisch (4), S. 21–26

Winter, Rainer (2001): Die Kunst des Eigensinns. Cultural Studies als Kritik der Macht. Weilerswist: Velbrück

Winter, Rainer (2003): The People. In: H.O. Hügel (Hrsg.): Handbuch Populäre Kultur. Begriffe, Theorien und Diskussionen. Stuttgart: Metzler, S. 56–61

Winter, Rainer (2006): Cultural Studies. In: R. Ayaß/J. Bergmann (Hrsg.): Qualitative Methoden der Medienforschung. Reinbek bei Hamburg: Rowohlt, S. 423–434

Winter, Rainer/Mikos, Lothar/Hartl, Thomas (Hrsg.) (2001): Die Fabrikation des Populären. Der John-Fiske-Reader. Bielefeld: transcript

Witte, Gunther (2000): Trau' keinem über 30! In: Abteilung Presse und Information der Programmdirektion Erstes Deutsches Fernsehen (Hrsg.) (2000): 30 Jahre Tatort. O.O., S. 6–7

Wulff, Hans J. (1993): Spannungsanalyse. Thesen zu einem Forschungsfeld. In: Montage AV (2), S. 98–100

Wulff, Hans J. (1997): Bildung durch Unterhaltung? Einige Bemerkungen zum Fernsehen als pädagogischer Agentur. In: H. Kohl/E. Barendt (Hrsg.): Vielfalt im Rundfunk. Interdisziplinäre und internationale Annäherungen. Konstanz: UVK, S. 190–198

Wulff, Hans J. (2001): Fernsehen als Agentur einer naiven Medizin. Narrativisierung, Dramatisierung, Ideologisierung. In: J. Türschmann/A. Paatz (Hrsg.): Medienbilder. Dokumentation des 13. Film- und Fernsehwissenschaftlichen Kolloquiums an der Georg-August-Universität Göttingen, Oktober 2000. Hamburg: Kovac, S. 247–260

Wulff, Hans J. (2002a): Das empathische Feld. In: http://www.derwulff.de/2-109 (Abruf: 13.06.2012)

Wulff, Hans J. (2002b): Spannungserleben und Erfahrungskonstitution: Vorüberlegungen zu einer phänomenologischen Untersuchung. In: L. Mikos/N. Neumann (Hrsg.): Wechselbeziehungen. Medien, Wirklichkeit, Erfahrung. Berlin: Vistas, S. 93–109

9. Literatur und Quellen

Wulff, Hans J. (2005): Moral und Empathie im Kino. Vom Moralisieren als einem Element der Rezeption. In: M. Brütsch (Hrsg.): Kinogefühle. Emotionalität und Film. Marburg: Schüren, S. 377–393

Wulff, Hans J. (2006): Filmanalyse. In: R. Ayaß/J. Bergmann (Hrsg.): Qualitative Methoden der Medienforschung. Reinbek bei Hamburg: Rowohlt, S. 220–244

Wulff, Hans J. (2007): Anwälte der Toten. Dramaturgien des Leichnahms im neueren Film- und Fernsehkrimi. In: tv diskurs 39 (1/2007), S. 64–67

Wulff, Hans. J. (2008): Vom Vergessen, vom Verlust, vom Terror: Gerontopsychiatrische Themen im Spielfilm. Am Beispiel der Alzheimer-Demenz. In: K.W. Schmidt/ G. Maio/H.J. Wulff (Hrsg.): Schwierige Entscheidungen – Krankheit, Medizin und Ethik im Film. Frankfurt a.M.: Haag und Herchen, S. 229–259

Zabka, Gisela (1998): Was Herrn Struve glücklich macht. Die ARD feiert ihren vierhundertsten »Tatort«. In: epd medien (74), S. 6–8

Zaimoglu, Feridun (2009a): »Schweinegeld«. In: http://www.zeit.de, 29.10.2009 (Abruf: 13.06.2012)

Zaimoglu, Feridun (2009b): »Mit ruhiger Hand«. In: http://www.zeit.de, 20.08.2009 (Abruf: 13.06.2012)

Zaimoglu, Feridun (2009c): »Platt gemacht«. In: http://www.zeit.de, 02.10.2009 (Abruf: 13.06.2012)

Ziemann, Andreas (Hrsg.) (2006): Medien der Gesellschaft – Gesellschaft der Medien. Konstanz: UVK

Ziemann, Andreas (2011): Medienkultur und Gesellschaftsstruktur. Soziologische Analysen. Wiesbaden: VS

Zimmermann, Heinz (2011): TATORT: Edel sei der Mensch und gesund. Männertee und Aspirin. In: http://www.tatort-fundus.de (Abruf: 13.06.2012)

Zoonen, Liesbet van (2005): Entertaining the Citizen. When Politics and Popular Culture Converge. Lanham, Md.: Rowman & Littlefield

Zubayr, Camille/Geese, Stefan (2005): Krimis im deutschen Fernsehen. Angebot, Nutzung und Bewertung von Kriminalfilmen und -serien. In: Media Perspektiven (10), S. 511–520

Zwaenepoel, Tom (2004): Dem guten Wahrheitsfinder auf der Spur. Das populäre Krimigenre in der Literatur und im ZDF-Fernsehen. Würzburg: Königshausen & Neumann

UVK:Weiterlesen

Christian Hißnauer, Bernd Schmidt
Wegmarken des Fernsehdokumentarismus
Die Hamburger Schulen
2013, 360 Seiten
36 s/w Abb. und 9 farb. Abb., broschiert
ISBN 978-3-86764-387-0

Christian Hißnauer und Bernd Schmidt spannen einen Bogen über sechs Jahrzehnte deutscher Fernsehgeschichte. Sie zeigen, dass der Norddeutsche Rundfunk durchweg einen prägenden Einfluss hatte. Die dokumentarischen Arbeiten des Senders setzten richtungsweisende Wegmarken.
Bislang werden die Produktionen unter dem unzulässig pauschalisierenden Singular »Die Hamburger Schule« zusammengefasst. Hißnauer und Schmidt differenzieren zwischen drei Hamburger Generationen, die Stil und Form des deutschen Fernsehdokumentarismus auf sehr unterschiedliche Weise beeinflussten. Dabei arbeiten sie auch unbekannte Kapitel des deutschen Fernsehens auf, und korrigieren einschlägige Sichtweisen auf Schlüsselfiguren des deutschen Fernsehdokumentarismus.

Klicken + Blättern

Leseprobe und Inhaltsverzeichnis unter

www.uvk.de

Erhältlich auch in Ihrer Buchhandlung.

UVK:Weiterlesen

Elizabeth Prommer
Fernsehgeschmack, Lebensstil und Comedy
Eine handlungstheoretische Analyse
2012, 298 Seiten, broschiert
ISBN 978-3-86764-395-5

Elizabeth Prommer geht der Frage nach, wie sich unterschiedliche Vorlieben bei der Wahl des Fernsehprogramms erklären lassen: So scheiden sich insbesondere bei Comedy-Sendungen, bspw. an den Fernsehkomikern Harald Schmidt und Stefan Raab, deutlich die Geister. Doch ist, wenn wir uns eine Sendung gerne anschauen oder auch kategorisch ablehnen, das wirklich nur auf individuelle Vorlieben und Entscheidungen zurückzuführen?
Die Autorin identifiziert und überprüft erste Bausteine einer handlungstheoretischen Theorie des Fernsehgeschmacks. Sie zeigt, dass Lebensstil und persönliche Wertorientierung, Geschmack und Habitus untrennbar miteinander verbunden sind, weshalb diese Faktoren auch bei der Frage eine Rolle spielen, welche TV-Comedy-Sendungen ein Individuum bevorzugt und welche nicht.

Klicken + Blättern

Leseprobe und Inhaltsverzeichnis unter
www.uvk.de
Erhältlich auch in Ihrer Buchhandlung.